朱光潜

译 文 集

New Science

GIAMBATTISTA VICO

新科学

[意] 詹巴蒂斯塔·维柯　著

朱光潜　译

外语教学与研究出版社

北京

雅众文化 出品

目 录

本书的思想

第一卷 一些原则的奠定

第二卷 诗性的智慧

第三卷 发现真正的荷马

第四卷　诸民族所经历的历史过程

第五卷 各民族在复兴时
所经历的各种人类制度的复归历程

vi

本书的结论

英译者前言

中译者对这篇《前言》的说明

英译本一开卷就是这篇很不易懂的《前言》。依中文习惯，它应叫作"译后记"或"编后记"，如果不曾通读过《新科学》全文，是无法读懂这篇《前言》的。原来维柯遗留下来的只是一部几经修改而尚未完全定稿的手稿本和初次付印过的第一版。他的门徒原编辑人尼柯里尼和克罗齐参照原书第二版来校改维柯自己曾校改过而且付印过的第三版，发现不少的困难。特别是维柯凭记忆引用经典文献时不尽符合原文，或根本不注明原文的来源，前后文的关联也不够清楚。两位编辑者以及后来的英译者采用了把每部分、每段、每条的号码都用字母或数字放在方括弧里作为数字号码，来标明资料的来源和前后文的关联和互证。英译者在本卷长篇《引论》里已把《维柯的关于各民族的共同性的新科学的一些原则》这一总标题中的一些名词或术语逐一加以解释。例如"各民族""共同性""原则"和"新科学"之类，要先看这篇写得很好的长篇《引论》，然后再看这篇写得不太好的《前言》，就比较易懂些。这篇《前言》却也说明了《新科学》的1928年这个意大利文标准版先由维柯的意大利门徒尼柯里尼和克罗齐就意大利文版多次校改的经过，以及英译者贝根和费希两人1939年在尼柯里尼和克罗齐协助之下开始从事用英文翻译《新科学》的经过。英译本未译完，即因第二次世界大战爆发而中止，到大战结束后才译完。全部英译文后来又经过多次修改，到1961年英译者才把删改的英译文交船锚丛书社（Anchor Books）出了一次删节本。后来全部译文又在困难情况下经过多次修改。

以下是《前言》的全文

詹巴蒂斯塔·维柯的《新科学》英译本所依据的原文是福斯托·尼柯里尼对意大利文第三版（那不勒斯，1744年）作了编辑加工的版本，收于《意大利文库》（*Scrittori d'Italia*）的第112卷和113卷的前166页（巴里拉泰尔扎书店，1928年）。尼柯里尼利用维柯的手稿对原文第三版作了校勘，他把很长的段落和句子拆开，插入用圆括号套起的注释，在其他方面对标点符号作了现代化的更新，给段落和章节加上序号，为没有小标题的段落补上小标题，并给每一段编上号以便利读者查找和参照。（在后来的版本以及他所作的关于《新科学》的评注和引证书目的考订中，尼柯里尼都用"增补本《新科学》"一语来称呼第三版外加上所增补的手稿中曾被第三版"删去或作了重大改动的"段落以及对手稿所作的无数改动。1928年版本第113卷第169—309页部分就是这一类增补的段落；在此后的版本中，尼柯里尼还作了其他若干增补。）

我们的英译本翻译工作是1939年在那不勒斯和卡普里两个地方开始的，为着便于就近与尼柯里尼和克罗齐两位专家商讨。到第二次世界大战爆发时，翻译工作被迫中止，直到第二次世界大战之后才继续译完。英译本于1948年首次由美国康奈尔大学出版社正式出版。1961年我们又校改和删削了一次，由美国船锚丛书社出版了删节本。此后全部译文又经过一次修改，在船锚丛书社删节本所未收入的那些部分，改动处当然更多，改动的幅度也更大。

维柯这部作品的 1744 年版本既无索引也无脚注，所以就在行文中叠床架屋地插进了大量关于三类参考资料的说明：（1）关于参见本著作其他部分的参照说明；（2）原始论证材料的引文；（3）对经过研究的十六、十七世纪和十八世纪初期有关参考文献的说明。

在所有这三类参考资料中都存在着大量缺点。维柯往往只凭自己的记忆作不精确的引证，结果，他的引证自然含糊不清，而他记忆中的引文时常并不是来自原始资料而是转引自第二手著作；他时常张冠李戴，把某位作者说的话安到另一位作者的头上，或者把同一位作者在某部著作里讲的东西归到了另一部著作里；他作出的一些历史论断迄今还没有发现有什么论据；他表示要在以后的章节中作进一步讨论的许诺时常没有兑现；他有时候说"参见本书后文有关部分"，而事实上却并不存在这样的"后文"。所以，我们有时候不禁要作出这样一个结论：《新科学》其实是一幅伟大的幻景；前后文互相参照的线索所连接的其实是这幅幻景的各个组成部分，至于这部著作本身的各个部分，它们仅仅是作为次要成分被这条线索非常不完整地勉强连缀在一起；这幅幻景虽然在这里或那里和历史事实有松散的联系，其余的部分却都脱离了历史事实而飘浮在半空中，如果不说是完全与历史事实相违背的话；然而，纵使如此，就这幅幻景的整体格局而言，它却是符合于历史真实图景的。

尼柯里尼所作的那些显示出其天才和渊博学识的不可缺少的"史料评注"，以一种不为贤者讳的态度揭示了维柯在"历史比较语言学方面的"〔见第 139 段〕若干错讹和缺漏，纠正和补充了大部分讹误或缺漏，而把一项未竟的工作留给了后世水平较低的学者去完成，即搜寻出那些尚未被他发现的论据，或者是为那些在他看来还不够有力的论据寻求出更加强有力的论证材料，从而证明维柯的学术研究在这一点或那一点上并不像尼柯里尼伤心地所说的那样完全游离于历史事实之外。然而令人遗憾的是，即便是在尼柯里尼的"杰出评注"里也仍然存在着若干排印上的和实质性内容上的讹误，这些讹误只有通过仔细校勘参考材料才会被发现，而这项工作之艰巨令人生畏，使人望而却步，以致已经被许多编辑者、翻译者和诠释者以讹传讹地重复了许多次，或许要经过一两代学人的爬梳剔抉才能完全匡正。

如果由英译者对《新科学》的词句酌加新的评注，一方面尽量利用尼柯里尼的评注，但又不把他的评注奉为圭臬，而是同时还尽量利用近代各科社会科学和史学的新研究成果，这当然是应祈求的大好事，而且现在时机也已成熟了。可惜这还不是我们（英译者）力所能及的事。不过我们在本版《新科学》译文中，在补足和纠正维柯的参考资料方面，却也已比在1948年的版本中前进很多了。现在应说明一下我们对上述三种资料缺点的处理。

（1）本版把各段都标上了数字号码，这就使我们每逢像"我们在公理中已定下""如我们前已证明的""这话我们已引用过几次了""下文不久还会见到""我们将来还要详细地说明"之类词句，就可以用放在六角括弧〔 〕里的段落号码来代替这些词句了。用这种办法，我们增加了很多其他互证的资料。在涉及专有名词时，书末尾的"索引"部分还另向读者提供更多的互证资料。[1]

（2）维柯往往只用作者的姓名来指一些原始资料，至多也不过加上该作者的著作的名称。在大多数这样的事例里我们已用了更准确的资料，用六角括弧套起放在句末。已收入英国《洛布古典丛书》中的希腊、拉丁文名著，我们就用英译本的名称，注明在该版本中第几卷、第几章、第几节、第几页，甚至第几行。参看后面《英译本中的省写字和符号》项。

（3）因为维柯所提到的有关文献大部分现已被人遗忘了，而且尼柯里尼在他的《评注》里已提供了大量资料，而任何藏有这方面资料的图书馆里都会有这部《评注》，所以我们在大多场合里将满足于用作者的本国语言或英文来写作者的姓名和他的著作。英文读者们如果没有足供研究用的图书室或是没有空闲来研究而仍想获得帮助，使自己能认识到在自己所研究的那门科目中维柯在当代学术性文献中要占什么地位，他可以读一读弗兰克·E.曼纽尔（Frank E. Manuel）的两部最近的著作，一部是《十八世纪怎样对待上帝》（*The 18ᵗʰ Century Confronts the Gods*），另一部是《牛顿作为史学家》（*Isaac Newton Historian*，哈佛大学出版社，1959 年和 1963 年版）。据曼纽尔说（见后一著作第 43 页），维柯曾把《新科学》第一版寄赠给牛顿，但是"牛顿如果收到了，他是不会懂得这部书的意义的"。

维柯还提到他自己早年的两部著作，一部是《普遍法律的原则》（*Universal Law*，1720—1722 年），另一部是《新科学》第一版（1725 年）。引用这两部书的地方见本版《新科学》的"索引"中"维柯（Vico）"名下。

我们从前为《新科学》删节本写的《引论》复印在本书里，只小有更动。一篇很长的历史介绍性的《引论》，作为一种更加一般性的阅读指导，曾印在 1944 年我们译的《维柯自传》里（这篇《引论》长达一百多页，现在《自传》里已删去，但其内容在《维柯评介》的后半里已扼要叙述过）。本英文版《新科学》本身，也有一长篇《引论》，但只是说明性的而不是批判性的评介，其目的只在尽量根据维柯称呼他的《新科学》为关于各民族的共同性的新科学，来从全书本身说明它的性质、范围和作为人类社会历史的一种系统性的科学的一些要求。引论是采取说明第三版书名全题的形式来写的。用字母和数字号码来代替《引论》的各节各段本文，我们就可以利用把这些代替《引论》本文的数码放在六角括弧里的办法，从而也可以稍微尽一点我们本不打算要作的评注的作用。

我们允许自己插进的十几条脚注，不过是作为一种示意，借以说明全书都需要有这类脚注才足以构成一种最简略的评注。由于连简略的评注我们也无意试作，我们就只对维柯自己的互证引文加以校勘和阐明。这种工作维柯自己如果有闲工夫或有抄写员的帮助也会做的，我们用六角括弧套引文数字号码的办法替他做了，从而也避免了势必把每一个脚注都拉得过长的弊病（例如 359 和 1084 那两条）。

译文本身的问题和处理方针在《引论》里已充分说明了，但是这里还要附加几句话，我们在拆散整句话方面，比尼柯里尼还走得更远。可是，在其他方面，由于把一些难句照字面直译出来，就会晦涩难懂，所以我们采取了意译；同时，我们偶尔还把整段话重新改写过，但总的来说，我们仍尽量试图在英语行文所能允许的范围内保持维柯本人的文章风格和习语。我们也偶尔甘冒译文拗口的危险，试图尊重维柯的术语或近乎术语的词汇，例如 certo 及其派生词，都少有例外地译为英文的 certain〔确凿可凭的〕之类的词，纵使拿不准维柯是否把这类词用作术语，如 321 条所说明的。另外还有 umano 这个词及其派生词，我们尽管想译为 humane〔人道的〕或 civilized〔文明的〕，因为这个词一般都有可能指"人的"时代，以别于"神的"和"英雄的"时代中那种"人的"意义，如 629 段〔C_7, J_5〕。Tempi 这个词几乎一般都指 times〔回数，或次数〕，不指 ages（etá），或"时期"，或"时间段落"，以便保持有可能涉及维柯的时历学或关于时历分期的学说。另外，请读者恕我们唠叨，tre sètte di tempi〔975〕是指三个时间段落，以便保持 sect 这个词既可指"分割"又可指"延续"的含糊意义。一个时间段落是指时间的一种分割（部分），使得一个时间段落和另一时间段落都有所不同。每一段落的特征在遵行它所特有的风俗习惯和政法制度方面不容相混，各有各的"时代精神"（Zeitgeist）或"时代心理"（time-mind）——一个时代的面貌和风尚〔979〕。在"段落"的这个含糊的意义上，维柯的理想的历史〔393〕是一种三个段落的历史。[2]

也有少数几个词在英语里找不到恰当的词来译，我们就用这些词半英语化的拉丁形式来译，例如 connubio 就用 connubium〔正式结婚〕来译〔110, 598〕；famoli 就用 famuli〔家人或家奴〕来译〔555ff〕；conato 和 conati 就用 conatus〔动力或动因〕来译〔340, 388, 504, 689, 696, 1098〕。另外的例子是 repubblica，一律译为 commonwealth〔政体〕，来避免英文 republic（与"民主政体"对立的"共和政体"）这个词所引起的错误联想。Dominio（拉丁词 dominium）我们经常译为 ownership〔所有权〕，但有时译为 dominion

或 domain〔领地或领土〕〔25，266〕。最后，principio 这个词我们有时译为"原始"或"起源"，也有时译为"原则"〔736〕。对于维柯来说，principio 这个词带有半术语性，它既是"原始"，又是"原则"。可以说，这个词的双关意义正是打开维柯思想的钥匙〔A_3，I_{1-14}〕。

T. G. 贝根 雅鲁大学

M. H. 费希 伊利诺斯大学

1967 年 9 月

有关图书的笔记摘录

维柯全集原文标准版，福斯托·尼柯里尼（Fausto Nicolini）编，共八卷，巴里（Bari），1911—1941年。参考书目，见克罗齐（Croce）编的《关于维柯的参考书目》，后由尼柯里尼改编成两卷(1947年)。详尽的评注见尼柯里尼：《为第二版〈新科学〉写的〈历史评注〉》（两卷，罗马，1949—1950年）。法文译本原有儒勒·米什莱（Jules Michelet）节译的《维柯著作选集》，使维柯的声名大振，但现已不易找到。后有杜宾（Ariel Doubine）公爵夫人的《新科学》法文译本（巴黎，1953年）。《维柯自传》的英译本，由本书英译者贝根（Bergin）和费希（Fisch）译出。附载费希写的长篇评介文，介绍《新科学》的欧洲文化背景、产生过程、它的基本原则，比较详细地介绍了维柯在意大利、德国、法国、英国、爱尔兰、美国以及在马克思主义传统中的影响。他还提到意大利马克思主义者安东尼奥·拉布里奥拉（Antonio Labriola）在《唯物史观论文集》里推尊维柯为唯物史观的先驱，马克思的女婿拉法格（Lafargue）在《经济决定论：马克思的历史方法》（1907年）一书里详细地论证了维柯和摩尔根（Morgan）与马克思主义的关系，费希最后说："所以维柯在今日的俄国享盛名并非偶然，（他们）把他看作阶级斗争学说的祖宗。"托洛茨基在《俄国革命史》第一页就引了维柯的话。

在评论方面，以克罗齐的《维柯的哲学》（Croce：*La filosofia di G. Vico*，巴里，1947 年的校改本）最著名，还有克罗齐的英国门徒罗宾·乔治·科林伍德的英译本（Collingwood：*The Philosophy of G. Vico*，1964 年校改本，纽约和伦敦）。《新科学》和《维柯自传》1822 年由 W. E. 韦伯（W. E. Weber）译成德文。

英译本中的省写字和符号

（涉及段落或行的引文数字据英国《洛布古典丛书》中可见到的版本，否则就依其他标准英文版本。）

A.　　*Aeneid* of Vergil，指维吉尔的史诗《埃涅阿斯纪》（人民文学出版社出过杨周翰的中译本）。

　　　Annals of Tacitus，指塔西佗的《编年史》（商务印书馆出过王以铸等译的中译本）。

A.A.　*Against Apion* of Josephus，指约瑟夫斯的《驳阿皮翁》。

A.P.　*Art of Poetry* of Horace，指贺拉斯的《诗艺》（人民文学出版社出过杨周翰的中译本）。

C.　　*Code* of Justinian，指（东罗马帝国）查士丁尼大帝搜编的《法典》。

C.G.　*City of God* of St. Augustin，指圣奥古斯丁的《上帝之城》。

D.　　*Digest* of Justinian，指查士丁尼大帝的《法学汇编》。

E.　　*Nicomachean Ethics* of Aristotle，指亚里士多德的《尼各马可伦理学》（商务印书馆出过向达的中译本）。

G.　　*Germania* of Tacitus，指塔西佗的《日耳曼尼亚志》（商务印书馆出过马雍等译的中译本）。

G.W.　*Gallic War* of Caesar，指恺撒的《高卢战记》（商务印书馆出过任炳湘的中译本）。

H.　　*Histories* of Tacitus，指塔西佗的《历史》（商务印书馆出过王以铸等译的中译本）。

I.　　*Iliad* of Homer，指荷马的史诗《伊利亚特》。

J.　　*Institutes* of Justinian，指查士丁尼大帝的《法学阶梯》。

L.　　*Law of War and Peace* of Grotius，指格劳秀斯的《战争与和平法》。

　　　Laws of Cicero，指西塞罗的《论法律》。

　　　Laws of Plato，指柏拉图的《法律篇》（参看朱光潜辑译的柏拉图《文艺对话集》，人民文学出版社版）。

O.　　*Odyssey* of Homer，指荷马的史诗《奥德赛》（上海译文出版社出过杨宪益的中译本，杨本译名为《奥德修记》）。

Op.　*Opere* of Vico，指维柯的《全集》。

P.　　*Politics* of Aristotle，指亚里士多德的《政治学》（商务印书馆出过吴寿彭的中译本）。

R.　　*Republic* of Plato，指柏拉图的《理想国》（商务印书馆最近出版了郭斌和、张竹明合译的中译本）。

S.　　*On the Sublime* of Dionysius Longinus，指朗吉努斯的《论崇高》。

〔　〕　六角括弧是由英译者或编者尼柯里尼加进去的。

!　　惊叹号表示维柯记错了、引错了或歪曲了。

　　　加括弧的号码〔1—1112〕指译文的分段，全书共1112段。

　　　A_1–M_{10}指《英译者的引论》中的分段。

　　中译者附注：全书每段都有号码，对读者很有帮助。首先可以见出全书的轮廓和线索；其次，分段分条的号码见出全书前后呼应，读者遇到对某段理解有困难时，可以立即查阅记下号码的有关章节，困难就较易解决。

英译者的引论[3]

维柯的关于各民族的共同性的新科学的一些原则

A_1 《詹巴蒂斯塔·维柯的关于各民族的共同性的新科学的一些原则》，这就是 1744 年 7 月维柯死后六个月问世的本书第三版所用的标题。我们在此译出的正是这个第三版。第一版（1725 年）的标题原来还有一个插句，而在第二版（1730 年）和第三版中删去了。这个较长的标题是《关于各民族的本性的一门新科学的原则，凭这些原则见出部落自然法的另一体系[4]的原则》。在据以印刷第一版的原稿之前还有一份原始草稿，这份现已遗失的草稿上所用的标题似为《关于人类原则的新科学》，而在呈献第一版时维柯附信提到他的这部著作是论"人类原则"的。

A_2 我们打算用解释第三版的标题的办法来介绍我们的英译本和这门科学。更确切地说，我们试图使读者先理解书题的意义，否则他就要等到仔细读完全书之后才会理解。我们要特别对书题中的三个名词作一番一般的解释，然后再逐一解释，不过要把次序倒过来，从第三个到第一个。在方便的地方，我们要暂离本题来解释一下第一版标题中所用的"部落自然法"这一词组的意义〔E_{1-8}〕以及已遗失的初稿的标题所用的"人类原则"这一词组的意义〔J_{1-5}〕。结束时我们要试图解释一下维柯的"新科学"何以实际上就是各种制度（istituzione）的科学，尽管"制度"这个词在标题里并没有出现，而只在正文〔M_{1-10}〕里出现过一次。

A_3 我们的一般的解释就是：维柯当过那不勒斯大学的拉丁修辞学教授，在 1709 年到 1722 年之间已用拉丁文写过四部著作，然后才转到用意大利文来写这部《新科学》，所以可以设想，他用源于拉丁文的意大利文的词汇就带有字源方面的生动的联想意义。不过我们只是逐渐地才认识到：他在以强调语气用这类词时，例如在它们在语句中是关键词时经常用着重语气的正是字源的意义，这一点解释特别适用于标题中三个词："原则"（principles）〔I_{1-14}〕，"本性"（nature）〔C_{1-7}〕和"民族"（nations）〔B_{1-9}〕。头一个词（原则）的字源意义是"原始"，第二个词（本性）和第三个词（民族）的字源意义都是"出生"。这样，所有这三个词，除掉（或往往像是代替）它们的较抽象的哲学或科学意义之外，都有一种较具体的"脱胎出生"的意义。强调的正是这种较具体的"脱胎出生"的意义，至于术语性的意义或是从术语意义方面加以明确的再界定，或是不加再界定而用大致相近的转换词。

A_4 维柯的《新科学》所用的起统治作用的方法论前提是：所研究的题材或内容从哪里起，学说或理论也就从哪里起〔314〕。这就要假定："出生"或"成长"就是《新科学》所要研究的精髓，换句话说，至少是对于《新科学》来说，"出生"和"本性"就是一回事。如果我们不准备承认这一假定适用于全部科学，我们也许可以暂时承认它适用于维柯的《新科学》的范围之内。我们既承认了这一点，那就得准备预期到：各民族的共同本性就会成为（或涉及）每一民族在起源、发展、成熟、衰颓和死亡中都要展示的一种发育学的模式〔349，393〕。

我们现在就逐一研究这个标题中的几个名词，先从最后一个名词开始。

各民族（nations）

B₁ 一个"民族"从字源学来看，就是一种"出生"或"出世"，因此，就是具有一种共同起源，或说得较粗疏一点，具有一种共同语言和其他制度的同种或有血缘关系的一族人。（这并不涉及近代的民族国家，不专指各种政治制度。）维柯所用的字义有三个不同的着重点。第一，在他的理想的或典型的例证里，要点不在种族或世系，而在各种制度中的某一种体系。其次，在他的理想的或典型的事例里，一个民族被假定为孑然孤立于其他各民族之外，这并不是要保证种族血统的纯洁，而是要保证它的制度体系不依存于任何其他民族的制度体系而独立发展，而且两族制度体系的一些一致处并不由于文化交流。第三，要识别一个民族，并不只是依据一个集团的人民在某一特定时期内所共用的一套制度的横断面，而是依据一种制度体系在不断变化中的发育过程，而这些变化又不是由于外来影响，而是由于一种内部压力，或内在逻辑，举例来说，阶级斗争在其中就起着主要作用。每种体系并非只有一次原始的个别的诞生，而是都在不断地产生一些新制度，不断地改革旧制度，甚至是该民族的死后更生。

B₂ 维柯用"民族"这个词，不仅取它的这种广义，或只指展示一整套发育过程的模式，而且也取它的狭义，指只是在成熟期才有的那种民族情况。在取狭义时，维柯就需要另外一些词来指社会进化的一些较早的阶段，其中最重要的是拉丁词 gens（部落，复数主格是 gentes，复数所有格是 gentium），在意大利文中这个词是 gente（复数 genti），用作术语，这个词只用复数，译维柯的 genti，我们用拉丁词复数 gentes⁵。这个词也有广义和狭义。例如在 982 段里用的是狭义："在这些疆界上要划定界限的首先是各家族的，其次是各部落或民族的，再其次是各族人民集团，最后是国家的界限。"在其他段落里，例如 631 段，维柯采用而且修改了拉丁文中"头等部落"和"次等部落"（gentes maiores，gentes minores）的分别，用头等部落指 982 段的"各世族"，次等部落指 982 段的"各族人民"。

B₃ Gens 的字源和 natio 的字源是同样的，就是生殖或产生，创始或诞生。

它也同样着重发育〔555f〕。这一词的重要性等到下文讨论"部落自然法"时将会见出〔E₁〕。

B₄ 名词 gens 的形容词是 gentile。这个形容词有两个主要的意义，一个意义是罗马法中的一个术语用法，指的是继承权中的一定程度的亲属关系，例如维柯经常用的词组"直接继承人，男系亲属的和异族的继承人"〔110，592，598，985，987，988，1023〕。另一个更常用的意义是要强调一个事实：《新科学》所要涉及的是些"异教"（gentile）民族，这样一种民族在他的考虑中首先是有别于希伯来民族的，其次才是有别于其他异教民族的〔B₁〕。维柯当然从来不用 gentile gentes〔异教部落〕这个累赘词，但是在全书中所说的家族、部落、各族人民和各民族都是指异教的。一切谈到希伯来人的话都应作为"旁白"或"趁便闲话"来理解，并不是《新科学》的组成部分。

B₅ 维柯所说的各民族就组成一个世界，即他所谓"各民族世界"（il mondo delle nazioni），各民族的本性就会是这个世界的本性，或是和世界本性相贯通的。"世界"（mondo）在这里有希腊文 kosmos 和拉丁文 mundus〔"宇宙"〕的意义，指的是从丑恶的混沌（Chaos）中创造出来的美好的秩序〔725〕。这里所说的"混沌"是指男女进行野兽般的杂交所造成的人种的混杂〔688〕，诺亚（Noah）的希伯来族以外的人的后裔曾堕落到这种男女混杂。继混沌而来的宇宙首先是宗教、婚礼和葬礼那些原始制度，特别是婚礼，其次才是由这些原始制度发展出来的各种社会制度综合体。

B₆ 民族世界是由所有的异教民族摆在一起来构成的世界，这个世界并不是后来这些民族在商业、外交、结盟、联邦、战争与和平条约方面互相发生关系时的那种民族世界，在这以前它就早已创造出来了——甚至在他们还完全互相隔离开的那个时期就已被承认为已存在——尽管在这些关系中而且通过这些关系仍在向前发展〔146〕。

B₇ 维柯在民族世界之前或之旁还提出一个自然世界〔331，722〕作为陪衬（有时还提出一个"心灵和天神的世界"〔42〕或一个"科学世界"〔498，779〕）。这个对称的重要性到下文讨论"科学"一项时会见出〔F₃〕。

B₈ 维柯还用其他一些名字来称呼民族世界。当他需要用一个词组来和

"自然世界"对比——例如用"民族世界"和"自然世界"对比时，他往往就用"民政世界"（the civil world）〔331〕。这就是说，他用与名词"城市"相应的形容词（正如亚里士多德用 political〔"政治的"〕和 polis〔"城邦"〕相对应），而不用与 nation〔"民族"〕相应的形容词。另外，他用来称呼"民族世界"的还有"人类世界"（the world of men）这个词组〔689，690〕。"邦政"（polity）、"民政"（civity）和"人类"或"人道"（humanity），在维柯的词汇中都是同义词。

B₉ 维柯还用"城邦"作为"民族世界"的另一称呼，他的先例是圣奥古斯丁的《上帝之城》。他谈到"人类的这个伟大城邦"〔342〕，还说过"上帝所创造和统治的各民族的伟大城邦"〔1107〕。不过应强调一下，维柯所说的是奥古斯丁的地上城邦或人类城邦，《新科学》所研究的是人类城邦，与上帝的城邦毫无关系。⁶

自然（或本性）

C₁ "自然"（或本性，natura）这个词的"生育"意义在 147—148 段里说得很明确。我们可以把这两段话运用到民族这一具体事例，大致如下：民族的本性不过就是民族在某些一定时期和以某些一定方式的诞生（nascimento，birth），只要有某种时期和方式，诞生的就是一个民族而不是其他东西，民族的不可分离的特性必然由于它诞生的时期和方式，任何事物只要有这些特性，就必然是一个民族，我们就可以肯定它的本性或诞生是如此而不是如彼。

C₂ 为着说明，姑举维柯所认为一个民族诞生的第一步为例，这就是宗教的诞生，这和诸异教民族的最初的神宙斯、朱庇特或约夫的诞生是一回事。在这一事例中"某一定时期"是天上初次有雷吼声——在美索不达米亚是在世界洪水之后一百年，在其他地方是在世界洪水之后两百年〔192ff〕。"某一定的方式"是指：含族（Ham）和雅弗族（Japheth）以及非希伯来的闪族（Shem）的后裔们既已在地面大森林里浪游了一两百年，把人类过去的一切语言和制度都遗忘了，变成野兽了，看到异性便乘一时高兴公开进行性交，这些哑巴野兽自然地把打雷的天空看成一种巨大的有生命的物体，发生的雷电就是些命令，告诉他们应做的事〔377，379〕。雷声惊动了某些正在性交的野人，使男女双方逃到附近的岩洞里去〔387ff〕。这就是结婚和定居生活的起源〔504ff，1098〕。本来是男人和女人偶然随意交配的行为，后来就变成一种永久的终身的配偶关系，受到原来以雷声惊动他们和迫使他们逃到岩洞里的那个天神的批准。因此，宗教和婚姻这两种制度是同时诞生的。任何其他制度也都有它的本性，即它的诞生的时期和方式；就是凭一切制度在正常过程中的诞生，一个民族才诞生出来和生活下去〔J₃〕。

C₃ 拿维柯的这个民族本性的生育学观点和亚里士多德关于城邦本性的目的论观点比较一下，就会有所启发，尽管这两个观点乍看起来是完全对立的。亚里士多德的原话如下：

"当几个村子联合成为单一的完整的集团，大到足以接近自给或完全自给自足时，城邦（polis）就产生了，从生活的简朴需要开始，为一种美好的生活就继续存在下去，所以较早的一些社会形态如果是自然的，城邦也就是自然的，因为一种东西的本性就是那种东西的终点或目的，无论这种东西是一个人、一匹马或一个家庭。此外，一种东西的终极原因或目的是最好的，而自给自足就是目的而且是最好的目的。因此，不证自明的就是：城邦是一种自然的制度，人按本性是一种政治的或城邦的动物。"（《政治学》〔1.2〕，据牛津出版的英译本，略有校改。）

C₄ 维柯开始似乎说，一种东西的本性是它的起源，而亚里士多德所说的是：它的本性就是它的目的或终点，不过仔细一看，差别并不是根本的。两种观点都是把自然（本性）看成生育或发展的观点。亚里士多德说人按本性是一种政治的动物时，他的意思是人本是一个动物，只有在城邦里他才变成了一个人，人的本性问题就是一个转变问题，而城邦的转变和人的转变都是自然的或符合本性的，因为这不是两种转变而只是一种转变。

C₅ 在本性（自然）和制作（Nomos——法律、契约、成规、人为的制度）这两项之间有一个常存的区别，诡辩派曾夸大了这个区别，他们把人摆在自然一边，把城邦摆在人为的制度一边。亚里士多德有意要缩小这个区别，至少是把人和城邦摆在同一边而不摆在对立的两边。

C₆ 在这一点上维柯是和亚里士多德一致的。当维柯把各民族世界称为人类世界时，他的意思是说：在自然世界中本是野兽，在各民族的世界中他们才变成了人，通过变成民族世界，他们才变成了人。换句话说，他们正是在造成民族世界的过程中才变成了人〔367，520，692〕。

C₇ 在民族的诞生和发展中维柯分辨出三个相衔接的时代，即神的时代、英雄的时代和人的时代；他还分辨出三种相应的本性，即神的、英雄的和人的本性〔916ff〕。这固然只是他所用"人的"或"人类"（human）这一词的三种意义之中的一种意义。在头一个意义上，所有三种本性都是人的；在第二个意义上，第二和第三两个意义是和第一个意义对比（或相反衬）的〔629〕；在第三个意义上，第三个意义是和第一和第二两个意义相对比的〔Ⅷ〕。但是第三个意义是"人的"（人类）这一词的严格的或特有的意义。这就是说，维柯特别把人的本性局限在第三个时代（即人的时代）人变成人时所特有的那种特征。例如他在973段里说到人的时代时，说过"理性的人道"（rational humanity）才是真正的人所特有的人性。在927段里，他称这种人性为"理性的本性，这才是人所特有的本性"，而在326段和924段里他称这种本性为"充分发展的人类理性"。所以从此可以下这样的结论：维柯并不真正反对亚里士多德所说的一件事物的本性就等于它在达到完全发展时所具有的性质（J₅）。[7]

共同（common）

D₁ 很显然，在"各民族的共同性"这个词组里，"共同"的用法并不同于说森林中野兽般的流浪的男女杂交情况下的那种可耻的共同占有（comunione infame）中的"共同"（infame）〔16f〕。在那种意义下"共同的"和"特定的"或"确凿可凭的"（certain）是对立的〔321〕。婚姻制度的结果是人们变成"特定的父亲们和特定的女人们所生育的特定的子女"〔1098〕。

D₂（在本译文的第一版里对于原始杂交中的那种"共有"〔comunione〕，我们用了"共产主义"〔communism〕这个词来译。这也许导致误解，暗示这里有某种制度或体系，而维柯的comunione指毫无体系，在一切制度之前的。在本版中我们用了"杂交"〔promiscuity〕，也可能导致误解，暗示在杂交这种弊病并不普遍的一种社会里只是某些个人的弊病。唉！对翻译的校改至多只能以导致较轻微的误解来代替导致较严重的误解！）

D₃ 再说，这里所涉及的词组中的"共同"（common），首先至少并不指"公众的""大体的""联合的""交互的""互相约定的"意思，它并不假定经过考察、审议、传达、交互影响、交涉、成规或协议。

D₄ "公共的"真正意义是"由多数事例或全体各自独立地例证出来的"，除掉"各民族的共同本性"这个词组之外，还有些其他事例也用"共同"这个词作同样的解释。"共同意识"[8]就是"一整个阶级，一整个人民集体，一整个民族乃至整个人类所共有的不假思索的判断"〔142〕。（维柯显然并不排除由传达或交流而变成共同的那种可能性。）他说："起源于互不相识的各民族之间的一致的观念必有一个共同的真理基础。"〔144〕

D₅ 现在想一想上文引的那个"公理"后两段文字。维柯说，有多少民族就有多少天帝约夫，就有多少名称，而且"这些民族在起源时是在森林中生长的，彼此互不相识"，每个民族中天帝的寓言故事都会有一种民政真理，这就是在这些情况下的一致的观念所必有的真理基础〔198〕。而且，"这种民族世界既然是由人类创造的，就让我们来看一看在哪些制度上全人类都一致而且向来就一致，因为，这些制度就会向我们提供一些普遍的永恒的原则……根据这些原则，一切民族才被创建出来而且现在还保持下去。我们观察到一切民族，无论是野蛮的还是文明的，尽管是各自分别创建起来的，彼此在时间和空间上都隔得很远，却都保持住下列三种习俗：（1）他们都有某种宗教；（2）都举行隆重的结婚仪式；（3）都埋葬死者。无论哪一个民族，不管多么粗野，在任何人类活动之中没有哪一种比起宗教、结婚和埋葬还更精细，更隆重。根据〔144〕条的公理：'起源于互不相识的各民族之间的一致的观念必有一个共同的真理基础。'一定就是这种共同的真理基础支配了一切民族，指使他们都要从这三种制度开始去创建人类，所以都必须虔诚地遵守这三种制度，以免使世界又回到野兽般的野蛮状态。因此，我们把这三种永恒的普遍的习俗当作本科学的三个头等重要的原则"。〔332f〕

D₆ 另一个例证："按照各种人类制度的本性，应有一种通用于一切民族的心头语言，以一致的方式去掌握在人类社会中行得通的那些制度的实质，并且按照这些制度在各方面所现出的许多不同的变化形态，把它（上述实质）表达出来。一些格言谚语或凡俗智慧中的公理对此提供了证明，这些格言谚语或公理在意义实质上尽管大致相同，却可以随古今民族的数目有多少，就有多少不同的表达方式。"〔161f〕属于两种各自独立发展出来的语言的两种完全不同的文字⁹却可能有一个共同的意义，道理就在此。

D₇ 我们以上的一些例证是从维柯谈各民族的共同性的一些段落中引来的，尽管不是用原文的词句，但是在一段较严密的话里维柯在最接近共同性的恰当意义上使用了这个术语。他说："因为法律确实比哲学出现较早，苏格拉底一定是从观察到雅典公民们在制定法律时都要赞同这样一种观念，即有一种平等利益对全体公民中每一个人都是共同的，他才开始用归纳法来总结出一些可理解的类（种）或抽象的共相，这就是说，通过搜集一些彼此一致的特殊事例来造成一个类，其中那些特殊事例在同属这个类上是彼此一致的。"〔1040〕这就是说，维柯所指的共同性都是通过科学归纳法得来的。这一点的重要性在下文"科学"项便会见出〔F₁，F₅〕。

部落自然法（Natural Law of the Gentes）

E₁ 以上我们还停留在《新科学》第三版的范围之内。为方便起见，现在姑暂离开本题，来谈本书第一版标题中最后一个词组〔A₁〕。第一版的标题是《关于各民族的本性的一门新科学的原则，凭这些原则见出部落自然法的另一体系的原则》。维柯所说的"另一体系"指的是一种新体系，不同于格劳秀斯、塞尔登和普芬道夫那些十七世纪的自然法理论家的一些体系〔394〕，标题的意义是：揭示部落自然法的新体系的原则的就是关于各民族的共同性的那些原则。

E₂　维柯虽然把上述词组从第二、第三两版的标题中删去了，这并不是因为这个主题在这两版中也已删去，而是因为这个主题已变得不那么突出了。他的新的"部落自然法体系"在第三版中还是"主要方面"之一〔G₃, 394〕。实际上我们在第三版的绪论性的《本书的思想》中还见到这一方面，其中有一句完全适合第一版："这门新科学就成了玄学，从天神意旨的角度去研究各异教民族的共同本性，发现到诸异教民族中神和人的两类制度的起源，从而建立了一套部落自然法体系。这种体系经过三个时代都以最大限度的一致性和经常性在继续发生效力。这三个时代的划分是由埃及人传给我们的。埃及人把世界从开始到他们的那个时代所经历的时间分为三个时代。"〔31〕在第一版各章里维柯曾把部落自然法区分为第一、第二和第三种，每种各特别适合他所区分的神的、英雄的和人的三个时代。

E₃　根据罗马法中晚近——不只是古典时期——人所熟知的一些区分，我们可以通过下列路程来达到维柯的"部落自然法"。最通行的区分是公法和私法，在私法项下，又分民法和部落法（ius gentium）。尽管维柯把 ius gentium 直译为 ie dritto delle genti，而我们也直译为部落法，这个词可能就是"普遍通用法"或"普遍法"。无论如何，它并不是国际公法，即不是处理诸民族之间的关系法；也不是国际私法，即国际法庭处理各民族的公民或集团之间的关系法。它只是罗马任何政权的私法中的一部分，和任何其他国家的私法是一样的。至于每个政权的民法，都是它所特有的法律中的一部分。但是还有一层，部落法由于是通行于和罗马人有交涉的一切人民，却像是人类社会的一种自然和必然的表现或情况。它到处生效，因为它是一切人乃至其他动物所分享的自然理性所规定的。它是部落法，正因为它是自然法。由此不一定得出结论，说部落法和自然法等同或甚至有同样范围。不过人们可以用自然的部落法来称呼部落法中同时既是部落法，又是自然法的那一部分。这两种称呼单独的或合在一起都可以用，并不妨碍另一问题的解答：是否有不是自然法的部落法，或不是部落法的自然法。这样我们就会达到我们译为"部落自然法"的维柯所称呼的 ius naturale gentium 或 il diritto naturale delle genti，剩下的事就是说明他用部落法这称呼的意思以及我们何以这样译它。

E₄ 我们一开始就要提醒读者，在用英文译欧洲大陆的法学文献之中，有一个产生混淆和误解的不断来源。英文用"law"这个词有两个很不同的意义，而欧洲一些其他语言却用两个不同的对比的词来表达这两种意义：拉丁文的 ius 和 lex，意大利文的 diritto 和 legge，法文的 droit 和 loi，西班牙文的 derecho 和 ley，德文的 Recht 和 Gesetz。每对词的第二个指颁布的法律，是由某种立法机关的当局在某个时间和某个地点制定的，所以这是凭意志的法律。每一对词中第一个指法律秩序、结构或体系，是作为一种至少在意思上合理的整体而构思出来的，所以这是凭理智的法律。这种分别在于前者要经过正式决定才成为法律，后者成为法律，是因为它本身是正确的或合理的 ¹⁰。因此，只有第一个词而不是第二个词才能用来翻译英文中的 principles of law 或 philosophy of law。现在有三种都不能令人满意的方式可以勉强用来避免对维柯用的这些词发生误解。我们似可保存 diritto 和 legge 这个词而不加翻译，我们也可以在意义暧昧的译词 law 之后把原文用在括弧里，例如 law（diritto），law（legge）。此外还可以在译词下加符号，例如 law₁ 译 legge，law_d 译 diritto。在下段里我们为了说明这个问题，三种办法都用。

E₅ 维柯有意要加重 diritto 和 legge 的分别，所以开始就指出习俗（custom，consuetudine）和法律（legge）的分别，于是把"the natural law_d of the gentes""部落自然法"摆在"习俗"下而不摆在"法律"下，他把狄奥（Dio）的一句话作为一条公理："习俗（custom）像一位国王，法律（law₁）却像一个暴君。我们应把这句话里的'习俗'理解为指合理的习俗，'法律'理解为没有受自然理性灌注生命的法律（law₁）。"他说，这条公理在含义上就解决了"法律（law_d）是来自自然还是来自人们的意见"那场大争论。这问题实际上就是另一问题："人在本性上是否就爱社交？""首先，部落自然法（diritto）是由习俗造成的（狄奥说习俗像一个国王凭好恶来指使我们），而不是凭法律（legge）来指使我们（狄奥说法律像暴君一样，凭暴力指挥我们）。因为法律起于人类习俗，而习俗则来自各民族的共同本性（这就是本科学的正当主题），而且维持住人类社会。此外，就没有什么比遵从自然习俗还更为自然了（因为遵守自然习俗是最能引起好感的）。由于这一切理由，作为这种习俗来源的人类本性是爱社交的。"〔308f〕

E_6 读者将会看出，这段话使"自然"和"自然的"这两词意义显得更明白。除掉生育的意义以外，还有一层密切相关的自发和不假思索或考虑的意义。民法和自然的部落法相比，部落法是自然的而民法却是一个民族所特有的、经过考虑才采用的法律。维柯在一段很有意思的话里，抛弃了文化交流说而肯定了多元独立起源说〔F_5〕。他辩论说，假如说"部落自然法"是由交流而扩散的，那就会是在发源地以外一切地方民法都具有强加的或经过考虑才采用的，所以那就是民法而不是与民法相反的自然法。"……有人认为部落自然法……是由某一民族创始而后传到其他各民族的。……情况如果是这样，那就会是一种凭人意的安排而输送到其他民族的民法，而不是由天意在一切民族中自然而然地连同人类习俗本身在一起来安排的一种法律了。与此相反，本书自始至终要进行的工作之一就是要证实部落自然法都是在互不相识的各民族中分别创始的，后来才由于战争，信使往来，联盟和贸易，这种部落自然法才被承认是通行于全人类的。"〔146〕

E_7 维柯并不是到这个矛盾就止步，这个矛盾就是据交流说，部落自然法是凭凡人的预见、先见或安排，才存在的。维柯驳斥了这种交流说而建立起和它相反的天意安排说〔F_{5-6}〕。但是这一说的提出并不只是作为维柯所接受的一种代替的学说，而是作为一开始就和法观念本身密切相关的一个观念。从拉丁文的字源看，在维柯时代，把 ius 这个词和"宙斯（Ious）或约夫（Jovis 或 Jove）或朱庇特（Jupiter）"这个天帝的名称联系起来并不是罕见的。因为一种学说应从它所处理的题材开始时开始〔314〕，维柯的部落自然法的学说也就从法的开始时就开始，而法不仅是从天神意旨安排这一动作开始，而且是从对天神意旨的信仰的一种萌芽形式开始〔398〕。

E_8 还要说明一下，我们不再像在英译文第一版里那样用"诸民族法律"这个习用的名称来译 ius gentim 和 il diritto delle genti（部族的法律）。一个理由是维柯自己两次用了"诸民族的法律"，我们想保留"诸民族的法律"

来译 998、1023 两段中有关的称呼。另一个更重要的理由是"诸民族的法律"现在已和"国际法"发生了联系[11]，我们想避免混淆。[12] 最后一个理由，在"民族自然法"这个完整词组里含有一个更大的风险，使"自然法"这个词和维柯所称为"哲学们的自然法"那种在理想上是正确的完全理性的规律发生联想〔313，1084〕。

科 学

F₁ 这里头一个区别是 coscienza（意识或良心）和 scienza（科学或知识）之间的区别。意识的对象是确凿可凭的事物（il certo, the certain），即特殊具体的事实、事件、习俗、法律、制度，是要靠谨慎观察，检查证据才能确定它们为确凿可凭的。至于科学的对象却是真理（il vero, the true），即普遍永恒的原则〔137〕。（换句话说，科学的对象是共相〔321〕。）追求对确凿可凭的事物的认识的就是语言学或历史，追求真理或共相的科学就是哲学。以上还只是从狭义看的科学，但是维柯的《新科学》的标题里所用的是广义的科学，既包括语言学，又包括哲学。"哲学默察理性或道理，从而达到对真理的认识；语言学观察来自人类选择的东西，从而达到对确凿可凭的事物的认识。这条公理凭它的下半截，在语言学家之中，包括所有研究各民族语言和行动事迹的语法学家们、历史学家们和批判家们；包括国内的，例如习俗和法律，以及国外的，例如战争、和平、联盟、旅游和贸易。这条公理还显示出：哲学家们如果不去请教于语言学家们的凭证，就不能使他们的推理具有确凿可凭性[13]，他们的工作就有一半是失败的。同理，语言学家们如果不去请教于哲学家们的推理，就不能使他们的凭证得到真理的批准，他们的工作也就有一半失败了。如果双方各向对方请教，他们对他们的政体就会更有益，而且也就会比我们早一步构思出这门新科学了。"〔138—140〕

F₂ 以上我们已满足了科学应是对普遍永恒事物的知识这一要求〔163〕。但是还有一个同样长期存在的要求，科学是追究原因（causes）的知识，而新科学就更强调有资格来满足这个要求〔345，358，630〕。不仅如此，维柯沿着这条路线还发展出一种认识论，据此我们只能凭我们（人类）自己的所作所为[14]才得到科学的认识。例如我们在算术这个范围里可以有数学这门科学，因为在数学里我们可以凭自己的定义、公理和假设来推演出结果；我们在物理这个范围里可以有科学的认识，就要凭我们自己的试验能力。但是数学和物理学都还够不上是完善的科学。数学够不上，因为它的各种对象都是虚构的；物理学也够不上，因为我们各种试验的范围绝不能包括全体自然界。[15]

F_3 所以严格地说，对自然界的科学认识要留给创造自然界的上帝。但是对于凡人来说，民族世界，民政世界，即人类制度的世界，仍可以有科学的认识，因为这个民政世界是由我们凡人制造出来的，所以这种世界原理或原因"必然在我们自己的人类心灵各种变化中就可找到"〔331〕。不仅如此，这样一种科学在完整方面比起物理学还较强，在真实程度方面比起数学还较强。因为"正如几何学那样在用它的要素构成一种量的世界，或是在思索那个量的世界时，它就是在为它自己创造出那个量的世界，我们的《新科学》也是如此〔为它自己创造出民族世界〕，但是却比几何学更为真实，因为它涉及处理人类事务的各种制度，比起点、线、面和形体来还更为真实"〔349〕。[16]

F_4 不过还要应付两种明显的反对意见：（1）按照希伯来人基督教的历史观，各种基本制度，无论是宗教的还是凡俗的，都是由上帝或基督奠定的。（2）按照这同一观点，历史的意义要在一种像单一系列的特殊行动之中才可以找到。那么这种科学：（1）在什么意义上才是民族世界的科学？（2）在什么意义上才是对共相或普遍性相的认识？

F_5 用来应付这些反对意见的办法有下列几种：（a）把希伯来－基督教的传说及其各种制度都排除到这门新科学声称有充分能力解决的那个范围之外；（b）根据这种观点，把诸异教民族世界看成具有无限多的各自独立的起源〔E_6〕，这样在每个民族里，同一个"理想的永恒史"都可得到例证；（c）把两种预见或天意安排分开：（1）直接的超验的对各种单独行动的天意安排，这是天选的人民（希伯来人）的特权，（2）内在的（本身固有的）天意安排，按照一些一致的法律起作用，用各异教民族都有的各种人类制度本身那样自然的平易手段〔313〕。在这两种天意安排之中，前一种和凭人自力创建各种制度的说法不相容，前后两种的合并也是如此，但是单是后一种自身并不如此[17]。

F₆ 不过如果说，就异教民族来说，维柯也主张有一种天意安排说，只是使他可以回答这些异教民族如何能有共同性的科学这一问题，这就还不很够，天意安排说不仅是《新科学》的一种假定的前提，而且是《新科学》中一个不可分割的部分，或"主要方面"。作为一个假定的前提，天意安排只是一条信仰，在这种信仰之下，需要有上述（基督教和异教的）分别才使维柯可以自由采取一些开始的步骤走向建成他的《新科学》。这种科学的一个部分或方面，即他所说的关于天意安排的"理性的神学"〔385〕可以理解为一种假说，用来解释后来冯特（Wundt）[18]称呼为"结果的异因生育"（the heterogony of ends），这就是说，人们有意识地抱有他们的某些特别目的，却不自觉地达到较广大的目的这种过程的一致方式〔342，344，1108〕。（这可以和曼德维尔〔Mandeville〕较早的"私人罪恶，公众利益"说，亚当·斯密〔Adam Smith〕的"见不着的手"以及黑格尔〔Hegel〕的"理性的诡谲"相比较。维柯在说英雄的罗马人的"公众德行"只不过是天意把他们的"可恶的、丑恶的、残酷的私人罪恶"利用得很好时，他心中可能想到曼德维尔的话〔38〕。）[19]

F₇ 尽管希伯来 – 基督教的传说在形式上被排除在维柯的《新科学》声称它有能力处理的那个范围之外，尽管维柯指出希伯来人和异教人之中许多决定性的差别〔126，165ff，301，313，329，350，369ff，396，401，481，948〕，他却也指出希伯来和异教的历史和制度之间有许多类似点〔165，423，433，527，530，533，557，658，715〕。此外，这种分别到欧洲进入第二轮时代[20]就要失去重要性，如果不是完全消失的话。

F₈ 这番话也许就足以见出维柯在什么意义上声称他的著作是科学而且在他的那些前提之下如何可能有那样范围和性质的科学。

新

G₁ 维柯写作和印行他的著作虽然在十八世纪，他却是十七世纪那个"天才的世纪"的儿子。他出生在 1668 年，在 1699 年他获得修辞学教授的职位，任教直到他退休为止。十七世纪有一个异常突出的特点，就是在科学的和假科学的著作标题上频繁出现"新"和"前所未闻"之类字眼。单枪匹马地创建一种新科学比起扩充甚至改革一种旧科学在当时是一种更大的荣誉。维柯住在那不勒斯，当时猎新争奇几乎成为那里学术界的传染病。不过那不勒斯在它的研究院里确实有一个活跃的研究十七世纪的各派新科学的新哲学的中心，而且作出了一些贡献。就是这个学院激发起维柯要创建一门新科学的雄心。这几乎是确凿的事实。但是十七世纪的新奇事物主要是数学、物理学、生物学和医学。维柯的雄心却是要创建一种人类社会的科学。这种科学在"民族世界"这个主题上要做到伽利略和牛顿等人在"自然世界"所已做到的成绩〔B₅₋₇，F₂₋₃〕。维柯并不宣称他是第一个人试图研究这种新科学，他只宣称他的尝试是首次成功的尝试。他对这方面的先驱只提到自然法的理论家们〔394〕和霍布斯。

G₂ 霍布斯却曾提出过类似维柯所要求的那种权利。霍布斯曾扬言以前没有比他的《论公民》（*De Cive*，1642 年）更早的"民政哲学"。在维柯的心目中，霍布斯曾作出近似他自己的新科学的尝试，即"从全人类整个社会中去研究人"〔179〕。但是事实上霍布斯失败了。失败的原因在于他认为有可能单从人类的考虑、计谋和事先安排就可以产生人类社会，他没有看到异教社会只有靠天意安排才能产生。²¹

G₃ 维柯自己开始只企图研究出"部落自然法的一种新体系"，来代替从前自然法理论家们的那种体系。他起先本着这种企图来构思新科学。后来他只是逐渐地才认识到新科学本身的重要性，不只是作为建立一种新体系的基础。这种新体系于是降到成为新科学中一些"主要方面"中的一个方面〔E₂〕。因此，维柯认识到自然法的理论家们的意图并不如霍布斯的意图和他自己（维柯）的意图那样接近。但是自然法的理论家们失败了。维柯说，他们的失败正在他们有意试图采取的那个方向；他们失败在"从中途开始，也就是从已开化的各民族的最近时期才开始（所以是从自然理性已充分发展的有文化教养的人们才开始）。从这些开化的民族中哲学家们已涌现出来了，在对关于公道或正义的一套完整理念进行思索"〔394〕。这就是说，他们拿给我们的是"哲学家们的自然法"，一套理想的公正的法律，并不是"部落的自然法"，部落自然法是一种凭暴力的法律〔1084〕。

G₄ 如果维柯错误了，那就错误在把他的先辈的意图看作实际上更近于他自己的意图。如果我们进一步再看看，在维柯所提到的那些作家的范围之内或之外，我们就会看不到哪一个人稍微接近维柯的看法。所以，最后我们如果承认维柯所研究的是科学，我们也就必须承认它是新科学。

詹巴蒂斯塔·维柯的

H₁ 关于各民族的共同性的科学不仅是新的而且是维柯的。这并不是一部合作的著作，不是前此其他学者们已获得一些结果的综合，只待搜集在一起加以组织和赋予一部科学的形式。它是一种为不达到某一发现就不能走第一步的科学，维柯单凭他自己达到这种发现，而且只有在占有这一发现的情况下，他才能进行建造这门科学。他说："为着发现在异教世界中最初的人类思维是怎样起来的，我碰上一些令人绝望的困难，我花了足足二十年光阴去钻研。我曾不得不从我们现代文明人的经过精炼的自然本性下降到远古那些野蛮人的粗野本性，这种野蛮人的本性是我们简直无法想象的，而且只有费大力才能懂得。"〔338〕"我们发现各种语言和文字的起源都有一个原则：原始的诸异教民族，由于一种已经证实过的本性上的必然，都是些用诗性文字来说话的诗人。这个发现，就是打开本科学的万能钥匙，它几乎花费了我的全部文学生涯的坚持不懈的钻研，因为凭我们开化人的本性，我们近代人简直无法想象到，而且要费大力才能懂得这些原始人所具有的诗的本性。"〔34〕

H₂ 就是因为自然法的理论家们和霍布斯都不曾获得这个发现，没有占领这把万能钥匙，他们就连新科学的起点也没有找到，或是在他们的著作里有任何暗示。

原则（principles）

I₁ 我们已提到"原则"这个词和"本性"（nature）与"民族"（nations）两个词在体系上都含糊而且侧重点都在"生育"上〔A₃〕。现在我们应注意到"原则"这个词不仅出现在全书标题里，而且还出现在第一卷的标题"原则的奠定"里以及第一卷第三部分的标题"原则"里。

I₂ 我们且从最里层向外逐渐剥茧抽丝。第一卷第三部分的"原则"指的是宗教、婚姻和埋葬〔330—337〕，这三项都叫作"原则"，意思是这三项都是部落发展所必有的而且充分奏效的条件。部落（gens）是最小的社会，不随组成的个别成员的死亡而同时死亡，这样就使文化进展有可能。"这个民族世界既然是由人类创造的，就让我们来看一看在哪些制度上全人类都是一致赞同的而且向来就是一致赞同的。因为这些制度会向我们提供一些普遍的永恒的原则（每门科学都必须有这样的原则），根据这些原则，一切民族才被创建出来，而且现在还会保持下去。"〔332〕下文第四部分还说："就异教世界中神和人的各种制度的起源进行推理，我们就达到了最初的起源，如果想再往上追溯到底去找更早的起源，那就是徒劳无益的好奇心了：这就是界定〔最初〕原则的特性。我们说明最初原则产生的各种方式，也就是说明了它们的本性，说明本性便是科学所以为科学的特殊标志。最后，这些起源还由这些制度所保持的永恒特性来证实，那些制度如果不按它们实际产生的那些特殊的时间、地点和方式来产生，那就是不按它们的特殊本性产生，它们便失去它们的本质了。"〔346〕

I₃ 维柯已做到的是把异教社会起源，从而也就包括异教人类的起源，追溯到上述三种制度的起源，并且显示出文化中剩余部分是怎样包括在或起自这三种制度之中的。例如关于一切都从宗教生长出来这个主题，读者可从629 段看到一种简赅的陈述。不过维柯很少注意到社会进化晚期中上述各种制度的转变。

I₄ 从第一卷本身的"原则的奠定"这一标题中可以看出:"原则"这一词如果适用于全卷四个部分,就必然指新科学本身所依据的原则,这些原则就会是:(1)时历表及其注释,其中把主要的文字学材料顺序列出;(2)欧几里得几何学意义的"要素",即原理、定义和假设;(3)上文指出过的那些狭义的原则;(4)方法,这就是根据上述材料,通过上述要素,从上述诸原则出发,运用这种方法,维柯准备在下面各卷中构造出(a)诸民族的世界和(b)研究这种民族世界的科学。

I₅ 但是就是在这里,"原则"至少首先指第三部分所举的那些。这从第四部分最后一段话可以看出,维柯说:"从上文关于奠定本科学的原则的一般陈述,我们作出结论如下:新科学的原则就是(一)天神意旨,(二)婚姻以及它所带来的情欲的节制,(三)埋葬和有关的人类灵魂不朽观念……"〔360〕

I₆ 也许还值得提一下这些制度中的两种:宗教和婚姻以及在这里没有包括进来而后来也称为原因的避难所和第一次土地法,"仿佛就是这种民政社会中的四种要素"〔630〕。

I₇ 在全书标题里,我们或可期望"原则"这个词所指的应该不仅是这些原则本身,而是根据这些原则所构造起来的这门科学和诸民族的世界,很像我们提到欧几里得几何学的要素时我们指的不仅是严格意义的要素(即定义、公理和假设),而是根据这些要素所构成的几何学体系。

I₈ 但是正如欧几里得的"要素"作为一种体系可以有无限的向前发展而无须增加或改变那些定义、公理和假设,维柯的《新科学》也可以有无限的向前发展而不必改变它的一些原则,无论是狭义的还是广义的原则。这就是说,从"新科学的原则"这个标题开始,维柯就已否认他要求完备周详。在他所举的《新科学》的七个主要方面之中〔385—399〕,没有哪一方面在他的著作中讨论得完备。这一点在第三方面的"一部人类思想史"或理智史部分特别明显。有一段就是一个例证〔1040ff〕,维柯说这部分可以作为"以哲学方式来叙述的哲学史的'九牛一毛'"〔1043〕。

I₉ 维柯多次提到"心头词典"(mental dictionary)在本书第一版里已举了一个例,在本版里又举了一些例〔473—482〕,他经常运用这心头词典,但是这种心头词典还只是刚开头的一种设计。

I$_{10}$ 维柯预言到：日耳曼语言的学者们如果按照他的那些原则致力于寻求日耳曼语言的各种根源，就会得到一些惊人的发现〔153，471〕。

I$_{11}$ 《新科学》在实际写作方面尽管维柯自认还不够完备，他却间接地声言过在观念或构思方面是完整无缺的。在这样的声言里，维柯引用了塞涅卡的《关于自然的一些问题》一书《论彗星》一章中接近末尾处的一个著名的段落，提到在古代有各种不同的关于行星或"游星"的学说对行星和游星的运动都得出了规律，但是对彗星的运行却不曾发现到规律，塞涅卡的看法是彗星的运动也和行星一样有规律，不过我们到现在还缺乏足够的观察来确定它们运行的轨道，等到在一个未来的世纪里已积累足够的资料了，我们就可以预期到彗星的轨道也会绘制出来。谈到一般自然界时，塞涅卡还补充一句说："许多新发现都留给将来的各时代，那时人们会已把我们忘记了。世界如果没有提供全世界每个时代去研究的课题，那么，这个世界也就贫乏得很可怜了。"〔1096〕

I$_{12}$ 我们很想指出，塞涅卡显然是在说自然界，而维柯的"这个世界"却指民族世界，意思只是说，这个民族世界也和自然世界一样，将会向未来各世纪里的研究工作者们提供许多新的发现，但是维柯在凭记忆引用塞涅卡的第二句话时却歪曲了一下，把原文"如果它不具有某种足供全世界寻找的东西"歪曲成"如果它不具有全世界都在寻找的东西"。这样一来，"这个世界"就像是新科学本身了；否则就是在新科学里，而且是新科学建构起来的那个民族世界；或者是由一切民族的事迹都例证出来的"理想的永恒规律史"中的一种模范世界……〔1096〕而维柯的本意却是：他的新科学中的模范世界会是一种可怜的东西，除非任何未来时代在诸民族的实际历史里会发现到某种东西，然后就在他的模范里去发现他的模范的理想史正包括了它，这也就是说，它是"永恒法律"中一条或几条的例证。一种能这样调处未来的观察和实验的结果的科学，才标志出一种"在观念上就已是完善的"科学。

I$_{13}$ 这就引起了一个问题：维柯认为要符合经验事实到怎样程度才能证实他的新科学的原则呢？第五卷第二章〔1088ff〕给了一个很清楚的回答。这一章的最后一句就是上述误引塞涅卡的话。维柯承认在世界各民族之中，不完全符合他的理想的永恒历史的比完全符合的更多，有些接近的，在古代民族世界里只有罗马，在近代，只有某些欧洲国家。偏离和变形的事例需要特别的解释。举例来说，在大西洋彼岸的新世界里"美洲的西印度群岛人如果不曾被欧洲人发现到，他们现在也会在走上述那些人类制度的历程"〔1095〕。但是对于一些典型示范的民族来说，上述模范所提供的一般解释就够了。

I$_{14}$ 但是就连在全书标题里，"原则"这个词也保留住"生育"的意义，至少是作为一种陪音或暗示（overtone）；它有两层意思，一层是维柯的这部著作只是新科学的开始或起点，另一层是新科学的焦点是诸民族世界的起点。维柯比较详细地讨论了新科学的最难的部分，即构成民族世界的各种制度的起源；他只约略地谈到欧洲（历史循环）的第二轮，此外就只有一些零散的提示。所以他还留下大量工作待后来人去做，就连这（历史循环）的头两轮也是如此，将来一切时代的研究工作者都还有问题要解决，如塞涅卡所说的。但是不管那些未来时代发现的问题是什么，在原则上它们都已含在《新科学》里了。

"关于人类的一些原则"

J$_1$ 在 1725 年付印的《新科学》第一版所根据的原稿之前，还有一个后来遗失掉的很不同的稿本，似曾用过"关于人类的一些原则"作为标题。维柯在呈献第一版给人时曾附着一封信，其中已用过"关于人类的一些原则"这样的称呼，这个称呼也经常出现在第三版本身里〔118，123，163，338〕。

J$_2$ 我们可以稳妥地认为"关于人类的一些原则"这个称呼至少大致等于"各民族的共同性"。但是这就意味着"人类"这个词至少大致等于"各民族的共同性"，正如"人类"这个词大致等于"民政"（civility）或邦政（polity）〔B$_8$〕。而且这还意味着"人类"这个词，像"本性""民族"和"原则"这些词一样，都有一种生育的意思，人类的一些原则就是由非人变成人所依据的那些原则〔C$_6$〕。依据那些原则，民族宇宙或世界才从混沌中发育出来（在混沌中事物和妇女一样都处在可耻的兽性的乱占和杂交的状态），所依据的那些原则正是野兽般在地面大森林里浪游的那些半人半兽的动物定居下来而把他们自己人化时所依据的那些原则〔B₅〕。

J₃ 人类并不是从任何种类的兽性都可以发育出来。为着要得到使兽变成人的（素材）原料，维柯作为一个虔诚的天主教徒，就从世界大洪水开始〔369ff〕，安排了两个世纪让含族和雅弗族的后裔以及闪族的非希伯来的后裔堕落到一种适合维柯目标的兽性中去〔C₂〕。

J₄ 维柯和马克思主义者以及存在主义者都有一个同是否定的看法，认为从单纯个体中找不到人的本质，维柯和马克思主义者倒有一个一致的肯定或积极的看法，认为人的本质就是社会关系的总和，或是各种制度在发展中的体系。

J₅ 关于神、英雄和人的三个时代，我们已经提到〔C₇〕，和以前兽性混沌相比，三个时代在微弱的意义上都是人类的；和第一个时代相比，第二、第三两个时代则在较强的意义上是人类的〔629〕；和第一、第二两个时代相比，就只有第三个时代才在最强的意义上是人类的。维柯对这第三个时代的说法是完全展开的，充分发展了的人类。

诗性的智慧（Poetic Wisdom）

K₁ 我们相信现在我们已说清楚了维柯著作的标题中一些词的意义，因此也就说清楚了整个标题的意义以及《新科学》的性质和范围。在涉及"原则"这个词时，我们有机会也谈到第一卷的标题乃至全卷各个部分的标题〔I₁，I₄〕。如果对其他四卷和各部分以及引论和结论的标题，进一步说明，问题就会得到进一步的澄清。不过目前我们暂且满足于只检讨一下第二卷的标题"诗性的智慧"以及第五卷所用的"复归"这个词。

K₂ 有一个老传说，老到在柏拉图的《理想国》里就已受到攻击。据这个传说，文化创始者就是像荷马那样的诗人，同时也是一些智者或哲人（Sage）；荷马和悲剧家们都是一切技艺知识的大师和做人方面的道德和宗教的向导。从前还有一种猜想，认为每个城邦都是由某一位立法的英雄或富于智慧的立法者所创建的，例如在斯巴达是莱克格斯（Lycurgus）。有些传说是由维柯过分夸大的，据说这些立法者也就是些诗人〔469〕。

K₃ 这些都是些学者们的虚骄讹见，他们硬以为凡是他们所知道的东西都和世界一样古老〔127〕。这种虚骄讹见的近代形式就是十七世纪一些关于自然法的理论。他们把任何野蛮行动和简陋状态都归原到自然状态，认为在自然状态的人都有一种听从自然理性支配和引导的能力〔394〕。

K₄ 维柯毫不怀疑人道创建者们都是某种诗人和哲人。问题在于"某种"究竟是哪种，因为他们用创建制度的方式创建了人类，他们就是些诗人。"诗人"是用希腊文的意义，就是制作者或创造者。擅长于制作某种东西当然在某种意义上就是知道怎样制作它，而且"知道怎样办"（the know-how）当然就是一种知识或智慧，但这是什么意义上的智慧呢？"某种"究竟指哪种？它就是发现这种诗性的智慧或创造性的智慧，或是诗人或人类制度的创造者的智慧。这种诗性的智慧的性质才是新科学的万能钥匙。这一发现就花费了维柯足足二十年的钻研〔338〕。他说：诸异教民族的原始人，即正在出生的人类的儿童们，就以这种方式根据他们自己的观念，创造了事物；但是他们的这种创造和上帝的创造绝不相同，因为上帝凭他的最纯粹的智力，能认识事物，而且在认识事物之中就同时创造了该事物。而原始人由于他们强壮而无知，却凭完全肉体方面的想象，才创造出事物。而且因为完全凭肉体方面的想象，他们以惊人的崇高气派创造了事物；这种崇高气派伟大到使凭想象创造出事物的那些人物格外震惊，因此他们被称为"诗人们"。"诗人们"在希腊文中就是"作者们"或"创造者们"〔376〕。

K₅ 维柯甚至竟从这种诗性的智慧中看出：各门技艺和各门科学的粗糙的起源，也就是一种诗性的或创造性的玄学；从这种粗浅的玄学中一方面[22]发展出也全是诗性的逻辑功能、伦理功能、经济功能和政治功能；另一方面发展出物理知识、宇宙的知识、天文知识、时历和地理的知识，这些也都是诗性的，这些就替第二卷提供了大纲或轮廓。"我们将显示出……异教人类的奠基者们如何通过他们的自然神学（或粗浅的玄学）去想象出各种神来，如何通过他们的逻辑功能去发明各种语言；如何通过他们的伦理功能创造出英雄们；如何通过他们的经济功能创造出一些家族；如何通过他们的物理功能，确定了各种事物的起源全是神性的；通过人的特殊物理功能，在某种意义上创造了他们自己；通过他们的宇宙观为他们自己造出一个全住着神的世界；通过他们的天文观把诸行星和星群从地面移到天上；通过他们的时历观使（经过测量的）时间有了一种起源；又如何通过他们的地理观，例如希腊人把全世界各地都描绘为在他们的希腊本土范围之内。"〔367〕

　　K₆ 诸科学达到具有充分发展的、经过深思熟虑的、有系统的、在方法上用自觉的形式时当然只是人的时代的成就。培根是在人的时代第二期中的伟大先知者。他设计了但是没有完成他的"大著作"（六部之中有两部是《学术的进展》和《新工具》），依维柯看，（这部未完成的巨著）就是十七世纪思想的丰碑，他很想拿他自己的《新科学》和培根的这部巨著相比。在《新科学》第二版（1730 年）第 37 段末尾有几句话在第三版里不知为什么删去了，原话是"因此在几乎形成本书整体的第二卷里作出了一个发现，和培根在《诸科学的新世界》里所作的发现正相反，培根在他的著作里所考虑的是各门科学依它们的现状怎样才能向完善推进。我们的这部《新科学》里所发现的却是古代各门科学的世界。它们在产生时必然粗疏，后来才渐趋完善，直到我们现在所接受到的那种形式"。维柯所指的不仅是第二卷形成全书的大体，而且是第二卷几乎包含了全书的主题要旨。请读者谅宥我们用一句仿维柯式的双关语，说这第二卷包含了几乎一切带有独创性或本源性（original）的东西，此外一切都是附加的（或次要的）。第一卷替第二卷铺平了道路，第三卷和第四卷扩充了第二卷的某些创见或用些不同的形式复述了第二卷的内容，第五卷为时代循环的第二轮所做的工作恰是第二卷为第一轮所做的。

　　K₇ 也许可以说，维柯的《新科学》这部十八世纪的创作，本身就属于培根所设想的"诸科学的新世界"。但是《新科学》却面对着正相反的方面。《新科学》虽然是在人的时代第二轮中创造出来的，它有可能创造出来，却是由于返回到诸民族世界最初所创造的那种诗性的智慧。维柯用全书的一半篇幅来谈诗性的智慧，他却展示出科学和哲学的智慧在试图认识自己之中所用的办法则是在凡俗的、诗性的，或创造性的智慧里去重新找到自己的根源。这样做，它本身²³就成了创造性的或再造性的。凡是科学在某种意义上无疑都是创造性的，但是《新科学》却以一种特有的方式成为创造性的，因为在这门"新科学"里，哲学的或科学的智慧仍能领会，尽管这是一件极难的事〔338〕，那种凡俗的或创造性的智慧就是一切科学和一切哲学的根源和前提。《新科学》像一切科学一样，必须从题材内容开始处开始。但是它的题材内容都是创立制度的智慧，而这种智慧是和各种制度的最初起源同时开始的（那时人类首先"以人的方式进行思维"〔338〕）。几何学无须从测量术开始时开始，力学无须从机器制造时开始。植物学也许必须从植物开始时就开始，但是它无须追究栽种植物的工作在什么时候、什么地方和以什么方式开始。但是《新科学》还必须追问在什么时候、什么地方和以什么方式《新科学》本身才开始，在一种意义上《新科学》是维柯的〔H_{1-2}〕，在另一种意义上它却只是创建制度的智慧开始达到自觉，而这却和各种制度的创建一样古老。各种科学本身就是些制度，创建家族、政体、法律的那种凡俗智慧，也创造了一种诗性玄学功能、逻辑功能、伦理功能、经济功能等，因此，新科学是用再创建最初的科学来再创造新科学本身，这最初的科学就是占卜术，其他一切科学都是从占卜术生出来的〔365，391，661，734〕。由此可见，智慧在《新科学》里走完了一轮循环。

复演（归）过程

L_1　如果我们拿第四、第五两卷的标题来对比一下，复演（归）过程（Recourse）这个名词的本义就会显得很清楚。第四卷的标题是"诸民族所经历的历史过程"，第五卷的标题是"诸民族在（再度兴起）复兴时所经历的各种人类制度的复归历程"。从393段可以看出，维柯有意要把这两个标题摆在一起来看，使二者互相说明。他说："每逢人类从野蛮凶狠的野兽时期脱身而涌现出来了，他们就开始由宗教驯化，定居下来过家庭生活。他们都按照本书第二卷所考察的那些阶段开始、进展和终结。这些阶段在本书第四卷里还要再次遇到，第四卷将讨论各民族都要走的过程。在第五卷里我们将讨论人类要再次经历的各种制度的复演（归）过程。"

L₂ 过程和复演（归）过程，如潮水起落一样，可以是沿着相反的方向经历几个相同阶段，也可以是单纯的再现或复演，即某种事件或某种情况再走回头路。但是复演过程的最强的本义却是依同样的次序再经历同样的各阶段〔41〕。这就是这个词用在第五卷及其头两章标题中的意义。

L₃ 但是"复演（归）过程"这个词此外还有一层意义。一种复演过程并不像宇宙回环那样只走同一个轨道（即过程）。它不是一种纯是自然的过程而是一种历史的过程，它还有复审或申诉这样一种法律的意义。历史过程既然没有获得公道，仿佛就要向一种更高的法庭申诉求复审。而最高的法庭乃是凭天神意旨安排的整部历史。这就要有一种分化和过度诡辩的时代，一种"思索方面的野蛮情况时代"〔1106〕，才便于恢复到感官方面创造性的野蛮情况，即野蛮时代的复演（归）过程〔67，571，574〕，这样就重新开始，正如黑格尔把席勒的题为《退让》的诗中"die Weltgeschichte ist das Weltgericht"〔世界史就是世界法庭〕那句名言稍加改动成为"世界史就是世界审判"那句话的意思。

制度（institution）

M₁ 在结束这篇引论时，我们要就"制度"这个词作一些解释。这个词出现在如在这里译成英文的第五卷的标题中："诸民族在（再度兴起）复兴时所经历的各种人类制度的复归历程"，这里的"制度"这个词在我们的全部译文中出现的次数相当多，但是用作这个意义时在维柯的意大利原文中简直没有出现过。维柯只有一次用了意大利文"istituzione"，却用了它的法律术语的意义（是从拉丁文中意指在遗嘱里指定继承人的 institutio haeredis 派生出来的），那一次就是在 istituzione dé postumi "规定遗腹子女作为继承人"〔993〕那个词组里。

M₂ 在拉丁和罗曼斯体系的各种语文里，动词"to institute"〔制作〕的过去分词用作名词时就指所制作的东西，而名词"institution"〔制作〕本身就指凡是经过考虑的办法，选择意志和意向。它们的主要意义之一就是起形成作用的教育（经过设计的系统教学），以别于不加控制的自学。

M₃ 但是在意大利文里这一群同源词在维柯时代都很少用。意大利人当时不用 istituire〔制作〕而用 ordinare〔安排或布置〕，不用 istituto〔制作〕这个分词式的名词而用 ordinamento〔安排或布置〕，不用 istituzione〔制作〕这个名词而用 ordine〔安排或布置〕。这三个词 ordinare, ordinamento, ordine 维柯都用。我们常用英文 institute〔制作〕来译动词，用英文 institution〔制度〕来译分词和名词，但有时也用相应的 ordain〔制定〕, ordinance〔法令〕和 order〔规程〕〔965f〕。

M₄ 不过维柯常用来指"制度"（institution）的词就是 thing（意大利文 Cosa）²⁴ 这个常用词。在这一点上维柯是遵循一个稀见的拉丁词用法，在这种用法里，res〔法〕这个词就指 institution〔制度〕，正如法学家瓦罗在他的《人神制度稽古录》（*Antiquitates rerum humanarum et divinarum*）里就用 rerum〔法〕来指 institution〔制度〕〔6，52，284，364，990〕。瓦罗用 res humanae〔人类法〕的地方，维柯用 cose umane〔人类事物〕，瓦罗用 res divinae〔神的法〕，维柯用 cose divine〔神的事物〕。不过维柯的用法不同于瓦罗的用法在于维柯常用 cose divine〔神的事物〕指神的时代中的各种制度，用 cose umane 来指英雄的时代和人的时代中各种制度甚至有时专指人的时代中的各种制度。

M₅ 在我们偶用"制度"（institution）来译的其他词之中有 ragione（reason, 理由或理性），diritto（law，法或法律），pianta（plant 或 plan，植物或设计），basis〔基础或基本〕，basic institution〔基本制度〕〔618ff〕。

M₆ 维柯为什么大部分宁用 cosa〔东西或事物〕而不用 institution〔制度〕及其相应的动词和分词呢？因为"制度"这个词太重，带有理论方面的负担，而且所负担的理论正是维柯最要驳斥的；而且因为 cosa〔事物〕这个词在理论上是中性的、朴素的。那么，我们为什么仍把他用的"事物"译为"制度"呢？因为在十八世纪后期和十九世纪的过程中，"制度"日渐变成不再有什么（理论）负担，已变成日常用语，这也部分地由于维柯自己的这部著作的影响，"制度"这个词已不再负担关于制度的起源和本性的唯理主义的理论，这种唯理主义理论当维柯在世时仍然是个公众接受的理论。

M_7 这种理性主义的理论假定了人类社会的各种制度都是由"人"创造出来的，这里的"人"已具有充分发展的人性；人们都认为，在这种"人"身上，在维柯所说的"人的时代"，人道就已充分发展出来了。维柯要主张的却是人道是在"民族世界"建造中发展出来的，最初的步骤是由仍然是野兽或后来变成野兽的那批人所采取的。人类或人道本身就是在各种制度被创造的过程中被创造出来的，它不过是制度创建的一种后果、效果或产品〔C_6，J_2〕。实际上维柯甚至说，不仅在心灵或精神方面，就连在身体或体格方面，这类原不具人道的东西都使他们自己变成人的或具有人道了〔520，692〕。

M_8 所以人类在创建民族世界的过程中所涉及的创建活动并不是深思熟虑的谋划，而是由"诗人"（在希腊文中"诗人"就是"作者"）这个词所表达的那种创作活动，至少是我们一旦追随维柯抛弃了关于诗本身的理性主义理论而采取另一种理论，即诗的本质就是想象、激情、感觉而不是理智〔K_4〕。

M_9 运用各种情欲作为手段去达到一种目的，把人这个种族维持在地面上的目的，这并不是凭人意而是凭天意来安排的〔E_7，F_{5-6}，344，1108〕。所以创建民族世界也就涉及运用手段来达到目的的理性的智力，但是这种理智的座位不在创建民族世界的那些人的心中而在天神意旨中。是人们自己创造出这个民族世界，但是他们不但不曾设计过，而且甚至不曾看见到什么计划，他们却做到那个计划所要求的事。他们比自己所知道的还创建得更好。不过他们毕竟要凭一种智慧才创造出民族世界：这种智慧是诗性的，创造性的，寻常的，或凡俗的智慧。现在才有可能让哲学的玄奥智慧来辨认出人们是怎样凭诗性的智慧来建成民族世界的。

M_{10} 我们现在凭维柯著作的教益，就可以用"制度"这个大家都熟悉的名词而不至于歪曲他的本意，我们在校改译文中就很自由地用了"制度"这个名词。

M. H. 费希[25]

注 释

1　《新科学》末尾"索引"占了十几页（英文版427—441页），因尽是专有名词，不易译，例如Egypt〔"埃及"〕项下"索引"就有近百条。Homer〔"荷马"〕项下还更多，做研究工作者应尽量利用原文"索引"。中译者力不从心，没有能把"索引"全部译出。只译出其中最常见的部分，这是一个大缺点，希望将来有人补译。（注释若无特别说明，皆为中译者注。——编注）

2　指神、英雄和人的三段历史。

3　在这篇引论里，英译者企图解释书名中各词的意义，对于理解《新科学》所用的一些术语和所讲的关于人类制度起源的道理颇有帮助。

4　另一体系，指不同于前此流行的下文E_1提名的格劳秀斯、塞尔登和普芬道夫三位法学家的体系。

5　在中译里可用"部落"。

6　City这个词在一般希腊史或罗马史里都指城邦（city-state），维柯一般只用"城市"而指的实是"城邦"，因为有了城市就有政府机构。

7　Human和humanity这两个词在涉及历史发展的第三个阶段即人的阶段时，便有"人性的""人类的"或"人道的"意义；到了人的时代即人与人平等的时代，才有"人性"或"人道"可言，这是维柯的基本思想。

8　即汉语的"常识"。

9　指谚语。

10　在汉语中这就是通过立法手续的"法律"和经过理智抽绎出来的"规律"的分别。

11　维柯在632段里把"部落自然法"这个词推广到可以包括国际法，而且在《新科学》第一版里〔全集3.56〕还见到"世界的国际联盟"这个名称。——英译者

12　一般不用"诸民族的法律"。

13　指符合实际情况。

14　即实践。

15　F_2这一段涉及《新科学》所使用的史与论结合的研究方法以及认识来自实践创造这样一种新的认识论，极为重要。懂得这一段，才能懂得《新科学》究竟新在哪里。

16　F_2和F_3两段对维柯的认识真理须凭创造这种实践活动的新认识论的理解极为重要，读者宜细心掌握，详见中译者介《新科学》第三部分介绍维柯和笛卡尔的分歧。

17　人凭自力创造世界，才说得通。

18　冯特（1832—1920），德国哲学家和心理学家。

19 F_5、F_6维柯把希伯来人和诸异教民族分开，仿佛说他所谈的《新科学》只涉及诸异教民族，不包括信犹太教和基督教的希伯来人，很明显地露出他怕犯罗马教廷的忌讳，实际上他所说的"天意安排"还是历史的自然发展。冯特和曼德维尔诸人的观点，可查心理学史和哲学史。

20 "第二轮时代"指"复归的第二个野蛮时代"。

21 维柯对格劳秀斯和霍布斯之类法学家，只因为他们不是从原始社会开始，便轻易地贬低甚至否定他们的功绩，是欠公允的。例如霍布斯的《论公民》以及《利维坦》之类"巨作"都是举世公认的近代学术巨大进展的标志。

22 举例说，逻辑有一个分支，叫作"论点学"和"提纲术"（topics），由亚里士多德和后来著作家们所阐明的，它更是关于一种技巧的科学，为着使这种技巧运用共同标题（topoi）来安排事实内容，找出可然的论证。例如像对雷这种事实或一些事实找出一种可然性最大的解释。在这一事例里维柯要做的是把这种技巧溯源到他所称呼的原始人的"感性论点"（sensory topics）〔495〕那里去。（节译）——英译者

23 指科学和哲学的智慧。

24 中文"东西"或"事物"。

25 英译原由贝根和费希两人合作，但实际上费希做的工作较多，《新科学》译文的校改，这篇引论，以及维柯《自传》后面所附载的长篇评介维柯的论文都出自费希之手。

本书的思想

置在卷首的图形的说明，作为本书的绪论[1]

1 正如底比斯人西比斯（Cebes）[2]曾替精神界各种制度做过一种图表，我们在这里也替民政界各种制度做出一个个图表。我们希望借此使读者在读本书之前得到本书的一些概念，而且在读后，借助于想象把它回忆出来。

2 （右上角）登上天体中地球（即自然界）上面的、头角长着翅膀的那位夫人就是玄学女神[3]。（左上角）中含一只观察的眼睛的那个放光辉的三角，就是天神现出他的意旨的形状。通过这种形状，玄学女神以狂欢极乐的神情观照那高出于自然界事物之上的天神。前此哲学家们只是通过这种自然界事物去观照神的。因为在本书中玄学女神登在较高的地位去从天神来观照人类精神界，这也就是玄学的世界，为的是要从人类精神界，亦即民政界或各民族世界去显示出天神的意旨。这个人类精神界所由形成的各种要素，即图形下半所展示的代表一切文物制度的那些象形符号。图中的地球即物理的自然界，是只由祭坛的一部分支撑起来的，因为前此哲学家们从自然界秩序去观照天神意旨，所以只显示出天神意旨的一部分。因此，人们把天神当作自然界的自由绝对的主宰的那种心灵而向他崇拜，献牺牲和其他神圣荣誉，因为天神本着他的永恒谋虑，通过自然界来使我们人类获得生存和维持生存。但是哲学家们还没有就人类的最独特的那方面去观照天神意旨，人类本性有一个主要特点，这就是人的社会性。在提供这一特性之中，天神是以这种方式来安排和处理人类事务或制度的：人类既已由于原始罪孽而从完整的正义堕落下来，就几乎经常做出不同于正义而且往往是违反正义的事——因此，为着私人的利益，人们宁愿像野兽一样孤独地生活着，也就是为着这种私人利益打算，人们也沿着和上述不同的和相反的道路走，不去过正义的人道的生活，不把自己结成社会而遵守人的社会性。本书要阐明的就是：这种社会生活方式才符合人类的真正的民政的本性，因此，自然界本来就有法律。天神意旨在这方面的安排所具有的理性就是我们的这门科学所要探讨的主要课题，因此，这门科学就是天神意旨的一种理性的民政方面的神学〔342〕。

3　在环绕地球的黄道宫地带，狮子宫和室女宫的两个符号显得比其他各宫都更庄严，也就是说，显现在正确的透视角度里。狮子宫符号的意思是指本科学在开始时所观照的首先是赫库勒斯（Hercules）这位为每个古代异教民族都奉为始祖的英雄，他正在从事于他的最伟大的劳动，那就是喷火烧掉涅墨亚（Nemea）原始大森林，把其中的狮子打死了，他于是就穿着狮皮升到星辰中间。这只狮子在这里就代表地球上的原始大森林，被赫库勒斯烧掉，变成耕地。我们发现赫库勒斯正是来自军事英雄之前的那种政治英雄。这座狮子宫符号也代表计时或历数的开始。希腊人（我们的关于古代异教文物的知识都要归功于希腊人）的历数是用奥林匹克竞技会期来开始计算的。据说赫库勒斯就是奥林匹克竞技大会的创始人。这种竞技会一定是涅墨亚族人为着庆祝赫库勒斯打死狮子的大功而开始举办的。第二个符号即室女宫的符号。天文学家们发现室女宫就是诗人们描绘为头戴麦穗冠的那位女神，所代表的意思就是希腊的历史从黄金时代开始。诗人们明确地叙述过，这就是希腊世界的最早时代，经历了许多漫长的世纪，年数都是用谷物的收获次数来计算的。我们发现谷物是世界上最早的黄金。和希腊人的黄金时代相对应的是拉丁族的农神萨图恩（Saturn，即地神）时代。地神的名称是从 sati（耕种过的地）来的。据诗人们的忠实叙述，在黄金时代，天神们是住在尘世间和英雄们结伴的。我们在下文还要说明，原始异教人类都是简单而粗鲁的，都是在极旺盛的想象力强烈支配之下，受到许多可怕的迷信牵累，确实相信自己在尘世间看到天神们〔713〕。我们将来还会看到：东方人、埃及人、希腊人和拉丁人由于思想的一致性，虽然彼此各不相识，后来都把天神们提升到行星上去，把英雄们提升到恒星上去〔727ff〕。例如，从地神（他的希腊名字是 Chronos，意思是"时辰"）的名字就派生出历数或时辰方面的一些新原则。

4 祭坛在地球下面支撑着地球，读者务必不要认为这种安排不妥当。下文我们还会发现，后来诸异教民族把世间一些最早的祭坛都提升到诗人们所说的第一重天里去了。这些诗人们在他们的寓言里忠实地叙述了天神曾在尘世间统治过人类，替人类留下了巨大的福泽。这些原始人类，比起成年时期的人类来，还是些儿童，相信天不过有山顶那样高，就连现在的儿童们也相信天不过比屋顶高。等到希腊人的智力发展了，老天才被提升到最高的山峰顶，例如奥林波斯峰，荷马就叙述过他那时候的天神就住在这座山峰上。最后，天神就被提升到诸星球之上，如天文学现在所教导我们的，就连奥林波斯也被提升到恒星天空之上了。祭坛也被转移到那里去，变成一个星座了。祭坛上的火蔓延到图中所指示的邻宫，即狮子星宫。（我们上文已说过，狮子星宫就代表赫库勒斯放火烧掉、使它变成耕地的那个涅墨亚原始大森林〔3〕。）狮子皮也提升到星群中，来纪念赫库勒斯的丰功伟绩。

5 照耀到装饰玄学女神胸部的凸形宝石上的那股天神意旨的光线表示玄学女神所应有的纯洁的心，既没有受到精神上的骄气，也没有受到身体上的恶劣嗜欲这两方面的污染。前一种毛病曾导致芝诺（Zeno）拿命运来代替天神意旨，后一种毛病曾导致伊壁鸠鲁（Epicurus）拿偶然机会来代替天神意旨。此外，这股光线还表示对天神的知识并不终止于玄学女神，只从理智方面的制度得到私方的光照，从而节制她自己的伦理制度，就像前此哲学家们所做的那样。如果是这样，那就要用一块平板的宝石来表示，而现在用的是凸形的，既反映出那股光线而又把它扩散出去，这就表明玄学女神应从公众的伦理习俗中去认识到天神意旨，因为正是凭这些公众的伦理习俗，各民族才在世界中获得并且维持住他们的存在。

6 上述那股光线从玄学女神胸口反射到荷马的雕像上去。这位荷马是流传到我们的最早一个异教诗人。因为根据人类思想史来看，玄学女神是从各异教民族之中真正人类思维开始的，终于使我们能下降（回）到诸异教民族最初创始人的那种心灵状态，浑身是强烈的感觉力和广阔的想象力。他们对运用人类心智只有一种昏暗而笨拙的潜能。正是由于这个道理，诗的真正的起源，和人们前此所想象的不仅不同而且相反，要在诗性的智慧的萌芽中去寻找。这种诗性的智慧，即神学诗人们的认识，对于诸异教民族来说，无疑就是世界中最初的智慧。荷马的雕像安置在有裂缝的基石上就表明真正的荷马的发现。（在《新科学》的第一段里我们已隐约地意识到但还没有理解到这一发现。经过适当的考虑，我们现在把这一发现充分叙述出来了〔780—914〕。）前此荷马是无人知道的。他把诸民族中寓言（神话）时代的事实真相都隐藏起来不让我们知道，至于昏暗时代的事实真相是无人敢问津的，更是如此，结果是历史时代中各种制度的真正根源也被隐藏起来了。这就是最熟悉罗马古代文物的历史学家瓦罗（Varro）[4] 在他的已失传的巨著〔古代文物〕《人神制度稽古录》〔M_4〕中所记载的世界三个时代〔40，52〕。

7 此外，这里还可指出：在本书里我们运用过去一直都缺乏的一种新的批判法〔348〕，来探讨上述各异教民族创始人的真相（这些民族出现后还要过一千年才产生前此批判者所研究的那些作家）。在本书里，哲学从事于检查语言学（这就是一切都要依据人类意志选择的原则，例如一切民族在战争与和平中的语言、习俗和事迹的历史）。这些历史由于原因渺茫难稽而结果又无限复杂，哲学对此一直不敢问津；现在要使语言学形成一种科学，在其中发现各民族历史在不同时期都要经过的一种理想的永恒的历史图案〔349〕。我们的这门科学由于具有这种主要特色，可以看作一种权威（凭证）哲学〔350〕。因为这里揭示出关于神话的一些新的原则就是这里发现的关于诗的一些新的原则的当然结论，这就显示出寓言（神话）就是些最古的希腊各民族习俗的真实可靠的历史。第一，诸天神的寓言就是当时的历史，其时粗鲁的异教人类都认为：凡是对人类是必要或有用的东西本身都是些神。这种诗的作者就是最初的各族人民。我们发现他们全是些神学诗人。据说他们确实是用些关于诸天神的寓言来开创了诸异教民族。根据上述新批判法的一些原则，我们研究在什么特定的时期，在某种特定的场合，异教世界中最初的人们感到人类的必需和效用，凭他们自己虚构出而且信仰的那些可畏惧的宗教，先想象出某一批神，后来又想象出另一批神。这些神的神谱或世系是在这些原始人心中自然形成的，可以向我们提供一部关于神的诗性历史的时历。5〔其次，〕英雄时代的寓言曾是英雄们和他们的英雄习俗的真实历史，据发现这种习俗曾盛行于一切民族的野蛮时期，所以荷马的两部史诗据发现就是仍在野蛮状态中的希腊各族的自然法的两座大宝库。在本书里这个野蛮时期可断定在希腊人中间直到号称希腊史之父的希罗多德（Herodotus）时才终止。他的著作中充满着寓言（神话），他的风格还保留不少的荷马风格。在他以后所有的历史学家们都还保留着这一特色，用的词句都介乎诗语与俗语之间。但是第一个谨严的希腊历史学家修昔底德（Thucydides）6 在他的著作里一开始就宣称直到他父亲的时代（这就无异于说直到希罗多德的时代，因为修昔底德还是小孩时，希罗多德已是一个老人了），希腊人对自己民族的古代文物都简直无知，还不消说对其他各民族的（除罗马人以外，其他各民族都是透过希腊人的记载，我们才略有所知〔101〕）。在前面的图形的背景中那片昏暗的阴影就代表这些古代文物，在背景之前，在从玄学女神反射到荷马的那股天神意旨的光线所照亮的全部象形符号都表示各民族世界的到现在才只从效果上看出的一些原则。

8 在这些象形符号之中最突出的是一座祭坛（altar），因为在所有的民族之中民政世界都是从宗教开始的。这在上文已约略提到〔2〕，在下文还要更详尽地讲到。

9 在祭坛左边我们看到的第一件东西是一根签（lituus）。占卜者用此来占卜和观察预兆。这就表明占卜。在异教各民族之中，有关神灵的事都从占卜开始。希伯来人认为天神是一种无限的心灵，经常从永恒宇宙的某一点去凝视一切时代，从此天神或是由他自己，或是通过本是心灵的天使们，或是通过天神向他们的心灵说话的先知们，来预示天神的人民（希伯来人）的未来。由于天神预见的这种特性，希伯来人信以为真，而异教民族则想象其为真，全人类都凭一种共同观念把天神的本性称为神性（divinity, 亦即占卜），拉丁人用来表达这个意思的是 divinari，意为"预示未来"〔34₂〕；不过这里有前已说过的一种基本差异，即我们的这门科学所显示的希伯来人的自然法和其他各民族的部落自然法的差异，由本科学所说明的其他一些重要差异都是由上述那个基本差异派生出来的。罗马法学家们把部落自然法规定为既是由天神意旨安排的，却也受到人类习俗本身的影响。因此，上述那种签也代表诸异教民族的世界通史的开始。这种通史据物理学和语言学两方面的证据，是从世界大洪水开始的〔369〕。大洪水过了两个世纪之后（如寓言故事所叙述的），天神在地球上统治着，向人类恩赐许多重大的福泽。在东方人、埃及人、希腊人以及其他异教民族之中都有一种一致的观念，认为当时有多少宗教产生，也就有多少天帝约夫。因为在大洪水过后这个时期之末，天帝一定打过雷，闪过电，从此每个民族都开始从天帝的雷电中占卜预兆。天帝这样多，导致埃及人把埃及的名为阿蒙（Amon）的天帝看作一切天帝中最古老的一个。这样多的天帝至今仍是语言学者们心目中的一个奇迹〔47〕。上述两方面的证据还证实了希伯来人的宗教比起创始其他各民族的宗教都较古老，因此也证实了基督教的真实。

10 在祭坛上的神签旁边可以看到水和火，水是装在一个瓶里。因为要占卜，诸异教民族之中就从他们的共同习俗中产生了拉丁人称为"求神诏"的牺牲典礼，也就是说，供献牺牲来把神诏懂透彻，以便正确遵行。这些都是诸异教民族的神的制度，他们所有的人间制度后来都是由天神制度产生出来的〔332ff〕。

11 第一项人间制度就是婚姻，它的象征就是由祭坛上的火点燃的斜靠着水瓶的那把火炬（torch）。因为凡是政治学者都同意把婚姻看作家庭的种子温床，正如家庭是国家（政体）的种子温床。为着表示这一点，那把火炬尽管是一种人间制度的象形符号，却是和象征神圣典礼的水和火都摆在祭坛上的，正如古代罗马人用水和火来庆祝婚礼，其意义就是根据天神意旨，这两件普通东西曾使人们在社会中生活（永恒的水比火还在前，因为水更是生活的必需）。

12 第二项人间制度就是埋葬（实际上拉丁文 humanitas〔人〕这个词最初而且妥当地从 humando〔埋葬〕这个词来的）。埋葬这个制度是用骨灰瓶（urn）来象征的。这骨灰瓶摆在树林的一边，表示埋葬很早就已开始，当时人们还靠夏天食果冬天食栗来过活。瓶上刻着"D. M."，意思是"献给死者的善良灵魂"。这个铭词代表全人类的共同认可而后由柏拉图证实的一个想法：人类灵魂不是和肉体同死亡，而是不朽的。

13 骨灰瓶还表示在异教各民族中土地划分的起源，由这种土地划分可以追溯出各城市和人民以及最后各民族国家的区分。因为将来还会看到，各民族之中先是含族，其次是雅弗族，最后是闪族，都抛弃了他们的共同祖先诺亚的宗教，而只有这种宗教在当时那种自然状态中才能通过婚姻把人们联系在家庭社会中。人们从此互相离散，在地球上大森林中浪游，成了野人，追拿羞怯而难驯服的妇女们，逃避远古大森林中一定有的很多野兽。他们在搜寻草场和水之中，又进一步分散开来，过了一段长时期之后，结果便沦落到野兽的情况。然后碰到由天神意旨安排的某些机缘（这些机缘正是我们的这门科学所要研究和发现的），他们为对自己幻想和信仰的那个天王（Uranus）和天帝约夫的极端畏惧所震撼，其中一部分人终于不再浪游，跑到某些固定的地方隐藏起，和某些妇女定居下来，由于敬畏神灵，过着宗教的贞洁的男女结合生活，在隐闭中进行婚媾，生育出得到承认的子女，这样就建立起家庭。通过长期安居和埋葬死者，他们终于建立和划分了对土地的占领权，掌统治权的首脑叫作"巨人们"（giants），这个词在希腊文中的意思是"大地的儿女"，也就是埋葬过的人们的后裔。因此，他们把自己看作尊贵的，正当地把他们在那种人间制度的最初状态中的尊贵地位归功于他们是在敬畏天神中以人的方式生育出来的。"人类世代"这个名称就只是从以人的方式生育这一情况而不是从任何其他情况得来的。派生出许多家庭的家族叫作最初的民族或世族，就由于用人的方式去生育。因为各民族的部落自然法的题材在这样早的时期就已开始，所以本书中关于部落

051

自然法的原则也就从这里开始〔314ff〕。这是考察我们的这门科学所应注意的第三个特点。除掉历史的凭证以外，还有身体和精神两方面的理由都足以显示出这批巨人在膂力和身材两方面都是超乎寻常比例地特别强大。这些理由既然不适用于希伯来人[7]，即信仰真正的天神、创世主和人类始祖亚当的创造者的希伯来民族，他们从世界一开始，身材就一直是正常的。总之，在天神意旨这第一个原则、隆重的婚姻典礼这第二个原则之后，还有埋葬制度所依据的灵魂不朽的普遍信仰这第三个原则。我们的这门科学就根据这三个原则来讨论它所研究的全部众多而复杂的制度的起源〔332ff〕。

14 从摆着骨灰瓶的那些森林里伸出了一把耕犁，表示原始部落的始祖们是历史上第一批强壮汉。因此上述原始异教民族的始祖们都是些赫库勒斯（瓦罗数出了整整四十个赫库勒斯，埃及人声称他们的赫库勒斯是其中最古老的），因为这些赫库勒斯开垦了世界上最初的土地，用它来耕种。从此可见，诸异教民族的祖先都是：（1）正直的，由于他们据说虔诚遵行占卜到的预兆，相信这些预兆就是天帝的圣旨（天帝约夫在拉丁文中的名称是 Ious，派生出意为"法律"的 ious 这个古字，后来缩短成 ius；因此一切民族都把正直〔守法〕和虔敬〔敬天〕联在一起来进行教育）；（2）谨慎的，供献牺牲求得到和懂清楚占卜到的预兆，从而遵照天帝的圣旨在生活中做应该做的事；（3）在婚姻制度中是有节制的，而且（4）强壮的，像上文已说过的〔516〕。因此要向伦理哲学提供一些新的原则，使哲学家们的玄奥智慧和立法者们的凡俗智慧可以串通一气。按照这些原则，一切优良品质都植根于虔诚和宗教，只有靠这两项，优良品质才能在行动中见出效力；因此，人们才把凡是天神的意愿都看作好的，自己要去执行〔502ff〕。因此，这也向经济学说提供了一些新原则，根据这些原则，儿子们只要在父亲的权力掌握之下时，必须认为是处在家庭情况中，因而都只能按照虔诚和宗教的精神在自己的学习中来形成和证实自己〔520ff〕。因为他们还不能理解邦国和法律，他们把父亲们看作天神的活形象来敬畏，以便自然而然地倾向于遵循父亲们的宗教和保卫住自己的祖国，并且服从为保卫自己的宗教和祖国而制定的法律。（因为天神意旨安排人类制度是按照一条永恒的计划：家庭要通过宗教来奠定，接着要在家族的基础上通过法律才能成立起政体〔25〕。)

15 耕犁的把柄靠在祭坛边，颇有一种威风，这使我们理解到耕种过的土地就是异教民族的最初的祭坛，也表示英雄们相信自己对底下的Socii[8]（社团或家人们）所拥有的自然的优越性（我们不久就会在下文见到这批人是用舵〔rudder〕来象征的，这舵就在祭坛下方附近俯首站立着）。下文还会指出，英雄们就凭这种自然优越性作为基础，来建立他们所保管的法律、科学，因而获得对神圣制度的治理权（即占卜预兆）。

16 耕犁只现出犁头（moldboard，铧），翻土犁板没有露出来。在人们还不知铁的用场之前，犁铧只能利用一块能破土和翻土的曲形硬木板。拉丁人把翻土板叫作urbs，古词urbum（城市）就是从这个词来的。犁铧隐而不露，就显示出最初的城市都建立在耕种过的土地上，由于各家族长期隐藏在充满宗教恐惧的森林里，很难露面。所有古代异教民族中都发现到这种耕种过的土地，各拉丁民族都一致把它叫作luci，意思是由树林圈着的焚烧过的土地〔564〕。（这些森林本身遭到摩西〔Moses〕的谴责，叫上帝的人民〔希伯来人〕凡新征服一个地方都要把树林烧掉〔481〕。）这是依据天神意旨的，其目的在使凡是已达到人道阶段的人们不要再和那些仍然以邪淫的方式共产共妻的游民们混淆在一起〔D_{1-2}〕。

17 祭坛左边可以看到一把舵（rudder），象征人们借航海来迁徙的起源。看起来舵好像是在祭坛下方俯首鞠躬。这就象征后来带头迁徙的那些人们的祖先。这些人都是最初的不虔敬不信神的淫乱的人们，他们不信神权，男女结合不行婚姻典礼，儿子和母亲通奸，父亲和女儿通奸，最后，他们像野兽一样，不懂得所谓社会，在这种共产共妻的邪恶生活中，他们全都孤苦伶仃，身体又羸弱，过着凄惨的生活，因为缺乏维持生活和安全所必需的一切东西。为着逃避这种邪恶生活所带来的疾病痛苦，他们去投奔那些虔敬的、贞洁的、强壮的人们，向他们所耕种过的土地寻求庇护。这些人已结合在一起，形成家族社会。下文还会见到，从这些土地上建立起来的城市就叫作arae，即"祭坛"，在古代异教人世界中情况一直是如此〔775〕。因为那些耕种过的土地一定就是异教民族中的最初的祭坛，而祭坛上点燃的火就是用来烧光森林中的树木，使土地变成可耕种的。最初的水是从永恒的泉源来的。水源是必要的，为着使注定要建立人类社会的人们无须再为寻水而像动物一样到处流浪，而长期定居在一个地方，放弃掉流浪生活。这些祭坛显然就是世界上最初的庇护所（史学家李维〔1.8.5〕把这种庇护所一般称为"城市创建者的一个老会议场"，我们还听说过，就是在树林隙地〔Lucus〕开始的庇护所〔asylum〕里，罗慕路斯〔Romulus〕[9]创建了罗马〔16〕），因此最初的城市几乎都叫作祭坛。在这个次要的发现之外，我们还可以加上一个首要的发现：在希腊人中间（上文已说过，我们对异教民族的古代文物的知识都是从希腊人那里学来的〔3〕），最初的色雷斯（Thrace）或斯基泰（Scythia，即最初的北方），最初的亚细亚和最初的印度（即最初的东方），最初的毛里塔尼亚或利比亚（即最初的南方），最初的欧罗巴或最初的希斯皮里亚（Hesperia，即最初的西方），这一切地方乃至最初的海洋（Ocean）原来都在希腊本土，后来希腊人离开本土走到世界里，就用本土代表东西南北四方的地名来称呼其他地区里方向相当的地方，把围绕世界的水域也叫作海洋。我们说，这些发现向地理提供了新的原则，正如已许诺要提供时历的那些新原则一样，对于上述理想的永恒的历史的学习都是必要的。因为时历和地理就是历史的两只眼睛〔732—769〕。

　　18　接着不虔敬的浪游的弱者为着救命要逃开强者们的那批人，就投奔到这些祭坛来求庇护，虔敬的强者把他们中的暴烈者杀掉，弱者留在自己的庇护之下。因为这些弱者除生命之外什么也没有带来，就被当作家人或家奴（famuli）收容下来了，得到维持生活的手段。"家族"这个名称主要是从这些"家人"来的。"家人"的地位略近于以后当作战俘这样掳来的奴隶。从此就像许多树枝同出自一根树干一样，产生了一系列事物的来源：（1）我们已见过的庇护所〔17〕的来源；（2）家族的来源，后来从家族产生了城市〔25〕，下文还要说明；（3）城市建立的来源，城市使人们安全地生活，不受不正义和强暴者的侵害；（4）在一定疆域以内所行使的法规的来源；（5）统治区域（empires）扩张的来源，这种扩张来自正直、强壮和宽大这些君主和政权的最光辉的品德的实际运用；（6）家族盾徽（coats-of-arms）的来源，这类盾徽最初立在最初的苗圃里〔484ff〕；（7）名誉和光荣感的来源，名誉派生出家人（famuli）这个名称，光荣感终古不变地内在于为人类服务这种德行里；（8）真正贵族地位的来源，真正的贵族自然来自实行各种美德；（9）真正英雄制度的起源，英雄制度要消除骄横的人，援救在危境中的人（在这种英雄制度方面罗马人比世界上一切其他民族都强，所以成了当时世界的主宰）〔553〕；最后，（10）战争与和平的来源，战争在世界上开始出于自卫，自卫就是真正的坚强这种美德。从以上这一切来源我们可找到各种政权或政体（commonwealths）的永恒规划，尽管是凭暴力和欺诈得来的国家政权也必须凭这种永恒规划做立足点，才能生存下去；另一方面就连原凭品德得来的而后来由于欺诈和暴力而衰败的那些政权也是如此。这种规划是凭世界各国的两个永恒原则作为基础而建立起来的，即成员的心灵和肉体。因为人是由这两部分组成的，其中一部分是高贵的，所以应该任指挥；另一部分是卑贱的，就应该服从。但是由于人性的腐化，人的类性（generic character）就不能没有哲学的帮助（这只能帮助少数人）来使每个人的心灵对肉体是指挥而不是服从。所以天神意旨按这个永恒秩序安排了各种人类制度，在政体之中使用心灵的人们应该指挥，使用身体的人们应该服从〔630〕。

19 舵在祭坛基脚下俯首鞠躬，因为这些"家人"们，作为不信神的人们，对各种神圣制度都没有份，因而就连对人类制度也不能和高贵的人们有共同联系。特别是他们无权庆祝隆重的婚姻典礼，就是拉丁人所称呼的connubium〔婚仪〕。婚礼中最隆重的部分就是通过占卜求预兆，其理由就是贵人们认为自己是神的后裔，而"家人们"却是野兽的后裔。和埃及人、希腊人和拉丁人都有的这种出身高贵的信念紧密联系在一起的，就是一种假定为自然的英雄主义，这一点古代罗马史使我们得到极充分的认识〔917〕。

20 最后，那把舵和那把犁还有些距离。犁立在祭坛前面，对舵显出一种敌视的样子，用犁头来威胁舵。因为上文已说过，"家人们"并不分享土地所有权，土地全在贵族们手里，"家人们"都不得不替贵族们服役，逐渐感到厌烦了。经过长期之后，"家人们"要求分享土地了，在土地斗争中起来造反，来强迫英雄们接受自己的要求。我们到下文还会知道，这种土地斗争（agrarian contests）比起我们在后期罗马史里所见到的土地斗争要古老得多，而且也很不相同〔583〕。造反的家人集团的许多首领都被英雄们征服了（正如埃及的农奴们经常被他们的司祭们征服了一样，根据彼得·梵·德·库恩〔Peter van der Kuhn〕在《希伯来共和国史》里的报道），为着避免压迫和寻求避难和安全，就偕同自己帮伙中其他成员去冒海上的危险，从地中海沿岸朝西方走，到当时还无人占领的地带去寻找土地。这就是已被宗教人道化的一些民族的大迁徙的起源，从东方开始（特别是先从腓尼基），后来从埃及，其理由和希腊的事例是一样的。这些迁徙并不是由于各民族遭到洪水泛滥，这在海上是不会发生的；也不是由于想用争夺认可的殖民地方式来保持辽远的利益那种妒忌的愿望，因为我们在书上没有见到东方的、埃及的或希腊的帝国扩张到西方去的事例；也不是由于贸易（商业），因为西方沿岸还没有人居住过；毋宁说是由于英雄时代的法律在上述各地迫使这帮人离乡背井。这种事按照自然的道理只有在绝对不得已的情况下才会发生。通过这种殖民（colonies，正当的称呼应该是"英雄时代的海外殖民"），当时人类由海道向外扩张到这个世界的其他部分，正如已往人类曾长期采取野兽般的浪游由陆道向外扩张一样〔299f，560，736〕。

21 在耕犁前方再往前一点，立着一块碑（tablet），上面刻着古拉丁字母（据塔西佗[10]说〔《编年史》11.14〕，和古希腊字母一样），下面刻着流传到我们的那种最近的字母。这块碑板象征号称"凡俗的"语言文字的起源。这种语言文字才被发现到各民族创始以后很久才存在，而文字又比语言晚得多〔428ff，928—936〕。为了显示出这一点，这块碑板被安置在建筑上晚起的柯林特式的石坊残段上。

22 碑板躺在耕犁附近，离舵很远，显示出各种本土语言的起源。每种语言都是在本土形成的，其中各民族的创始者们都散开分居在上述地上大森林中〔13〕，后来偶然来到一起，就不再像野兽那样浪游了。很久以后，这些本土语言和东方的、埃及的或希腊的语言混在一起了，这是在上述各民族迁徙到地中海沿岸和大洋沿岸时的事。本书始终都提供说明：我们从此得到字源学的一些新原则，凭此可以把本土文字和无疑出自外来字源的文字分辨开来。重要的分别在于本土字源都是字所指的事物本身的按照观念的自然顺序的历史，先是些树林，接着就是耕地和小房子，再就是房屋和村庄，再就是城市，最后才是些学院和哲学家们：这就是从最初根源顺序上升的发展。外来字源却不同，它们只有一种从外来语中借来的那种语言文字的历史〔239f，304〕。

23 碑板只显示头几个字母，面对着荷马的雕像，因为像希腊传说关于希腊字母所说的，字母并非全部在同时造出的；至少是在荷马时代还没有造出，因为我们知道荷马的一些诗，没有一种是写下来才传下来的〔66〕。不过关于本土语言的来源，下文还将提供一些特殊的资料〔428ff〕。

24 最后，在光照最强的平面上，因为放在这个平面上的一些象形符号都代表最熟悉的人类制度文物，制图的那位精巧的艺术家随意安排了罗马法棒[11]，一把刀，靠在法棒边的一个钱袋，一架天平和交通神用的节杖（caduceus）〔435ff〕。

25 这几种符号中的第一个就是法棒，因为最初的民政统治权起于各族长老的父权的结合。在异教民族中这些长老就是预兆占卜方面的哲人，职掌供献牺牲祈求并解释天神预兆的司祭们，而且当然也就是下令执行他们相信预兆所显示的天神意旨的那些专制君主，因此他们除天神以外不服从任何人。所以那一束法棒就是一束神签（litui）或占卜用的棍棒。我们发现这些棍棒就是世界上最初的君主节杖（scepters）〔617〕。在上文提到的那些土地斗争的骚乱之中〔20〕，这些长老们为着要抗拒起来向他们造反的家人帮伙，就自然地团结在一起，把自己摆在掌权的元老院（senates）中的最高阶层（或由许多世族主形成的元老院），在某些阶层首领管辖之下〔584〕。我们已发现这些元老院是英雄时代城市中的国王。古代史很隐晦地告诉我们，最初世界中的国王是自然而然地产生出来的，我们的研究就要找到这种产生的方式。这些掌权的元老们为着要满足造反的家人帮伙，使他们俯首帖耳，就让他们有一种土地法（agrarian law），这就是世界上最早产生的一套民法。最早的城市平民（plebs）都是由上述"家人"们组成的，都被土地法驯服了。贵族让给平民的只是土地的自然占领权，至于民政管领权却还留在贵族手里，在英雄时代城市中配称为市民（或市民权的享有者）的只有贵族。从此就产生了最高阶层对产业的统治权，这就是各族人民的最初的民政权或最高权〔VIII，266〕。所有这三种所有权到了共同体（或政体）产生时，就已形成或彼此区分清楚了。在一切民族中，每种政体都有一个共同的观念，不过表达方式不同，有时叫作"赫库勒斯政体"，有时叫作"库越特（Curetes）[12] 政体"〔592f〕。这就说明了著名的 ius Quiritium〔武装骑士的法律〕的来源。罗马法的解释者们认为这种法律是罗马市民所特有的，在晚期确是如此。但在罗马古代它显然是英雄时代一切部落的自然法〔595〕。从这种自然法中，像许多支流同出于一个泉源一样，就产生出许多制度的起源：（1）城市的起源。城市起于家族，其中不只包括儿子一辈，还包括"家人"。从此可见，城市是由两个集团自然地建立起来的，一是贵族集团，是指挥的；一是平民集团，是服从的。凡是民事政府的全部政治和法律都是由这两部分人组成的。事实已说明任何种类的最初城市都不能从仅包括儿子一辈的家族发展起来〔553ff〕。（2）各种公众统治权的来源。这些统治权都是由家族政权中许多个别家族的父主权结合而成的〔585〕。（3）战争与和平的起源。凡是政体都是先凭兵力产生，然后（在和平时）凭法律安定下来的。由这两项人类制度产生出它们的永恒特性：通过战争，各族人民才能在和平中安全地生活。（4）封建佃户（fiefs）的起源。这分两种，一种是乡村佃户，即服从贵族的平民；另一种是贵族的军事的佃户，贵族们在自己的阶层里是掌权者，也变成该阶层中更大的掌权者的臣民〔599ff〕。我们发现野蛮时期的王国都有一种封建基础。这个事实可帮助我们理解欧洲近代一些王国的历史〔1057ff〕。这些王国起于最近复归的野蛮时期，比起瓦罗〔6〕所写的最初的野蛮时期还更渺茫难稽。因为最初由贵族分配给平民的土地，都要担负一种有各种名称的抵偿，（在希腊人中）叫作赫库勒斯的什一税〔541〕，有时又叫作人头税（census，我们发现这就是塞尔维乌斯·图利乌斯〔Servius Tullius〕¹³替罗马人规定的），有时又叫作捐税。平民们还有义务花自己的钱粮替贵族服兵役，从古代罗马史可以看得很清楚。（5）这里还出现人头税的起源。人头税一直是民众政体的基础。在我们对罗马制度的研究中，最困难的是追溯这种人头税怎样从塞尔维乌斯·图利乌斯所规定的那种什一税，发展到这种民众的人头税或户口税的过程。下文还会看到，这种人头税曾经是古代贵族政体的基础。这两种之间的关系已使大家都错误地假定塞尔维乌斯·图利乌斯所制定的人头税就是民众自由政体的基础〔107，111，619ff〕。

26 以上这种起源还带来：（6）商业（贸易）的起源。贸易依我们所指出的那种形式是从不动产开始的，即从城市本身开始时就开始的〔606〕。贸易（commerce）这个词是从世界最早的那种 merces〔偿付〕派生的，也就是英雄们分配给家人们依上述法律要他们替英雄们服役的土地。（7）公众财产或公库（treasuries）的起源〔603〕。公众财产从政体初产生时就已有了雏形，但是采取一种可辨认形式，正当的名称就是货币（aeraria），是指战争中公众向平民们支付的钱或费用。（8）殖民的起源。现已发现到：殖民（colonies）原先是为英雄们服役来维持生活的农民帮伙，然后是为自己耕种土地，但要向地主纳税和服役的佃农帮伙，如上文已提到的，我们将把这种佃农帮伙叫作英雄时期的内陆殖民，以别于上述〔20〕海外殖民。最后就是（9）政体的起源。政体初出现时具有最严格的贵族形式，平民们在其中没有享受民法的权利。在这一点上我们发现罗马的政体曾是一种贵族的王国，到了塔克文大帝的暴政时期就崩溃了。这位暴君把贵族们治理得很糟，把元老院几乎毁掉了。到了卢克雷蒂娅（Lucretia）自刎时，朱尼厄斯·布鲁图（Junius Brutus）大帝就乘机煽动平民们起来反对塔克文家族，使罗马从暴政中解放出来，又恢复了元老院，依原先的原则改组了政府，用任期一年的两个执政官，代替了一个终身制的国王，因此他并没有创设民众自由政体，而毋宁说是重申了贵族自由政体〔664〕。这种情况一直维持到巴布利阿斯法律公布时才告结束。这项法律替独裁者斐洛（Philo）赢得了"民众首领"（popular）这个称号，因为他宣布了罗马政体从此变成民众的。实际上旧政体只有到公布培提略法律（Petelian Law）时才真正结束，这个法律才使平民从因欠债而被贵族们幽囚在私牢里拷打那种野蛮封建权中解放出来了。上述两次公布的法律是罗马史中的两件大事。但是无论是政治家们，法学家们，还是渊博的罗马法的解释者们都不曾考虑到这两件大事，因为他们误信了罗马法典或十二铜表（碑）法（Law of the Twelve Tables）是从自由的雅典输入罗马，为着要在罗马建立民众自由政体那种虚构的故事。而实际上，上述两次公布的法律就显示出它们都是由罗马人自己按照罗马本土的自然习俗在罗马本土制定出来的。（上述虚构故事已由作者在多年前出版的《普遍法律的原则》一书里戳穿了〔《全集》2.564—580〕。）一个政体的法律必须按照它的政府组织形式来解释，所以罗马政府的上述那些原则就涉及罗马法的一些新原则。

27　斜靠在法棒上的那把刀表示英雄时代的法律是一种凭实力和武器的法律，不过要服从宗教，因为只有宗教才能在法庭的法律还不存在或是虽存在而不再受到承认的地方，可使强力和武器不至越轨。这种法律恰恰就是阿喀琉斯的法律。阿喀琉斯是荷马看作英雄品质的典范来向希腊人歌颂的那位英雄。阿喀琉斯使武器成为是非的裁判者〔923〕。这里就显示出决斗（duels）的起源〔959ff〕；决斗在第二个野蛮时代确实是受到欢迎的，就连在第一个野蛮时代，决斗也就已实行了，当时强权者还没有驯服到能诉诸法庭的法律，来报复所受到的侵犯和伤害。他们所实行的决斗是向某种天神求判决的申诉〔955ff〕。他们申请天神作为见证，来就有关罪行进行判决，而且以虔敬的心情接受决斗胜负的判决，即使受害的一方在决斗中打败了，他也就被认为是有罪的。这是天神意旨的崇高判决，其目的在于在还没有人懂得法律的那种凶残的野蛮时代，凭天神的好恶就可以衡量是非，免得播下会使人类灭绝的那种大战的种子。这种自然的野蛮人的意识只能根据一种生来就有的关于天神意旨的概念，当他们看到好人受到压迫而坏人反而兴旺的时候，他们必然要默认这种天神意旨。由于这一切理由，决斗曾被看作起一种神圣的洗罪作用。在野蛮时代，对决斗有必要的信念是坚定的，正像已有民事和刑事的法庭的今天，人类要禁止决斗那样坚定。从这种决斗和私战中可以找到公开战争的起源。今日除神以外什么人也不服从的一些民政权力机构进行公开的战争，也是要使天神去凭战争的胜负来解决双方的争执，从而使人类可以安顿在民事政权的确定性上。这就是所谓战争带有外在正义的原则〔350，964〕。

28 摆在那根法棒上的钱袋显示出通过钱币来进行贸易，到很晚的时期才开始，是在贵族政体已建立起之后，所以荷马的两部史诗里都见不到金属铸的钱币。钱袋这个符号还显示出金属铸的钱币的起源，人们发现钱币和家族盾徽的起源相同。家族盾徽（我们在上文讨论最初的盾牌时已提到过〔18〕）已被发现是标志某一家族有别于其他家族所拥有的权利和尊贵头衔的。公众徽章或民族的旗帜就是从家族盾徽起源的，它们后来被提升为军旗，军事纪律把军旗用作一种号声的语言[14]。最后在所有的民族中这种旗徽都刻在钱币上〔487〕。这就向钱币学，从而也向纹章学提供了一些新原则。这是我们对第一版《新科学》中感到满意的三个主题之一〔《全集》3.329；33，35〕。

29 钱袋附近的天平用意在显示继贵族政府即英雄的政府之后，就出现了人类的政府，开始在性质上是人民群众的。人民终于达到能懂得：在一切人之中理性的人性（这才是真正的人性）是平等的。按照这种生性的平等（在理想的永恒历史里有时被人们构思到，而在罗马史里确实是遇见到的），人们逐渐把英雄们纳入民众的共同体里行使民政方面的平等。这种民政平等就是用天平来象征的，因为，像希腊人说过的，在民众政体里一切事务都是凭抽签和天平来进行的。但是到了后来，由于强者们的内讧，频繁的内战使他们遭遇倾家荡产，自由的人民就无法通过法律来维持住民政的平等，因此就自然而然地发生这样一种情况：人民于是服从一种自然的王法，或者毋宁说，人类各族的一种自然的习俗，他们就在君主专制下寻求保护，君主专制于是形成了另一类型的人类政府〔927，994 ff，1007f〕。（这种自然的王法在一切民族每逢民众政府遭到腐化的时期都是通用的。不过据说罗马人曾凭民政方面的王法使罗马人拥戴奥古斯都大帝为独裁，因而使罗马的君主专制政体合法化了。我们在《普遍法律的原则》那部书里已经证实这是一个虚构的故事。我们的这项证实，以及对罗马法典来自雅典一说的虚构性的证实这两个片段使我们沾沾自喜上述那部书并没有白写〔《全集》2.169f，564—580〕。）在我们今天的人类之中，上述民众政府和君主专制政府，都是人类政府的两种类型，有时互相交替，但是按它们的本性，都不会变成只有贵族们专权而其他的人都要服从的那种贵族政府。因此在今天世界上贵族政体（邦国）还留存下来的只有稀稀疏疏的少数：在德国有纽伦堡，在达尔马提亚（Dalmatia）有拉古萨（Ragusa），在意大利有威尼斯、热那亚和卢卡（Lucca）〔1018，1094〕。总之，只有三种国家政权才是天神意旨通过各民族的自然习俗使其在世界上出现的。这两种政体是顺自然的次序一个接着一个来的。因为，此外，其他类型的政府（即由人类意旨安排的三种类型的混合）都是各民族的本性所不容许的，所以史学家塔西佗把这些混合政权描绘为"可赞许的理由多于可实行的理由，如果它们偶然出现，也不会持久"〔《编年史》4.33；1004〕。（塔西佗只理解到我们在下文还要谈得较详细的那些原因的结果。）我们的这种发现向政治理论提供了一些新的原则，和前此人们所猜想的不仅不同而且相反。

30 最后一个象形符号是节杖（caduceus）〔604〕，显示出最初的各民族，处在英雄时期，横行无阻的还是强力的自然律，彼此相视为永恒的仇敌，抢劫和侵犯经常发生，他们之间战争是永恒的，所以不需要预先宣战〔636—641〕。（实际上正如在最早的野蛮时代英雄们以被称为盗贼为荣；到了第二次野蛮时代，强者也以被称为海盗而欢欣鼓舞〔1053〕。）但是到人道（性）的政权机构既已建立了，无论是民众型还是君主专制型的，就按照人道的部落法律设立了传令的使者，预先发出宣战的警告，而敌对时期的结束也以通过和平条约开始。这也是天神意旨的崇高谋虑，其目的在于使在野蛮时期世界上还是新起的、还需要扎根的各族人民限制在他们自己的疆界之内，他们既然还是性情暴戾未经驯服的，就不应该越出自己的疆界，用战争来互相灭绝。但是等到他们成长起来了，彼此也渐相熟悉了，因而每方能容忍对方的习俗了，这时战胜的民族就容易按照战胜时的公道法律，赦宥战败者的生命。

31 因此这门新科学就成了玄学，从天神意旨的角度去研究各异教民族的共同本性，发现到诸异教民族中神和人的两类制度的起源，从而建立了一套部落自然法体系。这种体系经过三个时代都以最大限度的一致性和经常性在继续发生效力。这三个时代的划分是由埃及人传给我们的，埃及人把世界从开始到他们的那个时代所经历的时间分为三个时代〔E_2；52〕：（1）神的时代，其中诸异教民族相信他们在神的政权统治下过生活，神通过预兆和神谕来向他们指挥一切，预兆和神谕是世俗史中最古老的制度；（2）英雄时代，其时英雄们到处都在贵族政体下统治着，因为他们自以为比平民具有某种自然的优越性；（3）人的时代，其时一切人都承认自己在人性上是平等的，因此首次建立了一种民众（或民主）的政体，后来又建立了君主专政政体，这两种都是人道政权的不同形式，如上文已说过的〔29，916ff，925ff〕。

32 和这三种本性和政权相协调，说的语言也有三种〔928ff〕，组成了本科学所用的词汇：（1）家族时代的语言，当时异教的人们刚被接纳到人类范围之内。我们将会看到，这时各族人民用的曾是一种哑口无声的语言，是用些符号和实物，和他们想要表达的观念有些自然联系〔401，431，437〕。（2）第二种是英雄们掌政权的时期，所用的语言的手段是些英雄徽志，或是些类似、比较、意象、隐喻和自然描绘，这些手段就形成英雄统治时代语言的大体〔438，456ff〕，（3）人的语言用人民达成协议的文字，人民对这种语言是绝对的主宰，它是民众政体和君主专制政体所特有的，用这种语言可规定法律条文的意义，对贵族和平民都有约束力〔439ff〕，因此，在一切民族中，法律一旦用俗语写下来了，法律的知识就不再只受贵族的统治〔953〕。在此以前，在一切民族中，贵族们同时是司祭们，曾把法律当作一种神圣的东西藏在一种秘奥的语言里。因此，在民众自由兴起以前，法律在罗马贵族中一直是保密的〔999ff〕。

这三种语言也就是埃及人声称过去在他们的那个世界里曾经用过，在数目上和在先后次序上都和埃及人前此所已经历过的三个时期恰相对应〔437ff〕：（1）象形符号，或神圣的秘密的语言，用的手段是些无声的动作，它适合宗教的用途，在宗教中遵行比起讨论更为重要。（2）象征的或符号的语言，用的手段是一些类似点，和我们刚说过的英雄语言一样。（3）书信用的俗语，用于生活中的一般用途。在迦勒底人、斯基泰人、埃及人、日耳曼人以及其他一切古代异教民族中都发现到曾用过这三种语言，不过把象形文字保得最长久的是埃及人，因为埃及人比起其他民族都较长久地闭关自守，不和异族来往（因为同一理由，中国人中间到现在还用象形文字〔50〕），从此可见埃及人想象自己比其他民族都远较古老是出自虚荣心。

33 我们在这里不仅揭示出各种语言的起源，也揭示出各种文字的起源〔428—472〕，前此语言学者对寻找语言文字的起源都感到绝望。我们下文还要举例〔430〕说明人们一直到现在还在主张的一些奇谈怪论，我们将指出这种结果的不幸原因就在语言学家们都认为在各民族中都先有语言而后才有文字，而实际上文字和语言是孪生兄弟，携手并进，走过上述三个阶段的。

（这里只略述梗概，本书全部有充分的证明。）这些起源在拉丁语言的成因中就充分显示出来了，像在本科学第一版里就已揭示出的（这是使我们不追悔白写那部书的三个段落之一）〔《全集》3.368—373；28，35，63〕。经过对这些语言成因进行推理，我们在古代罗马的历史、政权和法律里得到了许多新发现，读者在本书中可以看到千百遍。研究东方各种语言，希腊语言，以及近代各种语言，特别是德语这种母语的学者们如果从这一个范例出发，将会对古代文物，得出他们和我们都预料不到的许多新发现〔153〕。

34 我们发现各种语言和文字的起源都有一个原则：原始的诸异教民族，由于一种已经证实过的本性上的必然，都是些用诗性文字（poetic characters）来说话的诗人〔216〕。这个发现就是打开本科学的万能钥匙，它几乎花费了我的全部文学生涯的坚持不懈的钻研，因为凭我们开化人的本性，我们近代人简直无法想象到，而且要费大力才能懂得这些原始人所具有的诗的本性〔H₁〕。我们所说的〔诗性〕文字已被发现是某些想象的类型（imaginative genera，大部分是由他们的想象形成的生物、天神或英雄的形象〔412—427〕），原始人类把同类中一切物种或特殊事例都转化成想象的类型，恰恰就像人的时代的一些寓言故事一样，例如新喜剧中的寓言故事就是由伦理哲学凭推理得出的可理解的类型。喜剧诗人就是根据伦理哲学而形成一些想象的类型（各种人的完整化的意象其实都不过是些想象的类型），这就成了喜剧中的角色（或人物性格）〔808〕。因此已发现到这种天神或英雄的人物性格就是些真实的故事，而它们所寓的意义并不是比拟的而是只有一个意义，不是哲学性的而是历史性的，也就是那些时代希腊人的寓意故事〔210，403〕。

此外，这些想象的类型（寓言故事实质上就是些想象的类型）都是凭一些最活跃的想象而形成的。在推理能力最薄弱的人们那里我们才发现到真正的诗性的词句〔219，825〕。这种词句必须表达最强烈的热情，所以浑身具有崇高的风格，可引起惊奇感。凡是诗性的语句的来源都有两个：一是语言的贫乏，另一是要使旁人了解自己的需要。因此，英雄时代的语言是紧接着神的时代运用和要表达的意义有自然联系的事实和实物的那种无声的语言起来的。最后，由于人类制度的必然的自然进程，在亚述、叙利亚、腓尼基、埃及、希腊和拉丁这些民族中间，语言都是从史诗音律开始，然后过渡到抑扬格，最后才变成散文〔232f, 463〕。这个事实使得古代诗人的历史〔464ff〕具有确凿可凭性，也说明在日耳曼语言里，特别在西里西亚那个农民区域里何以有那么多的自然的运用诗律的作者〔471〕，而在西班牙、法兰西和意大利的民族语言中最初的作家们也都用诗体〔438〕。

35 根据上述三种语言就形成了一种心头词典（mental dictionary）〔145〕，借此可以正确地解释一切不同的发音的语种，我们每逢有需要时就利用这种心头词典。在《新科学》的第一版中〔《全集》3.387f〕我们详细地说明了心头词典的意思。从家族长老的永恒特性（根据本科学，我们认为在有关那些语种在形成时期那些家族长老在家族和最初的城市的情况中应有这些永恒特性），我们找到十五个不同的语种（有已死亡的，也有还在活着的）的词汇所特有的意义，根据上述特性，这些词有不同的称呼，有时根据这一特性，有时根据另一特性。（这是我们对本科学第一版感到满意的第三个段落〔28, 33〕。）无论是对于研究一切民族在理想的永恒的历史过程中所说的语言，还是对于用科学方法援引凭证来证实在讨论部落自然法以及第一种特殊法中所持的论点，上述心头词典都是必要的。

36 与特属于上述三个时代的三种语言相应的有三种类型的政权，三种类型的民政性质。各民族三个时代的历史过程也依同样次序互相递代，各个时代各有适应它的法律。

37 在这三种类型的法律之中，第一种是秘奥的神学，流行于异教人民受天神们指挥的时期〔938〕。它的哲人就是些神学诗人（据说神学诗人就是异教人类的创建人）。他们是神谕奥义的解释者，在一切民族中神谕都是用诗来答复祈求者〔464〕。因此我们发现到这种凡俗智慧的奥义都隐藏在神话寓言里。在这方面我们穷究到后来哲学家为什么都有重新发现古人智慧的强烈愿望，以及他们在什么场合里把自己的隐藏的智慧塞进寓言故事里去〔K_6，515，779〕。

38　第二种就是英雄时代的法律〔939〕，全是拘泥细节，咬文嚼字（在这方面尤利西斯显然是个专家）。这种法律追求罗马法学家们所谓的民政公道（civil equity），即我们所谓的政权的理性（reason of state）〔320，949〕。英雄们凭他们的有限的观念，认为自己有自然的权利要求有明文规定的他们应得的利益的种类和数量；正像我们现在还可见到农夫们和其他粗人们在对文字和意义的争论中顽强地声言明文规定的权利是维护自己那一方面的。这种情况也是来自天神意旨，其目的在于使那些还抓不住良好法律所必具备的共相或共同性的那些异教人民可以根据明确具体的明文规定去普遍地遵守法律。如果作为民政公道的一种后果，法律在某一具体情况下不仅粗暴而且残酷，他们还自然地忍受着，因为他们认为他们的法律本来就是如此。此外，他们还被导致去按照自己的最高利益去遵循他们的法律，我们发现英雄们把自己的最高利益和祖国的最高利益看作等同的，因为只有他们才算是祖国的公民〔584〕。因此，为着各自的祖国的安全，他们毫不踌躇地牺牲自己和家族去听从法律的意志。这种意志在维护祖国的共同安全之中，同时也就保障每个英雄对他自己的家族实行某种私人独裁统治。此外，正是这种巨大的私人利益，结合到野蛮时代所特有的那种极高度的专横，形成了英雄们的英雄品质，从而导致他们在保卫中采取那么多的英雄行动。在这些英雄事迹之外，还要加上不可容忍的骄傲，严重的、贪欲的、无情的残酷，罗马元老们用这些来对待不幸的平民们。这在罗马史里可以看得很清楚，这正是在史学家李维（Livy）本人描绘为显示罗马品德的时期，罗马前此从来没有梦想到的民众自由最昌盛的时期〔668〕。下文还会看到这种公众德行不过是天神意旨很好地利用了悲惨的丑恶的私人罪恶〔F_6〕来使人心专注在具体细节上，使诸城市还可以维持住。在这种时期，人们自然就不懂得什么共同福利。从此可以得出一些新原因来论证圣奥古斯丁在《上帝之城》〔5.12〕卷十二里讨论罗马人的德行时所提出的论点；从此以前博学者们关于诸原始民族的英雄制度所持的意见就遭到粉碎了〔666〕。我们发现这种民政公道无论在和平中还是在战争中都受到英雄时代各民族自然而然遵行（无论是从第一个野蛮时期还是最近复归的野蛮时期的历史中我们都找到了一些光辉的范例）；罗马人私方遵循这种民政公道也只有在他们政体还处在贵族式的时期，也就是直到巴布利阿斯和培提略〔104fr〕公布他们的法律时期，此后一切都根据十二铜表中的罗马法典〔985〕。

39 最后一种类型的法律〔940〕就是自然公道（natural equity）〔324ff，951〕的法律，即自然流行于各种自由政体中的那种类型。在这种类型里人民每人都为着他自己的特殊利益（并不懂得这对一切人都是一样的）而被引导去主宰普遍的法律。他们自然地都善意地倾向于遵守要求平等利益的一切最细微的细节。这就是拉丁词的 aequum bonum〔平等利益〕，这就是最晚的罗马法学的主题，从西塞罗时代起就开始由罗马执政官用法令或诏谕加以改定。这种类型也许符合，甚至更符合君主独裁政体的性质。在君主独裁政体下面，独裁的君主们使臣民们习惯于照管他们自己的私人利益，而同时君主们自己却在掌管一切公众事务，希望一切民族顺从他们，凭法律得到人人平等，以便使全体人民都同样关心国家大事。因此哈德良（Hadrian）大帝借助于罗马各行省的人道自然法来改造全部罗马的英雄时代的自然法，并且下令凡是法律都应根据 Salvius Julianus〔萨尔维乌斯·尤里安大帝〕，几乎全按照对各行省的永恒诏令行事〔1023〕。[15]

40 我们现在可以参考上述那些象形符号来复述它们所代表的民族世界中一切头等要素，例如祭坛上的那支签条，水和火，树林里的骨灰瓶，靠在祭坛边的耕犁以及躺在祭坛脚下的舵都表示占卜、牺牲典礼、最初的只包括儿子一辈的家族，以及埋葬死者、土地的耕种和划分、庇护所、稍迟包括"家人"在内的世族、最初的土地斗争以及由此起来的最初的英雄时代的内陆殖

民 [16]，到内陆殖民不够时，海外殖民及其相联系的民族迁徙。这一切都发生在埃及人所说的神的时代，而史学家瓦罗由于无知或疏忽，称之为"黑暗时代" [17] 〔6，52〕，像上文已说过的，那根法棒表示最初的英雄政体，三种所有制或占领权的划分（自然的、民政的和征用的），最初的民政帝国，在最初的土地法之下所结成的不平等的联盟以及上述最初的城市在平民的乡佃农的基础上的建立，平民们是英雄佃户之下的佃户，而英雄们自己尽管是掌权者，却又是掌权的整个英雄阶层的更高统治权之下的臣民。靠在法棒上的那把刀表示这些城市之间进行着公开的战争，从袭击和抢劫开始。（下文说明：决斗和私战在家族政权内部出现一定比公开战争还早得多〔959ff〕。）钱袋表示贵族纹章或家族盾牌转用到徽章，各民族的最初的旗帜，后来变成军旗，最后变成钱币。（钱币在这里代表贸易，通过钱币扩充到动产，用产品或劳动的自然价格的不动产的贸易。早已在神的时代之前就已从第一部土地法开始，各种政体就是从这第一部土地法基础上诞生的。）天平表示平等的法律，这些才是名副其实的法律。最后是节杖，表示正式宣战，以正式和约结束。这第二组象形符号离开祭坛都很远，因为它们都代表一些民政制度，当时一些伪宗教已渐在慢慢地消逝，从英雄时代的土地斗争已在开始。这个时期即埃及人所称呼的英雄时代，史学家瓦罗所称呼的神话故事时代。刻着字母的碑板摆在神的符号和人的符号的中间，因为各种哲学都从文字开始，从此各种伪宗教就开始消逝；伪宗教都与真宗教即我们的基督教相对立，基督教是由一些最崇高的哲学即柏拉图学派和亚里士多德漫步学派（就他们赞同柏拉图派的主张那方面来说）以人道的方式向我们加以证实的。

41 本书的整套思想可以总结如下：卷首图形背景中的阴暗部分就是本科学的题材，这种不确定、未成形、晦暗的题材将在下文时历表及其注释中展示出。天神意旨照亮玄学女神胸部的那道光线代表一些自明公理、定义和假设；这些都是本科学用作要素来推演出本科学所依据的一些原则和进行研究的方法。这些项目全都包括在第一卷里。从玄学女神胸部反射到荷马雕像的那道光线就是照亮第二卷里的"诗性的智慧"的光，凭这道光真正的荷马就在第三卷里得到了阐明。通过"真正的荷马的发现"，形成这个民族世界的一切制度就得到阐明了，从它们的起源进行下去，按照所列的诸象征图形顺序进入真正的荷马的那道光线之中，这就是第四卷所讨论的诸民族所经历的过程。最后既已达到荷马雕像的脚下，它们就开始按第一过程的次序循环再现〔L_2，393〕，这是我们在本书第五卷里所讨论的。

42 最后把本书要义加以最简短地总结，整套图形代表三种世界，按照诸异教人类心灵从地球上升到天空的次第。在地面上看得见的全部象征图形都表示民族世界，这是人们比对其他一切都更劳心焦思的。处在中部的那个地球代表自然的世界，这是在后来由物理学家加以考察的。处在上部的那些象征图形表示心灵和天神的世界，这是最后由玄学家们加以观照和思索的〔B_7〕。

注 释

1 图形说明是全书的总纲，既列举人类各种活动和制度的要素，又说明了它们的发展和演变的过程，读者须首先把这篇总纲图形看懂，才可读懂全书其余部分。

2 底比斯人西比斯（Cebes），苏格拉底派学者。

3 玄学女神即代表《新科学》的作者维柯本人。

4 瓦罗是公元前一世纪罗马帝国最昌盛时期与西塞罗、卡陀和奥古斯都大帝诸名人都有过接触的法学家、历史学家和修辞学家，著述甚多，是维柯经常称誉的"最渊博的"学者。

5 注意：维柯认为神和宗教原是由原始人类凭想象制造出来应付人类需要的。

6 修昔底德是公元前五世纪希腊最大的历史学家，主要著作是《伯罗奔尼撒战争史》。

7 维柯在天主教会严刑恐吓之下，声明《新科学》所研究的只限于异教徒，不包括犹太教，显然是有意避免使《新科学》成为谩神的罪状。

8 Socii：原义是"家人"或"家奴"，就是社会（society）一词的最初的起源。

9　罗慕路斯，罗马的开国国王。

10　塔西佗（Tacitus）是公元前一世纪罗马史学家，以《日耳曼尼亚志》和《编年史》著名，他和几代罗马皇帝有亲身接触，所写的大半根据亲身见闻。

11　法棒（fasces），"法西斯"一词所由来。

12　库越特，即公众会议中手执长矛的武装骑士。

13　塞尔维乌斯·图利乌斯，相传为罗马的第六位国王。

14　打旗语。

15　这段概述罗马法（十二铜表法）演变成罗马帝国法的经过。

16　"内陆殖民"即收容来耕地服役的家奴们。

17　瓦罗所说的"黑暗时代"指人们认识不清楚的时代，译"晦暗的时代"或较清楚。

第一卷

一些原则的奠定

时历表

根据埃及人的三个时代，埃及人说，在他们以前，全世界各民族都已经历过三个时代：神的时代、英雄的时代和人的时代（I）

希伯来人（II）	迦勒底人（III）	斯基泰人（IV）	腓尼基人（V）	埃及人（VI）	希腊人	罗马人	世界年历	罗马年历
世界大洪水							1656	
	琐罗亚斯德，或迦勒底王国（VII）						1756	
	宁录，或各种口语的混淆（IX）				伊阿珀托斯，巨人们所自出（VIII）。普罗米修斯，巨人之一，从太阳盗火（X）		1856	
				埃及各王朝	丢卡利翁（XI）			
亚伯拉罕的天命				老一辈最伟大的赫耳墨斯，或埃及人的神的时代（XII）	黄金时代，或希腊的神的时代（XIII）			

074

希伯来人（II）	迦勒底人（III）	斯基泰人（IV）	腓尼基人（V）	埃及人（VI）	希腊人	罗马人	世界年历	罗马年历
					赫楞——丢卡利翁的儿子，普罗米修斯的孙子，伊阿珀托斯的曾孙——通过他的三个儿子，在希腊传播了三种土语（XIV）		2082	
					埃及人刻克洛普斯带了十二批移民到阿提卡，凭这些移民，忒修斯后来创建了雅典（XV）			
					腓尼基人卡德摩斯在维奥蒂亚创建了底比斯，把凡俗字母输入希腊（XVI）		2448	
上帝把成文法给摩西				晚一辈最伟大的赫耳墨斯，或埃及人的英雄时代（XVIII）		萨图恩，或拉丁人的神的时代（XVII）	2491	
					埃及人达那俄斯把伊拿兹族人驱出阿尔戈斯王国（XIX）。弗里吉亚人珀罗普斯统治伯罗奔尼撒		2553	

希伯来人（II）	迦勒底人（III）	斯基泰人（IV）	腓尼基人（V）	埃及人（VI）	希 腊 人	罗马人	世界年历	罗马年历
					赫拉克利族遍布希腊，创始了希腊的英雄时代。库越特武士们在克里特，在萨图尔尼亚或意大利，以及在亚细亚司祭王国，建立了一些司祭王国（XX）	土著的	2682	
	尼努斯与亚述统治		提尔的狄多去建立迦太基（XXI）					
							2737	
			提尔庆祝航行和殖民		克里特的弥诺斯王，高尚民族第一个立法者和爱琴海的第一个海盗		2752	
					俄耳甫斯，和他在一起的时代（XXII）。学诗人们的时代（XXII）到了赫库勒斯，希腊的英雄时代到了顶峰（XXIII）	阿卡狄亚人		

希伯来人（II）	迦勒底人（III）	斯基泰人（IV）	腓尼基人（V）	埃及人（VI）	希腊人	罗马人	世界年历	罗马年历
			桑库尼阿特斯用凡俗字母写历史故事（XXIV）		伊阿宋开始发动与本都的海战。忒修斯创建雅典，并建立雅典最高法院	拉丁人或意大利人英雄时代的赫尔勒斯与伊凡德	2800	
					特洛伊战争（XXV）		2820	
					英雄们，特别是尤利西斯和埃涅阿斯的流浪			
						阿尔巴王国	2830	
索尔的统治时代					—		2909	
				塞索斯特里斯统治底比斯（XXVI）	在亚细亚、西西里、意大利等地的希腊殖民（XXVII）		2949	
					莱克格斯把法律给给斯巴达人		3120	

希伯来人（II）	迦勒底人（III）	斯基泰人（IV）	腓尼基人（V）	埃及人（VI）	希腊人	罗马人	世界年历	罗马年历
					奥林匹克运动会先由赫库勒斯创始，中途停顿，伊什斐路斯把它恢复过来（XXVIII）		3223	
						罗马的创建（XXIX）		1
					荷马出现时凡俗字母还没有发明，他从来没有见到过埃及（XXX）	努马王	3290	35
				普萨美提克开放了埃及门户，但只对爱奥尼亚和卡里亚这两地区的希腊人开放（XXXI）	伊索，凡俗的伦理哲学家（XXXII）		3334	

希伯来人 (II)	迦勒底人 (III)	斯基泰人 (IV)	腓尼基人 (V)	埃及人 (VI)	希腊人	罗马人	世界年历	罗马年历
					希腊的七哲人,其中一位是梭伦,他在雅典创建了民众自由权;另一位是米利都人泰勒斯,他用物理学创建了哲学(XXXIII)		3406	
	居鲁士和波斯人统治亚述				据李维说,毕达哥拉斯在生前连名字也不为罗马人所知(XXXIV)	罗马国王塞尔维乌斯·图利乌斯(XXXV)	3468	225
					庞西特拉图王朝暴君从雅典被逐		3491	
						塔克文暴君从罗马被逐	3499	245
					赫西俄德(XXXVI),希罗多德、希波克拉底(XXXVII)		3500	

希伯来人（II）	迦勒底人（III）	斯基泰人（IV）	腓尼基人（V）	埃及人（VI）	希腊人	罗马人	世界年历	罗马年历
		斯基泰国王伊丹图尔索索司（XXXVIII）			伯罗奔尼撒战争。修昔底德说过，直到他父亲的年代，希腊人对自己的古代文物还毫无所知，所以他要动手写这场战争（XXXIX）		3530	
					苏格拉底创建了理性的伦理哲学。柏拉图在玄学（或形而上学）领域里崭露。雅典在文化最高的人类全部艺术领域里大放光辉（XL）	十二铜表法	3553	303
					色诺芬，带着希腊武器到波斯斯的心脏，他是第一个对波斯制度有些确凿的认识的人（XLI）		3583	333
						巴比利阿斯法律（XLII）	3658	416

希伯来人(II)	迦勒底人(III)	斯基泰人(IV)	腓尼基人(V)	埃及人(VI)	希腊人	罗马人	世界年历	罗马年历
					亚历山大大帝推翻波斯君主政体，使波斯从属于马其顿统治。亚里士多德巡游东方，观察到以前的希腊人对它的记述是难以置信的		3660	
						培提略法律（XLIII）	3661	419
						和他林敦作战。在战争中拉丁人和希腊人才开始相识（XLIV）	3708	489
						第二次迦太基战争。李维从此就开始写出的罗马史，确凿可凭他承认自己对三个重要的情况还不知道（XLV）	3849	552

第一部分 时历表注释，资料顺序排列

I

〔时历表根据埃及人的三个时代，埃及人说，在
他们以前，全世界各民族都已经历过三个时代：
神的时代、英雄的时代和人的时代〕〔52〕

43 这个时历表，举出了古代世界各民族的大轮廓，从世界大洪水开始，经历了希伯来人、迦勒底人、斯基泰人、腓尼基人、埃及、希腊人和罗马人，一直到第二次迦太基战争。表上出现了一些极著名的人物和事迹，由学术界共同确定了确凿的时间和地点。这些人物和事迹有两种可能，一种是并不曾出现在一般所指定的时间和地点，一种是根本就不曾存在过。可是另一方面，从长久被埋葬的那片黑暗阴影中却也涌现出一些伟人和大事，对人类制度造成了决定性的变革。这一切都摆在注释里，来显示人类各民族的各种起源是多么渺茫无凭，不可信，有欠缺，乃至虚幻。

44 其次，这个时历表和约翰·玛向(John Marsham)[1] 在时历法规(《埃及、希伯来和希腊的时历法规》）里所列的表所采取的立场正相反。约翰·玛向

082

企图证明埃及人在行政和宗教方面都走在全世界各民族之前，并且认为埃及人把他们的宗教仪式和民政法令输出给其他民族，由希伯来人加以修改而接受过去了。附和他的这种看法的有约翰·斯宾塞（John Spencer）[2]。斯宾塞在他的论文里所表示的看法是以色列人通过他们的《圣经》从埃及人那里取得了他们对于宗教制度的一切知识。最后，玛向的拥护者还有梵·霍尔恩（van Heurn）[3]。他在《野蛮时代哲学稽古录》里关于迦勒底部分写道：摩西曾受教于埃及人，就在他的戒律中把一些宗教制度带给犹太人。起来反对这种看法的赫尔曼·维茨（Hermann Witsius），他在《埃及学》里认为提供关于埃及人的确凿资料的第一个异教作家是狄奥·卡西乌斯（Dio Cassius）[4]，而此人是在罗马哲学家皇帝马可·奥勒留（Marcus Aurelius）时代才享有盛名的。但是在这一点上他可以遭到塔西佗的《编年史》〔2.60〕的反驳，其中我们被告知日耳曼尼库斯（Germanicus）[5]到了东方，从东方走到埃及去看底比斯的著名古迹，找到一位司祭给他解释某些碑刻上的象形文字。那位司祭乱吹一套，说那些象形文字叙述埃及国王拉美西斯二世（Ramses〔II〕）在非洲、东方甚至小亚细亚所享有的无限权力，不亚于罗马人当时所享有的权力；那就很大了。不过维茨闭口不谈这番话，也许他的看法恰相反。

45　但是那样荒远无边的古代当然不能向居在内陆的埃及人提供什么深奥的智慧，因为当时住在亚历山大城的克雷芒（Clement）在他的《杂录》里（Stromata 6.4）叙述到他们的所谓《司祭书》当时流传的有四十二部，其中关于哲学和天文方面的错误百出，为此贾里蒙（Chaeremon）那位最高法官圣丢尼修（St. Dionysius）的教师，曾多次受到斯特拉博（Strabo）[6]〔17.1.29〕的斥责；他们的医学观念也由医学大师盖伦（Galen）提到过，认为那只是些江湖医生的胡说八道。他们的伦理思想也是淫荡的，因为不仅容许娼妓存在，而且还使她们显得很体面。他们的神学充满着迷信、魔术和巫术。他们的堂皇的金字塔和其他纪念坛也很可能起源于野蛮风气，所以那样庞大〔816〕。埃及的雕刻和铸塑在今天看来是极粗陋的。因为精妙是哲学的果实，所以希腊作为哲学家的国度，能以人类天才所曾发现的全部艺术的光辉照耀着人寰：绘画、雕刻、铸塑和各种镌刻都极精妙，因为都不得不把所表现的物体的表面加以抽象化〔794〕。

46 由亚历山大大帝在〔地中〕海上建立的亚历山大城把埃及人的这种古代智慧提高到星空中了。亚历山大城把非洲人的锐敏和希腊人的精妙结合在一起，就产生出许多神学方面的哲学家。由于他们，亚历山大城才以高度的神学智慧享有盛名，后来它的博物馆的声誉比起雅典学园、学院、廊下讲习所和体育馆之类建筑，也不相上下。因此，亚历山大城博得"科学的母亲"的称呼。它的卓越地位使希腊人不直呼其名，只称它为 Polis〔城邦〕，正如雅典被称为 Astu〔首都〕，罗马被称为 Urbs〔城邦〕一样。埃及高级司祭曼涅托（Manetho）[7]就是从亚历山大城来的。他把全部埃及历史转化成一部高明的自然神学〔222〕，正如从前希腊哲学家们把希腊的最古历史转化为一些神话故事一样。因此，埃及的象形文字和希腊的神话故事有过同样的遭遇，都是最古的历史。

47 显示出这样高度智慧的排场，埃及民族本来就骄矜成性（因此被戏称为"光荣的动物"），又因为所居住的城市是地中海上一个大商场，通过红海，又是印度洋和东印度群岛的一个大商场（同时，该城市的一些可厌恶的习俗中，有一条是塔西佗一句名言〔《编年史》2.60〕中叙述过的，说它"贪信各种新宗教"），相信散布于世界各地的一些伪神（他们从为海洋贸易而聚集在亚历山大城的那些民族所听来的）必然都是起源于埃及的，而埃及人的天神阿蒙在一切天神中是最古老的，而且一切其他异教民族的大力神赫库勒斯（史学家瓦罗曾数出四十名之多〔14〕）必然是根据埃及的赫库勒斯而取得名称。像塔西佗所记载过的这类狂妄的夸张有一部分是来自埃及人自信他们民族非常古老那种讹见。他们以此向世界一切其他民族夸口，并且作威作福。此外，埃及人的夸张也有一部分是由于他们不懂得各异教民族尽管彼此互不相识，对神和英雄的观念还是可以彼此一致，这一点我们下文还要详细论证〔145f〕。尽管狄奥多罗斯·什库路斯（Diodorus Siculus，生活在奥古斯都大帝时代）说了许多奉承埃及人的好话，他也并不认为埃及人有超过两千年的古老起源〔1.23！〕。而他奉承埃及人的好话也被雅克·卡佩尔（Jacques Cappel）在他的《圣教和异教的历史》中推翻掉了，卡帕尔把埃及人摆在色诺芬（Xenophon），把居鲁士（Cyrus）大帝也摆在其中的那个时代里（我们还可以加上柏拉图曾虚构为波斯人的那一类人〔例如在他的《亚尔西巴德》对话里，120E〕）。最后，这一切关于埃及人的高度古代智慧的虚荣还从喜剧《牧羊人》（Poimander）中的戏言（伪装成为赫耳墨斯的教义）中也得到证实。梭默斯（Saumaise）认为这段残编断简是编得很糟的一些语录，而卡索邦（Casaubon）发现其中没有什么教义比柏拉图学派用同样语句表达出来的教义更古。

48 关于埃及人多么古老的误解是来自人类心灵的一种特性，即不确定性（120f）——由于这种不确定性，人类心灵就相信它所不认识的东西比实际远较伟大。在这方面埃及人就像中国人。中国人生长成为和一切外国民族都完全隔开的一个伟大民族。埃及人一直到普萨美提克（Psammeticus）时代，斯基泰人（或俄罗斯人）也一直到伊丹图尔索司（Idanthyrsus）时代都是和外国完全隔绝的。按照一种凡俗传说，斯基泰人比埃及人还更古老。这类片段传说故事正是凡俗通史的起点。按照查士丁（Justin）的记载（1.1，3）这种凡俗传说还有两个起源前的起源，他把亚述人的君主专制政体的年代提早了，举出了两个强大的国王：一是斯基泰国王丹劳斯（Tanausis），一是埃及国王塞索斯特里斯（Sesostris）。这两位国王一直到现在都使世界显得比它实际上还更古老。按照这个传说故事，丹劳斯首先带领一支大军穿过东方去征服埃及，而这条路本来是很难带大军穿过去，接着塞索斯特里斯也带领一支大军去征服斯基泰。可是一直到大流士（Darius）大帝时代，波斯人根本还不知道有斯基泰存在（波斯人只曾把他们王国推广到他们的邻邦米底〔Medes〕）。大流士向斯基泰国王伊丹图尔索司宣战，而这位斯基泰国王在波斯文化最高的时代还很野蛮。他用五件实物代表五个词来回答波斯大帝，因为他还不会用象形文字书写〔99，435〕。这就要我们相信上述那两位强大的国王带两支大军穿过亚细亚都不曾使亚细亚成为斯基泰或埃及的行省，而是让它们保持足够的自由，以便后来发展成为当时世界四大著名君主专制国中最早的一个，即亚述王国！

49　由于同样的理由，迦勒底人在争古老地位的角斗场中也不甘落后。他们也是内陆民族，下文还要指明，他们比另外两个民族[8]更古老，这两个民族都出于虚荣，夸口说他们曾经保存了足足两万八千年的天文观察的记录。也许就因为这个理由，犹太人弗拉维斯·约瑟夫斯（Flavius Josephus）[9]在他的《犹太稽古录》里〔1.70〕错误地认为在筑起来防两次洪水的两个大柱（一个是石刻的，另一个是砖砌的）上的观察记录都是世界大洪水以前的东西，他还认为他在叙利亚亲眼见过那个石刻的大柱。古代民族都把保存天文观察记录看得极重要，而后来的各民族竟完全丧失了这种重要感！因此，这种石柱只在以轻信为特点的博物馆里才找到它的地位。

50　但是，人们已发现中国人和古代埃及人〔435〕一样，都用象形文字书写〔83〕（这里还不提斯基泰人，他们连用象形文字书写也还不会〔48〕）。不知经过多少千年，他们都没有和其他民族来往通商，否则他们就会听到其他民族告诉他们，这个世界究竟有多么古老。正如一个人关在一间小黑屋里睡觉，在对黑暗的恐惧中觉醒过来，才知道这间小屋比手所能摸到的地方要大得多。在他们天文时历的黑屋中，中国人和埃及人乃至迦勒底人的情况都是如此。诚然，耶稣学会派罗明坚（Michele Ruggieri）神父曾声称他亲自读过在耶稣降生前就已印刷的〔中国〕书籍。此外，另一个耶稣学会派卫匡国（Martino Martini）神父在他的《中国史》里也断定孔子甚古老。这导致许多人转向无神论，像马丁·秀克（Martin Schoock）在他的《诺亚时代的大洪水》里所告诉我们的，他说以撒·拉·帕越尔（Isaac La Peyrère），《亚当以前的人们》的作者，也许就因此抛弃了天主教信仰，还说洪水只淹了希伯来人的土地。不过尼科拉·特里戈（Nicolas Trigault）比上述两位神父都较博学，在他的《基督教徒向中国远征》里写道，印刷在中国的运用不过比在欧洲早二百年，孔子的昌盛也不过比基督早五百年。至于孔子的哲学，像埃及人的司祭书一样，在少数涉及物理自然时都很粗陋，几乎全是凡俗伦理，即由法律规定人民应遵行的伦理。

51 提出上文对这些异教民族，特别是埃及人，夸口自己古老的狂言的一些评论作为前提，我们就应开始研究异教知识（学问），用科学方法来确定这一重要的起点——这种异教学问在世界上何时何地找到最初的起源，还援引了一些人道理由来支持基督教信仰。这种基督教信仰的起点是这样一个事实：世界上最早的民族是希伯来人，他们的君主是亚当，是由真神在创造世界时创造出来的。因此，应学习的最早的知识应该是神话或神话故事的解释，因为下文还将见到：各异教民族所有的历史全部从神话故事开始，而神话故事就是各异教民族的一些最古的历史〔202〕。凭这种方法，就可发现各民族及其科学（知识）的起源，本书从头到尾都要显示出：各民族的各种起源都在于各民族本身而不在它处。本书自始至终都要证明它们的起源都在各族人民的公众需要和利益，后来才由一些个别的聪明人就各种起源进行思索而加以完善化〔498〕。这是世界通史的正当的起点，所有的学者们都公认，世界通史在开始阶段是有缺点的〔399〕。

52 在这项工作中埃及人的古代文物对我们将会大有帮助，因为埃及人替我们保存了两大遗迹，其神奇并不下于他们的金字塔，这就是下列两大文字学的真实情况。第一个是由希罗多德叙述过的〔2.36；参看狄奥多罗斯·什库路斯1.44〕：埃及人曾把他们以前的世界划分成三个时代，首先是神的时代，其次是英雅的时代，第三是人的时代。第二个（像谢弗〔Scheffer〕在他的《意大利或毕达哥拉斯派哲学的性质和体制》里所叙述的），是这三个时代中相应地说过三种语言：第一种是象形语言，用神的字母；第二种是符号（象征）语言，用英雄的字母；第三种是书写的语言，用人民约定俗成的字母〔173，432ff〕。瓦罗没有采用这种时代的划分，我们不能说是因为他根本不知道这种划分，因为他是无限渊博的，配得上"罗马人中最渊博的学者"那个光荣称号，而且他生在文化最高的西塞罗的时代。他不采取上述划分，毋宁是因为他不赞成，或是因为他认为我们凭我们的一些原则认为通用于一切古代民族的划分只适用于罗马史，也就是说，一切罗马制度无论是神的还是人的，都是在拉丁区域土生土长的。所以他在他的《人神制度稽古录》〔M$_4$〕里研究在拉丁地区起源的一切制度。可惜这部巨著被不公道的时间淹没掉了。（瓦罗绝不相信罗马法典是从雅典输入罗马的传说！）〔根据塞索里努斯（Censorinus）的《生日》21〕他也划分世界为三个时期，即黑暗时期，相当于埃及人的神的时代；神话故事时期，相当于埃及人的英雄时期；历史时期，相当于埃及人的人的时期〔364，990〕。

53 此外，埃及人的古代文物还帮助我们了解两种关于虚荣夸大的记录，即各民族爱浮夸的事例，由于这种浮夸像狄奥多罗斯·什库路斯所说的〔1.9.3〕，每个民族，无论是野蛮的还是文明的，都认为自己是最古老的，而且保存了他们从世界开始以来的记录〔125〕；下文还会见到，只有希伯来人才有这种特殊荣幸〔54〕。我们所说的两种关于虚荣夸大的记录，其中首先就是埃及人的天神阿蒙是世界上最古老的天神，其次就是一切其他民族的大力神赫库勒斯都从埃及的赫库勒斯得到名称〔47〕。这就是说，一切民族都经历过神的时代，都认为神中之王是天帝约夫，接着就经历过英雄时期，英雄们自认为神们的儿子，其中赫库勒斯被认为最伟大。

II

〔希伯来人〕

54 时历表的第一栏是专分配给希伯来人的。根据希伯来学者弗拉维斯·约瑟夫斯和拉克坦提乌斯·费尔明（Lactantius Firmianus）[10]的最可靠的凭证〔94〕，希伯来人原来是所有的异教民族都不知道的。可是希伯来人对世界所经历过的几个时代的叙述是计算得正确的，希伯来人斐洛[11]的估计，是被一些最严格的批评家认为真实的。如果这种计算和尤西比乌斯（Eusebius）[12] 的计算不同，差别也只有一千五百年，比起迦勒底人、斯基泰人、埃及人以及今天的中国人所制的时历表所表现的差异，还是微乎其微的。这就应该是一个无可辩驳的证据，证明了希伯来人是世界中最早的民族，而且他们在圣书里如实地保存了他们对世界开始以来的一些记忆〔165f〕。

III
〔迦勒底人〕

55 表中第二栏专分配给迦勒底人，因为从地理上看得很清楚，在古代全部可居住的最内的内陆王国必然是亚述，而且也因为如本书已指明，内陆国家是首先有人居住的，接着才是海洋国家〔736〕。迦勒底人确实是最早的异教哲人，语言学家们的公论都把迦勒底人琐罗亚斯德（Zoroaster）看作他们的首领。没有问题，世界史一定是在迦勒底民族中间开始形成的。到迦勒底壮大了，世界史就从迦勒底人过渡到尼弩斯（Ninus）统治下的亚述民族。尼弩斯创建他的王国一定不是用从国外带进来的民族，而是用出生在迦勒底的本地人。接着他就去掉迦勒底的名称，用亚述的名称来代替。支持尼弩斯而推他为国王的一定是该国中的平民们。本书还将显示出，这种（通过平民）方式几乎是一切民族中的政治惯例，像我们所知的罗马人就是如此。这种世界历史也告诉我们：琐罗亚斯德是被尼弩斯杀掉的。我们将会看到，在英雄语言中这句话的意义就是：迦勒底人的王国原是贵族专政的（其中琐罗亚斯德原是英雄人物），后来被该民族中平民们用民众自由的手段所推翻了。我们将会看到：在英雄时代这些平民是一个不同于贵族的民族，尼弩斯凭这个民族的支持，才把他自己奠定为专制君主。如果情况不是如我们所说的，亚述历史中就会涌现这样一种怪物似的时历：琐罗亚斯德在他一个人的一生中就使迦勒底由一种漫无法纪的流浪人的国土变成一个强大的帝国，使琐罗亚斯德能在这上面建立起一个强大的君主专政体制。由于缺乏上述那些原则，尼弩斯就被看作世界历史的创始人，而亚述这个君主专制国前此就好像被看成像夏天大雨后的虾蟆一样突然涌现出来了〔738〕。

IV

〔斯基泰人〕

56 第三栏是为斯基泰人设置的。斯基泰人比埃及人还更古老,像前不久我们从一种凡俗传说中所知道的〔48〕。

V

〔腓尼基人〕

57 第四栏分配给了腓尼基人而没有分配给埃及人,因为腓尼基人才从迦勒底把象限仪(quadrant)的用法以及关于北极星高度的知识传授给埃及人〔727〕。这有凡俗传说为证。我们在下文还要显示,腓尼基人还传授了凡俗的字母〔440〕。

VI

〔埃及人〕

58 由于上述那些理由,埃及人在时历表里只配得上第五栏,而玛向在上述《埃及、希伯来和希腊的时历法规》里却让埃及人享有世界最古老民族的荣誉。

VII

〔琐罗亚斯德,或迦勒底王国。世界年历1756年〕

59 本书把琐罗亚斯德显示为东方各民族创造者的一个诗性人物。有许多这样的民族创始者散布在世界大部分地区，正如西方散布着许多赫库勒斯。而且瓦罗所观察到的许多赫库勒斯〔14〕在亚细亚也以西方面貌存在过，例如提尔（Tyrian）或腓尼基的赫库勒斯都被东方人看作同样多的琐罗亚斯德。但是抱着凡是他们知道的都和世界一样古老的那种讹见的学者们却把这许多琐罗亚斯德都变成满腹奥秘智慧的某一个人，把哲学圣旨都堆在他一个人身上，这其实不过是把一个很新的教义（例如毕达哥拉斯派或柏拉图派的教义）都打扮成为古老的教义传出去。但是学者们的讹见还不止于此，还膨胀到把各民族的学术渊源都追溯到这一个别的人。按照他们的看法，琐罗亚斯德教给迦勒底的波洛修斯（Berosus）；波洛修斯教给埃及的最伟大的赫耳墨斯（Thrice-Great Hermes）；最伟大的赫耳墨斯教给埃塞俄比亚的阿特拉斯（Atlas）；阿特拉斯教给色雷斯的俄耳甫斯；最后俄耳甫斯在希腊建立了他的学派。但是我们不久就会看到，对古代各民族来说，这样长途旅行绝非易事，他们不久前还是些野蛮人，到处一样，和最近的邻居也互不相识，只有在战争或贸易中，彼此才有所接触〔93〕。

60　但是关于迦勒底人，连语言学家们自己根据他们自己所搜集的各种不同的凡俗传说，也不知道迦勒底人是些个人，或是些整个家族，还是些整个民族。这些疑团可以按照下列原则来解决。他们先是些个人，接着是些整个家族，后来成了整个民族，最后才成了一个大国，其中建立了亚述君主专政国。他们的智慧先是在凡俗占卜，凭占卜他们从夜里落星的路径来预测未来，后来才有法学的星象学。因此，在拉丁人中间一个法学的星象学家就还叫作一位迦勒底人。

VIII

〔伊阿珀托斯（Iapetus），巨人们（giants）所自出。

世界年历 1856 年〕

61　下文还将显示：根据从希腊神话故事中所发现的物理历史，以及从

091

各种民政历史所得出的物质和精神两方面的证据，巨人们在一切最初的民族中就已在自然中存在了〔369—373〕。

IX

〔宁录（Nimrod），或各种口语的混淆。世界年历 1856 年〕

62 各种口语的混淆以一种奇迹的方式发生了，因而一霎时就有许多种语言形成了。家族父主们要通过这种口语的混淆使世界洪水前的神的语言逐渐丧失其纯洁性。应该把这种现象理解为涉及的是东方各民族的语言，在这些东方民族中，闪族传播了人类。在世界的其余各民族中情况一定不同，因为含族和雅弗族都注定要分散到地球上大森林里去进行两百年的野蛮的迁徙。在孤独的浪游中，他们还要生儿养女，只能给他们野蛮的教育，得不到人类习俗的熏陶，而且没有任何人类语言，所以处在野兽状态中。在被世界大洪水淹没之后，地球需要过一段时期才渐干燥，发出一些干燥的气体可以发电，雷电使人们震惊害怕起来，就让自己投靠许多天帝约夫的邪教。瓦罗竟数出天帝约夫有四十个之多。埃及人声称他们的天帝阿蒙在一切天帝中是最古老的一个〔14！德尔图良（Tertullian）[13]在《辩护》（14.8）里说，天帝有三百个之多〕。他们运用的那种占卜术是凭雷电和老鹰的飞向（他们相信鹰就是天帝的圣鸟）。但是在东方人中较高明的占卜术据星辰的运动和形状来测知未来。因此琐罗亚斯德被尊为异教民族的第一位哲人。博沙尔（Bochart）给他的荣衔是"观星者"。正如最古老的凡俗智慧是在东方人中间产生的，最古老的君主专制政体也是如此，那就是亚述的君主专制政体。

63 这种推理锁链就把那些试图把世界全部的各种语言都溯源到东方口语的语言学家们都清除掉了。因为事实是：所有发源于含族和雅弗族的各民族都先在内陆发展出他们的本地语言，等到后来他们移到海边，才开始和腓尼基人往来，腓尼基人是地中海和大洋沿岸以航海和殖民著名的。我们在本科学初版中〔《全集》：3.368ff〕已说明了这种看法对于拉丁语言的起源是对的，对一切和拉丁语言类似的其他语言也就必然是对的。

X

〔普罗米修斯（Prometheus），巨人之一，从太
阳盗火，世界年历 1856 年〕

64 从这个寓言故事，我们看到：老天原在地球上统治着，当时人们相信天不比山顶高，根据村俗传说，也说天在地上对人类留下了许多重大福泽。

XI

〔丢卡利翁（Deucalion）〕

65 在丢卡利翁时代，忒弥斯（Themis）或神的公道在帕尔纳索斯山（Mount Parnassus）上有一座祀奉她的庙，她在地上对凡人的争端进行审判。

XII

〔老一辈最伟大的赫耳墨斯（Hermes），或埃及的神的时代〕

66 根据西塞罗的《论诸神的本质》（3.22.56），这位赫耳墨斯就是埃及人所称呼的〔Thoth 或〕Theuth（据说希腊人从这个词派生出 theos〔诸神〕），这些神把文字和法律授给了埃及人。埃及人（据玛向说）又把这些法律和文字传授给世界其他各民族。但是希腊人并不曾用象形文字而是用凡俗字母写下他们的法律。直到现在，人们都公认这种凡俗字母是由卡德摩斯（Cadmus）从腓尼基输入埃及的。不过下文还会看到，从那个时期之后七百多年〔679〕之中，希腊人并不曾用过这种腓尼基字母。因为在这段时期里已出现了荷马，而荷马在他的诗里连 nomos（名）这个词都不曾用过（据费兹〔Feith〕在《荷马稽古录》里所指出的）。荷马把他的诗篇口授给诵诗

093

人（或说书人），让他们在心里记住，因为当时凡俗字母还未发明，正如犹太人约瑟夫斯在反驳希腊语法学家阿皮翁（Apion）[14] 时所坚决主张的〔《驳阿皮翁》1.2.11f〕。此外，在荷马之后，希腊字母也和腓尼基字母大不相同！

67 但是比起下面一个难题，这些难题还是次要的：没有法律，各民族怎样能创建起来呢？在埃及本身，在这位赫耳墨斯之前，那些王朝是怎样创建起来的呢？提这问题，好像字母对法律是绝对必要似的，又好像斯巴达的法律就不是法律，因为斯巴达的立法者莱克格斯本人就定过一条法律，禁止人们学习字母！好像一个民政制度就不可能凭口头制定法律且由口头公布出来！好像我们在荷马史诗里不曾确实见过两种会议，一种叫作 boulê〔秘密会议〕，英雄们聚会在这里口头上商议法律；另一种叫作 agora〔公开会议〕，在这里法律也是口头上公布的〔624〕。最后，好像是天神意旨对制定法律这种人类的必需不曾做过安排，在没有字母的情况之下，让各民族在野蛮时代先是根据习俗创建起来，到后来变成文明了，再凭成文的法律条款去治理国家！正如在复归的野蛮时期的情况下一样〔L₁₋₈〕，即像在欧洲新起的一些国家中一样，最初的法律也是产生于习俗的，其中最古的习俗就是封建性的。这一点是应该牢记在心的。下文我们还要谈到：授封土地（fiefs）是古今各国后来兴起的一切法律的最初根源，因此异教民族中的部落自然法都不是根据法令条文而是根据人类习俗而奠定起来的〔599ff〕。

68 至于涉及基督教的一个重大问题——摩西并不曾向埃及人学得希伯来人的崇高神学——这里似乎有一个时历上的大难题，时历把摩西摆在最伟大的赫耳墨斯之后。不过这个困难可以用上文提到的那些理由〔44〕来解决，而且根据伊安布利霍斯（Iamblichus）[15] 在《埃及人的秘密教仪》〔1〕中一段话里所说的一些原则，就可以完全克服这个难题。他说到埃及人把对人类民政生活为必需或有用的一切发明都归功于上述赫耳墨斯身上。所以，赫耳墨斯一定不是指富于秘奥智慧、后来成了神的某一个别的人，而是一个诗性的人物性格，代表着埃及的原始人民，富于凡俗智慧，在埃及先建立了一些家族，接着建立了一些民族，终于形成了强大的埃及国家。《埃及人的秘密教仪》在上引的一段话之后，接着就说，如果埃及人的神、英雄和人三个时代的划分能成立，那么，这位最伟大的赫耳墨斯就是埃及人的神，他的一生就包括全部埃及人的神的时代。

XIII

〔黄金时代，或希腊的神的时代〕

69　神话故事性的历史使我们认识到这个时代的特点之一就是神和人都住在地上。为着使关于时历的一些原则确凿可凭，我们在本书中将研究出一套自然的神谱或诸天神的世系〔317〕。这种神谱是希腊人在想象中自然地形成的神谱。当时希腊人还处在世界的童年时代，受到一些最可怕的宗教的沉重压力，碰到某些人类的需要或效益时，就感觉到要从宗教得到援助或安慰，就形成了这种想象，把他们所看到或想象到的一切，甚至他们自己所做的一切，都归之于神〔183〕。现在列出所谓"头等部落"〔B_2〕的十二代神的十二个短时期，也就是在氏族时代人们所供奉的那些神，这样一种诗性历史的合理的时历就使我们分配九百年的一段时间给神的时代〔734〕。这就使我们找到了凡俗世界史中的各种起源。

XIV

〔赫楞（Hellen）——丢卡利翁的儿子，普罗米修
斯的孙子，伊阿珀托斯的曾孙——通过他的三个儿
子，在希腊传播了三种土语。世界年历 2082 年〕

70　由于这位赫楞，希腊本地人就被叫作赫楞族人（Hellenes）；但是意大利的希腊人却叫作格腊伊（Graii），他们的地方叫作格腊伊卡（Graikia），因此，拉丁人把他们叫作格腊西（希腊人，Graeci）。意大利的希腊人对于海那一边的祖国——即他们作为移民迁入意大利之前所住的地方——的名称

算是知道得很清楚啦！因为任何希腊作家的著作里都找不到"格腊伊卡"这个词，像雅克·勒·保罗米耶在他的《希腊稽古录》里所说的。

XV

〔埃及人刻克洛普斯（Cecrops）[16] 带了十二批移民到阿提卡（Attica），凭这些移民，忒修斯（Theseus）后来创建了雅典〕

71　斯特拉博〔9.1.8〕作出了相反的判断，说阿提卡土地多岩石，不能吸引外方人来居住。他提出这种相反意见来支持另一主张，说阿提卡土语是希腊本地土语中最早的一种。

XVI

〔腓尼基人卡德摩斯在维奥蒂亚（Boeotia）创建了底比斯（Thebes），把凡俗字母输入希腊，世界年历 2448 年〕

72　既然是卡德摩斯把腓尼基字母输入维奥蒂亚，维奥蒂亚人从有了文字开始就应该是全希腊最聪明的民族了，但是这地方人头脑都很笨，以至于"维奥蒂亚人"已成了笨人的流行绰号。

XVII

〔萨图恩，或拉丁人的神的时代。世界年历 2491 年〕

73　这是从拉丁区域各民族开始的神的时代，在性质上相当于希腊人的黄金时代。本书神话部分〔544ff〕还将显示出：在希腊人中间，最初的黄金便是粮食。最初的各民族都凭粮食的收获期来计算年份〔407〕。拉丁人把农神称为萨图恩，这个词是从"塞提"（sati）派生的，意思就是"种过的地"。希腊人原把农神叫作柯罗诺斯（Chronos），意思是时间，从此派生出"时历"（Chronology）这个词。

〔晚一辈最伟大的赫耳墨斯，或埃及人的

英雄时代。世界年历 2553 年〕

74　这位晚一辈的赫耳墨斯一定是埃及人的英雄时代的一种诗性人物性格。在希腊，英雄的时代在神的时代之后才开始。神的时代共约九百年；但是在埃及人中间，神的时代只有父、子、孙三代的时间。与埃及历史中这种时代错误相一致的我们已见过亚述历史中琐罗亚斯德的例子〔55，59〕。

XIX

〔埃及人达那俄斯（Danaus）把伊拿契兹族人（Inachids）

驱出阿尔戈斯（Argos）王国。世界年历 2553 年〕

75　这类王室世代继承是时历学的重要准则：例如达那俄斯占据了原由伊那科斯（Inachus）九代王朝统治过的阿尔戈斯王国。这九代王国一定有三百年之久（根据时历学家们的准则），正如十四位拉丁国王统治阿尔巴（Alba）[17]，一定要经过大约五百年。

76　但是史学家修昔底德〔1.5〕说过，在英雄时代，国王们几乎每天都要由一个把另一个驱逐走，例如阿穆利乌斯（Amulius）把努米托（Numitor）从阿尔巴国驱逐出，接着就是罗慕路斯把阿穆利乌斯推下宝座，让努米托复辟。这种事例是由于当时的野蛮风气，也由于英雄时代城市既没有城墙，又不曾用上堡寨。将来我们还会看到复归的野蛮时代也是如此〔645，1014〕。

XX

〔赫拉克利族遍布希腊，创始了希腊的英雄时代。

库越特武士们在克里特（Crete），在萨图尔尼
亚或意大利，以及在亚细亚，建立了一些司祭王
国。世界年历 2682 年〕

77 如德尼斯·彼陀（Denis Pétau）所说的，古代文物中这两大片段在希腊
的英雄时代之前就已出现在希腊历史里。赫拉克利族，或赫库勒斯的子孙们，
在他们的父主赫库勒斯降生之前二百年中就已遍布希腊，而要生育出来那么多
的子孙，赫库勒斯就应在许多世纪之前已降生了。

XXI
〔提尔（Tyre）的狄多（Dido）去建立迦太基〕

78 我们把狄多摆在腓尼基的英雄时代之末，因此就认为她从提尔被驱
逐出境，是由于她在一次英雄们内讧中被打败，因为她承认由于对她丈夫的
弟兄的仇恨而离开提尔城邦。在英雄语言里，提尔城邦的一大群男子汉被称
为一个女人，因为他们是由弱者和战败者组成的〔989〕。

XXII
〔俄耳甫斯（Orpheus），和他在一起的神学诗人们的时代〕

79 这位使希腊野兽都变成人类的俄耳甫斯显然就是成千上万的怪物的一
个庞大的洞穴。俄耳甫斯来自色雷斯，这是一个出凶猛战士和战神（Marses）
的国度，而不是出人道的哲学家们的国度，因为色雷斯族人到后来一直很野蛮，
以致使哲学家安德罗提翁（Androtion）[18] 把俄耳甫斯排除到哲人行列之外，就
是因为他是在色雷斯出生的〔据伊良（Aelian）[19] 的《各种历史》8.6〕。可是
在色雷斯起源时，俄耳甫斯对希腊语言就已熟练到作出惊人的诗篇，通过朗
诵这些诗来驯化那些野蛮人；尽管他们已经组织成为若干氏族，他们的眼睛

还约束不住他们放火去焚烧一些藏满珍宝的城市。安德罗提翁认为希腊人当时仍是些野兽，尽管在一千年之前丢卡利翁凭他对天神公道的敬畏，就已教会希腊人敬神了。在帕尔纳索斯山上，在奉祀天神公道的一座庙前面（这座庙后来成了阿波罗和九诗神，即日神和人类各种艺术的住所），丢卡利翁和他的妻子皮拉（Pyrrha），头部都用纱遮住（这就是带有人类男女同居即结婚的羞容），抓住他们脚前面的一些石头（这就是以前野蛮时期愚笨的动物）扔到背后去，使它们变成人（这就是氏族政权下家务事的训练）〔523〕。赫楞在七百年之前也是如此，他就已用语言作为手段把希腊人联系在一起，并且通过他的三个儿子种下了三种土语的种子。而且伊那科斯族人也显出他们在三百年之前就已建立了王国，在此三百年期间王室继承一直在一代接着一代。最后又来了这位俄耳甫斯以人道教导希腊人，把他们从原来的野蛮状况变成一个光荣的民族，使得他有资格陪同伊阿宋（Jason）航海去寻金羊毛（海上贸易和航海是各族人民的最后一些发明）。陪同伊阿宋这次远航的还有海伦的两个弟兄卡斯托尔（Castor）和波鲁克斯（Pollux）。为着海伦的缘故，打起了著名的特洛伊战争。这样，在一个人的有生之年，就有许多民政制度形成了，而实际上要做出这些事一千年还很不够哩！在俄耳甫斯一人身上所见出的希腊时历中一个荒谬现象〔735〕就像上文已见过的另外两个事例。一个是亚述历史中的琐罗亚斯德〔55，59〕，另一个是埃及历史中的两位赫耳墨斯〔66ff，74〕，也许就是因为这一切，西塞罗在《论诸神的本质》〔1.38.107〕里就疑心像俄耳甫斯这样一个人在世界上根本就不曾存在过。

80 在时历方面的这些大难题之外，还要加上严重并不稍次的另外一些伦理、政治两方面的难题，因为俄耳甫斯创建希腊人道所依据的范例是：一位奸淫的天帝约夫；一位仇恨赫库勒斯功勋的死敌，即天后朱诺；一位贞洁的狄安娜（Diana），她在夜间引诱正在睡觉的恩底弥翁（Endymion）；一位颁发预兆的阿波罗竟追逐一位温良少女达芙妮（Daphne）至死不罢休；一位战神马尔斯（Mars）好像天神们到大地上去通奸还不够，还要跑到海洋里和维纳斯（Venus）女爱神去通奸。天神们还不满足于违禁去和妇女们交媾，天帝

099

约夫还对男童伽尼墨得（Ganydeme）怀着火热的淫欲，而且这种淫欲甚至扩张到禽兽，天帝约夫竟变形成天鹅去和勒达（Leda）睡在一起。这种在人和兽身上泄淫欲的淫荡生活正是野蛮世界的一种可耻的罪恶呀！许多男神和女神在天上简直就不举行婚礼，只有天神和天后算是正式结过婚，却没有生儿养女，而且总是闹凶残的纠纷。天帝确实把贞洁而妒忌的天后吊在空中，而他自己却从头顶中生出他的女儿密涅瓦（Minerva）。最后还有农神萨图恩，如果他生了儿女，就把他们吞下吃掉。这类既然是些强有力的天神的范例（尽管这些神话故事也许含有柏拉图和我们的时代中培根在他的《论古人的智慧》里所希冀的某种玄奥智慧），如果按它们的表面价值看，就会腐化最文明的民族，就会勾引他们变成和俄耳甫斯的真禽兽一样干禽兽行为，就姑且承认它们也曾很有效地把人们从禽兽变到人类状况吧！鉴于这类事情，圣奥古斯丁在《上帝之城》〔2.7〕里提到泰伦斯的喜剧《阉宦》〔580—606〕中一幕戏时，对异教诸神的谴责算是很轻微了。在这部喜剧里，契里亚（Chaerea）看到一幅画，画着天帝约夫和达娜厄（Danae）在一阵金雨中交媾，动了淫欲，鼓起了他本来所缺乏的勇气去强奸了他所热烈钟情的婢女。

81 但是这些神话方面的险礁可以用本科学的一些原则来避开，这些原则显示出这些神话故事在起源时都是真实而且严肃的，与各民族的首创者的性格是相称的，只是到后来才得到那些淫秽的意义（经过许多年月，它们的意义变得模糊了，而习俗也由严峻变得淫荡了，而且也因为人们自己犯罪，想凭神的权威来开脱，来安慰自己的良心），流传到我们时，它们才显得淫秽。等我们发现到那些都是诗性人物性格时，这些时历方面的狂风暴浪就会变成雨过天清。俄耳甫斯作为一位神学诗人，就是这样一个诗性人物性格。他通过神话故事的原来意义，先创建了，后来又巩固了希腊的人类社会。到了希腊诸城邦中英雄们和平民们进行斗争时，这种诗性人物性格就显得比前此远较清楚，远较突出。那是神学诗人们大显身手的时代，例如俄耳甫斯本人，还有李弩斯、穆赛俄斯（Musaeus）和安菲翁。最后这位诗人用自动的石头（指的是愚笨的平民们）建筑成底比斯的城墙，实际上这个城墙三百年以前就已由卡德摩斯建成了；正如阿庇斯（Appius）这位十大执政的孙子继罗马已建成了三百年之后，又替罗马人筑起城堡，用的方式是向平民们歌颂占卜中的神力，已往只有元老们才垄断占卜预兆的知识，英雄的时代的名称就是由这类英雄斗争的事迹得来的〔661，734〕。[20]

XXIII

〔到了赫库勒斯，希腊的英雄时代到了顶峰〕

82 关于赫库勒斯，我们又碰到上文的难题，如果我们把他当作一个真人，作为陪伊阿宋去远征科尔基斯（Colchis）的伙伴，而不是像下文还要看到的，他凭了一些艰苦劳作，成了一个民族创始者的英雄人物性格〔514〕。

XXIV

〔桑库尼阿特斯（Sancuniates）用凡俗字母写历
史故事，世界年历 2800 年〕

83 桑库尼阿特斯用凡俗字母写腓尼基历史故事。我们已看到，埃及人和斯基泰人都用象形文字书写，而中国人直到今日还用象形文字书写。中国人，像斯基泰人和埃及人一样，都夸口非常古老，因为在黑暗的孤立状态中，中国人和其他民族都不相往来，他们就没有正确的时间观念。桑库尼阿特斯用腓尼基凡俗字母书写，而当时这种字母还不曾在希腊应用，像上文已说过的〔66〕。

XXV

〔特洛伊战争。世界年历 2820 年〕

84 有些谨慎的批评家们认为像荷马所叙述的特洛伊战争根本就不曾发

生过。他们还认为像克里特人狄克提斯（Dictys）和弗里吉亚人达里斯（Dares）之类当时历史学家关于这场战争的散文叙述也都是伪书。

XXVI

〔塞索斯特里斯统治底比斯，世界年历 2949 年〕

85 这位国王把埃及另外三个王朝纳入他的统治之下，他显然就是塔西佗所叙述到的埃及司祭告诉过日耳曼尼库斯的那位拉美西斯二世（Ramses）国王〔44〕。

XXVII

〔在亚细亚、西西里、意大利等地的希腊

殖民。世界年历 2949 年〕

86 在少数事例中我们不遵从年历的凭证，目前这个事例是其中之一。迫于一种压倒一切的理由，我们把希腊人送到意大利和西西里去的那些殖民（colonies）摆在特洛伊战争之后一百年，这就比年历学家通常所摆的要早三百年，这就是说，和年历学家们所摆的墨涅拉俄斯（Menelaus）、埃涅阿斯（Aeneas）、安特诺尔（Antenor）、狄俄墨得斯（Diomed）和尤利西斯（Ulysses）诸英雄的浪游的时间大致相同。这种摆法也不应引起惊怪，因为那些年历学家本人也互相差异。在摆荷马的年代之中彼此竟相差四百六十年之多，而荷马还最靠近这些希腊史迹〔803〕。（我们的理由是：）锡拉库萨（Syracuse）在迦太基战争时期在富丽文雅方面并不比雅典本身逊色，而奢豪的习俗达到岛屿要比达到大陆迟。李维时代的克罗托内（Crotone）由于人口稀少，曾引起李维的怜悯〔23.30.6〕，而实际上它的人口过去曾达到过几百万之多。

102

XXVIII

〔奥林匹克运动会先由赫库勒斯创始，中途停顿，伊什
斐路斯（Isiphilus）又把它恢复过来。世界年历 3223 年〕

87　已被发现，赫库勒斯计算年数是以从上一季收获到下一季收获为一
年〔3，73〕，但是从伊什斐路斯（即伊斐图斯，Iphitus）起，计算年数是凭
太阳经历黄道十二宫的进程，所以希腊人从此才有确凿可凭的历史时间计算。

XXIX

〔罗马的创建。罗马年历 1 年〕

88　但是正如太阳驱散乌云，圣奥古斯丁在《上帝之城》〔3.15〕里引
过一段瓦罗的名言也驱散了前此所有关于罗马及其他一切做过著名城邦首都
的城市的那些高谈阔论。这段名言提到：罗马在国王统治下的二百五十年中
征服了二十多个民族，它的统治范围扩张并没有超过二十英里[21]。

XXX

〔荷马出现时凡俗字母还没有发明，他从来没有
见到埃及。世界年历 3290 年，罗马年历 35 年〕

89　关于希腊的这第一道光[22]，希腊历史在地理和年历这两个主要方面
却仍让我们处在黑暗中，因为关于荷马的祖国或生卒年代都没有什么确实的
凭证流传给我们。我们在本书第三卷会发现荷马和前此人们所想的大不相同。
但是不管他是什么样人，他确实没有见到过埃及；因为他在《奥德赛》〔4.354〕
里明说：亚历山大城的埃及法老现在站在上面的那个岛离大陆很远，一只空
船趁船尾北风也要航行一整天才能达到。荷马也没见过腓尼基，因为他明说
〔《奥德赛》5.43ff〕：卡吕普索女仙的岛，奥杰吉厄（Ogygia）远得很，

以至赫耳墨斯，一个神，而且长着翅膀的神，也要经过很大的困难才能飞到那里，这就是说那个岛离希腊甚远（诸天神所住的奥林波斯山就在希腊，像荷马本人在《伊利亚特》里所歌唱的），就像美洲离我们的欧洲世界一样远。从此可见，如果希腊人在荷马时代就已和埃及与腓尼基早有过来往，荷马的两部史诗的声望就要大为减色了。

XXXI

〔普萨美提克开放了埃及门户，但只对爱奥尼亚（Ionia）和
卡里亚（Caria）[23]这两地区的希腊人开放。世界年历3334年〕

90　历史学家希罗多德是从普萨美提克时代才开始根据核实得较好的事实来叙述埃及史迹的〔2.151ff〕。这证实了我们说的荷马不曾见过埃及的看法，我们在下文《诗性地理》部分〔741ff〕还要显示出：关于埃及和世界其他各国，荷马所叙述到的许多项目的资料实际上都是希腊本土的制度和事迹，否则就是来自移民到希腊的腓尼基人、埃及人、弗里吉亚人的一些传说，年淹岁远，情况多已改变了；还有些是在荷马时代以前很久就在希腊沿海岸经商的腓尼基游客们的道听途说。

XXXII

〔伊索，凡俗的伦理哲学家。世界年历3334年〕

91　在下文《诗性逻辑》〔424〕部分将会看到：伊索并不是自然界中某一个别的人，而是英雄们的"家人"或"伙计"的一种想象的或诗性人物性格，伊索确实生在希腊的七哲人之前。

XXXIII

〔希腊的七哲人，其中一位是梭伦（Solon），他在

雅典创建了民众自由权；另一位是米利都人泰勒斯（Thales），他用物理学创建了哲学。世界年历3406年〕

92 泰勒斯从水这样很简单的元素开始，也许是因为他见过葫芦漂生在水上。

XXXIV

〔据李维说，毕达哥拉斯在生前连名字也不为罗马人所知。世界年历3468年，罗马年历225年〕

93 李维〔1.18.2〕把毕达哥拉斯摆在塞尔维乌斯·图利乌斯时代（可见他远不相信毕达哥拉斯向努马〔Numa〕传授过占卜术！）；李维说，就在这个塞尔维乌斯·图利乌斯时代，在努马之后将近二百年，由于当时意大利内陆还很野蛮，不但毕达哥拉斯本人，就连他的名字也不能从克罗托内到达罗马，因为要穿过语言和风俗各不相同的许多民族。从此可以推想到：如果毕达哥拉斯要到色雷斯去访问俄耳甫斯的门徒，到波斯访问魔术师们，到巴比伦去访问星象家们，到印度去访问健身术家们，接着在归途中又去访问埃及的司祭们，穿过最荒野的非洲之后又到毛里塔尼亚去访问阿特拉斯的门徒们，然后穿过海洋到高卢去访问巫师们，这要走过多么长的路！又要多么快多么容易！据说他从高卢回到他的祖国，从许多野蛮民族那里学得了梵·霍尔恩所谓的满腹丰富的野蛮人的智慧。许多年以前，底比斯人赫库勒斯曾过这些地方，杀了一些怪物和暴君，去执行在世界传播文明的使命。到了很久之后，希腊人还常夸口说，他们曾向这些民族传播过文化，但是没有产生使他们不再野蛮的好效果。上述梵·霍尔恩所说的野蛮人的哲学流派的代代相传是那么结实和重大，这只受到许多抱有虚骄讹见的学者们的喝彩！〔59〕

94 这里我们有必要向拉克坦提乌斯（Lactantius）的权威著作〔《神圣的制度》4.2〕求证据吗？他坚决否认毕达哥拉斯是以赛亚[24]的门徒。犹太人约瑟夫斯在《犹太稽古录》〔12.14〕里有一段话大力支持上述权威。他证明了希伯来人在荷马和毕达哥拉斯的时代，连他们最近的内陆邻国也没有人知道他们，还不消说海外的远邻。因为在托勒密二世（Ptolemy Philadelphus）惊怪从来没有诗人或历史学家提到过摩西的法律时，德米特里一世（Demetrius）回答说，谁曾试图把摩西的法律告诉异教人，上帝就奇迹般地惩罚他，就使他弄得神志不清或是瞎眼。约瑟夫斯自己就坦白承认〔《驳阿皮翁》1.12.60〕当时犹太人默默无闻，而且说出了理由："我们并不住在海岸边，我们也不喜欢进行贸易，或是为着贸易去和外国人打交道。"拉克坦提乌斯因此想到这种〔闭关自守的〕习俗还是天神意旨的一种安排，以便使真神的宗教不至于因和异教人做生意而遭到亵渎。彼得·梵·德·库恩在他的《希伯来共和国》里也支持了这个看法。犹太人自己也公开证实了这一点。他们在《旧约》希腊文版印行时的赎罪节（每年的 12 月 8 日 [25]）中都举行一次隆重斋戒。因为《旧约》希腊文版刚译完时，据说全世界黑暗了三天，根据卡索邦、布克斯托夫（Buxtorf）和霍廷格（Hottinger）诸人所引的一些犹太教法学书籍，把《旧约》译成希腊文的那些犹太人叫作"希腊帮"，其中有位阿里斯提亚斯（Aristeas），据说是主编，曾声称对这个译本拥有神授的权威，耶路撒冷的犹太人就把他们当作死敌来仇恨。

95 但是凭这类民政制度的性质来看，就应认为那时各国都闭关自守，不可能去侵越连高度文明的埃及人也禁止侵越的那种闭关状态（埃及人对希腊人素来很不客气，就连埃及向希腊开放门户很久以后，他们还禁止用希腊制的壶、铲或刀，甚至不准吃用希腊刀切的肉），穿过崎岖艰苦的道路，和当地人没有共同的语言，而且异教人说到犹太人时有一句成了谚语式的话，说犹太人对一个舌燥唇干的外国人连指路到泉源去也不肯。先知们如果把圣教译成外文，使他们不相识的外国人读懂，就会亵渎圣教；因为在世界所有的国家中，僧侣（司祭）们都会连对本国的平民们在宗教上也要保密〔999f〕，因此到处都把本土的教义称为圣教，神圣（sacred）是和秘密（secret）同义的。从此就产生出一个最明显的证据，证明基督教就是真理：毕达哥拉斯和柏拉图凭一种最崇高的人道学问，把自己提高到略微懂得一点真神教导给犹太人的那种神圣的真理。另一方面，这里对近来一些神话学者的错误见解也提供了一种强有力的反驳，这些神话学者相信神话故事都是由异教民族、特别是由希腊人加以歪曲过的圣教故事。尽管埃及人在犹太人被俘虏幽禁时 [26] 和犹太人也有过交涉，可是根据各原始民族的一种共同习俗，他们都把被征服者看作没有神 [958] 的人们，埃及人对犹太的宗教和历史注意得少而嘲笑得多。像《圣经》的《创世记》所叙述的 [！]，他们鄙夷地问过犹太人，为什么犹太人所崇拜的上帝不来把他们（犹太人）从埃及人掌握中解放出来。

XXXV

〔罗马国王塞尔维乌斯·图利乌斯，世界年历 3468 年，罗马年历 225 年〕

96 由于一种共同错误，前此人们都相信这位国王在罗马创建了户口籍制作为公众自由的基础，而事实上户口籍制倒是贵族自由的基础，见下文〔619ff〕。这个错误和前此人们相信的另一种错误是一致的。据说在生病的债户须骑小驴或坐板车去出庭见执政官的时代，塔克文·普里斯库斯（Tarquinius Priscus）[27] 就制定了勋章、宽袍、纹章和象牙舆，最后还有金制的凯旋车，以这种堂皇富丽的服饰，使罗马的高贵气派在民众政体时代显得最耀眼。

XXXVI

〔赫西俄德（Hesiod），世界年历 3500 年〕

97 根据下文将提供的关于凡俗字母输入希腊的年代〔440？〕的证据，我们把赫西俄德摆在和希罗多德同时或稍早一点。年历学家们太大胆了，把赫西俄德摆得比荷马还早三十年，而荷马年代在一些权威学者之中意见分歧，彼此相差竟至四百六十年之多。此外，波菲利（Porphyry）〔根据苏达斯（Suidas）的一篇关于赫西俄德的论文〕和维莱伊乌斯·帕特尔库鲁斯（Velleius Paterculus）〔1.7.1〕都说荷马比赫西俄德早一长段时间。至于传说赫西俄德供献给赫里孔（Helicon）山上阿波罗的鼎上的铭文说，赫西俄德在诗歌比赛中胜过荷马。尽管瓦罗接受了这一说法，这种鼎文和铭文却应藏在伪品展览馆里，这种骗局就像今天制假徽章来骗大钱的把戏。

XXXVII

〔希罗多德，希波克拉底，世界年历 3500 年〕

98 时历学家们把希波克拉底摆在希腊七哲人的时代，但是一方面因为他的生平太带有神话故事的色彩（据说他是医神阿斯克勒庇俄斯的儿子，日神阿波罗的孙子），另一方面也因为他用凡俗字母的散文写出一些著作为人所知。这里我们把他摆在靠近希罗多德的位置，希罗多德也用凡俗字母和散文，而且几乎完全根据神话故事编织成他的历史〔101〕。

XXXVIII

〔斯基泰国王伊丹图尔索司，世界年历 3530 年〕

99 波斯大流士大帝威胁这位国王说要向他宣战，这位国王用五个实物当作文字作了回答（下文还将指出，最初的各民族在先用口说的文字，接着用书写的文字之前，一定要用这种实物文字）。这五个实物文字就是一只蛙、一只田鼠、一只鸟、一把犁和一支箭。下文再说这五种实物所特有的自然意义〔435〕。这里不用赘述亚历山大城圣克雷芒（St. Clement）所叙述的大流士召集会议来商讨斯基泰国王回答的意义，因为参加会议的谋士们所作的解释显然是滑稽可笑的。而这位斯基泰国王比埃及人还较古老，当时竟连用象形文字书写都不会！这位伊丹图尔索司一定很像一位中国皇帝。中国在几百年以前还和世界其他部分隔绝，出自虚荣地夸口说中国比世界哪一国都更古老，可是经过了那样长的时间，现在还在用象形文字书写。尽管由于天气温和，中国人具有最精妙的才能，创造出许多精细惊人的事物，可是到现在在绘画中还不会用阴影。绘画只有用阴影才可以突出高度强光。中国人的绘画就没有明暗深浅之分，所以最粗拙。至于从中国回来的塑像也说明中国在浇铸（或塑）方面也和埃及人一样不熟练。从此可以推想到当时埃及人对绘画也正如现在中国人一样不熟练。

100 属于这些斯基泰人的还有阿拉查什斯（Anacharsis），即阿巴里斯（Abaris），斯基泰人的神谕制造者，正如琐罗亚斯德是迦勒底人的神谕制造者一样。这些神谕起初一定都出自占卜家们，后来由于学者们的讹见〔127〕，都被变成哲学家们的神谕了。从斯基泰人中夸张语制造者（或是古代某一个在希腊本土出生的）传到希腊的有两个在异教民族中最著名的神谕，即德尔斐神谕（Delphic Oracle）和多多那（Dodonian）神谕；希罗多德相信如此〔4.33〕。后来品达（Pindar）〔《奥林匹亚颂》3.28f；《毕提亚颂》10.30〕和斐里尼库斯（Pherenicus）〔品达在第一颂的注释中引过〕以及西塞罗在《论诸神的本质》〔3.23.57〕里所引的一位作家也都相信如此。这也许可以说明阿拉查什斯为什么被宣称为一位著名的神谕编造者而且列入最古的占卜神之中，见下文《诗性地理》部分〔745〕。同时，为着显示斯基泰人对玄奥智慧有多大学问，只消提斯基泰人为着辩护即将进行的屠杀，就先把一把刀插入地里，把它当作一个神来崇拜，以便辩护他们即将进行的屠杀。从这种野蛮的宗教中就涌现出西西里的狄奥多罗斯·什库路斯、查士丁、老普林尼（Pliny）诸人所叙述的而贺拉斯（Horace）竟捧上天的全部民政和伦理的优良品质。从此，阿巴里斯（即阿拉查什斯）因为想用希腊的法律来治理斯基泰，就被他的弟兄卡杜达斯（Caduidas）杀掉。这就是梵·霍尔恩所说的"野蛮人哲学"的效益，使得阿拉查什斯不能凭他自己的明辨去替一个野蛮民族创建人类文化所需要的法律，非得求教于希腊人不可！因为前不久我们已谈过希腊人和埃及人关系的情况〔90〕，对希腊人和斯基泰人来说，也是真实的，那就是说：希腊人由于虚荣心，把他们的知识说成来自煊赫好听的外国根源，他们确实理应受到埃及的司祭对梭伦的谴责。希腊人一直都是些儿童，所以应该说，由于被这种讹见所误，他们无论在和斯基泰人的关系上还是在和埃及人的关系上，都在虚荣上占便宜愈多，在实在价值

109

上也就损失愈多。

XXXIX

〔伯罗奔尼撒战争。修昔底德说过，直到他父亲的
年代，希腊人对自己的古代文物还毫无所知，所以
他要动手写这场战争。世界年历 3530 年〕

101　修昔底德在希罗多德时代还是个青年，可以当他父亲的希罗多德
已经老了。他生在希腊的最光荣的时代，即伯罗奔尼撒战争时代。因为他和
这场斗争同时，他就要写这场战争的历史，以便保存实况。他说过〔1.1.2；
1.20〕，直到他父亲时代，这也就是希罗多德时代，希腊人对自己的古代文
物还毫无所知。那么，我们对他们关于外国野蛮人所写的东西应怎样看呢？
而我们对于古代野蛮人的历史所知道的也仅限于希腊人所告诉我们的。而且
对于直到迦太基战争以前的罗马古代文物究竟该怎样看呢？鉴于罗马人前此
所关心的只是农事和军事，到了修昔底德核定了上述希腊人先前并不知道自
己的历史这一真相时，希腊人就那样迅速地以哲学家的身份出现了吗？除非
我们或许愿意说，罗马人从上帝那里曾得到特殊优待。

XL

〔苏格拉底创建了理性的伦理哲学。柏拉图在玄学（或形而
上学）领域里鼎盛。雅典在文化最高的人类全部艺术领域里
大放光辉。十二铜表法。世界年历 3553 年，罗马年历 303 年〕

102　在这个时期，〔据说〕[28] 十二铜表法从雅典输入罗马，像我们在《普
遍法律的原则》〔《全集》2.564—580〕里所已指出的，这种法还不是文明的，
而是粗鲁的、非人道的、野蛮的。

110

XLI

〔色诺芬，带着希腊武器到波斯的心脏，他是第
一个对波斯制度有些确凿的认识的人。世界年历
3583 年，罗马年历 333 年〕

103 圣杰罗姆（St. Jerome）在他的《丹尼尔的评注》〔5.1〕里就是这
样说的：正如希腊人通过贸易在普萨美提克时代才开始学习到埃及的制度
〔所以希罗多德对埃及制度作了较确实的叙述〕，也是从这个时代才开始
〔90〕，从色诺芬以后，希腊人也通过战争中的迫切需要，才开始对波斯人
的制度有较确实的认识。就连随亚历山大大帝到过波斯的亚里士多德在著作
里〔！〕也说，在那时以前，希腊人关于波斯只讲过一些神话故事，如我们
在本时历表里所提到的。以这种方式希腊人才开始有些关于外国制度的翔实
报道。

XLII

〔巴布利阿斯法律（Publilian Laws）。
世界年历 3658 年，罗马年历 416 年〕

104 这项法律是在罗马年历 416 年颁布的，其中包含罗马历史中一件大
事，因为根据这项法律，罗马政体宣布它的宪政已从贵族的变成平民的。所
以它的颁布者巴布利阿斯·斐洛（Publilius Philo）号称"人民的司令"。这
一点还没有人提过，因为这项法律的条文没有得到正确的理解。我们在下文
还要证明这确是事实〔662ff〕，这里只须对它暂作这么一种假设〔415〕。

105 这项法律和后来同样重要的培提略法律都失在含糊，没有给"人
民""王国"和"自由"〔666〕这三个词下过定义。由于这几个词，一般
人都错误地认为罗马人民从罗慕路斯开国时起就已由贵族和平民两种公民组
成，罗马王国曾经是君主专制的，而布鲁图所创造的自由已是民众的自由。

这三个未界定意义的词就导致所有的批评家、历史学家、政治理论家和法学家们都陷入错误，因为当时还没有哪个政体能使这些学者们对英雄时代的政体有任何理解。英雄时代政体都属于一种最严格的贵族型，所以和我们现代的各种政体都完全不同。

106 在林间隙地里开设的庇护所里〔564〕，罗慕路斯在一些庇护或保护制度下创建了罗马。在这种制度下家族父主们把逃到这种庇护所的人们留下当作耕地的苦力〔561〕。这种逃难者没有公民权，因而没有份享受民政自由。他们既然是投靠世族主们求救命的，世族主们就保护逃难者们的自然自由，把他们分开来派到零块土地里去耕种。罗马的国家疆域就是由这些零块土地组成的，正如罗慕路斯组织元老院也就只选一些家族父主们本人。

107 后来塞尔维乌斯·图利乌斯把原是父主们的财产而分给工人们耕种的那些土地，就让工人们享有凭占领时效的所有权〔266〕，同时要工人们缴纳户口税。工人们受户口籍制的约束，须亲自耕种，并且还有义务在战争中随父主们参加作战，而且还要自出战时费用，事实上，平民们确实在替父主们服务，而前此这就被误认为已是民众的自由。这项法律是世界上最早的土地法〔109〕，它把户口籍定为英雄政体的基本制度，也就是说，这种制度是一切民族的最古老的贵族政体〔420，619ff〕。

108 后来朱尼厄斯·布鲁图在驱逐塔克文族暴君之后，把罗马政体恢复到原来的形式，制定了要有两个任期一年的执政官（consuls），仿佛是一双贵族制的"国王"（像西塞罗在他的《论法律》〔3.2.4〕中所称呼的），来代替一个终身制的国王。这样他就再次奠定了家族主们反对暴君们的自由，并不是奠定了平民们反对家族主们的自由〔662ff〕。但是因为贵族们对平民们不守信，不遵守塞尔维乌斯·图利乌斯的土地法，平民们成功地创立了平民的护民官，并迫使贵族们发誓接受这种新官制。护民官们的职责就在保卫人民所享有的对土地的凭占领时效的所有权，平民们就只有这种程度的自然的（不是民政的）自由。[29] 因此，当平民们向贵族们要求民政的自由时，平民的护民官们就把马修斯·科里奥兰纳斯（Marcius Coriolanus）逐出罗马，因为这位掌权者说平民们还应去种地，也就是说，平民们既不满足于第一次土地法而还要一种更完备、更有力的土地法，那么他们就应该被迫退回到他们在罗慕路斯时代原来所处的苦力地位。要不然的话，这岂不是平民们的愚蠢，连父主们也把农业当作光荣的劳动，而平民们反而瞧不起种地吗？而且这样轻微的小借口竟酿成那样残酷的一场战争吗？因为这位马修斯遭到放逐，要替自己报仇，险些儿要使罗马遭破败的惨祸。要不是他的母亲和妻子痛哭哀求、苦劝，他一定会下毒手做那种伤天害理的事。

109 作为这一切的后果，贵族们就动手夺回平民已耕种过的土地，平民们既然没有公民的自由权去保持土地，于是护民官们就要求颁布十二铜表法（像我们在《普遍法律的原则》〔《全集》2.572ff〕里已说明过，这部法典当时所解决的事就只有这一项〔422〕）。根据这部法典，贵族们把土地的武装骑士最高所有权也割让给平民们了〔266〕。按照部落自然法，这种公民所有权是允许外方人享有的。而这正是古代各民族中的第二次土地法〔107〕。

110 现在平民们看到了〔一方面〕他们不能用遗嘱把土地传给直接的或氏族的亲属〔B₄〕（合法的继承只限于这种亲属），因为他们的婚姻没有经过隆重的婚礼；而且〔另一方面〕也因为他们没有公民权，也不能凭遗嘱来处理土地，他们于是要求享有原专属于贵族的正式结婚权，也就是经过隆重典礼的婚姻（因为这就是 connubium 一词的意义）。婚礼的最隆重的一项就是求神问卜，而占卜权原只限于贵族〔488，490〕。此外，这种占卜权是全部罗马法律（无论是私法还是公法）的巨大来源。因此，婚姻制就从族主们扩充到平民们。但是按照罗马法学家赫雷宁·莫德斯丁（Herennius Modestinus）〔《法学汇编》23.2.1〕的定义，婚姻既然是"一切神和人都分享的权利"，而公民权也不过如此，族主们既向平民们割让了婚姻权，其实也就同时割让了公民权〔598〕。于是在人类愿望的进程中，平民们就接着从族主们那里取得了凡是依靠占卜的一切私法方面的制度的传授，例如父权、直系亲属权、父系亲属权和部落亲属权〔B₄〕，而且作为这一切的后果，进一步的合法继承权、遗嘱权和监护权〔1023〕。接着平民们又要求也是依靠占卜的公法方面各种制度的规定权，先是执政官职向平民开放，使平民获得了统治权，接着就是僧职、教皇职和主教职也向平民开放了，从而使平民获得了法律科学的掌握权。

111 就是以上述方式，平民们的护民官们，通过履行他们所由创设的职责，即保护平民们的自然的自由权，就逐渐替平民们挣得了全部公民自由权。由塞尔维乌斯·图利乌斯创建的户口籍——以及后来加上的一项条款（规定纳税不再私自交给贵族而应送交公库，使国库可以支付平民们在参加战事中的开销）——这样就自然地把贵族自由权的基本制度变为民众自由权的基本制度了。下文我们将会看到这种结果是以什么方式达到的〔420，619ff〕。

112 护民官在制定法律权方面也在稳步前进。因为贺雷修斯和霍腾西亚定的一些法律还不能许给平民们，让他们平民投票表决对全体人民都有约束力，只有两次特殊应急措施除外。第一次是平民们在罗马历 304 年都退到阿文丁山，当时平民们还不算是公民，这一点我们现在只作为假说提出，将来还要证明这是一个事实〔582—598〕。第二次是平民们在罗马历 367 年退到贾尼科洛山（Janiculum，圣山），当时平民们还在和贵族斗争，争取分享执政官的职权。但是在上述两种法律的基础上平民们终于达到了能制定普遍适用的法律（对贵族们和平民自己同样有约束力）。这在罗马曾引起巨大的骚乱和反抗，以至有必要使巴布利阿斯成为独裁，这个官职只有像当时那样，在政体处于极大危险局面时才设立。因为当时政局陷入极端混乱，以至滋生出两种最高立法权，在时间上、范围上或区域上都毫不划清界限，结果是政体处于覆灭的边缘。因此，巴布利阿斯，为着医治国家大病，就下令规定：凡是在各部落的议会里由平民们表决的法律"应对全体武装骑士们都有约束力"，这就是说，对全体武装骑士所参加的、以百人为一团的议会里的全体人民都有约束力〔624ff〕。（因为罗马人只有在公众议院里才自称为武装骑士们〔Quirites〕，一般拉丁语言里没有 Quiris〔一个骑士〕这个单数名词。）用这种行文方式，巴布利阿斯有意要显示出制定法律不能和平民的表决相抵触。现在已使平民们凭贵族们也同意的法律在一切方面都和贵族们平等。凭最后这一步骤，贵族们如果进行反抗，就要导致政体的覆灭。因此，平民们实际上变成比贵族们处于更优越的地位了，因为不经元老院的批准，平民们就能制定适用于全体人民的法律了。罗马政体就这样自然地变成一种以民众自由权为基础的政体了。巴布利阿斯因此用法令把这种事实公布出去了，此后他就得到"人民的司令"的称呼。

113 为着要符合政体在性质上的上述变更，巴布利阿斯颁布了两个法令，放在他所制定的法律中另外两个部分。前此由元老院授权就是由元老院批准。这就是说，凡是先由人民决定的条款须得到族主们批准或认可〔944〕。因此，执政官的选举和法律的制定，作为先由人民采取的第一步行动，不过是对被选人功绩的公开证明和民众对权利的要求。但是现在这位人民的司令颁布了法令，规定此后授权应在议院审议之前就由元老们授给现已享有自由和最高权力的人民〔945〕，这样一来，就使人民成了罗马统治权的主宰，而元老们却成了人民的监护人。如果人民想制定法律，他们就应按照元老院送交给他们的那种条文形式。如果人民不想这样办，他们就可运用自己的最高的选择权力，宣布所建议的法律为"已过时"，这就是宣布人民不需要什么更新〔945〕。因此，此后凡是元老院关于公众事务的一切法令只能采取两种方式之一，一种是由元老院交给人民的训令，一种是由人民交给元老院的委任。最后还有户籍。过去由于财库是元老们的财产，只有元老们才能当财库的监察人。现在根据新颁布的法令，财库变成全体人民的财产了，所以巴布利阿斯的法令中第三点就是规定前此还剩下的唯一不能由平民们掌管的监察这一政权部门也应推广到平民们了。

114 如果我们根据这个假设，进一步深入研究罗马的历史，我们将会用成千上万的测验来使其中所叙述的一切情况获得支持和现出一致性，而这些情况前此都缺乏一种共同基础和彼此之间的一种正当的特殊联系，就因为对上述（人民、国王和自由权）三个词都没有下明确的定义〔105〕。因此，上述假设都应作为真相来接受。如果我们深思熟虑，这与其说是一种假说，倒不如说是在思想中默索出的真理，下文还将凭证据证明为是事实〔415〕。而且根据李维的概括〔1.8.5〕，庇护所曾是"城市创造者们的老会议所"，例如罗慕路斯就在林间隙地开设的庇护所这个基础上创建了罗马这个城市〔17〕——这个假说也向我们提供了一种世界一切其他城市在前此对认识它感到绝望的那些远古时代的历史。所以这是一切民族的历史都在时间上经历过的一种理想的永恒历史中的个别事例〔349，393〕。

XLIII

〔培提略法律。世界年历 3661 年，罗马年历 419 年〕

115 这条第二项法律"关于债务奴役"（de nexu）是在罗马年历 419 年（比巴布利阿斯法律晚三年）由卡乌斯·培提略（Caius Poetelius）和路什乌斯·帕皮里乌斯·茂基拉弩斯（Lucius Papirius Mugillanus）制定的。它包含罗马制度历史中极重要的另一点，因为根据这项法律，平民们才免于因负债而有替贵族们当奴仆的封建义务，凭这种义务，贵族们经常迫使平民们替他们服奴役，往往关在私牢里终身做苦工〔612〕。但是元老院还保留着它原先对罗马统治下的土地所拥有的最高管领权，尽管这种最高管领权已转到人民手里，但是根据元老院决议的最后条款，元老院凭武力把这种权力还留在自己手里，只要罗马政体还是自由的。因此，每逢人民想按照格拉古（Gracchi）的土地法来处理这些土地，元老院就武装起执政官们，执政官们就对原先制定这些土地法律的护民官们宣布剥夺公权和处死刑。只有在下层封建主服从上层封建主的体制之下才会产生这样重大的后果〔1065f〕。西塞罗在一篇《关于喀提林（Catilines）的演说词》里有一段话证实了这种体制〔1.1.3〕。他说：格拉古颁布土地法是在破坏罗马政体的宪法，因此西庇阿把格拉古处死是合法的，理由就是执政官武装了人民去反对上述土地法的制定者，法律有一条规定："谁愿保卫罗马政体的安全，就请他跟着执政官走。"〔西塞罗：《关于塔斯库兰的辩论》4.23.51〕

XLIV

〔和他林敦作战（War with Tarentum）。
在战争中拉丁人和希腊人才开始相识。世
界年历 3708 年，罗马年历 489 年〕

116　这次战争的理由是他林敦人虐待了泊靠他们海岸的罗马船队和罗
马的使节。他林敦人的借口，是他们不知道罗马人是什么人，也不知道他们
是从哪里来的。最早的各族人民互不相识竟到了这种程度，就连彼此并不隔
水而且在陆上相距也不远的近邻也是如此。

XLV

〔第二次迦太基战争。李维从此就开始写出确凿
可凭的罗马史，尽管他承认自己对三个重要的情
况还不知道。世界年历 3849 年，罗马年历 552 年〕

117　李维承认：从第二次迦太基战争时期起，他写罗马历史才有较确实
的把握，并且作出诺言要描绘在罗马人进行的许多战争中这场最值得纪念的
战争〔21.1.1；cf.6.1.3〕。由于这次战争的无比重要性，他所写的它的时历
顺序应有较大的确实性，才与这部伟大名著相称。可是他不知道，而且公开
承认不知道的还有三个最重要的情况〔21.15, 38〕。第一，汉尼拔（Hannibal）
开始进行从西班牙到意大利的长征，在攻克萨贡托（Sagunto）之后，当时
在罗马谁当执政官？第二，他是从哪个山口越过阿尔卑斯山的，是从科蒂安
山口（Cottian），还是从彭尼内山口（Pennine）？第三，他带的兵力有多大？
对这最后一点，古代的记载分歧很大，有的说他带了六千骑兵，两万步兵；
有的又说他带了两万骑兵，八万步兵。

〔结 论〕

118 从这些注释中的讨论，可以看出本时历表[30]所涉及的时期是由古代诸异教民族流传到现在的，涉及本时历表的那些年代都是最不确凿可凭的。所以在这整片领域里我们如入无人之境，其中适用的老规矩是"谁先占领，谁就取得占领权"。所以我们相信：我们并不侵犯谁的权利。如果涉及各民族人道的一些原则方面，我们和旁人有些不同的想法，甚至相反的想法〔J_1〕。采取这种态度，我们将从一些意见中归纳出一些科学的原则；凭这些原则，我们对确凿可凭的历史事实就可以追溯出它们最初的起源，这些事实靠最初的起源才站得住，彼此才可融会贯通。因为直到现在，这类历史事实都好像没有什么共同基础，彼此之间也没有什么连贯性和一致性。

注 释

1　约翰·玛向（1602—1685），英国旅游者，除这里提到的著作之外，还写过《印度史》。

2　约翰·斯宾塞是十七世纪英国贵族，海军部大臣、藏书家，著有《私人的文件》四卷。

3　梵·霍尔恩（1577—1652），日耳曼著名的旅行家。

4　狄奥·卡西乌斯，公元二世纪希腊人，著名的《罗马史》的作者。

5　日耳曼尼库斯，罗马征服日耳曼的名将。

6　斯特拉博是公元前一世纪的一位旅游家，写过四十七卷史学著作，大部分已散失，外加十七卷地理学著作，大部分都留传下来了。他是研究希腊、罗马古典的一位重要权威。

7　曼涅托是公元前三世纪的高级司祭，还写过埃及三十朝代的历史。

8　指埃及人和中国人。

9　弗拉维斯·约瑟夫斯，公元前一世纪著名的犹太史学家，参加过犹太人抵抗罗马皇帝侵略犹太的战争，后来得到罗马皇帝提图斯（Tityus）器重，准他做了罗马公民，曾用希腊文和犹太文写出《犹太战争史》和《犹太稽古录》。

10　拉克坦提乌斯·费尔明，公元三世纪犹太学者，绰号基督教的西塞罗，早期基督教的辩护者。

11 斐洛是公元前一世纪亚历山大城的犹太哲学家，从柏拉图的观点为《旧约》辩护。

12 尤西比乌斯，公元三世纪巴勒斯坦的大主教，著有《教会史》。

13 德尔图良是公元二世纪的一个基督教徒，他的文集收在洛布古典丛书中。

14 阿皮翁，古罗马的史学家，《罗马史》的作者。

15 伊安布利霍斯是公元三世纪左右新柏拉图派学者。

16 刻克洛普斯以埃及移民身份当了希腊阿提卡的第一位国王。

17 阿尔巴是拉丁地区一个最古老的城市，土著户原是萨利族（Salians），被罗马国王征服，人民被迁到罗马城市，罗马统治者在阿尔巴废墟上建造了一些豪华的花园和第宅。

18 安德罗提翁是一位古希腊历史学家。

19 伊良是公元二世纪罗马作家。

20 以上两段要义原是神话故事，一不应用年历先后的眼光去看，二不应以哲学眼光去分析是非真伪，但是作为神学诗人的作品，神话毕竟是真实的。英雄时代原是野蛮时代，当时不但人有那样坏，神们也有那样坏，因为神原是由那些野蛮人按照自己的样子想象出来的，这就是所谓"诗性人物性格"。

21 英美制长度单位，1英里约为1.6公里。——编注

22 指荷马。

23 爱奥尼亚和卡里亚都在小亚细亚。

24 以赛亚，《旧约·以赛亚书》的作者，犹太教的先知之一。

25 可能是作者笔误，赎罪节据《旧约》为犹太历每年的七月初十。——编注

26 参见《旧约·出埃及记》。

27 罗马暴君。

28 中译者加。

29 因为这时平民们还不算罗马公民，也就是还没有公民权。

30 时历表分为世界年历和罗马年历两种，前者以世界洪水过后1656年为起点，例如希腊特洛伊战争摆在世界年历2820年里。但维柯承认这种年历最不确凿可凭。他只看重各种制度的起源以及先后承续的发展次序。从时历表及其注释可以看出西方古代史的研究情况比起中国古代史的研究远较落后。

第二部分 要 素[1]

119 为着使上文已在时历表里顺序列出的那些材料得到形式，我们现在提出下列一些哲学的和语言学的自明公理（axiom），其中包括少数合理的正当的假设和一些经过阐明的定义。正如血液在动物躯体里流行那样，这些要素也流行在本科学里，灌输生气给它对各民族的共同性所作的一切推理。

I

120 由于人类心灵的不确定性，每逢堕在无知的场合，人就把他自己当作权衡一切事物的标准。

121 这条公理说明了人类的两个共同特点，一是谣传在流行过程中逐渐增长，二是谣传在事实面前就被戳穿了。从世界一开始，谣传在流行的长久过程中就一直是一切关于我们对之还是无知的远古文物的奇谈怪论的根源，这正是塔西佗在《阿古利可拉（Agricola）传》〔30〕所提过的一种人类心灵的特点。他说：凡是人所未知的东西他都把它夸大了。

122 人类心灵还另有一个特点：人对辽远的未知的事物，都根据已熟悉的近在手边的事物去进行判断。

123 这条公理是一切民族乃至后来一切学者们对于人类起源的一切错误看法的无穷根源〔J₁〕。因为整个民族既已注意到人类起源时，学者们就动手研究它们，他们就根据他们自己的既已开化的那种宏伟的世界情况，去就人类起源进行判断，而人类起源，就事物的自然本性来说，却一定是微小的、粗陋的而且很渺茫幽暗的。

124 在这一条款下有两种虚骄讹见，一是民族的虚骄讹见，另一是学者们的虚骄讹见。

125 关于民族的虚骄讹见，狄奥多罗斯·什库路斯有一句名言〔1.9.3〕说：每一个民族，无论是希腊人，还是野蛮人，都有一个同样的虚骄讹见，认为自己比一切其他民族都较古老，早就已创造出人类舒适生活所必需的事物，而他们自己所回忆到的历史要一直追溯到世界本身的起源。

126 这条公理立刻就可消除掉迦勒底人、斯基泰人、埃及人和中国人都声称他们自己是古代世界人类最初的祖先那种虚骄讹见。但是犹太人约瑟夫斯〔《驳阿皮翁》1.12〕曾宽宏大量地招认过，犹太人在古代和一切异教民族都彼此隔绝，并不生活在一起，这就替犹太民族清洗去上述那句狂言了，而且《圣经·旧约》上的历史也使我们相信，比起迦勒底人、斯基泰人、埃及人以及现代中国人所相信的那样古老，这个世界各民族都几乎还是年轻的。这就是一个强大证据，证明《圣经·旧约》的真实性。

127　这种民族的虚骄讹见之外还要加上学者们的虚骄讹见，他们认为他们所知道的一切就和世界一样古老〔K₃〕。

128　这条公理也消除了学者们关于古人有无比智慧那一切看法。它判定了以下这些传说都犯了欺骗罪：迦勒底人琐罗亚斯德和斯基泰人阿拉查什斯的那些神谕（这些都没有流传下来），以及最伟大的赫耳墨斯的《牧羊人》、俄耳甫斯的《乐章集》以及毕达哥拉斯的《诗篇》。凡是鉴别力较大的批判家们都承认了这些神谕都是欺骗。按这条公理，还要谴责学者们对埃及象形文字所强加的神秘意义以及对希腊寓言故事所强加的哲学寓意为大胆妄言。

129　哲学要对人类有益，就必须教导孱弱和堕落的人，不应摧残他的本性，让他腐败下去不管。

130　这条公理要求把旨在摧残感官的廊下派哲人以及专求把感官看作准则的伊壁鸠鲁派哲人们都应从讲授本科学的学校里遣散出去。因为这两派都否认天神意旨，廊下派把自己锁到命运上，而伊壁鸠鲁派则让自己受偶然机会摆布，而且认为身体死，灵魂也就死。这两派都应叫作僧院的或孤独的哲人们。另一方面，这条公理只准我们的学校收纳政治哲学家们，首先是柏拉图学派全体成员，他们和一切立法者在三点上都有一致的看法：一、承认天意安排；二、主张人类情欲应受到节制，变成优美品质；三、承认人类灵魂的不朽。这样，从这条公理就派生出本科学的三大原则〔333、360〕。

131　哲学按照人应该有的样子看人，要把人变成能对很少数一部分人效劳，这部分人就是想在柏拉图的理想国里生活而不愿堕回到罗马创建者罗慕路斯的渣滓洞里去。

132 立法是就人本来的样子来看人，以便使人能变成在人类社会中有很好的用处。人类从古到今都有三种邪恶品质：残暴、贪婪和权势欲，立法就应把人从这三种邪恶品质中挽救出来，创造出军人、商人和统治者三个阶级，因此就创造出政体的强力、财富和智慧。立法最终把人类从地球上毁灭掉的那三种邪恶品质中挽救出来，从而创造出使人能在人道社会中生活的那种民政制度。

133 这条公理证明世间确实有天神意旨，而且这天神意旨就是天神的一种立法的心灵。因为由于人类的情欲，每个人都专心致志于私人利益，人们宁可像荒野中的野兽一样生活，立法把人们从这里挽救出来，制定出民政秩序，使人们可以在人类社会中生活。

VIII

134 世间事物都不会离开它们的自然本性而仍安定或长存下去。

135 鉴于从记忆所能追溯到的远古世界直到现在，人类都在社会中适合地生活着，单是这条公理就足以解决到现在仍在第一流哲学家们和伦理的神学家之间进行着的反对怀疑派卡涅阿德斯（Carneades）和伊壁鸠鲁的大争论——这是就连格劳秀斯也还不能使之终结的大争论，问题是法律是否根据自然而存在着，或是人按自然本性是否就是爱社交的，这两个问题其实只是同一个问题〔309〕。

136 这条公理，连同第 VII 条公理及其系定理[2]就足以证明，人尽管孱弱，却有自由选择，把情欲变成德行；不过也证明，他受到天神的帮助，自然地受天神意旨的帮助，超自然地受到天神恩惠[3]的帮助〔310〕。

123

IX

137 人们在认识不到事物的真理时，就一心抓住确凿可凭的证据，以便纵使凭知识（scienza）不能满足理智，至少还可以借助良心（coscienza）来依托意志〔F_1〕[4]。

X

138 哲学默察理性或道理，从而达到对真理（the true）的认识；语言学观察来自人类选择的东西，从而达到对确凿可凭的事物（the certain）的认识〔163，325〕。

139 这条公理凭它的下半截在语言学家们之中，包括所有研究各民族的语言和行动事迹的语法学家们、历史学家们和批判家们；包括国内的，例如习俗和法律，以及国外的，例如战争、和平、联盟、旅游和贸易。

140 这条公理还显示出：哲学家们如果不去请教于语言学家们的凭证，就不能使他们的推理具有确凿可凭性，他们的工作就有一半是失败的；同理，语言学家们如果不去请教于哲学家们的推理，就不能使他们的凭证得到真理的批准，他们的工作也就有一半失败了。如果双方都向对方请教，他们对他们的政体就会更有益，而且也就会比我们早一步构思出这门新科学了〔F_1〕[5]。

XI

141 人类的选择在本性上是最不确凿可凭的，要靠人们在人类的需要和效益这两方面的共同意识（常识）才变成确凿可凭的。人类的需要和效益就是部落自然法的两个根源。

142　共同意识（或常识）是一整个阶级、一整个人民集体、一整个民族乃至整个人类所共有的不假思索的判断〔D₄〕。

143　这条公理，连同下面一条定义，会对各民族的创建者的研究提供一种新批判术，这些民族的创建者比起批判所要涉及的那些作家们一定还要早一千年以上〔392〕。

XIII

144　起源于互不相识的各民族之间的一致的观念，必有一个共同的真理基础〔D₄〕。

145　这条公理是一个大原则，它把人类的共同意识规定为由天神意旨教给诸民族的一个准则，来界定部落自然法中什么才是确凿可凭的〔321f〕。诸民族要达到这种确凿可凭性，就要承认部落自然法骨子里都有些一致性，其中尽管在细节上有些差异，而就部落自然法来说，在所有各民族中大体上却都是一致的。从此就产生出一种"心头词典"（mental dictionary），来替发音不同的各种语言找到根源。凭这种"心头词典"就可构思出一种理想的永恒的历史，来判定一切民族的有时间性的历史。这种"心头词典"和这种历史所特有的一些公理在下文不久就要提出〔162；240，294〕。

146　这条公理要消除掉已往关于部落自然法的一些想法，例如有人认为部落自然法是由某一个民族创始而后传到其他各民族的。这种错误是由埃及人和希腊人的出自民族虚荣心的坏榜样引起的，他们都自夸曾传播文化于全世界，就是这种错误产生出罗马十二铜表法来自希腊的那个虚构故事，如果罗马法真是来自希腊〔284f〕，那就会是凭人意安排而输送到其他民族的民法，而不是由天意在一切民族中自然而然地连同人类习俗本身在一起来安排的一种法律了。与此相反，本书自始至终要经常进行的工作之一就是要证实各部落自然法都是在互不相识的各民族中分别创始的，后来才由于战争、信使往来、联盟和贸易，这种部落自然法才被承认是通行于全人类的〔B_6，E_6，550〕。

XIV

147 各种制度的自然本性不过是它们在某些时期以某些方式产生出来的。时期和方式是什么样，产生的制度也就是什么样，而不能是另样的。

XV

148 各种制度的不可分割的特性必然是由于它们产生的方式，所以根据这些特性，我们就可以断定它们的本性或产生情况是这样而不是另样的〔C_1〕。

XVI

149 凡是民俗传说都必然具有公众信仰的基础；由于有这种基础，传说才产生出来，而且由整个民族在长时期中流传下来。

150 本科学的另一项大工作就是把这类事实真相的根据重新找到——由于岁月的迁移以及语言和习俗的变化，流传到我们的原来的事实真相已被虚伪传说遮掩起来了。

XVII

151 民俗语言应是最重大的见证，使我们可以认识到语言正在形成时各民族的古代习俗究竟如何。

XVIII

152 一个古代民族的语言如果在它的发展期自始至终都保持住统治地位，它就会是一个重大的见证，使我们可以认识到世界早期的习俗。

153 这条公理使我们确信拉丁语可以提供关于部落自然法的最强有力的语言学的证据（罗马人对部落自然法的理解无疑是首要的）。由于同一理由，日耳曼语言的学者们也可以起同样的作用，因为日耳曼语言也具有古罗马语言的特性〔110〕。

XIX

154 如果十二铜表法原是拉丁区域各族人民的习俗，在农神时代就已开始运用，尽管在其他拉丁地区在不断地变革，罗马人却把法律刻在青铜版上，由罗马法学家们以宗教的虔诚态度守护着，那么，这部法典就是拉丁地区部落自然法的伟大见证。

155 这是事实真相，我们多年前就已在《普遍法律的原则》一书中证明了〔《全集》2.572ff〕，本书将进一步阐明这一点。

XX

156 如果荷马史诗就是关于古希腊习俗的民政历史，它们就是希腊部落自然法的两大宝藏〔904〕。

157 在这暂时还只作为假设的将来还会证明是事实真相〔780—904〕。

XXI

158 希腊哲学家们加速了他们民族要经历的自然进程，因为希腊哲学家出现时，希腊人还处在野蛮时代的粗鲁情况，从这种情况中他们就立即进展到最高度的文化，而同时还完整地保存了关于神和英雄两方面的寓言故事。另一方面，罗马人的习俗却在稳步前进，完全见不到他们的神的历史了（因此，埃及人所称呼的"神的时代"却被罗马史学家瓦罗称之为罗马人的黑暗时代〔52〕），但是罗马人在民俗语言里却仍保存了他们的英雄时代的历史，这种历史从罗慕路斯开国时起，一直伸延到巴布利阿斯和培提略公布两套法律〔104—115〕时为止，将会被发现就是一部希腊英雄时代的历史性神话的长期延续。

159 人类民政制度的这种自然本性可以举法国的例子作为旁证。在十二世纪野蛮情况中，法国设立了一所著名的巴黎学院，以章句学驰名的彼得·隆巴德（Peter Lombard）在那里开始讲授最微妙的经院神学。巴黎杜尔邦（Turpin）主教[6]的历史故事就像一部荷马史诗一样，其中全是叫作paladins(骑士们）的法国英雄们的寓言故事，后来成了许多传奇和诗歌的题材。由于过早熟地从野蛮情况跳到一些最微妙的科学，法国语言当时是一种最文雅的语言。就连到现在，在一切活着的语言之中，语法还显得把希腊人的雅典风格恢复得最多，法语在一切语言中是最便于科学推理的，正像希腊语那样，可是法语像希腊语一样，还保留了许多双音词，双音词对于野蛮人的舌头是自然的，因为他们的舌头还很生硬，不便把子音和母音配搭在一起〔461〕。

为着证实我们关于法语和希腊语这两种语言所说的话，我们还可以加上对于青少年人的一种观察。青少年人记忆力强，想象力活跃，智力灵敏，在这种年龄，他们最便于学习语言和平面几何，收效大而不至于削弱紧密束缚在肉体上那种心灵的酸涩性，或智力上的野蛮状态，但是这种还处在未成熟年龄的青年们如果过早地转到研究玄学批判或代数学，就会在思维方式上对于生活过于精细，以至不能进行任何伟大的工作。

160 但是当我们进一步对本书进行思索时，就触及上文谈到的那种效果的另一原因，而这个原因也许还更恰当。罗慕路斯是在拉丁地区许多其他更古老的城市之中创建罗马的，采取的方式是在罗马那里开设一种庇护所，史学家李维把这种庇护所称为"城市创建者的一个老会议场"〔17〕。因为当时暴力还在占统治地位，罗慕路斯自然在世界上一些最古老的城市所由创

128

建的那种制度基础上去创建罗马〔561〕。发生的事情就是这样，因为罗马习俗从这种起源向前发展时，拉丁地区的各种土语已经都很发达了，所以罗马人就用土语来表达民政制度，不像希腊人表达这种民政事务仍用英雄时代的语言。因此，将来会发现古代罗马史其实就是由希腊人的英雄史赓续下来的一种神话。罗马人之所以成为世界的英雄，理由也正在此，因为罗马征服了拉丁地区的其他城市，接着又征服了意大利，最后征服了全世界，因为在罗马人中间，英雄体制还很年轻，而在拉丁地区其他各民族中，英雄体制已在开始没落，对他们的征服就造成了罗马的强大。

XXII

161 按照各种人类制度的本性，应有一种通用于一切民族的心头语言，以一致的方式去掌握在人类社会生活中行得通的那些制度的实质，并且按照这些制度在各方面所表现出的许多不同的变化形态，把它们的实质表达出来。一些格言、谚语或凡俗智慧中的公理对此提供了证明，这些格言、谚语或公理在意义实质上尽管大致相同，却可以随古今民族数目有多少，就有多少不同的表达方式〔445〕。

162 这种公用的心头语言是我们的这门科学所特有的，根据这门科学，语言学者们就可以构成一种心头词典，通用于一切现存和已死的发音的语言〔D₆，482〕。我们在《新科学》第一版里〔《全集》3.387ff〕，已提供过一个具体例证，证明了在许多现存的和已死的语种中，最初的家族父主的名称都是从他们在各民族语言初形成时，他们在家族体系和政法体系中所具有的各种不同的特性得来的。我们将按照浅学所能达到的程度，利用这种心头词典来讨论一切有关的问题。

163 在上述一些命题之中，I–IV 向我们提供了基础，来驳斥前此〔J₁〕关于人类原则的一切议论的荒谬、矛盾、不可信和不可能。以下 V–XV 那些命题向我们提供了真理（the true）的基础，用来按照每门科学的特性去考察这个民族世界的永恒理念。各门科学的特性如亚里士多德所说的："科学

所要研究的是普遍而永恒的东西。"〔《形而上学》1003a 15；F_2；332〕
最后 XV〔I〕–XXII 那些命题将向我们提供确凿可凭的事实（the certain）
的基础，据此我们就可以看到我们凭理念所研究的这个民族世界在事实上究
竟是怎样。我们用的是由培根改造得最确凿可凭的哲学推理的方法，但是把
它从培根在他的著作中凭思考和观察所讨论的自然界事物转到研究人类民政
事务方面去〔137f，359〕。[7]

164　以上所列举的一些命题都是一般性的，都是本门科学从始至终都
要依据的基础。以下接着来的那些命题都是特殊的（具体的），向各种具体
问题提供一些特殊具体的基础。[8]

XXIII

165　《圣经》上的历史比起流传下来的一切最古的异教的世俗历史都
较古老，因为它详细地记载了一段八百多年时期的在家族父主统治下的自然
体制，也就是家族体制。据政治理论家们的公认，后来各族人民和城市都是
由家族体制发展出来的〔F_7〕。关于这种家族体制，世俗历史没有告诉我们
什么，或是告诉得很少，而那很少的话也是很混乱的。

166　这条公理证明了《圣经》上的历史的真实性，没有狄奥多罗斯·什
库路斯所指出的民族虚骄讹见〔125〕，因为希伯来人把他们的回忆都十分
详细地保存下来了，从世界的开始时就开始。

XXIV

167　犹太教是由真正的天神在禁止诸异教民族所由兴起的那种占卜术
的基础上创立起来的〔365，381〕。

168　这条公理就是把古代诸民族的整个世界划分为希伯来民族和异教
民族的主要理由之一〔F_7〕。

XXV

169 远古洪水曾淹没过全世界，这确实不是由马丁·秀克的语言学证据所能证明的，因为这种证据太轻微，也不是由大主教皮耶·戴伊（Pierre d'Ailly）所倡导而由乔瓦尼·皮科·德拉·米兰多拉（Giovanni Pico della Mirandola）附和的那种天文学证据所能证明的，因为这后一个证据太不确凿，简直太妄诞，它所依据的"阿方索十世⁹的天文图表"（Alphonsine Tables）已由犹太教徒和基督教徒们都同声驳斥了。基督教徒们现在用的是犹太人斐洛的时历表〔54〕。但是我们的证明却将根据从寓言故事所辨认出来的一些物理方面的史迹〔192—195，380〕。

XXVI

170 巨人们生来就有非常巨大的身材，就像游历家们声称亲自在亚美利加山脚下一个叫作"大足国"（Pantagones）的地方见到过的那些巨大的野人。抛开某些哲学家替这种巨人所找到的一些虚妄的理由（如卡沙良〔Chassanion〕在他的《论巨人》一书里所搜辑和附和的）不谈，我们将依据恺撒〔《高卢战记》4.1；6.1〕和塔西佗〔《日耳曼尼亚志》4〕两人谈到古代日耳曼人时所提到的那些原因，其中有些是身体方面的，有些是精神方面的。依我们的看法，这些原因都可以追溯到野蛮人的儿童教育〔195〕。

XXVII

171 从希腊史里我们才知道除罗马人以外的一切其他各异教民族的历史，而希腊史是从洪水和巨人们开始的。

172 上述两条公理显示出：整个原始人类划分成两种，巨人们是一种，身材正常的人们是另一种。前一种是诸异教民族，后一种是希伯来民族。此外，这两条公理还显示出：这两种人的区别的原因只能在异教民族所受的是野蛮教育而希伯来人所受的却是人道教育。因此，希伯来人的起源不同于异教人的起源〔369—373〕。

XXVIII

173 我们在上文〔53〕已提到，埃及古代文物遗迹流传下来的有两项。一项是埃及人把整个已往的世界分成三个时代：神的时代、英雄的时代和人的时代；另一项是在这三个时代里说过的语言也有三种，各和自己的时代相适应，它们就是象形符号的或神的语言，象征的或比喻的语言（即英雄的语言）和书写的或凡俗的语言（即人的语言）。后一种语言是人们运用约定俗成的符号来传达生活中的通常需要〔52，432ff〕。

XXIX

174 荷马在下文将引证的两部史诗中的五段里〔437〕，曾提到在他所用的语言（当然是一种英雄式的语言）以前还有一种更古老的语言，他称之为"神的语言"。

XXX

175 瓦罗辛勤地搜集天神们的名称，搜到了三万种，因为希腊人曾数出这么多，这些神名都涉及最古时代身体、精神、经济或民政的各方面生活的需要〔圣奥古斯丁：《上帝之城》6.2—9；4.8〕。

176 上述这三条公理就证实了世界各民族到处都从宗教开始。这将是本科学的三大原则中的第一个〔333ff〕。

XXXI

177　无论在什么地方，一个民族如果在武力方面变得野蛮，以致人道的法律都没有地位了，唯一的可以制伏这个民族的强有力的手段就是宗教。

178　这条公理证实了天神意旨发动了使残暴者从无法无天的情况到变成人道的并且凭人道创建民族生活的转变过程。天神意旨做到这一点，是通过在人们心中唤醒一种蒙眬的天神观念。这批亡命之徒原生在无知中把这种天神看错了，把本不属于天神的东西也误记在天神名下，因此，由于对这种想象出来的天神的恐惧，他们才开始守一点秩序〔377ff〕。

179　霍布斯在他的《凶残和强暴的人们》中见不到各种制度由这种天意安排的原则，因为他跑到离题很远的地方去搜寻原则，就迷失到他的祖师爷伊壁鸠鲁所主张的"偶然机会"那个陷阱里去了。他原想使希腊哲学更丰富些，就把希腊哲学本来没有的东西塞进希腊哲学里去。霍布斯说要"从全人类整个社会中去研究人"〔G₂〕，如乔治·帕施（Georg Pasch）所指出的，他的努力尽管高尚，结果却不佳妙。如果霍布斯不曾受到基督教的鼓舞，他也不会想出这个计划，因为基督教要求于全人类的不仅是公道，而且还有慈善，从此他就开始他对波利比奥斯（Polybius）〔6.56.10〕所说的"如果世界上早就有哲学家们，宗教就没有必要"那个谬论的驳斥，因为如果世界上不曾有过宗教，世界上就不会产生任何整体，也就不会有哲学家们了。

XXXII

180　人们在认识不到产生事物的自然原因，而且也不能拿同类事物进行类比来说明这些原因时，人们就把自己的本性移加到那些事物上去，例如俗话说："磁石爱铁。"

181　这条公理已包括在第一条公理〔120〕里，那就是：人心由于它的不确定性，每逢它堕入无知中，它就会对它所不认识的一切，把自己当作衡量宇宙的标准。

XXXIII

182　无知者的物理学就是一种村俗的玄学。他们根据这种玄学，把他们所不知道的一切事物的原因都归之于天神的意志，而不考虑天神意志运用什么手段来进行工作。

XXXIV

183　塔西佗说："凡是心灵一旦受到威胁，它就易于走向迷信。"〔《编年史》1.28〕这话就道出人类心灵的一个真正的特性。人们一旦被迷信抓住，他们就把凡是自己所想象的、看到的，甚至一切所作所为都联系到那个迷信上去〔379〕。

XXXV

184　惊奇是无知的女儿，惊奇的对象愈大，惊奇也就变得愈大〔375〕。

XXXVI

185　推理力愈薄弱，想象力也就成比例地愈旺盛。

XXXVII

186　诗的最崇高的工作就是赋予感觉和情欲于本无感觉的事物。儿童的特点就在把无生命的事物拿到手里，戏与它们交谈，仿佛它们就是些有生命的人。

187　这条语言学兼哲学的公理向我们证明：在世界的童年时期，人们按本性就是些崇高的诗人〔376〕。

XXXVIII

188 拉克坦提乌斯在他的《神圣的制度》〔1.15〕中的一段金玉良言里谈到偶像崇拜的起源时说过："粗人们起初把国王和他的家族都称之为神，或是因为他们具有惊人的优越性（'惊人的'是就还很粗鲁简单的人们的眼光来看）；或是为着赞扬当前的权力，这是经常发生的事；或是因为自己被引入人道社会所得到的好处。"

XXXIX

189 好奇心是人生而就有的特性，它是蒙昧无知的女儿和知识的母亲。当惊奇唤醒我们的心灵时，好奇心总有这样的习惯，每逢见到自然界有某种反常现象时，例如一颗彗星、一个太阳幻相、一颗正午的星光，就立刻要追问它意味着什么。

XL

190 巫婆们满脑子装着可怕的迷信，同时也非常野蛮残酷。如果有必要去隆重庆祝她们的巫术，她们就不惜杀死弱小无辜的婴儿，把他们肢解掉。

191 上文 XXVIII–XXXVIII 诸条的命题全都向我们说明神圣的诗或诗的神学的各种起源，XXXI 以下的诸命题都向我们指出偶像崇拜的起源，XXXIX 条以下的各命题都指出占卜的起源，最后命题 XL 指出与嗜血的宗教有关的牺牲的起源。这些牺牲仪式在最早的粗鲁的野蛮人之中都从许愿和还愿的献礼乃至用活人作牺牲开始，据普劳图斯（Plautus）说，用活人作牺牲，在拉丁人中间俗称"献供农神的牺牲"，在腓尼基人中间叫作献供摩洛（Moloch）即火神的牺牲，他们使献给那种妖神的儿童们穿过火堆。这类牺牲仪式有些还保留在罗马十二铜表法里〔4.1〕，这些牺牲使人懂得"首先敬畏世上被创造的神们"那句老话的真正意义：邪教都不产生于欺骗而是产生于轻信，阿伽门农使他的虔敬的女儿伊芙琴尼亚（Iphigenia）所受到的那种许愿和牺牲，也是起于无神意旨，当时卢克莱修（Lucretius）〔1.102〕对伊芙琴尼亚的惨死，就很不虔敬地叫喊说："宗教所造的罪恶竟如此严重！"但是为着驯化巨人的子孙们，这一切牺牲曾经是必要的，因为这样才可使巨人们的子孙归依到阿里斯提德（Aristides）、苏格拉底、利略（Laelius）和非洲征服者西庇阿等人[10]所要求的那种人道。

XLI

192 我们作了一个合理的假设：地球在世界大洪水中泡了几百年，不曾发散过干燥的气体或足以在大气中燃烧从而导致发电的那种物质。

XLII

193 天帝约夫挥动了他的雷电，击倒了巨人们，每一个异教民族各有他们的天帝约夫。

194 这条公理就包含着寓言故事替我们保存起来的物理的历史，即普遍的大洪水把整个地球全淹没了。

195 这条公理连同它前面的假设应向我们显示出：在一段长时期里，诺亚的三个儿子的不虔敬的种族都在野蛮状态中流浪着；而他们在野兽般的浪游中就分散开来，散在地球上的大森林里；由于他们的野蛮式教育，就产生出来一批巨人，和其余的人是生存在一起的；然后他们在世界大洪水之后，首次听到天帝约夫发雷霆〔369ff〕。

XLIII

196 每一个异教民族都有自己的赫库勒斯。他是天帝约夫的儿子。最精通古代文化的瓦罗曾举出四十名之多〔14〕。

197 这个公理标志出英雄体制在最初各民族中的起源。这种英雄体制是由英雄们都来源于天神那种误解产生的〔666ff〕。

198　这条和前一条公理在各异教民族之中，先给我们举出那么多的天帝和后来又举出那么多的赫库勒斯，两条合在一起就显出：这些民族没有宗教就不能创始，没有勇气就不能生长。此外，这些民族在开始时既然是在森林里生长的，彼此就互不相识，而且根据第〔144〕条公理"起源于互不相识的各民族之间的一致的观念，必有一个共同的真理基础"，这些公理也就向我们提供这样一个大原则：最早的寓言故事一定包含着民政方面的一些真相，所以必然就是最初各民族的一些历史〔D₅〕。

XLIV

199　希腊世界中最初的哲人们都是些神学诗人。这批神学诗人的兴旺时期一定早于英雄诗人们，正如天帝约夫是赫库勒斯的父亲。[11]

200　这条公理和前两条公理证实了：凡是异教民族既然各有各的天神约夫和赫库勒斯，在起源时一定都具有诗的特性，而在他们中间最先产生的是神圣的诗，后来才产生英雄的诗。

XLV

201　人们按自然本性就不得不把他们关于法律和制度的记忆保存起来，因为法律和制度把他们联系在他们的社会里。

XLVI

202　一切野蛮民族的历史都从寓言故事开始。

203　XLII–XLVI 条公理全都向我们指出了历史的神话起源。

XLVII

204 人类心灵按本性就喜爱一致性。

205 应用到寓言故事，这条公理从村俗人们制造寓言故事的习惯得到证实，他们制造寓言故事总是围绕着一些人物，这些人物以这一点或那一点出名，处在这一种或那一种环境，故事总要适合人物和场合。这些寓言故事都是些理想的真理（ideal truths），符合村俗人民所叙述的那些人物的优点。它们也偶尔包含一些虚伪的东西，其所以虚伪，也不过失败在没有能给主题以应得的东西。所以如果我们对这个问题加以深思熟虑，就足以见出诗性真实（poetic truth）就是玄学的真实，而不和这种诗性真实一致的物理真实就应看作虚伪的。从此就产生出诗艺理论中的一个重要的考虑：真正的战争首领，举例来说，就是塔索所想象出的高德弗勒（Godfrey），而一切不是始终和高德弗勒一致的首领都不是真正的战争首领。[12]

206 儿童们的自然本性就是这样：凡是碰到与他们最早认识到的一批男人、女人或事物有些类似或关系的男人、女人和事物，就会依最早的印象来认识他们，依最早的名称来称呼他们。

207 前已引过的伊安布利霍斯的《埃及人的秘密教仪》〔1〕里有一段话真是至理名言，他说埃及人把对人类生活有益或必要的一切发明都归功于最伟大的赫耳墨斯。

208 得到前一条公理支持的这句名言，会恢复他自己的这神圣的哲学家的地位，他从埃及人秘密教仪中所研究出的全部崇高的自然神学都应归功于这位哲学家自己。

209 以上这三条公理（XLVII–XLIX）给我们指出了诗性人物性格的起源〔412—427〕，而诗性人物性格就构成寓言故事的本质。其中第一条公理显示出村俗人民有一种自然倾向要创造人物性格而且要把它们创造得恰如其分。第二条公理显示出凡是最初的人民仿佛就是人类的儿童，还没有能力去形成事物的可理解的类概念（class concepts），就自然有必要去创造诗性人物性格，也就是想象的类概念（imaginative class concepts），其办法就是制造出某些范例或理想的画像（ideal portraits），于是把同类中一切和这些范例相似的个别具体人物都归纳到这种范例上去。由于这种类似，古代寓言故事就不能不创造得恰如其分，正是以这样的方式，埃及人把他们对人类有益或必要的创造发明（这些都是民政智慧的特殊具体的效果）都转化成“民政哲人”（civil sage）这样一个类别。因为他们还不能把“民政哲人”抽象化成一个可用理智去理解的类别，尤其不能得出他们在民政中成为哲人的那种具体形象，于是他们就把它想象成为最伟大的赫耳墨斯。埃及人在用对人类有益或必要的种种发明来造福于世界的时期，他们远未达到成为哲学家，还不能懂得“共相”或可用理智去理解的“类概念”！

210 接着来的最后一条公理和上述两个公理合在一起，就成了一个真正的诗的寓言故事的原则，使包括在诗性类型中各种不同的殊相与其说具有类似的意义，还不如说只具有一个独特的意义，所以寓言故事叫作“另样的说法”（diversiloquia），即把各种不同的人物、事迹或事物总括在一个相当于一般概念的一个具体形象里去的表达方式〔403〕。

L

211 儿童们的记忆力最强，所以想象特别生动，因为想象不过是扩大的或复合的记忆〔699，819〕。

212 这条公理说明了世界在最初的童年时代所形成的诗性意象何以特别生动〔34〕。

LI

213 在每个〔其他〕行业中，人们如果生来没有自然才能，就要靠对技艺（art）的顽强钻研才会成功；但是在诗方面，人们如果没有天赋的才能，单靠技艺就不会成功。

214 这条公理显示出：诗既然创建了异教人类〔376ff〕，一切艺术都只能起于诗，最初的诗人们都凭自然本性才成为诗人〔而不是凭技艺〕。

LII

215 儿童们都擅长于模仿，我们看到儿童们一般都模仿他们所能认识到的事物来取乐。

216 这条公理显示出：世界在它的幼年时代是由一些诗性的或能诗的民族所组成的，因为诗不过就是模仿。

217 这条公理也说明：凡是涉及需要、效益或便利的技艺，甚至涉及人类娱乐的技艺〔241〕，都在哲学家们还没有出来之前，在诗的时期就已发明出来了；因为凡是技艺都不过是对自然的模仿，在某种意义上都是"实物"的诗（"real" poems，不是用文字而是用实物来造成的）〔498—794ff〕。

LIII

218 人们起初只感触而不感觉，接着用一种迷惑而激动的精神去感觉，最后才以一颗清醒的心灵去反思。

219 这条公理就是诗性语句的原则〔703f〕，诗性语句是凭情欲和恩爱的感触来造成的，至于哲学的语句却不同，是凭思索和推理来造成的，哲学语句愈升向共相，就愈接近真理；而诗性语句却愈掌握住殊相（个别具体事物），就愈确凿可凭〔137f〕。[13]

LIV

220　人们对与他们有关系的但还有疑义而不甚清楚的事物，自然而然地经常按照他们自己的某些自然本性以及由它们所引起的情欲和习俗来进行解释。

221　这条公理是我们的神话中一个基本准则。根据这个准则，凡是起源于最初的野蛮粗鲁人中的寓言故事都很严峻，适合于刚脱离凶残的野兽般的自由状态而开始创建民族的那种情况。经过长久的年代和习俗的变迁，这些寓言故事就已丧失了它们原来的意义了，就连在荷马以前〔814f〕那些放荡邪恶的年月里也就已改变了，变得暗淡了〔708〕。因为宗教对希腊人很重要，希腊人害怕惹得天神们反对自己的愿望以及自己的习俗，于是把这些习俗说成本是来自天神，对寓言故事加了一些不正当的丑恶和邪淫的解释。

222　尤西比乌斯提到埃及人的智慧时，说过一句金玉名言，也适用于一切其他异教民族："埃及人的最初神学只是一种掺杂着寓言故事的历史，后来他们的后代人引以为耻，就逐渐对那些寓言故事加上一些神秘的解释。"例如埃及高级僧侣曼涅托在把全部埃及历史翻译成为一种崇高的自然神学时就是这样办的〔46〕。

223　LIV–LV 两条公理是我们的历史性神话观点的两大证据〔203〕，同时也是两大阵旋风，把对古人具有无比智慧的一切迷信都刮倒了〔128〕，同时也是基督教真理的两大奠基石，基督教的《圣经》并不曾叙述过应引以为耻的事情。

LVI

224　在东方人、埃及人、希腊人和拉丁人当中，最初的作家们以及在复归的野蛮时代用欧洲近代语言来写作的作家们，全是些诗人〔464—471〕。

LVII

225 哑巴用与所要指的意思有些自然联系的姿势或实物来使人们懂得自己所要说的意思〔400ff〕。

226 这条公理就是象形符号或象形文字的原则，在第一次野蛮时代，一切民族都运用这种象形文字的语言。

227 这条公理也是自然语言的原则。柏拉图（在《克提拉斯篇》〔Cratylus, 425D；438D〕里）和后来的伊安布利霍斯（在《埃及人的秘密教仪》〔7〕里）都猜测到世界上有一个时期用的就是这种自然语言。这种看法得到廊下派和奥利金（Origen, 在《反对色尔苏斯》〔1.24；5.45〕中）的赞同。不过这既然不过是一种猜测，就遭到亚里士多德（在《论解释》〔16a, 20ff〕里）和盖伦（在《希波克拉底和柏拉图的学说》一书〔2.2〕里）的反对……接替这种自然语言的是用意象、比喻、比较和用自然特征的语言〔34〕。

LVIII

228 哑巴用歌唱来发出不成形的音，口吃者用歌唱来让舌头学会发音。

LIX

229 人们用迸发出的歌唱来发泄强烈的情感，像我们观察到人们在最伤心和最欢乐的时候所表现的。

230 根据上述两条公理，可知诸异教民族都曾像不说话的野兽在野蛮状态中到处浪游，所以都很懒散，除非在激烈情感的冲动之下，并不爱表达自己的心事，这种野蛮人的最初的语言一定是在歌唱中形成的〔461〕。

LX

231 各族语言一定都从单音词开始，因为就连现在词汇中多音词很丰富，儿童们初学语言时，也还是从单音词开始，尽管儿童的发音器官纤维现已很灵活〔454，462〕。

LXI

232 英雄体诗的音律是最古老的，扬扬格（——）音律是最慢的，下文还会看到英雄体诗的音律原来是用扬扬格的〔449〕。

LXII

233 抑扬格（∨—）的诗最近于散文，而抑扬格是贺拉斯所说的"快步"〔《诗艺》252〕。

234 以上〔LXI–LXII〕这两条公理导致我们猜测：思想和语言是按同等的步伐发展的。

235 以上〔XLVII–LXII〕这几条公理，加上前已作为适用于其他一切的原则〔I–XXII〕的那些公理，就包括了诗的理论的全部区分，这就是：（a）故事（或情节）〔205〕；（b）习俗（或人物性格）及其适合性〔220f〕；（c）语句〔227〕及其表达力〔212〕；（d）寓意〔210〕；（e）歌唱〔228ff〕；以及最后的（f）诗律〔232f〕。最后七条公理〔LVI–LXII〕证实了在一切民族中用诗律的语言都早于散文的语言〔34〕。

LXIII

236 人类心灵自然而然地倾向于凭各种感官去在外界事物中看到心灵本身，只有凭艰巨的努力，心灵才会凭反思来注视它自己。

237 这条公理向我们提供了一切语种中的词源学的普遍原则：词（或

字）都是从物体和物体的特点转运过来表达心灵或精神方面的各种事物。

LXIV

238 观念（思想）的次第必然要跟随各种事物的次第。

LXV

239 人类事物或制度的次第是这样：首先是树林，接着就是茅棚，接着是村庄，然后是城市，最后是学院或学校。

240 这条公理是词源学的一个大原则，因为人类事物或制度的这样次第替各种地方土语的历史定下了一个模式。因此我们看到在拉丁语言里几乎全部词汇的根源都来自树林或农村。例如 lex〔法律〕的本义一定是"采集在一起的橡栗"。我们相信 ilex 仿佛就是 illex〔橡树〕（正如 aquilex 确实指"收集水的人"）；因为橡树产生出橡栗，橡栗把猪引到一起来。其次，lex 也是收集在一起的蔬菜，从此 lex 就派生出蔬菜的名称 legumina。到了后来，在还没有造出俗语字母来把法律写成条文时，lex 按照一种民政性的需要，必然就指"集成一群的市民们"或"公众议事处"，以便当着人民的面来隆重地庆祝由议会制定的法律。最后，收集些字母来形成每个词，仿佛把谷穗束在一起，就叫作 legere，"阅读"。

LXVI

241 人们首先感到必需，其次寻求效用，接着注意舒适，再迟一点就寻欢作乐〔217〕，接着在奢华中就放荡起来，最后就变成疯狂，把财物浪费掉。

LXVII

242　各族人民的本性最初是粗鲁的，以后就从严峻、宽和、文雅顺序一直变下去，最后变为淫逸〔916ff〕。

LXVIII

243　在人类中首先出现的是庞大而奇特的，例如独眼巨人们，其次是骄傲而宽宏大量的，例如阿喀琉斯，接着就是勇敢而正直的，例如阿里斯提德和西庇阿。离我们较近的是些仪表动人的人物，外貌显出大才大德，却伴随着严重的罪行和恶习。这种人在凡俗人中赢得盛名和荣誉，例如亚历山大和恺撒。更晚一点是些愁苦深思的人，例如提比略（Tiberius）。最后是些淫荡无耻的疯人，例如卡利古拉（Caligula）、尼禄（Nero）和图密善（Domitian）之流。

244　这条公理显示出：第一种人为着使在家族政体中一个人服从另一个人，训练他在将来的城邦中奉公守法，都是必要的；第二种人按本性不肯在同僚中退让，为着在家族基础上建立贵族政体，也是必要的；第三种人是为民众自由开路的；第四种人创建君主专制政体；第五种人为奠定君主专制政体；第六种人为推翻君主专制政体。

245　这条公理连前面几条〔LXV–LXVII〕公理合在一起，就替理想的永恒历史提供了一部分原则，每个民族在时间上都要经历过这种理想的永恒历史，从兴起、发展、成熟以至衰败和灭亡〔294，349，393〕。

LXIX

246　凡是国家政权都要符合被统治的人民的本性。

247　这条公理显示出：按照人类民政制度的本性，教育君主们的公众学校就是各族人民的道德品质。

LXX

248 从无法无天的邪恶的世界中有少数最坚强的好汉会先脱身退出，来奠定一些家族，就同这些家族和凭借这些家族来耕种土地〔520ff〕；过了一段长时期以后，就有许多其他人也脱身退出邪恶的世界，逃到由这些家族父主们所耕种的土地上求庇护〔553ff〕。——须承认这种情况并不违反自然本性，我们将会看到，事实确实如此。

LXXI

249 本土的习俗，特别是关于自然本有的那种自由的习俗〔290〕，并不马上一下子就改变掉，而是要经过一个长时期才逐渐改变的。

LXXII

250 既然一切民族开始都信仰某种神道，在家族政体中，族长们一定就是些在占卜这种神道方面的哲人，即献牺牲求预兆、确定预兆意义的司祭们，和给他们家族传授神圣法律的君主（国王）们。

LXXIII

251 依一种村俗传统，最初统治世界的就是些君主（国王）们。

LXXIV

252 按照另一种村俗传统，被奉为最初君主的都是些生来就最杰出的人物。

LXXV

253　还有一个村俗传统：最初的君主们都是些哲人，因此柏拉图曾在《理想国》〔473CD〕里表现过一种幻想，想望像古代那样，哲学家们都居统治地位，或是国王们都是些哲学家。

254　以上这些公理全都显示出：在最初的族长们身上，智慧、司祭权和王权都结合在一起，而司祭权和王权都依据智慧，当然不是哲学家们的玄奥智慧而是立法者们的凡俗智慧，所以，从此以后，在一切民族中戴王冠的都是些司祭们。

LXXVI

255　依凡俗传统，世界上最初的政权形式是君主专政。

LXXVII

256　但是 LXVII 条和以下几条公理，特别是 LXVIII 条〔244〕系定理都显示出：在家族政体里，族长们都行使过一种君主专政权，他们只服从天神，有权支配他们儿辈的人身和财产，在更大的程度上支配逃来他们的土地上那些"家人们"（famuli）的人身和财产〔257〕。所以他们就是世界上最初的专制君主，《圣经》里所称呼的"宗法主"或"父王"指的就是这种最初的专制君主。在整个罗马共和国时期，这种君主专制权是由罗马十二铜表法来保障的〔4.2〕，其中明文规定："家族主应有权支配儿辈的生死。"从此又派生出另一规定："儿子所获得的一切财产都是为他的父主获得的。"〔《法学汇编》41.2.4〕

LXXVIII

257　家族这个名称和它的起源相符，只能指在当初自然体制中家族的家人们或家奴们〔552，555〕。

<h2 style="text-align:center">LXXIX</h2>

258 最初的社团（socii）在特性上就是为着互有好处而结合在一起的伙伴们，在这些人逃到上述最初族主们的庇护所里来求救命的时期之前，就不能想象或理解"社团"就早已存在，最初的族主们既接受他们来逃命，就有义务让他们耕种族主的土地来维持生活〔555〕。

259 这些就是英雄们的真正的"社团"。后来结成社团的有英雄城市的平民们，最后有罗马以外各行省的一些主权民族的人民〔559，1066〕。

<h2 style="text-align:center">LXXX</h2>

260 人们自然而然地达到封建（或福利）体系（ragione dé benefizi）[14]，只要他们看出在这种封建体系中可能保持住或新得到一种好处或分得一份福利，因为这就是从民政生活中可望得到的"福利"（benefizi）。

<h2 style="text-align:center">LXXXI</h2>

261 强者们的特征就在于他们既凭英勇获得东西，他们就不肯通过懒惰把获得的东西丧失掉。纵使他们让步，也是出于必要或方便，而且尽可能少让步，一点一滴地逐渐让步〔585〕。

262 从这两条公理就产生出封建体制（fiefs）的长久根源，罗马人用美妙的字眼把封建称为 beneficia（"福利"或"方便"）〔1063〕。

<h2 style="text-align:center">LXXXII</h2>

263 在一切古代民族中，我们到处都看到保护者或授权者（clients）和

受权者或受保护者（clienteles）这两个阶层，这两个词最好理解为封建地主（vassals）和封建佃户（fiefs）〔556f〕。渊博的学者们关于封建法律的著作里也找不到比 clientes 和 clientelae 更适合的拉丁词来称呼封建东佃。

264 以上三条公理，连同以前的 LXVIII 条以下的十二条公理使我们认识到各种政体的原则。政体的产生都由于"家人们"强加于家族主的一种重大需要（下文〔582ff〕还要判定这种需要究竟是什么）；按照这种需要，当时政体就自然采取贵族政体的形式。因为族长们为着抵抗起来反对他们（族长）的那些"家人们"，就自相团结起来；接着就设法满足这些"家人们"，为求得他们恭顺，就向他们让出一种农村封地；而族长们也发现自己的家族主权也只能按类比理解为一种高贵的封建侍从，也要服从更高的统治阶层（他们现已团结成为最高统治阶层）的最高民政主权。统治阶级的首脑就叫作国王（或君主）。由于君主是最勇敢的人，他们的职能就是在"家人们"造反时领导族长们去对付。如果城市的起源可以如此假设（下文我们会看到这确是事实），君主的职权，一方面由于自然而简单，另一方面又由于君主专政可以导致无数适当的民政效果，它就会获得认可。否则我们就无法理解民政权力怎样可以从家族权力演变出来，公众财产的世袭怎样可以从私人的财产的世袭演变出来，也就无法理解这种政体怎样准备条件，以便变成由少数贵族阶层来指挥而一大群平民则服从指挥的形式。这两个阶层就构成政治题材的两个部分。下文还要指出：城邦不可能从只包括家族儿辈〔而不包括"家人"〕的家族来形成〔553ff〕。

LXXXIII

265 这种关于土地的法律是作为世界的第一次土地法而奠定下来的〔107〕，很难想象或构思出一种土地法比这第一次土地法在性质上还可限制得更严。

266 这第一次土地法划分出三种所有权或管领权，通行于民政方面，分属于三个阶级的人：（a）凭占领时效的（bonitary）所有权，属于平民们；（b）武装骑士的（quiritary）所有权，属于贵族，须凭武装来维持，所以限于父主们；

（c）高级的（eminent）主权或贵族政体的最高主权〔VIII，25〕。

LXXXIV

267 亚里士多德在《政治学》〔1285b 4ff，20ff〕里有一段名言，他在替政体分类时，提到在英雄王国里，国王们在国内行使法律，在国外指挥战争，同时也是国教的首领。

268 这条公理恰恰适合忒修斯和罗慕路斯两人先后开创的雅典和罗马两个英雄王国，关于前者可看普鲁塔克（Plutarch）的《忒修斯传》，关于后者可看罗马史。用罗马史来补充希腊史，在罗马史中霍斯提略（Hostilius）在对贺雷修斯（Horatius）的控诉中执行了法律〔500〕。[15] 罗马国王们在教主的名义下也是宗教事务方面的国王，所以当国王们被放逐出罗马时，为着宗教仪式有确实的主宰，曾特设教主（rex sacrorum）一职，教主原是享宴官或传令官。

LXXXV

269 亚里士多德在《政治学》〔1268b 39f；1269a 11f；1324b 4ff？〕里还有一句名言说，古代各种政体都没有惩罚私人罪过或平反私人冤屈的法律，还谈到这是各野蛮民族的惯例，因为他们叫作野蛮人，正因为他们还没有受法律驯化过。

270 这条公理说明了在野蛮时期决斗和报复都有必要，因为当时还没有法院的法律〔959—964〕[16]。

LXXXVI

271 亚里士多德的《政治学》〔1310a 9〕里的另一段话也是金科玉律，他说在古代政体里，贵族们总是发誓要和平民们永远为死敌。

272 这条公理说明了贵族们对平民们何以那样骄横、贪婪和残暴，像罗马史所描绘的很清楚。因为前此在人们误认为民众自由的那个疆域里，贵族们长期迫使平民们去替他们打仗而且还要平民们自己出战中费用，把平民们淹死在横征暴敛的大海里，残暴地鞭打他们的肩背，仿佛当这些可怜的平民们不能满足地主们的要求时，地主们就得把他们幽囚在私牢里，逼他们做苦役来抵债，用鞭子毒打他们的光肩膀，仿佛他们是些最下贱的奴隶〔668〕。

LXXXVII

273 贵族政体对打仗是最小心翼翼的，生怕让平民大众们都变成战士〔1025〕。

274 这条公理就是罗马军事方面的公道原则，一直到罗马和迦太基进行战争时为止。

LXXXVIII

275 贵族政体把财富都归贵族阶层内部独占，因为财富可加强贵族阶层的权力。

276 这条公理就是罗马人在战争胜利中的宽大原则，因为他们只剥夺战败者的武器，让他们对其他一切财产仍享有凭占领时效的所有权，不过要缴纳忍受得住的贡税，这也是罗马族主们为什么经常拒绝格拉古颁布的土地法的理由，因为他们不肯让平民富裕起来。

LXXXIX

277 荣誉是军事英勇的最高尚的刺激。

278 各族人民都倾向于在战争中显出英勇，纵使他们在和平中就已互相竞争去取得荣誉，有些人为着保持荣誉，也有些人为争取获得荣誉而立功。

279 这条公理就是罗马英雄制度的一个原则，从驱逐暴君一直到迦太基战争这段时期中，贵族们自然而然地献身于保卫国家的事业，为的是要把一切民政方面的荣誉都保留在自己的贵族阶层内，而平民们也从事于最显眼的事业，来显示自己也配取得本来由贵族们掌握的那些荣誉。

280 城市中各阶层取得权利平等的竞争是使政体伟大的最强有力的手段。

281 这就是罗马英雄制度的另一条原则，由三种公众优良品质来贯彻执行，一是平民们在希求分享族主们的民政权利和法律中所显示的宽宏大量，二是族主们把这些权利和法律保留在本阶层中所显示的坚强力量，三是法官们解释权利和法律和在宣判案件中一点一滴地扩展权利和法律的有效范围中所显示的智慧。罗马法在世界中赢得优越地位，就全靠这三个正当理由〔999ff〕。

282 从 LXXXIV 条以下的这一切公理把古代罗马史的特有面貌都显示出来了，以下三条也部分地达到同一目的。

283 弱者要求法律，强者把法律留在自己手里不给弱者；野心家们为着争取群众，就宣扬法律；君主们为着使强者和弱者平等，就保卫法律〔952f〕。

284 这条公理，凭它的第一、第二两款，就是贵族政体的英雄斗争中的一盏明灯。在贵族政体下，贵族们要使法律成为本阶层的独占品，以便他们可凭自己的意志，用君主的铁腕来处理法律。彭波尼（Pomponius）大法官谈到罗马人民希望施行十二铜表法时，埋怨过"秘密和不确定的法律加上王权所带来的麻烦"，所举的就是上述三点原因〔《法学汇编》1.2.2.1，3，6〕，族主们不肯轻易把十二铜表法交给人民，原因也正在此。他们坚持"族长们的陈规必须保存住""法律绝不能公布"，像哈利卡纳苏斯的狄奥尼西奥斯（Dionysius of Halicarnassus）所叙述的〔10.3—4〕。狄奥尼西奥斯对于罗马制度比起李维知道得更清楚，因为他叙述罗马史是在瓦罗的指导之下进行的，而瓦罗素有"罗马人中最渊博的学者"之称。不过，在这个问题上他所说的与李维〔3.31.8！〕所说的正相反，李维的说法是"贵族们并不曾唾弃平民们的请求"（这是李维的原话）。我们在《普遍法律的原则》里〔《全集》2.564—580〕已指出，这个矛盾和其他更加大的矛盾，都由于持这种相反意见的最早的作家们都在事情既已发生大约五百年之后才写下这段历史，对上述两位作家最好都不要置信。特别是在这同一时期内，瓦罗自己就不相信这样的历史，他在《人神制度稽古录》那部巨著里谈到罗马的神和人的一切制度时，都认为它们的起源都纯粹是拉丁族的〔52〕。不相信这样的历史的还有西塞罗，他在《演说家的形成》里〔1.44.197〕也让演说家克拉苏（Crassus）当着昆徒斯·牟修斯·斯凯浮拉（当时大法官中的首要人物）的面说过，罗马十人立法团的智慧远远超过雅典立法者德拉古（Draco）和梭伦以及斯巴达立法者莱克格斯等人的智慧。这就等于说罗马法并不是由雅典或斯巴达输入罗马的。在这一点上我们相信我们的看法符合事实真相。在西塞罗的时代，在学者们当中相信上述[17]神话故事的太普遍了，因为学者们生来就有一种虚骄讹见，要把他们本行职业所研究的那种智慧推原到最显出智慧的那个来源。上述克拉苏本人说的这样一句话，话锋也正针对这种虚骄讹见："尽管你们都在嘀咕，我还是想到什么就说什么。"西塞罗只让昆徒斯·牟修斯在申辩的第一天出席，用意也就在不让人责怪他让一个演说家来谈罗马法律的历史，这门知识是特属于法学家们的（当时演说修辞和法律史还是两种不同的行业）。因为如果克拉苏在谈罗马法律问题上说了错话，就必然遭到牟修斯这位大法官的谴责。因为据彭波尼的叙述，牟修斯曾谴责过塞维阿·萨尔庇修斯（Servius Sulpicius，当时也出席了申辩会），说："一个贵族不懂法律是一种羞耻，因为法律是贵族的本行业务。"〔《法学汇编》1.2.2.43〕

285 但是除掉西塞罗和瓦罗之外，还有波利比奥斯也认为狄奥尼西奥斯和李维都不可信，提出了一个无可辩驳的理由。这位波利比奥斯无疑比西塞罗和瓦罗两人更懂得政治，因为他比这两人在年龄上较接近十人立法团时期，比这两人要晚二百年左右。他在著作中仔细考察过当时一些最著名的自由政体的宪法，他指出罗马的宪法和雅典及斯巴达的两种宪法都大不相同。罗马宪法不同于雅典宪法的反比不同于斯巴达宪法的更多，尽管凡是就雅典法律和罗马法律进行过比较的人们都会相信罗马法与其说来自斯巴达，倒不如说来自雅典，目的是要整顿已由布鲁图创建的民众自由政体。波利比奥斯还指出，另一方面，罗马宪法和迦太基宪法也很相似，可是没有人曾梦想到迦太基宪法中的自由是凭希腊的法律整顿过的，因为这远非事实真相，迦太基有一条法律明确禁止本国人学习希腊语。像波利比奥斯这样一位讨论政体的渊博学者何以毫不考察这种差异的理由，而且毫不提出关于这方面的一个自然而明显的问题：罗马政体和雅典政体既然不同，何以双方都凭同样的法律来维持秩序，而罗马政体和迦太基政体既然相同，何以双方都用不同的法律来维持秩序呢？为着替波利比奥斯解除这样一种严重的疏忽，我们不得不说，在波利比奥斯时代，在罗马还没有产生希腊法律是为着整顿一个自由的民众政权而从雅典输入罗马那样一种虚构的故事。[18]

286 第283条公理的第三款为民众政体中的野心家们开辟了用赞助平民们的自然愿望的办法使自己成为专制君主的道路。平民们不懂得抽象的共相，要求替每一个特殊案件都制定一条法律，所以贵族党的首领苏拉（Sulla）在战胜平民党首领马略（Marius）之后，用一种贵族的治理方式来改组民众政权〔1084〕，设立了一个审查刑事案件的常设法庭，从而纠正了一大批法律。

287 第283条公理中的第三款是久未发现到的一种隐藏的理由，可以说明从奥古斯都大帝起，罗马皇帝们何以替私人案件制定出无数条法律，以及后来全欧各国君主和政权何以都把整部罗马的民法和教规都接受到他们的王国和自由政体里去〔1001f〕。

XCIII

288 在民众政体里，法律既然向贪婪的掌权的大众广开各种荣誉之门，在和平时期，唯一可做的事就是为权势而斗争，不是用法律，而是用武器，以及运用立法权来制定便于人民致富的法律。罗马格拉古家族所制定的土地法就是如此，结果是同时发生内战和非正义的国外战争。

289 在这条公理中以对比的方式证实了格拉古家族以前整个时期行的都是罗马英雄时代的制度。

XCIV

290 财产愈紧密地依附它的所有者的人身，自然的自由权也就愈凶狠，而民政方面的服役和凭碰运气得来但非生活所必需的货物就联在一起了。

291 上述公理的第一款是最初各民族的自然的英雄体制的另一原则〔666ff〕，第二款则是君主专制的自然的原则〔1007f〕。

XCV

292 人们起初希望的是摆脱奴役而获得平等，平民们在贵族政体里最后把贵族政体变成民众政体可以为证。接着他们就企图驾凌于同辈之上，在民众政体中的平民后来使民众政体腐化成为强者们的政体可以为证。最后，他们想使自己驾凌于法律之上，无政府状态或无限制的民众政体可以为证。没有什么暴君制比这种无政府状态的民众政体更坏了，因为在这种政体之下，城市里有多少放辟邪侈的人，就有多少暴君；到了这步田地，平民从所受的祸害中得到警告，就设法寻求补救办法，于是就到君主专制下求庇护所，这就是自然的王法〔1007f〕。凭这种自然的王法，塔西佗〔《编年史》1.1〕使奥古斯都下面的罗马君主专制得到合法化，他说："当世界对内战感到厌倦了，奥古斯都使世界成为在君主名义下的帝国的臣民。"

293 当最初的城市在家族基础上创建成的时候，贵族们由于享有生来就有的漫无法纪的自由，不愿容忍阻挠和负担，贵族在里面当首领的贵族政体可以为证。后来平民人数大增，又在战争中受过训练，就迫使贵族们和平民们平等地服从法律和负担义务，民众政体中的贵族们可以为证。最后，为着保持安逸的生活，他们就自然倾向于接受一个主子的独尊，君主专制下的贵族们可以为证〔582ff，925ff，1008〕。

294 这两条公理加上第 LXVI 条（即 241 段）以下所提到的一些公理，就提供了理想的永恒历史的一些原则〔145，245〕。

295 请允许提出一个不违反理性的假设：在世界大洪水之后，人类先住在高山上，稍迟就下到平原，最后在长时期定居以后才敢走近海岸。

296 地理学家和历史学家斯特拉博在他的著作里〔13.1.25〕提到柏拉图在《法律篇》〔3.677—684〕里有一段至理名言，说到在底比斯国奥基迦王朝和丢卡利翁王朝时当地发生大洪水之后，人类都住在山中岩洞里；柏拉图认出这些最初的人就是独眼巨人们，他还认出这些独眼巨人们就是世界上最初的家族主。后来他们移住山边，柏拉图把达尔达诺斯（Dardanus）看作他们的代表。达尔达诺斯是帕加马城（Pergamum）的创建者，这座城后来就成了特洛伊的城堡。他们最后下到平原，柏拉图认出伊路斯（Ilus）就是平原人的代表，伊路斯曾把特洛伊移到近海的平原，伊利昂（Ilium）这个名称就是从伊路斯来的。

297 据一个也很古老的传说，提尔首先是在内陆创建的，后来才移到腓尼基的海岸。而据确凿的历史，提尔后来从海岸又移到附近的一个岛屿上，亚历山大大帝筑了一道堤，把提尔又和大陆连接起来了。

298 这两条公理加上前面的假设〔295—297〕就显示出：各内陆名族都先创建，后来各沿海民族才创建。这就对我们提供了希伯来民族很古老的论证，希伯来民族是由人类始祖诺亚在美索不达米亚（两河流域）创建起来的，提尔这座城市在最初的可居住的世界里最靠近内陆，希伯来民族在各民族之中是最古老的。这也有事实可以证明：最初的君主专制政体是在那里创建的，这就是亚述王朝对迦勒底人民的专政，从迦勒底人民中间产生出世界第一批哲人，其中琐罗亚斯德是首领。

C

299 人们只有迫于生活的绝对必需，才肯离乡别井，出生在哪个地方的人自然就爱哪个地方，他们也不肯暂时离开家园，除非迫于贪心，想通过贸易来发家致富，或是出于忧虑，想保住已经得到的财产。

300 这条公理就是各民族迁徙的原则。这是总结（a）英雄时代的海上殖民，（b）蛮族的泛滥（沃尔夫冈·拉蒂斯〔Wolfgang Lazius〕专就这方面写过书），（c）为人所知的一些罗马殖民〔595〕，以及（d）欧洲人在印度群岛的殖民这几方面的一些经验所得出的一些原则。

301 这条公理也显示出：诺亚的三个儿子（含，雅弗，闪）的被遗弃的一些民族必须猜想为流散出去，过着野兽般的流浪生活，逃开野兽（地球上大森林里一定不幸有大量的野兽），追赶羞怯而不驯良的妇女们（在这样状态中，妇女们一定都是极端不驯良和羞怯的），后来就寻找牧场和水。情况必然是这样，才可以说明他们到了天神在世界大洪水之后初次发出雷电时，他们何以散居在整个地球上。因此，每个异教民族开始时各有自己的天帝约夫。因为这些被遗弃的民族如果像天神的民族（希伯来人）一样，一直维持住人道生活，他们也一定会像希伯来人一样还留在亚洲〔F₇〕，因为当时那个占世界大部分的亚洲地广人稀，那些人也没有非迁徙不可的理由，无故离乡别井并不是人类的一种自然的习俗。

CI

302 腓尼基人是古代世界中最早的航行者〔305〕。

CII

303 各民族在野蛮状态中都是不可渗透的，他们或是凭战争从外部硬闯进来，或是为着贸易的便利自愿地向外人开放门户。埃及国王普萨美提克就是为着贸易而开放埃及的门户让爱奥尼亚和卡里亚两个地区的希腊人进去，因为这两地区希腊人以擅长海上贸易而著名，仅次于腓尼基人。他们享有巨大财富，所以天后宫就建在爱奥尼亚，而阿提密西亚的陵墓（Mausoleum of Artemisia）就建筑在卡里亚。这两座建筑在全世界七大奇迹中就占了两个。这种贸易的光荣是由罗得人（Rhodians）继承下去的；在他们的港口，罗得人建筑起太阳神的巨像，也是上述七奇迹之一。中国人也是如此，他们考虑到贸易的便利，近来也向我们欧洲人开放了门户。

304 这三条公理向我们提供了某些外来语的词源的原则，不同于上述〔240〕本土语的词源的原则。这种外来语词源的原则也提供了关于各民族的一个接着一个地通过殖民迁移到外国的历史，例如那不勒斯（Naples）起初叫作赛音那（Sirena），这是叙利亚语中的一个词；这就证明叙利亚人（即腓尼基人）为着贸易曾首先在那里建立过一个殖民地。后来这地方又叫作帕耳忒诺珀（Parthenope），这是一个古希腊词；最后又叫作那波利（Neapolis），这是后来希腊俗语的一个词。这些名称证明希腊人曾在那里定居过，为着建立一个贸易站。从这一系列的继承，就一定要出现一种腓尼基语与希腊语的

158

混合语。据说罗马皇帝提比略喜爱这种混合语还胜于纯粹的希腊语。此外，在他林敦海湾也有一批叙利亚的殖民地叫作赛理斯（Siris），居民就叫作赛理特人。这地方后来又被希腊人称为波利昂（Polieion），因此，Polias这个名称又给了智慧女神密涅瓦，那里有一座奉祀她的庙。

305 此外，这条公理还替扬布拉里（Giambullari）的论点提供了一个科学的根据，他的论点是伊特拉斯坎语（Etruscan）[19]来源于叙利亚语，这种语言只能来自最古的腓尼基人，根据上述第302条公理，腓尼基人是古代世界中最早的航海者，后来这个荣誉转到卡里亚和爱奥尼亚两地区的希腊人。

CIII

306 一定要承认这样一种假设：在拉丁地区的海岸上曾有过一个希腊殖民地，后来被罗马人征服和毁灭了，就埋在远古的黑暗中了〔763，770ff〕。

307 如果不承认上述假说，任何人就古代文物进行系统的思索时对罗马史里一些话就必然感到困惑，例如罗马史把赫库勒斯和伊凡德（Evander），阿卡狄亚人（Arcadians）和弗里吉亚人（Phrygians）都说成在拉丁地区境内，把塞尔维乌斯·图利乌斯说成希腊人，把塔克文·普里斯库斯（罗马贵族和国王）说成科林斯人狄马拉图斯（Demaratus of Corinth）的儿子，把埃涅阿斯说成罗马的创建者〔761—773〕。塔西伦〔《编年史》11.14〕确实说过罗马字母与希腊字母的类似〔440ff〕；但据李维说，在塞尔维乌斯·图利乌斯时代，罗马人连著名的毕达哥拉斯的名字也没有听说过，这位名人正在最驰名的克罗托内学院里讲学〔93〕。罗马人在和他林敦进行战争以前，一直和意大利的希腊人不相识，一直到这场战争之后又引起另一次战争，皮洛士才带希腊人跨过了海，然后彼此才相识〔116〕。

CIV

308 狄奥·卡西乌斯〔即克里索斯托（Chrysostom）《讨论集》76〕里

有一句话值得考虑，他说："习俗像一位国王，法律却像一个暴君。"我们应把这句话里的"习俗"理解为合理的习俗，"法律"理解为没有受自然理性灌注生命的法律。

309 这条公理在含义上就解决了"法律是来自自然还是来自人们的意见？"那场大争论。这问题实际上就是在第 VIII 条〔135〕公理的系定理里已提到的"人类按本性是不是爱社交的？"问题。首先，各部落自然法都是由习俗造成的（狄奥说，这种法律像一个国王凭好感来指使我们），而不是凭法律来指使我们（狄奥说，法律像暴君一样凭暴力来指使我们）。因为法律起于人类习俗，而习俗则来自各民族的共同本性（这就是本科学的正当主题），而且维持住人类社会，此外就没有什么比遵守自然习俗更为自然了（因为遵守自然习俗是最能引起好感的）。由于这一切理由，作为这种习俗来源的人类本性是爱社交的〔E_{4-5}〕。

310 这条公理，加上第 VIII 条及其系定理〔135〕，显出人按本性就绝对不是不公正的，只有按堕落的孱弱的本性才是不公正的。因此，它证明了基督教的头一条原则：亚当在失去乐园以前，必然和上帝创造出他时那样处于理想的完美状态，因此它也证明了天主教关于天恩（grace）的一些原则，这就是说，天恩对之起作用的那种人只是丧失了而不是否定了〔天恩的〕[20] 善良工作，因此他只有承受天恩的潜能而实际上没有得到有效的〔天恩的〕善良工作，这时天恩就有效地弥补他的这种缺乏，因此，没有自由选择的原则就不能有天恩的原则，上帝自然地用他的旨意来协助人的自由意志〔136〕。关于这一点，基督教和一切其他宗教都是一致的。格劳秀斯、塞尔登和普芬道夫这三位法学家本应首先就把他们的〔法学〕体系建立在这个基础上，和罗马法学家们一致，把部落自然法规定为凭天神意旨制定的〔342〕。

CV

311 部落自然法和各民族的习俗是一回事，由于都来自人类共同意识〔142，145〕，所以人们彼此必一致，不经过思考，而且也没有这一民族效法另一民族的范例。

312 这条公理，加上前一条公理中引过的狄奥的话〔308f〕，证明了神的意旨，作为人类事务的主宰，就是部落自然法的制定者〔341ff〕。

313 这条公理还奠定了希伯来人的自然法〔396〕、部落自然法和哲学家们的自然法之间的分别，因为各异教民族只得到天神意旨的寻常的帮助，犹太人却得到真神的异乎寻常的帮助；因此希伯来人把全世界分为希伯来人和异教人两部分〔F_6，F_7〕。异教人们只凭习俗分辨出这种分别，至于哲学家们却凭推理把这种分别分辨得更完善，因为哲学家们是在诸异教民族创始之后两千年左右才出现。由于格劳秀斯、塞尔登和普芬道夫都没有看到上述三种自然法的分别，他们三人的体系就必然要被推翻。

CVI

314 凡是学说（或教义）都必须从它所处理的题材开始时开始〔A_4〕。

315 这条公理摆在这里是因为它所处理的是部落自然法这个特殊题材，其实本书所讨论的一切题材都普遍地运用得着这条公理。这条公理本可以摆在一般公理〔I–XXII〕中，而现在摆在这里，因为它用来处理自然法这个特殊题材比起用来处理任何其他专门题材更易显出它的真实性和应用它的重要性。

CVII

316 〔最初的〕部落在创建城市之前就已开始，拉丁人把这批人称为头等部落（gentes majores）或老贵族，例如罗慕路斯用来组成元老院和接着就创建罗马城市的那批罗马氏族主。另一方面，拉丁人把在创建城市之后的新贵族称为次等部落（gentes minores），例如，布鲁图大帝在诸国王被驱逐之后，因为有一批元老被暴君塔克文·苏佩布下令处死了，因而导致元老院缺额，他就用来补缺的那些民族父主〔B_2，631〕。[21]

317 神们也相应地分为两类〔392，734〕。头一类是城市创建以前的头等部落所供奉的一些神。在希腊人和拉丁人之中，这类神确有十二个〔642〕，我们在下文还要指出，在最初的亚述人、迦勒底人、腓尼基人和埃及人之中，天神的数目也是十二个。在希腊人之中，这个数目是人们所熟知的，就简称为"这十二位"。这十二位神在我们的《普遍法律的原则》〔《全集》2.413〕中所引的拉丁诗句里被混乱地摆在一起了，不过在本书第二卷里，就按照在希腊人心里自然形成的那个神谱或诸神世系安排成如下的次第：约夫〔502〕（Jove，天帝，即朱庇特），朱诺〔511〕（Juno，即天后），狄安娜〔528〕（即女猎神），阿波罗〔533〕（Apollo，即日神），伏尔甘（Vulcan，即火神），萨图恩（即地神），维斯太〔549〕（Vesta，即灶神），马尔斯（Mars，即战神），维纳斯〔562〕（即女爱神），密涅瓦〔589〕（即智慧女神），墨丘利〔604〕（Mercury，即交通神），尼普顿〔634〕（Neptune，即海神）。其次就是次等部落的神，即后来由人民供奉的一些神，例如罗慕路斯在死后被罗马人民称为矛神（Quirinus，即武士神）。

318 按照这三条公理，就会发现格劳秀斯、塞尔登和普芬道夫三人的体系都缺乏诸民族的起源。因为三人都从各民族互相结合于全人类社会时开始，而其实，像我要在本书中指明的，人类是从家族时代，亦即在头等部落的诸神统治时代就已开始〔502—661〕。

319 思想窄狭的人们把有明文规定的条款才看作法律〔939〕。

320 乌尔比安〔Ulpian（？）〕对民政公道所下的定义是至理名言，他说："民政公道是一种可然判断，不是像自然公道那样是一切人都能自然就认识的〔951〕，只有少数资禀高超的人，凭审慎、经验或学识才认识到什么是维持人类社会所必要的东西〔949〕。"这就是现在一般人所说的"政权的理由"。

CXI

321 法律的确凿可凭性是一种只凭权威支援的模糊的判断，所以我们发现这种法律在应用中显得苛刻，可是正因为它确凿可凭，还必须应用它。Certum〔确凿可凭〕在正确的拉丁词里的意思是"特殊化过的"，或者像经院派所说的"个别化过的"，因此，在过分文雅的拉丁词里，certum〔确凿可凭〕是和commune〔共同的〕互相对立的〔VIII，D_1，F_1〕。

322 CLX条公理以及下面两个定义〔320，321〕就构成严格法律的原则〔999ff〕。它的准则就是：民政公道，凭它的确凿可凭性，也就是说，凭它的明文规定的具体特殊性，只有特殊具体的观念而没有普遍的（抽象的）观念的野蛮人才能自然而然地感到满意，认为他们理应得到的就是这样一种法律。因此乌尔比安在这种事例中就说："这条法律是苛刻的，但是明文规定如此。"〔《法学汇编》40.9.12.1〕这句话也可以用较文雅的拉丁词和较漂亮的法律用语说："这条法律是苛刻，但是确凿可凭。"

CXII

323 聪明人在每个案件中都把无私的（公平的）效益所决定的一切看作法律。

CXIII

324 法律的真实是自然理性照耀到它上面的某种光辉，所以法学家们往往习惯于把"确凿可凭的"说成"是真实的"。

325 这个定义和第CXI条〔321〕都是些特殊命题，其目的是把第〔137—138〕两条普遍定义应用到部落自然法这个特殊题材上，这两条普遍性定义对真实与确凿进行一般性的讨论，以便为本书所讨论的一切问题得出结论。

CXIV

326　完满发展的人类理性中的自然公道〔C_7，924〕是在福利事务中智慧的运用，因为广义的智慧不过是按照事物的自然本性所要求的来利用事物〔364〕。

327　CXII 条公理加上以下两个定义〔324—326〕就构成了温和法律的原则〔940〕。它的准绳就是各文明民族本性固有的自然公道，我们还要指出，这就是哲学家们所自出的公众学校〔1040ff〕。

328　CIX–CXIV 这些命题〔319，320，321，323，324，326〕证实了部落自然法都是由神的旨意制定的〔312〕，目的是要把各民族保存下去。因为他们还要活过若干世纪都不能达到真理和自然公道（自然公道是后来才由哲学家们说明白的）。天神旨意就允许他们坚持确凿可凭性和民政的公道，这就要锱铢必较地保证法令和法律的明文，一般都按照明文去遵行法令和法律，纵使在某些事例中显得苛刻〔321f〕。

329　部落自然法的学说中的三大领袖格劳秀斯、塞尔登和普芬道夫〔394〕对上述六个命题都毫无所知，这就导致他们三人在建立他们的体系之中都犯了同样的错误，都相信诸异教民族在他们最初创始时就已懂得完备的自然公道[22]，他们竟不想一想任何民族创始之后还要经过两千年左右，哲学家们才出现。他们也都不考虑到另外有一个民族[23]从真神那里得到特殊的照顾〔F_7，310，313，318〕。

注　释

1　　"要素"立即令人想起欧氏几何学，十七八世纪社会科学家们受自然科学的影响，喜用几何学的方法和术语。维柯之前就有斯宾诺莎在《伦理学》里这样办过。他的论敌笛卡尔也强调要用几何学方法。维柯自己也还是采用了几何学方法，所以从"要素"开始。

2 系定理（corollary），比自明公理应用范围较小，自明公理（axiom）应用于整部《新科学》，系定理应用于其中某一部分，例如神学、哲学或语言学。

3 天神恩惠（divine grace）：基督教有一种教义，人本有意志自由，就要为所犯的罪过负责，但天神恩惠可以豁免对犯罪者的惩罚。

4 作者这里用scienza和coscienza作双关语。

5 《新科学》一方面根据语言学来研究历史发展的凭证，另一方面又根据哲学来得出历史发展的真理，这就是史与论的结合。

6 杜尔邦主教（?—800?任主教）的《查理大帝和罗兰的历史》实际是十二世纪以后一个法国僧侣的作品。

7 即把自然科学的方法应用于社会科学。

8 以上是"自明公理"（axioms），以下是"系定理"（corollaries）。

9 阿方索（Alfonso）十世是公元十三世纪西班牙的一位博学的国王，制定过一些行星图表，也写过西班牙史，制定过法律。

10 这些人都是哲学家或立者。

11 约夫代表神，赫库勒斯代表英雄（即酋长）。

12 这一段是维柯的"诗学"，涉及典型人物性格和"诗性真实"等基本问题。

13 以上维柯把形象思维先于抽象思维、不能混同而各有各的功用的道理说得很清楚。

14 "封建体系"在拉丁文中是ragione dé benefizi，按字面是"福利体系"，英译作feudal system（封建体系）是正确的。

15 参看第二卷641段的附注。

16 即没有私法。

17 指罗马法典来自希腊。

18 以上（284，285）两段要旨在强调各民族的法律都起源于当时本土的风俗习惯（这就是"部落自然法"），而不是由外来影响来支配。维柯因此特别反对罗马法来自雅典的看法。

19 古意大利西北地区的方言。

20 中译者加。

21 就算次等部落。

22 完备的自然公道，即《新科学》最后结论部分所描绘的人道时代的理想的公道。

23 指希伯来人。

第三部分 原 则〔I₁₋₃〕

330 为着考验一下前此作为本科学的要素而列举出的那些命题是否能使卷首《时历表》中所准备的那些材料得到形式，现在就请读者考虑一下全部异教的关于人和神的知识之中，关于任何一门学科的原则的任何著作，然后看一看它和上述那些命题（无论是全体，一部分或某一个）是否一致。如果和哪一个命题不一致，就会和全部命题都不一致，因为其中每一个命题都是和全部命题一致的。在进行这种比较之中，读者就会看出这些著作全是一套杂乱无章的记忆、幻想和想象，没有哪一点是凭智力产生的。智力已被〔125，127〕两条公理中所举的那两种讹见弄得失其作用，因为一方面是民族虚骄讹见，每个民族都自信在世界上是最古老的，这就使我们不能希望从语言学家那里去找到本科学的原则；另一方面是学者们的虚骄讹见，学者都自以为他们现在所知道的一定是从世界刚开始时就已被人们懂得很清楚了。这就使我们绝望，不能从哲学家们那里去找到本科学的原则。所以为着研究本科学，我们就必须假定世界上根本就没有过书籍。

331 但是在距离我们那么远的最早的古代文物沉浸在一片漆黑的长夜之中，毕竟毫无疑问地还照耀着真理的永远不褪色的光辉，那就是：民政社会的世界确实是由人类创造出来的，所以它的原则必然要从我们自己的人类心灵各种变化中就可找到。任何人只要就这一点进行思索，就不能不感到惊

166

讶，过去哲学家们竟倾全力去研究自然世界，这个自然界既然是由上帝创造的，那就只有上帝才知道；过去哲学家们竟忽视对各民族世界或民政世界的研究〔B_8〕，而这个民政世界既然是由人类创造的，人类就应该希望能认识它〔F_{2-3}〕。这种过失是上述第236节那些公理中所提到的人类心灵弱点的后果，由于这种弱点，沉埋在肉体里的心灵就自然偏向于注意肉体方面的事物，感到注意心灵本身太费力了；正如肉体的眼睛能看见本身以外的一切事物，要看见眼睛本身，就要用一面镜子〔236〕。

332 这个民族世界既然是由人类创造的，就让我们来看一看在哪些制度上全人类都是一致赞同的，而且向来就是一致赞同的。因为这些制度就会向我们提供一些普遍永恒的原则（每门科学都必须有这样的原则〔163〕），根据这些原则，一切民族才被创建出来，而且现在还保持下去〔I_2〕。

333 我们观察到一切民族，无论是野蛮的还是文明的，尽管是各自分别创建起来的，彼此在时间和空间上都隔很远，却都保持住下列三种习俗：（1）它们都有某种宗教；（2）都举行隆重的结婚仪式；（3）都埋葬死者。无论哪一个民族，不管多么粗野，在任何人类活动之中没有哪一种比起宗教、结婚和埋葬还更精细，更隆重。根据第〔144〕条公理："起源于互不相识的各民族之间的一致的观念，必有一个共同的真理基础。"一定就是这种共同真理基础支配了一切民族，指使他们都要从这三种制度开始去创建人类，所以都要最虔诚地遵守这三种制度，以免使世界又回到野兽般的野蛮状态。因此，我们把这三种永恒的普遍的习俗当作本科学的三个头等重要的原则〔D_5〕。

334 请近代旅游家们不要责怪我们的基本原则是妄诞的，这些旅游家们叙述到巴西、南非以及新世界中其他一些民族都在社会中生活而对神却毫无所知，例如安托万·阿诺德（Antoine Arnauld）就相信安的列斯群岛（Antilles）的居民不知道有神。培尔（Bayle）也许被这些人说服了，就在他的关于彗星的论著里也肯定地说各族人民没有神的光辉也可以过公道的生活。这句话比波利比奥斯说的还更大胆。这位希腊史学家提出过一种受人赞扬的看法，说如果世界有了哲学家，就能凭理性而不凭法律过公正的生活，那就不需要宗教〔179〕。这些都是旅游家们的故事，借叙述一些奇谈怪事来替他们的书推广销路。安德烈亚斯·鲁迪格（Andreas Rüdiger）在他的《物理学》里自命不凡地把这部著作叫作《神的物理学》（*Physica Divina*），而其用意却在显示无神论和迷信之间有一条中间道路。他的看法确实受到过日内瓦大学的检查员们的严厉斥责，说他的话"说得太自信了"，也就是说"有点大胆了"。（可是在自由的民众的日内瓦共和国里理应有相当的著作自由。）因为所有民族都相信有一种有预见的神；可是在这民政世界的悠久年月和广大疆域里，只能找到四种首要的宗教。头一种是犹太人的宗教，基督教就是由此产生的。这两种宗教都相信神具有无限的自由心灵。第三种是各异教民族的宗教，相信多神论，想象每一种神都由肉体和自由心灵构成，因此，异教民族想指统治和维持世界的神灵时，都用"不朽的神"来称呼。第四种是穆罕默德民族的宗教，相信一神论，这种神在无限的肉体里，具有一种无限的心灵。因为这派教徒们既寄希望于来世的报酬，也指望着现世的感官享受，作为另一世生活的报酬。

335　没有哪个民族相信过一个全是肉体的神或是一个全是心灵而不自由的神。所以无论是相信神只有肉体，而肉体和偶然机会总是联在一起的伊壁鸠鲁派，还是相信神是一种在一个无限肉体里的无限的心灵而受命运统治的廊下派（在这一点上廊下派是他们那个时代的斯宾诺莎主义者），都不能对政体或法律进行推理；斯宾诺莎仿佛把政体当作一种店馆老板们的社团，西塞罗〔《论法律》1.7.21〕向伊壁鸠鲁派阿提库斯（Atticus）说过，他不能和阿提库斯讨论法律，除非阿提库斯首先承认天神意旨的存在。这话的确说得对。廊下派和伊壁鸠鲁派都和罗马法学就如此不相容，因为罗马法学把天神意旨当作它的基本原则〔979〕！

336　其次，有一种看法，认为性交不经过隆重的结婚仪式在自由的男人和自由的女人之中当然要发生，也算不得是自然的邪恶行为（也就是说，并不破坏自然的法律）。世界上所有民族都斥责这种看法错误，凭据就是各民族都怀着宗教的虔诚来庆祝婚礼这种人类习俗，凭此就决定了不结婚而交媾是一种野兽的罪孽行为，尽管情有可原。理由是：这样的父母既然不经过必有的法律的约束就同居，就一定要遗弃他们的私生子女，因为私生子女的父母可以随时拆散，如果双方都把婴儿遗弃掉，婴儿就会躺在野外让狼狗吃掉。如果官方或私方都不照管私生子女，他们纵然长大成人，也没有人去教育他们，使他们懂得宗教、语言或其他人类习俗。其结果，就私生子女们来说，他们必然要使这个民族世界，本来是由人类许多优美的技艺加以丰富化和美化的，竟要再回到远古的那种大森林，在其中和俄耳甫斯的音乐所迷住的那种邪恶的野兽一起浪游和胡作非为，禽兽般的婚媾竟发生在父与女和母与子之间，这是无法无天的世界中的邪恶罪孽，苏格拉底〔据色诺芬的《回忆苏格拉底》4.4.19—23〕曾试用颇不恰当的物理的理由来证明这种罪孽是自然所禁止的，其实禁止它的就是人类本性，因为这种交媾是一切民族自然而然地深恶痛绝的，而且也没有人实行过，除非到了腐败透顶的地步〔例如在波斯人中间〕。

337 最后，要认识到埋葬是多么重大的一个人类原则，只消想象一下人的尸首留在地面上不埋葬，让乌鸦和狼狗去吞食的那种野蛮情况，这种野兽般的习俗会带来不种庄稼的土地和不住人的城市，人们到处奔窜，像猪一样去吃臭尸体中找到的橡栗。所以古人有很好的理由把埋葬描绘为"人类的契约"，而塔西佗〔《编年史》6.19〕也不须要用那么堂皇的词句把埋葬称为"人类的同胞关系"。此外，一切异教民族确实都相信没有埋葬的死人的灵魂在地面上彷徨不安，围着尸体荡来荡去。因此，他们相信灵魂并不和肉体一起死，而是不朽的。（这是古代野蛮民族的一致的信仰，可以从一些近代民族中，也可以从一些旅游著作里看到，例如雨果·梵·林休通所写的几内亚人，阿科斯塔在他的《东印度群岛的自然和伦理史》中所写的秘鲁人和墨西哥人，托马斯·哈里奥特所写的弗吉尼亚人，理查德·惠特伯恩所写的新英格兰人，尤斯特·休通所写的泰国人。）塞涅卡在《书简》〔117.5—6〕里下过这样的结论："我们在讨论灵魂不朽时，在很大程度上受到人类舆论的影响，人类对阴间的幽灵不是恐惧就是崇拜。"

第四部分 方 法

338 为着完成奠定本科学所采取的那些原则的工作，本书第一卷里剩下要做的事就是讨论本科学应遵循的方法了。本科学必须从它所处理的题材开始处开始，像我们在公理〔314〕条里已说过的。所以我们必须和语言学家们一道回到丢卡利翁和皮拉的石头，回到安菲翁的岩石，回到从卡德摩斯的犁沟里生长出来的那些人〔679〕，或是回到维吉尔〔《埃涅阿斯纪》8.315〕的硬橡木去找这种开始。我们还要和哲学家们一道回到伊壁鸠鲁的蛙、霍布斯的蝉、格劳秀斯的傻子们，回到没有天神的照顾而投生到这个世界里的那些人。按照普芬道夫的说法，这些人和所谓"大足国"的巨人们一样粗笨野蛮，据说在麦哲伦海峡〔170〕还可以找到这种人。这也就是说，要回到荷马的独眼巨人。据柏拉图说，他们就是在家族政体中的最初的族主们〔296〕。（这就是语言学家们和哲学家们关于人类原则的科学所告诉我们的话〔J_1〕！）我们的研究起点应该是这些动物开始以人的方式来思维的时候〔K_7〕，在他们的野蛮状态和毫无约束的野兽般的自由中，没有什么办法可以驯服他们的野蛮或约束他们的自由，只有对某种神的畏惧才是唯一的强有力的办法使他们失去控制的自由归顺于职责〔177〕，为着发现在异教世界中最初的人类思维是怎样起来的，我碰上一些令人绝望的困难，花了足足二十年光阴去钻研〔K₄〕。我曾不得不从我们现代文明人的经过精炼的自然本性下降到远古那些野蛮人的粗野本性，这种野蛮人的本性是我们简直无法想象的，而且只有费大力才可以懂得〔H₁，K₇〕。

339 凭这一切理由，我们必须从就连最野蛮最奇怪的人们也不缺乏的某种天神观念开始。我们指出，这种天神观念就是这样：人堕落到对自然的一切救济都绝望了，就希望有某种超自然的力量来救济他。这种超自然的力量就是天神，而这个道理就是天神放射给全人类的光亮。共同的人类习俗可以证实这一点，那就是：浪子们到了老年，感到自己的各种自然力量都衰竭了，就自然地转向宗教。

340 但是这些最初的人类后来就变成诸异教民族的君主。这些人一定和野兽一样，只有在暴烈的情欲大力推动之下才进行思考，所以我们必须从一种凡俗玄学开始〔182〕。下文还会看到：诗人们的神学就是这种凡俗玄学〔366〕，他们求助于这种凡俗玄学，使畏惧某种天神的思想能迫使这些堕落的人类的野兽般的情欲得到某种形式和尺度（或分寸），从而转化成为人性的情欲。从这种畏惧天神的思想一定产生出人类意志所特有的那种冲动力或动因（conatus）¹来控制肉体加于心灵的那种激动，使它完全平静下去，像明智的人理应如此，或至少把它转到较好的适合于做文明人的样子。这种对肉体激动的控制当然就是人类的自由选择，亦即自由意志的一种结果。这种自由意志就是一切优良品质（其中包括公道或正义）的来源和寄托所。意志在受到公道指使时，就是一切公平事物和一切凭公道制定的法律的来源。但是赋予冲动力于物体，就等于物体具有调节它的运动（或激动）的自由，而一切物体按本质都是必有的代理者或工具。力学理论家们所称呼的各种能、力量和动力都是物体的无意识的运动，物体凭这类运动向引力中心移动，像一种古代力学所说的，或离开它们的运动中心运动，像近代力学所说的〔VIII，504〕。

341 但是人类由于受到腐化的本性都受制于自私欲或自爱（self-love）的暴力。这种自私欲迫使他们把私人利益当作主要的向导，他们追求一切对自己有利的事物，而不追求任何对伙伴们有利的事物，他们就不可能把自己的情欲控住或引导到公道方面去。我们因此确定了这样一个事实：人在野兽情况下只希求他自己的福利；娶得了妻子，生了儿女之后，就希求他自己的和他的家庭的福利；进入了公民生活之后，他就希求他自己和他所属的那个城市的福利，等到那个城市的统治推广到若干民族，他就希求自己的和民族（或国家政权）的福利。如果若干民族由于战争、和约、联盟和通商而结合在一起，他就希求他自己的和全人类的福利。在所有这些情况之中，人主要希求他自己的利益，所以只有凭天神意旨，人才会被控制在上述各种秩序（或制度）之中，作为家族、城市，最后作为全人类的一个社会成员而运用公道，如果不能达到他所希求的一切利益，他就要受这些秩序或制度的约束，只希求他所应得的那份利益，而这就叫作公道。所以调节一切人类公道的就是天神的公道，其目的就在维持住凭天神意旨来行使公道的人类社会。

342 所以本科学在它的一个主要方面必然是关于天神意旨的一种理性的民政神学〔385〕，而这种神学前此就好像一直不存在。因为前此哲学家们不外两种：或是对它完全无知，例如廊下派和伊壁鸠鲁派。伊壁鸠鲁派断言人类事物都是由一些原子的盲目汇合所推动 [2]，而廊下派则断言人类事物是由聋耳无情的一些原子的因果连锁所索曳 [3]；或只就自然事物的秩序来考虑它，拿"自然神学"这个名称来称呼他们用来思索神的这种特质（即凭天神意旨安排）的玄学，而且在这种玄学里凭从一些星球和原素之类物体的运动中所观察到的物理秩序以及从其他较次要的自然事物中去考察这种终极原因，来证实天神意旨这种特质。但是，这派哲学家们本应从民政制度的经济功能中来研究天神意旨的这种特质，才符合用占卜（divination）这个词于天神意旨的全部意义（这个词是由 divinari 派生的，意为"占卜"），就是揣测对人类隐藏起来的未来，或认识隐藏在人类内心的意识。就是这种预测未来占卜的天神意旨才构成法学这个主题的第一个主要部分，也就是说，人类制度所依赖的神的制度（即占卜），至于人类制度则构成法学的另一部分或补充部分〔398〕。所以我们的科学必须证实天神意旨在历史中所做的事，必须是一部天神意旨在没有人类认识或意图而且往往违反人类计谋的情况之下，颁布给人类这个伟大城邦的一些制度的历史〔B₉〕。因为这个世界尽管是在时间中创造出来的，而且是特殊的，天神意旨在其中奠定的那些制度却

是普遍的、永恒的〔F₆〕。⁴

343　在审视这种无限而永恒的天神意旨之中，本科学将找到某些神明的证据〔349，630〕来证实和说明天神意旨的存在。因为天神意旨作为治理者既然具有全能，它就能运用像人类自然习俗那样容易的手段来展开它的各种制度〔309〕。天神意旨作为设计者既然具有无限智慧，凡是它所安排的在整体上就必然是制度方面的秩序。天神意旨既然以它自己的无限的善为目的，它所安排的一切就一定导向永远高于人类为自己祈求的那种善。

344　各民族的起源既渺茫难稽，而他们的习俗又千变万化，不可测量，要想找到包罗人类制度万象的神明论证，就不能想望到比上述三点更高明了，即〔所用手段的〕自然性，〔用这些手段来展开的创建制度的〕程序，以及〔这样办所要达到的〕目的，即保存人类〔M₉〕。这些论证会显得很明白清楚，如果我们试想一想各种制度的建立多么顺理成章，它们出现的场合又大不相同，有时和人们所祈求的正相反，可是它们自己终于井然就绪，各得其所。这种论证是由万能的天神提供的。试就各种制度互相比较，考察一下它们出生的时间和地点，应该在此时此地出生就在此时此地出生，应该在另时另地出生的就留到另时另地（贺拉斯〔《诗艺》42ff〕认为一切秩序的美就全在于此〔348〕）。这些论证是由〔神的〕永恒智慧提供的。最后，还试想一想，在这类场合、地点和时间，我们是否可以设想会出现另样的神的福泽，考虑到人类的特殊弊病和特殊需要，会使人类社会治理得更好些或保存得更好些。这类论证将由天神的永恒的善来提供〔F₆〕。

345　因此，这里所引的恰当的继续不断的论证将在于比较和思索，我们人类心智在它所能理解的一系列可能性之中，在它被允许这样做之中，是否可以设想出比起产生出现民政世界作为效果的那些原因之外还有较多、较少或不同的原因呢〔F₂〕？在这样比较和思索之中，读者认识到这个民族世界在地点、时期和类别各方面都显出天神意旨，就会在他的可朽的肉体里感觉到一种神圣的快慰〔342〕。

346　自然神学方面的这些崇高的论证还可以由下列一些逻辑的论证来证实。就异教世界中神和人的各种制度的起源来进行推理，我们就达到了最初的起源，如果想找出其他更早的起源，那就是徒劳无益的好奇心了；这就是界定〔最初〕原则的特性。我们说明了最初原则产生的各种方式，这就是说明了它们的本性，说明本性便是科学所以为科学的特殊标志。最后，〔这些起源〕还由这些制度所保持的永恒特性来证实，那些制度如果不按它们实际产生的那些特殊的时间、地点和方式来产生，那就是不按它们的特殊本性产生，那么，它们便失去它们的本质了〔I_2；147f〕。

347 在寻找人类制度的各种本质之中，本科学进行的程序就是严密分析关于社会生活中人类必需或有益的人类思想，这种必需和利益是部落自然法的两条川流不息的泉源〔141〕。在它的第二种原理方面，本科学因此就是一种人类理念的历史，根据这一点，似乎人类心智上的形而上学必须前进。这个科学皇后，即科学"必须从它所处理的题材开始时开始"这一公理〔314〕，在第一批人开始以人的方式来思维的时候就作为它的开始〔338〕，而不是在哲学家开始去反映理念时（如布鲁克新近出版的一本博学广识的小书《理念的原则的哲学史》中说的那样，它写下了我们这一时代两位最有心智的人物莱布尼茨和牛顿的最近的论争）。

348 为着替这样一部历史划定时间和地点，也就是说，划定这类人类思想究竟在何时何地产生的，这样就是用本科学的玄学的时历和地理来使这种历史具有确凿可凭性。本科学对待上述各民族的创始者也就运用了一种玄学的批判术，从这些民族创建时起，要过一千多年之后才产生出前此语言学批判所涉及的那些作家〔392〕。我们的批判所用的准则，就是由天神意旨所教导的，对一切民族都适用的，也就是人类的共同意识（或常识）〔142〕。这种共同意识是由各种人类制度之间所必有的和谐来决定的，民政世界的美全在于这种和谐〔344〕。所以本科学中的决定性的证据就是：这些秩序既然是由天神意旨奠定的，各民族制度的进程无论在过去、现在或未来，都必然如本科学所阐明的，纵然在古往今来无穷历数中有无限数的世界曾产生过〔情形也必然如本科学所阐明的〕，不过无限数世界的假设当然不是事实（1096）。

349 所以本科学所描绘的是每个民族在出生、进展、成熟、衰微和灭亡过程中的历史，也就是在时间上经历过的一种理想的永恒的历史〔A_4，

145, 245, 294, 393〕。说实话，我们还敢说：任何人只要就本科学深思默索，他其实就是在向自己叙述这种理想的永恒史。不过他叙述得怎么样，就要看他自己根据"它过去有过，现在有，将来还会有"的那条凭证〔348〕把这部历史创造得怎么样，因为根据上文〔331〕那条公理已定下了一条确凿无疑的原则：这个民族世界确实是由人类创造出来的，所以它的面貌必然要在人类心智本身的种种变化中找出。如果谁创造历史也就由谁叙述历史，这种历史就最确凿可凭了。这种情形正像几何学的情形。几何学在用它的要素构成一种量的世界，或思索那个量的世界时，它就是在为它自己创造出那个量的世界。我们的新科学也是如此〔它替自己创造出民族世界〕，但是却比几何学更为真实，因为它涉及处理人类事务的各种制度，比起点、线、面和形体来更为真实〔F8〕。呵！读者呀，这些论证都是神圣的，应引起你们神圣的欣喜，因为在天神身上，认识和创造就同是一回事。[5]

350 根据上文对"真实"和"确凿可凭"所下的定义〔138〕，人类过去在一段很长时期内都还没有认识真理和推理的能力，而理性正是理智感到满意的那种内心公道（主持公道的心）的泉源。这种内心公道曾由希伯来人实践过，在真神的光辉照耀之下，希伯来人被真神的法律禁止，连不公道的思想也不准有，而不公道的思想是从来没有哪个可朽的立法者曾过问的。（因为希伯来人所信仰的神全是心灵，要探视人们的内心，而异教人所信仰的那些神，是由一些肉体和心灵合成的，就不能探视人们的内心〔F7〕。）这种内心公道是后来由哲学家们凭推理认识到的，而哲学家们出现，是在各民族创始之后两千年。在这两千年中各民族都是凭确凿的权威来治理的，这就是说，凭本科学的玄学批判所用的那个准则，即人类的共同意识这个准则〔142〕，一切民族的良心都安顿在这种共同意识上。因此，本科学在这〔第三〕个主要方面就成了一种关于权威的哲学〔386ff〕，这就是伦理神学家们所说的外在的公道〔964〕。关于这种外在的公道，应注意研究的是部落自然法学说的三大领袖〔394〕而不是法学著作家们的原文摘要，因为我们所说的那种权威是在这些法学著作家出现时一千年之前就已在各民族中起统治作用了，不是这些法学著作家们所能认识到的。由于这个缘故，在三大法学著作家之中最渊博的格劳秀斯在关于部落自然法学说的几乎每一个特殊细节上都对罗马法学家或立法者们进行了攻击，但是都不中肯，因为罗马法学家或立法者们奠定他们关于公道的原则所依据的是人类的确凿权威而不是学者们的权威。

351 这些就是本科学将要运用的哲学的证据，所以它们对于研究本科学都是绝对必要的。语言学的证据须放在最后，它们都可归结为下列几种：

352 （1）我们的各种神话和我们所要研究的各种制度符合一致，这种一致性并非来自牵强歪曲，而是直接的，轻而易举的，自然水到渠成的。这些神话将会显出的就是最初各族人民的民政历史，最初各族人民到处都是些天生的诗人〔200，203，223，579〕。

353 （2）英雄的语句，如我们在本书所说明的英雄时代的语句，情感完全真实和表达的完全妥帖，也符合一致〔34，219，411，456，825〕。

354 （3）各地土语的各种词源也是互相符合一致的，它们使我们认识到文字所指的那些制度的历史，以它们的本义开始，接着各种譬喻词也沿着思想进展而自然进展，各种语言的历史都必须按这种步骤进行〔151ff，238ff〕。

355 （4）人类社会制度的心头词汇（mental vocabulary），一切民族在心中都感到的这种词汇在实质上大体相同，但随着社会制度的变化不同，表现于语言的也就有些差异，这种心头词汇将要按照我们所设想的展现出来〔161〕。

356 （5）经过许多漫长的世纪由一些整个民族替我们保存下来的村俗传说有真有伪；要分辨出来，其中真实的必然具有一种群众信仰的基础〔149〕。

357 （6）古代文物的重大的零星片段前此对科学都没有用处，因为它们已弄得污秽了，破烂了，七零八落了，可是如果加以清洗、拼凑和复原，它们就会在科学里放出奇光异彩。

358 （7）由确凿可凭的历史叙述出来的一切后果（即作为上述那些社会制度的结果），都必须追溯到它们所必有的原因〔F_2〕。

359 上述这些语言学的证据可以使我们实际上见到我们原在观念上思索过的这个民族世界，按照培根的哲学研究的方法，即"思和见"（cogitare

videre）〔163〕。这就是借助于前者的哲学方面的那些证据，语言学方面的那些证据既凭理性证实了它们自己的权威，同时又凭它们自己的权威证实了理性。[6]

360 从上文关于奠定本科学的原则的一般陈述，我们作出结论如下：新科学的原则就是（一）天神意旨；（二）婚姻制和它所带来的情欲的节制；（三）埋葬和有关的人类灵魂不朽观念〔I_5〕。因为本科学所用的准则是为整个人类或大多数人类都感到是公道的，它就必然是人类社会生活的规律。对这些原则和这个准则是一切立法者的村俗智慧和最著名的哲学家们的玄奥智慧都一致同意——所以必然就是人类理性的界限。谁要侵越这种界限，谁就应当心冒侵犯全人类的危险〔130〕。

注 释

1　Conatus（冲动力）这个词后来演化为柏格森的生命跳跃力（élan Vital）和弗洛伊德派心理学家们的力比多（libido），与尼采的"酒神精神"也有联系。

2　偶然机会论。

3　命运论。

4　这段原文较艰晦，大意如下：社会发展的动力依伊壁鸠鲁派说是偶然机会，依廊下派说是命运。维柯批判了他们，认为社会发展是根据天神意旨这种宗教信仰的，其中占卜起主要作用，占卜就是测探天意。这当然是就原始时代来说。

5　这是维柯的一个基本的哲学原理，即知与行或认识与实践的统一，人类世界是由人类自己创造的。这一点要牢牢地掌握住，才会理解"新科学"。

6　本文以及上文163节也用过的Cogitata et visa，由法灵顿（B. Farrington）在他的《培根的哲学》（1964）中以《思想和结论》为标题下较准确地译出和解释了。参看上文〔104，112，114，155，157，248，264，330及下文415，420，614〕。——英译者

第二卷
诗性的智慧

前　言

引　论

361　我们在上文公理部分已说过：所有异教各民族的历史都有神话故事性的起源〔202〕；在希腊人之中（我们关于异教古代文物的知识都是由希腊人传给我们的），最初的哲人们都是些神学诗人〔199〕，任何产生或制造出来的事物都露出起源时的那种粗糙情况〔239ff〕。我们只应该根据这种粗糙情况来考虑诗性的智慧的各种起源。至于流传到我们的诗性的智慧起源所享有的那种巨大而崇高的尊敬，则起源于两种虚骄讹见，一种是民族的〔125〕，另一种是学者们的〔127〕，更多的是第二种。因为正像埃及高级司祭曼涅托把埃及的神话故事性的历史都翻译成为一种崇高的自然神学〔222〕，希腊哲学家们也把希腊的神话故事性的历史都译成哲学。他们这样做，不仅因为埃及和希腊流传下来的历史同样是最荒诞无稽的〔221〕，而且还因为下列五种理由：

362　第一种是对宗教的尊敬，因为各异教民族都是凭神话故事建立在宗教基础上的。第二种是由此产生的巨大效果，即这个民政世界竟安排得那么好，仿佛只能是一种超人的智慧的效果。第三种是这些神话故事，借助于对宗教的崇敬和对这种伟大智慧的信仰，向哲学家们提供下文还将谈到的那些场合或时机，使他们能着手研究和思索哲学中的一些大道理。第四种是他们因此会运用诗人们幸好留给他们的那些表达方式去阐明他们自己的崇高的哲学思想，这一点还待下文再谈。最后第五种是前四种理由的总和，也就是哲学家们从宗教的权威和诗人们的智慧，获得了对他们自己的一些默想的证实。在这五种理由之中，第一种、第二种和第五种都包含对安排这个民族世界的天神智慧的赞颂，以及哲学家们就连在自己的错误中也做了天神智慧的见证，第三种和第四种都是天神意旨所允许的蒙蔽或欺骗，以便从此会有些哲学家起来理解和承认天神意旨就是真神的本质属性。

363　本卷从头到尾都将显示出：诗人们首先凭凡俗智慧感觉到的有多少，后来哲学家们凭玄奥智慧来理解的也就有多少，所以诗人们可以说就是人类的感官，而哲学家们就是人类的理智〔779〕。所以亚里士多德〔《论灵魂》432a，7f〕关于个别的人所说的话也适用于整个人类："凡是不先进入感官的就不能进入理智。"这就是说，人心如果它光有一种感官印象就不能理解任何东西（我们近代玄学家们把这种感官印象叫作"机缘"）。人心在从它感觉到的某种事物中见出某种不属于感官的事物，这就是拉丁文动词 intelligere〔理解〕的意义。

第一章
智慧概论

364　在讨论诗性的智慧之前，我们有必要先看一看一般的智慧是什么。智慧是一种功能，它主宰我们为获得构成人类的一切科学和艺术所必要的训练。柏拉图（在他的对话《亚尔西巴德》里〔I，124Eff？〕）替智慧所下的定义是："智慧是使人完善化者。"人作为人，在他所特有的存在中是由心灵和精气构成的；或者毋宁说，是由理智和意志构成的。智慧的功能就在于完成或实现人的这两个部分。第二部分（意志）要运用第一部分（理智），其目的是在使精气凭借一种由对最高制度的认识所照亮的心灵，可以指引人去选择最好的事去做。宇宙中一些最高明的制度引导人转向天神而且常和天神交结；最好的制度都谋求全人类的善。前一种叫作神的（宗教）制度，后一种叫作人的民政制度。从此可见，真正的智慧应该教导人认识神的制度，以便把人的制度导向最高的善。我们相信瓦罗那位在罗马人中最渊博的人的巨著《人神制度稽古录》，就是按这种原则构成的。由于时神不公道，这部书已不幸被湮没了〔M₄，990〕。我们在本《新科学》中将就浅学薄才所能做到的来研究人和神这两类制度。

365　在诸异教民族中，智慧是从缪斯女诗神（Muse）开始的〔391，508〕。荷马在《奥德赛》里一段名言〔8.63〕中给智慧下的定义是"关于善与恶的知识"，后来叫作占卜术。原来就是在把占卜当作自然不许凡人掌握而加以禁止这个事实的基础上，天神才创建了犹太人的真正的旧教，从旧教派生了我们的基督教〔167〕。因此，缪斯的最初的特性一定就是凭天神预兆来占卜的一种学问。这就是一切民族的凡俗智慧〔342〕，对此下文还要详谈。这种学问就是按神的预见性这一属性来观照天神，因此从 divinari（占卜或猜测）这个词派生出的神的本质或神道（divinity）。我们马上就要看到：神学诗人们（必然就是创建希腊人道的人）都精通这种凡俗智慧。这就说明了拉丁人为什么把明断的星象学家们称为"智慧教授"。后来智慧这个词也拿来表彰替人类出谋划策的著名人物，例如希腊的七大哲人。这种哲人称号从此也推广到替人民和国家谋福利，明智地治理好政体或政府的那些人。再后来"智慧"这个词就指对自然界神圣事物的知识；这就是形而上学 metaphysic 或玄学，因此也叫作神的学问，它在神身上寻求对人类心灵的认识〔506〕，认识到神作为一切真理的泉源，必须认识到神是一切善的调节者。所以玄学必须按本质为人类造福，保存人类就要靠人们普遍信仰一种有预见的神道。柏拉图曾证明过这种神的预见，也许他就因此配得上称为神圣的；任何人否认天神有这种伟大属性，他理应获得的称号就不是智慧而是愚蠢。最后，在希伯来人当中，从而也在我们基督教徒当中，智慧就叫作神所启示的关于永恒事物的科学知识。这种科学知识在托斯卡纳地区的人们中间被看作关于真善与真恶的知识，也许是因为他们原先就曾把它称为"神道科学"〔K₇〕。

182

366 所以我们应比瓦罗还更真实地把三种神学区别开来〔圣奥古斯丁《上帝之城》6.5〕。第一，诗性的神学，亦即神学诗人们的神学。这是一切异教民族的民政方面的神学。第二，自然的神学，亦即玄学家们的神学。第三，我们的基督教的神学，这是民政神学、自然神学和由神启示的最高的神学这三种神学的一种混合；在观照天神意旨之中，这三者都结合在一起。（我们的第三种神学代替了瓦罗的诗性的神学。在异教民族之中，诗性的神学就是民政的神学，尽管瓦罗把诗性的神学和民政神学与自然神学都分开了，但因为他犯了一种凡俗的共同错误，以为神话故事里包含着崇高哲学的崇高奥义，就把诗性的神学看作另两种神学的混合。）天神意旨已把人类制度安排成这样：从诗性神学开始，这种神学调节人类制度，是用某些可感觉到的符号来象征由天神遣送给人们的神旨，至于自然神学则用不在各种感官范围之内的一些永恒的道理；各民族都被安排好，去接受由神启示的神学则是凭一种超自然的信仰，这种信仰不仅比感觉要高一层，比人类理智本身也要高一层。

第二章
诗性的智慧的说明和划分

367 但是因为玄学是崇高的科学，它分配特殊具体的题材给它下面的各种附属科学，因为古代人的智慧就是神学诗人们的智慧，神学诗人们无疑就是异教世界的最初的哲人们〔199〕，又因为一切事物在起源时一定都是粗糙的，因为这一切理由，我们就必须把诗性的智慧的起源追溯到一种粗糙的玄学。从这种粗糙的玄学，就像从一个躯干派生出肢体一样，从一支派生出逻辑学、伦理学、经济学和政治学，全是诗性的；从另一支派生出物理学，这是宇宙学和天文学的母亲，天文学又向它的两个女儿，即时历学和地理学，提供确凿可凭的证据——这一切也全是诗性的。我们将明白清楚地显示出异教人类的创建者们如何通过他们的自然神学（或玄学）想象出各种神来；如何通过逻辑功能去发明各种语言；如何通过伦理功能去创造出英雄们；通过经济功能去创建出家族；通过政治功能去创建出城市；通过他们的物理功能去确定出各种事物的起源全是神性的；通过专门研究人的物理功能，在某种意义上，创造出人们自己〔C_6〕；通过宇宙功能，为他们自己制造出一个全住着神的世界；通过天文，把诸行星和星群从地面移升到天上；通过时历，使经过〔测量的〕时间有了一种起源；又如何通过地理，例如希腊人，把全世界都描绘为在他们的希腊本土范围之内〔K_5〕。

368 因此，本科学就成了既是人类思想史、人类习俗史，又是人类事迹史〔347，391〕。从这三方面我们得出人类历史的一些原则，我们将显示出，这些原则就是普遍历史（或世界通史）的原则，这些原则似乎正是前此所缺乏的〔399，736ff〕。

第三章
世界大洪水和巨人们〔F_7，J_3〕

369 异教人类的创建者们一定都是属于三个民族，即含族、雅弗族和闪族。这三族相继逐渐背弃了他们的共同的父亲诺亚的真教，而在氏族制度中只有真教才曾能凭婚姻的联系，从而也就是凭家庭本身的联系，把人们维持在人类社会里〔301〕。创建者们背弃真教的结果，人们就拆散了婚姻和家庭，去过杂交的生活，开始在地球上的大森林里到处流浪。含族流浪遍南亚、埃及和非洲其余部分；雅弗族流浪遍北亚或斯基泰，从这里又穿过欧洲；至于闪族则流浪遍中亚，转而向东方走。他们一方面要逃避大森林中一定很多的野兽，另一方面又要追赶在那种状态中必然是些野蛮的、不驯服的而又羞怯的妇女们，于是大家在寻食物和饮水之中就互相拆散了。母亲们抛弃掉自己的小儿女，这批儿童们到长大成人都不曾听到过人的声音，更不消说学习到人类习俗，于是就沦落到真正的野兽的野蛮情况中。母亲们，像野兽那样只给婴儿喂奶，断奶后，就让他们光着身子在自己的粪便中滚来滚去，永远把他们抛开不管。这些孩子们在自己的粪便中滚来滚去，粪便中的硝酸盐使土地变得肥沃。他们要费大力去穿过洪水后长得非常茂密的大森林，在这种努力挣扎中须进行大量筋肉伸缩运动，这样就让他们的身体吸收大量的硝酸盐。他们会不怕神，不怕父老，也不怕教师，而这种惧怕会使最生气蓬勃的孩子们也胆战心寒。所以他们一定长得身强力壮，肌肉和骨骼都长得异常粗壮，一直到他们都变成一些巨人。他们的这种成长方式，比起恺撒和塔西佗所描绘的古代日耳曼人的庞大躯体〔170〕来，还更野蛮；从日耳曼人的成长方式派生出普罗科匹厄斯（Procopius）[1] 提到过的〔！〕哥特人（Goths）的成长方式，据说今天在麦哲伦海峡附近还存在的巴塔哥尼亚族人（Patagonians）的成长方式也很类似。物理学界哲学家们在这个问题上说过许多荒诞话，都搜集在卡沙良写的《论巨人》一书里。像这类的巨人曾经被发现过而且至今还在发现中，绝大部分都住在山区（这一情况对下文还要说的〔377，387〕的情况有很大的意义），他们的巨大的骷髅和出奇的庞大体格又被凡俗传说加以夸张，我们在下文适当的地方还要谈到这种夸张的理由。

370 在世界大洪水之后，这样的巨人们就散布在大地上，我们在希腊人的神话故事性的历史里已见到过他们〔193〕，而拉丁语言学家们也于无意中向我们说出，在古代意大利历史里也存在过这种巨人，他们说，意大利最古的一些号称"土人"（imdigenae）的民族声称自己是 Autochthones，意思是"大地的子孙"，这个称号在希腊人和拉丁人当中都指贵族们。而且在神话故事里很恰当地把"大地的子孙"称为巨人们，把大地称为"巨人们的母亲"。希腊词 Autochthones 应该用拉丁词 indigenae 来译，也就是说，恰当的意义是在一个地方出生的人，或"当地人"，即今天我们应称呼的"土人"（ingeniti）。因此，一个民族或地方的本地的诸神就叫作 indigetes（本土神），仿佛就是 inde geniti。[2] 从此可见，就目前这个事例来说，从"本土出生的人"这个词派生出来的"土人"的最初的本义就是贵族的，或高贵的，因此"高贵的艺术"（artes ingenuae）"美术"一词就是由此派生出来的，不过后来变成带有"自由的艺术"（artes liberales）的意义，而"自由的艺术"还保留"高贵的艺术"的意思。下文还要说明，只有贵族才构成最初城市中的市民〔597〕，在最初的城市中，平民们都是些奴隶或奴隶的前身[3]。

371 这些拉丁语言学家们还看到古代各民族都叫作原始人，即原来在当地出生的人，《圣经》就叙述到一些民族原先全是些"巨人"，"身材高大"

或"伟大"，"当时强壮的享大名和掌大权的人"（见《创世记》〔14.5，6.4〕和《申命记》〔2.10，20—21〕）。希伯来人由于清洁的发育方式和对上帝和长老们的敬畏，还继续保持原来的正常身材，即上帝创造亚当和诺亚以及他的三个儿子（闪，含，雅弗）所具有的身材。也许由于希伯来人厌恶巨人们的习气，他们有许多关于保持身体清洁的法律〔F₇〕。罗马人保留了这些法律的一个巨大遗迹，他们举行为城邦清洗一切市民罪孽的公众献祭仪式，其中用的是水和火。他们的隆重的婚礼也用水和火来庆祝，分享水和火甚至成了市民权的标志，剥夺市民权就叫作"禁用水和火"〔610，957〕。用水和火的祭礼叫作 lustrum（洗罪节），这个词后来用来称呼五年一段的时期，因为这种祭礼每隔五年举行一次，正如希腊人把四年一段的时期叫作"奥林匹克"[4]。但是 lustrum 也还有另一个意义，指的是野兽的窝穴。动词 lustrari 的意思是"搜寻出来"或"清洗掉"，原义一定是指找出这些窝穴，把隐藏其中的野兽清洗掉，因此献祭用的水叫作 aqua lustralis（洗礼水）。希腊人开始计算他们的年历，是从赫库勒斯放火焚烧涅墨亚森林，用空地来耕种时算起；为着纪念这件事，赫库勒斯创办了奥林匹克竞技会，这一点我们在《本书的思想》（3）已指出，下文还要详谈〔733〕。罗马人较能明辨，开始以五年一次的 lustra（洗罪节）计算年历，这是从沐浴礼所用的水来的，因为文化从水开始，人先感到水的需要，然后才感到火的需要，在结婚和剥夺教权的祭礼中水都先于火。这就是在献祭礼之前必行沐浴（或洗手）礼这个各民族古今流行的一种习俗的起源。巨人们的身材缩小到我们一般人的身材，就是因为浸透了这种洁身观念和对天神和长老的畏惧——我们还将看到这两种畏惧在最古的时代达到了令人恐怖的程度。也许就是由于这一点，从希腊文 politeia，意思是民政治理或政府，派生出拉丁文 politus，意思就是清洁。

372 这种身材缩小的情况一定持续到各民族的"人的时代"，足资证明的有古代英雄们所用的特别巨大的兵器。据苏维托尼乌斯（Suetonius）的记载〔《神化的奥古斯都大帝》72.3〕，奥古斯都大帝把古代英雄的兵器和古代巨人们骨骼和骷髅都保存在他的博物馆里。从此可见，像在公理〔172〕条已经说过的，最古时代全人类一定要分成两种：第一种具有普通身材，只有希伯来人属于这一种；第二种就是巨人们，即各异教民族的创建者。巨人之中也有两种：第一种是"大地的子孙们"，即贵族们，因为无论从哪方面看都是些巨人，"巨人的时代"就由此得名，这一点前已说过（这就是《圣经》里所说的"当时强壮的有大名和大权的人"）；第二种名实不很相符，是指隶属于前一种巨人的那批巨人〔553〕。

373 各异教民族的创始者们达到这种巨人身材的时代对于闪族来说，是在世界洪水一个世纪之后，对于雅弗族和含族来说，是在世界洪水两个世纪之后，如上文已假定过的〔62〕。下文马上就要提供这一问题的物理历史〔387〕，尽管希腊神话故事已向我们叙述过这种历史，前此却没有人注意过。这种历史同时也会向我们提供关于世界洪水的一种新的物理历史〔380〕。

注　释

1　普罗科匹厄斯，公元五世纪东罗马帝国查士丁尼大帝时代的历史学家，叙述过东罗马对波斯人和入侵的蛮族战争。

2　下文详谈indigetes一词的沿革，删去未译。

3　原来只有贵族才有公民权，才是自由的，后来他们被平民们推翻了，从此平民们才有公民权，才变成"高贵的"和"自由的"。

4　奥林匹克竞技会在希腊每隔四年举行一次。

第一部分 诗性的玄学

第一章
诗性的玄学，作为诗、偶像崇拜、占卜和牺牲祭祀的起源

374 一切研究古代异教民族智慧的哲学家们和语言学家们都本应该从这些原始人，这些愚笨的、无情的、凶狠的野兽开始，也就是从我们在上文所说的那种名符其实的巨人们开始（布尔杜克（Boulduc）神父在《法规以前的教会》里说，《圣经》里巨人的名称是指"一些虔敬的、可敬的、声名显赫的人"，但是这只能指贵族巨人们，他们凭占卜创立了异教，使那个时代得到了"巨人的时代"这一称号）。而且他们也本应从玄学开始，玄学不是从外在世界而是从思索者本人的内心中各种变化去寻找它的证据。因为这个民族世界既然确实是由人类造成的〔331〕，它的各种原则就只能从人心内部变化方面去寻找。人类本性，就其和动物本性相似来说，具有这样一种特性：各种感官是他认识事物的唯一渠道。

375 因此，诗性的智慧，这种异教世界的最初的智慧，一开始就要用的玄学就不是现在学者们所用的那种理性的抽象的玄学，而是一种感觉到的、想象出的玄学，像这些原始人所用的。这些原始人没有推理的能力，却浑身是强旺的感觉力和生动的想象力〔185〕。这种玄学就是他们的诗，

诗就是他们生而就有的一种功能（因为他们生而就有这些感官和想象力）；他们生来就对各种原因无知。无知是惊奇之母，使一切事物对于一无所知的人们都是新奇的〔184〕。他们的诗起初都是神圣的，因为正如我们已在拉克坦提乌斯的一段话里见到的，他们想象到使他们感觉到和对之惊奇的那些事物的原因都在天神〔188〕（这一点现在已由美洲的印第安人证实了，他们把一切超过他们的窄狭见解的事物都叫作天神。我们还可以加上另一事例，住在北冰洋附近的古代日耳曼人，据塔西佗〔《日耳曼尼亚志》45〕说，他们听到太阳在夜里从西到东穿过海的声音，而且见到过诸天神。这些很粗鲁简单的观念有助于我们更好地了解我们现在正关心的异教世界的创始者们）。同时，他们还按照自己的观念，使自己感到惊奇的事物各有一种实体存在，正像儿童们把无生命的东西拿在手里跟它们游戏交谈，仿佛它们就是些活人〔186〕。

376 各异教民族的原始祖先都是些在发展中的人类的儿童〔209〕，他们按照自己的观念去创造事物。但是这种创造和神的创造大不相同，因为神用他的最真纯的理智去认识事物，而且在认识事物之中就在创造出事物；而原始人在他们的粗鲁无知中却只凭一种完全肉体方面的想象力。而且因为这种想象力完全是肉体方面的，他们就以惊人的崇高气魄去创造，这种崇高气魄伟大到使那些用想象来创造的本人也感到非常惶惑。因为能凭想象来创造，他们就叫作"诗人"，"诗人"在希腊文里就是"创造者"[1]。伟大的诗都有三重劳动：（1）发明适合群众知解力的崇高的故事情节；（2）引起极端震惊，为着要达到所预期的目的；（3）教导凡俗人们做好事，就像诗人们也会这样教导自己，这一点下文马上就要说明〔379〕。关于人类制度的这个本质还有一个永恒的特性，由塔西佗在一句名言里这样表达出来了："惊惧的人们一旦凭空夸张地想象出什么，他们马上就信以为真。"〔《编年史》6.5.10〕

377 最初的异教人类的创建者们一定具有上述那些本性。当时天空终于令人惊惧地翻转着巨雷，闪耀着疾电，这只能是由于一种暴烈的压力第一次在空气中爆发的结果。我们前已假定〔62，195〕，这种情况发生在美索不达米亚洪水之后一百年，此后二百年才遍及世界其他部分，因为需要这样长的时间才能让地球上由洪水造成的潮湿变干燥，地球才能发出干燥的气息，在空气中才能有燃烧的物质来产生闪电。于是就有少数巨人（一定是最健壮的，散居在高山森林里凶猛野兽筑窠穴的地方）对这种他们还不知原因的巨大事变感到恐惧和惊惶，举目仰视，才发觉上面的天空，由于在这种情况下，人心的本性使人把自己的本性移加到那种效果上去〔180〕，而且因为在这种情况下，巨人们按本性是些体力粗壮的人，通常用咆哮或呻吟来表达自己的暴烈情欲，于是他们就把天空想象为一种像自己一样有生气的巨大躯体。把爆发雷电的天空叫作约夫（天帝），即所谓头等部落的第一个天神〔317〕，这位天帝有意要用雷轰电闪来向他们说些什么话〔C_2〕。这样他们就开始运用本性中的好奇心。好奇心是无知之女，知识之母，是开人心窍的，产生惊奇感的。凡俗人至今还保留着这种特性，每逢看到一颗彗星，一种太阳幻象或其他自然界的离奇事物，特别是天象中的怪事，他们就马上动起好奇心，急于要了解它有什么意义〔189〕。他们看到磁石对铁的巨大作用就感到惊奇。就连在现代，人的心智已受到哲学的教导和感发了，他们还认为磁石对铁有一种秘奥的同情，因而把整个自然界看作一个巨大的躯体，能感到情欲和恩爱〔180〕。

378 但是我们文明人的心智已不再受各种感官的限制了，就连凡俗人也还是如此。使心智脱离感官的就是与我们的近代语言中很丰富的那些抽象词相对应的那些抽象思想。这些抽象词还从写作艺术中受到洗练，数字的运用也仿佛使抽象词受到精神化了，就连凡俗人也知道怎样记数和计算，所以我们近代人当然不能想象出号称"具有同情心的自然"的这位女诗神的广大形象。人们现在用唇舌来造成语句，但是心中却"空空如也"，因为心中所有的只是些毫无实指的虚假观念，以至近代人再也想象不出像"具有同情心的自然"那样巨大的虚幻的形象了。我们也同样没有能力去体会出那些原始人的巨大想象力了，原始人心里还丝毫没有抽象、洗练或精神化的痕迹，因为他们的心智还完全沉浸在感觉里，爱情欲折磨着，埋葬在躯体里。因此，我们在上文说过〔338〕，我们很难体会到，更难想象到那些创建异教人类的原始人是怎样思想的。

379 最初的神学诗人们就是以这样的方式创造了第一个神的神话故事，

他们所创造的最伟大的神话故事就是关于天帝约夫的。这位人和神的皇帝和父亲被想象为在抛掷电光弩箭；这个形象很通俗，很使人惊骇，也很使人受教益〔376〕。原来创造这种神话故事的本人当然也信以为真，又在一些可怕的宗教里对它们涌起敬畏和崇拜〔517〕。而且按照塔西佗所说的人类心智的一个特点〔183〕，凡是这些人所看到的、想象到的，甚至他们自己所作所为的，他们都相信那就是天帝约夫，并且对进入他们视野的全部宇宙以及其中各个部分，他们都赋予生命，使之成为一种有生命的实体存在。这就是维吉尔在《牧歌集》〔3.60〕里所说的"一切事物中都充满着天帝约夫"那句话讲出的当时的民政历史。后来柏拉图把约夫理解为渗透和充塞到一切事物中去的以太（ether）〔《克提拉斯篇》412D〕〔398〕。但是照神学诗人们看，天帝约夫并不比山峰高〔712〕。最初的人类都用符号说话，自然相信电光箭弩和雷声轰鸣都是天神向人们所作的一种姿势或记号〔C₂〕。因此从"nuo"〔作手势〕这个词就派生出 numen 即"神的意志"这个词，用一种更崇高和更有价值的意象来表达天帝雄威这种抽象意义。他们相信天帝用些记号来发号施令，这些记号就是实物文字，自然界就是天帝的语言。各异教民族普遍相信这种语言的学问就是占卜，希腊人把它称为神学，意思也就是神的语言的学问。从此天帝就获得了令人畏惧的雷电王国，成了人神之王。他还获得了两个头衔：一个是"最有权力者"（optimus），意思就是"最强的"（fortissimus）。（拉丁文早期"强"，fortis 这个词到晚期就倒过来具有"好"，bonus 的意义。）另一个头衔就是"最大的"（maximus），来自天帝的巨大躯体，即天空本身。从天帝施给人类的第一个大福泽就是他没有用他的箭弩把人类毁灭掉，他还获得了 Soter（即救世主）这个头衔（这是本科学所采用的三大原则中的头一条〔333 以下〕）。此外，由于使少数巨人们终止了野兽般的浪游，成了各部落的酋长，天帝又获得了 Stator（即"支撑者"或"奠定者"）的称呼。拉丁语言学家们解释 Stator 这个词，用了一种太窄狭的意义，说它指天神应允了罗慕路斯的呼吁，罗慕路斯在罗马人和萨宾人的战争中曾阻止住罗马人的逃跑，所以得到"支持者"的称号。

380 从此可见，语言学家们见到有那么多的天帝就感到惊奇，其实毫

191

不足怪，那么多的天帝就是那么多的神话故事，替我们保存住的那么多的物理历史，都证明了洪水的普遍性〔194〕。因为每一个异教民族都有自己的约夫天帝，而埃及人却凭一种虚骄讹见，说他们的天帝阿蒙在一切天帝之中是最古老的一个〔47，62〕。

381 从此可见，按照上文关于诗性人物性格所说的那些原则〔209〕，天帝约夫是在诗里自然产生出来的一种神圣的人物性格或想象的共相，一切古代异教民族把一切涉及占卜预兆的事情都归原到约夫这种想象的共相，所以这些民族都生下来就具有诗性。他们的诗性的智慧是从这种诗性玄学开始的，诗性玄学就凭天神的意旨或预见这方面来观照天神。他们就叫作神学诗人，懂得天帝在预兆中所表达的天神语言，他们是在"猜测"（divine），称他们为占卜者（diviner）是名符其实的。这个词来源于 divinari，意思就是猜测或预言。他们的这门学问就叫作缪斯（即女诗神），荷马对这门学问所下的定义是"对善与恶的知识"〔365〕，也就是占卜。等到上帝替人类始祖亚当制定了他的真教时，即犹太教开始时，占卜就遭到了禁止〔167〕。因为精通这种玄秘的神学的人，能解释预兆和神谕中的天神奥义的古希腊诗人们就叫作 mystae（通奥义者），贺拉斯显出博学，曾把 mystae 这个词译作"诸天神的传译者"〔《诗艺》，391〕。每一个异教民族都有精通这门学问的西比尔（sybils，女巫）。神谕就是异教世界的最古老的制度〔721，925〕。

382 这里所讨论的一切都符合拉克坦提乌斯的《论偶像崇拜的根源》中一段名言，他说，原始人类简单而粗鲁，"由于对目前威力的恐怖"就创造了诸天神〔188〕。可见世界诸天神是由恐惧创造出来的，这种恐惧不是由他在自己心中引起的，而是由人们自己引起的〔191〕。和偶像崇拜的这种起源一起，占卜的起源也得到证明了，占卜和偶像崇拜是同胎投生在世界里的，跟着这两项来的就是祭礼的起源，举行祭礼就是要祈求预兆或正确了解预兆的意义〔250〕。

383 最后，诗的起源如此，也从诗的永恒特性得到证实：诗所特有的材料是可信的不可能（credible impossibility）。说躯体就是心灵，这就是不可能，可是人们毕竟相信过打雷的天空就是天帝。对诗人们来说，没有什么事情比歌唱巫师们用符咒所造成的奇迹更加笃爱了。这一切都要用一个事实来说明：各民族对于神的万能都有一种藏在内心里的感觉。从这种感觉里又涌起另一种内心感觉，即引导各族人民都对占卜表示无限崇敬。诗人们就是以这种方式在异教民族中创建出各种宗教。

384 上文所已说过的一切就推翻了从柏拉图和亚里士多德一直到近代意大利帕特里齐（Patrizi）、J. C. 斯卡里格（J. C. Scaliger）和卡斯特尔维特罗（Castelvetro）一系列的诗论家们关于诗的起源的全部理论〔807〕。因为前已说明过：正是人类推理能力的欠缺才产生了崇高的诗，崇高到使后来的哲学家们尽管写了些诗论和文学批评的著作，却没有创造出比得上神学诗人们更好的作品来，甚至妨碍了崇高的诗出现。因此，在英雄时代的所有的崇高的诗人之中，无论就价值还是就时间来看，荷马都享有首屈一指的特权。关于诗的起源的这种发现也消除了古人智慧无敌这种看法〔128〕，从柏拉图到培根的《论古人的智慧》，人们都在热心探索这种无比智慧。因为古人的智慧就是创建人类的立法者们的凡俗智慧而不是一些伟大而稀少的哲学家们的玄奥智慧。因此，渊博的学者们所强加于希腊神话故事和埃及象形文字的那一切高深哲学的玄秘意义〔435，437〕都是文不对题，因为希腊神话故事和埃及象形文字所应有的历史意义都必然是从自然来的。

第二章
关于本科学一些主要方面的系定理 [2] 〔I_8〕

I

385 从上文所得到的结论是：那些粗野的野蛮人起初都凭人类感觉所能体会的去体会天神意旨，这是由于他们在自然方面找不到救济，在绝望中就祈求某种超自然的力量来拯救他们（这就是我们定出本科学的方法时所依据的第一条原则〔339〕）。这就导致他们受骗〔916〕，去畏惧天帝约夫的本来虚妄的意旨，以为天帝能用闪电击中他们。因此，原始野蛮人从那些最初的暴风雨中的乌云，断断续续地由那些闪电照亮之中，体会出这一伟大真理：天神的意旨在照顾着全人类的福利。因此本科学在这个主要方面就成了关于天神意旨的一种民事方面的理性神学〔F₆，2，342〕。这种神学从立法者们的凡俗智慧开始，这些立法者从天神预见这一属性去观照天神，从而创建了各民族。接着这种神学又由哲学家们的玄秘智慧加以完成，这些哲学家们在他们的自然神学里对这种凡俗智慧作了一种理性的说明〔366〕。

II

386 一种关于权力的哲学也从这里开始〔7，350〕，这是本科学的第二个主要方面，"权力"（authority）在这里是用这个词的本义，即财产权或所有权（property）。这个词在十二铜表法〔3.7〕里都用这个本义，因此auctores用来指拥有所有权的主人们。Auctor确实是从autos来的，许多学者把auctor写成autor省略去c这个闭气音。

387 权力起初是属于神的，天神意旨把上文所说的少数巨人划归已有，把他们正当地投到山洞中深处〔C₂〕。权就是天神最初打雷闪电来把散居山上的巨人们锁在地上的那种铁链；提图斯（Tityus）和普罗米修斯就是这样锁在一个高岩上由一只老鹰去啄食他们的心，这就代表天帝约夫神诏的宗教〔719〕。他们吓得不敢动，拉丁作家们用当时诗句来说，是"恐惧把人捆住不能动"（terrore defixi），而艺术家们却把他们描绘成手足都被锁链锁住，悬在高山上。关于这种由铁环组成的大锁链，朗吉努斯（Longinus）〔！〕曾称赞它在全部荷马神话故事里是最崇高雄伟的。关于这条锁链，天帝约夫为着要证明自己是人神之王，就声言如果所有的神和人都抓住锁链的一头，而它自己独身抓住另一头，就可以拖着所有的神和人跟他转〔《伊利亚特》8.18—27〕。廊下派哲学家们想用这种锁链来代表因果的永恒系列，让命运凭这个因果系列把铁环套好捆好的世界把握在自己手里，但是要请廊下派当心，不要让他们自己也纠缠在这种束缚里哟，因为凭这条锁链把人和神都拖着走，要依赖天帝约夫的选择，可是廊下派竟要天帝约夫也受制于命运³。

194

388 人类的权是随着天神的权来的，就"权"这个词的全部哲学的意义来说，它指的是人类的特性，而这是连天神也无法从人身上拿掉而不至把人毁灭掉。泰伦斯在喜剧《安竺里亚》〔959f〕里说，"神的福气不依靠他人"；贺拉斯在《颂体诗集》〔2.2.22〕里说，"妒忌夺不走德行的胜利"，恺撒在《内战记》〔3.70〕里也说"胜利自有特权是夺不走的"（propriam victoriam）。有人认为这是对拉丁文不高明的用法，事实上说连敌人也抓不走的胜利确是很高明的拉丁文。这种权就是意志的自由运用，至于理智却是一种受制于真理的被动的功能，因为从一切人类事物的这个最初起点起，人类就开始运用人类选择的自由来控制肉体的活动，把它完全压下去，或是引导它朝较好的方向走（这是自由的动因所特有的倾向〔340〕）。因此，就是由于有自由选择，巨人们才放弃在地上大森林中浪游那种野兽般的习俗，习惯了相反的习俗，安居下来，长期隐藏在山洞里〔C₂〕。

389 自然法中的权就是随着这种人类本性中固有的权来的。因为巨人们在初次雷轰电闪时原已在碰巧住下来的地方长期占领着和居住着了。凭长期的居住和占领，他们就成了那地方的主人，那地方就归他们所有，这就是世界上一切占领权的起源。这批人就是维吉尔所说的"公正的朱庇特所笃爱的少数人"〔《埃涅阿斯纪》6.129f〕。后来哲学家们把这批人变形成为受到天神宠爱而在科学和德行方面秉有天生的才能的一些人。但是上引语句的历史意义却是：巨人们在深岩洞成了所谓"头等部落"的酋长，这种头等部落就是把约夫奉为第一天神的部落〔317〕。这些人就是由古代的尊贵的氏族主派生出的许多家族〔433〕，最初的王国和最初的城邦都是由这些贵族家族构成的。这在许多很古的拉丁成语里还留下了痕迹，例如 condere gentes〔保卫部落〕，condere regna〔保卫王政〕，fundare gentes〔创建部落〕，fundare urbes（创建城市），等等。

390 这种关于权的哲学是以关于天神意旨的理性的民政神学为根据的，因为后者借助于前者的神学证据，用它自己的哲学证据就把语言学的证据解释得清清楚楚了〔342—359〕；同时参考各民族的最古老而渺茫难稽的一些制度，它就使本来最恍惚无凭的人类选择变为确凿可凭了〔141〕,这也就是说，

195

它使语言学变成一种科学了〔7〕。

III

391　第三个主要方面是一种人类思想（或观念）的历史〔347〕。这些人类思想开始是从用肉眼观照天象所产生的关于天神的思想〔377〕。因此，罗马人在他们的占卜学里用 contemplari〔观察〕这个动词来指观察天体中的预兆或神谕所来自或可取得的那些部位。这些由巫师用巫杖所划分出的区域就叫作天宫（templacoeli）。希腊人一定是从这些天宫获得了他们的最初的认识材料（theōrēmata）和计算材料（mathēmata），这些都是要观照的一些神圣的或崇高的事物，最后就变成了一些玄学的和数学的抽象观念〔710〕。这就是维吉尔所说的"女诗神缪斯起源于天帝约夫"〔《牧歌集》3.60〕那句名言的民政历史。我们在上文已经看到天帝约夫的最初的雷电箭弩产生了最初的女诗神缪斯。荷马对缪斯所下的定义是"对善与恶的认识"〔365〕。达到了这一点，后来哲学家们插进"智慧从虔敬开始"那句话就再容易不过了。第一位缪斯一定是乌拉尼亚（Urania）天文女神⁴，她从观照天象中获得神谕。后来她变成代表天文，下文还要说明〔739〕。正如诗性的玄学在上文已划分为隶属于它的各种科学，每种科学都分享到母亲的诗性〔367〕，所以这种思想的历史要提供各民族所用的应用科学以及现在学者们所钻研的各门思辨科学这两方面的粗略起源〔I_8，K_7〕。

IV

392　第四方面是从上述思想的历史生长出来的一种哲学批判。这种批判将对各民族的创建者们作出正确的判断。各民族一定要过一千年以上才会产生出用语言学作为批判题材的作家们。从天帝约夫开始，我们的哲学批判将提供一种自然的神谱或诸天神的世系，随着这种神谱在异教世界创建者们心中自然地形成，这些创建者生来就是些神学诗人。所谓头等部落有十二神，这十二神的形象是由这些部落根据需要和效用的时机逐渐想象出来的。十二神分占十二个短时期，我们把神话故事的产生也就分成这十二个时期。这样就对这种自然的神谱提供一种关于诗性历史的理性的时历。诗性历史至少比世俗历史的开始要早九百年，即在英雄时期之后才开始〔348〕。

V

393　第五方面是一种理想的永恒的历史，这是一切民族的历史在时间上都经历过的〔A₄，349〕。每逢人类从野蛮凶狠的野兽时期脱身而涌现出来了，他们就开始由宗教驯化，定居下来过家庭生活。他们都按照本书本卷所考察的那些阶段开始、进展和终结。这些阶段在本书第四卷里还要再次遇到，第四卷将讨论各民族都要走的过程。在第五卷里我们将讨论人类要再次经历的各种制度的复演（归）过程〔L₁〕。

VI

394　第六方面是部落自然法体系〔E₁₋₈〕。这方面理论的三大首领格劳秀斯、塞尔登和普芬道夫本应以诸部落的起源为出发点，因为这才是他们的题材的起点〔314ff〕。但是在这一点上三人都犯了同样的错误，都从中途开始，也就是从已开化的各民族的最近时期才开始（所以是从自然理性已充分发展的有文化教养的人们才开始）。从这些开化的民族中哲学家们已涌现了，在对关于公道或正义的一套完整理念进行思索〔C₃，K₃，310，313，318，329，493，972，974，1109〕。

395　首先谈格劳秀斯（Grotius）。正因为他热爱真理，他抛开了天神意旨，宣称纵使把一切关于天神的知识都抛到考虑之外，他的体系也站得住。因此，他就在许多问题上提出了对罗马法学家们的指责，其实都是无的放矢，触动不到罗马法学家们，因为罗马法学家们都把天神意旨当作他们的首要原则，而且他们所讨论的是部落自然法而不是哲学家们和伦理神学家们的自然法。

197

396 接着就是塞尔登（Selden）。他假定了天神意旨，但是丝毫没有注意到各原始民族都互相敌视〔303，637〕，以及上帝的人民把当时全世界各民族划分为希伯来人和异教人的事实。他也忽视了希伯来人在埃及逃荒当奴隶的时期还见不到他们的自然法，后来上帝亲自用在西奈山上授给摩西的法律，替希伯来人重新奠定了自然法。而且上帝在这套法律里甚至禁止了不大公道的思想，而这却是凡俗的立法者们向来不关心的。塞尔登也没有注意到本书所讨论的一切异教民族的野兽根源。尽管他声称希伯来人马上就把他们的自然法传授给异教人民，他也拿不出丝毫的证据来，而反对他的却有犹太人约瑟夫斯的宽宏大量的招供。此外反对他的还有上文也已提到的拉克坦提乌斯，他是赞助约瑟夫斯的，他郑重思考过希伯来人对异教人经常怀着敌意，就连现在散居在世界各国的希伯来人也还保存着这种对异教人的敌意〔94f；F₇〕。

397 最后是普芬道夫（Pufendorf），他从一种伊壁鸠鲁派的假设出发，假设人投生在世，没有受到上帝的任何帮助或照顾。普芬道夫因此受到了谴责，曾在一篇论文里替自己辩护。但是因为他不承认天神意旨为自己的首要原则，他就根本无法谈法律，像西塞罗在他的《论法律》对话里告诉过伊壁鸠鲁派的阿提库斯的〔335〕。

398 根据上述一切理由，我们讨论法律〔在拉丁文中法律这个词是 ius，是古语 Ious（约夫）的缩写〕就要从一切时代中最早的一点，即从各民族创建者心中产生天帝约夫这个观念那一顷刻开始。在拉丁语里 ius（法）是从 Ious（约夫）派生出来的，在希腊语里也有惊人的类似情况。我们幸好偶然发现到柏拉图在《克提拉斯篇》对话里〔412DE〕曾提到希腊人开始把法律叫作 diaïon。这个词的意义是"普遍渗透"或"持久不朽"，是柏拉图自己凭一种哲学的字源学硬加上去的。柏拉图的渊博的神话学把天帝看成渗透周流于一切事物中的以太（ether）〔379〕。但是 diaïon 的历史来源是天帝约夫，希腊人称呼约夫为 Dios，从此派生出拉丁语的 sub dio，与 sub Iove 同义，意为"在天之下"，为着使声音和谐，后来 diaïon 这个词的发音是 dikaion。所以约夫就是我们讨论法律的出发点。法律在起源时是神圣的，按本义用 divination 来表达，就是关于神谕或预兆的学问或占卜术。天帝诏谕就是神的制度，各民族都凭此

198

来调节一切人类制度〔M_4〕。神的制度和人的制度合在一起，就构成法学的适当题材〔342，379〕。因此，我们对自然法的讨论就从与法律观念同时产生的天神意旨开始〔E_7〕。因为开始就自然地遵行法律的是各部落的创建人，即最古老的叫作头等部落的那个阶层，他们的最初的天神就是约夫〔316ff；B_2〕。

VII

399 本科学的第七也是最后的主要方面就是世界通史的一些原则。世界通史从异教世界中一切人类制度的最初出现时就开始，也就是从埃及人所说的在他们之前就已过去的那三个时代中第一个时代即神的时代开始。在神的时代，天神就开始在地球上统治，施巨大福泽于人类〔64〕。这就是希腊人的黄金时代，其时神和人同住在地球上，上文已见过，天帝约夫开始就住在地球上〔377〕，希腊诗人们从这个世界最初时代开始，在他们的神话故事里忠实地叙述了世界洪水和巨人们在自然界的存在，从而据实叙述了凡俗的世界通史中的各种起源。可是后来的人类无法想象到创建异教世界的原始人的种种想象，想象使他们相信自己亲眼看到诸天神〔375〕。Atterrare 这个动词后来失去了"送到地下"的本义。原来隐藏在山洞下住着的巨人们在一些过于轻信的人们的较晚传说里被变形了，据说他们把奥林波斯(Olympus)、皮利翁(Pelion)和奥萨(Ossa)这三座大山垛在一起，一座高似一座，以便把天神们赶出天外。实际上最初的不虔敬的巨人们不仅没有和天神打过仗，而且连天神的存在也还感觉不到，一直到天帝约夫抛掷他的雷电箭弩时为止，只有后来心智远较发达的晚期希腊人才把天神提升到高空里去。对于原始的巨人们来说，天神也不过住在峰顶〔712f〕。上面提到巨人们轰打天堂的神话故事一定是在荷马以后才编造出，并窜入《奥德赛》史诗里去，才套到荷马身上去的〔11.313ff〕；因为在荷马时代，只消把奥林波斯山摇晃一下就足以把诸天神逐出他们的住所，因为在《伊利亚特》里荷马经常说诸天神住在奥林波斯峰顶。由于这一切理由，凡俗的世界通史前此都缺乏开头，而且由于缺乏诗性历史的合理的时历，也就缺乏历史的赓续性〔732ff〕。

199

注 释

1 汉语里就是"作者"。

2 "系定理"（corollaries）和"公理"（axioms）在《新科学》中都指"定理"，即据以立论的原理或原则。定理适用于全部《新科学》的叫作"公理"，"系定理"只适用于《新科学》中一定范围的专题。例如本章所讨论的"authority"（权威，主权，所有权）以及其他六个方面。"公理"和"系定理"是沿用欧几里得的《几何学》里的名词。当时科学界论著喜用所谓《几何学》的方法，斯宾诺莎和笛卡尔都是著例。

3 廊下派持命定论。

4 天帝和记忆女神的女儿，一说她就是女爱神。

第二部分 诗性逻辑

第一章
诗性逻辑

400　玄学或形而上学与逻辑之分在于玄学观照各种事物的一切存在的形式，逻辑考虑到一切事物可能指的那一切形式。因此，我们在上文把诗看作诗性的玄学，其中神学诗人们把大部分物体都想象成为神的实体，现在我们也把同样的诗当作诗性的逻辑来看，诗凭这种诗性逻辑来指明神的实体的意义[1]。

401　Logic（逻辑）这个词来自逻各斯（logos），它的最初的本义是寓言故事（fabula），派生出意大利文 favella，就是说唱文[2]。在希腊文里寓言故事也叫作 mythos，即神话故事，从这个词派生出拉丁文的 mutus, mute（缄默或哑口无言），因为语言在初产生的时代，原是哑口无声的，它原是在心中默想的或用作符号的语言。斯特拉博在一段名言里（1.2.6）说，这种语言存在于有声语言之前。在宗教时代天神理应作出这样的安排，因为当时人们按宗教的特性要把默想看作比说话更重要。因此，最初的民族在哑口无言的时代所用的语言必然是从用符号开始，用姿势或用实物，与所要表达的意思有某种联系〔225〕。因此，逻各斯（logos，即词）对希伯来人来说，也可以指事迹，对希腊人来说，也可以指实物。同理，mythos 原来在意大利文里的定义是"实物，真事，或真话的语言"，也就是首先由柏拉图，接着由伊安布利霍斯都认为在世界上有一个时期曾用过的一种自然语言〔227〕，但是这只是他们两人的一种揣测，所以柏拉图在《克提拉斯篇》对话录里想找出这种自然语言的企图终属徒劳，遭到了亚里士多德和盖伦的批驳。因为神学诗人们所说的那种最初的语言并不是一种符合所指事物的自然本性的语言（像当初由亚当所创造的那种神圣的语言，上帝曾赋予亚当以神圣的命名功能，即按照每件事物的自然本性来给事物命名的功能），而是一种幻想的语言，运用具有生命的物体的实体，而且大部分是被想象为神圣的〔F₇〕。

402 神学诗人们就是以这种方式去体会，例如天神约夫、地神库柏勒（Cybele），和海神尼普顿，而且开始只哑口无言地指着他们，把他们解释为天、地和海的实体，想象这些实体都是些有生命的神，所以他们相信这些神是忠实于人们感官的。通过这三种神，根据上文我们关于诗性人物性格所说的那番话〔205，209〕，神学诗人们就把凡是涉及天、地和海的事物都说明清楚了。他们也以同样的方式用其他神祇来指明其他各类事物，每一类事物各有一种神，例如用 Flora（花神芙罗拉）来指一切花，用 Pomona〔果神波摩娜〕来指一切果木。我们今天在涉及精神事物时却把这种办法翻转过来了，例如涉及情欲、品德、罪恶、科学和艺术，我们对这些事物形成的观念却大部分是些女性的人格化，把属于它们的一切原因、特性和效果都分别归原到这些人格化上去〔406〕。因为我们每逢要表达我们对于精神事物的体会，我们都必须求助于想象来说明它们，正如画家们一样，我们使它们形成一些人类形象。但是上述神学诗人们因为还不能运用理解力，就采取了相反的而且较崇高的办法，就认为一般物体也有感觉和情欲，如我们早就谈到的〔377〕，而这些物体可以像天、海和地那样大。到后来这些广大的想象缩小了，抽象力成长起来了〔185〕，上述那样的人格化也就化成一些小型的符号。转喻格〔406〕用一件带有学识气派的外衣来掩盖住对人类各种制度的起源的无知。天神约夫变得又小又轻，以致他可由一只鹰背起来到处飘荡。海神坐在一辆

202

脆弱的车子里在波浪上游行，而地神却骑在一只狮子背上。

403　顾名思义，各种神话必然就用各种神话故事所特有的语言；神话故事，如我们已经指出的，既然就是想象的类概念，神话就必然是与想象的类概念相应的一些寓言故事。寓言故事的定义是"不同的或另一种说法"〔210〕，用经院派的语言来说，这就是同一并不在比例上，而在种类上同属一类的那些事物的共同属性上。寓言故事指的是属于同一类的不同的种或个体，因此它们必然有一种单一的意义，指同类中一切种或个体所共有的一种属性（例如，阿喀琉斯指一切强大汉子所共有的勇敢，尤利西斯指一切聪明人所共有的谨慎）〔205〕。所以这类寓言故事必然就是各种诗性语言的词源，这就使文词的起源都只有单一意义，而凡俗语言的起源却更多地具有类似的意义。"词源"这个词本身的意义是 veriloquium〔真话〕，正如寓言故事的定义是"真实的叙述"（Vera narratio）〔401〕一样。

第二章
关于各种诗性的比喻、奇形怪物和变形的一些系定理

I

404　凡是最初的比譬（tropes）都来自这种诗性逻辑的系定理或必然结果。按照上述玄学〔402〕，最鲜明的因而也是最必要的和最常用的比譬就是隐喻（metaphor）。它也是最受到赞赏的，如果它使无生命的事物显得具有感觉和情欲。最初的诗人们就用这种隐喻，让一些物体成为具有生命实质的真事真物，并用以己度物的方式，使它们也有感觉和情欲，这样就用它们来造成一些寓言故事。所以每一个这样形成的隐喻就是一个具体而微的寓言故事。这就提供一种根据来判定隐喻何时在语言中开始出现。一切表达物体和抽象心灵的运用之间的类似的隐喻一定是从各种哲学正在形成的时期开始，证据就是在每种语言里精妙艺术和深奥科学所需用的词，都起源于村俗语言〔240〕。

405　值得注意的是在一切语种里大部分涉及无生命的事物的表达方式都是

用人体及其各部分以及用人的感觉和情欲的隐喻来形成的。例如用"首"（头）来表达顶或开始，用"额"或"肩"来表达一座山的部位，针和土豆都可以有"眼"，杯或壶都可以有"嘴"，耙、锯或梳都可以有"齿"，任何空隙或洞都可叫作"口"，麦穗的"须"，鞋的"舌"，河的"咽喉"，地的"颈"，海的"手臂"，钟的"指针"叫作"手"，"心"代表中央，船帆的"腹部"，"脚"代表终点或底，果实的"肉"，岩石或矿的"脉"，"葡萄的血"代表酒，地的"腹部"，天或海"微笑"，风"吹"，波浪"呜咽"，物体在重压下"呻吟"，拉丁地区农民们常说田地"干渴"，"生产果实"，"让粮食肿胀"了，我们意大利乡下人说植物"在讲恋爱"，葡萄长得"欢"，流脂的树在"哭泣"，从任何语种里都可举出无数其他事例。这一切事例都是〔120〕那条公理的后果：人在无知中就把他自己当作权衡世间一切事物的标准，在上述事例中人把自己变成整个世界了。因此，正如理性的玄学有一种教义，说人通过理解一切事物来变成一切事物，这种想象性的玄学都显示出人凭不了解一切事物而变成了一切事物。这后一个命题也许比前一个命题更真实，因为人在理解时就展开他的心智，把事物吸收进来，而人在不理解时却凭自己来造出事物，而且通过把自己变形成事物，也就变成了那些事物[3]。

II

406 根据来自上述玄学的这种逻辑，最初的诗人们给事物命名，就必须用最具体的感性意象，这种感性意象就是替换（synecdoche，局部代全体或全体代部分）和转喻（metonymy）的来源。转喻用行动主体代替行动，原因在于行动主体的名称比起行动的名称较常用。还有用主体代替形状或偶然属性的转喻，原因在于还没有把抽象的形式和属性从主体上面抽出来的能力〔209〕。以原因代替结果的转喻当然在每一事例里都会造成一个小寓言故事，其中原因被想象为一个女子，披上她所产生的效果的外衣〔402〕，例如丑恶的贫穷、凄惨的老年和苍白的死亡。

III

407 在把个别事例提升成共相，或把某些部分和形成总体的其他部分相结合在一起时，替换就发展成为隐喻（metaphor）。例如"可死者"（mortals）原来是特别用来指人的，因为只有人的死才会引起注意。用"头"来指"人"在拉丁俗语中很普通，是因为在森林中只有人的头才能从远处望到。"人"这个词本身就是抽象的，因为作为一个哲学的类概念，"人"包含人体及其各部分，人心及其一切功能，精神及其一切状态。同理，"木段"（log）和"顶"（top）在用茅草盖屋时就指柱和茅屋顶，后来城市装饰盛行，它们就指一切建筑器材和装饰。再如"屋顶"，后来就指整座房，因为在原始时代，头上有掩盖的东西就足以成为一间房了。再如船尾楼（poop）就可以代替船，因为原先它是船上最高的部分，所以从岸上望，首先就望见它；正如在复归的野蛮时代，帆就可以指船。还有"尖"可以指"刀"，因为刀是个抽象词，作为一个类，刀包括柄、柄上圆头、锋和尖，而刀尖是刺中人，使人感到恐惧的。同理，材料可指材料所造成的整体，例如铁可以指刀，因为从前人不会从材料（铁）中抽象出形式（刀）来。拉丁语 Tertia messis erat（那是第三次收获）无疑是由自然的需要产生的，因为人类花了一千多年，各民族才开始用"岁"或"年"这个星象方面的名词；就连到现在，佛罗伦萨农夫还说"我们已收获若干次了"来指"过了若干年"。在维吉尔的《田园诗集》〔1.69〕里："过了几次收获之后，我会看到我的一些王国而感到惊喜么？"那种替换和转喻的结合只显露出原始村野时代表现方式的贫乏，其中"那么多的麦穗"比起"收获"更为具体了。因为以麦穗代替"那么多年"是够贫乏的表现方式，而语法家们竟假定这里面有过渡的艺术哩。

IV

408 暗讽（irony）当然只有到人能进行反思的时期才可能出现，因为暗讽是凭反思造成貌似真理的假道理。这里涌现了人类制度的一个大原则，证实了本书关于诗的起源所揭示的道理：异教世界中原始人既然简单像儿童，忠实于自然本性，最初的寓言故事就不能是伪造，所以必然像上文所下的定义，都是些"忠实的叙述"〔401〕。

V

409 以上一切都导致这样一个结论：一切比喻（都可归结为四种）前此被看成作家们的巧妙发明，其实都是一切原始的诗性民族所必用的表现方式，原来都有完全本土的特性。但是随着人类心智进一步的发展，原始民族的这些表现方式就变成比喻性的，人们就创造出一些词，能表示抽象形式，或包括各个分种的类，或把各部分联系到总体。这就推翻了语法学家们的两种普遍错误：一种认为散文语言才是正式语言，而诗并不是正式语言；另一种认为散文语言先起，然后才有诗的语言〔460〕。

VI

410 诗的奇形怪物（monsters）和变形（metamorphoses）起于这种原始人性中的一种必要，即没有把形式或特性从主体中抽象出来的能力〔209〕。按照他们的逻辑，他们须把一些主体摆在一起，才能把这些主体的各种形式摆在一起，或是毁掉一个主体，才能把这个主体的首要形式和强加于和它相反的形式分离开来。把这种相反的观念摆在一起就造出诗的奇形怪物。在罗马法里，如安托万·法弗尔[4]所陈述的，凡是娼妓生的儿女都叫作奇形怪物，因为他们既有人的本性，又加上不是出于合法婚姻的那种野兽特性〔688〕。没有正式结婚的贵族妇女生的儿女因为属于这类奇形怪物，所以罗马法规定要把这类没有经过正式结婚而生出的子女投到台伯河里淹死〔566〕。

VII

411 把一些观念分别开来，就造成各种变形。古代法律所保存的事例之中有英雄时代拉丁语组 fundum fieri（成为基地）用来代替另一语组

auctorem fieri（成为主权，授权，批准）。解释是这样：正如基地支持上面种了庄稼或盖了房屋的农场或土壤，批准者也支持一条法令，如果不经批准，那条法律就无效；经过批准了，就放弃了他原先的随意行动的形状，采取了相反的固定的形状〔353，491〕。

第三章
关于各原始民族中诗性人物性格所用的语言方面的一些系定理

412 我们的诗性逻辑帮助我们理解到的那种诗性语言持续很久才到了历史时代，就像长川巨河持续流进大海，凭流动力向前推动的各种水都保持着甜味〔629〕。我们在公理中引过伊安布利霍斯的话，说埃及人把一切对人类生活有用的创造发明都归功于最伟大的赫耳墨斯，为着证明这一点，我们还引了另一条公理〔207〕："儿童们根据他们初次看到的男人、女人或事物，来认识和呼唤以后与他们有些类似或关系的男人、女人或事物。"我们说过，这正是诗性人物性格的巨大的自然来源，最初的各民族自然地根据这种诗性人物性格来运用思想和语言〔209〕。我们还指出过，假如伊安布利霍斯曾就人类制度的这种性质稍加反思，把它联系到他自己报道过的古代埃及人的习惯，他就一定不会把他自己的柏拉图式的智慧中的那种崇高的秘密教仪窜入埃及人的风俗智慧中的秘密教仪里〔208〕。

413 根据儿童的本性〔206〕和最初的埃及人的习俗〔207〕，我们敢肯定：诗的语言，由于它所运用的诗性人物性格〔209〕，可以对古代历史产生许多重要的发明。

I

414 梭伦一定是一位凡俗智慧的哲人，在雅典贵族政体的最初时代的平民党的一位领袖。希腊历史确实保存了这一事实，它叙述说，雅典起初是由贵族党统治的，在本书中我们将会显示出这在英雄时代的一切政体中是一种普通情况。英雄们或贵族们凭他们自信起源于神的某种本性，就不得不说，诸天神是属于他们的，因而天神的占卜权也是属于他们的。凭这种占卜权，他们也把英雄城市中一切公私制度都掌握在本阶层手里〔110，490〕。对于平民们，他们认为这些人来源于野兽，因而是些没有天神的人，因而没有占卜权，只准他们运用自然的自由权（这一条是本书自始至终都在讨论的关于各种制度的一条大原则）。梭伦却告诫平民们要自己进行反思，要认识到自己和贵族们具有同样的人性，所以在民权方面应和贵族们平等——说实在的，除非梭伦就是〔雅典平民们自己的一种诗性人物性格，而这种人物性格是被看成认识自己，为自己要求权利的〕。5

415 古代罗马人一定也有这样一位梭伦在他们中间。因为平民们在对贵族们进行英勇斗争之中，像古代罗马史公开地告诉我们的，都一直在说：罗慕路斯用来组成元老院的那些贵族（他们都是从元老院传下来的）"并非从天上掉下来的"；这就是说，天帝约夫对一切人都用平等的公道。这就是Iupiter omnibus aequus（尤庇特对一切人都平等）这句话的民政史，后来学者们从这句话里看出的（或塞进去的）要义是：一切心智都是平等的，他们取得的差异是来自他们的身体组织和民政教育的各种差异。凭这种反思，罗马平民们就开始获得在民政自由权方面和贵族们平等，直到他们把罗马的政体完全从贵族政体改成民众政体。我们前在时历表的注释里曾假定了这一点，那里我们还从思想上考虑巴布利阿斯法律〔104，114〕，下文我们还要指出：这不仅在罗马政体里，就连在一切其他古代政体里都是一种发生过的事实。我们将举出理由和凭证来说明：各民族中的平民们都普遍地从梭伦的反思开始，把政体从贵族制改变成民众制〔598，621〕。

416 因此，梭伦被看成"认识你自己"那句名言的作者。因为这句话对于雅典人民产生过重大的民政利益，人们就把它铭刻在雅典城邦中所有的公众场所。后来学者们却宁愿把这句话的本意看成是有意要对玄学的和精神的事物发出的一个伟大的忠告，因为说了这句话，梭伦就以长于玄奥智慧的哲人而闻名，公认为希腊七大哲人之首。就由于"认识你自己"这种反思，在雅典就产生了一切形成一种民主政体的制度和法律。并且由于各原始民族都惯于用诗性人物性格来进行思考，雅典人就把这些制度和法律都归到梭伦身上，正如埃及人把一切对人类民政生活有利的发明创造都归到最伟大的赫耳墨斯一样。

II

417 以同样的方式，一切关于社会阶级的法律都归到罗慕路斯。

III

418 一切关于宗教制度和神圣典礼（后来罗马宗教在鼎盛时代曾以此而显得赫赫有名）的法律都归到努马身上。

IV

419 一切关于军事训练的法律和制度都归到图流斯·奥斯提留斯（Tullus Hostilius）。

V

420 户口籍这个共和政体的基础以及其他许多有关民众自由权的法律都归到塞尔维乌斯·图利乌斯，所以塔西佗〔《编年史》3.26〕尊他为"首要的立法者"，因为塞尔维乌斯·图利乌斯的户口籍是贵族政体的根本制度，平民们凭此从贵族方面取得了土地的凭占领时效的所有权，这就使平民们后来有机会来创设护民官，来替他们保卫这一部分的自然的自由权，而这些护民官就逐渐领导平民们争取到充分的民政的自由权。塞尔维乌斯·图利乌斯的户口籍对此提供了机缘和起点，后来就发展成为罗马民众政体的根本制度的户口制。这一点上文在注释巴布利阿斯法律时〔107，111〕曾作为假设而讨论过，以后还要说明它是事实〔619ff〕。

VI

421 一切徽章和旗帜，都归到塔克文·普里斯库斯，后来到了罗马最辉煌的时代，罗马帝国曾凭这种徽章旗帜而耀武扬威。

VII

422 后来许多以同样方式制定的重大法律都被插入十二铜表法里〔1001〕，而且像我们在《普遍法律的原则》〔全集：2.564—580〕里已充分证明的，创设罗马十大执政官的唯一目的既然是制定贵族把公民所有权推广到平民的法律，这项法律既然是铭刻在公开的碑版上的第一条法律，以后凡是铭刻在公开碑版上关于平等自由权的法律就都归到维护民众自由权的十大执政官（decemvirs）了。姑举葬礼中的希腊豪华风气为例，十大执政官既然不会以禁止这种豪华风气的方式来倡导这种风气，禁止就一定来在罗马人已接受这种希腊风气之后。不过这种情况只有到罗马人和他林敦人以及和皮洛士进行战争之后，因为那时罗马人才和希腊人开始相识，这就说明西塞罗说过的一句话〔《论法律》2.25.64〕，他说这条法律是按照原在雅典所理解的文字直译成拉丁文的。

VIII

423 德拉古也是一样，希腊史告诉我们，他用血写成了法律，当时雅典是由贵族们占领的〔414〕，那就是英雄贵族统治的时代。希腊史也告诉我们，当时赫拉克利族人遍布在希腊全境，甚至到了阿提卡〔77〕。他们终于在伯罗奔尼撒定居下来，在斯巴达建立了王国，这确实是一种贵族统治的政体。德拉古一定就是钉在珀尔修斯（Perseus）国王盾牌上的那些蛇发女妖（Gorgon's serpents）〔734〕，这些蛇就指法律的统治。这面盾牌及其所描绘的那些可怕的刑罚使盯着那些蛇的眼睛看的人都变成顽石，正如《圣经》

中类似的法律就叫作"血的法律"一样，因为这些法律所规定的示范性的惩罚〔F₇〕。密涅瓦就披上这种盾牌，博得雅典娜的称号。直到今天还在用象形文字的中国人中间，龙已成了民政权力的旗帜。这一点值得惊讶，中国和雅典这两个民族相隔那么久又那么远，竟用同样的诗性方式去思考和表达自己。关于德拉古，希腊史没有谈到任何其他东西。

IX

424 对诗性人物性格的发现使我们有信心把伊索摆得比希腊七哲人早得很多〔91〕。这个语言学真理是由下列人类思想史替我们证实的：七哲人之所以得到颂赞，是因为他们开始用梭伦的"认识你自己"那样格言的形式去表达伦理教义或民政学说，而梭伦是七哲人的领袖。但是在此以前，伊索就已用比喻的形式来表达这类劝告，而诗人们用这种比喻形式来表达自己，比伊索还更早。人类思想的次序是先观察事物的类似来表达自己，后来才用这些类似来进行证明，而证明又首先援引事例，只要有一个类似点就行，最后才用归纳，归纳要有更多的类似点。一切流派的哲学家的祖宗是苏格拉底，他才用归纳来引进辩证法，后来由亚里士多德用三段论法来使这种辩证法完善化，三段论法没有一个共相⁶就不能进行。但是对尚未发达的心灵，只要提供一个类似点就足以说服它们；就像只消用伊索创造的一个寓言故事，麦尼纽斯·阿古利巴（Menenius Agrippa）就使造反的罗马平民们归顺〔499〕。

425 伊索本是一个诗性人物性格，代表英雄们的伙计或家奴。文明的费德鲁斯（Phaedrus）在他的《寓言集》的一篇前言里〔3〕用先知的洞见揭露出来了：

> 请静听一会儿，我来揭示说寓言故事的艺术怎样开始。不幸的奴隶们拘禁起来服劳役，不敢向严酷的主子们直说心事，但是借寓言的伪装来遮掩，设法表达出自己的思想和情感，还是避开了他们主子的盛怒。伊索就是这样办的，我开拓了他的道路。

211

像伊索寓言中的《狮子的份儿》就对我们证实了这一点，因为平民们本来就被叫作英雄们的伙计或家奴（socii）〔259〕，要分享战争的劳苦和风险，却分享不到掳掠品和胜利品。伊索就叫作一个奴隶，因为平民们原是英雄们的"家人"〔555ff〕。而且伊索被描绘为丑陋，因为文明的美被认为只有来自隆重的结婚典礼，只有英雄们才举行这种婚礼〔565ff〕。由于同一理由，忒耳西忒斯（Thersites）[7]也被描绘为很丑，因为他也必是在特洛伊战争中服侍英雄们的一个平民。尤利西斯用阿伽门农的王杖打过他，正如罗马贵族们那样用鞭杖打平民们的光肩膀——"用国王的气派"，如圣奥古斯丁的《上帝之城》〔2.18.1〕引述萨卢斯特（Sallust）所说的——直到波喜安法（Porcian Law）才使罗马人的肩膀不再挨鞭杖[8]。

426 从此可见，凭自然理智判定为有益于自由的公民生活的告诫一定符合英雄城市中平民们所珍视的情操。在这方面伊索就被创造成代表这类平民们的一种诗性人物性格。后来凡是涉及伦理哲学的寓言故事都归到伊索身上，他就变成最初的伦理哲人了，正如梭伦凭他制定了法律使雅典成为一个自由的政体，曾被尊为一个哲人一样〔414ff〕。因为伊索在寓言故事里进行劝诫，人们就认为他一定生活在梭伦之前，因为他是在格言里进劝诫的[9]。这些寓言故事原来一定是用英雄体诗律来构思的。后来有一个传说，说这些寓言原是用抑扬格诗律构思的。抑扬格诗律是希腊各族人民在由英雄体诗过渡到散文时期用来说话的〔463〕，它们最后就写成散文，而且这类寓言终于写成散文，就以散文形式流传到我们。

X

427 就是以这种方式，后来凡是玄奥智慧方面的发明创造都归到涉及凡俗智慧的作家们身上。东方的琐罗亚斯德，埃及的最伟大的赫耳墨斯，希腊的俄耳甫斯，意大利的毕达哥拉斯之类诗性人物性格本来都是些立法者，最后就被认为是些哲学家，就像孔夫子今天在中国还被看成哲学家一样。大希腊[10]的毕达哥拉斯派学者们之类被称为哲学家，其实就是些贵族，他们企图把所有的大希腊的政体都从民众式的变成贵族式的，他们就全被杀掉了〔1087〕。毕达哥拉斯的黄金诗篇都是些伪制品，琐罗亚斯德的预言，最伟大的赫耳墨斯的《牧羊人》，俄耳甫斯的诗歌也都是些伪制品〔128〕。古代并没有继承到什么由毕达哥拉斯写的哲学书，菲洛劳斯（Philolaus）是最早的写过一本哲学书的毕达哥拉斯派学者，如谢弗在《意大利哲学》里所提到的。

第四章
关于语言和字母起源的一些系定理；
其中包括象形文字、法律、名称、族徽、徽章和钱币的起源；
因此包括部落自然法的最早的语言和文献

428 现在我们从诗人们的神学，或诗性玄学，通过从此起来的诗性逻辑，来寻求语言和字母的起源。关于这几方面，有多少就这问题写出著作的学者们，也就有多少不同的意见。例如 G. J. 浮斯（G. J. Voss）在他的《语法学》里说："关于字母的发明，许多作家已搜集了许多资料，既繁冗而又混乱，使人离开它们时和接触它们以前一样没有确凿的把握。"H. 雨果（H. Hugo）在他的《最初文字的起源》里说："再没有其他问题比起关于文字和书写的讨论摆出更多的互相矛盾的意见了。那么多的互相矛盾的意见，你究竟相信谁或不信谁呢？"所以波那·封·马林克罗特（Bernhard von Mallinckrodt）在他的《文字的本质和运用》里看到文字的起源不可能理解，因而断定文字来自神的创造，这也并非没有理由。追随他的这一看法的还有《希腊语言史》的作者英格瓦尔德·厄林（Ingewald Eling）。

429 但是语言文字如何起源的困难是由学者们自己制造出来的。这些学者们都认为文字起源和语言起源是两个互不相干的问题，而事实上二者在本质上就是联系在一起的。他们理应在"语法"和"文字"这两个词上花同样多的工夫，从前一词看，因为给"语法"（grammar）下的定义是"语言的艺术"，而 grammata 就是文字，因此语法的定义原来应该是"书写的艺术"。其实这正是亚里士多德〔《论题》142b31〕里所下的定义，语法本来就是"书写的艺术"，因为一切民族都先以书写的方式来说话，他们本来都是哑口无言的〔225ff，400ff，435〕。至于文字或字母（character）是指印象、形状、范本，而"诗性文字"确实来在有发音的字母之前。约瑟夫斯坚持在荷马时代，凡俗字母还没有发明。此外，这些字母如果已形成可发的音而不是人随意运用的符号，它们在各民族中就应该是一致的，因为发出的那些音本身是一致的。由于学者们对语言和文字的起源绝对无知，他们就不懂得最初各民族都用诗性文字来思想，用寓言故事来说话，用象形文字来书写。而这三项原应是哲学在研究人类思想，语言学在研究人类文字之中都应运用的一些在本质上就是确实可凭的原则。

430 现在既进入对这个问题的讨论，我们姑就对关于这个问题所持的多至不可胜数的荒谬无稽的夸张的可笑的意见中举一个简短的例子：因为在复归的野蛮时期之后，由于民族的虚骄讹见，斯堪的纳维亚被称为部落的胚胎，被视为世界其他各民族的母亲，所以约翰斯·玛格弩斯（Johannes Magnus）和奥劳斯·玛格弩斯（Olaus Magnus）又凭学者们的虚骄讹见，就认为他们这帮哥特族人从世界一开始，就把由亚当以神灵的方式发明出来的字母保存下来了。这种迷梦遭到过所有的学者们的讥笑，但是还没有能使约翰斯·梵·高普（Johannes van Gorp）不重蹈覆辙，并且又前进了一步，声称他自己的荷兰语（本来和撒克逊语差不多）是由地上乐园传下来的一切其他语言的母亲。这种主张遭到了 J. J. 斯卡里格（J. J. Scaliger）、P. 卡梅拉留斯（P. Camerarius）、C. 伯克曼（C. Becmann）和马丁·秀克等人的耻笑，可是这种虚骄讹见在 O. 鲁德贝克（O. Rudbeck）的《大西洋》一书里竟仍然膨胀到爆炸点，他硬说希腊字母来自北欧古字母（Runic Letters），把卡德摩斯看作和希伯来字母在起源上有同样次序和价值的腓尼基字母说成是些倒转过来的北欧古字母，而希腊人最后又用尺和规把它们这里改直一点，那里改圆一点。而且据说因为北欧古字母是由一位名叫麦库斯曼（Merkurssman）的斯堪的纳维亚人发明的，这位学者就硬说替埃及人发明字母的墨丘利是一个哥特族人。请允许我这样转述关于文字起源的一些意见，使读者就有了准备，对我们在这里所说的一些话不仅以公平态度看看其中有没有什么新的东西，并且下工夫细加思考，接受必须接受的东西：这就是异教世界中一切关于人和神的知识的一些基本原则。

431 哲学家们和语言学家们都应该一开始就根据下列几个原则来研究语言和文字的起源：（1）异教世界的原始人都凭一些有生命而哑口无言的实体，凭想象来构思成事物的意象或观念；（2）他们都通过与这些意象或观念有自然联系的姿势或具体事物去表达自己，例如用三枝麦穗或三次挥动镰刀来表示三年；（3）他们因此是用一种具有自然意义的语言来表达自己。（柏拉图和伊安布利霍斯都说过，这种语言在世界中过去曾经用过〔207，401〕；它一定是大西洋的最古的语言，一些学者想使我们相信，这种语言根据事物的自然本质即自然特性来表达意象或观念。）就因为哲学家们和语言学家对语言起源和文字起源这两个本来自然联系在一起的问题加以分别研究，这样就使得文字起源的研究对于简直没有研究或很少研究语言起源的人们感到很困难，对于语言起源的研究或对于简直不关心或很少关心文字起源的人们也一样困难。

432 因此，从讨论一开始，我们就把语言学公理〔173〕定作我们的第一条原则，那就是，根据埃及人说，在他们之前世界已经历了三个时代，即神、英雄和人的时代；与这三个时代相应的也说过三种语言，第一种语言是用象形文字的，宗教的或神圣的语言；第二种语言是象征的，用符号或英雄们的徽纹的语言；第三种语言是书写的，供相隔有些距离的人们用来就现实生活的需要互通消息时所用的语言〔参看亚历山大城的克雷芒的《杂录》5.4〕。关于这三种语言，荷马在《伊利亚特》史诗里有两段珍贵的话清楚地证明了在这一点上希腊人和埃及人是一致的。第一段〔1.250ff〕说到涅斯托耳（Nestor）一生经过了说三种不同语言的三代人，所以涅斯托耳一定就是时历中的一个英雄人物性格，而这种时历是由与埃及的三个时代相应的三种语言所划定的，而"活到涅斯托耳的年岁"这句成语的意义就是"活得和世界一样古老"。另一段〔20.215ff〕说到埃涅阿斯告诉阿喀琉斯说，在特洛伊移到海岸上而帕加马成了它的城堡之后，说三种不同语言的人们就开始住在伊利昂。我们还把也是来自埃及的传说〔说托特（Thoth）或交通神墨丘利发明了法律和文字〕结合到这第一条原则上。

433 围绕着上述真相，我们还搜集到下述其他真相：在希腊人中间，"名称"（name）和"性质"（character）意义相同，所以教会神父们把"神的性质"

和"神的名称"两个词看成同义，可以互换。"名称"和"定义"（definition）两个词在意义上也相同，例如在修辞学里在"名称"（nominis）这一项目之下有寻求对事实的定义，而在医学里在疾病的名称这一项之下就是替各种疾病下的定义。在罗马人中间"名称"这个词的原义或本义是分成若干家庭的房屋。希腊文用"名称"这个词也取这种意义，例如父名 patronymics[11] 就是诗人们尤其是荷马所常用的。（据李维〔10.8.10〕，一位平民党的护民官曾把元老们下定义为"能用父亲的姓的人们"〔就是说，由依法结过婚的父母生下的〕。）这类父名（或姓）后来在希腊其他享受民主自由的部分都消亡了，只有在斯巴达贵族政体之下赫拉克利族人还保留住。在罗马法里名称（nomen）就指法权。在希腊文里 nomos〔名称〕也指法律，由 nomos 派生出 nomisma 即钱币，如亚里士多德所提到的〔E. 1133a 30〕。据字源学家们说，nomos 变成拉丁文的 nummus（罗马银币）〔487〕。法文 loi 指法律，而 aloi 就指钱币。在第二轮野蛮人之中 canon 这个词既指教会法规，又指封建承租佃户缴给地主的年税。这种思想方式的一致性说明了拉丁人何以要用 ius 这个词既指法律，又指献给天神的牺牲动物的油脂，因为天帝约夫原来就叫作幼斯（Ious），后来从这个词派生出 Iovis 和 iuris 这两个所有格词〔398〕。在埃及人中间，牺牲供祭的动物也分割成三部分，油脂也算是天帝所应得的一份，摆在祭坛上燃烧掉〔F₇〕。拉丁文 praedia（地产）这个词用于乡下必比用于市区较早，地产之所以有这种称呼，因为最初开垦的土地曾是世界上最初的掠夺品（praeda）〔486，1027f〕。所以最初开垦的土地在古罗马法里叫作 manucaptae（从此派生出 manceps，指拥有地产受国库契约约束的人）；而且在罗马法里 iura praediorum 这个词仍指所谓"地产服役"，这种服役是随地产走的。称作 manucaptae 的土地最初一定叫作 mancipia，我们确实应取这个意义来理解十二铜表法中的 Qui nexum faciet mancipiumque〔6.1a〕，意思就是任何人订了一项委托或代售土地的契约，就要把他的庄园房屋放在一起委托或代售掉〔570，1031〕。意大利人，也跟古罗马人的思路走，把庄园房屋叫作 poderi（掳掠品），因为是凭势力夺得的。另外还有一个证据：在复归的野蛮制度下，土地连同它的疆界叫作 presas terrarum。西班牙人把大胆的事业叫作 prendas。意大利人把家族盾徽叫作 imprese，把

termini 用作和"词"或"字"同义词（这个用法还保存在经院派的辩证法里）。他们还把家族盾徽叫作 insegne，这个词派生出动词 insegnare 即"教导"。在荷马时代，所谓凡俗字母还没有发明（他的史诗也提供同样的例证），他说普罗塔斯（Proetus）送给攸拉亚（Eureia）反对柏勒洛丰（Bellerophon）的信是用 sēmata（即符号）写的〔I.6.168ff〕。

434 为圆满结束上述一切论证，姑且加上下述三条无可辩驳的真理：（1）既已证明了最初各异教民族在开始时全都是哑口无言的，他们表达自己的方式就必然凭一些和他们心中观念有自然联系的某种姿势或具体事物〔225ff，401〕。（2）他们必然用过符号来固定他们的地产的疆界，并作为他们的权利的持久见证〔486〕。（3）他们必然都用过钱币〔487〕。所有这三条真理就会向我们提供语言和文字的起源，从而也提供象形文字、法律、名称、家族盾徽、徽章、钱币以及用来就部落自然法进行说话或书写的那种最初的语言和文字。

435 为着把上述一切原则奠定得更牢固些，我们在这里必须推翻某些埃及人所持的那种错误见解，认为象形文字是由哲学家们发明的，用来把他们的高明的玄奥智慧隐藏起来。因为凡是最初的民族都用象形文字来达意，这是一种共同的自然需要〔226，429〕。在非洲，除掉已提到的埃及之外，还可加上赫利奥多罗斯（Heliodorus）〔毋宁说狄奥多罗斯 3.4〕在他的《埃塞俄比亚记》〔4.8.1；4.11.4〕里所记下的一个事例。埃塞俄比亚人用一切机械工作的用具作为象形文字。在东方，迦勒底人的魔术性的字母必然也是些象形文字。在亚细亚北部，斯基泰国王伊丹图尔索司（在斯基泰的漫长的历史中为时已颇晚，他曾经征服过自夸为世界最古民族的埃及）用五个都是实物的词来回答要向他宣战的波斯大帝大流士〔希罗多德 4.131〕。这五件实物是一只青蛙、一只田鼠、一只鸟、一柄犁和一把弓。青蛙指他本人出生在斯基泰土地上，就和蛙在夏天雨水中从土地里生出来一样，所以他是斯基泰国土的儿子〔535〕。田鼠指他和自己家里田鼠一样，生在哪里就在那里安家，也就是在那里奠定了他的国家。鸟指他本人在那里拥有占卜权，也就是说，除神以外，他不隶属于任何人〔488，490，604〕。犁指土地是由他开垦和耕种的，凭力量使他变为自己所有的〔541，

550〕。最后，那把弓指他作为斯基泰的最高统帅，有义务也有力量去捍卫他的祖国。这样的解释是既自然而又必然的，拿来对比，大流士的谋士们所找到的那种解释〔据圣西里尔（St. Cyril）即亚历山大城的克雷芒在他的《杂录》5.8里所记的〕就显得滑稽可笑了。如果在大流士的谋士们对斯基泰的象形文字的解释之外，再加上埃及象形文字学的学者们的一些牵强附会的歪曲的解释，那就可明显地看出，凡是最初民族所用的象形文字的真正的恰当的意义前此都被误解了。至于拉丁人哩，罗马历史也并非没有留下这样一种传说。塔克文·苏佩布寄给在加俾（Gabii）的他的儿子的那种哑口无言的英雄式的回音可以为证，当着信使的面，他挥舞手杖割去一些罂粟花的头。在北欧，塔西佗在描写当地风俗时〔《日耳曼尼亚志》19〕，曾提到古代日耳曼人并不知道文字的秘密（literarum secreta），也就是说，他们不知道怎样写下他们的象形文字。这种情况一定持续到士瓦本（Swabia）国王腓特烈（Frederick）时代，甚至到哈布斯堡国王鲁道夫（Rudolph）时代，当时他们才开始用日耳曼俗字体来写政府文件。在法兰西北部有一种叫作皮卡第的 rebus（一种红花草）的象形语言，一定像在日耳曼一样，是运用具体事物的语言，也就是斯基泰国王所用的那种象形语言。就连大不列颠北部最远的地方苏格兰在古代也用象形文字书写，像赫克托·博伊斯（Hector Boece）在《苏格兰史》里所说的。在西印度群岛，墨西哥人曾被发现是用过象形文字书写的，而姜·德·莱特（Jan de Laet）在对新印度的描述中谈到印第安人的象形文字时说，它们像各种动物、植物、花卉、果实的头，并且提到印第安人凭界柱上的图腾符号来区别氏族，这正和我们这个世界中用家族盾牌一样〔486〕。在东印度群岛中国人至今仍用象形文字书写 [12]。

436 这样就使后来的学者们的诐见泄了气。一种是就连埃及人也不敢望尘的那样顽固的虚骄诐见：认为世界的其他学者们都从埃及人那里学会用象形文字，来隐藏他们的玄奥的智慧。

437 既已定下了上述诗性逻辑的一些原则并且推翻了学者们的一些虚骄诐见，我们现在就回头来研究埃及人所说的三种语言。第一种就是神的语言，荷马曾替希腊人提出了凭证。他在两部诗史中有五处都提到有一种语言比他〔荷马〕自己所用的那种当然是英雄时代的语言还更古老，荷

218

马把它叫作"神的语言"〔174〕。有三处在《伊利亚特》里，第一处在〔1.403f〕，荷马说神称之为布里亚柔斯（Briareus）的那种东西，人却称之为埃该翁（Aegaeon）[13]。第二处在〔14.291〕，荷马提到一种鸟，神称作哈尔基斯（Chalcis）而人却称作库明狄斯（Cymindis）。第三处在〔20.74〕，荷马说特洛伊有一条河，神称作克珊托斯（Xanthus）而人却称作斯卡曼德洛斯（Scamander）。在《奥德赛》里有两处。一处是〔12.61〕，荷马说，人称作斯库拉和卡律布狄斯（Scylla and Charybdis）[14]，而神却称之为勃朗克蒂·彼得利（Planctae Petrae）。另一处是〔10.305〕，荷马叙述到交通神授给尤利西斯一种预防海妖喀耳刻（Circe）的魔术引诱的草药，神称之为摩吕（Moly），是人所不认识的。柏拉图在《克提拉斯篇》〔391 Dff〕对话录里对此提出很多看法，但是白费了力，以致狄奥·克里索斯托姆后来（11.22；10.23f）诽谤荷马假装着懂人所无法懂得的神的语言。但是值得置疑的是在上述几段荷马的诗里，我们是否应该把"神"理解为"英雄"，因为英雄们把自己也称作"神"〔449〕，以别于他们的城邦中的平民，把平民就叫作"人"〔就如在第二轮野蛮时代，佃户也叫作"人"，使霍特曼（Hotman）大为惊怪〕，而大地主们（像在第二轮野蛮时代那样）乱夸口说自己掌握着许多灵丹仙药的秘密。因此上述神和人在语言上的差异也许只是高贵语言和村俗语言的差异。不管怎么说，在拉丁人之中，瓦罗本人却致力于研究人的语言，因为他下工夫搜集到三万个神的名字〔175〕，这就是一部很丰富的神的词汇了。有这套词汇，拉丁地区各族人民就可以凭这套词汇来表达一切生活需要。在那种简朴而节约的时代，生活需要就不会很多。希腊人的神也有三万名之多〔175〕，因为他们把每一个石头、水源、小溪、植物或靠岸的岩石都当作一个神。这类神包括林神（dryads）、树精（hamadryads）、山仙水怪之类。美洲印第安人正像这样把自己不认识或不懂的东西都看作神。由此可见，希腊人和拉丁人的神话故事一定就是些真正最初的象形文字，或神的字母，和埃及人的象形文字相对应。

438 与英雄时代相对应的第二种语言，据埃及人说，是曾用符号来说的，可以归入这一类的有英雄的徽帜，这种徽帜一定是些哑口无言的比喻，即荷马所称的 sēmata（英雄们用来书写的记号）〔433〕。因此，它们必然曾是些隐喻、意象、类比或比较，既然发展到进入有声语言时，就成了诗性表达方式的全部手段。因为荷马确实是希腊语言的创造人——如果我们接受犹太人约瑟夫斯〔《驳阿皮翁》1.2.12〕的看法，他说流传下来的诗人没有比荷马更古老。而且我们是从希腊人那里获得全部关于异教世界的知识，荷马就是当时全异教世界的第一位创作者。在拉丁人中间，最早的拉丁语言作品都是些赛里歌（Salian songs）的断简残篇，而提到过的第一位作家是诗人李维乌斯·安德罗尼库斯[15]。随着第二轮野蛮制度在欧洲的出现，一些新的民族语言产生了。西班牙人的最早的语言叫作"罗曼斯"（el romance），因而也就是英雄诗歌的语言，因为罗曼斯或传奇诗的作者们都是第二轮野蛮时代的英雄体诗人。在法国，第一位法语土语的作家是阿诺特·丹尼尔·巴卡（Arnaut Daniel Pacca），第一位在十一世纪盛行的普罗旺斯地区诗人。最后，最早的意大利作家们是佛罗伦萨和西西里的作押韵诗的诗人们。

439 埃及人的书写通信的语言适合用来和远方传达消息，表达日常生活的需要，它一定是由埃及统治民族即底比斯人中下层阶级产生的〔底比斯国王拉美西斯二世曾把他的统治推广到埃及全部疆域〕，因为埃及人认为那种语言和人的时代相应，"人"这个词用来代表英雄民族中的平民们，以示和英雄们有别〔437〕。这种语言应理解为由自由约定俗成起来的，土俗的语言文字由于具有这一永恒特性，所以成为人民的一种权利。罗马皇帝克劳狄乌斯（Claudius）发现有必要在拉丁语里新添三个字母，罗马人民就不肯承认。意大利人也不承认 G. 特里西诺（G. Trissino）所建议的替意大利文增加的字母，尽管人们感觉到意大利文没有那几个字母确实是一种欠缺。

440 埃及人通信用的土俗的语言所用的字母必然也是土俗的。因为埃及人的土俗字母类似腓尼基的土俗字母，就必假设这两个民族中有一方是借用另一方的。认为埃及人首先发明了一切对人类社会为必要或有用的事物，一定就因而要主张是埃及人把埃及文字母教给腓尼基人的。但是亚历山大里亚人克雷芒比任何其他作者对埃及事物都较熟悉，他却说腓尼基人桑库尼阿通（Sanchuniathon）或桑库尼阿特斯（在时历表里摆在希腊的英雄时代）曾用土俗字母写过腓尼基史，所以他主张把这位腓尼基历史学家看作异教世界中第一位用土俗字母来书写的作者〔83〕。在这一点上还应说，腓尼基人确实是世界上最早的通商民族，他们为着通商进入埃及，很可能把腓尼基字母带到埃及。但是姑且把辩论和揣测抛开，土俗传说也明说这些腓尼基人把腓尼基的字母带到了希腊。塔西佗〔《编年史》11.14〕在审查这个传说之中提出一个看法，说腓尼基人也可能把别人发明的东西，指埃及的象形文字，冒充为自己的发明。但是承认民俗传说总有某种真实基础（像我们前已证明，一切民俗传说都应有真实基础〔144〕），就让我们说腓尼基人是把从其他民族得来的象形文字带到希腊的，而且这些象形文字只能是些数学符号或几何图形，这些是腓尼基人过去从迦勒底人那里接受过来的。迦勒底人无疑是各民族中最早的数学家，特别是最早的天文学家。因此，据博沙尔说，迦勒底人琐罗亚斯德（这个名字的意思就是"观星者"）是异教世界中最早的哲人〔55，59〕。腓尼基人把这些迦勒底字母用作商业中数目符号，他们经商，远在荷马时代之前就已常到希腊沿岸，这从荷马自己的史诗——尤其在《奥德赛》里就可看得很清楚。因为像约瑟夫斯反对希腊语法学家阿皮翁而竭力坚持的一种看法，在荷马的时代，希腊人还没有发明土俗字母〔66〕。但是希腊人运用他们确实超过一切民族的高超天才，把这些几何图形接受过来代表各种明晰的发音，使它们极其优美地形成了土俗字母。这些字母后来由拉丁人采用了。塔西佗自己就说过，拉丁人的字母类似最古的希腊字母。这一说的重大证明就是希腊人曾长期地，而拉丁人直到他们的最晚时代，都用大字母来代表数目。科林斯人狄马拉图斯（Demaratus）以及阿卡狄亚人伊凡德的妻子卡曼塔（Carmenta）教给拉丁人的必然就是这些字母〔762〕。我们将来还要说明，在古代，希腊多次殖民是由海陆两道进入拉丁区域的〔772〕。

441 许多学者争论说，因为希伯来人和希腊人都几乎用同样的名字称呼他们的村俗字母，希腊人必然是从希伯来人借来他们的村俗字母。这种论点并没有什么可取处，如果说是希伯来人模仿了希腊的字母而不是相反，倒还更合理些。因为人们普遍同意：自从亚历山大征服了东方帝国（在他死后由他的将军们瓜分了）时代起，希腊语就已在埃及和东方传播遍了；而且人们也普遍同意：语法输入希伯来人中间是很晚的，必然的结论就是，希伯来文人们用了希腊的名字来称呼他们自己的字母。此外，任何事物的元素在性质上都是很简单的，希腊人开始时一定用最简单的声音来称呼他们的字母（例如用 ah 称呼 α），因此，字母就叫作元素。拉丁人跟着希腊人走，用来称呼拉丁字母的也一定是声音低沉的名字，字母的形式也保留最古的希腊字母的形式。所以我们应得出的结论是：用复杂的名字来称呼字母（例如用 alpha 代表 α）的办法在希腊人中间起来较晚，由希腊人传给东方的希伯来人，那就更晚了。

442 以上这些论证就驳倒了某些人的一种意见，他们硬说是埃及人刻克洛普斯把土俗字母输入希腊。另外还有一种意见，认为是腓尼基人卡德摩斯把土俗字母从埃及带到希腊，因为他在希腊建立了一个城市，取的名字是底比斯（Thebes），这原是借用埃及最大王朝的都城的旧名字。这种意见在下文还要根据诗性地理的一些原则〔742ff〕来加以反驳。根据诗性地理的原则就可看出，希腊人到了埃及，就把埃及都城叫作底比斯，因为它很类似希腊自己的底比斯，最后，我们理解到某些慎重的批评家，如一位佚名的英国作家讨论科学的不确定性时所援引过的托马斯·贝克（Thomas Baker）（在《关于学术的感想》里）认为〔时历表〕把桑库尼阿特斯（Sancuniates）〔83〕的时代摆得太早，因而断定这个人过去就根本没有存在过。因此，我们虽不完全否定他存在过，却承认应该把他摆晚些，他一定生在荷马以后。我们既承认腓尼基人在希腊人之前就已发明了所谓村俗字母（不过我们也要考虑到希腊人比腓尼基人有更多的天才），我们就应该说，桑库尼阿特斯比起希罗多德要稍早一点，希罗多德号称"希腊历史之父"，曾用土俗语言写了希腊史。因为桑库尼阿特斯号称写事实真相的历史学家，他属于瓦罗划分时代中所称"历史时期"〔52〕，按照埃及人划分他们自己以前的三个时代以及和它们相应的三种语言，希腊人当时说的是用村俗字母书写的通信语言〔440〕。

443 正如英雄的或诗性的语言是由英雄们创造的，村俗的语言也是由村俗人开始用的，这些村俗人就是英雄民族中的平民们〔597f〕。这类村俗语言在拉丁人中间恰当的名称是土语〔994〕。不过这种土语不可能如某些语法学家所说的，就是由战俘变成为奴隶之前，原先在国内发生的那些 vernae

（土生土长的奴隶）所初用的土俗语，因为这种奴隶们所学过的自然是他们父族的语言。但是最早的称呼确切的土俗人是氏族情况下的英雄们的"家人"〔556〕，这批家人后来就组成了英雄城市中的平民大众，他们是由城市通过战争俘虏来的那批奴隶的先驱。这一切都由荷马所说的神和人的两种语言证实了，我们把"神的语言"理解为英雄的语言，把"人的语言"理解为村俗的语言〔437〕。

444 有一种看法认为土俗语言的意义是约定俗成的。语言学家们全都过于轻信地接受了这种看法。与此相反，土俗语的起源是自然的，它们的意义也必然是自然的。这个道理在土俗拉丁语里是容易看出的。土俗拉丁语比起土俗希腊语更具有英雄时代性质，所以前者较强壮而后者较文雅。土俗拉丁词汇几乎全靠根据自然事物按自然特性或可感觉到的效果来形成的。一般地说，隐喻构成全世界各民族语言的庞大总体。可是语法学家们碰到了大量的词只表达出事物的混乱不清的意思，他们不知道这些词的起源（起源曾使这些词在开始时既清楚而又分明），他们就安于无知，就下了一句带有格言性的结论，说凡是人类可发音的词的意义都是人为的或勉强的。而且他们还把亚里士多德、盖伦和其他哲学家们拖到他们自己一边来壮声势，反对柏拉图和伊安布利霍斯〔227〕的看法。

445 不过这里还有一个很大的难题：为什么世间有多少民族就有多少种土俗语言呢？要解决这个难题，我们在这里就必须奠定这样一个伟大真理：因为各族人民确实由于地区气候的差异而获得了不同的特性，因此就产生了许多不同的习俗，所以他们有多少不同的本性和习俗，就产生出多少不同的语言。因为凭上述他们特性的差异，他们就从不同的角度来看人类生活中的同样效用和必需，这样就有同样多的民族习俗兴起来，大半彼此不同，有时甚至互相冲突，有多少民族就有多少语言，其原因就完全在此。一个明显的凭证就是谚语。谚语都是人类生活的格言，各民族的谚语在实质上都大体相同，但表达的方式却不一样；有多少民族，就从多少不同角度去表达〔161〕。这个事实具体而微地保存在各种土俗语言里的同样从英雄时代起源，却产生出使研究《圣经》的批判家们大为惊讶的一种现象：同样一些国王的名称在《圣经》这部历史里却和在凡俗历史里不一样。这就因为一种历史专从面貌或权力着眼去看人而另一种历史却从习俗、行业或其他观点去看人。同理，我们还发现同是匈牙利的城市而由匈牙利人、希腊人、德国人或土耳其人给的名称就各不相同。日耳曼语言是一种活着的英雄时代的语言，它把一切外国语言的名字都换成日耳曼语。我们也可以猜想到过去拉丁人和希腊人在运用希腊拉丁的文雅风格来讨论许多关于野蛮人的问题时，也是这样办。在古代地理和化石、植物和动物之类自然史里所碰到许多艰晦难解处，原因也一定就在此。因此我们在本科学第一版里〔全集 3.387ff〕曾设想编出一种"心头词典"（Mental Dictionary），来对各种发音不同的语言找出意义，使它们在实质上显出思想（观念）方面的某种一致性，这些大体一致的观念由于考虑的观点或角度不同，各种不同语言中就各用不同的词表达出来了〔35，145〕。在研究制出本科学论证的过程中，我们在不断地运用这种心头词典。我们曾经举过一个例子详细说明：古今十五种不同的民族，在氏族政体情况下和在最初的一些政体情况下，即在他们语言的形成期，从十五种不同的观点来考虑，就用十五种不同的词来称呼"家族父主"这一相同的观念。（而最重要的一些论证涉及按词的原义来论证当时一些制度的性质，如上文 240 段中一些公理所已表明的。）为着三段话〔28，33，35〕，我们对该书的出版并不追悔。这段就是三段中的一段，上述心头词典以一种新的方式发展了托马斯·海恩（Thomas Hayne）在他的《论各种语言的亲属关系》以及《论各种语言的和谐一致性》的著作中所提出的论点。从上述一切，我们得出一条系定理：凡是语言愈富于英雄时代的简练，也就愈美；愈美就是愈有表达力；愈有表达力就是愈忠实。就反面来说，语言中来源不清的词愈多，它就愈不足以令人喜悦；由于它晦涩混乱，它就很可能欺骗人，把人引入迷途。这种语言一定是多种野蛮语言的混合，而词的本义和譬喻义的历史又没有传下来。

446 现在转到上述三种语言和文字如何形成这个极难的问题，我们须先定一个基本原则如下：由于神、英雄和人都是同时开始的（因为毕竟是由人想象出神来而相信自己的英雄性是神性和人性的混合），所以神的、英雄的和人的三种语言也是同时开始的。每种语言都各用和自己同时发展起来的字母或文字，不过三种语言开始时就有很大的差别：神的语言是几乎无声的，或只稍微发点声音；英雄的语言开始时是有声与无声的平均混合，因此就是土语和英雄们用来书写的文字——荷马称之为 sēmata〔符号〕的〔433〕二者的混合；至于人的语言则几乎全是发音的，只是有时发音较轻或是哑口的。没有哪种土语丰富到有足够的词去表达一切事物。因此，英雄的语言在开始时必然极端混乱，寓言故事意义暧昧的主要原因就在此。例如卡德摩斯的寓言故事就很典型。他杀死了一条大蛇，把蛇齿锯掉，于是一些武装大汉就从田地里跳出来，卡德摩斯就把一大块岩石扔到那些大汉中间，让他们争夺，互相搏斗到死，最后卡德摩斯自己就变成一条蛇。这位卡德摩斯很灵巧，是他把字母带给了希腊人，他的神话故事就是由希腊人传下来的。我们马上就要说明：卡德摩斯的这个神话故事就包含了几个世纪的诗性历史〔679〕！

447 接着上文已说的说下去。与此同时，天帝约夫这种神圣人物性格也形成了——这是异教世界中第一条人道思想——同时，发音的语言也开始以象（谐）声的方式发展出来，我们现在仍然看到儿童们恰当地用象声方式表达他们自己。拉丁人首先根据雷吼声把天帝叫作"幼斯"，希腊人根据雷电声把天帝叫作宙斯（Zeus），东方人根据烈火燃烧声，一定曾把天帝叫作 Ur〔乌尔〕，由此派生出 Urim〔乌里姆；火力〕，希腊文 ouranos〔天空〕，拉丁动词 uro〔燃烧〕一定都是从同一字源来的。电闪声一定也是拉丁语 cel 一词的来源，这是奥索尼乌斯（Ausonius）[16]〔12.14.17〕用过的单音词之一，c 的发音却软化成西班牙语的 ç 音〔12.14.17〕，这符合诗人对女爱神开玩笑的口吻〔19.52〕。原诗句是 Nata salo, suscepta solo, patre edita caelo（由海产生，由土壤收养，由父亲提升上天）[17]。关于这些文字的起源，应注意到上文已提到的关于约夫的诗性寓言故事所显出的同样高明的创造力，标志着象声词中诗性表达方式的开始。朗吉努斯〔实即德米特里厄斯的《论风格》2.94f〕确实把这种表达方式列入崇高风格的来源之一，他举荷马为例来说明，荷马提到尤利西斯用火棍戳独眼巨人的独眼时，那只眼睛就发出什嘶（siz）声〔《奥德赛》9.394〕。

225

448 其次，人的文字有些是由惊叹词形成的，惊叹声是在强烈情感冲动之下发出来的。在所有的语种里惊叹词都是些单音词。很可能，最初的雷霆惊醒人们的惊奇感时，天帝约夫的惊叹声就引起由人声发出的惊叹声"拍"（pa！爸）；而这个声音接着又重复成为 pape（爸爸）！从这个表示惊讶的惊叹声后来派生出天帝约夫这位"人和神的父亲"的称号，不久凡是天神都叫作父亲而女神也都叫作母亲；从此派生出拉丁语里尤庇特（Iupiter）和狄斯匹特（Diespiter）[18]，马斯匹特（Marspiter，战神父亲），朱诺·姜理屈克斯（Iuno Genitrix，朱诺母亲）。神话故事确实说过朱诺不能生育，还有许多其他神和女神不在本神族中通婚，维纳斯叫作战神的妾而不是妻〔579〕。不过是神都称为父亲……他们之所以叫作父亲，是因为 patrare（父亲）一词的原义是"制作"或"工作"，这是天神的特权。Patrare 这个词的原义也用在《圣经》中，《创世记》里说，"到了第七天"神停止了"他在做的工作"。从工作（opere）这个词一定派生出动词 impetrare，仿佛就是代 impatrare，占卜术是用 interpatratio（解释），即解释占卜中天神的谕旨〔938〕。

449 氏族体制下强人们凭人类骄傲带来的自然的野心，就把"父亲"这个天神称号据为己有（这一事实可能是一种村俗传说的根源，说地上最早的强人们使他们自己被崇拜为天神）；但是遵守他们对天神应有的虔敬，他们还把原来的天神叫作天神。到后来最早的城市中强人们僭称天神时〔437〕，他们受上述虔敬的驱遣，把真正的天神称为不朽的天神，而他们自己则称为可朽的天神，以表示区别。不过在这里可以看出这些巨人们的粗鲁，颇近似旅游者关于大足巨人们所报道的那样〔170〕。在古拉丁语中义为申诉的名词 pipulum 和义为申诉的动词 pipare 还保存上述分别的遗痕。这个词一定来自哀诉的惊叹词，pi。普劳图斯[19]就用过这个意义的 pipulum，一般被解释为十二铜表法中的 obvagulatio〔2.3〕的同义词。这个词一定来自 vagire，这个词恰是儿童的啼哭，希腊语 paian 一词一定应看作也是来自恐惧中的惊叹词。Paian 用 pai 开始，关于这一点，希腊人有一个古老的美妙传说，说他们每逢被皮同（Python）巨蛇吓倒时，他们就用 iō paian 两个词向阿波罗神求援，在恐惧惊慌之下，他们先慢慢地把这两个词发音两遍，但是等到阿波罗神把巨蛇皮同杀掉了，他们又很快地欢呼 paian 三遍，把最后一个字母（o）叠成两个（o，o），把双原音 ai 分成两个音节。从此可见，希腊英雄体诗律自然地先用扬扬格（——）而后用扬抑格（—V），而且它已把这种永恒特性固定化了，以至除最后一个音节以外它都使抑扬格（V—）占优势。歌调在最强烈的情感冲出时，自然地用英雄体诗的节拍，正如我们现在还看到人们在强大情感激动之下，特别是在极乐或极悲的情况下都要歌唱一样〔229〕。刚说的这番话我们不久在讨论诗和诗律起源时还会很有用〔463〕。

450 他们接着就形成代名词，因为惊叹词发泄个人自己的情感，而这只要他自己一个人就行，但是代名词却用于跟旁人分享我们的意思，而这些意思涉及我们还说不出名称的事物或是名称所指是旁人或许不懂的事物。代名词在一切语种里大半（即使不是全体）也是些单音词。最早的代名词，至少是最早的代名词中的一个一定是出现在恩尼乌斯（Ennius）[20] 的名句里的那个词〔悲剧集 351〕，就是 Aspice hoc sublime cadens，quem omnes invocant lovem（看，崇高的天，全都把它当作天帝约夫去祈求）这句里代表天的 hoc 这个词。Hoc 也出现在凡俗拉丁语里：Luciscit hoc iam，代替 albe cit caelum〔天发亮了〕。冠词（articles）一开始就有一个永恒的特点：都放在所跟的名词之前。

451 小品词（particles）稍后形成，其中大部分是前置词，它们几乎在一切语种里也都是些单音词。前置词名符其实，其永恒特点是放在它们所跟的名词之前或和它们构成复合词的动词之前。

452 名词是逐渐形成的。在本书第一版里论拉丁语起源章〔全集 3.368ff〕，我们列举了很多在拉丁区域生长起来的名词，从拉丁人野林生活开始，经过乡村生活到最早的城市生活；它们都由单音词形成，没有外来语的痕迹（连希腊语也在内），只有 bous（鼠，猫）、sūs（猪）和 sēps（拉丁文指篱，希腊文指蛇）四个词是例外〔550〕。这是我们对第一版感到满意的三段中的第二段〔445〕。它对研究其他语种的学者们可起示范作用，对语文界大有裨益。举例来说，日耳曼语是一种母语（因为没有其他民族进入日耳曼去统治过），其中词根全是单音的。名词比动词先起，有它的这一特点可以为证：没有一

227

个陈述句不先从一个说出的或意会的名词开始，来统治全句。

453 最后，语言的创作者才形成动词（verbs），就像我们看到儿童们说出名词和小品词，把动词不说出而让他人意会。因为名词留下痕迹牢固的观念，小品词指出各种变化，也是如此，而动词则标志运动，而运动涉及过去和未来，而过去和未来都以与它们不可分割的现在为准去测量，连哲学家们也感到这种与过去和未来不可分割的现在很难懂。我们的这个看法可以援医学观察为证。住在我们中间的一位好人在患一次严重的中风之后，可以说出名词，动词却全忘了。就连统摄一切同类事物的动词——例如 sum（be）之于存在，一切实体或本质，这也等于说一切玄学的题材，都可归入存在，休止的 sto（站），运动的 eo（行）可以统摄一切物体，do（给，与）、dico（说）和 facio（做）可以统摄一切可行的动作；无论是伦理的、经济的，还是政治的。这类动词一定先从命令语开始，因为在氏族情况下，语言极贫乏，只有族主们才可以向他们的子女或"家人"们说话或下命令。我们不久就会看到子女和家人在族主统治的恐怖下，只能不作声地卑躬屈节地、盲目地执行命令，这类命令语全是些单音词，现在还是如此，例如"是""停""去""给""说""办"之类。

454 这种语言起源〔的理论〕符合统摄整个自然界的一些原则，根据这些原则，一切事物必然要由一些要素组成而且也必然可以分解成为那些要素。每个事物和它的要素都是不可分割的，而且语言起源的理论尤其要符合关于人类本性的一些原则，其中一条公理是："就连现在词汇中多音词很丰富，儿童们初学语言时，也还是从单音词开始，尽管儿童的发音器官纤维现已很灵活。"〔231〕我们还必须认为各族的最初的人们更是如此，因为他们的喉舌特僵硬，而且还没有听到过人的声音。我们的这个理论还可以使我们认识到各类词起来的次第，因而认识到上下文组合的自然原因。

455 这一切比起斯卡里格和 F. 桑切斯（F. Sánchez）两人关于拉丁语的看法似较合理。他们都根据亚里士多德的一些原则去推论，好像创造语言的各民族都须先向亚里士多德请教！

第五章
关于诗的风格、题外话、倒装、节奏、歌唱和诗格
这几项的起源的一些系定理

456　各民族以上述方式形成了诗性的语言，先由神的和英雄的两种字母构成，后来用土俗语言来表达，最后用土俗字母来书写。诗性语言的产生完全由于语言的贫乏和表达的需要。诗的风格方面一些最初的光辉事例就证明了这一点，这些事例就是生动的描绘、意象、显喻、比譬、隐喻、题外话，用事物的自然特性来说明事物的短语，把事物的细微的或较易感觉到的效果搜集在一起的描绘，最后是加重语气的乃至累赘的附加语。

457　题外话（digressions）产生于英雄心思的粗野，不能局限在当前切题的那些事物的主要特点，像脑力薄弱的人们，特别是妇女们，生性都是这样。

458　倒装（inversions）起于用动词来结束语句的困难，动词是一句话中要造出来的最后部分〔453〕。例如最灵巧的希腊人用倒装比起拉丁人用得较少，而拉丁人又比日耳曼人用得较少。

459　作家们懂得散文节奏比较迟，在希腊文里由高尔吉亚（Gorgias）才开始，在拉丁文里由西塞罗才开始，因为以前（据西塞罗本人所说的〔《演说家》49.166f；《演说家的形成》3.44.173ff〕）作家们都用某种诗的节奏来使他们的演说词具有一种节奏感。这一点到下文马上就要讨论歌唱和诗律的起源时会很有用〔461ff〕。

460　从上述一切，似可看出，我们已说明了：由于人性的必然，诗的风格比散文的风格先起，正如由于这种人性的必然，寓言故事或想象性的共相比理性的哲学的共相先起，哲学的共相正是通过散文的手段来形成的。正如我们已经充分说明的，在诗人们已经用联系个别特殊的意象来形成了诗性的语言之后，各族人民接下去就把诗性语言已联系起来的那些部分压缩成一个单独的字，就像把各特殊事物总结为类一样，例如"血在我心中沸腾"这样一个诗性语句就根据全人类的一个自然的、永恒的共同的特性。人们把"血""沸腾"和"心"摆在一起形成一个单词，仿佛形成一个类，在希腊语里叫作

stomachos，在拉丁语里叫作 ira，在意大利语里叫作 collera〔935〕。[21] 仿照这个模式，象形文字和英雄时代的文字（或徽纹）就压缩成少数一些土俗字母，作为同化无数不同的语音于其中的一些类，这是需要绝顶天才的一项艰巨工作。通过这些土俗的词和字母的类，各族人民的心智就成长得更快，发展出抽象能力，这样就为哲学家们的来临开辟了道路，让哲学家们形成理智性的类。这里所讨论的是思想史中的一小部分。在探索文字起源之中要在同一口气之中去探索语言起源，竟有如此必要！

461 关于歌唱和诗格（verse），既已说明了人们原来是哑口无言的，那么，他们开始发的元音（vowel）一定是用歌唱的方式发出的，像哑巴发的音那样，到后来他们一定像口吃的人一样结结巴巴地发出辅音（consonants），用的仍是歌唱的方式〔228〕。各族人民的这种最初的歌唱在语言中留下了大量的双元音词。这种双元音词原来一定还更多，像希腊语和法语里那样多。这两个民族都早熟地从诗律的时代过渡到土俗语时代，都留传下来很多的双元音词〔159〕。理由是元音易发而辅音难发。而且上文已说过，最初的智力鲁钝的人只有在强烈情欲的推动之下才要表达辅音，而且强烈的情欲自然要用很大的声音来表达〔230〕。人在把声音提得很高时也自然地发出双元音来和歌唱起来〔229〕。例如最初的希腊人在他们的神的时代用 pai 这个双元音形成了最初的扬扬格诗体，用比辅音多一倍的元音〔449〕。

462 再者，各族人民的这第一首歌[22] 是自然地从发音困难引起的，这可从因果两方面来说明。从原因来说，这些原始人的发音器官纤维很僵硬，只能发出很少的音，正如另一方面儿童们的纤维很灵活，尽管生在现在词汇很丰富的时代，而发起辅音来仍极感困难一样〔231〕。拿中国人来说，中国土俗语言只有三百个可发音的元音词，它们在音高和音长上有各种不同的变化[23]，来配上他们的一万二千个象形文字，因此他们是用歌唱来说话。再从效果来说，通过词的收缩的办法，这在意大利诗中就有无数事例（在我们的《拉丁语言的起源》〔见全集 3.369f〕里我们列举了许多本来一定很短而后来在时代推移中延长了的词）；另一方面，还通过累赘词的运用，因为口吃的人们碰到难发音的词就把它唱出来延长时间，以便弥补难发音

230

的缺陷〔228〕。例如在现时代我曾碰到过意大利人中间有一位很优秀的患口吃的男高音歌手，他碰到一个难发音的词，就用最美妙的声音把它唱出来，就这样把它发出音来。阿拉伯人几乎发每个词的音都用 al 开始；据说匈奴人之所以叫作匈奴也是因为发每个词的音之前都先 hun[24] 一声。最后，各种语言都从歌唱开始这一事实还可以用上文刚说过的话来说明：在高尔吉亚和西塞罗两位诗人之前，希腊和拉丁的散文作者们都用一切近乎诗的节奏〔459〕，正如在复归的野蛮时代中。罗马教会中的神父们就用诗的节奏布道（希腊教会的神父们也是如此），所以以他们的散文都像是写来供歌唱的。

463 最早的诗体（verse）一定是适应英雄们的语言和时代的要求而兴起的，也就是说，它是英雄诗体，最雄伟的诗体，英雄诗所特有的诗体；它是由最暴烈的恐惧和欢乐这两种情绪产生的，因为英雄诗体都只涉及这两种极端动荡的情绪〔449〕。不过它的扬扬格（——）的起源并非来自对蛇神皮同的高度恐惧，如村俗传说所说的，因为这种骚动毋宁是要加速而不是放慢意思和文辞的步伐，因此拉丁语里 festinans〔急促〕和 solicitus〔祈求〕都带有恐惧的意义。不，英雄体诗之所以起来，是由于各民族的创始人心思迟钝和舌头僵硬，所以英雄诗体才生出来就是要用扬扬格（——）〔454〕；英雄诗体如此起源，所以它仍保留住在最后一音步里只许用扬扬格（——）这一特点〔449〕。后来心思和舌头都变快了，才引进了扬抑抑格（—VV）。接着心思和舌头都变得更熟练，抑扬格（V—），即贺拉斯所称的快音步，就兴起来了〔232f〕。最后，心思和舌头都变得最灵敏，散文就发展出来了，散文仿佛是用理智性的"类"来说话的〔460〕。抑扬格诗很近于散文，所以散文作家们往往于无意中用上了抑扬格。因此，随着各族人民中心思和舌头变得愈灵敏，诗的格式也就愈轻快〔234，240〕。

464 这种哲学是由历史证实的，历史告诉我们的没有什么比起神话和西比尔（sybils）女巫们更早〔381〕。因此，要说一件东西很古老，人们就说，"它比西比尔女巫还更古老"。关于这种女巫，流传下来的有十来个，都分散在一切原始民族中。有一种村俗传说，谈到这种女巫们都用英雄诗格歌唱，而各民族的神诏也用英雄格的六音步回答女巫们的祈祷。因此，希腊人称这种诗格为皮同格（Pythian），根据皮同的阿波罗的那次著名的神诏。皮同的阿波罗这个名称一定起于阿波罗杀了一条叫作"皮同"的巨蛇，这就产生了最初的扬扬格（—— ）（即英雄诗格）〔449〕。拉丁人把英雄诗格称为萨图恩（农神）格，如费斯特斯（Festus）[25]所证实的。英雄诗格在意大利一定起源于农神时代，相当于希腊的黄金时代，当时阿波罗和其他诸神一样，都在地球上和凡人来往。再据费斯特斯说，罗马诗人恩尼乌斯说过，意大利的农牧神用英雄诗格来降预言或神诏（上文已说过，希腊人确实用六音步诗格来降神诏）。但是后来这种"萨图恩诗格"变成六音步的抑扬格，也许因为当时用这种六音步抑扬格来说话，和前者用萨图恩英雄格来说话一样自然。

465 现代希伯来学者们在希伯来诗有格律或者只有节奏这个问题上意见还是分歧的。不过约瑟夫斯、斐洛、奥利金和尤西比乌斯这些希伯来学者都赞成有格律说，而圣杰罗姆在《约伯传》的序文里则认为《约伯传》比摩西诸书还更古老，其中从第三章开始到第四十二章末尾都是用了英雄诗格，这最符合我们现在的目的。

466 据《论诸科学的不确定性》一书的佚名作者〔托马斯·贝克（Thomas Baker）〕[26]说〔442〕，阿拉伯人过去对文字是无知的，他们凭诗歌的口头传统保存了他们的语言，一直到阿拉伯人入侵到希腊帝国的东方各领地。

467 埃及人把纪念他们的死者诗歌镌刻在塞壬（syringes）柱廊上，syringes 这个词是从 sir 来的，sir 的意思就是"歌唱"，它是 Siren（塞壬）这个名称的由来，塞壬无疑是以歌唱著名的一位仙女。奥维德〔在他的《变形记》1.689ff 里〕说女仙塞壬的美貌和歌声都一样著名。从这个称号看，叙利亚人（Syrians）和亚述人（Assyrians）的名称也都是从 sir 派生出来的，一定也都是一开始就用诗体来说话。

468 希腊的人类创建者确实就是神学诗人们，他们都是些英雄，而且用英雄体诗来歌唱。

469 拉丁语言的创始者是赛里（Salii）派诗人〔438〕，都是些宗教诗人，他们的诗歌还留下一些断简残篇，都具有英雄体诗的风貌，是拉丁语言的最古老的纪念碑。进行征服的古罗马人曾用一种英雄体诗来纪念他们的胜利 27。在"十二铜表法"的片段里,有一些条经过仔细查考后,大半都以阿多尼斯体(Adonic)诗格结尾,也就是英雄体诗的结尾部分。〔举西塞罗的模仿诗句,中译从略。〕因此,有一种村俗传说,说以这种诗体颁布的法律就必然是真的〔K₂〕:首先,据柏拉图〔《法律篇》657 AB〕,埃及人的法律都是女神伊希斯〔Isis〕的诗篇;其次,据普鲁塔克〔《莱克格斯传》4.2—4〕,莱克格斯用诗体颁布他给斯巴达人制定的法律,其中有一条禁止他们学习文字;第三,据提尔人马克西姆斯(Maximus)〔6.7; 38.2〕,天帝约夫用诗体替弥诺斯(Minos)制定了法律;第四,最后,据希腊词典所引的另一传说,德拉古曾用血写出他替雅典人制定的法律,并用诗体向雅典人宣布了〔423〕。

470 我们现在从法律回到历史。塔西佗在他对于古代日耳曼人习俗的叙述中〔《日耳曼尼亚志》2〕提到他们在诗中保存了他们历史的起源,而利普修斯(Lipsius)28 在这段话的注解里说,美洲印第安人也是如此。这两个民族的例子(罗马人只知道其中第一例,而且很迟,至于第二例不过在两个世纪以前才由我们欧洲人发现到)给我们提供了一个强有力的论证,来推测一切其他野蛮民族,无论是古代的还是近代的,也都是如此。姑暂置推测不谈,学术权威们都告诉我们,古代民族中的波斯人以及近代才发现的中国人,都用诗来写完他们最早的历史。我们且提出一个重要的看法:如果各民族都是用法律来奠定的,如果在这些民族中,法律都用诗来制定的,如果这些民族最早的典章制度也都是保存在诗里,那么,必然的结论就是:凡是最早的民族都是些诗人。

471 现在我们回到正在讨论的关于诗体的起源问题,据费斯特斯说,奈维乌斯(Naevius)甚至在恩尼乌斯时代之前就已用英雄格诗体描绘过罗马同迦太基的战争;李维乌斯·安德罗尼库斯,最早的拉丁作家,就已写出《罗马歌》,内容是古罗马人分年纪事的一部英雄体诗。在复归的野蛮时代,拉丁历史学家们例如巩特尔(Gunther)、普利亚(Apulia)的威廉等也是些英雄体诗人。最早用欧洲近代语言的作家们都是些写诗的人〔438〕;在西里西亚(Silesia),一个几乎全由农民们居住的地区,人民就是些天生的诗人。一般说来,日耳曼语言完整无缺地保存了它的英雄诗起源——甚至

233

过分了——这种情况是亚当·莱钦堡（Adam Rechenberg）所证明的事实（尽管他本人没有意识到它的理由），他指出希腊语的复合词可以很巧妙地译成日耳曼语，特别在诗里。伯涅格（Bernegger）曾据这类词制成一个目录，乔治·克里斯托夫·派斯克（Georg Christoph Peisker）在他之后一直在他的《希腊语和日耳曼语的类似索引》里对这部目录辛勤地加以扩充。古拉丁语也留下许多复合词，其复合的办法是两个完整词拼在一起。诗人们还在继续运用这类复合词，像运用他们的正当权利一样。因为凡是最初的语言都有一种共同特性：它们都先有名词，只有到后来才有动词〔452f〕。为着弥补动词的缺乏，人们就把一些名词摆在一起。摩荷夫（Morhof）所写的《德国语和德国诗的课本》里一定就根据这类原则。这些事例证明了这样一个真理："如果研究德语的学者们肯据这些原则去搜寻德语的起源，他们会有许多惊人的发现。"〔I$_{10}$; 153〕

472 以上所推论出的全部道理似乎很清楚地推翻了语法学家的一种共同错误，他们都说散文的语言比诗的语言较先起〔409〕；而事实是像在这里揭露出来的：在诗的起源这个范围之内，我们就已发现了语言和文字的起源。

第六章
续第四章开始所宣布的其他系定理

I

473 和这最初的文字和语言同时产生的还有法律。法律在拉丁语里叫作 ious，在古希腊语里叫作 diaïon（上天的），来自 Dios，即天帝宙斯或约夫的。（像柏拉图在《克提拉斯篇》〔412E〕里所说的，diaïon 后来变成 dikaion，使声音悦耳些。）这个词产生了拉丁短语 sub dio 和 sub love，意思都是"在天空之下"〔398〕。因为全世界所有的异教民族都从天空去观察天帝约夫的容颜，从他所降的预兆里接受他们的法律，他们把这些预兆看作天神的告诫或命令。这证明了一切民族都生来就相信天神的意旨（天命）。

474 试列举如下：（1）在迦勒底人看来，天空就是天帝，因为他们相信凭星宿的容貌和运动可以预卜未来。有关这类问题的两门科学叫作天文学和星相学，前者涉及星辰的规律，后者涉及星辰的语言（用狭义的法律方面的天文学）。在罗马法里，法律方面的星相学家们仍然叫作迦勒底人〔60〕。

475 （2）在波斯人看来，天空也就是天帝，因为波斯人认为天空就是藏起来不让人知道的东西。懂得这类向人隐藏起的学问的人就叫作占星家或魔术家。魔术(magic)这个词运用到两种学问上去了，一种是合法的自然科学，研究自然中一些神奇的尚不为人所知的力量；另一种是对付超自然的力量的一种不合法的学术，在后一个意义上一个占星家就是一个巫师。占星家们用一根棍子（即罗马占星家们所用的曲杖）去画天文学家们所画的一些圆圈；后来巫师们就用这种棍子画圆圈来行使他们的巫术。波斯人把天空看作天帝约夫的神庙；（波斯大帝）居鲁士因为这是他的宗教，就把希腊人所建造的神庙都毁掉了。

476 （3）对于埃及人来说，天帝约夫也就是天空，因为他们也相信天影响到人间的事，并且能预告未来的事变。因此，他们相信自己能通过在恰当时机预测出天象，就可以控制天的影响。一直到现在，波斯人还保存住一种土俗的占卜术。

477 （4）希腊人也相信天帝约夫就是天空，因为他们认为上文已提到的认识材料和计算材料都来源于天〔391〕。他们相信这些都是神圣的或崇高的事物，要用人的肉眼去观照，要当作天帝约夫的法律来遵行。从计算材料 mathemata 这个词产生了"数学家"，这个词在罗马法里是用来指法律方面的星相家们。

478 （5）至于罗马人，恩尼乌斯的诗句是人所熟知的："看，崇高的天，全都把它当作天帝约夫去祈求。"罗马人也用"天宫"（templa coeli）这个词指天上一些区域，由星象家标志出来，用以占卜天神意志的〔391〕。因此，拉丁语"宫"（templum）用来指一个四面空旷可以随意瞭望的地方。因此，extemplo 意为"直接地"。维吉尔把海洋称为海神的宫，也是想到 templa 的古义。〔不是维吉尔（《埃涅阿斯纪》8.695），而是普劳图斯的喜剧《吹

牛的战士》（413），参较他的《绳索》（909）。〕

479 （6）古代日耳曼人，根据塔西佗的叙述〔《日耳曼尼亚志》9〕，崇拜天神的圣地叫作 luci et nemora（光辉和纪念），这些圣地一定指森林中一片铲平的隙地。从博查德（Burchard）所搜集的历次宗教会议颁布的一些决议和法令可以看出，教会曾费过大力使日耳曼人放弃这种方式的崇拜，至今在拉普兰（Lapland）和利沃尼亚（Livonia）两个区域还留下这种崇拜方式的痕迹。

480 （7）据说秘鲁的印第安人把他们的神简单地称为"崇高的"，而他们的露天的神庙就是些高山，要从左右两侧攀登很长的阶梯爬上去，它们的伟大就在于高，因此，神庙的壮丽到处都用见不出平衡的高度来测量。神庙的顶在帕萨尼亚斯（Pausanias）的著作里叫作 aetos〔10.19.3；参看1.24.5〕。这很符合我们目前讨论的目的，因为 aetos 这个词的意义就是"鹰"。森林被铲平来提供一种视野来观察显示神谕的鹰从哪里来。鹰比其他鸟类都飞得更高。也许因为这个道理，庙顶的人字形山墙都叫作 pinnae templorum，这个词后来派生出 pinnae murorum〔墙翼〕；我们将来还会看到，后来最初城市的墙就是在世界上最初的神庙的疆界上建筑起来的；最后，在建筑里我们现在叫作"雉堞"的当时就叫作"翼"。

481 但是希伯来人所崇拜的最高的真神比天还更高，崇拜的地方是在圣堂的围栏里。每逢上帝的人民推广了征服地，摩西就下令把塔西佗所提到的 luci〔明亮的隙地〕〔479〕周围的圣林烧掉〔《出埃及记》40；《申命记》7.5；12.3；16.21；F7〕。

482 从上文我们看出，到处的法律都是天帝约夫定的神圣法律，可见许多基督教国家语言里都把天看作神这个习惯用法的来源已很古老了。例如我们意大利人说"但愿老天（cielo）欢喜"或"我向上天（cielo）表示希望"两句中的天都指上帝。西班牙人也有这种习惯用法。法国人说的 bleu 指的是 blue，因为 blue（蓝色）是个标志颜色感觉的词，而法国人说的 blu 必然是指天，而且正和其他异教民族一样，用天来指神，例如法国人在 moure bleu！或 morbleu！（愿神死）之类不虔敬的咒语：他们现在发誓时还说parbleu!（by God！）凭着上帝！这可以用作我们所说的心头词典中的一个实例〔I₉，162〕。

II

483 为着使所有权确凿可凭的需要，这是要对事物定出性格和名称的大部分必然理由。于是就对土俗意义的一户人家派生出的若干"家族"创造出一些人物和名称，这些家族就恰当地叫作"部落"（gentes）〔443〕。例如最伟大的〔赫耳墨斯〕或墨丘利，就是代表埃及人的最初创建者们的一种诗性人物性格，他是埃及人的法律和文字的创建者（209）。墨丘利同时也是一个商业神，意大利人从墨丘利这个名词中取出动词 mercare，意为"标志"，例如用文字或符号烙印在牲畜或其他要出售的商品上面，来区别和认识清楚该物的所有者（物主）〔606〕。

III

484 家族的盾牌以及由此而来的徽章和钱币的最初起源就是如此。这些纹章起初用来满足私人需要，后来用来满足公众的需要，最后才产生带有学术性的供娱乐的纹章。这最后一类纹章，凭学者们的一种窥测，就叫作英雄式的纹章，但是它们须通过题词（箴，铭）来说明，因为纹章本身的意义现在只是比喻性的，而自然的英雄式纹章之所以称为英雄式的，是因为它们本无题词，就在哑口无言中显示出自己的意义。因此，这类纹章凭自己的权利就是最好的纹章，它们本身就隐含着自己的意义。例如三枝麦穗，或镰刀的三次挥动，就自然地显示出三岁的意义〔407〕。因此，名称（name）和性格（nature）是同义的，可以互换的〔433〕。

485 到了蛮族复归时代，一切又从家族盾徽开始重新再走一个过程，一切民族又不用字母而用哑口无言的土语〔1051〕，因此，西班牙语、法语、意大利语以及当时许多其他语言都没有留下什么痕迹，希腊文和拉丁文只有僧侣们才懂得，以至在法国人中间 clerc（僧侣）这个词是当作"学者"

来用的，而在意大利人中间，如我们在但丁的美妙的诗文里 laico（俗人）就是一个不识字的人〔!〕。就连在僧侣中蒙昧无知也是司空见惯的。我们看到主教们就连有学问的人也不会在文件上签名，只会画一个十字或用铜版印刻的名字盖章。在那些野蛮时期主教和大主教们在宗教会议的文件上所签的字比今天最粗鲁无知的乡下佬签的字还更难看。可是当时欧洲各国政教最高元老们（德法意每区一位），由于他们写信签字的字体都很不整齐，因而有"最高元老字体"之名，因为受教育的人太少，英国还定了一条法律，凡是判了死刑的罪犯只要可以知书识字就可以免死（excellens in arte non debet mori），也许 literate（识字的人）后来就指有学问的人。

486 由于会写字的人这样稀少，我们找不到古代房屋有哪一面墙壁没有在上面刻过某种记号〔impresa，为着说明 impresa 这个词的意义，我们作注说明〕，野蛮时代的拉丁文称呼一个农场及其界限为 terrae presa（刻过字的土地），而意大利人把这种土地称为 podere，即拉丁人所称呼的掳来品（praedium），因为垦殖过的土地就是世上第一批掳掠物〔433〕，在十二铜表法里产业就叫作掠夺品（praedes 或 mancipes），而所谓不动产契约（主要是和公库订的）就叫作掠夺法。西班牙人还用 prenda 来指冒险事业，因为世间最初的冒险事业就是垦殖土地，这原是赫库勒斯大力神的最大的劳动〔540f〕。此外意大利人还把一面盾牌叫作徽志（insegna），一个徽志就是一种说明，所以意大利文动词 insegnare 意即教学。他们也把 insegna 叫作 divisa 或办法，因为徽志也用来标志田地的划分。田地在未分以前是全人类共用的〔434〕。原来这些田地的真正的界限（terms）后来变成学院派的句中端词（terms）〔433〕。在美洲印第安人中间，图腾或图腾符号用来代表某某家族，用处和"端词"其实一样〔435〕。

487 从上文应得出的结论如下：在哑口无言的诸民族时代，徽志的最大的任务是保证所有权的确凿可凭，后来到了和平时代，它们就变成公众的徽志。这些公众的徽志就产生了徽章，到了战争来时，人们就发现徽章适宜于做军旗。军旗的最初用途是作为难解的象形符号，因为战争大半发生在语言不同因而相对无言的两种国家之中。上述推理从一只鹰钉在朝笏上的例子可以得到证明。用这种符号的有埃及人、伊特拉斯坎人、罗马人和英国人，他们至今还用这种符号做皇家盾牌的装饰，这就显出了观念一致性，因为所有这些国家虽由大片陆地或大海把彼此隔开，这种符号就意味这些国家从根源最初都凭天神约夫的征兆。到了最后用铸成的钱币来进行贸易通商了，人们发现这些徽章可以作为钱币来用，因此拉丁人就把钱币叫作 monetae，来自 monendo，本义为警告，正如以同样方式希腊 nomos 就产生了 nomisma 如亚里士多德所告诉过我们的。也许拉丁文 numus 这个词最好的权威都只用一个 m 来拼。在法文里法律也叫作 loi，作为钱币用的金属就叫作 aloi〔433〕。这些名词不可能有别的来源，除非是由象形文字所指的法或权。象形文字恰恰是用作徽章的，这一切都由下列一些钱币的名称显然证实了：例如 ducat（过去欧洲各国通用的一种金币），来源于 ducendo，意为指挥，这是指挥官的任务；soldo（意大利的一种铜币），兵（soldier）这一词的来源，和 scudo 盾，防御的武器，过去指家族盾徽，起初在最初世族时代指每一族长所耕种的土地〔529，562ff〕。这会说明许多古代钱币上可以看到一个祭坛、一支巫棒（lituus，巫师用来占卜神诏的）或一只三足鼎（神凭这种鼎说出神诏，所以神诏就叫作"出自鼎的话"（dictum ex tripode）。

488 希腊人在寓言故事里用来安在一切代表建立在神谕或占卜基础上的英雄制度的具体事物上的翼或翅膀必然属于这类英雄式纹章，例如斯基泰国王伊丹图尔索司在答复波斯大帝大流士的实物象形文字之中就有一只鸟〔435〕。在罗马贵族元老们和平民们进行英雄式斗争中（在罗马史里可以很明显地看出，例如李维〔6.41.6〕）用来维护英雄时代的制度时，都以占卜权在他们手里为理由〔490〕。与此类似的是在第二次野蛮时代，我们也发现到贵族头盔上安着羽毛；在西印度群岛上也只有贵族才准用羽毛装饰。

IV

489 Ious, Jove[29] 这个名称缩短成为 ius 时，它的意义必然首先指应献给约夫的那种牺牲动物的油脂〔433〕。同理，在野蛮习俗复归时，"canon"

〔法规〕这个词既指教会法规，又指佃农交给直接佃主的租税。这也许因为最初的租佃制度是由教会僧侣创始的，他们自己不能耕种教会占领的土地，就把它租给旁人耕种。这两点看法从前面已提到的两点看法〔487〕得到了证实：一是按希腊话的习惯用法 nomos 指法律，而 nomisma 指钱币；按照法语的习惯用法，loi 的意义指法律，而 aloi 的意义则指钱币。另一点与此完全相同，称作 Ious optimus（意为"约夫最强"），约夫凭雷霆的力量创建了原始意义的神权，即所有权，如上文已提到过的，因为一切事物都是属于约夫的〔379，387〕。

490 关于上帝无处不在的这条理性玄学的真理被误解成为诗性玄学所说的"一切事物中都充满着天帝约夫"〔379〕，于是就把人权（意指所有权）授给占领世界中最初的空地的巨人们〔388〕。在罗马法里这种权确实叫作 ius optimum〔强权〕，但是它的原义和后来的用法却大不相同。因为它的原义是如西塞罗在演说词里一段名言里所界定的："地产所有权，不受任何私方或官方的妨害。"〔《论土地法》3.2.7ff〕这里 ius 称为 optimum，意义也就是最强的，不受任何外来妨害所削弱〔601，984ff〕。因为在世界的最初时期，权是凭力的强弱来计算的〔520ff，582〕。在氏族政权下，所有权必然属于族长们，因此它是自然的所有权必然先于民政的所有权。城市是由以这种最强的所有权（希腊语称为 dikaion ariston）为基础的诸氏族联合成的，原来都是贵族体制的〔582ff〕。在拉丁人中间，所谓强者的政体也来自同样的起源，它们也叫作少数政体或寡头政体，因为是由"天神笃爱的少数人"组成的〔389〕。英雄们在和平民们进行英雄式的斗争中，都借神诏或占卜来维护自己的制度〔414〕。在哑口无言的时代，英雄们用来指英雄制度的有斯基泰国王的鸟，希腊寓言故事中的翅膀，最后才有罗马元老们的有声语言，他们宣布："占卜权是属于我们的。"〔110，488〕

491 天帝约夫凭他的雷霆是他的最重要的占卜权的由来，他用雷霆打倒了最初的巨人们，把他们驱逐到地下，住到山洞里。以这种方式把巨人们打下地里，天帝就使巨人有机会在躲藏时变成定居下来的那些地方的土地的主人，从而成了最初政体的君主〔387ff〕。由于这种所有权〔到了他们对任何事物批准或授权时〕，他们之中每一个人据说就成为这种所有权的基础（fundus），意思就是创始者（auctor）〔411〕。从他们在氏族内部的私权，到一些氏族联合在一起时就产生了他们所统治的英雄式的元老院的民政权或公权〔584〕，像当时钱币上徽纹所描绘的三只人腿连在中心，用足踵支持着钱币的圆周〔在葛尔兹（Goltz）所复制的古希腊钱币中就有许多实例〕。这种钱币就指每个政体下的每个地区或疆域的土地所有权。这种所有权现在叫作支配权或征用权〔266〕，用金球这种象形文字来象征。这种金球现在安放在掌民政权者所戴的王冠上 30〔548，602〕，钱币上的三只腿中"三"这个数目替这种解释提供了特别有力的证据，因为希腊人惯用"三"这个数来表示最高级，正如法国人现在还用 très 来指"极"或"很" 31〔718〕。依词的同样的譬喻义，天帝的雷霆也叫作"三犁沟"，因为雷在空中也极强烈地劈出沟或浪来（因此劈出沟来首先用于空气，最后才用于水）。同理，海神尼普顿的三叉戟的称呼，也来自它是抓或咬住船的一种极有力的钩子〔634〕。守地狱的三喉狗（Cerberus）的名称也指它的喉特别大〔718，721〕32。

492 我们在本书关于氏族盾牌所说的话宜取代在第一版关于盾牌起源的讨论〔全集 3.330—341〕，尽管那是第一版中我们并不追悔发表的第三段〔445，452〕。

V

493 从上述一切，可见格劳秀斯、塞尔登和普芬道夫这三位研究部落自然法的权威〔394〕，本应一开始就说明最伟大的赫耳墨斯替埃及人所制定的文字和法律〔483〕，说明希腊人的"文字"和"名称"以及罗马人的既指部落又指法律的名称。他们本应接着通过就诸异教民族创始时期的象形文字、寓言故事和钱币进行资料翔实的解说，来展开他们的叙述〔487f〕；这样就通过对各民族创始者进行玄学的批判来确定各民族的习俗〔348〕，这种批判应对他们所讨论的作家们进行语言学的批判，来提供最早的指路明灯〔351ff〕，他们所讨论的那些作家们只有在各民族既已创建一千多年之后才出现。

第七章
关于学者们的逻辑学的最后的一些系定理

I

494　以上借助于涉及语言起源的诗性逻辑所已得到的结果对语言的最初创造者作了公平评价。他们后来一直被尊为哲人是应该的，因为他们对事物给了自然的恰当的名称，因而在希腊人和拉丁人中间，"名称"和"本性"是同义的〔433〕。

II

495　人类的最初创建者都致力于感性主题〔K5n〕，他们用这种主题把个体或物种的可以说是具体的特征、属性或关系结合在一起，从而创造出它们的诗性的类（genera）〔205，209〕。

III

496　所以我们实在可以说，世界在最初的时代都致力于运用人类心理的基原活动〔699〕[33]。

IV

497　它首先开辟出"论题学"（topics）。这是一种把人类心智的基原活动调节妥当的艺术，办法是注意到所涉事物的一切普通事项，须把这些平凡事项全面审察周到，然后才能知道该项事物中什么才是我们希望熟知的，也就是要全面认识的东西。

V

498 天神意旨对人类事务给了很好的指导，它激发了人类心智先致力于论题学，而后才转向批判，因为先熟悉事物而后才能批判事物。论题学的功用在使人心富于创造性，批判的功用在使人心精确。在那些原始时代，一切对人类生活为必要的事物都须创造出，而创造是天才的特性。事实上，任何人只要对这个问题稍加思考，他就会看出：不仅是对生活为必要的事物，就连有用的，供安逸的、愉快的，甚至是奢侈的和过剩的事物还在希腊哲学家们出现之前都已创造出了〔794ff〕。关于这一点，我们在上文已提出一条公理，即"儿童们都特别长于模仿""诗不过是模仿""各种艺术都只是对自然的模仿，因为，在某种意义上都是实物的诗"（real poetry）〔215ff〕。因此，最初的各族人民都是些人类的儿童，首先创造出各种艺术的世界，然后哲学家们在长时期以后才来临，所以可以看作各民族的老人们，他们才创造了各种科学的世界，因此，使人类达到完备。

VI

499 这种人类思想史从哲学史本身方面得到了明显的证实。人类用过的最早的一种粗疏的哲学是 autopsia 或感官的证据。（这是后来由伊壁鸠鲁运用的。作为一个凭感官的哲学家，伊壁鸠鲁满足于事物单纯呈现于感官的证据。）长于诗的原始民族的各种感官都极活跃生动（375f）。接着来了伊索，他是我们要称为凡俗的伦理哲学家。（伊索早于希腊的七哲人〔424ff〕。）伊索用具体事例教导人，因为他还生活在诗的时代，他的事例是创造出来适应当前情况的。（善良的麦尼纽斯·阿古利巴引用过这样一个事例〔腹和四肢，见李维 2.32〕来使造反的平民们听命。）像这样一个事例，或更好的真实事物的事例，也比根据格言的最无懈可击的推理对今天无知群众还更有说服力。在伊索之后来了苏格拉底。他引进了辩证法，根据与当前涉及的难题有联系的几件确凿的事物进行归纳〔1040〕。在苏格拉底之前，医学凭对各种观察的归纳，已给我们产生了希波克拉底这位伟大的医学家，他无论在价值上还是在时间先后上都是医生们的君主。他获得了不朽的颂词是："他不欺骗任何人，也不受任何人的欺骗。"〔参看马克罗比乌斯（Macrobius）：《对西庇阿的梦的评释》1.6.64。〕数学在柏拉图的时代，凭总结的〔归纳的〕亦称综合的方法，在意大利毕达哥拉斯学派之中，已得出了最大的进展，如我们在《蒂迈欧篇》（Timaeus）里可以看到的。总之，由于这种总结的方法，雅典在苏格拉底和柏拉图的时代，创造出值得为人类天才颂赞的全部技艺——例如诗、修辞术和历史，以及音乐、青铜镌铸、绘画、雕刻和建筑都在大放光彩。接着就来了亚里士多德和芝诺。亚里士多德教人用三段论法，一种从共相推出殊相而不是综合殊相来得出共相的方法。芝诺教人用复合三段论法或诡辩法，这和近代哲学家们的方法一样，使人的心思巧妙而不尖锐。无论是芝诺还是近代哲学家们都没有产生什么较值得注意的对人类有益的东西。因为作为哲学家和作为政治家都同样伟大的培根在他的《（新）工具论》（〔Novum〕Organum）里提出了、评价了和解说了归纳法，英国人现在还在追随地，对实验哲学带来了巨大效益。

VII

500　上述人类思想史就清楚地宣判了某些人的共同错误：他们在古人智慧最高超那种错误的通俗信念的影响之下，就认为诸异教民族的第一个立法者弥诺斯、雅典的忒修斯、斯巴达的莱克格斯，罗马的罗慕路斯和其他国王，制定了普遍适用的法律。因为我们看到的是：最古的法律都只是为某一具体案件所想出来命令施行或禁止的办法，只有到后来才让那些法律普遍应用（原始人就这样不懂共相！）。再者最古的法律绝不是在需要用法律解决的那个案件发生之前就已想好了的。例如在指控贺雷修斯的案件中，图流斯·奥斯提留斯法律不过是两人执政所宣判的刑，而这两人执政是国王专为处理这位烜赫的罪犯才临时任命的。李维〔1.26.6〕把这些判决称为一种可怕的程式法律〔1036〕；它就是德拉古的"用血写的法律"中的一条，《圣经》历史就把它称为"血的法律"〔423〕。李维的看法是国王原不愿宣布这条法律，以免为这样严酷的不得人心的判决负责，这种看法是很可笑的。因为国王自己已预向两人执政指令用原已拟好的判罪文件，因此两人执政在审判中纵使发现贺雷修斯无罪，两人执政也不能宣告他无罪。李维在这里说得很不清楚，因为他不懂得英雄的元老院里是由贵族专政的，国王的权力限于成立两人执政作为委员来在刑事审判中宣布判决，他也不懂得英雄城市的人民仅限于贵族，被判罪的人只能向贵族们申诉〔521〕。

501 现在回到要点。图流斯·奥斯提留斯法律实际上是一种示范性的例子，即一种示范性的惩处，这一定是人类理智所用的最早的范例。这符合我们从亚里士多德所听到的〔269〕，他说："在英雄政体下没有关于私人犯罪或受害的法律。"从此可见，最初是实在的示警范例，后来才有逻辑和修辞术从推理得来的事例。但是到了人们懂得可用理智理解的共相时，法律的基本特性——法律普遍实用——才得到承认，而法学的公理也就定下来了，那就是："审判，应根据法律而不应根据事例。"

注　释

1　这段原文意义模糊。

2　类似中国的平话。

3　这些就是近代美学中的"移情作用"，empathy。

4　安托万·法弗尔（1557—1624），法国法学家。

5　希腊名言"认识你自己"据说是由梭伦提出的。

6　作为大前提。

7　荷马史诗中的一个丑角。

8　直到罗马平民得到解放。

9　还没有立法。

10　包括意大利在内。

11　即我国汉族的"姓"。

12　过去西方人把中国列在东印度群岛里。

13　旧天神和旧地神的儿子，他和他的弟兄们帮助新天神宙斯推翻了旧天神和巨人族。

14　意大利和西西里之间两大岩石，有两个怪物盘踞着。

15　李维乌斯·安德罗尼库斯（Livius Andronicus），即奥古斯都大帝的好友，著名的罗马史学家。

16　奥索尼乌斯，公元四世纪拉丁诗人、修辞学家和语法学家。

17　原诗c、s都是叠韵，所以最后一词的c软化了。

18　意思都是天帝、父亲。

19　普劳图斯，公元前三世纪罗马的讽刺性喜剧家。

20　恩尼乌斯，公元前三世纪罗马诗人。

21　在中文里叫作"怒"。

22　指上文pai。

23　指平上去入。

24　Hun是"匈奴"。

25　费斯特斯，公元二世纪的著名的拉丁语法学家。

26　Thomas Baker（托马斯·贝克），英译者加。

27　举例中译从略。

28　利普修斯（1547—1606），比利时勒芬（Louvain）的著名的古典学者。

29　幼斯、约夫都是天帝的名称。

30　即过去中国掌权者所戴的冠上的那颗"顶子"。

31　法语très一般指"极"或"很"，但音与trois（三）有联系。

32　三代表最大数，本书中常见的三重伟大的赫耳墨斯也是指最伟大的赫耳墨斯。

33　指感觉。

第三部分　诗性的伦理

第一章
诗性的伦理和由宗教通过婚姻制度
来教导的那些凡俗德行的起源

502　哲学家们的玄学用神的观念来实现它的第一项任务，这就是澄清人心的任务，需要用逻辑来使人心有清楚的确定的观念来形成它的推理活动，然后从这些理性观念降下来用伦理来清洗人心。带有诗人身份的巨人们的玄学正是如此〔377ff〕。这些巨人们在不信神的情况下对天帝进行战争，被对天帝的恐怖征服了，他们惧怕天帝这位雷电挥舞者。这种恐怖不仅降服了他们的肉体，也降服了他们的心灵，在他们心里创造出敬畏天帝的观念。这种观念当然不是通过推理来形成的，因为他们当时还不会推理，而是通过各种感觉。感觉在内容实质上尽管是错误的，在外表形式上却是真实的——这就符合巨人们本性的逻辑〔400〕。这种观念使巨人们畏神，这就是巨人们的诗性伦理的来源。从人类制度的这种性质（或来源）产生出这个永恒的特性：心灵如果善于利用对天神的认识，就必须卑躬屈节，正如从另一方面来说，高傲就会引导他们到无神论，无神论者在精神上就变成巨人们，会轻易地就说出贺拉斯的"在我们愚顽中，我们向天爷本身进攻"〔《颂歌》1.3.38〕那句话。

503　柏拉图确曾认出这种畏神的巨人们由荷马的波吕斐摩斯[1]代表着〔296〕。我们看到荷马本人在谈到这种巨人时所说的一段话证实了柏拉图的看法〔《奥德赛》9.508ff〕。荷马提到一位占卜家有一度曾和独眼巨人们生活在一起，向波吕斐摩斯预言过他将来会从尤利西斯手中所遭受的灾难，因为占卜家们当然不能和无神论者住在一起。从此可见，诗性伦理从虔敬开始，虔敬是由天意安排来创建各民族的，因为在一切民族中，虔敬是一切伦理的、经济的和民政的德行之母，这句话已成了谚语。只有宗教才能使人有实践德行的力量，而哲学却毋宁说是较适宜于讨论德行。虔敬起于宗教，宗教就恰恰是敬畏神祇。"宗教"（religion）这个词的英雄时代的起源是由那些把它追溯到 religando（"有联系"或"捆在一起"）的语言学家们在拉丁人中间保持住的，联系到把提图斯和普罗米修斯绑在山岩上的那些锁链，他们被绑在那里让老鹰吞噬他们的心脏和肠胃，那只老鹰就代表占卜天帝意旨的那种可怕的宗教〔387〕。因此，一切民族当中都有一个永恒的特点：借畏神为手段来在儿童心中培育虔敬。

504　伦理的德行必然要从动因或意向（conatus）开始〔340〕，因为巨人们由雷霆的那样可怕的宗教捆锁在高山下面，学会了控制住过去在地上大森林里浪游时那种野兽般的恶习，学得了隐藏和定居在田地里的那种一反旧习的习俗。因此他们后来成了各民族的奠基人和最初政体中的主宰〔387ff，553ff〕。这种情况由村俗传说保持下来了，作为天帝授给人类的伟大福泽之一，当时天帝也就在大地上凭占卜的宗教施行统治。因此天帝就有了"支撑者"和"奠定者"的称号〔379〕。凭上述动因或意向，精神方面的德行〔696〕也开始在人类中间表现出来了，他们从见到天帝的容颜所感到的安慰中，约束住他们的野兽般的淫欲，他们对天帝还有一种致命的恐怖。因此，情况就发生了这样的变化：他们每个男人就要把一个女人拖到他的岩洞里，让她留在那里和他结成终身伴侣。因此，人间爱情的动作是在遮掩和隐藏下进行的，也就说，带着羞耻进行的。他们开始感觉到苏格拉底描绘为德行色调的那种羞恶之心〔见柏拉图的《攸图福罗对话录》，12CD〕。这种羞恶之心，次于宗教，就是保持各民族团结的第二条纽带，正如无耻和不虔敬会毁灭他们一样。

505　婚礼就是用这种方式引进来的〔C_{1-2}〕，它是一种贞洁的肉体结合，是在对某个神的畏惧之下来完成的。我们把这一点当作我们这门科学的第二条大原则〔333〕，它的来源就是本科学的第一条原则，即天神意旨。它起源时伴随着三种隆重典礼。

506 这些隆重典礼中的第一项就是天帝约夫的征兆，这是从雷霆占卜出来的，雷霆迫使巨人们在遵行征兆的指示。根据〔征兆所指的〕这种 sors 或 lot² 这个词，婚姻在罗马人中间的定义是"终身分享命运"，夫和妻叫作 consortes（命运的分享者）。直到今天，意大利少女们当结婚时还说是"接受她们的命运"（prender sorte）。就是以这样确定的方式，在世界的最初时期，产生了这样一条部落法：妻方接受夫方的公开的宗教。因为丈夫们和他们的妻子们分享他们的最初的人类思想，从他们的神迫使他们把女人拖进岩洞那种思想开始。从此可见，就连凡俗的玄学也已开始从神身上去认识人心〔365〕。从一切人类制度中这个最早的出发点，异教者就开始歌颂诸天神，"歌颂"是用古罗马法的意义，即歌唱诸天神的名称，从此生出 laudare auctores（歌唱主宰）这个短语，吩咐人们把自己所做的一切都归到天神身上去，这就是人们应该献给天神的歌颂。

507 从婚礼的这个最古的起源产生出妇女们移入夫家的家族和住房里去居住的习俗。这种部落自然习俗由罗马人保存下来了，罗马人把妇女们看作她们丈夫的女儿和她们子女的姊妹。因此，婚姻从一开始就是只和一个女人的结合，罗马人仍保持住这种习俗（这是塔西佗〔《日耳曼尼亚志》17〕称赞古日耳曼人所遵行的一种习俗。日耳曼人也和罗马人一样，把他们的原始制度保存得完整无缺。他们使我们有理由猜想其他各民族也有同样一夫一妻制的起源）；不仅是一夫一妻制，而且也必是终身的结合，事实上在大多数民族中都还保留住这种习俗。因此，在罗马人中间，婚姻的定义就考虑到这一特色，说婚姻是"终身的不间断的结合"〔《法学阶梯》1.9.1〕；离婚在罗马人中间起来很晚。

508 在上述从天帝约夫的雷霆所占卜到的征兆之中，还有神话性的希腊史把赫库勒斯这位各民族奠基人，〔这种诗性〕人物性格〔514〕描绘为是由他母亲阿尔克墨涅（Alcmena）遭到天帝约夫的闪电一击而后产生的。希腊的另一位伟大英雄是巴克斯（Bacchus），也是他母亲塞墨勒（Semele）遭到天帝雷电击中后产生的。英雄们都自称是天帝的儿子，最初的理由就在此。这种说法

249

对于英雄们是一项有感觉根据的真理，他们本来都相信一切事物都是由天神造出来的〔377，379，506〕。罗马史中有一段就有这个意义，提到罗马元老们在和平民们斗争时说占卜权是属于他们贵族的〔110，488〕，而平民们就回答说，罗慕路斯用来组成元老院的那些氏族主——元老们自谓是那些氏族主的后裔，"并不是从天上降下来的"（non esse caelo demissos）；如果这句话的意思不是氏族主们并非英雄，就很难看出这种回答是中肯的〔415〕。[3] 因此，为着要显示举行隆重婚礼权（隆重就在天帝约夫的征兆）是英雄们的特权，他们就把高贵的爱神描绘为长着翅膀和蒙住眼睛，作为端庄羞怯的标志，并且把爱神称为Eros，这个词与heros（hero，英雄）相类似，这也就是英雄们自己的名称。他们并且还造出一个长着翅膀的哈伊门（Hymen，婚姻神，也就是女阴），他是乌拉尼亚的儿子，这个词来自ouranos，就是天，指的是"她观察天象"去占卜征兆。乌拉尼亚一定是第一位缪斯（女诗神），荷马给缪斯下的定义是"掌善与恶的科学（知识）的神"〔365〕。她像其他女诗神一样也长了翅膀，因为她也属于英雄一类〔488〕。我们前已说明她是"天帝的首要的缪斯"那个称号的意义〔391〕。她和其他几位缪斯据说都是天帝约夫的女儿。因为宗教产生了一切人类的技艺，其中阿波罗据说主要是掌占卜的神〔533〕，是诸缪斯中的主神。诸缪斯"歌唱"，取拉丁动词canere和cantare的意义，就是"预言"。

509 〔婚礼的〕第二个隆重点在要求妇人戴起面纱，表示世界上最初的婚姻所由产生的那种羞耻感。一切民族都保存住这种习俗；在拉丁人中间它反映在婚姻（nuptials）这个词本身，因拉丁文nuptiae是由nubendo来的，这个词的意义就是"遮盖"。在复归的野蛮时期，少女们是不遮盖头发的（in capillo）处女，以别于戴面纱行走的结过婚的妇女。

510 〔婚礼的〕第三个隆重点也由罗马人保存住了，就是娶一个妻子要有某种凭武力的表示，令人回想起巨人们把最初的妻子拖进岩洞时所用的暴行，和巨人们凭体力所占住的土地有些类似，正式结婚的妻子据说是"凭武力夺取的"。

511 神学诗人们已创造了天帝约夫这个神的性格，于是接着又创造出第二个神的性格，即隆重婚礼中的母神的性格。这就是天后朱诺，在所谓头等部落中的第二个大神〔317〕。她既是天帝约夫的妻子，又是他的姊妹，因为最初的合法的隆重的婚姻（叫作合法的，正因为是根据占卜天帝征兆的隆重性〔398〕）必然是在兄弟姊妹之间举行的〔526〕。朱诺是神和人的天后，因为诸王国都是后来由这些合法的婚姻产生的。朱诺全身都穿了衣服，表示贞庄羞怯，如我们在一些雕像和徽章上所见到的。

512　英雄时代的维纳斯，在隆重婚礼中作为女护神的身份，叫作pronuba（近似女傧相），也用腰带遮盖住阴部，后来文弱的诗人们在这腰带上绣出各种各样煽动淫欲的花纹。到了这时候，天神征兆的严峻的历史已遭到腐化，人们相信维纳斯和凡人通奸，正如天帝约夫也和凡间妇女通奸一样。维纳斯和凡间男子安喀塞斯（Anchises）通奸，怀了孕，就生下埃涅阿斯。这位维纳斯还配过天鹅，天鹅是由维纳斯和阿波罗分享的，天鹅歌唱是取拉丁文 canere 或 cantare 的意义，就是预言〔508〕。伪装成一只天鹅，天帝约夫和勒达通奸，指的是在天帝主持之下，勒达怀孕，生了卵生的卡斯托尔、波鲁克斯和海伦（Helen）三个子女。

513　朱诺还有"负轭者"（jugalis）的称号，指的是受到隆重婚礼的约束（轭）。婚姻叫作 conjugium（共轭，成亲），结婚的一对叫作 conjuges（共轭的一对）。朱诺也有路什娜（Lucina，光神）的称呼，光神使婴儿脱胎见光。这种光并不指自然光，因为奴隶的后裔也分享到自然的光，而是指民政或文化的光，因此贵族们被叫作"光彩的"。朱诺是妒忌的，她的妒忌是政治性的。由于政治的妒忌，罗马人一直到罗马年历第 309 年都把平民们排除在婚姻典礼或合法婚姻之外〔110,598〕。不过在希腊人中间朱诺叫作赫拉（Hera），这就是英雄们（heroes）自称的名字，因为他们是由隆重婚礼产生的，而朱诺是主持婚礼的天后，他们是由高贵的爱（这就是爱神 Eros 的意义）产生的，人们认为爱神就是婚姻神哈伊门〔508〕。英雄之所以称为英雄，一定是取"氏族元老"的意义，以示与"家人们"（famuli）有别，"家人们"实际上就是奴隶〔553ff〕。拉丁语 heri 也有同样的用法，因此 hereditas 就是继承权，而拉丁俗语原是 familia。继承权在字源上既然有这样的起源，它原先一定是一种专横的主权，罗马十二铜表法中有一条提到继承权是专由氏族父主们处理的一种主权〔5.3〕，这条说："氏族父主关于他的财产和地产的保护是怎样处理的，那种处理就有约束力。"这种处理一般叫作 legare（继承遗嘱），是最高主权掌握者的一种特权；因此继承人就成了一位受权继承者，他在继承时就代表亡故的氏族父主，而子女们和奴隶们一样，就成了属于"地产"和"财产"项下。这一切都断然证明了在氏族情况下父主们对家族握有一人独裁权或专制权。这种专制权到了英雄城市的时代，父主们必然要保留住而事实上他们也确实保留住了。这些英雄城市在起源时必然是贵族式的，即族主们的贵族政体，因为就连后来在民众政体之下，父主们也还保留着他们的这种权力。这一切问题待下文还要详谈〔520—678〕。

514 天后朱诺把一些艰巨劳动强加于底比斯人（即希腊人）赫库勒斯身上，要他完成，（因为每个古代异教民族各有一位赫库勒斯作为民族奠基人〔196〕。）这意味着敬神和婚姻形成了学校，人们在这里学习一般重大德行的最初基础。赫库勒斯是在天帝主持之下出生的，凭天帝的恩宠，他战胜了一切困难。所以他的名字叫作赫拉克勒斯。⁴ 这个名字由 Heras kleos 拼成 Hera，即天后 Juno，所以意思是"天后的光荣"。如果光荣得到应有的尊敬，像西塞罗〔《为玛色路斯辩护》8.26〕所说的"为人类服务而名扬四海"，那么，赫库勒斯凭他的艰巨劳动创建了整个民族，该有多么伟大的光荣！但是到了后来，这些重大意义被时间冲淡了，而习俗也变得文弱了，天后不生育被认为是自然的，人们认为天后的妒忌只是针对一位邪淫的天帝。于是赫库勒斯就被变成天帝的一个私生子，凭天帝的恩宠，违背了天后的意愿，完成了他的全部艰巨工作。因此他变成不是天后的光荣而是天后的极端耻辱（这样对赫库勒斯的名称作了完全违反事实的解释），而天后就变成对德行是死敌。本来天后悬在空中，一根绳子捆着颈项，另一根绳子捆着双手，两块大石捆在脚上的那种象形文字或神话故事实际上是指婚礼的神圣义务。天后悬在空中指隆重婚礼所必有的神的征兆。也是因为这个理由，伊里丝（Iris）就做了天后的婢女，而孔雀和它的彩虹长尾就分配给她了。天后颈项上围着长绳，意在追忆最初巨人们拖妇女做妻子的暴行，到后来在所有的民族中都改用了较文明的象征，即结婚戒指。天后脚上系的那块沉重石头就指婚姻的稳定性，维吉尔就把隆重的婚礼叫作 conjugium stabile（稳固的结合）〔《埃涅阿斯纪》1.73；4.126〕。可是现在这个神话故事却被看成代表一位淫荡的天帝所加的凶残的惩罚。这个神话故事既然遭到后来凭腐化的习俗加以歪曲的解释，就一直在使神话学家们大伤脑筋。

515 就是为着这些理由，柏拉图解释希腊神话故事，就像以前曼涅托解释埃及的象形文字一样，一方面看到天神们竟有上述那些习俗显得不协调，另一方面又看到〔那些神话故事〕和他自己的思想还是协调的。柏拉图就把自己的以太观念塞进天帝的神话故事里。以太是遍地周流和到处渗透的，他的根据是"Iovis omnia plena"（"一切事物中都充满着天帝约夫"）这句成语〔379〕。但是神学诗人们的天帝住所不高过高山，那个地区的空气可以生电。他还把可呼吸的空气这个观念塞进天后的神话故事里，但是天后并没有和天帝生过孩子，而以太和空气是产生一切的。（神学诗人们竟如此远不把这个神话故事按照物理学所教导的"宇宙充满着以太"去理解，也不按照自然神学家们所证明的"神无处不在"的道理去理解！）柏拉图把他自己的哲学的英雄主义提高到诗的英雄主义之上，把英雄摆得不但高于野兽，也高于人〔《理想国》391 D〕，因为野兽是自己情欲的奴隶，而人处在中间水平，和自己的情欲作斗争，而英雄却凭意志去控制自己的情欲，因此英雄的本性是处在人与神之间。柏拉图还认为诗人们的贵族爱神（叫作 Eros，和英雄 hero 的字根相同）很恰当地被想象为生着翅膀，蒙住眼睛，而平民爱神却被想象为既没有翅膀，又没有蒙住眼睛。这样就提出两种爱情，神性的和兽性的：前者看不见感性事物或情欲，后者却专注在感性事物或情欲上；前者凭翅膀高飞去观照理性事物，后者没有翅膀，就落回到感性事物上去。伽尼墨得骑在天帝的一只鹰的背上飞上了天，如果从严峻的诗人们来看，这就显示出天帝征兆的观照者到了腐化时代就变成了满足天帝邪欲的对象。但是柏拉图〔实即色诺芬，在《会饮篇》8.30〕凭一种妙想，把他（爱神）当作一位玄学的观照者，通过用他所称为综合的方法去观照最高存在，从而达到了和天帝的结合。

516 虔敬和宗教就以这样的方式使最初的人们自然地成为（1）谨慎的，由于听从天帝的征兆；（2）正直的，首先是对天帝正直（天帝把自己的名字赐给正直的人〔398〕），其次是对人正直，这就是不干预彼此的事务，如独眼巨人波吕斐摩斯向尤利西斯所谈的散居在西西里岩洞的那些巨人们的情况〔《奥德赛》9.113f〕（而这种情况尽管貌似正直，而实际上却野蛮！）；还有（3）有节制，满足于终身只有一个妻子。我们将来还会看到〔1099〕，虔敬和宗教还使他们（4）强健、勤劳和宽宏大量。这就是黄金时代的几种德行。黄金时代不像后来文弱的诗人们所描绘的那样是一种以快感为法律的时代，因为在神学诗人们的黄金时代里，人们对任何令人作呕的一切精微奥妙都毫无感觉，只在被允许的有用的事物中寻取乐趣，如我们所看到的现在农民们还是这样。拉丁语动词 iuvare 的英雄时代的根源还保存在 iuvat（它有益）里，作为"它是令人愉快的"同义语。哲学家们把黄金时代想象为人们从天帝胸中去读永恒法律的时代，那也不正确，因为人们首先是从天的容颜中读天帝凭雷霆向他们宣布的那种法律。总之，原始时代的各种德行就是像斯基泰人所赞赏的那种〔100〕，他们把一把刀插在土里，把它作为神来崇拜，这样就使他们的屠杀显得是公正的。这就是说，原始人的德行是根据感官的德行，是宗教和凶残的混合物，这种配搭在近代女巫们中间还可以看到〔190〕。

517 从迷信的残酷的异教世界的这种早期的伦理产生了杀人为牺牲来祭天神的习俗。这种习俗来自最古的腓尼基人。每逢战争、饥荒和瘟疫之类大难临头，腓尼基国王们就牺牲亲生子女去平息天怒，如比布鲁斯的斐洛（Philo of Byblos）所叙述的（据尤西比乌斯在他的《为福音所作的准备》里〔1.10.40cd〕所引的一段话）。据昆塔斯·库尔图斯（Quintus Curtius）〔4.3.23〕，这种杀儿女作牺牲来祭农神萨图恩的典礼是定期举行的，查士丁〔18.5.12；19.1.1〕说迦太基人仍沿用这种习俗。迦太基人无疑是腓尼基人的后裔〔660〕，他们沿用这种习俗一直到最晚的时期。这话由恩尼乌斯在〔《编年史》237〕一段诗里证实了："而腓尼基人（实即迦太基人）惯于用自己的子女作牺牲。"在他们被阿加索克利斯打败了之后，他们牺牲了两百个贵族子女来平息他们的天神。希腊人也沾染了腓尼基人和迦太基人的这种不虔敬的虔敬习俗，阿伽门农就牺牲了他的女儿伊芙琴尼亚来酬神愿。任何人想过异教世界最初氏族主所享有独眼巨人式的父权，而且这种父权不但由最博学的希腊民族，而且也由最聪慧的罗马民族行使过，不应对此感到惊讶。在这两个民族里直到他们的最文明的时期，父主们都有权杀自己的初脱娘胎的子女。这种考虑确实要减轻近代的温和心情使我们对下列行动所感到的厌恶，例如布鲁图把他的两个儿子斩首，因两兄弟曾阴谋使暴君塔克文在罗马复辟。再如号称专横的曼利厄斯（Manlius）把他的勇敢的儿子斩首，因为他违抗他父亲的命令，投身到一次战争中而且打了胜仗。据恺撒大帝〔《高卢战记》6.16〕，高卢人也用活人作牺牲去献神。据塔西佗〔《编年史》，14.30〕，不列颠人的巫师们（据学者们的讹见，这些巫师擅长于玄奥智慧）凭牺牲者的内脏去占卜未来。这种残酷可怕的宗教曾由奥古斯都大帝禁止居住在高卢地区的罗马人遵行，后来又由克劳狄乌斯大帝禁止高卢人自己遵行（据苏维托尼乌斯所写的《克劳狄乌斯传》〔25.5〕）。研究东方各种语言的学者们认为腓尼基人把被征服的人献给摩洛（有些学者认为这就是农神萨图恩）作牺牲（把活人烧死献给农神）。腓尼基人是把字母输送给希腊的，竟到处向最初的、最野蛮的诸异教民族去宣扬这种邪教！据说在拉丁地区清洗掉把活人投下台伯河（Tiber）这种可怕的邪教，把稻草人来代替活人。但是塔西佗〔《日耳曼尼亚志》9〕报道过古日耳曼人中间也奉行用活人作牺牲的隆重典礼。古日耳曼人在人们记得起的时代里确实是和一切外国民族都隔绝了的。所以罗马人尽管在世界中最强大，也无法渗透到古日耳曼。近代西班牙人在美洲也发现到用活人作牺牲的习俗。直到两个世纪以前美洲对世界其余各地都是无人知道的。野蛮飨宴都用人的血肉〔据勒斯卡博（Lescarbot）的《新法兰西历史》〕，这种人的血肉一定来自他们所杀的供牺牲的人的尸体上的。〔奥维多（Oviedo）在《印第安历史》里也描绘过这种牺牲典礼。〕从此可见，古日耳曼人在大地上就看到各种天神，美洲印第安人也是如此；而最古的斯基泰人，尽管一些作家们称赞他们有很多的美德，却也在实践这种无人道的人道！喜剧家普劳图斯所有这类用人作的牺牲都称为"农神萨图恩的牺牲"〔191〕，当时拉丁地区还正处在作家们所说的黄金时代〔73〕。算得上一种温和的、慈善的、清醒的、知礼守法的时代啊！

518 从以上一切，我们可以断定已往学者们关于从异教世界原始民族所观察到的黄金时代的纯朴天真之类讹见多么空洞无稽。实际上是迷信的狂热才使最初的异教人民，尽管都是野蛮的、骄横的而且最残酷的，通过对他们所想象的天神的恐惧，还受到某种约束。普鲁塔克〔《迷信》10.169EF〕在就这种迷信进行思索时，曾提出一个问题：究竟哪一种是较小的祸害，是这样以不虔敬的方式去敬神，还是根本不信神呢？但是拿残酷迷信和无神论放在一个天平上衡量轻重，这究竟是不公平的，因为从前者（以不虔敬的方式敬神）曾产生出一些最文明的民族，而世界上却不曾有哪一个民族是根据无神论建立起来的〔333ff〕。

519 以上就是关于堕落过的（失去天堂）人类中最初的各族人民在神

的时代的伦理所可说的一些话。至于英雄时代的伦理，我们在下文适当的地方再讨论〔666ff〕。

注 释

1   波吕斐摩斯，独眼巨人。

2   指神签亦指命运，或命定的一份。

3   据〔415〕，回答的本意是：天帝约夫对一切人都是平等的〔公道的〕，不存歧视。

4   赫拉克勒斯，Heracles，罗马人改成Hercules〔赫库勒斯〕。他是天帝宙斯假扮成底比斯的一个贵族和那个贵族的妻子阿尔克墨涅交媾而生下来的。

第四部分 诗性的经济

第一章
诗性的经济，这里说的"家族"
起初还是只包括子女们〔而不包括家人（奴）们〕的那些家族

520 英雄们凭各种人类感官去认识全部经济学说中两点事实真相，这两点由两个拉丁动词 educere（教育）和 educare（训练）来保持住。按流行的最好的习惯用法，前一个动词用于精神教育，后一个动词用于身体训练。头一个动词由自然哲学家们通过一种学术性的譬喻，转用于从物质（内容）中抽绎出一些形式。因为英雄时代的教育开始以某种方式，使原先完全淹没在巨人们的庞大身躯里的人类灵魂的形式呈现出来，同时也使人体本身具有恰当身材的形式，从原先不平衡不匀称的巨人身躯中呈现出来〔C_6，M_7，524，692〕。

521 关于头一部分，英雄时代家族主们在所谓自然状态中，必然是些通晓占卜的智慧或凡俗的智慧的哲人，因而也必然是些司祭或僧侣。这些司祭由于地位较高，就有责任主持牺牲典礼，以便卜得天神的征兆，并且作出正确的解释。最后，他们也必然是些国王，有责任把法律从天神们转送到他们自己的诸氏族〔250ff〕；这就是说，他们就是些立法者，按这个词所特

257

有的意义，是法律的转送者，后来英雄城市中最初的国王们也正是如此。因为这些国王把法律从正在统治的机构元老院转送到各族人民〔67〕。人民由两种议会来代表，如荷马所描述的，一种是立法会议（boulē），一种是人民市场集会（agora），在立法会议里英雄们口头制定法律；在人民市场集会里英雄们也是口头颁布法律，因为文字还没有发明。英雄国王们把法律从正在统治的元老院传达到人民，并且专门任命双头执政（duumvirs）来颁布法律，例如图流斯·奥斯提留斯在贺雷修斯审判案件中就是这样办的。因此，双头执政就成了活的说话的法律了。史学家李维就不理解这一点，所以他在叙述贺雷修斯审判案件时，自己也没有搞清楚〔500〕。

522 这种村俗传说〔250—255，521〕加上相信古人智慧无比的讹见〔128〕引起了柏拉图徒劳地想望哲学家们掌政权或国王就是哲学家的时代〔253〕，而事实上家族父主们必然就是些专制的家族国王，地位凌驾于其他家族成员之上，他们只服从天神。他们的权威由可怕的宗教加以巩固，由残酷的刑罚加以支持，独眼巨人们的权威就曾经如此。柏拉图也承认这些独眼巨人们就是世界上最早的氏族父主〔296〕。这个传说遭到了误解，引起了政治理论家们犯了一个共同错误，认为世界上民事政府的最初形式是独裁制。这样他们就堕入邪恶政治的错误原则：说民事政府的产生如不是由于公开的暴行，就是由于欺诈，后来就导致暴行〔552〕。但是真相却是在那些时代，人们由于刚从兽性自由中涌现出来，浑身是专横和野蛮，而且生活简陋，满足于自然野生的果实，喝山泉的水，睡在岩洞里，享受自然的平等生活，在这种情况中，每个父主在自己家族里都是太上皇，我们不能想象到某一个人能凭欺诈或暴行，使所有其他人都受制于一种民政方面的君主专制〔585〕。

523 这里我们姑且想一想：要费多大气力才能使异教世界的人们通过长期独眼巨人式的训练，从他们原先的野兽般的自然状态的自由中驯化过来，到能自然地服从稍迟才会到来的民事政权的法律。因此就还有这样一个永恒的特点：还有比起柏拉图所设想的政体较好的另一种政体，其中父主们只传授宗教，作为哲人，父主们就为儿辈所欣羡；作为司祭，他们就为儿辈所尊敬；作为国王，

258

他们就为儿辈所畏惧。像他们那些巨人，既野蛮而又粗鲁，就需要这种和这么多的神的（宗教的）力量去把他们驯化到能胜任各种人类职责。他们既然不能把这种力量抽象地表现出来，于是就把它表现为具体的物质形式，即表现为一根绳子，在希腊语里叫作 chorda〔弦〕，在拉丁语里就叫作 fides（信义，信用），其原义表现在 fides deorum〔神力〕这个成语里。从这种"弦"，人们制造出乐神俄耳甫斯的竖琴（竖琴一定是从用单弦开始的），竖琴伴奏的就是赞颂预示征兆的神力的歌，俄耳甫斯用这种琴歌把希腊的野兽都驯化为人。还有安菲翁（Amphion）奏起乐来使自己移动的石头筑起底比斯的城墙。这些石头就是丢卡利翁和皮拉夫妻俩站在忒弥斯（Themis）神庙前（象征对神的公道的畏惧）用冠巾蒙着头（象征婚姻中的羞怯）时所看到的躺在脚下的那些石头（因为原始人愚笨，而 lapis〔石头〕在拉丁语里就指蠢人），接着他们就把那些石头扔到背后（指用家务训练来建立家庭制度，这样就使他们变成了人〔79〕）。

524 至于家务训练的另一部分，即身体教育。父主们凭他们的可怕的宗教、独眼巨人式的权威和宗教沐浴仪式，开始从儿时庞大躯体中引导出适当的人类形式（身材）〔371〕。在这方面应特别赞颂天神意旨，因为它安排好了直到家务教育应加进来之前，先使失去乐园的人们应变成巨人，以便在野兽般的浪游中可以凭健壮的身体，更好地经受住天时气候的恶劣变化，而且凭异常强壮的筋力深入地上的大森林（这森林前此不久受到世界大洪水灌润而长得很稠密），一方面逃避野兽，另一方面追求不情愿就范的妇女，这样他们在森林里就彼此失散，各自去寻求食品和水，直到寻到了。到一定的时候，那地方的人口就稠密起来了〔369〕。到了他们开始带他们的妇人们定居在一个地方，先是在岩洞里，接着在靠近长久水源的茅棚里〔526〕和在田地里；田地已开垦耕种，向他们提供维持生活的必需品。天意安排好了，为着我们在此正在提出的一些原因，使他们缩小到现在人类的这样恰当的身材。

525 就在〔家庭〕经济的产生中，他们就本着最好的想法来实现天神的意旨。这种想法就是：父主们应凭劳动和勤勉为儿辈留下一份家产或祖业，以便在对外贸易，甚一切民政生活的果实，甚至城市本身，都无济于事时，后代人还可以有一份舒适而安全的维持生活的必需品，以便不幸遇到上述紧急情况时，家族至少还可以保存住。有了家族，就有希望使民族复兴。他们所留下的这份家产应包括有好空气的地方，有自己的经常不断的水源供应，预防万一须放弃城市时，还有形势险要的地方可以退守，还要有广阔的平坦土地，以便在城市万一陷落时，还可以收容来逃难的穷苦农民，凭这些逃难者的劳动，还可以维持自己的贵族地位〔553〕。这就是天神意旨为氏族政体所奠定的一些制度，天神不像一个制定法律的暴君，而是像一个按照习俗来治理人事的王后，如狄奥所说的〔308〕。因为强人们和他们的土地都在高山坡上，那里空气受到风的荡漾，所以是适合卫生的；那里有形势险要的场所，是世界上最早的 arces（堡寨）；后来用军事建筑加以巩固〔例如意大利语中险峭嶙峋的高山还叫作 rocce（岩），从此派生当作堡垒讲的 rocche 这个词〕，最后，强人们都居近长年不断的泉水〔526ff〕，这种泉水大半从山区涌出。猎食动物的鸟类就靠近这种泉水营巢，因此附近总有猎户们设置的陷阱或罗网。也许就为了这个缘故，拉丁人把所有的猎食动物的鸟类都叫作水禽（aquilae）。Aquilex 这个词确实保存着寻水者或引水者的意义〔240〕。历史告诉了我们，罗慕路斯向占卜问新城市（罗马）地基的那种鸟，无疑就是老雕，或秃鹫，后来就变成鹰，即罗马全军的护神。因此简单粗鲁汉们都追随老鹰，相信老鹰是天帝约夫的鸟，因为老鹰高飞到天空。在追踪老鹰时，他们发现到长年不断的泉水，从此他们就把泉水看作天帝到地上统治以来所赐给人类的另一种巨大福泽而尊敬它。而且在雷电的征兆之后，第二种最大的征兆就来自鹰的飞行方向。麦萨拉（Messala）和柯维纳斯（Corvinus）两人都把鹰飞所示的征兆叫作主要的或公开的征兆〔见奥卢斯·格利乌斯（Aulus Gellius）13.15；9.11；568，598〕。罗马元老们在英雄时代斗争中回答平民们说："占卜权是属于我们的。"所指的也就是这种鹰飞的征兆〔110，488〕。柏拉图把这种由天意安排来为异教人类文明奠基的一切事实看作最初城市奠基者的人道的先见和预谋〔《法律篇》738BC〕。但是到了野蛮习俗复归时代，到处城市都已毁掉了，欧洲近代民族国家所自起的那些世族都仍是按本书所说的方式保持下来的：意大利人把凡是当时兴起的新封建庄园，都叫作"堡垒"。一般说来，凡是最古的城市以及几乎一切民族的首都都设在山峰上，而另一方面，凡是村庄都散布在平原上。像拉丁语用"高朗地区"来指贵族们，用"低暗地区"来指平民们，其起源一定就是因为英雄们住城市，而家人们则住平原〔608〕。

526 不过政治理论家们尤其联系到这些长年不断的水源，才肯定便于分享水是使各家族团聚在水源附近的原因。因此，希腊人把最初的群众集团叫作 phratriai（共井户）〔参较 phrear（井）、phreatia（水池，水槽）〕，而拉丁人把最初的土地叫作 pagi（村庄），类似多利安区希腊语用 paga 来指泉水。这都说明水是隆重婚礼中两个重要事项中的第一项。罗马人用 aqua et igni（水和火）来庆祝婚礼，因为最初的婚姻是在自然由分享同样的水和火的也就是在同一家族中的男女之间结成的；因此，婚姻必然是在兄弟姊妹间开始的〔511〕。每家的护神就是上文说过的火神；因此，focus laris 就指炉灶，家族父主们在炉灶旁向家神献牺牲。在十二铜表法里关于弑亲条款下照雅各布斯·越韦尔德（Jacobus Raewaerd）的解释〔！〕，这些神就叫作"家神"。类似的表达方式也常出现在《圣经》里："我们父族的上帝"，或是说得更明确些，"亚伯拉罕、以撒（Isaac）和雅各（Jacob）的上帝"〔F₇〕。关于这个问题，西塞罗也提议过一条法律〔《论法律》2.9.22〕，"神圣的家族礼仪应永远保持住"，因此，罗马法里有一个经常出现的短语，一个家族中儿权据说是 in sacris paternis（神圣的父权），而父权本身却叫作 sacra patria（神圣的国权）。因为，像本书所说明的〔628〕，在最初的时代一切裁判都被认为是神圣的。还须补充一句，后来进入欧洲的 [1] 野蛮人也遵行这个习俗，因为佛罗伦萨在薄伽丘（Boccaccio）时代（他在《神谱》〔7.65〕中证实了），一个家族的父主按习俗在每年岁首在灶房里向他已烧燃的木段末端投香洒酒。在我们自己的那不勒斯下层阶级中遵行圣诞前夕的礼节，宗族中父主须隆重放火点燃灶房里一根木段。[2] 事实上在那不勒斯王国里，家族的数目是按灶火的数目来计算的。到后来城市建立起来时，结婚限于同一城市中的男女就成了普遍的习俗，到最后还留下一条规矩：不同城市的男女结婚至少要属于同一宗教。

527 现在从火回到水。天神凭着发誓的斯提克斯（Styx，即"冥河"或"阴阳河"，绕地狱环流）是各地泉水的来源，因此，凭冥河发誓的神们必然是英雄城市中的贵族们〔449〕，因为分享得水，就使他们获得对平民们（被

261

贵族们称为"人们")〔437〕的统治权。因此,直到罗马年历第309年贵族元老们都不准平民们举行结婚典礼〔110,598〕。关于这一切,我们经常在《圣经》中看到"誓愿井"(Well of the Oath)或"井旁誓愿"〔F₇〕。从此可见,波佐利(Pozzuoli)这个城市的名称就显示出它很古老,因为它是由几个小井联系在一起的。根据我们的"心头词源"〔162〕,有理由推测:散布在古代各氏族中的许多用复数名词的城市因发音不同而有不同的称呼,本来实质上只是一个词〔多数井的结合〕。

528 想象力从这个来源构思出第三个大神,即狄安娜〔317〕,她代表一种最初的人类需要,即水的需要。到了巨人们定居在某些地方,和某些妇女结了婚的时候,他们就感到水的需要。神学诗人们在两个关于狄安娜的神话故事里描述了这些情况的历史。头一个故事说狄安娜在黑夜里不声不响地躺在聪慧的 Endymion〔恩底弥翁〕身旁。因此她还是贞洁的,因为按照西塞罗所建议的关于贞洁的法律要求说:只有在进行过宗教洗礼之后才可以行婚礼〔469〕。另一个故事叙述关于泉水的可怕的宗教,泉水永远要加上"神圣的"这个形容词(圣水)。这故事谈到阿克特翁(Actaeon)看到狄安娜裸体(活的泉水),女神向他身上泼了水(意义是指女神使他对她的神性感到极大的惊惧),使他变形成一只牡鹿,一种最纯良的动物,被他自己的狗咬死撕碎了(违反了宗教使他在良心上悔恨)。因此"泼水"(lymphati 特有的意义是泼上清洁的水,这个词用到阿克特翁身上是指迷信的恐怖使他吓疯了,这个诗性故事由拉丁人保存在 latices(乳,液)这个词里(这个词显然来自 latendo,前面经常加上 puri 一词,指从泉眼中涌出的清水)。拉丁人的 latices 一定就是希腊人的 nymphs(林泽女神们),即狄安娜的婢女们,因为希腊语 nymphai 意义与拉丁语 lymphae 相同,nymphs(林泽女神)得到这种称号时,人们已设想到一切事物都具有生命特征,而且大多数有人类的特征〔379〕。[3]

529 后来定居在高山上的畏神的巨人们〔377〕必然开始感觉到附近土地上腐烂着的死人尸体的臭气,于是开始埋葬死尸。因为已经发现到而现在仍在发现到巨大的头盖骨和其他骨骼,地点一般在高山顶,这就很明确地指示出许多不虔敬的巨人们的尸首在山谷和平原的地上也到处散布着〔553〕,必然在未经埋葬的情况下腐烂掉，而他们的头盖骨和其他骨骼被河水冲到海里，或是被风吹雨打而完全腐蚀掉。他们围绕着这些坟场有很多宗教仪式或对神的恐怖，所以拉丁人把这些埋葬场所特地叫作"宗教的场所"。从此就涌现出人类灵魂不朽这个普遍的信念。我们把这种信念定为本科学所根据的第三条大原则〔337〕。死人的灵魂叫作 dii manes[4]，在十二铜表法中"弑亲"条，叫作祖魂〔526〕。此外，还要用一根柱插在坟堆附近或上面作为标志，坟堆原来只能是一个小圆丘。（根据塔西佗〔《日耳曼尼亚志》27〕，古代日耳曼人认为死尸上面不应堆太多的土，所以对死者的祝词中有"祝土轻松地盖在你身上！"一句话，这种日耳曼人的办法让我们可以猜测到这种习俗也应流行于一切其他原始野蛮民族中。）希腊人称这种墓标为 phylax，即"守卫者"。因为这些头脑简单的人相信这种标柱会守卫它所标志的坟墓。标柱在拉丁语中是 cippus，后来就用来指坟墓。所以意大利语 ceppo 指宗谱世系的主干，原来必然就是希腊语 phylē，即一个部落〔554〕。罗马人标明宗谱世系的办法是把他们祖宗的雕像排列成行，摆在住房大厅里来标明宗谱中世系行列，这些行列叫作 stemmata，系（这个词必然是由 temen 线派生的；因此 subtemen 就是织布时用的纬纱），后来法学家们把这种宗谱行列叫作线（lineae）。直到现代 stemmata 还保存着家族盾牌或族徽的意义。因此，最初埋葬死尸的土地就成了各家族的盾牌。斯巴达母亲送儿子出去参战时，交给他一面家族盾牌，并且嘱咐他说："回来带着这面盾牌，否则就躺在丧车上。"在那不勒斯，直到今天丧车还叫作 scudo，即盾牌。坟墓既然是在田地里，田地最初都是为种植用，盾牌在纹章学里的定义就是地基，后来叫作盾牌的基地〔487〕[5]。

530 Filius（子孙，后裔）这个词一定来自与此相同的起源，这个词如果冠上父主的名字或家族的名称就标志出贵族，正如罗马元老的定义是一个"能用父亲的姓的人们"〔433〕。罗马人的名字实际上是父祖名。父祖名也是希腊人常用的。例如荷马称呼英雄们为阿哈伊亚人（Achaeans）的儿子。[6]《圣经》里"以色列的儿子们"也指希伯来民族的贵族们〔F₇〕。因此，如果诸部落原来就由贵族组成，它们的城市就必然只是由贵族们构成的〔597〕。

531 因此，巨人们凭他们埋葬死人的坟墓来表示他们对他们土地的管领，而罗马法就要求死人的埋葬要在恰当的地方才显出它的宗教意义〔529〕。他们声称，"我们是这块土地的子孙"，"我们是从这些栗树出生的"，他们确是道出真相的。拉丁人确实称呼自己为"种"和"支"，"树干"或"根株"，而称呼他们的后代为"蔓延""接枝""新枝"。在意大利语里这种家族叫作 Iegnaggi（血统或族系）。欧洲一些最显赫的贵族以及几乎全部居统治地位的家族都从他们所统治的那部分土地而获得称呼。[7] 在拉丁语和希腊语里，"大地的儿子"都指贵族，而在拉丁文里 indegenite（本地的，土生土长的）意指贵族。Indigenae 确实还保留一国里"本地人"的意义。Dii indigetes 这个词用来指本地的神，原先一定是英雄城市的贵族们，因为这些贵族就叫作神〔437〕。大地就是他们的伟大母亲。因此，从一开始 ingenuus（土生土长的）和 patricius（祖国的）都指贵族的，因为最初的城市都只是贵族们的，而这些土生土长的人一定就是些土人。这样称呼仿佛就是"没有起源的"或"自生的"，希腊语 Autochthones 恰恰和此相当。而土生土长的人就是巨人们，"巨人们"的恰当意义就是"大地的子孙们"。因此，如神话故事所忠实叙述的，大地就是神们和巨人们的母亲。

532 上段中的一些问题前已提出〔369—373〕，但是在这里又复述了一遍是适合的，用意在揭示李维〔1.8.5〕歪曲了罗慕路斯和他的伴侣氏族父主们的英雄式的词句，他竟称呼那些来到英雄们的林间隙地庇护所的逃难者为大地的子孙，他们自己作为最初各民族的奠基人，说是大地的子孙，倒是说出英雄时代的真相，而把这种话放在来逃难者的口里，就是赤裸裸的谎言了〔561〕。因为一方面罗慕路斯是公认的出身于阿尔巴王室（因而是贵族或大地的子孙）；而另一方面他们的母亲（大地）对他们却那样不公道，使他们只生男人，以至他们须抢劫萨宾人的妇女做妻子〔510〕。所以我们必须说，按照各原始民族都用诗性人物性格来思维的方式，罗慕路斯被看作一个城市的奠基人〔417〕，身上就带有拉丁区域最初各城市奠基人所特有的一些性质。在这许多新奠基的城市之中，罗慕路斯创建了罗马〔160〕。李维还把庇护所说成是"诸城市奠基人们的会议场所"〔106，114〕，这种错误与上述错误是分不开的，因为最初城市奠基人都是些头脑简单的人，他们是凭自然本性而不是凭会议计谋来实现天神意旨。

533 想象在这里创造出所谓头等部落的第四尊神〔317〕，即阿波罗，即被看作文明光辉的神。因此，希腊人把英雄们称为 kleitoi〔光辉的〕，这个词是由 kleos〔光荣〕派生的；拉丁人把英雄们称为 cluer，即盾牌和武器的光〔556〕，因此，天后朱诺也就是以光神的身份使高贵后裔从脱胎时就见到的光〔513〕。这样，在乌拉尼亚之后就生了缪斯这位女诗神，荷马把她称作善与恶的知识或占卜的知识〔365，391〕[8]，就因为她的这种身份，阿波罗成了诗的智慧或占卜的神〔508〕。在缪斯之后，英雄们一定就构思出第二个缪斯 Clio（克利俄），即英雄历史的叙述者。最初的这种英雄历史必然从英雄们的谱系开始，正如神圣（宗教）的历史从主教（或族长）的后裔开始〔F₇〕。阿波罗在这种历史开始时就追求达芙妮，一个在森林中浪游、过着野蛮生活的少女，她向天神们祈求援助（天神们的征兆占卜对隆重婚礼是必要的），在站着不动之间就被变形成了一棵桂树（这种植物在它的明确被承认的后裔中是长青的），其意义正类似拉丁人用 stipites（树干）来称呼家族的根干。野蛮时代的复归带回了同样的英雄时代的成语，也把谱系称为树，把奠基者称为根干，后裔称为分枝，宗族称为一条世系的线〔531〕。因此，阿波罗的追求是一个神的行动，而达芙妮的逃跑则是一个动物的行动。但是后来这种崇高历史的语言被人遗忘了，于是阿波罗的追求变成了一个风流浪子的行动，而达芙妮的逃跑变成一个寻常女人的行动。

534 此外，阿波罗本是狄安娜的哥哥。长流不息的泉源使最初的各民族创建在一些峰顶上成为可能〔526ff〕；所以阿波罗的住所在帕尔纳索斯山上，女诗神们（代表人类各种艺术）也就住在那里，靠近希波克瑞涅泉（Hippocrene），其中水是供天鹅们饮用的。天鹅这种鸟唱起歌来（canere 和 cantare）有预言的意味〔508〕，在一只天鹅的保佑之下，勒达怀孕了两个卵，一个卵生了海伦，另一个卵产生了双胞胎，卡斯托尔和波鲁克斯。

535 阿波罗和狄安娜都是拉托娜[9]的子女，Latona 的名号是从 latere（隐藏）来的；在意大利这个词派生出 Latium（拉丁地区）的称号。拉托娜是在靠近长年不断的泉水流注的水区旁产生了她的子女的〔526ff〕；在他们出生时，人成了蛙，蛙是在夏雨中从土地上产生出来的，大地叫作巨人们的母亲，因为巨人们名正言顺地是大地的子孙〔370〕。斯基泰国王回答波斯大帝的五件宝物中就有一只蛙〔435〕。法兰西国王的盾牌上原来雕的一定是三只蟾蜍，后来才改为三株百合花。"三"这个数字古代用来代表最高级——这种用法仍保存在法文 très 这个词上——三只蛙就是只顶大的蛙，也就是说大地的一个大儿子，所以就是大地上的一个君主。

536　阿波罗和狄安娜都是猎人，用连根拔的树打杀野兽。赫库勒斯棒槌就是这样一棵连根拔起的树。他们打猎，先是为着护卫自己和家族（因为他们已不能再像流浪汉那样过无法无天的生活，用逃跑的方式来脱险），后来是为着食物供应，例如维吉尔就描述过英雄们用猎获的野味来飨宴〔《埃涅阿斯纪》1.184ff〕。根据塔西佗〔《日耳曼尼亚志》46〕，古代日耳曼人也猎杀野兽用来飨宴。

537　阿波罗也是人类及其各种艺术和女诗神的奠基神。这些艺术有"自由的"称号，意义就是高贵的〔370，556〕。这种艺术之一便是骑马，因此长着双翼的神马珀伽索斯（Pegasus）就飞腾在帕尔纳索斯峰上，由于它属于贵族〔488〕，到了野蛮时代复归时，西班牙人把贵族们称为骑士，因为只有贵族才能穿着盔甲骑马作战。这种人道（humanity）的起源在于 humare，即埋葬。这就是我们把埋葬看作本科学第三个大原则的理由〔337〕。雅典人，作为各民族中最人道（文明）的；据西塞罗（《论法律》2.25.63），他们是最早的埋葬死人的民族。

538　最后，阿波罗是永远年轻（正如达芙妮变形为桂树，就四季常青）的，因为阿波罗通过各大族的名称〔433〕，也使人们在他们的世族中永存。他留着长发，作为贵族的一个标志。留长发的习俗有许多民族的贵族保存下来了。从书本中我们看到波斯人和美洲印第安人的贵族所用的刑罚之一就是把头发扯掉一根或数根。也许 Gallia comata（阿尔卑斯山北）的留长发者"高卢"这个名称，是从创建高卢族的贵族们得来的，正如所有民族的奴隶们都剃了头发。

539　不过等到英雄们既已住在四周划了界限的土地里，他们家族人口就增多了，自然自发地生长出来的果实就不够用，而他们又不敢越出他们原在宗教锁链的约束之下为自己划定的界限之外去寻求富裕的供应，那些宗教锁链曾把巨人们锁在高山下面〔387，503〕，也就是这种宗教教导他们学会了用火焚烧森林，以便能瞭望到开朗的天空，从那里占卜到天神征兆〔391〕。他们从此就动手从事于长期的艰巨工作，把土地开垦出来种粮食，他们也许发现这种粮食经过荆棘柴火的烘烤，有助于人类营养。从此他们就运用一种很美妙的既自然而又必然的比喻，把谷穗叫作金苹果。把苹果这种自然果实夏熟的观念转注到用人工也在夏天使其成熟而收割起来的谷穗。

540 从这种劳动，这种最伟大最光荣的劳动，赫库勒斯这个诗性人物性格就产生出来了，反映出天后朱诺的伟大光荣，因为是她为各家族的营养而定出这种耕种任务的。英雄们运用了其他一些既美妙而又必然的譬喻，把大地想象为一条巨龙，周身由鳞甲遮盖起（荆棘），长着翅膀（因为土地属于英雄们〔488〕），时常警觉和戒备着。土地上各方面的谷物都生长得很稠密。英雄们把这条龙看作金苹果果园的守卫者。因为洪水淹后土地潮湿，后来这条龙又被想象为在水中生长的，根据大地的另一面貌，英雄们又把它想象为九头蛇（hydra，也是从 hydōr，即水这个词派生的）。这条蛇的九头，如果砍掉一头，马上就在原处生出一头；蛇身上有三种颜色：黑色（烧过的土地），青色（叶），金黄色（成熟的粮）。这就是蛇皮的三种颜色，蛇皮老了，就蜕掉另长新皮。最后，从大地的顽强抗拒垦殖这一面貌来看，它又被想象为最强有力的野兽，即涅墨亚狮（从此最强有力的动物就得到狮子这个名称了），而语言学家们都认为大地本来是一条怪蛇。这些动物都吐火，这就是赫库勒斯用来烧森林的火。

541 这三种〔关于赫库勒斯的九头蛇和涅墨亚狮的〕故事，来自希腊的三个不同的地区，所指的基本上是一个意义。在另一个希腊地区又产生了另一个故事，说赫库勒斯还躺在摇篮里（这就是他还在英雄时代的童年期）就已在杀蛇。另外有一个故事又说柏勒洛丰杀死一种叫作喀迈拉（Chimaera）的蛇尾羊身狮首喷火的女妖（指长满森林的大地）。底比斯还有另一个故事说，卡德摩斯杀死了巨龙，把它的牙齿锯掉。（用一个美妙的譬喻，英雄们用蛇的牙齿来称呼他们在发现铁之前须用来犁地的硬木制成的弯犁齿。）卡德摩斯本人也变成了一条蛇（古代罗马人本应说卡德摩斯是事物的根基〔411〕），如我们在上文〔446〕已提过，下文〔679〕还要详加说明，届时我们会见到美杜莎（Medusa）头上〔616〕的和墨丘利的杖上的〔604〕那些蛇都指对土地的管领权，因此，地租叫作 ōpheleia，这个词是由 ophis（即蛇）派生的，它又叫作赫库勒斯的什一税〔604〕。荷马〔《伊利亚特》2.299ff〕叙述预言家卡尔卡斯（Calchas）解说蛇吞食八只燕子和他们的母亲是预兆九年之末特洛伊会陷落，归希腊人统治，而希腊人在和特洛伊人交战之中，空中有一只鹰杀死了一条蛇，落在战场上希腊人中间，希腊人也把它看成吉兆，正符合预言家卡尔卡斯的占卜。因此，普洛塞尔皮娜（Proserpine），实即 Ceres（谷种子）〔716〕，在雕刻里被描绘为被由蛇拖的车子拖着走，从此，蛇在希腊钱币上也常出现。

542 因此，在举例说明心头词源〔145〕之中，值得思索的是据弗拉卡斯托罗（Fracastoro）在他的《梅毒》（Syphilis）〔2.22f〕中叙述过美洲印第安人的国王们拿一张干蛇皮来代替王杖〔604〕。中国人的国王徽帜上也有一条龙，把龙作为民政权力的徽章。用血写下雅典法律的那条龙（即 Draco，德拉古）也一定代表国王徽帜。我们在上文〔423〕已提到这条蛇或龙就是钉在珀尔修斯国王盾牌上那些蛇发女妖发蛇中的一条。这块盾牌后来归到密涅瓦，雅典人的护神，任何人盯着看过这条蛇的面貌，马上他就变成顽石。下文还会见到，这个神话故事就是雅典民政权力的一种象形文字〔616〕。《旧约·以西结书》〔29.3〕也称呼埃及国王为一条躺在他的河中的巨蛇〔F₇〕。正如上文已提到的，蛇都生在水里，九头蛇就是从水 hydor 得名。日本天皇创建过一种以龙为徽帜的骑士们。历史告诉过我们，在复归的野蛮时代，维斯孔蒂家族（Visconti）由于门第高贵，被派去管米兰公国。这个家族的盾牌上就刻着一条蛇在吞噬一个婴儿。这个寓言故事其实就是吞噬希腊人而被阿波罗杀死的那个皮同巨蛇〔449〕。阿波罗就是贵族的神〔533〕。这种纹章方式可能使人惊讶第二野蛮时代人们和第一野蛮时代古人在英雄思想方式方面的一致性。神话故事中有两个长翅膀的龙，颈上围着燧石项链，用来点燃口里所吐出的火焰，也就是金羊毛（Golden Fleece）中的两个守卫者：希夫莱（Chiflet）与金羊毛那一派骑士的历史，并没有懂得这个神话故事的意义，所以彼得拉桑塔（Pietrasanta）宣布这个故事晦涩。

543　正如在希腊的某些地区神话故事里是赫库勒斯杀死了蛇、狮、九头蛇或龙，在另一地区的神话故事里却是柏勒洛丰杀死了喀迈拉这种蛇尾羊身狮首的女妖〔541〕，而在另一区域神话故事里又是酒神巴克斯驯化了虎，虎也必然代表颜色和虎皮一样花的土地，因此虎这个名称变成了代表这一类强有力的动物。巴克斯用酒驯化虎的故事是一种涉及物理的故事，离创建各民族的村野的英雄们的思想方式还很远。至于巴克斯跑到非洲或希尔卡尼亚（Hyrcania）去驯虎的故事在古代也无记载，因为如我们在下文《诗性地理》部分〔747〕还要说明的，希腊人当时并不可能知道世界上有希尔卡尼亚这个地方，还不消说不知道希尔卡尼亚的森林里或非洲沙漠里的虎。

544　再者，当英雄们把谷穗称为金苹果时〔539〕，谷物一定还是世上唯一的黄金。因为金矿当时还未开采，人们还不知道怎样从粗矿石里炼出黄金来，还不消说把金子磨光擦亮。而且当时人们还喝泉水，金的使用价值也不会受到重视。只有到后来人们才根据金属矿物在颜色上类似当时人们最重视的谷粮，人们才以比喻的方式称金属矿物为金。因此普劳图斯在他的喜剧〔《金罐》7〕里不得不区分金库和粮仓。《旧约》里的约伯（Job）〔31.40〕在他因失去天堂而失去的贵重事物之中确曾提到他已往常吃过谷粮制的面。在意大利最边远省份的乡村里，人们给病人吃的是谷粮制的面而不给城里用的甜酒或珍珠粉料，他们说到病人在吃麦面时，意思就是说他病已垂危了。

545　后来由于重视和珍藏的观念进一步推广，人们必然就把"黄色的"这个词运用到优质的羊毛上。因此在荷马史诗里阿特柔斯（Atreus）怨他的仆人堤厄斯忒斯（Thyestes）偷了他的金羊毛〔《伊利亚特》2.106〕，还说到阿尔戈船夫们从本都（黑海）盗取金羊毛。因此，荷马用"富于羊群"（polymēlos）这个成语来形容国王们和英雄们〔《伊利亚特》2.605，705；14.490〕；正如古代拉丁人由于观念的一致性，称祖业或家财为 pecunia，拉丁语法学家们认为这个词是由 pecus（牛羊群）派生的。据塔西佗的叙述〔《日耳曼尼亚志》5〕，在古代日耳曼人当中牛羊群是最受珍视的，事实上是他们的唯一财产。这种习俗也盛行于古代罗马人中间，他们的祖业就是牛羊群，十二铜表法的遗嘱条可以为证〔5.3〕。而且希腊人把 mēlon 这个词既指苹果又指羊，他们还从珍贵的果实着眼，把蜂蜜也叫作 meli，而意大利人则把苹果叫作 mele（蜜）。

546 所以这些谷穗必然就是首先由赫库勒斯从希斯皮里亚（即意大利）携回（收获）的金苹果〔540〕。高卢地区的赫库勒斯用口里吐出的锁链来系人们的耳朵也是一个耕种土地的寓言故事〔560〕。因此赫库勒斯对于寻求财宝者是一个吉祥的神。财神是 Dis，而 Dis 也是诗人们所说的阴间的阎王（Pluto）的名字，他劫走了普洛塞尔皮娜当阴间王后，她本来就是谷神 Ceres。根据诗人们说，阴间有三个，第一个在冥河边，第二个是死人阴魂躺的地方，第三个在田垄下面〔714ff〕。从这个财神 Dis，富人就叫作财神的人（dites）；而富人都是贵族，西班牙人把他们的贵族叫作富人，在我们意大利人中间从前贵族们都叫作殷实户。古代拉丁人叫作 ditio 的就是我们现在所称的一国主管权的领土，因为开垦的土地是各国的真正财产，拉丁人还以同样的方式称一个管领地区为 ager，这个词的本义是用犁耕过的土地。因此尼罗河叫作"流金河"必然是真实的，因为它流灌埃及的广阔田地，它的泛滥就是丰盛收获的来源。所以帕克托勒斯河（Pactolus）[10]、恒河、希达斯派斯河（Hydaspes，亦在印度）、塔霍河（Tagus）[11]也都号称金河，因为它们（的两岸）都是种庄稼的肥沃田地。维吉尔一定是想到这些金苹果。他对古代文物是博学多闻的，所以把金苹果的譬喻推广，创造出由埃涅阿斯带到阴间的金枝（golden bough）〔《埃涅阿斯纪》6.136ff〕。到下文更适合的地方我们还要详谈"金枝"这个神话寓言〔721〕。此外，在英雄时代，矿物金并不比铁更受到重视，例如埃塞俄比亚国王厄提尔邱斯在柬埔寨大使们以国王的名义赠送他许多金器皿时说，他见不出那些器皿有什么用处，更见不出他自己为什么需要它们，这样就很自然而然地谢绝了〔希罗多德 2.38；3.20f〕。塔西佗〔《日耳曼尼亚志》5〕也叙述过关于古日耳曼人的类似的故事。在当时，古日耳曼人也正是我们现在所谈的古代英雄们。塔西佗说："你可以看到他们有许多银器皿，都是使臣们和酋长们的贡品，他们把银器皿看成和陶器皿一样不值钱。"在荷马史诗里〔《伊利亚特》6.235f〕，我们看到英雄们的武库里金武器和铁武器之间是没有多大分别，因为最古的世界里金银这类矿物很多（就像美洲初被发现时也是如此），后来由于人类贪婪，金银才被抢光用完。

547 从上述一切，我们得出这样一个重大的系定理：把世界分为金、银、铜、铁四个时代，是由退化时代的诗人们创造出来的。因为正是谷粮这种诗性黄金在希腊人中间把它的名称借给了"黄金时代"，这个黄金时代的纯朴天真不过是独眼巨人们的极端野蛮残酷。我们在上文已屡次谈到〔296，338，503〕，柏拉图曾认出这些巨人们就是最初的家族父主，他们分散地、孤独地和妻子儿女同住在一个岩洞里，彼此互不干涉，就像在荷马史诗里波吕斐摩斯谈给尤利西斯听的那种情况〔《奥德赛》9.112ff〕。

548 为着证实我们前此关于诗性黄金的一番话，姑举两种习俗也许有用，这两种习俗现在还流行，它们的原因只有按我们所说的一些原则才可以说明。第一个习俗是在国王加冕的隆重典礼上把一个金球（pomo，即苹果）放在国王手里[12]，这显然就是国王们的盾牌徽纹，放在王冠顶的那种金球。这种习俗的来源只能是我们正在讨论的谷粮那种金苹果。因为这里金苹果也就是英雄们的土地所有权的一种象形文字（埃及人也许也用金苹果来象征英雄们的土地所有权，他们有时也用司祭长口衔一卵象征英雄们的土地所有权〔605〕）。后来各野蛮民族入侵，罗马帝国统治下的所有野蛮民族，也把这种象形文字带来了。另一个习俗就是国王在结婚的隆重典礼上把一些金币赐给王后。这些金币也还是要追溯到我们正在谈论的诗性黄金或谷粮（因为金币代表古罗马人的英雄式的婚礼中的"假装买卖和赠送食品"），这正符合荷马史诗所叙述的用妆奁买妻子的那一种英雄式的老习惯〔671〕。天帝约夫必然要在一阵蒙蒙金雨中出现在锁在塔（这一定是谷仓）里的达娜厄公主面前以显示这次婚礼的丰盛。与此有突出一致性的是希伯来成语："而且您的塔里收藏丰富。"〔《旧约》颂歌，122.7〕这种推测也由古代不列颠人证实了，在他们中间新郎赠送糕饼给新娘，作为婚礼的一个组成部分。

549 在这些人类制度产生时，头等部落还有另外三种神也在希腊人的想象中产生出来了，连同与制度次序相应的思想次序。第一是火神伏尔甘（Vulcan），其次是农神萨图恩（Saturn，这个名称来自 sati，即种过的土地，因此拉丁人的萨图恩的时代和希腊人的黄金时代相对应），第三是地神库柏勒，代表开垦过的土地。地神被描绘为骑在一只狮子背上〔402〕（代表英雄们焚掉森林使其便于耕种的土地）〔540〕，她的称呼是神们的伟大母亲而且也是巨人们的母亲（巨人们的正当名称是"大地的子孙"〔531〕）。因此，她是神们的母亲（等于说，巨人们的母亲，因为巨人在最初城市出现的时代就潜称天神）。地神的圣树是松（象征各民族奠基人的稳定性，这些奠基者既在最初的土地上定居，就建立了城市，地神就是城市的女护神）。在罗马人中间地神叫作维斯太，是掌宗教典礼的女神，因为当时开垦过的土地就是世界上最初的祭坛〔774ff〕。在祭坛这里，女神维斯太凭凶猛的宗教为武器，守卫着火和小麦，小麦是古罗马人的粮食。因此在罗马人中间，庆祝婚礼要用水和火，而且还要用小麦，当时叫作"结婚的妆奁"〔671〕。这个典礼后来只由司祭们掌管，因为最初的家族主全是些司祭〔254〕（像东印度群岛一些和尚王国）。水、火和小麦是用在罗马宗教典礼中的要素。在这些最初的土地里，维斯太把那些实行原始的共妻共产的那种不名誉不虔敬的人们作为牺牲献给天帝约夫，因为他们亵渎了最初的祭坛（种粮的土地）。这些是异教宗教中的最初的牺牲。喜剧家普劳图斯把他们称为"畏神的牺牲"〔191〕，他们之所以称为 victimae（牺牲），字源是从 victi 来的，意思是脆弱，因为孤独，拉丁词victus 还保存住脆弱这个意义。他们还叫作人质（hostes），因为这种人真正被看成全人类的敌人。罗马人还保存着用小麦盖住牺牲品的额和角的习俗。罗马人根据维斯太的名字称永恒的火的守卫者为维斯太的处女。这种永恒的火如果失慎熄灭，须重新用太阳的火来点燃，因为普罗米修斯是从太阳偷来的火，带到地上交给了希腊人，而希腊人就用这火焚烧了森林，开始耕种田地〔713〕。由于这个缘故，维斯太在罗马人中间是主宗教典礼的女神，因为异教世界中最初的 colere 或培育就是土地的培育，而最初的崇拜就是竖立祭坛，用这最初的火摆在祭坛上面，在各祭坛上面宰杀我们刚说到的那些不虔敬的人们作为牺牲。

550 土地的疆界就是以这种方式定下来和维持住的。法学家霍莫格尼弩斯（Hermogenianus）〔《法学汇编》1.1.5〕把这种疆界划分过于笼统地想象

272

为凭人们的审慎的协议，凭公道去执行，凭守信的精神去敬重。其实当时还没有公众的军队，因而也没有法律规定的民政权。要理解这种疆界的划分，就必须知道它是在一些极野蛮的人们中间发生的，他们只遵守把他们固定在某些土地的圈定的范围之内的那种可怕的宗教，而且已用血的典礼使他们的最初的城墙成为神圣不可侵犯的。就连语言学家们也说，城墙是由城市的奠基者们用犁划出界线的，从上文已发现到的文字来源来看〔428ff〕，犁的翻土板最初必然就叫作 urbs，从此派生古代 urbum（画成曲线的）[13]。Orbis 也许来自同一个词源，所以 orbisterrae 起初必然是指这样修起来的篱或栅栏，原来很低，所以瑞穆斯（Remus）可以跳过栏去让他的弟兄罗慕路斯把他杀掉，像拉丁史学家们所叙述的那样，就用他的血献祭最初的罗马城墙，使它成为神圣不可侵犯的。这样的篱显然就是一种矮树篱（siepe，在希腊人中间 sēps 指蛇〔452〕，在英雄时代，意思就是已开垦的土地〔540〕），从这个字源一定就派生出 munere viam（筑路），筑路就要加固围绕土地的篱。因此墙就叫作 moenia，仿佛就代替 munia，munire 这个词的确还保持加固的意思。篱用的必然是拉丁人所称为 sagmina 的血红酸模或接骨木，这种树的用途和名称现在还流行。Sagmina 这个名称还保存住，意义是一种装饰祭坛的药草，它必然来自被杀死的人的血，像上述瑞穆斯一样，这人侵犯了祭坛。这就是城墙的神圣不可侵犯性所由来。同样神圣不可侵犯的还有传令官或使节。下文还会看到，传令官或使节都戴上用这种草制的冠，古罗马传令官的确就戴用从罗马卡比托利欧山上摘来的这种草制的冠。最后，传令官所传递的战争与和平的法令也有同样的神圣不可侵犯性。因此法律中对犯法者规定惩处的部分就叫作法律的制裁。而我们在本书所要说明的一条原则就从这里开始：部落自然法是由天神意旨为每一民族分别安排的，只有等到这些民族都相识了，他们才承认这种法律是对一切人都是共同的〔146〕。因为由这些药草圣化的罗马传令官们如果在拉丁区域罗马人以外的各民族中都是不受侵犯，那就只能因为前一部分民族（罗马人）虽毫不认识后一部分其他民族，却都在遵行同样的习俗。

551 氏族父主们就是这样通过宗教向他们的氏族提供一种生计。而这种生计又是他们须通过宗教来维持下去的。从此虔信宗教就成了贵族们的一种永久的习俗，正如 J. C. 斯卡里格在《诗学》里所说的〔！〕。等到贵族们蔑视他们本土的宗教时，那就是那个民族衰亡的征兆了。

552 语言学家们和哲学家们通常都假定在所谓自然状态中的氏族只包括亲生子女，而事实上氏族也包括家人（奴）（famuli），他们叫作"氏族"的原始理由也就在此〔257，555〕。在这种遭到歪曲的经济基础上就建筑起一种错误的政治〔522，585，662ff，1009ff〕。所以我们对"家人"或"家奴"这个经济理论的题目的讨论〔553—569〕，也正好为便于过渡到政治。

第二章
氏族及其家人（奴）出现在城市之前；
没有他们，城市就不能产生

553 在继续通行货物和妇女的可耻的混乱行为的那些不虔敬的巨人们之中〔D₂〕，共有共用所产生的斗争终于在一段长时期之后造成了。（借用法学家们的话语来说）格劳秀斯所说的"蠢人们"和普芬道夫所说的"被遗弃的人们"，都须逃到强人们的祭坛来求救命；免得遭到霍布斯所说的"残暴者"杀害〔179，338〕，正如受严寒驱遣的野兽也有时逃到有人居住的地方来求救命一样；在这种时候，强人们由于团结在氏族社会中所产生的残暴，就把侵犯他们土地的那些暴徒杀掉，把逃避暴徒而来逃难的那些可怜人收容下来予以保护。于是继自然状态的英雄制度（这是他们本来有的，由于是天神生出的或在天神照顾之下生出的）之后，他们就焕发出一种依据德才的英雄制度，在这种依据德才的英雄制度方面，罗马人比世界上一切其他民族都强，他们所实行的恰恰是这种英雄制度的两个方面，"赦免顺从的人和征服骄傲不驯的人"〔维吉尔《埃涅阿斯纪》6.854〕。

554 这里值得思索的是：野蛮状态中的人们既然凶残而又未经驯化，究竟有什么办法才能使他们由野兽般的自由转到人道的社会呢？因为要使那些原始人达到原始的社会，也就是有婚姻制的社会，他们就既要有野兽般淫欲的刺激，又要有可怕的宗教来加以严厉地约束〔505ff〕。因此，婚姻作为世间最初的一种友谊而出现。所以荷马为着表示天神和天后在一起睡觉，就以英雄式的严肃态度来说："他俩庆祝了他俩的友谊。"〔《伊利亚特》14.314〕希腊文的友谊是 philia，这和 phileō（恋爱）是同源的，而从此派生的拉丁词 filius 就是"儿子"。在爱奥尼亚地区的希腊文里的 philios 就是"朋友"，经过一个字母的音变，就变成希腊词 phylē，就是"部落"。我们前已提到 stemmata 这个词是表示"世系"，法学家们就把它叫作 lineae（线或世系）〔529〕。从人类制度的这种本性还留存下来一种永恒特征：自然的友谊就是婚姻，婚姻实现了三种最终极的好品质，即光荣、利益和愉快。夫和妻按本性要在生活中一切顺境和逆境中都分享同样的命运，正如朋友们凭选择要让一切事物共有，所以赫雷宁·莫德斯丁替婚姻下的定义是"毕生共命运"〔110〕。

555 进入这第二种社会（凭一定的优越性才得到那称呼〔558〕）的第二批来人只是为着最不可缺少的生活必需品。这又是一个值得思索的问题，因为进入人类社会的第一批来人是迫于宗教和传种的自然本能才进来的。迫于宗教是一个虔诚的动机，迫于传种本能在严格意义上就是一种慈祥的动机〔B₃〕，这样就使高尚、慈祥两种友谊有了起源。至于为着救命的需要才进入人类社会的第二批来人，动机主要是利益，因而是卑贱的。这些逃难者被英雄们收容，是凭公正的保护去的，有义务要作为日工替英雄们服役。因此，从英雄们的荣誉，fama（英雄们首先由于实行上述凭才德的英雄制度的两个组成部分〔553〕）和世俗荣誉（希腊人叫作荣誉，kleos，拉丁人叫作荣名，fama，希腊人也叫作 phēmē〔533〕），从上述那些字源，这些逃难者才获得"famuli"（家人或家奴）的称号，"氏族"（families）这个名称主要就是从 famuli 派生的〔257，552〕。《圣经》谈到洪水前的巨人们时，称他们为"有名望的人"，也一定是根据这种"荣名"的。维吉尔在他的史诗里〔《埃涅阿斯纪》4.173ff〕也把荣誉神描绘为坐在一座高塔上（代表英雄们所住的高地），头顶着天空（天空是从山顶升起的），长着翅膀（英雄们的标志）〔488〕，因此，在特洛伊战场上荣誉神只在希腊英雄们行列中而不在希腊平民大众中飞翔〔《伊利亚特》2.93〕，手持一个号角（这必然就是希腊荣誉神克利俄〔533〕的号角；也就代表英雄时代的历史），颂扬伟人们（即民族创建人）的姓名。

556 在城市时代以前的氏族中，家人们过着奴隶的生活。这些家人是奴隶的先驱，他们是在创建城市之后在战争中所捕得的战俘。拉丁人称这种战俘奴隶为"土人"（vernae），他们带来的语言就叫作土语（vernacular）〔443〕。为着区别英雄们的子孙和家人们的子孙，前者就叫作"自由人"（liberi）。但是这种区别并没有实质的不同。因为塔西佗在叙述古日耳曼时〔《日耳曼尼亚志》20〕告诉我们说，主人与奴隶之分并不在主人受到较细微的教养（我们据此可以猜想诸原始野蛮民族的习俗都是如此）。在古罗马人中间氏族的父主确实对子女拥有生死予夺的主权，对他们所获得的财产也可以专横地掌管，因此，一直到罗马帝国时代，儿子们和奴隶们作为财产保持者并没有分别（582）。但是自由（liberi）这个词本来也作"高贵"（noble）讲，所以"自由艺术"（artes liberales）就是"高贵的艺术"，"自由的"（liberalis）这个词仍保留"出身好"的原义，liberalitas〔自由者〕也仍保留"贵族"的原义〔370〕。根据同样的古语原义，拉丁人的高贵家族就叫作部落，因为最初的部落都只有贵族组成，而且也只有贵族在最初的城市里才是自由的〔B₈，597〕。此外，"家人们"就叫作"随从"，或"受保护者"（clientes，原先叫作 cluentes），这个词是由动词 cluere 派生的，意义是在盾牌或武器的光辉中发亮。盾牌或武器的光辉叫作 cluer，因为家人们各自反映出自己主人的盾牌的光。以后，主子们先叫作 incluti，后来又叫作 inclyti，字根还是一样〔533，562〕。如果他们不发光，他们就不会受人注意，仿佛在人们中间根本没有地位〔559〕。

557 受保护人或佃户们（fiefs）的最早的来源就是如此。在古代史里我们看到所有的民族中都分布着这样的地主和佃户（263）。修昔底德〔1.104—110!〕提到在埃及就连在这位史学家的时代，即埃及塔尼斯王朝，都由家族父主们分掌牧民者的职权。荷马把他所歌颂的英雄们都叫作国王，描绘为各族的牧羊人，他们一定比羊群的牧人还更早〔607，1058f〕。[14] 在阿拉伯和在过去的埃及一样，现在还可以找到许多同样的事例。美洲西印度群岛大部分都还处在这样的自然状态，由这样的氏族统治着，四周受保护人的数目之多，竟迫使西班牙皇帝查理五世要采取措施去限制人口。《圣经》里亚伯拉罕一定就是带这样的氏族去和一些异教国王进行战争，而帮助他的奴仆们就叫作"土人"（vernaculos）（《创世记》14.14），这和上文所讨论的 vernae（土生土长的）〔556〕也很相合〔F₇〕。

558 和这些制度同样起源的还有著名的赫库勒斯的绳结（Herculean knot）。据说这是贵族们用来把受保护者们束缚在土地上替地主们耕种。后来这种绳结就变成了十二铜表法中的一种寓意式的绳结，它规定了民政约束的一种形式；凭这种约束，罗马人把一切法定手续都隆重地颁布出来〔1030f〕。谈到这一点，人们设想不出一种办法，对于掌握物资过多的富人施加更为严格的限制而使物资缺乏的穷人容易得到必要的生活资料。因此世界上最早社团（socii）就从此起源了。这些就是英雄们的社团，一加入就是终身成员，因为他们的生命掌握在英雄们的手里〔258f，721〕。这种情况说明了尤利西斯怎样几乎把他的社团首领安提诺乌斯（Antinous）〔即攸里罗库斯：《奥德赛》10.438ff〕的头砍掉了，因为后者凭好意说了一句对尤利西斯不中听的话。虔诚的埃涅阿斯在需要宰一个人供牺牲时，就把他的社团成员米瑟努斯（Misenus）宰掉了。这段故事是由民间传说保存下来的，但是维吉尔〔《埃涅阿斯纪》6.149—189〕生当温文的罗马人的时代，不便直说埃涅阿斯竟干出这样严酷的事，而且这位诗人自己就在歌颂埃涅阿斯的虔敬，于是他就小心翼翼地说了一句假话，谎称米瑟努斯是由海神的儿子三叉戟神（Triton）杀死的，因为米瑟努斯胆敢和三叉戟神比赛吹号角。同时，维吉尔却给了明显的暗示，使人对这段故事有个正确的了解，把米瑟努斯的死当作西比尔仙子向埃涅阿斯预言过的隆重典礼之一。还说埃涅阿斯必须使米瑟努斯得到埋葬，然后他才能下到阴间。这就公开承认了西比尔仙子预言了米瑟努斯的死。

559 这种家人社团只分享到英雄们的劳动而分享不到他们的胜利品，更不消说他们的荣誉。只有英雄才有荣誉的光辉，所以在希腊语里英雄们就叫作"光荣者"（kleitoi），拉丁语也把他们叫作"光荣者"（inclyti）〔533〕（在罗马人和他们叫作附属区的各行省之中也有同样的关系）。伊索在他的《狮子的份儿》那篇寓言所申诉的就是这种情况〔425〕。据塔西佗的叙述〔《日耳曼尼亚志》14〕，在古日耳曼人中间也确有这种情况（从此也可以猜测一切其他野蛮民族也都有这种情况）。他叙述到这些家人，受保护者或佃户的主要誓言

277

就是每人都要发誓保护自己的君主，把自己的英勇事迹归功于君主：这就是封建制度的最显著的特色之一。一定就是以这种方式而不以其他方式，一个个罗马氏族父主是根据人头或人身〔407〕（即我们现在所称的面具〔1033〕）和根据人名（即我们现在所称的纹章〔433，484〕）来按法律计算人口的，包括他所有的子女和所有的奴隶在内。因此罗马人把供在天井围墙里的神龛中的祖宗半身像叫作 clypea 或盾牌。在近代建筑里，与我们在〔487〕段关于徽章来源的话也很吻合，这些盾牌就叫作大纪念章。所以在希腊人的英雄时代，荷马可以完全正确地说〔《奥德赛》11.556〕，埃阿斯（Ajax）是"希腊人的高塔"，因为他一个人就和整师团的特洛伊人战斗，正如在罗马人的英雄时代，贺雷修斯一个人站在桥上就抵御住伊特拉斯坎的大军；因为埃阿斯和贺雷修斯都是单身人带着他们的家奴或陪臣。在野蛮制复归时代的历史也是如此，四十位从圣地回来的诺曼（Norman）英雄就使包围萨莱诺（Salerno）的阿拉伯大军一败涂地。因此就应该说，这些古代英雄向逃到他们土地上的人们提供保护的事例就标志着世界上封建佃户的起源。最早的是随身的乡村佃户，佃户一定就是最早的 vades 或工具，有义务要亲身跟随他们的英雄们去耕种土地（因此 vades 这个词后来也用来称呼有义务要随受委律师上法庭的辩护人）。正如佃户在拉丁文里叫作 vas，在希腊文里叫作 bas，他仍被野蛮时代封建法律的著作家们称为 was 或 wassus〔1064〕。后来真正的乡村佃户一定发展了，在这种情况之下，佃户一定就是最初的受不动产法约束的人〔433〕（praedes 或 mancipes），而mancipes 后来仍用来称呼受国库法律约束的人〔1065〕。

560 这里也一定就是最初的英雄时代的殖民的起源。我们把这种殖民称为内陆的〔595〕，以别于后起的海上的殖民〔300〕。这后一种殖民只是由一些难民集团跑到海上在其他地方找到安全。"Colonies"（殖民）这个词的本义只是一群为维持日常生活而去耕种土地的劳动者（现在也还是如此）。这两种殖民的历史包含在两个寓言故事里：（1）就内陆殖民来说，这寓言故事就是著名的高卢人的赫库勒斯用从他口里吐出诗性的黄金锁链（也就是粮食〔544〕）锁住一大群人的耳朵，把他们牵到任何他愿意去的地方〔1064〕。过去人都把这种口里吐出金链看作修辞术的象征，其实这个寓言故事产生时英雄们还没有发音清楚的语言〔401f〕。（2）就海上殖民来说，这寓言故事就是英雄伏尔甘（Vulcan）用来把平民维纳斯（女爱神）和马尔斯（战神）从海里拖上岸的网（下文〔579ff〕将对以上区别加以说明），以至太阳发现这两种完全裸体——这就是说，只有英雄们才在其中放光辉的那种民政光辉还没有把他们的身子掩盖住〔533〕，因此众神们——这就是英雄城市中的贵族们〔437〕都对这两位裸体的神耻笑（正如古代罗马城市中元老们耻笑贫穷的平民们一样）。

561 最后，收容所或避难所（asylums）的起源也在这里。例如卡德摩斯创建了希腊最古城市底比斯就是作为一种收容所。忒修斯创建雅典也是以不幸者们的祭坛为基础的，所谓"不幸者"，是不虔敬的流浪人的恰当称呼，这批人享受不到人类社会所提供给虔敬者们的那种一切神和人的幸福。罗慕路斯创建罗马，也是从林间隙地开出一座收容所〔106〕，或者毋宁说，作为新城市创建者的诗性人物性格，他带着他的同僚在创建收容所制度基础上创建了罗马，拉丁地区古代城市就是从这种收容所发展出来的〔160〕。李维在涉及这个问题时把这种收容所制度一般地界定为城市创建者们的一种老会议场所〔114〕。这个定义说明了李维误解了罗慕路斯说他和他的同僚都是那块土地的子孙这句话〔532〕。不过李维所用的词在一点上却符合我们的目的，他说明了那些收容所就是诸城市的起源，其永恒的特征在于人们住在里面就得到安全，免受暴行危害。因为到处成群结队的不虔敬的流浪汉们跑到虔敬和强大的人们的土地上而在那里找到了安全，所以天帝约夫获得了礼宾好客的美名。因为这些收容所就是世界上最早的客栈或旅馆，收容的人就是最初的城市的最初的客人或陌生人〔611〕。在赫库勒斯的许多艰难工作之中，由诗性的希腊史保存了这两项：一是他怎样周游世界杀死许多面貌像人而习性是野兽的怪物，二是他怎样打扫干净肮脏的奥格斯马厩。

562 涉及这一点时，异教的诗性想象创造出另外两个大神，即战神和女爱神〔317〕，战神代表英雄们的诗性人物性格，首先而且正当地"为他们的祭坛和家灶"（pro aris et focis）而战斗。这种战斗总是英雄式的，因为他们为之战斗的是他们自己的宗教，人类在对一切自然救济都绝望时，总

279

要求助于宗教。因此宗教战争总是最血腥残酷的〔958〕，就连放荡的浪子们到渐老时也会转向宗教。因为感到自然筋力已不抵用了〔339〕。正是为了这些理由，我们把宗教当作本科学的第一条原则〔333ff〕。战神是在真正的土地上，背着真正的盾牌进行战斗的〔529，563〕。这些盾牌（在字源上）来自 cluer，罗马人先把它叫作 clupei，后来叫作 clypei〔533，556〕，正如野蛮制复归时代，草地和圈起来的小树林就叫作防御工事一样。这些盾牌所抵挡的是真正的武器。在铁制武器还未出现之前，武器就只是一些木棍，末梢先用火烧过，然后削尖，边磨得锐利，以便能伤人。简单的矛就是如此，并没有铁尖头。赏给有战功的罗马士兵作为奖品的就是这样简单的矛。因此，在希腊人中间，执矛的只有密涅瓦（智慧女神）、贝娄娜（女战神）和雅典娜〔590〕。在拉丁人中间，矛的字源来自 quiris，天后朱诺就叫作执矛妇，战神就叫作执矛夫；而罗慕路斯因为生平擅长于用矛，死后也得到执矛者的称号。罗马人也是如此，带的武器是标枪（正如斯巴达人，希腊的英雄人民也带着矛作为武器），在隆重典礼中仍叫作执矛夫〔112〕。但是罗马史告诉我们，各野蛮民族经常用我们所说的原始矛来战斗，并且把这种矛描绘为烧过尖头的矛，类似美洲印第安人所用的。在我们的时代，贵族们在决斗场中仍用矛作为武器，正如他们过去在战争中用的矛一样。这种武器的发明根据一种正确的筋力观念，矛是手臂的延长，这样就用这方面身体来抵挡对方身体的侵害，至于紧贴身的盾毋宁说是属于胸脯的。

563 世间最初的盾牌就是埋葬死人的地场，因此纹章学把盾牌看作武器的基地〔487，529〕。场上的颜色都是些真正的颜色。黑色来自赫库勒斯放火焚烧过的土地〔540〕，青色来自粮地谷叶，金色是出于一种错误才叫作一种金属物，它本来来自谷粮成熟时的发黄，因此就成了大地的第三种颜色〔544〕。例如罗马人奖赏军功，军士的盾牌上就装上谷粮，而军功的光荣就叫作"贴金"（adorea 或 ador），意思就是烤黄了的粮，这就是他们的原始的食品。古代拉丁人把它叫作 adur，是由 uro（焚烧）派生的，所以在信宗教的时代，最初的崇拜仪式（adoration）也许就是用火烤粮食。蓝色就是覆盖林间隙地的天空的颜色，bleu 这个词在法语里就有蓝、天空和天神这三种意义〔482〕。红色是英雄们在他们的田地里发现到不虔敬的盗贼就杀掉时所流的血〔549，553〕。野蛮风气复归时代所传下来的贵族盾牌上都装上许多狮子，黑、青、黄、蓝和红各种颜色都有。根据我们在上文已见过的粮场后来变成了武器场的事例来看，这些各种颜色的狮子一定就指垦种过的田地，看作赫库勒斯所征服过的那种狮子带有上述各种颜色的面貌〔540〕。还有许多这样的盾牌装上了皮毛。这些想必就是卡德摩斯的武士们从其中跳出来的那些畦垄，他杀掉那妖怪狮子时就把狮牙齿种在地里，生长出来的就是他的武土们〔679〕。此外还有装上把板条的，这些显然是农具。从这一切我们应得出的结论是：农业是贵族政体的基础，不仅在第一次野蛮时代，如我们从罗马人的情况来看就可以断定的，而且在第二次野蛮时代也是如此。

564 古人的盾牌是用皮革包裹的，而且我们听到诗人们说过，古代英雄们穿的是皮革，即他们所猎杀的野兽的皮。帕萨尼亚斯关于这一点说过一段很好的话〔8.1.5〕，他说皮衣是由帕拉斯戈斯（Pelasgus）发明的（此人是希腊的一位古代英雄，希腊民族原来因他的名字而有皮拉斯基人〔Pelasgians〕的称呼，阿波罗多罗斯〔Apollodorus〕〔3.8.1〕称呼此人为大地之子，即一位巨人〔370〕）。在这一点上第一次和第二次的野蛮时代之间有一个显著的对应，但丁〔《天堂》15.112f〕谈到第二次野蛮时代的老年大人物时，说他们身上穿的是皮和骨，而薄伽丘也说过他们穿着皮革到处行走。这想必就是用皮革包裹氏族盾牌的理由，把头足两部分的皮卷成曲形是一种恰当的锦上添花。盾牌都是圆的，因为扫除过草木的垦种过的土地是最初的地圈或城市栅栏〔550〕。这个特征在拉丁人中间仍保存住，他们的金属盾牌是圆的，不同于他们的带棱角的盾。每一块隙地都叫作一个 lucus（"孔"或"眼"），就连在今天我们仍然把光线投进室内的空隙叫作眼。"每一个巨人都有他的 lucus"这个道地的英雄式词句后来改变了意义，被歪曲了，失去原义了，等到荷马用它时就已误解为每个巨人都有一只眼长在前额中间。伏尔甘就是同这些独眼巨人在最初的锻铁炉上工作——这就是伏尔甘放火烧过的树林和铸造最初的武器，即用火烧成尖端的矛〔562〕——而且用武器的广义，替天帝约夫铸造雷箭。因为伏尔甘原已放火烧掉树林，为着便于从空隙中观察天空，看天帝约夫朝哪个方向发射他的雷箭。

565 另一个在这些最古的人类制度中诞生的神就是女爱神维纳斯，一个代表民政美的〔诗性〕人物性格，因此 honestas〔品德〕就有高贵、美和德行这些意义。这三个观念想必就是依这样次第诞生的。第一种是"高贵"，应理解为特属于英雄们的民政的美。第二种"美"就是自然的美，这是由人用感官会领会的，但是只有那些兼有知觉和领悟的人才知道怎样辨认各部分及其整体的和谐（美的本质就主要在此）。因此农夫们和卑污的平民们对于美懂得很少或毫无所知。这个事实就证明某些语言学家们认为在这种简单笨拙的时代，"国王们是凭美貌和比例适度的身躯才被选出的"那个看法是错误的；因为这种传说〔252〕应理解为指民政的美，而民政的美才是英雄们的高贵处〔566〕。最后是品德的美，这就叫作 honestas，只有哲学家们才能理解。因此，它必然是阿波罗（文艺神）、巴克斯（酒神）、伽尼墨得（替天神斟酒的美男子）、柏勒洛丰（一位新妖怪，骑马上天而终于堕地的英雄）以及忒修斯（雅典国王）之类英雄所具有的民政的或文明的美。也许就因为这些英雄们的缘故，维纳斯被想象为一位男爱神（雌雄同体）。

566 民政美的观念想必是神学诗人们首先想起的。他们看到到他们土地上来逃难的那些面貌像人而习俗像野兽的外来人才想起民政美〔688〕。斯巴达人，希腊英雄们的代表，所珍视的想必就是这种民政美而不是另外的美，他们把丑陋残缺的婴儿都从塔吉图斯峰（Mount Taygetus）上抛下去，这些婴儿是没有举行过婚礼的贵族妇女们生下来的。罗马十二铜表法也曾对这种"怪物"严加惩处〔4.1〕，要把他们投到台伯河里去〔410〕。因为罗马十人执政时期为最初共同体所特有的法律条文极其简略的情况下，十二铜表法制定者说到"怪物"时不大可能想到自然的怪物，因为在自然中极其少见的东西才叫作奇怪的。就连在我们这个时代，尽管受到法令多如牛毛的困扰，立法者对于实际上很少出现的案件也留给司法官们审慎处理而不制定什么条文。最初的可以正当地叫作民政社会的"怪物"想必也就属于这一类。当庞费拉斯（Pamphilus）错误地猜想少女菲路麦娜（Philumena）已怀孕时说，"某种怪物在孕育中"〔见泰伦斯的喜剧《安德罗斯妇人》250〕，他心里想到的想必就是这种民政社会中的怪物，他们在罗马法中仍继续叫作怪物，人们这样称呼他们，是完全恰当的，例如安托万·法弗尔在他的法学著作中所说的，我们在〔410〕段里也已提到过。

567　李维对于他所写的罗马古代文物显出无知而轻信，他提到如果贵族与平民通婚，所生的子女就会是 ipsa discors，这就等于说是一种混杂的具有双重性格的怪物，一半是英雄或贵族的，另一半是野蛮的、平民的。"像野兽一样通婚"〔参见贺拉斯的《讽刺诗》1.3.107ff〕，李维从某一古代编年纪事史索取这样的词句，而以无知的方式来运用它，仿佛这种词句的本义是"如果贵族与平民通婚就会导致这种野兽般的婚姻"。但是平民们处在半奴隶式的穷困情况，绝不能要求和贵族通婚，他们所要求的只是举行隆重典礼正式结婚的权利（这是 connubium 一词的本义），而这种权利已经是贵族们所专有的〔598〕。但是在动物中间异种并不通婚。所以我们必须说，"像动物一样"这样的词组在英雄和平民斗争中是贵族们用来侮辱平民的。因为平民们不享有公开占卜权，而使婚姻合法，却必须经过占卜的隆重典礼。不举行婚礼，就根本没有人有确定的父亲（据罗马法中一句有名的定义〔《法学汇编》2.4.5〕："婚姻确定谁是父亲"）；就是因为平民们没有确定的父亲，贵族们就说平民们和野兽一样和自己的母亲和女儿通婚。

568　不过给平民爱神维纳斯〔512，560，579〕的标志却是些鸽子，不是指热烈的爱情，而是因为鸽子比起老鹰来，如贺拉斯〔《颂歌》4.4.31f〕所描绘的是贱鸟，而老鹰则是鸷（猛）鸟；这就表明了平民们只有私方的或次要的占卜依据，比不上贵族们占卜所依据的是老鹰和雷电，即瓦罗和麦萨拉所称呼的主要的或公方的占卜依据〔525〕。罗马史证实得很明白，贵族们所有的英雄制度都是依靠这种公方占卜的〔110〕。另一方面，给英雄的或主妇式的维纳斯的标志却是些天鹅，而天鹅是属于阿波罗（贵族）的神〔533〕，凭一只天鹅的征兆勒达和天帝约夫交媾，就卵生了几个英雄人物〔512〕。

569　平民的维纳斯是被描绘为裸体的，而作为主妇的维纳斯却穿了一件紧身裆〔512〕。我们在这里可以看出关于诗性古代文物的一些观念是怎样受到歪曲的。这种裸体后来被说成是刺激淫欲的，而事实上裸体却被发明来表示平民们遵守自然义务时所显示的自然的谦逊或拘泥细节的守信。平民们在英雄城市中并没有公民权〔597〕，因此不能缔结由民法保证其必须履行的契约。因此，分配给维纳斯的三位秀美女神（Graces）也都是裸体的；而拉丁人把 caussa〔因由〕和 gratia〔秀美〕看成同义词，所以秀美女神对于诗人们来说一定就指 pacta nuda（裸约），即仅涉及自然义务的简单协议，因此罗马法学家们所称为"法定的契约"后来被中世纪法律注释家们称为 vested（授权的，有法律保障的）契约。因为把"裸约"理解为没有法律保障的契约，他们就不应把 stipulatio 看成由 stipes 派生的，即用"法律的保障"那种勉强的意义，而是由 stipula 派生的，此词是拉丁地区农民们用来称呼包裹米粮的粗糠。另一方面，早期讨论封建法的作家们所说的"有法律保障的契约"是和授封采邑或封地于受封人或佃户的来源相同，必然是从 exfestucare（剥夺或放弃）这个词来的。由于所提出的这些理由，秀美（gratia）和"因由"（caussa）是由能诗的拉丁人理解为涉及英雄城市中的平民所遵守的契约时，意义就相同。同理，后来根据部落自然法而新添的那些契约，乌尔比安〔《法学汇编》1.1.1.4；900〕主张在部落之前加上"人道"（humanarum）字样，称之为人道的部落自然法，这时 caussa（因由）和 negocium（交涉）意义就相同，因为在这类契约里，交涉本身经常几乎就是"因由"起"约定"的作用，使契约有保障〔1072〕。

第三章
关于单凭同意制定的契约的系定理

570 英雄时代诸民族的最古的法律确实不能承认今天所谓单凭同意制定的各种契约。因为这些民族只关心到生活必需品。他们所摘取的唯一果实只是自然的果实，因为他们还不懂得金钱或货币的用处。他们仿佛只有身体。他们极端粗鲁，所以多疑或易起猜虑，因为粗鲁生于无知；人性有一个特征，凡是无知的人就经常多疑。由于这些理由，他们不承认守信用；他们通过现实的或象征性的物体转手（或交换），来使一切义务得到保证。此外，在执行过程中就通过隆重的规定，有往就有来，使交易成为确定的〔1030〕。因此，十二铜表法里就有一个著名的条文〔6.1a〕："如果任何人要定一项契约或转让，只要他用舌头宣布过，它就具有约束力。"〔433，1031〕从这种人类民政制度的本性中就涌现出下列一些真理。

I

571 有一句话说得很正确，最初的买卖就是实物交换。不过如果涉及不动产，这种实物交换必定就是野蛮制度复归时期所流行的那种方式，叫作封建租佃（libellus, feudal leasehold）。这种封建租佃的益处是明显的，由于一个人占有了过多的土地，就使另一个人缺乏大量果实，倒过来说也是如此〔1071〕。

II

572 只要城市还很小而住房又很简单，就不会实行房屋出租。所以地主一定要把土地出租，让旁人在上面盖房屋；这样，唯一的税收就是土地税。

III

573 出租土地想必就是通过拉丁人所称呼的 clientela（佃户制），因此，语言学家们凭一种独出心裁的揣测，说佃户（clientes）的称呼是由于他们是 colentes（种田人）。

IV

574 在野蛮制度复归时代〔L₃〕，在古老的档案里我们可以找到的契约都是关于租赁住房或耕地的，租赁可以是暂时的，也可以是永久的。理由想必就如上文所说的。

V

575 这也许可以说明东佃制〔1067〕为什么是属于民法的一种契约。根据本科学的原则，这种契约就是属于英雄时代的罗马法的一种契约，而乌尔比安〔569〕却拿人道的部落自然法与前此野蛮的部落自然法相对立，并不是和他当时罗马帝国以外的野蛮民族的部落自然法相对立，因为这是罗马法学家所不必关心的。

VI

576 合伙制还不存在，由于根据巨人们的习俗，每个氏族父主只关心本家族的事而不关心其他家族的事，正如荷马曾在叙述波吕斐摩斯告诉尤利西斯的话中让我们知道的情况〔516〕。

VII

577 由于同样理由，托管制或代理制的契约还不存在。古代民法的规定是：任何人都不许从一个不归他管辖的人那里得到什么〔《法学汇编》50.17.11+123₂〕。

VIII

578 但是到了英雄部落法为乌尔比安〔569〕所界定为人道部落自然法所取代时，就有了一次革命性的变迁。在古代，如果买卖契约不预先规定加倍偿还，就不保证偿还。现在这类契约的王后叫作"守信用"（bonae fidei），偿还权就自然地通用，纵使没有先规定。

第四章
神话法规

〔579〕 再回到伏尔甘、马尔斯和维纳斯这三个〔诗性的〕人物性格。这里必须提到（必须把这一点看作我们的神话中一个重要的法规）有三个意指英雄神的性格，和另外三个意指平民神的性格，彼此是有分别的。伏尔甘用斧头剖开天帝约夫的头，让密涅瓦诞生出来〔589〕，他试图干预天帝和天后之间的争吵，而天帝把他踢出天外，他就跛了腿。据荷马的叙述〔《伊利亚特》5.890〕，天帝严厉地谴责了马尔斯，骂他是"全体神中最坏的一个"。荷马在叙述诸神的战争中〔《伊利亚特》21.403〕还提到密涅瓦抛出一块石头把马尔斯打伤了〔781〕。（这个伏尔甘和这个马尔斯想必是在战争中替英雄们服兵役的平民们。）维纳斯（代表平民们的自然的妻子们）和平民的马尔斯一起被陷入英雄的伏尔甘所设置的罗网里，在太阳光下这两位神都显出裸体，就成了其他诸神的笑柄〔560〕。因此，维纳斯就被误认为伏尔甘的妻子。但是在天上只有天帝和天后才结过婚〔511〕，只是没有生产子女〔448〕。并没有听说过马尔斯和维纳斯通奸，只听说维纳斯和马尔斯同居，因为在平民中间只有自然的婚姻〔683〕，而自然的婚姻就是拉丁人所说的"同居"。

580 这三个神的性格如上所述，其他诸神的性格以后在适当的地方再说明，我们将会看到其中有平民派的坦塔罗斯（Tantalus），他抬头吃苹果而苹果只往上升，伸嘴喝水而水只往下降，都够不上〔583〕；有平民派的弥达斯（Midas），他饿死了，因为嘴碰到的东西都立刻变成黄金〔649〕；还有平民派的李弩斯（Linus），他和阿波罗竞赛吹笛，赛输了，被阿波罗杀掉了〔647〕。

581 像这类双重的寓言故事或人物性格在英雄时代情况下想必是必要的，因为平民们自己没有名称，只有用他们所属的英雄们的名称〔559〕，还不消说在最初的时代语言十分贫乏，就连我们现时语言已很丰富，同一个词也有时有不同的甚至相反的意义。

注 释

1　即复归时期的。

2　在中国过去，灶神也就是家神，祭灶时也烧木段洒水。

3　中国西南少数民族的"泼水节"或与婚姻仪式有关。

4　略似中文"阴魂"。

5　基地或称"底"，例如红底金字，铭刻中阴文部分。

6　类似中国人自称"黄帝的子孙"。

7　例如英国多数贵族，威尔斯亲王、约克郡公爵之类，又如中国的姓也有些来自封地，例如姓"朱"的来自春秋时的小邾国，后来又说来自"紫阳郡"之类。

8　她是天帝宙斯的女儿，她的母亲是记忆女神，有一传说阿波罗就是缪斯的儿子。

9　拉托娜（Latona），即Leto（勒托），她与宙斯结合，生了阿波罗和狄安娜。

10　帕克托勒斯河，小亚细亚古代吕底亚国的流金河。

11　塔霍河，在西班牙中部。

12　类似中国封建时代达官贵人帽子上的"金顶子"。

13　用划曲线的犁头来划定城墙的界线，所以城市就叫作urbs。

14　中国古代也把掌管民政权的首领比作牧民，一州之长就叫"州牧"。

第五部分 诗性的政治

第一章
诗性的政治，在这下面诞生了
世界上最初的一些政体，都取最严格的贵族形式

582 就以上述方式〔553—569〕，诸氏族和所附属的"家人们"都一起创建起来了。这些家人们，由英雄们收容来归附于自己的信仰、权力或保护之下〔523〕。这些家人们就是世界上最初的 socii 或社团〔258，555，558〕。他们的生命都由他们的主子们保管，因而他们所得的一切财产也是如此。这些英雄拥有巨人式的父主权威，对自己的子孙操生死大权，而且由于对于子孙的人身既然有这样大的权力，对于子孙的全部所得财产也就有专制权〔556〕。亚里士多德在替一个氏族的子孙们下定义时，说他们是"他们父主们的有生命的工具"〔《伦理学》1161b 4〕，他的意思就是如上所述。而且罗马的十二铜表法，就连直到民众自由权达到最昌盛的时期，也还让罗马氏族父主们保留住对子女们的人身和所得财产的专制权和管领权。事实上直到罗马帝国时期，子女们和奴隶们一样，都只有一种私人财产，即在父主允诺之下所得到的财产。在最早的时期，父主们想必有权把儿女真正出卖掉，竟至可出卖三次之多；到后来人

类变得日渐温和了，父主们如果想让儿女们脱离父权的约束而获得自由时，还要假装把他们出卖三次。不过高卢族人和凯尔特族人（Celts）对子女们和奴隶们都同样保留住父主权。在西印度群岛，父主真正出卖儿女的习俗曾流行过，而在欧洲，莫斯科人和鞑靼人出卖儿女有到四次之多的。所以说其他野蛮民族"不像罗马公民那样"享有父权，就远不是真相了〔《法学阶梯》1.9.2〕！这句明显的假话起于学者们在解释上文引语时所犯的通常的凡俗错误，因为这句引语是罗马法官们涉及被罗马人征服的那些民族时所说的。这些被征服的民族被罗马人凭征服权力而剥夺掉全部民法权，只剩下他们的自然的父主权力，因而只剩下自然的血统纽带，叫作同族纽带，因而也只剩下自然的财产权，叫作凭占领时效的所有权。由于这两层原因，只有自然的义务才属于部落自然法（de iure naturali gentium），而乌尔比安进一步加上一个更明确的形容词，把它称为"人道"或"人类"（humanarum）的自然法〔575〕。但是这些被征服的民族已丧失的制度（所有权）在罗马帝国以外的各民族还在他们自己（行省）内部的民法里保存住，正如罗马人自己还保存住他们原有的那些制度〔1023〕。

583 再回到我们的论证：氏族中儿子们在父亲们死后就从这种父主私方专制统治下解放出来了，每个儿子把这种统治完全拿到自己手里了，所以每个罗马公民在从父权中解放出来之后，在罗马法中仍称为一个"氏族父主"。另一方面"家人们"却仍旧在奴隶情况中生活。过了长时期以后，家人们想必对奴隶情况感到愤怒，根据"受统治的人自然希冀自己从奴隶地位中解放出来"那条公理〔292〕。这想必就是平民派坦塔罗斯的情况，他白费力用嘴去够那个果实（这就是在英雄们的土地上栽种的黄粮金苹果），而且口渴像火烧过一样也喝不上一口水，那水一到他唇边就落下去了。伊克西翁（Ixion）也是如此，老是绑在车轮上旋转；西西弗斯（Sisyphus）也是如此，老是把石头推上山，刚推上去就又滚下来〔719〕（像卡德摩斯所抛的那块石头一样，就是硬板土地，它上了山顶又滚下去，在拉丁语句里就指垦殖硬土的长期艰苦的工作）。由于这一切缘故，家人们势必要起来向英雄们造反。这就是我们所猜测到的它是在氏族政体下普遍地由家人们强加给英雄父主们的那种"必然性"〔261〕，其结果就是各种民众政体的诞生。

584 因为到了这种时候，英雄们迫于紧急应变，势必凭自然本性，要把英雄们自己联合起来抵御造反的家人大众。他们势必在自己阵营里选出一位比旁人都较勇猛较有镇定精神的父主作为他们的首领。这类人就叫作 reges 或国王们，这个词是由 regere 派生的，本义是支持或指导。依这种方式，用法学家彭波尼的名言来说，"到各种制度本身指令要有国家时，国家就建立起来了"〔《法学汇编》1.2.2.11；1007〕。这句话正符合罗马法的原则，这原则宣称：部落自然法是由天神意旨来制定的〔《法学阶梯》1.2.11；328〕。凡是英雄王国都是这样产生的。父主们在自己的氏族里既然就是些拥有主权的王，诸父主们的地位既然平等而巨人们生性又凶猛〔296〕，谁也不肯让谁，于是由许多家族王组成的执行统治的元老院就自动地产生了。他们发现到，不经人意或人谋，他们就把各私方利益联合成一种共同利益，这就叫作 patria（国家），意义就是"父主们的利益"。因此，贵族们就叫作元老们，而贵族们就势必成为最初的"国家"或"祖国"中仅有的公民。在这个意义上我们可以把传下来的一种传说看成真实的，那就是：在最早的时代，国王们是由自然选出的。关于这一点，塔西佗的《日耳曼尼亚志》〔7〕里有两段著名的话，使我们有理由猜测到一切其他最早的野蛮民族中都有同样的习俗。第一段话是："他们的中队和楔形队并不是偶然形成和组合的，而是由各氏族和各部落组成的。"第二段话是："他们的首领凭示范多于凭发号施令；因为他们活跃而且显著，打仗时身先士卒，凭受到赞扬而统治。"

585 地球上最初的国王都具有上述性质，证据就是：英雄时代诗人们都把天神约夫想象为具有恰恰是上述那种统治人和神的王权，如荷马在一段著名的诗句里〔《伊利亚特》1.517〕所显出的，在那里天神约夫向忒提斯（Thetis）说明他自己不能做出诸天神在天庭大会议里所没有决定的事。说这话的是一个真正的贵族体制的王。根据这段故事，廊下派学者们后来建立他们天神约夫受制于命运的教条。但是事实上是天神约夫在和其他诸神举行讨论人类事务的会议中，自由地作出了决定。我们所引的那段诗句还说明了荷马的下列另外两段诗句，这两段被政治理论家们误解为荷马诗中涉及专制君主的话。在第一段里〔《伊利亚特》1.287ff〕阿伽门农斥责顽强的阿喀琉斯。在第二段里〔《伊利亚特》2.204〕阿伽门农劝告希腊人继续包围特洛伊，不要违反命令而回家乡。这两段里都说到"只有一个人是王"。但是这两段都涉及战争，在战争中只有一个统帅，根据塔西佗所引用的一句格言〔《编年史》1.6〕："任统治权的条件是把它只交给一个人负责，否则计算就得不到平衡。"[1]还不仅此，荷马本人在他的两部史诗里每逢指名提到英雄们时都加上"王"字。《旧约·创世记》里〔36.15ff〕也有一句名言完全与此一致。在这一段里摩西历数以扫的子孙们都称他们为王，或者如拉丁文本译文所用的"军长"〔E₇〕[2]。与此类似的还有皮洛士（Pyrrhus）的使臣们也报道过他们在罗马见到一个由许多国王组成的元老院。事实上我们也很难设想在民政本质里找到什么理由使那些父主们在这种政府形式改变中，会更动他们在自然状态中原来享有的东西，除非让他们的氏族主权已受制于这些统治阶层。因为按强者的本性，他们就是对他们凭武力所获来的东西放弃得越少越好，不能超过保持他们的既得利益所必要的程度〔261〕。因此在罗马史里我们经常看到那些强人们对放弃他们凭本领获得的东西所表示的那种英雄式的鄙夷态度。在一切人类可能性之中，一旦看出了民政统治权既不是由某一个人凭欺诈得来的，也不是由某一个人凭暴力产生出来的〔522〕，我们就不可能想象出除掉我们所描绘的方式之外，还有什么其他方式能使氏族权力中涌现出民政权力，或是能使父主的自然的财产管领权变成民政国家的对一切国家财产的支配权〔266〕（这种支配权是 exiure optimo 的，即不受任何私方或公方干扰的〔490〕）。

586 我们据理奠定的这种发展从有关的文字的字源中突出地得到了证实。因为根据父主们的这种不受干扰的最高占领权（dominium optimum，希腊人称为 dikaion ariston〔490〕），才建立起希腊人称为贵族型而罗马人称为最高权势型的（optimates）政体。"最高权势者"optimates 这个词来自 Ops，即权势天后〔587〕，也许因此，Ops 就叫作天帝约夫的妻子（天后想必就称天帝为 optimus，最高权势神，因为他对希腊人是贵族神，aristos，对拉丁人就是最高权势神），他的妻子即把诸天神的名称据为己有的那些英雄们的统治阶层的妻子〔437〕。（因为朱诺凭占卜的法律，原是被认为发雷霆的天空的天帝约夫的妻子〔511〕。）上述诸天神的母亲原是

292

地神，地神也叫作巨人们即贵族们的母亲〔549〕，她后来被认为诸城市的王后〔722〕。所以"最高权势者"（optimates）这个词是由 Ops（权势神）派生的，因为一切贵族政体之所以建立，都是为着保持贵族权势的，为此他们保留住作为两种主要保卫者的永恒特性，一种是各种制度的保卫者，另一种是疆界的保卫者〔981—998〕。在保卫各种制度项下首先是保卫各氏族，凭这种保卫，罗马人直到城市建立的年历第 309 年都还不让平民们举行结婚典礼〔598〕。接着就是保卫行政官的职位，强烈地抵制平民们任执政官的要求。接着就是保卫僧侣或司祭职位，最后是凭这一手段来保卫法律〔999—1003〕，凡是最初的民族都把法律看成神圣的，从此直到十二铜表法，贵族们就凭着习俗统治着罗马，像哈利卡纳苏斯的狄奥尼西奥斯所说的〔10.3〕。直到颁布十二铜表法一个世纪之后，解释这部法典的权利都局限在最高司祭院之内，据法学家彭波尼〔《法学汇编》1.2.2.6〕说，因为直到那时，这个最高司祭院只向贵族们开放。另一个主要的护卫对象就是疆界范围。涉及这一方面，罗马人直到毁灭柯林特时，在战争中都曾非常公道地谨守这种疆界范围，用意是不让平民们军事化，在打胜仗时也极端宽大，用意在免使平民们致富〔273—276〕。

587 诗性历史的这一大重要段落全都包括在萨图恩（地神）试图吞噬婴儿约夫那个神话故事里，地神的司祭们把婴儿约夫藏起，敲击兵器不让萨图恩听见婴儿的啼泣。这位萨图恩想必是代表"家人们"的一种人物性格。这批"家人们"作为日工去耕种英雄父主们这些地主们的田地，都渴望从父主们手里得到一些田地为自己找到生活资料。这位地神就是约夫的父亲，因为从这位地神作为近因才产生出父主们的民政统治，表现在以权势女神为妻的这位约夫的人物性格上〔586〕。因为当作主宰占卜的约夫所用的最隆重的占卜工具是雷霆和老鹰——以朱诺为妻的约夫就是天神们的父亲，也就是英雄们的父亲。因为英雄们都认为自己是约夫的儿子，都是在约夫的主持之下行过隆重婚礼才诞生出来的，婚礼女神就是天后朱诺，所以英雄们就沿用了诸天神的名字，他们的母亲就是大地，也就是权势女神，也就是这位约夫的妻子。这位约夫也叫作"众人之王"，所谓"众人"，就是氏族体制下的家人们和英雄城市体制下的平民们〔437〕。由于对这种诗性历史的无知，父和王这两个神圣的名称被混淆起来了，仿佛约夫也成了众人的父亲。但是众人（即家人们和平民们）直到古罗马共和政体时代，都还举不出自己父亲的名字，如李维所说的，因为他们都是由自然婚姻而不经过隆重婚礼的产物；因此，法律还保留一句格言："婚礼确定谁是父亲。"〔433，567〕

588 上述神话故事接着就叙述地神或权势神的司祭们（因为到处最初的一些王国都是司祭性的〔250〕），把约夫隐藏起。拉丁语言学家们从这种隐藏推测出 Latium〔拉丁地区〕里这个词必然是由此来的，而拉丁语还在 condere regna〔尊重王权〕这个词组里保存住这段故事〔389〕，因为父主们结成了一个排外的阶层来反对家人们，而这个阶层的保密就是政治理论家们称为 arcana imperii〔隐蔽的王权〕的起源。他们还用敲击兵器来防止地神听到约夫的啼泣声（约夫是新从那个阶层的结合诞生出来的），这样他们就救了约夫。这样就把柏拉图曾隐约提到的故事明白地叙述出来了。柏拉图说各种政体都是在武器基础上诞生的[3]〔《法律篇》626A〕。此外还可加上亚里士多德的话，他说，在英雄政体之下，贵族们发誓要永与平民们为敌！〔271〕这一切所留下的一条永恒的特征，表现于一句流行语："奴仆们是他们的主子们花钱雇来的仇敌。"希腊人替我们把这个故事保留在字源学里，polemos（战争）是从 polis（城市）这个词派生出来的。

589 涉及这一问题的还有希腊各民族曾想象出头等部落的第十位尊神，即密涅瓦（智慧女神）〔317〕。她的诞生被想象为采取这样一种野蛮粗暴的方式：据说伏尔甘（铁匠神）用斧头剖开天神约夫的头顶，密涅瓦就从天帝头脑里跳出来了〔579〕。他们有意要用这个故事来指家人大众运用奴役工具（这是属于平民派伏尔甘这个诗性类概念之下的）破坏了（意指削弱或减轻）天帝约夫的统治。（拉丁人表达这个意思用 minuere caput，剖头，因为他们还不会用抽象方式来表达统治，于是就用了"头"这个具体的词。）约夫在氏族政体下的统治本来是专制的，在城邦政体下他们把它改变成为贵族统治。因此，把密涅瓦这个名字看作由 minuere〔剖开，削弱〕派生的，这并不是一个不可能的猜测；同样并非不可能的猜测是：从这种最古的诗性古代文物派生出罗马法中 capitis deminutio（意义是"政权的变迁"）这个词，就像密涅瓦把氏族政权改变为城邦政权那样。

590 哲学家们后来把他们自己的最崇高的玄学默想加到密涅瓦的诞生这个神话故事上去，说永恒的观念是由天神在他本身里生育出来的，而创造出的观念是由天神在我们（凡人）身上制造出来的。但是神学诗人们却是以民政秩序的观念来看密涅瓦的，因为"秩序"（order）这个拉丁词是人们爱用来代表元老院的（这也许导致哲学家们把秩序看作天神的一种永恒观念，天神不是别的，他就是永恒秩序）；从此留下了最好的秩序就是诸城市智慧的这个永恒特征。不过密涅瓦在荷马史诗经常用"好战的"和"掠夺成性的"这些固定的形容词。我们记得只发现有两次她被称为"顾问"或"谋臣"〔《伊利亚特》5.260；《奥德赛》16.282〕。她的圣物是猫头鹰和橄榄，并不是因为她在夜里默想或在灯光下看书写字，而是更多地指隐藏所的黑夜，这是人类开始生活的地方〔387〕，也许更恰当地指英雄时代诸城市组成的元老院是在秘密中考虑他们所制定的法律。雅典的元老院中最高立法者确实有在黑夜里秘密投票的习俗，雅典是密涅瓦（希腊人称她为雅典娜）所保护的城市。从这种英雄时代的习俗产生出拉丁语里 condere leges〔立法〕这个词，因此 legum conditores 恰当的意义是主管法律的元老院，而 legum latores 则指那些把法律从元老院传送各族的平民们，如我们在上文〔521〕在贺雷修斯案件中已提到的。神学诗人们远不把密涅瓦看成智慧女神；从她在雕像和徽章中总是带着武器就可以看出，而且从这同一位女神在元老院里是密涅瓦，而在平民议院里却称帕拉斯（Pallas）也可以看出（例如在荷马史诗里〔！〕就是帕拉斯，在忒勒玛科斯〔Telemachus〕去寻找他父亲尤利西斯之前，她曾带领他去平民议院，他特别称呼平民们为"另一种人民"〔《奥德赛》2.6ff，267ff；参看《伊利亚特》2.54f，935，191〕），最后，在战争中她称贝娄娜（Bellona）即战争女神。

591 应该说，认为神学诗人们用密涅瓦代表智慧这种错误的看法，是和另一个错误的看法一致的，那就是认为 curia（元老院）从 cura（照管）得名，即对政体的照管，而实际上当时各民族都还混乱愚蠢[4]。Curia 这个词毋宁是由最古的希腊人从 cheir（手）拼成 kyria（权势）派生出来的，从此就派生出拉丁语的 curia。从我们在卷首时历表及其注释〔77〕里已提到的那两大古代文物片段之一也可以得出同样的结论。对我们很有利的是德尼斯·彼陀曾发现这些古代文物片段埋藏在希腊史里已远在希腊的英雄时代之前，即在我们现在探讨的埃及人所称的神的时代〔52〕之前⁵。

592 上述两片段之一叙述赫拉克利族人（即赫库勒斯的后裔）已分布到希腊全境，甚至到雅典所在的阿提卡，后来就退回到斯巴达所在的伯罗奔尼撒。斯巴达当时是一个贵族政体或王国，两个属于赫拉克利族或贵族的国王，在行政官们监督之下执行法律和领导战争。这些行政官们就是贵族的而不是平民的自由权的保卫者。他们扼杀了国王亚基斯三世，就因为他企图替人民定一条废除债务的法律，李维〔32.38.9〕把这条法律称为一支点燃平民们反对权势者的义愤的火把；他还定另一条关于遗嘱的法律，把继承权推广到贵族阶层之外。而前此贵族们曾凭合法继承权把继承权局限在贵族阶层内部；因为只有贵族们才有直接继承人，同族的或同宗的〔110〕。在颁布十二铜表法以前，类似的企图也曾在罗马出现过，下文还要提到〔598〕。正如卡西乌斯、〔曼利厄斯·〕卡皮托利努斯和格拉古父子弟兄们和其他罗马领导公民都被元老院宣判以叛国罪而处死，就因为企图通过类似的法律把受压迫的穷苦的罗马平民们的地位略微提高一点，所以亚基斯三世国王也被斯巴达行政官们处死了。斯巴达行政官们远远不像波利比奥斯〔23.11.4f〕所说的是什么斯巴达平民自由权的保卫者。因此雅典（从密涅瓦得名，他们把密涅瓦称为雅典娜），一定是从最早的时期就有一种贵族政体。希腊史也忠实地叙述了这一事实，告诉我们说德拉古统治雅典是在雅典被权势者占领的时期〔423〕。这一点已由修昔底德（实即伊索克拉底〔Isocrates〕在他的历史著作里）证实了。他告诉我们说，雅典城邦在由严厉的元老院中最高立法者（Areopagites）统治的时期一直焕发着最美的英雄品德的光辉，执行了最有价值的艰巨工作，正如罗马过去处在贵族政体时期一样。（尤维纳利斯 Juvenal〔9.101!〕把该族人名称译为"战神马尔斯的判官们"，意译带武器的判官，不过 Ares、Mars、+pēgē 即拉丁语的 pagus，指一国或一国的人民，译为"战神马尔斯的人民"，还较妥帖。罗马人民本来就叫作"战神马尔斯的人民"，因为他们生下来就是贵族，贵族才有带兵器的权利。）但是雅典被迫从伯里克利（Pericles）和阿里斯提德两位首领那种崇高地位抛下来，来拥护平民自由了，而罗马从塞克斯提（Sextius）和卡纽利阿（Canuleius）两位当了护民官之时起，也遭到同样的命运。

593 另一个重要片段说明希腊人如何在外国游历之中观察到地神的司祭们遍布到萨图尔尼亚（即古意大利），遍布到克里特岛乃至亚细亚，以至在最初的一些野蛮民族中到处都是司祭王国占优势，正如赫拉克利族人遍布到古希腊一样〔25，77〕。这些司祭都是带兵器的僧侣，曾用撞击兵器的声音去掩盖住婴儿约夫的啼哭声，约夫是地神萨图恩企图吞噬的，如我们正在说明的神话故事里所说的〔588〕。

594 从我们的全部论证可以得出的结论是：最初的元老法庭一定在这样最古老的时代就已从上文所说的方式有了起源。它们就是我们在罗马史里所见到的最古老的元老法庭〔624ff〕。他们开会都带着兵器。这种制度持续到后来，为着处理宗教事务，因为在最早的时代一切凡俗事务都要从宗教方面来看。李维〔21.20.1〕曾感到惊讶，看到在汉尼拔带兵通过高卢时，高卢还在举行这样的会议，但是塔西佗在他的《日耳曼尼亚志》〔7〕里告诉我们说，僧侣们也举行这样的会议，在陈列兵器中，仿佛就像凭着诸天神当面来处罚罪人一样。这就显示出一种处理事物的适宜感，这些英雄式的议会陈列兵器来判决刑罚，因为法律的最高权威须伴随着兵器的最高权威。在谈一般情况时，塔西佗〔《日耳曼尼亚志》11〕告诉我们说，日耳曼人处理一切公事都带着兵器，由一些僧侣来主持，如我们已经说过的。因此，在古日耳曼人中间，流行的习俗容许我们推测到一切最初的野蛮民族都会流行同样的习俗。在日耳曼人中间我们再度看到埃及的司祭王国〔605〕；我们看到流行于萨图尔尼亚（或古意大利）、克里特岛以及亚细亚等地的武装僧侣们的王国〔591ff〕；我们也看到古拉丁地区有武装僧侣。

595 根据上文的陈述，武装僧侣们的法律必然就是意大利英雄时代的部落自然法，为着把它和其他民族的自然法区别开来，我们把它称为"罗马武装僧侣法"。这种法并不是通过萨宾族人⁶和罗马人之间的协议而产生的，武装僧侣（Quirites）的称呼也与萨宾族人的都城 Cures（库越斯）无关，因为如果有关，他们的称呼就应该是 Curetes（库越特族人）而不是 Quirites，即萨图尔尼亚的希腊人所用的名字。如果萨宾族人的都城曾叫作 Ceres（如拉丁语法学家们所相信的），他们就应该叫作"塞里特人"（Cerites，请注意这种观念的混淆！），实际上塞里特人是指被检察官处罚过的只准服苦役而不准享受民政荣誉的那批罗马公民，而这些正是由在英雄式城市诞生时由"家人们"组成的平民们〔597〕。萨宾人与罗马人合流的毋宁说就是平民大众。在那种野蛮时期被征服的城市都被毁灭掉，而幸存的人们都散布到平原上，被迫替征服者耕种田地——罗马人对他们的父母城阿尔巴也不让它逃过这种命运。这类〔被征服的邻近城市〕就是最初的罗马行省或管辖地区，叫作 province，仿佛是表示 prope victae（近邻征服地），例如科利阿里（Corioli）这个行省，由于是由马修斯征服的，这位罗马国王就叫作 Coriolanus。正如另一方面最后而且也最远的行省就叫作 procul victae（远方征服区域）。在上述这类平原上定居的就是最初的内地殖民，很恰当地被称为 coloniae deductae，即由上面移下来耕田的日工团体〔1023〕，而就最后也最远的殖民团体来说，deductae 的意义恰恰相反，从平民们居住的低下而拥挤的罗马区域被移到行省中高而且强固的地带，去维持行省秩序，在那里当主子，把原来土地的主子们改变为穷苦的日工〔300，560〕。根据李维〔1.30.1〕（他只看到变更的结果），罗马就是这样从阿尔巴废墟上生长起来的，而萨宾人向他们的女婿们罗马人交出萨宾都城的财富作为他们被劫掠去的女儿们的妆奁，如史学家弗罗鲁斯（Florus）用轻慢的语气提到的。这批殖民都比在格拉古的土地法颁布之后的那一批殖民较早。李维〔6.11.8〕说，罗马平民们在他们和贵族进行英勇斗争之中，对第一批殖民们都瞧不起乃至厌恨，因为他们和后一批不同，他们对提高罗马平民们的地位没有效劳而且对这些斗争还火上加油，这就是李维对他们的轻慢的感想。

596 最后，密涅瓦就指武装贵族政体，这个事实已由荷马史诗证实过。荷马叙述到密涅瓦在和战神马尔斯斗争中曾用石头打伤了马尔斯（马尔斯是一个〔诗性的〕人物性格，代表在战争中替英雄们服役的平民们〔579〕）。荷马还谈到密涅瓦曾试图阴谋反对天神约夫〔《伊利亚特》8.374ff〕，这是追随贵族体制下的作风，元老们尝用秘密会议来推翻他们的倾向实行暴君统治的首脑们，只有在这种时候我们才看到替杀死暴君的人立雕像；反之，如果被杀死的原是专制国王，一般就都认为杀死他的人就应当作叛国者处理。

597 从此可见，最初的城市只是由贵族们组成的，是贵族们在统治。但是因为贵族们还需要旁人为他们服役，凭利害计较的常识，他们就被迫要满足向他们造反的平民大众；因此，英雄们向他们派遣最初的使节，根据部落法，使节要由掌权的君主派遣。世界上最早的土地法就是由君主派遣使节送交平民们的〔265〕。按照这次土地法，强权者照例是尽可能地作出最小的让步〔261〕，这就是英雄们可能凭自愿分配给平民们对所耕土地的凭占领时效的所有权〔604〕。在这个意义上，谷神 Ceres（克瑞斯）既发明了粮食又发明了法律这种说法也许是真实的。这项法律是根据下列部落自然法的：因为所有权是跟着权力来的，因为家人们的生活要依靠赐给他们住收容所来救活他们的那些英雄们，他们就应拥有一种同样不稳定的所有权，这种所有权他们能享有多久，就要看英雄们让他们保持赐给他们的土地是否适合英雄们的利益而定，这种情况就是合法的和正当的。这样，家人们就合并进来形成英雄城市中的最早的一批平民，他们在城市中并不享有公民的一切特权。阿喀琉斯扬言阿伽门农待他正像待平民中一个成员，把他的女俘布里塞伊斯冤枉地劫掠去了，他埋怨他所受到的屈辱连一个没有任何公民权利的劳工也不会受到〔《伊利亚特》9.648〕。

598 一直到婚礼权的斗争〔110〕，罗马平民们的情况就是如此。等到贵族们在十二铜表法中把第二次土地法让给平民们时，平民们对土地才得到了原属武装贵族的所有权，如多年前我们在《普遍法律的原则》一书中已说明过的〔《全集》2.580〕（为了两段话我们不追悔该书的发表，这就是其中的一段〔29〕）。但是根据部落法，外方人不能享有民政的所有权，而平民们还不是公民，就还不能用遗嘱把土地传给亲属，因为他们没有直接的继承人，同姓的或同族的〔B₄〕，同姓或同族的关系都要依据隆重的婚礼。平民们甚至不能通过遗嘱来处理土地，因为他们还不是公民。因此，分配给平民们的土地不久就又回到贵族们手里，依靠贵族的平民们才享有土地所有权。

等到平民们认识到这一点，在短短的三年之内，他们就要求举行婚礼的权利。在罗马史叙述得很明白的平民们所处的穷困的奴隶情况下，他们并不要求和贵族们通婚的权利，因为在这种情况下，拉丁语就应说成 connubia cum patribus，即"和父主们或贵族通婚"〔987〕。他们所要求的只是和父主们一样享有举行隆重婚礼权，即和父主们一样的婚礼权（connubia patrum），其中主要隆重典礼就是公开占卜权，即瓦罗和麦萨拉所说的主要占卜权，也就是父主们说占卜权属于他们时所指的那种占卜〔525〕。平民们在提出这种要求时实际上就是要求罗马的公民权，其中自然的原则就是隆重的婚礼，所以法学家赫雷宁·莫德斯丁把婚礼下的定义是"分享一切神和人的权利"，对公民权本身也不能下出比此更确切的定义了〔110〕。

第二章
一切政体都是从某些永恒的东佃（或封建）原则诞生出来的

599 以这种方式，部分地根据强人们要维持他们的所得财产的本性，部分地根据在民政生活中可望得到的利益的本性（根据这两种人类制度的本性就建立起封建制的永恒原则〔260—262〕），世界上就产生出三种封建所有权〔266〕，由三种人对三种事物的管领。

600 第一种是乡下佃农的凭占领时效的所有权（bonitary ownership）〔597〕。这是"众人"（men），亦即平民们，对他们从英雄主子们的农场上所得的粮食的所有权〔437〕（霍特曼曾感到奇怪，为什么在野蛮制度复归时期这些"众人"在封建法律里仍叫作佃户）。

601 第二种是高贵的英雄们或掌握武器的封建主们的武装骑士的（现在叫作军事的）所有权（quiritary ownership）；因为这些英雄们在把自己团结在武装阶层里就保住了他们的农场的主权。这就是过去在自然状态中所谓凭权势的所有权（optimal ownership），西塞罗在他的《星相家们的回答》〔7.14〕里曾认出在他那时代里有一些留在罗马的家族还拥有这种凭权势的所有权，他对这种所有权下的定义是"不受任何公方或私方的干扰的对不动产的所有权"〔490，984〕。涉及这一点，《圣经》里有一段名言〔《创世记》47.26〕，摩西在这里叙述到在约瑟时代，埃及僧侣们对所掌管的土地不向国王纳税。我们已经说明过，凡是英雄时代的王国都是僧侣性的〔594〕，下文不久还要说明，罗马元老们开始就不向国库缴纳任何地租〔619〕。等到一些英雄政体形成了，一些在君主地位的私人所有权当然就要受制于高一级的掌政权的英雄阶层的更高的主权；其中每个团体就叫作"国"（patria），各有不言而喻的 res（法），其意义就是"父主们的利益"〔584〕。这种利益是必须保护和维持的，因为它曾在互相平等的基础上保持住他们的氏族的最高权力；而这就是只由贵族父主们才享受的自由权〔105〕。

602 第三种所有权完全正当地叫作民政所有权（civil ownership）〔＝地产所有权〕。诸英雄城市原先全由英雄们组成的，他们凭神圣的封地而从无神意旨〔582〕接受到特权，在家族体制中成了最高君主，接着在城市体制中，他们团结在一起，就成了城市中的统治阶层，这样他们就成了一些拥有主权的民政王国首脑，都受制于一个最高主权即天神或上帝。所有的最高民政权力都要承认天神的意旨。这些民政权力掌管者上任之初即须公开宣布他们是"奉天承运"才接受到他们的那些王国的。这种公开宣布就便于使人很清楚地懂得：他们的王国都是由天神封赐的。因此，如果禁止崇拜天意或神旨，自然的结果就会是那些王国的倒塌。因为世界上从来没有哪一国是由命运主义者、偶然机会主义者或无神论者来组成的。世界上所有国家都只通过四大首要宗教〔异教、犹太教、基督教和伊斯兰教〕，都信仰有预见的天神〔334〕。平民们凭英雄们向天神发誓也是如此。这些誓言还有保存到现在的，例如"凭墨丘利！""凭斐底阿斯！"（这就是罗马的赫库勒斯〔658〕。）但是英雄们却凭天神约夫发誓。因为平民们开始是由英雄们的权力来支配的（罗马贵族直到罗马年历第 419 年[7]还在行使对平民债户的私囚禁权〔115〕），到英雄们形成了统治阶层时，就已凭占卜受天神权力的支配。如果占卜中好像已得到天神允诺了，英雄们就任命执政官，制定法令，以及行使其他最高主权；如果占卜中好像已被天神禁止，他们就作罢。这一切就是所谓"神和人的信任"（fides deorum et hominum），属于这类的词有拉丁短语：implorare〔求援求助〕，recipere in fidem〔接受到保护或信任之下〕，受压迫者求援求助，则呼吁 proh deûm atque hominum fidem imploro!〔求神和人的力量！〕意大利人把这话译为"求世界的权力"〔523〕，侧重人的方面和意义。因为凭这种力量就是"民政权力"这个名称所由来；所引的这种权力，这种信任显出臣民的敬仰以及强者应施给弱者的保护（这两点就是封建制度的要义），民政世界就靠这两点力量来支持和统治。这种力量的中心就是每种民政领域的地基（或地产），如希腊人所感觉到，尽管还未理解到的（在希腊各政体下的钱币上可以看出〔491〕），拉丁人也是如此（从他们的英雄时代的一些成语可以见出〔389，411〕）。就连在今天主权国的王冠上面都有一个圆顶，上面还安上十字架的神圣符号〔1049〕。圆顶就代表金苹果，意指最高权力对它所主管的土地享有崇高的统治权，因此在加冕的隆重典礼中这个圆顶是放在国王左手里的〔548〕。这就是表示民政权力，因此就是人民财产的主宰，它支撑、包容和保持一切在它上面或安顿在它上面的事物。由于它是这种财产中的一部分——一个整一而未经分割的部分（用经院派的话来说，这一部分和其余部分只在理或法上分开，而在事实上却不分开）——在罗马法里每一家族父主的家业就叫作父业或父的财产[8]。最高民政权力对属于臣民所有的任何财产都可任意处理，包括臣民的人身连同所得财产，他们的工作成绩和他们的劳动都在内，任何时候只要有必要，就可以向他们征收赋税或对他们的土地行使管领权——伦理神学家们以及民法著作家们现在把这种管领权称为对产业的支配权或征用权，是根据不同的观点而意义在实质上还是一样，正如他们现在提到关于这种权力时把它称为国家的根本法律。因为这种管领权既然涉及土地本身，君主们自然不能随便行使它，除非是为着保持他们的政权的财产。国家政权的维持或破产就连带地形成人民私产的维持或破产。

603 罗马人〔直觉地〕感觉到，尽管不曾〔理性地〕理解到〔218〕，各种政体都起源于上述那些永恒的封建原则。这从罗马人在要求一块土地属于他自己时所用的法律程式就可以看出，流传下来的这种程式是这样："我凭武装司祭的法律[9]，宣告这块土地是属于我的。"〔961〕罗马人用这种程式去进行民事诉讼，要求维护对一块土地的所有权是既分给城市本身的，而且是来自仿佛是中央权力的，凭这种中央权力凡是罗马公民都各是自己的那块农场的所有主，〔但是〕这种所有权是未经分割的（经院派会以此称呼凡是不设藩篱划分开而只可凭理或法来分开的），因此就叫作凭武装司祭的法律。这些武装司祭前已多次证明过，下文还要再证明，就是原来组成罗马城市的能持矛参加会议的那些罗马贵族〔594f，624ff，1073〕。就是为着这个根本理由，土地及其所产一切财物到了没有所有主时就要交回到公库里；因为每一份私方的不可分割的祖业都是公众的祖业，所以到没有私方所有主时，它就失其为"一份"的地位，只保存它属于全体的地位。必然就是因为这个道理，才有一个法律术语，用来指没有直接继承人的遗产由合法继承人去继承时，仍说返回（redire）到继承人手里，尽管实际上遗产到继承人手里只有一次[10]。因为原先在创建罗马政体的过程中创建出罗马法的那些人已把凡是私方的祖遗财产定为若干封地或采邑了，如关于封建法的著作家们描绘为全都来自公众遗产，根据民法的契约和规定，就从某一私方所有主转移到另一私方所有主。如私方所有主不存在了，有关的遗产就必须返回到它所从来的那个根源[11]。我们所说的这一切有关于失效的继承权的法律条款可以证实。这项法律对独身不婚者强加一项正当的惩罚，因为他们疏忽了通过婚姻来给罗马人传宗接代的职责，如果他们立遗嘱，就应被宣告无效，而且他们如果没有留下遗嘱就死亡，就被认为没有能继承遗产的亲属，所以在这两种情况下，他们就被剥夺去保留他们姓名的继承人，他们的祖先遗产就要返回到公库，不是作为一项继承，而是作为国库中一笔自然增长的财产，用塔西佗的话说〔《编年史》3.28〕，交给人民，作为"全体人民的父母"。这位深刻的著作家用这一名称来说明从远古人类始祖占领最初的空地以来的全部失效刑罚条款的理由〔389〕。这种对空地的占领就是一切所有权的最初来源。后来这些父主们联合成为城市，就创建了公众产业，叫作公库〔619ff〕。公民们的祖遗产业从一个私方所有主转移到另一私方所有主作为继承产业，但是如果转回到公库，就回到原先作为一笔自然增长的财产了。

604 在英雄政体产生时，英雄诗人们就想象出第十一尊大神，墨丘利或传信神〔317〕。他用他的神杖（这是象征神兆的一种实物词）把法律送交造反的家人们〔597〕。据维吉尔的史诗〔《埃涅阿斯纪》4.242f〕，他也就用这根神杖把阴魂从阴间带回到人世（这就是把那些放弃英雄们的保护而散落在诗人们所说的阴间的那些无法无天的原先受保护者带回到人世社会生活）。这阴间在等着吞噬一切人〔688，717〕。这根神杖被描绘为被一条或两条蛇缠绕着（这些是蛇皮，〔女性的〕蛇皮指英雄们赐给家人们的凭占领时效的所有权，〔雄的〕蛇皮指英雄们留给自己的武装司祭或罗马公民的所有权〔541f〕）。这根杖顶端有两个翅膀（指英雄阶层的地产管领权〔488，590，603〕）。传信神戴的便帽也是长着翅膀的（指英雄阶层高贵而自由的主权体制，因为这顶便帽还是贵族自由权的一种象形文字）。此外，传信神脚跟上也长着翅膀（指土地所有权属于执行统治的元老院）。在其他场合传信神也是裸体的（因为他传送给家人们的所有权剥光了一切民政隆重性，完全根据英雄们的荣誉），正如我们前已见到维纳斯（爱神）和秀美女神们也描绘为裸体的〔569〕。因此，斯基泰国王伊丹图尔索司回答波斯帝大流士所用的鸟意指他由于占有斯基泰的占卜权就是斯基泰的君主〔435〕。希腊人用翅膀象征英雄制度。最后，罗马人有了发音的语言，就用抽象的话说"占卜权是我们的"，来向平民们表明一切英雄式的民政制度和法律都是属于英雄们自己的〔110〕。因此希腊墨丘利的这根长着翅膀的神杖上把蛇取消了，就成了埃及人、伊特拉斯坎人、罗马人乃至最后英国人的鹰头王杖〔487〕。希腊人把这种王杖称为 kērykeion，因为它把土地法传送给英雄们的家人们。荷马曾称呼他们为 kērykes。这种杖也把塞尔维乌斯·图利乌斯的土地法传送给平民，指令编造户口籍和纳户口税〔107〕，因此适用这个法令的农民们就说成在罗马法中是有户口籍的。凭神杖上的两条蛇，就把田地的凭占领时效的所有权授给耕种者，平民们向英雄们缴纳的地租就叫 ōpheleia，这个词就是由 ophis（蛇）派生的〔541〕。最后，这种神杖还传送过著名的赫库勒斯的结子〔558〕，凭此家人们向英雄们缴纳赫库勒斯的什一税。罗马平民债户一直到颁布培提略法律时〔115〕都还是英雄们所"约束住的"服役的佃户。关于这一切，下文还有很多的话要说。

605 这里须补充一点：这位希腊的传信神墨丘利就是给埃及人立法的 Thoth（托特），在象形文字里用蛇来象征，指的是垦种过的土地〔541〕。

304

他头像隼或鹰，正如罗慕路斯的隼后来就成为罗马人的鹰，代表英雄的占卜权〔487〕。他用一条带子围着腰作为赫库勒斯结子的符号〔558〕，手里拿着一根王杖，表示埃及僧侣们的统治〔594〕。他头上戴有翅膀的便帽，代表僧侣的土地管领权〔604〕，最后，他口衔一只卵，如果不是代表金苹果，也是代表埃及的地球，指埃及僧侣们对土地的管领权〔602〕。曼涅托从这种象形文字里看出全世界由此诞生的意思〔733〕，学者们的讹见竟达到荒谬的极端，例如 A. 珂雪（A. Kircher）在他的著作里竟认为卵这个象形文字指基督教中的神圣三一体。

606 这里开始了世界上最初的交易或商业（commerce），墨丘利的名字就是从商业（merchantry）这个词得来的〔483〕。他后来被视为商贩的神〔604〕，而从他的第一次使命来看，他也被视为外交使节的神。有一种说法虽不代表理智的真理却代表了感觉的真理，说他是天神们（最初城市的英雄们就叫作天神）差遣到家人们的（复归的野蛮时代中"家人"就是佃户）〔437，587〕。表示英雄制度的翅膀〔488，604〕，后来被认为是由墨丘利用来从天上飞到地上而后来又从地面飞到天上的。不过回到商业上来，它的对象首先是不动产〔或地产〕，最初的 mercedes 或付款只能是最单纯也最自然的一种，即用土地所生产的产品。用劳动或实物之类支付现在农民交易中仍然是习惯通行的。

607 全部上述历史还由希腊人保存在 nomos 这个词里，它含有法律和草地两层意义；因为最初的法律就是土地法〔597，604〕，与此相符合的是国王都号称人民的牧羊者〔557，1058f〕。

608 塔西佗把古日耳曼人的平民们误认为奴隶，因为英雄时代家人社团成员们都过着奴隶般的生活〔555，582〕。按照他的这种报道〔《日耳曼尼亚志》25〕，最初的野蛮民族中的平民们是由英雄们分配到乡村，住在指派给他们的田地中的房屋，用农场的产品来供应地主们的一切生活必需。在这些条件之外，还应加上塔西佗也报道过的要平民们发誓保卫地主们，为地主荣誉服务〔559〕。如果我们要找到一个法律术语来界定这种关系，就会很清楚地看出，没有比我们用的"封建制度"这个名词更适合了。

609　第一批城邦就是在贵族和由平民组成的军队的命令下以上述方式建立的。从本书正在研究的这种人类文明机构的性质上衍生出了两个彼此矛盾的永恒属性，即（1）平民总是希望改变政府形式，事实上，他们这种变革也往往确实取得了成功；（2）贵族却总是希望保持现状。因此，在为政府形式所作的宣传鼓动中，凡是竭力想维持现状的人都被叫作"贵族党"（optimates），而"现状"（state）一词从这种"挺立不变"的含义上也就转化成了一个新词——"国家"（state）。

610　这里出现了两种区别。头一种是智慧和凡俗的区别，因为英雄们是在占卜的智慧基础上创建出他们的王国〔250，365，521〕。作为这种区分的结果，凡俗者就得到"不虔敬的"这种固定的形容词；因为英雄们或贵族们都是英雄城市的司祭们，在罗马人中间到十二铜表法颁布之后一百年内确实还是如此〔586，999〕。因此最初的各民族在剥夺公民权时，就运用一种开除出教的方式，例如罗马人中间的禁用水火〔957〕。各民族的最初的平民们都被看作外方人或"客家"〔611〕，从此就出现了一种永恒的特征：不许外教中人享有公民权〔526〕。因为最初诸城市中的平民们无权分享神圣的宗教典礼，而且在许多世纪中都不能举行隆重的婚礼〔567〕，私生子女就被称为 vulgo quaesiti（来路不明的杂种）。

611　第二种是公民和外客的区别。外客既指客人或外人，又指敌人，因为最初的城市是由英雄们和他们的收容所里收容的人们组成的（凡是英雄时代的收容所都应看作避难所）〔553〕。与此类似的有复归的野蛮时代在意大利文中 oste 指旅店老板和兵营，ostello 则指旅店。例如帕里斯（Paris）对阿耳戈斯王室来说是客人，也是敌人，因为他劫走了以海伦为代表的阿耳戈斯的贵族姑娘们。与此类似的还有忒修斯，本是阿里阿德涅（Ariadne），一位克里特岛国的公主的客人；伊阿宋本是美狄亚（Medea）一位科奇斯国的公主的客人，两人都遗弃了女主人而不和她们结婚。他们的行为在当时是被认为英雄式的，而就我们近代人的情感来说，却好像是——其实就是恶棍勾当。埃涅阿斯的虔敬也应以同样方式来辩护，因为他在诱奸狄多之后遗弃了她（还不消提起他从她那里接受到巨大恩宠以及她把迦太基王国作为结婚

306

妆奁交给他的慷慨馈赠），以便服从他应和意大利的拉维尼亚（Lavinia）结婚的既定命运，尽管她也还是一个外方人。这种英雄习俗在荷马史诗〔《伊利亚特》9.364—394〕里在阿喀琉斯身上也保存着，他这位最大的希腊英雄拒绝了阿伽门农建议把他三个女儿中任何一位嫁给他，作为王家妆奁，有农民和牧民人口众多的土地七区，他的答复是他的意愿是要娶他父亲让他在他祖国内选中的任何一位女子。总之，平民们在英雄城市里都是些客人，而英雄们对平民们，用经常引用的亚里士多德的名言〔271〕来说，发誓要永远为敌。这种区别，对于我们来说，也表现在"公民"和"流浪汉"这两种名称上，因为流浪汉的本义是在穿过国内田地浪游的人，而在世界上浪游的人都只沿着大路直达而不穿过田地。

612 这里所显示出的英雄时代客户们的起源便于理解希腊史所叙述的萨摩斯族（Samians）、锡巴里斯人（Sybarites）、特罗任族（Troezenians）、安斐波立特族（Amphipolitans）、卡尔西登族（Chalcedonians）、克尼德族（Cnidians）和希俄斯族（Chians）都由外来客户们来把贵族政体改变为民众政体这些事例。而且对我们多年前在《普遍法律的原则》一书中关于十二铜表法是由雅典传到罗马的那种神话所说的话〔《全集》2.564—580〕也提供了画龙点睛的佐证（那番话是使我们相信该书并非完全无用的两段话中的一段〔29〕）。我们在该段话里证明了"论强壮健康者摆脱了约束"〔1.5〕就是〔贵族与平民的〕斗争中的主题。拉丁语言学家们说过，"强壮健康者"就是被驯服的外来客户们。事实上就是罗马平民们造了反，因为他们不能从贵族们手里得到确凿的土地所有权。因为只要贵族们还保留住把已分配给平民们的土地夺回的那种王权，土地所有权就不能长久地确凿可凭，除非制定法律，永远刊在公开的铜版上，把原来不确凿的权利变成确凿可凭的，把原来是秘密的变成公开的才行。这就是彭波尼所叙述的话的真实意义〔《法学汇编》1.2.2.6〕。正是为了这个缘故，平民们才掀起了骚动，以至有必要创建一个十八人的立法委员会。这些委员革新了宪法，使造反的平民们回到服从地位，〔在上述条款中〕宣布平民们不再受原先按照塞尔维乌斯·图利乌斯颁布户口籍，实际上把他们束缚在土地上〔604〕的那种凭占领时效的所有权的真正约束〔107，597〕，现在改为只受武装司祭或罗马公民的所有权的那种虚构的约束。但是一直到培提略土地法颁布时，旧约束的遗痕还存在〔115〕，表现在贵族还有权把平民债户投入私囚这一点上。这些人就是外来客户们，在护民官怂恿之下——用李维的漂亮话来说〔2.1.4〕，（我们在注巴布利阿斯法律〔112〕）时已列举过这些怂恿——终于把罗马宪法从贵族政体改革成为民众政体。

613　罗马并不是由第一次土地叛变的基础上创建成的，这一事实〔584f〕就向我们指出这个罗马一定是一个新城市〔160〕，如历史所记载的。罗马的创建并不是从一次土地叛变起，而是从罗慕路斯和他的伙伴们在到处暴行猖獗时首次使自己成为强者，然后接受一些逃难者作为受保护者从而创建了收容所之日起，受保护者的性质在上文已说明过〔263f，556ff，597〕。一定要过大约两百年之后受保护者才感到自己的负担沉重，这恰是国王塞尔维乌斯·图利乌斯向他们颁布第一次土地法之前所过的一段时间〔107〕。在一些较老的城市里这段时间想必是拖长到五百年，因为那里人们较单纯而罗马人是较长于计谋的。所以罗马先降服了拉丁地区，接着就降服了意大利乃至全世界。罗马人用本地土语写出他们的英雄时代历史，而希腊人却把他们的英雄时代历史写成了一些神话故事，首要的理由也在此〔158〕。

614　以上关于诗性政治的所想到的而且见到为罗马史所证实的一切原则都突出地为下列四种英雄式的人物性格的标志所证实：第一种是俄耳甫斯或阿波罗的竖琴，第二种是美杜莎的头，第三种是罗马的权束棒（fasces）[12]，第四种是赫库勒斯和安泰俄斯（Antaeus）的斗争。

615　第一，竖琴是希腊的传信神赫耳墨斯所发明的，正如法律是埃及的传信神赫耳墨斯所发明的一样。这个竖琴是由民政神或贵族神阿波罗授给传信神的〔533〕，因为在英雄政体中贵族们以口谕的方式定了法律，而职掌传播法律知识的俄耳甫斯、安菲翁和其他神学诗人们则创建和奠定了希腊的人道，这一点我们在下文还要详细说明〔647，661〕。所以竖琴是〔英雄〕父主们的各种弦和权力的结合，其中叫作民政权力的公众权力就是由这种结合组成的，这种结合终于结束了私方的权力和暴行〔523〕。因此，诗人们完全恰当地把法律界定为"各王国的竖琴"。〔英雄〕父主们在氏族情况下由于互相分立和独立而失调不和，经过竖琴所代表的法律就互相协调或和睦了，正如波吕斐摩斯告诉尤利西斯的〔516〕。这个光辉的故事后来被提升到天上，在竖琴的星空中得到了描绘；而今日爱尔兰王国在英王徽帜上还在它的盾牌上安上一个竖琴。后来哲学家们把（代表法律的）竖琴看作由太阳用来调节的诸星球之间的和谐；但是阿波罗是在大地上弹竖琴的，毕达哥拉斯不仅能而且一定听得到，或甚至他自己就弹过，如果我们把他看作一位神学诗人和民族创建者而不是他前此曾被指控的那样的骗子〔427〕。

616 联结在美杜莎头上的那些蛇，她的两鬓都长着翅膀，就代表父主们在氏族体制下所享有的高高在上的家族领地，后来形成了民政方面的地产管理权或征用权。这个美杜莎头就钉在珀尔修斯的盾牌上，这面盾牌和密涅瓦所带的盾牌是一样的。密涅瓦在最初民族中（其中我们看到罗马民族）在武装（即武装的议院）中颁布了一些可怕的刑法，使观众看到都变成石头。这些蛇中有一条就是德拉古，据说他用血写成了他的法律，因为雅典（雅典娜就是〔希腊的〕密涅瓦）在由权势者占领时有法律作为武装〔542〕。中国人现在还写象形文字，上文已见到，在中国人中间龙也是民政权力的象征〔423〕。

617 罗马的权束棒就是在氏族体制下父主们的王杖（litui）。荷马在提到一位父主手持的杖时曾用一个意义深远的词"王杖"来称呼它〔I.18.557〕，父主本人就叫作"国王"。这就描绘在阿喀琉斯的盾牌上，这面盾牌把世界史都包括进去了。在这一段描述里氏族时代是摆在城市时代之前的，下文还要详谈〔683〕。父主们既已用王杖占卜过，就向子孙们用王杖颁布惩罚，例如关于不虔敬的儿子的惩罚就载入十二铜表法里，已见上文〔526〕。从此可见，这些王杖的联合就指我们现在讨论的民政权力的产生。

618 最后，赫库勒斯（英雄城市中的赫拉克利族或贵族中一个代表性的人物性格〔592〕）在和安泰俄斯（造反的家们中一个代表性的人物性格）斗争中，把安泰俄斯提到空中（把家们引回到高地上的最初城市），就征服了他，把他约束在地上。从此就出现了叫作"结子戏"的希腊游戏，从赫库勒斯的结子（Herculean Knot）得名，赫库勒斯曾用这种结子创建了诸英雄民族，因此平民们向贵族们缴纳赫库勒斯什一税（tithe），这想必就是户口税，这是贵族政体下的基本制度〔M_5〕。因此，罗马平民们按照塞尔维乌斯·图利乌斯户口法就成了由贵族们捆住的人，而且凭塔西佗所叙述的古日耳曼人向他们的君主所发的那种誓〔《日耳曼尼亚志》14〕，必须作为强迫服役的佃户替贵族们当兵打仗，还自带行军费用。罗马平民们直到据说已实施民众自由权时，还在抱怨要负担这种义务。这些平民想必是最初的纳税者，自带费用服兵役。他们不是想发财出去当兵，而是被严酷情况逼迫，非当兵不可。

第三章
户口税和公库的起源

619 平民们仍继续受到贵族们的苛征勒索以及侵占土地种种压迫，以至到了这个时期之末，平民们的护民官马修斯·腓力普在公众中高喊道："两千名贵族竟占据应分配给足足三十万公民的全部土地。"三十万正是当时罗马人口的总数。在暴君塔克文大王被放逐之后四十年，贵族们确知这位大王已死了，又重新对不幸的平民们横暴起来了。当时的元老院不得不运用一项法令，要求平民们把原先私向贵族们缴纳的户口税都转交公库，以便此后公库可以开支战费。从此户口税在罗马史中获得了新的重要性。按照李维的记载〔4.8.7〕，贵族们瞧不起管理户口税，认为这种工作有损他们的尊严。但是李维不了解贵族们不要这种户口税，是因为它不是塞尔维乌斯·图利乌斯所规定的那种户口税，而那种户口税却是维护贵族自由的基本制度，是向贵族私人缴纳的。这是因为李维像所有其他权威一样，都为一种错误的印象所骗，以为塞尔维乌斯·图利乌斯的户口税乃是维护民众自由的基本制度。事实上没有哪种官阶比起户口税务官还更尊严，从一开始就由执政官们亲手掌管。这样，是贵族们通过贪婪地运用手腕，自己首先制定了户口税，而这户口税后来却变成了维护民众自由的基本制度。因此，等到护民官腓力普时期，土地都落到了平民手里，这两千名贵族就得替当时在数的三十万其他公民纳税（正如在斯巴达全部土地都归少数人占领），因为在公库里有一本户口税账簿，这种户口税原是贵族们私自强加于原先尚未垦殖的土地，分配给平民们要他们去开垦的。由于已提到的不公平，在罗马平民们中间就必然引起巨大骚动和叛变。费边

（Fabius）采取了谨慎措施，平息了骚动和叛变，于是就赢得"最高首领"（Maximus）的称号。他下令把全体罗马人民分为三等阶层，即元老们、骑士们和平民们，并且规定三个阶层的划分以所占领的财产多寡为据。这个办法使平民们安了心，因为元老阶层从前只有贵族，而且独占了一切执政官职，而新令颁布之后，富有的平民们也可以列入元老阶层，这样就向平民们打开通向民政荣誉官职的正路了。

620 说塞尔维乌斯·图利乌斯颁布的户口籍是民众自由的基本制度这一传说只有在上述方式上才可认为是真实的，因为在这部户口籍里〔民众自由的〕内容才有了准备，才产生了〔民众自由的〕机缘，如我们在上文、在时历表的注释中关于巴布利阿斯法律的一段中〔112f〕已作为假定而提出的。起源于罗马本身的巴布利阿斯的立法才在罗马奠定了民主政体，而不是〔被假定为〕从雅典引进来的十二铜表法。亚里士多德所称的民主政体确实被博拉多·塞尼（Bernardo Segni）用托斯卡纳语译为一种凭户口籍的政体，意思就是一种自由的民众的政体。就连在李维的叙述里〔8.12.14ff〕这一点也是很明显的，因为尽管李维对那些年代的罗马政府形式无知，可是也说过贵族们当时埋怨凭巴布利阿斯法律，贵族们在罗马城市的损失比他们在国外凭武力所得到的收获还更大，尽管那一年他们打过许多大胜仗。因此，那次立法者巴布利阿斯被称为"人民的专政者"。

621 随着全体人民组成城邦的民众自由出现，民政方面的所有权就失去它原来的公众所有权的特定意义（公众所有权原来号称民政的所有权，这里民政 civil 一词原是从城市 city 来的〔603〕），这种所有权现已分散为组成罗马城邦的全体罗马公民的全部私人所有权。所谓 donminium optimum 或"凭权势的管领"已失去了上述最强所有权的原义（即不受任何真正的干扰乃至公众的干扰所削弱〔601〕），它现在只剩下不受任何私方干扰的所有权这一层意义了。武装骑士（Quiritary）所有权不再指从前那样一种对一块土地的所有权，以前如果佃户或平民丧失了对一块土地的占领，原来把该块土地分配给他的那个贵族就有义务来替他辩护。罗马法的最初立法人都有义务在涉及只由罗慕路斯而不由旁人规定的那批受保护者们时，只向平民们解释这项法律而不涉及其他法律，因为平民们直到罗马年历第 309 年都还没有公民权这种特权〔110，598〕，而

311

且法律本身直到颁布十二铜表法一百年之后都还由贵族们藏在立法院里保密，不让平民们知道〔999〕。在这种情况下，贵族们怎么能有义务向平民提出其他法律呢？所以，在那些日子里，贵族们就是法权的主人这句话的意思只保留在购买来的一块土地的占领者碰到旁人要求取得该块土地诉讼时，原业主须出庭为他的佃户辩护，证明自己曾把该块土地分给了他的那个佃户。过去武装骑士的所有权，现在就指可以由原来授田的地主来替佃户辩护的那种私人的市民所有权，至于凭占领时效的所有权只凭单纯的占领就可以保持住。

622 只以这种方式而不是以其他方式，根据封建东佃制的永恒性质，上述这些制度在野蛮时代复归时期也复归了。姑举法兰西王国为例。现在组成法国的各行省的原都是一些公侯的主权领地，受法国国王的节制，那些公侯们占领他们的财产，不受任何公方的干扰。后来由于继承、叛变或没有继承人，那些领地就并入王国里，于是公侯们的原凭最优主权所占领的财产就变成可以受公方勒索的对象。因为国王们的土地和房屋，包括王宫在内，一旦由于婚姻或转让，就转到佃户或陪臣手里，就要纳税或进贡了。因此，在世袭的王国里，公侯们凭最优主权占领的财产都逐渐和可受公方征费的私人所有权混淆起来了，正如原是罗马皇帝祖业的财库后来也逐渐和公库和国库混淆起来一样〔1076〕。

623 我们对户口税和国库的研究是我们研究罗马各种制度中的最困难的工作，如上文《本书的思想》中所已指出的。

第四章
罗马各种议会的起源

624 我们的研究显示出：荷马〔67〕所说的 boulē（上院）和 agora（下院）一定就相当于罗马的 comitia curiata 和 comitia tributa，前者是我们从记载中所看到的国王时代最古的议会，后者是以部落为基础的议会。前者称为 curiata，这个词是由 quir〔矛〕派生出来的，quir 的所有格 quiris 后来用作主格……正如 cheir〔手〕在各民族中都指"权力"，希腊文 kyria 一定是由此派生出来的，意义也和拉丁文 curia 相同〔591〕。从此词派生出 Curetes，意指用矛武装起来的司祭或僧侣们，因为凡是英雄时代的民族都是由司祭们组成而且只有英雄们才有权携带兵器。希腊人曾在萨图尔尼亚（或古意大利）、克里特岛、亚细亚等地都发现到武装司祭们（593）。Kyria 的古义必定就是领地，正如现在贵族政体的国就叫作领地。从这些英雄时代上议院的 kyria 派生出 kyros，即权，而这种权，如我们在上文已提到，在下文还要详谈的，就是所有权〔386，603，621，944〕。从以上这些来源派生出近代 kyrios 指"大人"或"老爷"，kytia 指"夫人"或"太太"。正如希腊词 Curetes（武装司祭们）是从 cheir（手，权力）来的，我们在上文已看到，罗马的 Quirites（武装司祭们）是从 quir 来的〔562〕。武装司祭这个罗马尊称是称公众议会中的人民的，正如我们在上文拿高卢族和古日耳曼族的议会和希腊武装司祭们议会作比较时曾说过：凡是最初的野蛮民族在公众议会开会时都携带武装〔594〕。

625 从此可见，Quirites（武装司祭们）这个尊称一定是在全体人民都是贵族的时期才初次运用，因为只有贵族才有权携带武器。等到后来罗马已进入民众政体时，这个尊称就转用于人民，包括平民们在内。因为平民议会起初还无权武装时就称为 comitia tributa（部落议会），这是从 tribus（部落）来的。正如罗马人在氏族体制下"部落"这个词是从"家人们"这个词来的〔552〕，所以在后来城市体制下，"部落"这个词是从 tribus 来的，因为平民们的诸部落要集会来接受执政的参议院的指令，其中主要的而且最经常的任务是要求平民们向公库纳税。

626 不过后来费边（Fabius Maximus）提出了一种〔改良的〕户口籍，根据公民们的祖遗财产把全体罗马人民划分为三等阶级。前此原只有参议员们才是骑士，因为在英雄时代只有贵族们才有权携带武器，此后我们才在罗马史中谈到古罗马政体中划分为父主们和平民们。因此在那些日子里，参议员和元老是可互换的同义词，平民和卑贱者也是如此，因此罗马人民只有两个阶级，也只有两种议会。一是 curiata（参议院），由父主们，即贵族们，亦即参议员们组成；另一是 tributa（下议院），由平民们或卑贱者组成。但是现在费边却已根据财产把公民们划分为参议员们、骑士们和平民们三个阶层，贵族们就不再成为一个独立的阶层，而是根据财产多少摆到上述三个阶层之一中去了。从那时以后，父主们遂与参议员们和骑士们有分别了，平民们也与出身卑贱者有分别了；平民们不再和父主们悬殊而是与骑士们和参议员们悬殊了。一个平民不再是一个出身卑贱者，而毋宁是一个有一份少量遗产的公民，很可能还是一个贵族；另一方面，一个参议员也不再是一个父主而是一个有大量遗产的公民，很可能是出身卑贱者。

627 结果是从那时以后，comitia centuriata 即由若干"百人团"组成的议会，这个名词就用来称呼所有三个阶层都聚会在一起来制定执政府法律和处理其他公众事务的那种议会了。只由平民们制定护民官法律的那种议会仍旧称为 comitia tributa（部落议会）。这些就是平民表决会议（plebiscites），起初这样称呼的意义，就是西塞罗〔《论法律》3.3.10；参看 3.15.33；3.17.38〕所译的 plebi nota 或颁布给平民们的法律。（一个例证是彭波尼〔《法学汇编》1.2.2.3〕所举的布鲁图向平民们宣布国王们永远被放逐出罗马的那项法令。）专制政体下国王定的法律也同样可以恰当地称为 populo nota 或"向人民宣布的"。因此机警而缺乏学识的巴尔杜斯（Baldus）看到 plebiscitum（平民表决）这个词中只有一个 s，表示过诧异，因为从由平民们制定的一项法律这个意思来说，就应有两个 s；在这种情况下 scitum 就来自 sciscor，而不是来自 scio（而是应取所有格 plebis，不是取与格 plebi）。

628 最后，为着神圣典礼的确凿可凭性，还有一种 comitiacuriata，即只由武装司祭们的头目们组成的议会。因为在国王的时代，凡是世俗制度都被认为是神圣的或宗教性的，而英雄们到处都是武装司祭们〔587f，593〕。因此，直到罗马的末日，因为父主的权力还是被认为神圣的，而它的规章在法律中往往叫作 sacra patria（神圣的父权）〔526〕。这些规章是由这些武装司祭头目们的议会通过的。

第五章
系定理：是天神意旨制定了
各种政体，同时也制定了部落自然法

629 我们已见到各种政体的生长是从神的时代开始的，其时凡是政府都是神道的，也就是神圣的。后来它们发展成为最初的人道的即英雄式的政府，其所以称为"人道的"，是表示与"神道的"有别〔VIII，C_7，J_5〕。在这些人道的政府之内，正如由国王们组成的一条大河所形成的汹涌澎湃的浪潮，一直流到大海里很远还保持着它原来的动力和甜味一样〔412〕，其中神的时代也还同时在向前流去，因为那里还保持着宗教的思想方式，根据这种思想方式，凡是人自己所做的事都归之于神〔922〕。因此，在氏族体制中人们就把统治的父主们创造成为天神约夫〔585〕，接着在最初的城市产生时，人们又从结合成为若干封闭的阶层的这些父主中创造出密涅瓦女神〔579〕，从他们派遣到造反的受保护者那里去的传令官们中创造出墨丘利（传令神）〔604〕，最后，我们马上就要看到，他们又从海盗英雄们中创造出海神尼普顿〔634〕。在这些地方天神意旨应受到最高的崇敬，因为在人的意图和天神意旨背道而驰时，天神意旨就首先引起人们对天神的畏惧，对天神的崇拜就是各种政体的最初的首要基础。人们的宗教又引导人们定居在他们比旁人先占领的最初的空地上，而这种占领就是一切占领权或统治权的来源〔389〕。等到较强壮的巨人们占领了高山上泉水常流的土地，天神意旨就安排了他们住在有益健康和易于防卫的地点，又有丰富的水源，以便他们能完全地定居在那里而不再到处浪游。土地必须有上述三个优点才便于后来生长起城市〔525ff〕。此外，天神意旨还是利用宗教，把男人们和女人们结合成为持恒的终身伴侣；从此就有了婚姻制度，这是公认的一切权威的来源〔506ff〕。后来发生的就是这些男人和女人们创建了家族，而家族是各种政体的苗圃。最后发生的事是开辟收容所或避难所（asylums）〔561〕，他们于是就创建了保护制（或东佃制）〔557〕。这样就准备好了材料，从这些材料连同第一次土地法〔597〕就产生了城市，由两种集团的人来组成，一是发号施令的贵族集团，另一是服从命令的平民集团。后一种人是在荷马史诗中忒勒玛科斯在一段话里所号称的"另一种人民"〔590〕，也就是说，一种隶属的人民，不同于由英雄们组成的统治阶层的人民。从此就涌现出政治学的题材（matter），政治学就不过是政权机构中发号施令和服从命令的科学。自从各种政体初产生时，天神意旨就使它们具有贵族统治的形式，这是符合最初人类的野蛮孤独本性的。这种形式（form），像政治理论家们所指出的，完全在于保卫疆界和制度〔586，981—998〕，以

315

便新进入人道的那些人民凭他们的那些政府的形式就可以长期停留在这些疆界和制度的范围之内封闭住，因而遗忘掉先前野兽般野蛮情况中那种不名誉的邪恶杂交。但是当时人们的心理还只顾特殊具体事物而不能理解到一种共同善；他们就连对旁人的特殊具体事务也习惯于漫不经心，如荷马曾使他所写的波吕斐摩斯告诉过尤利西斯的那一番话〔516〕。（在这种巨人身上柏拉图就曾认出在民政或文明〔civil〕状态之前的所谓自然状态中的氏族父主们〔296〕。）所以天神意旨用上述他们政府的贵族形式引导他们把自己结合到他们的祖国上去，以便保存住像他们的氏族专制君主那样巨大的私人利益（因为这就是他们全神关注的东西）〔584〕。这样，人们毫不出于自己的意图，就被结合在叫作政体中那样一种普遍的民政（文明）方面的好处了〔I_8〕。

630 谈到这里，现在让我们凭上文讨论方法的部分〔343〕所已提出的那些神圣的论证，来深思默索一下天神意旨用来安排这些人类的制度的办法是多么单纯而自然。关于这些制度，人们说得很正确，尽管意思是错误的，说它们全都是诸天神的工作。在这里还让我们考虑一下多么大量的民政（文明）效果全都可以追溯到下列四大原因〔F_2〕，像从本书从始至终都可以看出，这四大原因仿佛就是民政社会中的四大原素，即宗教、婚姻、收容所和第一次土地法〔I_6；629〕。我们可自问一下，在一切人间可能性之中，有那么多那么复杂的制度是否可以用任何其他方式具有比上文所说的更简单而自然的起源，在涉及这些起源的人类是否如伊壁鸠鲁所说的是由偶然机缘（chance）产生的，还是如芝诺所说的是由必然命运（necessity）产生的〔345〕？可是偶然机缘也好，必然命运也好，都没有能使人类背离上述自然的秩序。因为自从各种政体一旦开始要涌现时，所有的内容条件就都已准备好去接受那种形式，从此就产生出各种相应的政治体制，所包含的既有心灵也有物体。所谓准备好的内容条件就是这些人自己的宗教、语言、土地、婚姻、名称（部落或氏族）、武器，因此他们有自己的领土权和行政官，最后是自己的法律。因为这一切都是他们自己的，他们都是完全自由的，所以能建立真正的政体。这一切所以发生，是因为上述各种制度原先在自然状态中就已属于作为专制君主的氏族父主。这些父主到了这个节骨眼上，就把他们自己结合成为一个阶层，就创建成最高的民政权力，正如他们先前在自然状态中曾掌握住氏族权力，除天神以外，不隶属于任何人。这位掌最高民政权者是由心灵和身体两方面组成的。心灵这一方面是一个哲人们的阶层，具有在那种极端粗浅时代可以自然存在的那种智慧。因此，就有这样一种永恒的特性：如果没有一个哲人阶层，各种政权也可以有一些政体的外貌，但都是死的无灵魂的躯体。那里也有身体，由头和四肢组成。因此，各政体的第二个永恒的特性就是：某一部分人须运用心灵来担任民政哲理方面的任务，另一部分人运用身体来担任和平和战争时期都需要的商业和工艺。此外还有第三个永恒的特性：心灵永远应发号施令，身体应经常服从〔597〕。

631 可是还有一个〔比上述四大原因〕更大的原因更值得惊赞。天神意旨通过造成诸氏族的诞生（这些氏族全都生下来就感觉到一种天神，尽管由于无知和混乱，他们全都理解不到真正的天神），由于每一氏族各有自己的宗教、语言、土地、婚礼、名称、兵器、政府和法律，于是天神意旨同时也造成头等部落的自然法，具有上述那些特性全部，以便后来由氏族父主们用来治理他们的受庇护者或佃户们。以这样的方式，天神意旨在创建各种政体之中先从贵族政体的形式开始时，就把头等部落的自然法（他们前此在自然状态中所遵守的）转变为次等部落的自然法，来供城市时代的人们遵守〔B₂，316〕。因为诸氏族父主们对受他们的受庇护者原已享有上述那些权利，到了诸氏族父主把自己结合成为一个自然阶层来和受庇护者相对立时，他们就使上述那些所有权只适用于自己的贵族民政阶层而不适用于平民阶层了。英雄时代政体取了严格的贵族形式，其道理正在此（贵族与平民的斗争）。

632 现在由各民族和各国都遵守的部落自然法原来在政体初诞生时代是由行使最高民政权的贵族们的特性所产生出来的。所以一个民族或国家如果不具备一种最高民政权力所必有的上述诸特性，它就简直不成其为一个民族或国家，而且在国外和其他各民族或国家的关系中也就不能运用部落自然法。这种法及其运用就要落到另一比它优越的民族或国家手中了〔Eₙ〕。

633 我们在上文所提出的以及最初城市中英雄们都自称为天神这一事实〔449〕，就会说明"由天神制定的法律"（iura a diis posita）这一词组运用于

317

来自诸部落自然法的各种制度时的意义了。但是等到人道的部落自然法产生出来了（关于这方面，我们不止一次援引过乌尔比安的话〔569，575，578，582〕），而且哲学家们和伦理神学家们对这方面都根据对来自完全展开的永恒理性的理解，上述词组就已更恰当地重新解释为由真神制定的部落自然法了。

第六章
续论英雄时代的政治

634 历史学家们叙述英雄时代，都从弥诺斯遭海盗船劫掠以及伊阿宋到黑海的航海远征开始。（他们通过特洛伊战争来续叙这段历史。这场战争的最后阶段即英雄们的海上浪游，到尤利西斯返回伊萨卡故乡便告结束。）所以大约要到这个时候，最后一个大神，海神尼普顿就诞生了〔317〕。对这一点我们有历史学家们的根据，我们还凭有荷马史诗中几段名言可佐证的哲学理由；这种哲学理由就是：造船航海的技术是各民族的最后发明，因为要有绝高的天才才能发明这些技术，以至这方面的发明家代达罗斯（Daedalus）就成了天才本身的象征，而卢克莱修〔1.7〕用过"戴达路的土地"（daedala tellus）来表示"灵巧的大地"。我们所提到的荷马史诗的话是在《奥德赛》里〔例如10.144ff〕，尤利西斯每逢靠岸登陆或被狂风暴浪吹上岸时，经常都爬到一个山岗上向内陆瞭望，看有没有炊烟，有炊烟就说明那地方有人居住。荷马史诗中这些话又由斯特拉博〔296〕援引过的柏拉图的话来佐证，他谈到最初的各民族长期对海感到恐怖。修昔底德〔1.8〕说出了怕海的理由，说希腊各民族由于害怕海盗劫掠，不敢下到海岸边居住。由于这个理由，海神尼普顿被描绘为带着三叉戟作为武器，用它来使地球震颤。三叉戟想必是一只钩船的巨钩，这只钩也叫作一个"牙齿"，冠词"三"指最大数目〔491〕。海神用这只大钩来使住人的大地为害怕他的劫掠而震颤。在这种看法上，荷马有柏拉图追随他，柏拉图把深渊摆在地球的腹部，为什么理由我们在下文还要说明〔714〕。

635 天帝约夫扮成公牛去诱奸欧罗巴女神，生下的儿子弥诺斯又假装成公牛形状从阿提卡海岸上偷去一些少男少女，这公牛和这三叉戟具有同样的性质（因此，维吉尔〔《埃涅阿斯纪》3.549〕用"船角"来指船帆）。所以陆地上的人们说半人半牛的弥诺陶洛斯（Minotaur）吞噬了他们的船，这话是完全真实的，因为他们亲眼见到这些船是由他吞噬下去而感到恐怖和哀伤的。海妖奥尔克（Orc）也曾这样设法吞噬安德洛墨达（Andromeda），她被大浪吹到岩石上面变成顽石，珀尔修斯去营救她时所骑的长着翅膀的马想必也是象征另一艘海盗船，此后船帆就有"船翼"的称呼。维吉尔也熟悉这类英雄时代的古迹，说到船的发明者代达罗斯时曾说过他用一种机械飞翔，并把这机械称为 alarum remingium "双翼报警器"〔《埃涅阿斯纪》6.19〕，我们听说过，这位代达罗斯就是忒修斯的弟兄，因此，忒修斯一定就是象征雅典青年人的一种〔诗性的〕人物性格。这些雅典青年人受到弥诺斯凭武力的法律，被他的公牛或海盗船吞噬了。他由阿里阿德涅（Ariadne，即航海术）用一条线（即航线）教会了，知道怎样逃脱代达罗斯所设的迷径（这些迷径在成为王宫别墅的游戏场所之前，指的一定就是爱琴海以及其中许多岛屿）。等到忒修斯既已从克里特岛人学会航海术之后，就抛弃了阿里阿德涅而携带她的姊妹淮德拉（Phaedra，也就是同样的航海术）回到本土。这样，他就杀死了弥诺陶洛斯妖牛，使雅典可以不再进贡弥诺斯曾向它残酷勒索的子女（这就是说，雅典人自己从此也进行海盗式的劫掠）。正如淮德拉是阿里阿德涅的姊妹，忒修斯也是代达罗斯的弟兄。

636 涉及这类问题，普鲁塔克在他的《忒修斯（实即庞塔）传》〔24.2〕里曾说过，英雄们都以被称为强盗为荣，在他们的盾牌上增加了光彩，正如在复归的野蛮时代，"海盗"也被认为是一种尊称〔1053〕。据说生活在约莫同时的梭伦所制定的法律就允许人们为进行海盗的劫掠而结成帮伙，足见梭伦对我们近代的这种充分的人道懂得很清楚，即部落自然法并不保护海盗们！比这更令人惊异的是柏拉图〔《诡辩家》222C〕和亚里士多德〔《政治学》1256a 36〕都把海盗劫掠看作一种狩猎。和这些最文明的民族中最伟大的哲学家们看法一致的还有处在野蛮状态的古日耳曼人。根据恺撒大帝的记载〔《高卢战记》6.23〕，在古日耳曼人中间，劫掠不仅不被看作不名誉的事，而且被列在训练英勇的锻炼之内，可以使不曾受到任何技艺教育的人们免得闲着无事可干。这种野蛮习俗维持到很久，直到在一些最文明的民族当中还在流行。据波利比奥斯〔3.24.4〕的记载，罗马人和迦太基人的和约中曾有一款规定罗马人不准穿过西西里岛的彼劳雍海峡（Cape Pelorum），无论是为劫掠还是为通商。不过迦太基人和罗马人的这种态度还不大重要，因为他们自己在当时都自认还是些野蛮人。这从普劳图斯的喜剧作品中的几段话可以看出，他说他自己曾用一种"野蛮语言"——指的是拉丁语，把一些希腊喜剧译出（《驴子们的喜剧》11）。更值得注意的是高度文明的希腊人在人道修养最高的时代竟流行提供几乎全部题材于希腊喜剧的那样野蛮的习俗。也许就因为希腊居民至今仍然通行这种野蛮习俗去反对基督教徒们，我们所面对的非洲海岸一带至今仍叫作蛮区（Barbary）。

637 这种最古老的战争法律的原则就是英雄时代的各族人民对外方人不以宾礼相待〔611〕，因为他们把外方人看成永久的仇敌，而且把自己的权力荣誉摆在能把外方人推到离自己的疆界尽可能最远的地方之外，就像塔西佗（实即恺撒大帝）所说的〔《高卢战记》4.3〕古日耳曼人中最著名的苏维汇人（Suebi）那样。他们甚至把外方人都看成强盗〔636〕。修昔底德有一段名言〔1.5.2〕，说直到他的时代，游历家们无论在陆地或海上相遇，彼此都相问对方是否是强盗，指的就是外方人。不过等到希腊人日益文明，他们就放弃了这种野蛮习俗，而且把那些还保留这种习俗的称为野蛮人。就是用这种意义，他们还把岩洞住户的国土称为蛮区，据说这种人把跨进蛮区疆界的外方人都杀掉，甚至到今天有些野蛮民族中还流行着这种习俗。有一点是确实的，各文明民族对不先申请准允入境的外方人也不准入境。

638 在希腊人以此为理由而称之为野蛮的民族之中就有罗马人。我们知道这一点，有十二铜表法中两段名言可以为证。一段是："对一个外方人，财产权是永恒的。"〔3.7〕。另一段是〔2.2〕由西塞罗叙述的〔De Officiis 1.12.37〕："如果指定了日期，就让他和外方人一起出庭。"这里外方人（hostis）这个词据一般揣测，通常是作为一种譬喻，代表法律诉讼的对立方。但是西塞罗对这句话作了一句很合我们论点的解释，说古人所说的 hostis（外方人）就是后来人所说的 peregrinus（外国人）。这两句话摆在一起看，就使我了解到罗马人本来把外方人看作战争中的永久仇敌。不过这两句话却应理解为适用于世界上最初的外来人，即接收到收容所的那些外来人，他们后来在英雄城市建立时就取得了平民的资格〔611〕。因此，西塞罗所引的那句话的意思就是：在指定的日子里贵族须带平民出庭替他申诉，证明该平民的农场确是属于他的。因此，这条法律中所提到的"永恒的财产权"一定就是为反对平民的，我们听到亚里士多德说过〔271〕，"英雄们发誓永与平民们为敌"。这条英雄法律防止了平民们凭长期占领就可取得任何一点罗马人的财产，因为罗马人的财产只能由贵族转到贵族。大半就是为了这个理由，十二铜表法并不承认单纯的占领权。只有等到后来英雄法律逐渐失效而人道的法律逐渐得势时，罗马执政官们才通过〔承认〕特许的单纯占领权，因为他们从法律（十二铜表法）方面既找不出明文规定，又无法通过任何解释，可以作为根据来作出严格的或公平的判断来承认单纯占领权。这一切都因为法律认为平民的单纯占领一律要凭贵族们乐意。此外，法律也不追究贵族们的欺诈或狂暴的行为，因为原始的政体还另有一个特点（涉及这个特点时我们也曾援引过亚里士多德〔269〕），那就是他们当时还没有关于私人冤屈或罪行的法律，私人冤屈或罪行都任当事者个人凭武力来解决，如我们在第四卷里还要详谈的〔960f〕。在诉讼的法律程序中还保存过这种凭实力解决的遗痕，采取象征实力的方式是奥卢斯·格利乌斯（20.10.10）所称呼的"用一根稻草来运用"。这一切都由行政官来破格承认，因为十二铜表法不追究私人暴行，甚至连提都不提。……

639 这种把外方人看作永恒仇敌的英雄习俗原是由每族人民在和平时期私下遵行的。等到扩充到国外，它就采取永远互相战斗、互相劫掠的形式，这种形式是英雄时代各民族都承认和遵循的。因此，战争是从创建城市开始的，柏拉图就告诉过我们，说城市是凭武器的基础才产生的〔588〕，在诸城市互相战争之前，城市就已以军事方式来统治，战争这个名词就来自城市；希腊文 polemos（战争）就来自希腊文 polis（城市）。

640 为着证实上文的话，我们须作出一个重要的说明：罗马人在全世界推广他们的征服，打了许多胜仗，都根据他们在国内统治平民们所逐次根据的四条法律：（1）在一些野蛮的行省中，罗马人就运用了罗慕路斯的收容受保护者的办法，遣送罗马殖民到那里，夺取了原来的地主们的土地，把原来的地主们变成种田的劳动者。（2）在一些文明的行省里，罗马人运用了塞尔维乌斯·图利乌斯的土地法，让他们享有对土地的凭占领时效的所有权〔107〕。（3）在意大利，罗马人采用了十二铜表法中的土地法，让他们对所谓"意大利土地"享有武装骑士的所有权。（4）对于享有较优待遇的市政区或城镇，罗马人还让他们享有正式结婚权，并且享有已推广到罗马平民们的行政官当选权。

641 原始诸城市之间的永远互相敌视使宣战成为不必要，不分皂白的劫掠被认为是合法的。反过来说，等到各民族已脱离了这种野蛮习俗，不宣而战就被看成劫掠，乌尔比安所称为人道的部落自然法也不承认不宣而战是合法的〔633〕。上述原始诸民族之间的长久的互相敌视也可以向我们说明，罗马人对阿尔巴人所进行的长期战争，都是在我们这里所说的双方互相劫掠袭击之前的那整个时期。因此贺雷修斯之所以杀死他的姊妹，与其说是由于她正式和库里阿提族人结了婚，还不如说是由于她哀悼了诱奸她的库里阿提族人的死亡更为合理[13]。因为就连罗慕路斯本人也不能从这些阿尔巴人中娶一个妻子，尽管他原属阿尔巴的王族，曾替阿尔巴驱逐了暴君阿穆利乌斯，使合法的国王恢复了王位，立过大功，也无济于事。很值得注意的是战争的胜利或失败取决于双方主要人物的决斗的结果。就阿尔巴战争这一事例来说，决斗是应在荷拉提族三首脑和库里阿提族三个首脑之间进行的。在特洛伊战争中，决斗是在帕里斯和墨涅拉俄斯两人之间进行的。等到这两人的决斗不分胜负，希腊人和特洛伊人才把战争进行到底。在最后的野蛮时期，两国的斗争也是以这种方式由双方君主进行亲身决斗来解决，两国人民的命运都取决于这种决斗的结果。因此，事情就很清楚，阿尔巴就是拉丁人的特洛伊，而霍雷希娅也就是罗马人的海伦（希腊人正经历过类似的故事，如姜·浮斯在他的《修辞学》中所叙述的）；围攻特洛伊的那十年在希腊人中间一定相当于在拉丁人中间围攻维爱（Veii）都城的十年。在这两个事例中，所谓"十年"这个确定数都代表这两个城市前此长久互相交战的那无定数的整个漫长时期。

642 因为数字体系由于极端抽象是各民族最后才掌握到的〔713，

1026〕，拉丁人等到心智得到进一步发展时先用"六百"后用"一百"和"一千"来代表一个计算不出的数字，因为只有一位哲学家的心智才能想到"无限"这个观念。也许就是由于这个缘故，最初的各民族都用"十二"来代表一个很大的数字。因为十二是头等部落分配给诸天神的数目〔317〕，尽管瓦罗和希腊人都数出三万个神〔175〕，赫库勒斯的艰巨劳动也是十二种，而实际上一定是数不清的。拉丁人说 as（整体单位）有十二个部分，尽管它是可以无限划分开来的。十二铜表法的情况也可能就是如此，因为后来逐渐加上去的条款数目是无限的。[14]

643 在特洛伊战争时代，参加这次战争的希腊人都叫作阿哈伊亚人（Achaeans），他们原先叫作皮拉斯基人，这是从希腊的一位最古的英雄帕拉斯戈斯来的〔564〕。阿哈伊亚人这个名称从此就传遍了全部希腊。因为根据老普林尼（Pliny the Elder）〔35.8.24〕，阿哈伊亚人这个名称一直传到卢西奥·穆米乌斯（Lucius Mummius）的时代，正如他们到后来都一直叫作赫楞人（即希腊人）一样。阿哈伊亚人这个名称的传播到荷马的时代一定引起一种猜想，以为凡是希腊人在特洛伊战争中都结成一体了，正如据塔西佗的记载〔《日耳曼尼亚志》2〕，日耳曼这个名称最后也传播到大部分欧洲，指的是凡是跨过莱茵河、赶走高卢人之后才开始自称为日耳曼的人。因此，这个民族的荣誉就把他们的名称传遍日耳曼，正如特洛伊战争的名声把阿哈伊亚人的名称传遍整个希腊一样〔741ff〕。因为各族人民在最初的野蛮时代远不知道什么联盟或结合，就连受到侮辱的国王们下面的人民也不愿拿起武器为他们报仇，在特洛伊战争开始时，我们看到的情况就是如此。

644 要理解人类民政制度的上述性质，我们才能解决西班牙这个令人惊异的问题，此外别无他法。因为根据西塞罗的记载〔Philippic 4.5.13〕，西班牙曾是许多民族的母亲，是一个最强大最好战的国家。恺撒大帝凭亲身经验认识到这一点，因为他在全世界一切其他部分，到处都打胜仗，都为罗马帝国战斗，只有在西班牙他才是为保全自己的生命而战斗。那么，为什么在萨贡托（Sagunto）的盛名之后〔萨贡托战争使汉尼拔费了整整八个月的血汗，尽管听他调度的还有仍然未动用的整个非洲的兵力，而后来他仍用这支大为削减而且已疲惫的兵力，却打赢了坎尼（Cannae）战争，以至汉尼拔几乎打到罗马的卡比托利欧（首都）山本身，几乎在罗马庆祝战胜罗马的凯旋〕以及在打赢努曼提亚（Numantia）战役的盛名之后（努曼提亚战役动摇了罗马的荣名，尽管罗马已战胜了迦太基，使非洲的征服者英勇而明智的西庇阿都感到惶惑），西班牙为什么没有能团结起它的各族人民而在塔霍河岸上建立起一个世界帝国呢？西班牙的这种失败给卢修斯·弗罗鲁斯〔1.33.4〕提供了一个机会来作出不很恰当的挽词，说西班牙只有在全国一部分接着一部分被征服之后才认识到她的力量。（塔西佗在《阿古利可拉传》〔12〕里对当时作战勇猛的不列颠人却说过很恰当的话，他说："通过单个地作战，他们让自己集体地被征服。"）因为只要不是在受到攻击，不列颠人就像野兽一样拘守在岩洞界内，依旧过独眼巨人们的野蛮的孤独的生活〔296〕。

645 历史学家们对英雄时代的海上战争大为震惊，因而被它蒙住眼睛，看不见英雄时代的陆地战争，更注意不到希腊人当时用来统治自己的英雄时代的政治。但是修昔底德那位最尖锐最有识见的作者却给我们留下一段有重大意义的记载。他告诉我们〔1.2.2〕说，英雄时代的城市全都没有城墙，例如斯巴达在希腊一直如此，西班牙的斯巴达，即努曼提亚也是如此。英雄们的本性都专横狂暴，不断地互相推翻放逐，例如阿穆利乌斯赶走了努米托（Numitor），罗慕路斯又赶走阿穆利乌斯，把阿尔巴王国归还给努米托。英雄时代希腊王室世系以及十四个拉丁国王的继续不断的递传向时历学者所提供的计算时间的依据就不过如此！在野蛮制度复归中，当它在欧洲采取最粗野的形式的时期，我们所读到的关于各王国命运的记载就更显得彼此悬殊而且变幻无常了〔76，1014，1019〕。塔西佗在他的《编年史》里开宗明义就顶有见识地这样说："罗马这座城市在开始时是归国王们所有〔habere〕。"法学家们一向把所有权分成三级，即 habere〔所有〕，tenere〔把持〕和 possidere〔管领〕，而塔西佗用了最弱的一级 habere。

646 在这种王国里流行的民政制度，是由诗性历史在许多涉及歌唱竞赛的寓言故事里给我们叙述出来的。"歌唱"是用 canere 和 cantare 两个动词形式的意义，即"预言"，因此实指英雄们争夺占卜权的竞争〔508〕。

647 例如林神玛尔叙阿斯（Marsyas，即李维所描绘为杂种的怪物〔567〕），在一场歌唱竞赛中，他被阿波罗赛输了，就被阿波罗给他剥了皮。（注意英雄式的惩罚多么野蛮！）李弩斯这位哀挽歌手一定是平民们的一个代表人物〔580〕。（因为另一位李弩斯是英雄们的代表诗人，他是和安菲翁、俄耳甫斯、穆赛俄斯之流并列的。）他也是在一场类似的歌唱竞赛中被阿波罗杀掉的（见帕萨尼亚斯〔9.29.6〕）。在这两个寓言故事里，竞赛的对手都是阿波罗，即掌占卜预兆的神。在上文已见到过，他也是贵族的神，因为我们已用许多证据证明过，占卜术是只由贵族们掌握住的〔508，533ff〕。

648 塞壬海妖（Sirens）用歌声把水手们催眠，然后把他们的喉咙割断；狮身人面妖斯芬克斯出谜语给游人猜，猜不中就把他们杀掉；女妖精喀耳刻（Circe）凭她的迷魂歌声把尤利西斯的伙伴们变成猪。（因此唱歌后来就成了行魔术的意思〔见维吉尔的《牧歌》8.72〕；因此在波斯，魔术起初一定是指凭占卜来预言的智慧，后来一直指魔术家的技艺，而魔术家的魔力就叫作符咒〔475〕。）以上这些事例都描绘出英雄城市的政治情况。这些寓言故事中的水手们、游客们和浪游人们都是些外方人〔638〕，也就都是些平民们，他们和英雄们竞争，企图分享占卜权，打败了就遭到了残酷的惩罚。

649 林神潘恩（Pan）以同样的方式试图抓住以歌唱著名的仙女绪任克斯（Syrinx）〔467〕，发现自己只是拥抱着芦苇；类似的有伊克西翁，他钟情于天后朱诺，即掌正式婚礼的女神，想拥抱她，发现抱在怀里的只是一片云。这里芦苇意指自然婚姻的轻佻，云意指自然婚姻的空虚。因此，据寓言故事说，从那片云就产生出半人半马的怪物（centaurs），指的就是平民们，就是如李维所说的杂种怪物，他们趁拉庇泰人（Lapithae）正在庆祝婚礼时，就把他们的新娘们偷走了。财王弥达斯（Midas，也是个平民〔580〕），把自己的一双驴子耳朵藏在便帽下；林神潘恩所拥抱的芦苇（实指自然婚姻）把它揭露出来了；正如罗马元老们要让平民们看出自己全是些怪物，因为他们实行的是野兽般的交媾〔567，734〕。

650 伏尔甘（一定也是平民派）想干涉天帝约夫和天后朱诺之间的纠纷，被天帝一脚踢出天堂，结果跌成跛子〔579〕。这一定涉及平民们想争取从

325

英雄们手里分享天帝的占卜权和天后的正式结婚权，可是败了仗，就跛了腿，也就是受到了屈辱。

651　法厄同（Phaethon）也是如此，他原属阿波罗家族，所以被看成太阳的儿子。他试图开动他父亲的金车（金车是诗性的，即指粮食〔544〕），出了辙，没有走上到他家族父主的粮仓的那条路（这就是他想分享土地所有权），也被从天上抛下去了。

652　这类故事中最重要的是代表不协调的金苹果从天上落下来，金苹果指的是土地所有权〔548〕，因为最初的不协调起于土地，平民们要求土地归自己耕种，以及起于维纳斯（她一定是平民派）与天后朱诺（代表正式婚姻）和密涅瓦（代表权威）之间的纠纷。涉及帕里斯的审判，我们幸好还有〔伪〕普鲁塔克的《荷马的生平和诗》那篇名人传中的一句话，说《伊利亚特》末尾涉及帕里斯审判的两行诗〔24.28f〕并不是荷马的而是出自后来另一位诗人之手的〔780〕。

653　阿塔兰忒（Atalanta）用扔掉三个金苹果的办法在赛跑中打败了她的求婚者，正如赫库勒斯和安泰俄斯搏斗，把安泰俄斯提到空中就战胜了他〔618〕。〔这故事的意义是〕阿塔兰忒先把对土地的凭时效的所有权然后又把对土地的武装骑士的所有权让给平民们而把正式结婚权还留着不给；正如罗马元老们先让出十二铜表法中塞尔维乌斯·图利乌斯的第一次土地法，接着又让出第二次土地法，可是把正式结婚权仍保留住作为他们贵族阶层的特权，如在（依揣测的）"正式结婚权应不让给平民们"那一条款所说的，这一条款是（依揣测的）"占卜权应留着不给平民们"这另一条款的直接后果。因此，过了三年之后，平民们又开始要求正式结婚权，在一场三年奋斗之后终于赢得了它〔110，567，598〕。

654　珀涅罗珀（Penelope）的求婚者们侵入尤利西斯的王宫（这就是英雄们的王国），窃据了国王的名位，吞食了王室的生活资源（占据了土地所有权），争取和珀涅罗珀结婚（要求正式结婚权）。在某些传说里，珀涅罗珀守住了贞操，尤利西斯把那些求婚者像一群画眉鸟一样逐一串在一面网上，就像英雄的伏尔甘用来网住战神和女爱神的那面网一样。这就是说，尤利西斯约束住他们，强迫他们去耕地，像阿喀琉斯的苦工们一样，正如科里奥兰纳斯设法收拾对塞尔维乌斯·图利乌斯的土地法还不满意的那些平民们，就迫使他们回到罗慕路斯的苦工们所处的情况，如我们前已叙述过的。〔但是参看《奥德赛》22.1ff〕再者尤利西斯和一个穷人伊汝斯（lrus）搏斗，把他打死了（这一定是指一场土地争夺，在其中平民们在吞噬尤利西斯的生活资料）。〔但是参看《奥德赛》18.1—107，239—242〕在其他一些传说里，珀涅罗珀却和求婚者们奸淫过（意指正式结婚权推广到平民们），生下了林神潘恩（Pan），就是一种半人半兽的怪物，亦即李维所说的混血杂种〔567〕，因为罗马元老们告诉过平民们，说如果让他们分享贵族的结婚权，就会生下像潘恩那样由珀涅罗珀和平民们通奸生下来的那种杂种怪物。

655 帕西法尔（Pasiphaë）和一匹公牛同睡，就生下了半人半牛的杂种怪物弥诺陶洛斯。这个故事一定是指克里特岛人把正式结婚权推广到外方人。这些外方人一定是乘一条叫作公牛的船来克里特。在这种船上弥诺斯从阿提卡诱拐了一些少男少女，也就是在这种船上先前天帝约夫曾诱拐过欧罗巴女神〔635〕。

656 伊娥（lo）的寓言故事也应归到这类民政历史里。天帝约夫钟情于她（凭他的占卜征兆向她表示好感），引起了天后朱诺的妒忌（这就是英雄们保卫他们的正式结婚权的民政方面的妒忌〔513〕），天后就派百眼神阿耳戈斯（Argus）盯她的梢，看守着她。（阿耳戈斯就是当地父主们，每只眼睛都代表隙地，即垦种过的土地〔564〕。）于是交通神墨丘利（他这个人物代表做买卖的平民）吹笛或唱歌来把阿耳戈斯催眠了（这就是在争取正式结婚所必依据的占卜权之中战胜了阿耳戈斯父主们），因此伊娥就变形成了一匹母牛，和陪帕西法尔同寝过的那匹公牛同寝，然后流浪到埃及（这就是走到埃及外方人之中，同这些埃及外方人一起，达那俄斯〔Danaüs〕曾把伊拿契兹族人赶出阿尔戈斯〔Argos〕王国〔75〕）。

657 但是赫库勒斯到了老年就变得文弱了，他听从伊娥勒（lole）和翁法勒（Omphale）两个女人的命令，从事纺织；这就是土地权由英雄转到平民手里了。英雄们自称为 viri（男子汉），以示和平民们有别。拉丁文 viri 与希腊文的 heroes（英雄）实同义。……viri 这个词在罗马人中间仍然指经过正式结婚的丈夫、行政官、司祭和审判官，因为在诗性贵族政体中，正式结婚权、行政权、司祭职权以及审判职权都只属于英雄（贵族）阶层。因此，上述寓言故事所叙述的就是把土地的武装骑士专有权推广到希腊的平民们了，正如罗马元老们通过第二次土地法把对土地的武装骑士所有权割让给平民们；这第二次土地法经过斗争，在十二铜表法中就获得了胜利〔598〕。和这种情况完全一样，在野蛮时代复归期中，封建财产就叫作长矛财产，而 alodial 财产 15 就叫作纺纱杆的财产，如我们在盎格鲁人的法律中所见到的。因此，法兰西王徽（意指排除女性继承王位的沙利族老法律）是由两位穿袈裟的（1048）用梭镖武装起来的仙子撑持住的，还有 Lilia non nent〔百合花不纺织〕铭语装饰着。所以我们感到有幸看到巴尔杜斯把萨利克法律称为高卢部落法，所以我们也可以用罗马部落法来称呼十二铜表法，因为十二铜表法也严格地限制直接继承人，父系的、出身好的才能不经遗嘱而继承王位〔110，988〕。以后我们还要说明〔991〕，有一种看法多么不可靠，说在罗马早期存在过一种习俗，准许女子们可以不经遗嘱而继承父位，并且说这种习俗曾载入十二铜表法。

658 最后，赫库勒斯由于身染半人半马兽涅索斯（Nessus）的毒血而发狂怒，涅索斯代表平民，就是李维所提到的那个杂种怪物〔567〕——这故事的意义就是在民政骚动中他把正式结婚权推广到平民们，染上了平民的血液，因而就死去，正如信义神（Fidius），即罗马的赫库勒斯，死于由培提略制定的"债务奴役法"（De nexu）〔115〕。由于这项法律，"信义的约束就遭到破坏了"，不过李维〔8.28.8〕把这句话联系到比制定这项法律晚十年才发生但实质仍相同的一个事件上，在这个事件中有必要去实施上述债务奴役法而不仅是制成新条文。李维一定是在某一编年史家的著作中看到上述"信义的约束就遭到破坏了"那句话，由于无知和轻信，他就采用了。因为平民债户虽已不再因负债而遭到贵族债主的私刑囚禁，而凡是债户却仍被法庭裁决要还债。不过债户们却不再受封建法律的约束，即所谓赫库勒斯的结子〔558〕那条法律约束，那条法律的起源就是世界上最初的收容所，也就是罗慕路斯在他的收容所创建罗马时所凭借的那种约束〔613〕。所以很可能编年史家写的是信义之神的约束〔602〕，而瓦罗《论拉丁语》〔5.66〕把这位信义之神就看成罗马的赫库勒斯，而后来的历史学家们不懂上述那句话的意义，就把信义之神当作 fidei（约束）来理解。同样的英雄时代自然法在美洲印第安人中间也可以看到，而在我们的世界里这种自然法在非洲阿比西尼亚人，欧洲和亚洲的莫斯科人和鞑靼人中间还在流行，希伯来人运用这种自然法时就比较温和，债户服役不超过七年〔F_7〕。

659 因此，结果，同样，希腊的创建者俄耳甫斯连同他的竖琴或弦或权力（和赫库勒斯的结子意味着同样的东西，这种结子在培提略法中已涉及），在激怒的平民巴克斯的女祭司们手中遭到灭亡，她们把他的竖琴打成碎片（竖琴就是法律〔615〕）；因此几乎在荷马时代英雄们都娶外方妇女为妻子，而且私生子可以有王位继承权，这表示希腊已经开始注意平民自由政体〔802〕。

660 从以上这一切所应得出的结论是：英雄时代这个名称就是由这些英雄斗争来的；在这些斗争中许多战败的受到屈辱的首脑们被迫携带他们的随从者跑到海上浪游，去寻找另外的土地。他们之中有些人，例如墨涅拉俄斯和尤利西斯，最后返回到故乡，另外一些人就在外方定居下来，例如刻克洛普斯、卡德摩斯、达那俄斯和珀罗普斯都定居在希腊（因为上述英雄斗争在许多世纪以前就已在腓尼基、埃及和弗里吉亚发生过了，在这些地方人类开化得早些）。狄多一定属于后一种人〔78〕，为着避免和追逐她的弟兄争吵，她就逃离腓尼基，到迦太基定居下来了。至于特洛伊陷落和破坏之后，特洛伊逃难者之中卡皮斯（Capys）在卡普阿住下，埃涅阿斯在拉丁地区上岸，而安忒诺耳（Antenor）到了帕多瓦（Padua）〔770ff〕。

661 这样就结束了希腊人诗性时代中神学诗人们、哲人们和政治家们的智慧，这些人中有俄耳甫斯、安菲翁、李弩斯、穆赛俄斯等。他们通过向希腊平民们歌颂诸天神在占卜或天意安排方面的威力，来使平民们服从他们的英雄阶层。以同样的方式阿庇斯〔即克劳狄乌斯〕在罗马年历第 300 年左右，通过向罗马平民们歌颂诸天神在占卜方面的威力（这门学问是贵族们声称专由贵族掌握的），来使平民们服从贵族〔81〕。安菲翁也以同样的方式，弹着竖琴歌唱，使一些石头自己动起来筑成底比斯的城墙，而这座城在三个世纪之前就已由卡德摩斯创建起来了，这就是说，他已在底比斯巩固了英雄体制〔K₇，523，734〕。

体制〔K_7，523，734〕。

第七章
关于古罗马制度的、特别是关于
假定为罗马已有的专制王权和假定为
朱尼厄斯·布鲁图所创建的民众自由权的一些系定理

662 我们以上所举的罗马人和希腊人在人类民政制度方面的许多类似事例，已反复证明了古代罗马史就是希腊人的各种寓言故事的一种持续性的历史神话〔158ff〕。这就应足以使任何有理智（这并不是记忆和想象）的人坚信从国王时代起一直到正式结婚权推广到平民们那一长段时期里，罗马人民（战神马尔斯的人民）都是只由贵族们组成的〔598〕。从国王图流斯·奥斯提留斯处理贺雷修斯案件开始，就向这种人民授予了凡是由两人执政或检察官判罪的人享有向全阶层的申诉权。当时唯一的阶层就是英雄们或贵族们，而平民们是附属于英雄阶层的（就像后来各行省附属于征服者民族一样，如〔荷兰法学家〕格劳秀斯所指出的〔《战争与和平法》1.3.7.3〕），实际上平民们是"另一种人民"，像忒勒玛科斯在上文提过的议会里称呼平民们为"另一种人民"那样〔590〕。因此，我们凭对这些民族创建者进行无可辩驳的分析批判〔348，493〕，就能彻底推翻这种错误的看法，以为这批出身微贱的受到奴隶待遇的苦力自罗慕路斯时代起，就已有权选举国王而且他们的选举就能受到元老们批准。这是违反史实的，把实际的情况移前了三百年。据史实，只有过了罗慕路斯政治空白期三百年之后，平民们才参加城邦政治，分享执政官的选举权（这还在元老们把正式结婚权推广到平民们之后）。

663 对"人民"或"民族"这个词取近代意义来理解而把它运用到最早时期的城市世界（由于哲学家们和语言学家们都无法想象到当时竟有那样严格的贵族制度），这就导致人们对"国王"和"自由权"这两个词也发生误解了。结果是任何人都相信罗马王国已是君主独裁，而朱尼厄斯·布鲁图所

330

创建的自由权就已是民众性的。而让·博丹（Jean Bodin）尽管也陷入前此一切政治理论家们的普遍误解，也认为君主独裁出现最早，接着就是暴君体制，再下民众政体和贵族政体就顺序出现。（人类在缺乏真实原则时思想就能有而且竟有这样的歪曲！）可是博丹在古代罗马的假想的民众自由权中看到贵族政体的一些后果，却凭区分实施和制定来支撑他的思想体系，声言罗马在古代就已制定了一种民众宪法机构，不过是用贵族的方式去实施（或管理）的。尽管如此，所谓后果并不是如他们所说，他的理论体系毕竟支撑不住，于是他终于迫于事实真相而前后自相矛盾地承认古代罗马政体不仅在宪法机构方面而且在管理方面也还是贵族式的〔1004ff，1084〕。

　　664 这一切都已由李维〔2.1.7〕证实了。他在叙述朱尼厄斯·布鲁图在制定两名任期一年的执政官时，明确地公开声言，这并非对制定的宪法有什么改变。事实上布鲁图除掉把已降落到衰朽地步的宪法体制恢复到它的原始状态以外，还有什么其他办法呢！李维说"通过制定两名任期一年的执政官，并没有削弱王权"；因为这两名执政官就涌现为两位任期一年的贵族国王，而实际上西塞罗在他的《论法律》里就把他们称为"任期一年的两位国王"〔108〕（类似斯巴达的终身制国王，斯巴达无疑是一种贵族政体）。尽人皆知，执政官们在任职期可以被罢免（正如斯巴达国王可以受到最高五人委员会的纠正或处罚），到一年期满时可以受审判（正如斯巴达国王们曾被最高五人委员会判处死刑）。李维的这段叙述证明了罗马王国是贵族政体，而布鲁图所制定的自由权并不是民众的（不是人民对贵族们的自由权）而是贵族的（即贵族们对塔克文家族暴君们的自由权）。假使不是由于罗马卢克雷蒂娅案件，布鲁图也办不到这一点。有了这个案件，他就利用了它；因为这个机会提供了一切必要的隆重形势来鼓动平民们起来反对暴君塔克文。这位暴君曾虐待贵族，使得布鲁图感到有必要来重建元老院，其中许多元老们都已被〔塔克文〕苏佩布这位暴君处死了〔316〕。在这个过程中布鲁图经过审慎的考虑，做到了两件对公众有利的事：他巩固了正在垂危的贵族阶层；而且赢得了平民们的好感，因为从平民团体中他选用了许多成员，也许还是一些最大胆的成员，如果不是选用了他们，他们就会反对贵族领地的改组〔624〕。他使这批平民升到贵族阶层，这样他就组成了城邦，当时城邦全体的权力是由元老们和平民们分掌的。[16]

665 如果已在本书中研究过的各种各样的原因从农神萨图恩时代以来的伏脉或预兆〔73〕，如果博丹所提到的在古罗马政体中相继出现的那一系列各种各样的结果，结果李维所考虑到的上述那些原因和结果都还不足以证实我们只是根据凭证得到的结论，即罗马王国是贵族政体，而布鲁图所颁布的是贵族的自由权这个结论，那么，我们就必须说，罗马人这个粗陋野蛮的民族比起希腊人那样聪明的高度文明的民族，反而享受到天神不曾给予希腊人的那种特权〔得天独厚〕了。根据修昔底德，希腊人对伯罗奔尼撒战争以前的希腊文物毫无所知，而伯罗奔尼撒战争却在希腊的最光荣的时期，如我们在上文〔101〕时历表的注解里已说过的。在那里，我们也已说明了罗马人对第二次迦太基战争以前的自己的文物也一样毫无所知。李维也承认自己对罗马史只有到第二次迦太基战争时期才有较大的把握，可是就连对这第二次迦太基战争的历史，对三个最重要的情况他还是承认无知，我在上文〔117〕也已谈到。但是纵使承认罗马人得天独厚，还留存下来的史实也还只是一些蒙眬的记忆，混乱的想象，而理性却不能抛开我们关于古代罗马制度所得到的结论。

第八章
关于最初各民族英雄体制的系定理

666 我们现在正在进行的对早期世界的英雄时代的研究迫使我们去对最初各民族的英雄体制进行思索。根据上文提出的一些公理〔196f〕，亦即这里可运用的一些公理，根据这里对英雄政治所奠定的一些原则〔582ff〕，这种英雄体制就远远不是已往哲学家们所想象的古人无比智慧的结果〔128〕，哲学家们被语言学家们误引入歧途，由于对"人民（民族）""国王"和"自由权"〔105〕这三个词的意义不曾明确界定。因为他们认为英雄人民也包括平民们，国王都是专制君主而自由权本来也属于民众。另一方面，他们在这些问题上运用了他们这些文雅渊博的学者们头脑所特有的三种观念，头一种是凭苏格拉底伦理学公理所推论出来的关于公道或正义的观念，第二种是造福人类的声名那种荣誉观念〔514〕，第三种是灵魂不朽的愿望。他们追随并且运用这些错误观念，于是就相信古代国王们或其他伟大人物们都把他们自己和他们的家族（包括他们全部祖遗产业和生活资料）都贡献出来，为城市或国家中经常占大多数的穷人造福。

667 可是关于希腊英雄中最伟大的阿喀琉斯，荷马告诉过我们的却是和上述哲学家们的观念恰恰相反的三种品质。谈到公道或正义，阿喀琉斯在和赫克托耳对话中，赫克托耳提议在战争中战胜者应埋葬战败者，他却忘记了他们的高贵官阶和人类共同命运（这两点考虑是自然使人们承认要有正义的），作了这样野蛮的回答："人们在什么时候和狮子订合同呢，狼和羊在什么时候有同样的想法呢？"与此相反，"如果我杀死你，我就要把你剥光，绑在我的战车后拖着绕特洛伊城墙环行三次"，他后来确实这样办了。"最后，我就要把你的尸首扔给我的猎狗去吃"〔《伊利亚特》22.261ff〕，这一层他也会照办，假如不幸的父王普里阿摩斯〔Priam〕不曾前来赎回尸首。至于荣誉，也就是这位阿喀琉斯，出于一种私人的仇恨（主将阿伽门农把他的女俘布里塞伊斯夺去），就认为天和人都虐待了他，呼吁天帝约夫恢复他的荣誉，同时把他的将士和军舰从联军中撤退，让赫克托耳去屠杀希腊人〔《伊利亚特》1.334ff〕。他就是这样蔑视一个人对祖国应有的忠诚，为报私仇而宁可使全民族覆灭，而且看到赫克托耳屠杀希腊人，他还恬不知耻，和密友帕特洛克罗斯（Patroclus）在一起庆幸〔《伊利亚特》11.599ff〕。更严重的是这样一举足就会决定特洛伊命运的人竟向帕特洛克罗斯表示一种可耻的愿望，望希腊人和特洛伊人一样同归于尽，只留下他们两人活着〔《伊利亚特》16.97ff〕。至于第三种观念（即灵魂不朽的愿望），阿喀琉斯下到阴曹地府时，尤利西斯问他是否在地狱里感到满意，他回答说，他宁愿在人间当最卑贱的奴隶〔《奥德赛》11.488ff〕。就是这样的英雄，荷马拿来作为一种英雄品质的榜样向希腊人歌颂，给他一个固定的形容词"纯洁无疵的"。这个形容词（假如我们应赞赏荷马用作一种教训手段来使人喜悦，如一般诗人们都被公认为这样做）只能有一个意义，一个人专横到不能容忍一只苍蝇飞过他的鼻尖，像我们现在的流行语所说的。他所宣扬的只是拘泥细节，这就是复归的野蛮时代里决斗者的全部道德的基础，它产生了传奇故事作家们所歌颂的而流浪骑士们所信奉的那些骄狂的法律、崇高的义务和报仇的快慰〔920〕。

668 关于和上述看法正相反的情况，且让我们想一想亚里士多德说过的"英雄们发誓永与平民们为敌"的话〔271〕。让我们再想想罗马史中罗马品德最好的时代。根据李维〔9.16.19〕，这个时代就是反对皮洛士战争的时代，李维夸奖"从来没有哪个时代比这个时代更富于优良品质"。根据圣奥古斯丁在《上帝之城》〔2.18〕里所引用的罗马史家萨卢斯特的话，我们可以把这个时期延长到从国王们被放逐到第二次迦太基战争时。这个时期的英雄们怎么样呢？有布鲁图，他为自由事业贡献了他家族中的两个儿子；有斯凯浮拉，他恨自己的没有杀死敌国国王波希纳的那只右手，就把它放进火焰里烧而没有烧死自己，从而吓坏了和打败了那位敌国国王；有号称"专横"的曼利厄斯，他砍掉亲生儿子的头，因为他犯了军规，尽管这个儿子出于荣誉感和勇气而且打胜了仗；有像库尔提乌斯（Curtius）那样的人，他全副武装骑着马跳下致命的岩；有像德西厄斯父子（Decii）那样的人，牺牲自己去拯救他们的军队；有像非布里西阿（Fabricius）和库里乌斯（Curius）那样的人，他们拒绝敌人的黄金和敌国国王皮洛士和他们分享王国的建议；还有阿蒂利乌斯·雷古卢斯（Atilius Regulus），他为着保持罗马人的神圣誓言，返回到迦太基去受确定的最残酷的死刑。可是这些人之中有哪一个替贫穷受苦的罗马平民们做点什么好事呢？千真万确的是他们只加重了平民们的战争负担，把他们日益投进高利贷的深渊，从而把平民们投进贵族私牢中更深的深渊里，在那里像可怜的奴隶一样光着肩背挨鞭笞。而且在这个罗马品德时期，如果任何人企图用某种土地法或粮食法来减轻平民们的痛苦，他就会被控为犯叛国罪而处死。只举一个例来说，曼利乌斯·卡皮托利努斯（Manlius Capitolinus）就遭到这样的命运，尽管他曾使天帝宫免遭凶狠的赛诺族高卢人的焚毁。同样的事例在斯巴达（斯巴达是希腊的英雄城市，正如罗马是世界的英雄城市）也发生过，宽宏大量的国王亚基斯三世（Agis III）就由于企图用一项免债律和另一项给予遗嘱权律来减轻斯巴达平民所受到的贵族剥削和压迫，而被最高五人委员会下令绞死〔985〕。正如亚基斯三世成了斯巴达的曼利乌斯·卡皮托利努斯，曼利乌斯·卡皮托利努斯也成了罗马的亚基斯三世，只是由于被猜疑有些偏向受压迫的贫苦平民，贵族们就把他从塔尔皮亚岩（Tarpeian Rock）顶推下跌死。所以正由于最初各民族的英雄们自视为英雄，自然就比平民们高一等〔437〕，他们就做得出对民族中贫苦大众施行残暴统治。罗马史确实要使任何有头脑的读者感到惶惑莫解，如果他们想找罗马品德的证据，而所看到的却是大量的狂暴，想找温和的证据，而所看到的却是贪婪，想找正义或仁慈的证据，而所看到的却是到处盛行的不平等和残酷。

669 只有下列一些原则才能解决这种疑团，见出其中的必然性：

I

670 遵照巨人们的野兽般的教育〔170，195，523f〕，英雄式的少年教育是严厉的、粗野的、残酷的，正如文盲的斯巴达人的教育原已如此，而斯巴达人正是希腊的英雄们。斯巴达人为着要教会儿子们不怕痛苦不怕死，就把他们拖到狄安娜神庙里痛打，孩子们往往在父亲们鞭挞之下痛极倒地死去，至多以不死为度。这种独眼巨人式的父主威权在希腊人和罗马人中间都还保持住，使他们可以杀死刚出世的无辜的婴儿。对比起来，我们现代人对孩子们就很宽容放纵，这就养成了我们〔近代人〕的全部温柔性格。

II

671 妻子们是用英雄式妆奁来收买的，这种习俗还作为一种大典保存在罗马僧侣们的婚姻中。这些僧侣的婚姻是"用交互买卖和小麦来订约的"。"小麦"指用小麦面制的祭供。根据塔西佗〔《日耳曼尼亚志》18〕，妻子自带妆奁也是古日耳曼人中间的习俗，所以我们可以假定一切最早的野蛮民族都有同样的习俗。养活妻子是繁殖后代的一种自然需要。在其他方面妻子们是和奴隶们受到一样待遇的。这在我们的〔旧〕世界中许多地方至今还是各民族的习俗，在新世界中到处也大致还是如此。妻子带妆奁到夫家，就是收买丈夫的自由权，这是丈夫公开承认自己无力承担婚姻费用。罗马皇帝们用许多特权来奖励妆奁，也许就是由于这个理由。

III

672 儿女们获得家财，妻子们节省家财，都是为着丈夫们和父亲们的利益，不像今天这样，情况恰恰相反。

IV

673 当时体育运动和娱乐都是很吃力的，例如摔跤和赛跑（因此荷马对阿喀琉斯惯用的形容词是"捷足的"——飞毛腿）往往也是危险的，例如骑马用长枪比武和猎取野兽。为着训练体力刚强，就轻于舍身。

V

674 奢侈、文雅和安逸在当时简直是无人知晓的。

VI

675 像古代英雄式的战争全都是些宗教战争〔562〕，由于我们已把宗教定作本科学的头一条原则〔333〕，宗教战争经常是极残酷的。

VII

676 英雄式的奴役之所以流行，也是这种宗教战争的后果；在这种战争中战败者就被看作没有上帝的人，所以随着民政自由权的丧失，天生自然的自由权也就一起丧失了。在这里，上文提过的一条公理就可以应用了："财产愈紧密地依附它的所有者的人身，自然的自由权也就愈凶狠，而民政方面的服役和凭碰运气得来但并非生活所必需的货物就联在一起了。"〔290〕

VIII

677 由于这一切，这些〔英雄〕政体凭自然本性就是贵族式的，是由生来就是最强有力的人们组成的。他们把一切民政方面的荣誉都限制在少数贵族元老范围内。公众利益就是由祖国保留给民族专制君主的；因为真正的祖国就是少数元老们感兴趣的〔584〕，因此公民们自然就只是那些元老们。只要有这样的自然本性、习俗、政体、制度和法律，最初各族人民的英雄体制就会繁荣起来。但是这种英雄体制现在按照民政本性就成为不可能了，因为刚列举的它的一些原因已让位给和它们相反的一些原因了，这些相反的原因就产生出另外两种民政体制，即自由的民众政体和君主独裁政体，我们已说明了这两种政体都是人道的（不过君主独裁政体比起自由的民众政体还更是人道的）。因为在整个罗马民众自由政体时期，只有由提卡的卡图（Cato of Utica）一个人才以英雄闻名。他的声名来自他能代表贵族政体的精神。庞培倒台后，他成了贵族党的领袖。因为他忍受不了恺撒大帝对贵族党的侮辱，就自杀了。在君主专制政体下，英雄们就要牺牲自己来谋求君主的光荣和伟大。因此，我们应得出的结论是：这样一个英雄（即为正义和人类幸福而献身的人〔666〕）是受苦的人民所希冀的，哲学家们所构思的而诗人们所想象的，但是他并不属于按照我们的公理〔260〕享受到由民政本性所提供的那些福利的那种人。

678 我们在这里所提出的关于最初各民族的英雄体制的系定理从关于罗马英雄体制的那些公理〔278—281〕也得到说明和例证。它们也运用于修昔底德（实即伊索克拉底）所描述的那个时期的古雅典人的英雄体制〔592〕。当时雅典人是由严峻的雅典最高法院，即贵族的元老院来统治的；它们也适用于斯巴达的英雄体制，斯巴达人实行的是一种赫拉克利族人或元老们的政体，如上文无数证据所已说明的〔423〕。

注 释

1　定不出由谁负责。

2　圣经公会的中文版用的是"族长"。

3　类似我们所说的"枪杆子里出政权"。

4　意味着还说不上有政体可照管。

5　意为当时还不可能有什么政体可照管。

6　萨宾族人（Sabines）是意大利中部一个古老的勇敢虔诚的野蛮民族，传说罗慕路斯建立罗马时，萨宾族人的妻女被罗马人劫掠去，罗马人就成了萨宾人的女婿，从此萨宾人就和罗马人合流，过了一个时期就获得了自由权（维柯在此想证明武装僧侣这个名称与萨宾人的都城Cures的名称无关）。

7　即罗马开始建国后419年。

8　似汉语中的"祖业"。

9　"武装司祭的法律"实际上就是罗马公民权的法律。

10　说不上返回。

11　即公库。

12　后来法西斯党的标志。

13　这是罗马人征服阿尔巴人的战争中一段著名的故事。参看下文963段。阿尔巴方面以库里阿提族三兄弟，罗马方面以荷拉提族三兄弟为决斗主将。其中库里阿提三兄弟之一和荷拉提族三兄弟的姊妹霍雷希娅相爱或结过婚。荷拉提族三兄弟在决斗中获胜。霍雷希娅听到她哥哥拉比背着她爱人的尸首得胜回朝时就伤心痛哭。她哥哥贺雷修斯看见她哭敌人的死亡，就抽刀把她杀死，并高呼："让每个哭敌人死亡的罗马女人都遭到这样的下场!"按罗马法，他犯了弑亲罪，法庭判决要把他挂在树上吊死，但是因为他立了灭阿尔巴的大功，并且诗人贺拉斯还发表演说为他辩护，罗马人只以象征的方式处罚他，让他用布蒙着头从断头台下穿过就算处死而不真正斩首。这段故事成了民间宗教典礼以及作家们的创作题材。

14　中国古代传下来的"十二干支"也是如此。

15　Alodial财产，看上下文似为女方的财产。

16　塔克文族暴君王子色克斯图斯强奸了他的嫂子卢克雷蒂娅，她的丈夫和父亲带着布鲁图来替她报仇，布鲁图乘机掀起民众骚动，放逐了暴君家族，自己掌握了罗马大权。

第六部分

第一章
诗性历史的概要

I

679 神学诗人们传下的这整部神道的和英雄的历史在卡德摩斯寓言里
〔541〕只是太不恰当地描述出来了。首先他杀死了大蛇（指在远古大森林
里清扫了的土地），接着他就把蛇齿种在地里（一个顶好的譬喻，指用曲形
硬木板来犁世界上最初的土地，在发明铁以前，一定是用硬木板做最初的犁
齿，后来犁还保留了齿的称号）。他抛出了一块沉重的石头（指受保护者或
家人们想让他们去耕种的硬土地〔583〕），从犁沟里跳出来一些带武装的
人（指在第一次土地法问题上进行英雄式斗争的人们〔264f，597〕）。英
雄们从他们的住宅区出来维护该地区的主权，他们武装起来并且团结起来对
抗平民们，他们并非自相斗争，而是和起来向他们造反的那些被保护者斗
争；犁沟指他们所团结成的阶层，从而在武装的基础上使最初的城市具有形
式和稳定性（这一切在上文都已提过了）。据说卡德摩斯变成了一条蛇（指
贵族参议院权威的起源，古拉丁人会称之为"创基人卡德摩斯"，而希腊人

却说卡德摩斯变成了德拉古[1]，即用血写成法律的那条龙〔423〕）。我们在上文〔446〕已许下诺言要说明：卡德摩斯寓言包括了几个世纪的诗性历史，而且是人类在婴儿期在表达思想方面很吃力的表达得很不清楚的一个著名例子，这就是寓言难懂的七大根源之一〔814〕。过去人把事情说得很容易，以为卡德摩斯用他从腓尼基带到希腊的土俗字母，就把这种诗性历史记载下来了。就连号称"基督教的瓦罗"这样一位渊博学者伊拉斯谟（Erasmus）也说过许多和他身份不相称的荒谬的话，他就认为卡德摩斯寓言包含了卡德摩斯发明字母的故事[2]。这样一来，像发明字母这样造福于各民族的大事的光辉历史，本来应是举世皆知的，却由卡德摩斯隐藏在希腊，还披上这个寓言的障面纱，以至直到伊拉斯谟时代，为着不让凡人知道像发明字母这样大事，就让这些字母取得土俗字母的名称！

II

680　但是荷马〔《伊利亚特》2.100ff〕曾以令人欣羡的简短而恰当的方式把这段历史缩写在阿伽门农的王杖那个象形文字里。伏尔甘替天神约夫制造了这根王杖，当时约夫用洪水后最初的雷电创建统治神和人的王国，即在氏族体制下的神权王国〔522〕。接着天帝约夫把这根王杖传给交通神墨丘利，交通神带这根王杖把第一次土地法传送给平民们，从此就产生了最初城市的英雄王国。后来交通神把这根王杖传给珀罗普斯，珀罗普斯传给堤厄斯忒斯，堤厄斯忒斯传给阿特柔斯，阿特柔斯又传给阿伽门农（这就是说，顺着阿耳戈斯王室的世系传下来的）。

III

681　不过荷马还在阿喀琉斯的盾牌上以较详尽的方式把这部世界史描绘出来了〔《伊利亚特》18.483ff〕。

682　（1）在开始时从盾牌上可以看到天、地、海、日、月和星辰。这是创造世界的时代。

340

683 （2）接着就描绘出两座城市。在一座城市里有歌唱，颂婚歌和婚礼〔520ff〕。在另一座城市里就见不到这类事物，它描绘出英雄家族带着他们的"家人们"的时代〔553ff〕，他们只按自然方式交配，不举行英雄们正式结婚的隆重婚礼。所以这两座城市合在一起，描绘出自然体制以及接着来的家族体制。尤利西斯的仆从欧迈俄斯（Eumaeus）谈到他的祖国有两座城市，都由他的父亲管理着，这两座城市之中的一切财产都很清楚地划分开来〔《奥德赛》15.412ff〕（意指第二个城市并不共享任何公民权）。他所指的就是上述两种城市。因此，那座不举行正式婚礼的城市中住的恰恰是"另一种人民"，像忒勒玛科斯在议会里称呼当地的平民们的〔590〕。阿喀琉斯埋怨阿伽门农对他自己的暴行时，说阿伽门农待他自己像一个普通的苦力，不能参加统治的工作〔597〕。

684 （3）在上述举行婚礼的那座城市里，盾牌上还描绘了议会、法律、审判和刑罚。这正符合罗马元老们在英雄斗争中向平民们所宣告的话，说正式婚礼权、统治权、司祭权以及依靠司祭权的法律知识和审判权都是他们元老阶层所专有的一些制度，因为正式婚礼中主要项目是占卜，而占卜权是特属于元老阶层的〔110〕。因此，viri（男子汉，大丈夫在拉丁语里和希腊语的"英雄"是同义的）这个词用来称呼正式婚礼中的丈夫、行政官、司祭和最后的裁判官或司法官，所以这是英雄城市的时代，这些英雄城市在"家人们"的家族基础上发展成为严格的贵族型体制〔597〕。

685 （4）那另一座城市遭到武装围攻，两座城市轮流地互相劫掠；因此，不举行正式婚礼的那座城市（即平民们的城市）就成了一座分隔开来的敌对的城市。这生动地证实了我们在上文所论证的：最初的外方人，即最初的敌人，就是英雄民族中的平民们〔638〕，像我们曾引过亚里士多德的一句话，"英雄们发誓要永与平民们为敌"〔271〕。因此，这两座城市彼此相视为外方人，在英雄式的劫掠中永远进行互相敌对的战争〔636f〕。

686 （5）最后，盾牌上还描绘了从氏族时代就开始了人类各种技艺的

341

历史。一开始就出现了父主国王提着王杖吩咐烧烤的公牛要由收获庄稼的人们分吃。此外，那里还有一些葡萄园，还有牛羊群、茅屋，最后还描绘出舞蹈。这幅图画既优美而又真实地依次反映出人类各种制度，表现出首先发明出的是些必需的技艺，例如农艺首先着眼于饭食，然后着眼到酒；接着发明的就是些有用的技艺，例如畜牧；接着就是提供舒适的技艺，例如城市建筑；最后是娱乐的技艺，例如舞蹈〔239，241〕。[3]

注 释

1　Dragon指蛇或龙，和立法人德拉古（Draco）音近。

2　载《全集》，卷一，莱顿1703年版，col. 927。——英译者

3　荷马在第一部史诗《伊利亚特》里描绘了两面盾牌上所描绘的大希腊城市的节日活动，颇类似中国画中的《清明上河图》，是研究希腊文化的极珍贵的原始材料。维柯从这部杰作中得了很多的启示。从《新科学》全书，特别是本卷这一部分以及第三卷全部都可以看出，读者最好找出并细看一下附有"阿喀琉斯盾牌"图形的荷马的《伊利亚特》史诗，这会加深对古代社会和这部《新科学》的理解。

第七部分 诗性的物理

第一章
诗性的物理

687 现在转到诗性的形而上学这个主干的另一分支，沿着这个分支，诗性的智慧派生出物理 [1]，接着又派生出宇宙和天文，其结果是时历和地理〔367〕。我们从物理开始来进行我们剩下一部分的讨论。

688 神学诗人们把物理看作民族世界的物理，所以他们首先把"混沌"（Chaos）界定为人类种子在可耻的男女杂交情况下的混乱〔B_5〕。从此物理学家们后来被推动去想到普遍的自然界种子的混乱；为着要表达这种混乱，他们就沿用诗人们先已发明的而此后还很恰当的一个词 [2]。〔诗性的混沌〕之所以混乱，是因为当时其中还没有人类的制度；它也是昏暗的，因为当时还没有民政的光辉来照耀，凭民政的光辉英雄们才有 incliti〔光辉的〕的称号〔533〕。进一步他们把混沌想象为阴间（Orcus，即 Hades），这是吞噬一切事物的丑陋怪物，因为人类在可耻的杂交情况中就没有人所特有的形状，都被太空吞噬下。因为认不出谁是父母，谁是子女，人们就不能留下属于他们自己的东西。这种混沌后来被物理学家们看成自然事物的原始物质。这种原始物质本身是无形式的，就贪求形式，就吞噬一切形式。不过诗人们却给它一个丑怪的形式，就成了潘恩（Pan），他是一切林神（satyrs）的主神，林神们不住在城市里而住在森林里。潘恩这种人物性格代表一切不敬神的游浪汉，在地上大森林里浪游，有人的外貌，但是具有野兽的可恶的习性。后来哲学家们被 pan（一切事物，"凡"）这个名称误引上错路，把潘恩看作是象征已形成的宇宙〔910〕。学者们还认为潘恩就是诗人们在海上老人普洛透斯（Proteus）寓言里所说的原始物质。尤利西斯〔实即墨涅拉俄斯，《奥德赛》4.455ff〕，曾和普洛透斯在埃及搏斗，普洛透斯在水里，英雄墨涅拉俄斯在水外，抓不着怪物普洛透斯，因为这怪物不断地变形。但是学者们把这寓言解释为最初人类的愚笨和糊涂产生出崇高的学问。他们正像婴儿一样，看着镜子试图抓住自己的影像，根据他们自己的形状和姿势的各种不同的变形，就想到一定有一个人在水里，老是在变成各种不同的形状。

689 后来天空闪起雷电。天帝约夫就这样唤起人类心灵自由所特有的动因或动力（conatus）〔504〕，使人类世界〔B₈〕有一种开始，正如凭物体作为必要的动因所特有的运动，天帝约夫就使自然世界有一个开始。因为看来像是物体中的动力仍不过是一种不可感觉的运动，像我们在讨论方法时〔340〕已经说过的。从这种努力就产生了以阿波罗为象征的文明的光辉，凭这种文明光辉就辨认出英雄们之所以成为美的那种文明的美〔533〕。女爱神维纳斯就像征这种文明的美〔565〕。后来物理学家们把这种文明的美看作自然的美，甚至看作全部成形的自然的美 [3]，因为成形的自然是用一切可感知的形状美装饰起来的。

690 神学诗人们的世界是由四种神圣的原素所组成的：（一）气，这是天神的雷电所自来的〔379〕；（二）水，来自永久不断的泉源，掌管水的女神是狄安娜〔528〕；（三）火，这是伏尔甘用来清除大森林的；以及（四）土，这是由库柏勒（地神）垦殖过的〔549〕。这四大原素都是由维斯太（女灶神，也就是地神）看管的。她戴的冠就是垦殖过的土地，有篱笆保卫着，顶上就是高地城镇的塔〔555〕（拉丁词extorris，"被放逐者"就是从此派生的，仿佛就是exterris，"脱离土地"）。这顶冠就围起全部藩篱〔550〕，这正是人类世界〔B_8〕〕。从此物理学家们后来被推动去研究自然世界所由组成的四大原素〔724〕。

691 也就是上述神学诗人们赋予这四种原素及其产生的无数特殊的自然事物以活的而且大部分可感知的形状，而且大部分是人的形状，从此创造出许多种不同的神，如我们在上文形而上学部分所已提到的〔375〕。这就给柏拉图提供机会把他对于心灵或心智的理论放到这里来〔《克提拉斯篇》404ff〕，说天帝约夫就是以太（ether）的心灵，伏尔甘就是火的心灵，等等。但是神学诗人们对这些心智的实体懂得极少，以至到了荷马时代他们对人的心灵本身并不理解，不理解它怎样凭反思活动，就使心灵和各种感官对立起来。荷马在《奥德赛》〔18.34，60〕里有两段名言涉及这个问题，他把心灵或心智称为"神力"或"神秘的活力"，二者其实只是一回事。

第二章
关于人或英雄本性的诗性物理

692 但是物理的最大最重要的部分是对人的本性的观照。我们在上文《诗性的经济》部分已提出异教人类怎样在某种意义上在他们本身上生育和制造出两方面的特属于人的形式，这就是他们怎样通过可怕的宗教和父权以及斋戒沐浴典礼，从他们那样巨人身体里制造出我们现代人类的正常的体格形式，其次就是他们怎样通过家庭经济（家政）的训练，从原有的野兽心智制造出我们人类心智的形式〔C_6，M_7，520，524〕。现在正好唤起再对这种发展的注意。

693 神学诗人们在他们的极粗疏的物理里看出人里面的两种玄学观念，即存在和维持存在。当然，拉丁英雄们很粗陋地理解存在就是吃。动词sum

（存在）最初的意义想必就是这样，后来"生存"和"吃"两种意义都用，例如今天意大利农民在要说病人还活着（即还没有死）时，就说他还吃饭。因为 sum（存在）的这一层意义是最抽象的，超出一切具体的存在物之上的，它是最普遍渗透的，渗透到一切存在物里去；它也是最纯粹的，因为不受任何事物的限制。他们把维持生存（substance）了解为站在下面起撑持作用的事物，认为这种功能寄托在踵上，因为人是站在脚跟上的。因此阿喀琉斯把他的命运寄托在他的踵上，因为他的命运或生死气数就站在踵上。[4]

694 神学诗人们把人体构造简化为两种因素，即固体和液体。固体项下首先包括脏腑或肉（例如在罗马人中间，visceratio"分肉"这个词用来称呼司祭们分配祭供的牺牲给人民），所以他们用 vesci 这个动词指食肉来吸收营养。其次就是骨和关节，关节叫作 artus，这个词是由 ars 来的，ars 这个词（技艺，艺术），古代拉丁人用它来指体力，从此派生的 artitus 指人身强力壮；后来 ars 用来指稳定和指导某种心理功能的成套教训。此外，固体还包括腱或筋肉。神学诗人们当时还是哑口无言，用具体实物来表达心意。他们用筋肉表示力量（从筋腱的一种，一条肉丝或弦派生出 fides 来称呼神力或信用，faith。用这种筋肉或弦或力，他们后来就造成俄耳甫斯的竖琴〔523〕）。他们把力放在筋肉上，这确实很恰当，因为用力必须绷紧筋肉。最后还有骨髓。神学诗人们把生命的精华放在髓上也很恰当（因此拉丁文 medulla 即髓这个词是情人用来称呼他所钟情的女子的，而派生的 medullitus 就是近代语中的"全心全意"，据说极深的爱情是耗费精髓的）。另一方面，神学诗人们把液体物简化为只有一种，即血，他们把神经和精子也归到血里。

695 我们人类的形式中另一部分就是灵魂（anima）。神学诗人们则把灵魂归到气里（拉丁人把气也称为 anima），认为气是生命的运载工具。因此，物理学家们才把世界灵魂摆在气里，而神学诗人们也很恰当地把生命的进程放在血液的进程里，因为生命就依靠血液的正常流动[5]。

696 神学诗人们同样恰当地感到精神（animus）就是感觉的运载工

具……把精神 animus 看作阳性的，把灵魂（anima）看作阴性的，因为精神对灵魂起作用……所以精神必以神经和神经质为它的受指使者或工具，灵魂却必以血管和血为它的受指使者或工具……精神的运载工具是以太（寄托在以太里），灵魂的运载工具是气（寄托在气里），这也符合精神的精液运行比较快，而灵魂的精液运行比较慢的事实。正如灵魂是运动的主宰，精神也是活力或动因（conatus）的主宰或根源。神学诗人们也感觉到这些现象，但不能理解其所以然，他们追随荷马，用了"神力""秘奥的活力"和"未知的神"之类表达方式〔691〕；正如希腊人和拉丁人在说什么或做什么时，感觉到自身内部有一种较高的原则时，就说某种神在起意志要达到那个"什么"，拉丁人把这种较高原则称为 mens animi，即"精神的心"。他们就这样以粗鲁的方式去认识到观念都是从神传到人的那条崇高的真理。这种真理后来由玄学家们的自然神学用无可辩驳的推理来加以证明。他们反对伊壁鸠鲁派学者们所宣扬的观念来自身体说。

697 这些玄学家们理解生育（或发展）所用的这种方式，我们还不知道，后来的学者们是否可能发现到一个比它更好的方式。玄学家们对生育所理解到的这种方式全都包含在 concipere（孕育，想象）这个词里，这个词表达各种物体形式的自然活动（现在应补充上现代所证明的空气的重量），这种活动把物体周围可以达到的物体取过来，克服它们的抵抗，使它们能适应并且同化到自己身体形式里来。

698 他们很聪明地用 corrumpi〔腐化〕这个动词来表达衰亡，意指组成身体的一切部分都破坏了。这个词的对立面是 sanum〔健全〕，指组成一种物体的各个部分全都是完好和健康的。因此，他们必然把疾病看成由腐化身体中固体物质而导致死亡。

699 他们把精神的全部内在功能纳入身体的三个部分：头、胸和心。他们把一切认识功能都分配给头。因为凡是认识功能都要涉及想象，他们就把记忆摆在头里（memoria，记忆，在拉丁文中就是 phantasia，想象或幻想）。在复归的野蛮时期，他们用 fantasia 来代替 ingegno〔聪明〕。一个聪明的擅长发明的人就叫作擅长幻想的人。例如柯拉·迪·里恩佐（Cola di Rienzo）〔819〕就被当时一位传记作家用野蛮时代的意大利语称呼他为擅长幻想的人。这里所记载的习性和习俗正和我们在讨论的古代英雄们的习性和习俗一样，这是各民族在回到野蛮时代时复演过去的习性和习俗的一个极好证明〔1046ff〕。不过，想象不过是记忆的复现，聪明或发明也不过在所记忆住的事物上加工。我们正在讨论的那个时代的人类心智还没有受到书写技艺的精致化，也还没有受到数字计算练习的精神化，当时人类心智也还没有发展成运用近代语言中那么多的抽象词去进行抽象的能力〔378〕，它只运用上述来自肉体的三种卓越功能所有的力量。这三种功能都属于心智的最初级的运用（或活动），调整这种最初级活动的技艺就是论题学（topics），正如调整心智的第二级活动的技艺就是批判（criticism），正如批判是判断的技艺，论题学却是发明或创造（inventing）的技艺〔495ff〕。对事物的发明或创造既然自然而然地来在对事物的批判之前，按正当的道理，世界在婴儿期所涉及的就是人类心智的第一级活动，因为当时世界要有各种发明创造来应付生活的需要和便利，这一切都在哲学家们出现之前就已准备好了，我们在下文《发现真正的荷马》部分对这一点还要详加说明〔782ff〕。所以神学诗人们把记忆叫作各种女诗神（这就是人类各种技艺）的母亲，是很有道理的〔508，534〕。

700 涉及这方面的问题，我们必不应遗忘上文在讨论方法部分〔338〕所已提出的一个切合本题的重要论点：我们现在很难理解而且简直想象不到创建异教人道的原始人怎样思想。因为他们的心都局限到个别具体事物上去，以至把每一种面部表情的变化都看成一种新面孔，就像上文已提到的普洛透斯寓言那样〔688〕，而且每逢一种新的情欲，他们都想象出一种新的心、新的胸、新的精神。因此，语文中诗性复数，例如 ora（边，界，边缘，面，轮廓），vultūs（面，面孔，面貌），animi（精神，灵魂，心情）之类复数

348

形式，都用来代替单数，都更多地取决于人类制度文物的性质而不是出于计算的需要。

701 原始人民把胸脯看成一切情欲的座位或寄托所，并且凭相当恰当的感觉把两条起激发作用的原则摆在胸脯项下：（1）暴躁发怒性的情欲摆在胃里，因为我们从胃里感觉到胃壁蠕动的加强所产生的周围胆汁血管所发出的胆汁的扩散；（2）性欲来自肝脏的比来自其他部分的都较多，肝脏的定义是血的工厂。诗人们把这类器官叫作心胸⁶。巨人普罗米修斯曾把其他动物的情欲（取每种动物的主要情欲）都放在心胸部分。原始人以大致不差的方式了解到性欲是一切情欲的母亲，而情欲都寄托在我们体内汁液里。

702 他们把心脏看作一切计谋所自出，因此，英雄们"在心里盘算一切关心的事"；因为他们本来就愚钝，除掉情欲的震动之外，根本就不想到要做任何事。因此拉丁人把聪明人叫作"有心人"，愚笨人叫作"不长心的人"。他们把他们的一切决断都叫作情感，因为他们凭情感下判断，因此英雄们的判断在形式上总是正确的，而在实质上却往往是错误的〔825〕。⁷

第三章
关于英雄式语句的系定理

703 异教世界的原始人的心对事物都一个一个地单独应付，在这方面并不比野兽的心好得多。就野兽的心来说，每一种新的感觉都把前一种感觉消除掉（因此不能进行比较和连贯的推理），因此，他们说的语句必是凭亲自感觉到而用单数词来形成的〔825〕。因此朗吉努斯在《论崇高》〔10.1—2〕里对由卡图卢斯（Catullus）译成拉丁文的萨福（Sappho）的颂体诗特别欣赏情夫面对情妇用比喻说出的那一句话："他对我就像一个神。"但是毕竟还没有达到最高度的崇高，因为情夫并没有使这句话显得是单独就他自己来说的，例如特林斯在他的喜剧《折磨自己者》中"我们达到神仙福分了"那句话就比较好，不过还有一点普通情感的味道，由于拉丁语用复数来代表单数第一人称的习惯用法。但是泰伦斯在另一部喜剧《婆母》〔843〕里"我成了一个神啦！"那句诗由于用了单数词，只适合说话人自己，就达到最高度崇高了。

704 抽象的语句是哲学家们的作品，因为其中用的是共相，至于对情感进行反思却是虚伪而枯燥的诗人们的作品。

第四章
关于英雄式描绘语的系定理

705 最后，原始人把精神的外部功能归结为身体的五种感觉，但是对于这些浑身是强烈想象而少有或简直没有推理的人们来说，感觉都是尖锐、生动和强烈的〔378，699〕。这从他们用来表达感觉的词就可找到证据。

706 他们用来表达听觉的词是 audire，仿佛就是 haurire（吸引），因为两耳吸引进由其他物体引起动荡的空气。看（视）清楚叫作 cernere oculis（用眼睛簸取或分辨抉择，意大利文 scernere〔景〕，也许由此来的）。因为眼睛就像簸子，而两个眼孔就像两个簸孔；就像灰尘由簸孔漏到地上去，光线也通过瞳孔里发出，落到看清楚的事物上去（这就是后来廊下派学者们所讨论的视线，近代笛卡尔很恰当地证明过的〔《屈光学》1.2〕）。"视"一般用 usurpare oculis（用眼睛占领），仿佛见到的东西就由视觉占领了。"触"是 tangere，这个词也有"偷取"的意义，触到一个物体就从其中取去一点什么，我们中间较聪明的物理学家正开始理解到这一点。"嗅"叫作 olfacere，仿佛嗅到气味就是创造出气味，就像后来自然科学家们通过清醒的观照，也发现到各种感官确实就是在制造叫作"可感觉的"那些属性。最后，原始人把味觉或品尝叫作 sapere，这个词专用于有气味的东西，因为人们凭事物的气味来辨别事物。他们后来通过一个很妙的比喻从这个词派生出 sapientia 一词来指智慧，智慧这种功能凭事物本有的特性而不是凭臆想去利用它们。[8]

707 在这方面，神的意旨是应受敬仰的，因为在人类既已堕落到野兽的情况（动物的各种感官比人类的各种感官还更锐敏），天神既已付给我们为着保卫身体的各种感官，就又安排好使人类凭他们的兽性本身就应有最锐敏的感官，以便于自我保存。后来人类进入思索的年龄了，可以凭思索来对保卫身体想出办法，他们的各种感官就变得不那么锐敏了。由于这一切，英雄方式的描绘，如我们在荷马史诗里所看到的，都特别清晰，光辉灿烂，以至后来的诗人们都模仿不上，还不消说并驾齐驱〔827f，894〕。

第五章
关于英雄习俗的系定理

708 英雄们既有这样本性，又接受到这样一些感官，类似的习俗就形成和固定下来了。由于他们前不久还是些巨人，他们就极粗野，如我们看到巴塔哥尼亚的印第安人被描绘的那样〔170，338〕，知解力很有限，但是具有最广阔的想象力和最暴烈的情欲。因此他们必然是土里土气、粗鲁、野蛮、骄傲、难应付、固执己见，同时碰到新鲜的性质相反的事物又很容易兴高采烈；就像我们每天都观察到的我们的固执的农民们那样，他们听到每一个合理的论点都赞成，但是由于思考力薄弱，一到打动过他们的那个论点已不在心里了，他们就立即回到他们原来的主意。由于这种思索力的缺乏，英雄们都爱吓唬人，易受刺激，宽宏大量，慷慨大方，就像荷马所描绘的希腊最大的英雄阿喀琉斯那样〔667，786〕。亚里士多德就是想到英雄习俗中这样一些事例，才替诗艺定下一条教义：用来作为悲剧主角的英雄们应展现出伟大恶行和伟大德行的混合〔《诗学》15.11.1454b 10ff〕。因为达到德行最高理想的那种英雄品质属于哲学，而卖弄柔情的英雄品质却是荷马以后的诗人们的产物，这些诗人们不是作出一些新型寓言故事，就是把本来适合民族创建

351

者的那种正经严肃的老寓言故事加以改造和歪曲，以便迎合后代日益上升的爱好靡靡之音的趣味〔81〕。作为显著的例证，我们可以举阿喀琉斯——这也可以作为我们正在讨论的历史神话中的一条主要原则。由于阿伽门农把阿喀琉斯的女俘布里塞伊斯夺去，阿喀琉斯就狂怒咆哮，震天动地，替整部《伊利亚特》提供了题材，可是在这整部史诗里他却丝毫没有对被夺去的女俘有什么爱怜的情绪。墨涅拉俄斯和他也很类似，尽管是为着他的妻子海伦私奔，他煽动全体希腊人去进攻特洛伊，却也没有丝毫失恋的苦痛或对帕里斯的妒忌，尽管帕里斯从他那里偷去海伦而且还正在拿她来取乐。

709 我们在上文英雄的语句、描绘和习俗的三种系定理里所提出的看法都特别适用于我们下文接着还要讨论的《发现真正的荷马》〔780—914〕。

注 释

1　维柯所说的物理比现代意义的物理广泛得多，包括多种近代自然科学乃至社会科学的历史。

2　指上文的"混沌"。

3　这是"自然美"的起源。

4　可参较中国站桩气功对踵的重视。

5　在汉语里"断气"就是死，也可以参证。

6　即一切情感所自出。

7　本章讨论灵魂和精神的关系及分别，从近代科学眼光来看，不免粗疏和错误，为了保存一些重要的史实，还是译出大意，略去一些关于语义学的细节，研究中国医学的人们最好参较《黄帝内经》。

8　认识事物就是创造事物，这是维柯的主要信条，可以得出万物唯心的结论，也可以得出认识来源于实践的结论。

第八部分

第一章
诗性的宇宙

710　神学诗人们既然把他们想象为神圣的一些物体定为物理的原则〔401f〕，所以他们描绘宇宙也按照这种物理学，把世界看作是由天空、下界的诸神〔拉丁人称之为 dii superi（尊神）和 dii inferi（卑神）〕以及介乎天地之间的诸神〔当然是拉丁人所称呼的"中神"（medioxumi）〕组成的。

711　他们在世界中第一个观照对象就是天空。天空中的事物，对于希腊人来说，必然就是第一种题材（mathēmata）或崇高事物，而且是第一种 theōrēmata 或观照的对象〔391〕。对这种事物的观照即拉丁人所称呼为 templa coeli（天庭），即星相家们所划定的那部分天空，从夜里流星落地所走的路径可以占卜出天神意旨或预兆；据博沙尔[1]的考证，在东方，琐罗亚斯德们这个名称的意思就是"观星家"〔62〕。

712　对于诗人们来说，最初的天空并不比山顶高，先前巨人们进行野兽般的浪游到山上时听到天神的最初雷霆声就停住脚。这就是在地上进行统治的天神，一开始就对人类降下巨大福利〔379〕。从此诗人们就必然想象到天空就是山顶〔山顶是尖形的，从此拉丁人把 coelum（山顶）这个词也用来指雕刻刀，石制的或金属制的〕，正如儿童们把山想象为支撑天空的柱子[2]。（阿拉伯人也把这种宇宙学原则放在《古兰经》里〔41.9ff；78.6ff〕。）有两个这样的柱子仍然叫作赫库勒斯柱〔726〕。据用"柱"来称山峰来看，本义必然是撑持；圆柱后来也用在建筑里。据荷马史诗中忒提斯告诉阿喀琉斯的话〔I.1.423!〕来看，天帝约夫带着诸天神到阿特拉斯峰（Atlas）去宴会，就是由奥林波斯山这样一座峰巅启程的。巨人们（Titans）和诸天神们交战的寓言故事说到他们把这座高山放到另一座高山顶上，把 Ossa（奥萨峰）放到皮利翁峰上，又把奥林波斯峰放在奥萨峰上，以便爬上天去把诸天神赶走。这样的故事一定是在荷马时代才造出来的〔399〕，因为荷马在《伊利亚特》里经常说诸天神住在奥林波斯顶上，只消摇晃一下奥林波斯，就足以推翻诸天神了。上述寓言故事就连放在它所自来的《奥德赛》里〔11.313ff〕也不适合，因为在这部史诗里尤利西斯下到下界和已死的英雄们的阴魂谈话时，那个下界也不比阴沟深〔11.25，36，42，95〕。写《奥德赛》的荷马对于下界的观念既然如此狭窄，他对于天空的观念也必然同样简单，才符合写《伊利亚特》那位荷马的观念〔879ff〕。因此，上述寓言故事并不是荷马本人作的。

713 就是在这种天空里诸天神先在大地上施行统治，和英雄们打交道，按照上文所已提出的自然神谱中诸天神的次序，从天帝约夫开始〔317〕。在这种天空里，由女星神艾斯特莱雅（Astraea）在大地上主持公道或正义。她头戴麦穗冠，手持天秤，因为最初的人类公道就是由英雄们颁布给人民的第一次土地法〔597〕。当时人民首先觉到的是重量，其次就是度量法，只是很慢很慢地才知道数目，最后，理智才停顿在数目上面〔642〕；因此，毕达哥拉斯把人类灵魂的要素摆在数目上，因为他不知道在各种物体上有什么比数目还更抽象。英雄们穿过这种天空都骑马飞行，例如柏勒洛丰骑神马珀伽索斯，volitare equo（乘马飞行）就是拉丁文的骑马。就是在这种天空里，天后朱诺用乳把银河染白，不是她自己的乳，因为她并不曾生育，而是用氏族中母亲们的乳，她们喂奶的都是经过正式婚礼的合法子女，天后就是主持正式婚礼的女神〔513〕。诸天神穿过这种天空时都乘载诗性黄金即谷粮的舆,黄金时代的名称也就从谷粮来的。在这种天空里翅膀或翼不是用来指飞行,也不是用来指才智的神速,而是指英雄制度,这些制度全以占卜的法律为据〔488〕。有这种翅膀(翼)的有婚神哈伊门(Hymen,英雄时代的爱神)〔513〕,女星神艾斯特莱雅(Astraea),神马珀伽索斯,农神萨图恩,荣誉神法门(Fame),交通神墨丘利(他的双踵和双鬓角,乃至他的节杖都长着翅膀,凭这根节杖他把第一次土地法从这种天空传交住在山谷里的造反的平民们)〔604〕,还有龙(例如蛇发女妖)在鬓角上也都长着翅膀,很显然,这种翅膀既不指巧智,也不指飞行〔616〕。就是在这层天空里普罗米修斯从太阳里盗火〔549〕,这种火原是英雄们用燧石来发出,用来点燃山顶上已由夏天太阳晒干的荆棘,所以婚神的火炬据忠实的传说,是用荆棘制成的。从这种天空上伏尔甘被天帝约夫一脚踢下地〔579〕;而日神的儿子法厄同乘着日神的车一失足就跌落下地。酿成纷争的金苹果也是从这种天空落下来的,最后,罗马人的神盾(ancilia)也一定是从这种天空上落下来的。

714 神学诗人们想象出的下界诸神中头一个是水神,而最初的水就是他们所称为“冥河”的长久不断的泉源,诸神都凭冥河发誓〔527〕;也许就因为这个缘故,柏拉图曾设想诸水的最深处就在地心〔《斐多篇》111C—112E〕。不过荷马在谈到诸神斗争时,说阎王(Pluto)害怕海神尼普顿会用地震把大地震开,使下界暴露在人和神的眼下〔《伊利亚特》20.61ff〕。但是如果我们假定诸水最深处就在地的内脏里,海神掀起的地震就会产生与上说相反的结果,因为下界就会完全为水所淹没。我们在上文曾谈到要证明柏拉图的寓言并不符合上述荷马的故事,现在我们就落实了我们的诺言了〔634〕。据上文所说的〔712〕,最初的下界必不深于诸水的泉源。这种泉源的最初神是狄安娜〔528〕,据诗性历史,这位女神是三位一体,在天上是狄安娜,在地上是女猎神星辛西娅(Cynthia),阿波罗就是她的哥哥和伴侣,在下界是普洛塞尔皮娜(下界皇后)。

715 实行埋葬死人以后,下界观念就扩充了,诗人们就把坟墓称为下界〔721〕(这种表达方式在《圣经》里也可以找到〔F₇〕)。因此,下界并不比一条沟深，就像荷马〔712〕所谈的尤利西斯所见到的那种下界和已死英雄们的阴魂。乐土（Elysian fields）就坐落在这种下界里，由于埋葬，死人们的阴魂就到这里来享受永恒的和平；乐土是善良阴魂的住所。

716 后来下界只有犁沟深。克瑞斯（Ceres，即普洛塞尔皮娜，象征谷种〔541〕）就是由阎王掳到这种下界，让她在下界住六个月，期满又回到世间见阳光。从此可以解释埃涅阿斯降到下界时所携带的金枝〔721〕。[3]金枝是维吉尔对金苹果那个英雄式寓言所作的续编。我们已经指出过金苹果就是谷穗〔546〕。

717 最后，下界被认为就是平原和山谷，和摆在山顶上的那种高天是相对立的〔377〕。在山谷这种下界里，分散的游浪人们仍然过着可耻的男女杂交的生活〔533〕。这种下界的神叫作厄瑞玻斯（Erebus），叫作混沌的儿子，实即人种的混乱〔688〕。他是民政黑夜的父亲（在这种黑夜里〔氏族〕的名称都弄混了），正如天空受到民政光辉的照耀，而英雄们也闪耀着这种民政光辉〔513，689〕。流过这种下界的是"忘川"（Lethe），因为这批人没有留下自己的姓名给后代，而上天的光辉却永恒化了光辉的英雄们的姓名〔555〕。交通神墨丘利就是从这下界持他的节杖携带土地法召唤地狱那个吞噬一切的怪物里的亡魂〔604〕。这就是维吉尔在 hac ille animas evocat Orco（从这里召唤地狱中的阴魂）〔《埃涅阿斯纪》4.242〕那句诗中替我们保存下来的当时的民政史。意思就是说墨丘利把一些野兽般的人从吞噬全人民不让他们留下什么给后代的野蛮状态中拯救出来了。这种杖后来由巫师们用来召唤亡魂，妄想它有起死回生的力量，罗马高级行政官用这根杖敲打奴隶们的肩背，就表示解放他们，仿佛这一击就使他们起死回生。波斯的哲人们用这种杖来求神问卜，一般巫师们也用此来施行魔术。因此，神性就被加到这种杖上，各民族都认为它是神圣的，能制造各种奇迹的。东罗马大帝查士丁尼在他所缩写的西罗马大帝庞培（T. Pompeius）所编的法典中也向我们证实了这一点〔43.3.3〕。

718 守卫这种下界的就是地狱守门狗（Cerberus），这种冥顽无耻、公开交媾的怪物。它有三个咽喉，这就是说，它的胃口特大（"三"代表最大数〔491〕），因为和地狱一样，它也吞噬一切〔717〕；当它上到地面时，太阳就要倒退（因为它一旦进入英雄城市，英雄们的民政的光辉就转回到民政的黑夜）。

719 在这种下界的底层流着塔尔塔洛斯（Tartarus）河，在这里造孽的阴魂受到各种苦刑：伊克西翁永远在推转车轮，西西弗斯永远推大石上山，上去了又滚下来，坦塔罗斯永远死于饥渴〔583〕。这条使人感到渴的河也就是"无餍河"⁴，所以用 Acheron 又用 Phlegethon 来称呼它。后来神话学家们出于无知，把提图斯（Tityus）和普罗米修斯投到这种下界里，但实际上他们是锁在天空里岩石上，让山鹰吞噬他们的肠胃（这是占卜中的可叹的迷信〔387〕）。

720 后来哲学家们发现到所有这些寓言故事都便于他们思索和陈述他们的伦理的和玄学的学说。柏拉图受到这些寓言故事的启发，体会到只有神而没有人能施加三种神圣的惩罚，即遗忘、耻辱和犯罪后良心的悔恨，并且体会到要通过清洗或走净界的道路，一个人才能洗清使人类受苦刑的精神方面的情欲（柏拉图就这样解释神学诗人们的下界），他还体会到一个人进入了〔天人〕合一的道路（via unitiva），凭对永恒神圣事物的观照，人类心灵就会达到和天神合一（他认为神学诗人们所说的"乐土"就是这个意思）。⁵

721 但是神学诗人们是本着一些政治观念来谈下界的，因为作为各民族的创建者，他们自然有必要这样做，而凡是异教的民族创建者下到下界时所抱的观念却和这些伦理的和玄学的观念很不相同〔720〕。俄耳甫斯创建了希腊民族〔523〕，他下过下界；由于违反了离开下界不准回头看的禁令，就丧失了他的妻子欧律狄刻（Eurydice，意指他又回到可耻的男女杂交）。赫库勒斯（每个民族相传各有一位赫库勒斯作为他们的创建者〔196〕），也下过下界去解放忒修斯，雅典的创建者，而忒修斯也降到过下界去带普洛塞尔皮娜回阳间（这就是说，她既然就是谷神克瑞斯〔716〕，他便是去取回种下的谷种所产生的成熟的谷粮）。但是后来维吉尔这位对英雄时代文物有深刻认识的诗人〔在《埃涅阿斯纪》（Aeneid）头六卷里歌唱了政治英雄，后六卷里歌

357

唱了军事英雄〕，把主角埃涅阿斯降到下界的经过叙述得比叙述任何旁人降下界的经过都更详尽。埃涅阿斯带着库米亚（Cumean）地区的女仙的忠告和安全通行证（这就是说，每一异教民族都有一个女仙，有名字传下来的已有十二个〔381〕，他的下降是经过占卜的，而占卜是异教民族的凡俗智慧）。抱着一种对血腥宗教的虔诚（古代英雄们所崇奉的虔诚带有不久前还是野兽的那种暴烈性和残酷性〔516ff〕），他杀了他的社团伙伴（socii）米瑟努斯作祭供（凭英雄们对他们最初的社团伙伴的残酷特权〔558〕），接着他就进入远古大森林（没有垦殖过的地上到处都是森林）。他给地狱守门狗投了一块迷魂饼，把狗催眠了（正如俄耳甫斯曾用琴声把这只犬催眠过。我们前已用大量证据证明过，这琴声就指法律〔523，615〕；正如在希腊赫库勒斯过去曾用捆安泰俄斯的绳结把这只犬捆起〔618〕，这绳结就是第一次土地法〔604〕。由于地狱守门狗贪食无餍，就被想象为有三个咽喉，意思就是胃口特大，"三"代表最高级〔718〕）。这样，埃涅阿斯就降到下界（起初并不比犁沟深〔716〕），走到狄斯（Dis）面前（狄斯是英雄时代的财神，财指诗性黄金或谷粮，他是阎王的别名，是拐诱普洛塞尔皮娜或谷神的那个下界财神）献上金枝〔《埃涅阿斯》6.635f〕（伟大诗人在这里采用金苹果的比喻，原指谷粮，把它推广为金枝，指庄稼收成）。金枝从树干上扯下来后，原地就会长出另一金枝〔《埃涅阿斯纪》6.143f〕（因为一年中只有一次收成，第一年庄稼收了，再收就要等到下一年）。如果诸天神高兴，谁去攀折它，就能马上折下来，否则无论有多大气力也折不下来〔《埃涅阿斯纪》6.146ff〕。（因为符合神意，谷粮就自然地生长起来，否则单凭人的勤劳，也无望叫它生长。）埃涅阿斯穿行过下界，到了乐土〔《埃涅阿斯纪》6.637ff〕（意指英雄们已在开垦过的土地上定居，死后如果受到正式的埋葬，就会享受永恒的安宁〔529〕）。在乐土里埃涅阿斯见到他的祖先乃至后来人的魂灵（因为依据坟墓，即诗人们所称的下界的宗教才建立起最初的世系谱，而历史就是从世系谱开始的〔533〕）。

722 神学诗人们把大地和保卫疆域的地界联系起来了，所以大地就叫作 terra（土地，领土）。拉丁人把这种英雄时代的起源保存在 territorium（领土）这个词里，其意义就是统治权（imperium）所施行的区域。拉丁语法家们却错误地把 territorium 这个词看成是起源于罗马警卫们用权束棒（fasces）来驱散拥挤的群众为执政官们开路时所引起的恐怖（terror）。但是当 territorium 这个词刚产生时，在罗马并没有拥挤的群众，因为根据瓦罗〔实即奥古斯丁〕，罗马在二百五十年统治期间征服了二十多个民族而并没有把统治权推广到二十英里以上〔88〕。实际上这个词起源于垦殖过的土地的疆界，在这个疆界以内后来才产生出各种民政权力，这种疆界是由女灶神 Vesta 凭血腥的典礼来保卫的。拉丁人的女灶神就是希腊人的女地神（Cybele）。女地神戴的是群塔组成的冠，群塔指地势很强固的土地。从这种冠就形成了 orbis terrarum（地球轨道或势力范围），指的就是民族世界，后来宇宙学家们把它加以扩充，称之为 orbis mundanus，简言之就是 mundus 或自然世界〔549，690〕。

723 神学诗人的世界分成三个王国或区域，即天上约夫的王国，地上农神萨图恩的王国以及下界阎王（Pluto，即 Dis）的王国。阎王是英雄时代的财神，财指黄金即谷粮，因为垦殖过的田地形成各族人民的财富。

724 所以神学诗人们的世界是由四种民政要素形成的，后来物理学家们把它们称为自然要素，指天神约夫的要素气，火神伏尔甘的要素火，地神即农神的要素土，以及下界狄安娜女神的要素水〔690〕[6]。海神尼普顿很晚才为神学诗人们所熟识，因为各民族下到海岸边是很慢的〔634〕。伸延到地平线以外的就叫作洋（Ocean），而由海洋包围的陆地就是岛，例如荷马〔《奥德赛》10.1ff〕曾提到被大洋包围的爱奥尼亚岛〔753〕。瑞索斯（Rhesus）的马一定是从这样一种洋上出来的，这些马要受希腊的西风（Zephyrus）的吹煦才怀孕〔742〕。阿喀琉斯的马也必是由西风在同一洋岸上产生的。后来地理学家们看到整个地球就像一个由海围绕的大岛，就把一切环绕陆地的水域通叫作大洋〔753〕。

725 最后，从每一个倾斜坡都叫作世界（mundus）这一观念开始〔从此 in mundo est, in proclivi est（既是世界，就有倾斜）这类词句就指"那是容易的"；后来为着美化一个女子的一切事物就叫作 mundus muliebris（女性小倾斜或曲线）〕。后来人们才知道地和天都是圆形的，在圆周上每一点上都有向任何其他点的小倾斜，海洋在每一岸边都冲洗着陆地，而且事物的整体都有变化多方的不同的感性形式装饰着，美化着，于是诗人们就用一种美妙的崇高寓言把这个宇宙（mundus）叫作自然用来装饰或美化她自己的一种变化多方〔B₅〕。

注 释

1　博沙尔，十七世纪法国学者。

2　在中国确有些高山称"天柱"。

3　荷马的《伊利亚特》是从海伦拾得金苹果开始，维吉尔的《埃涅阿斯纪》（*Aeneid*）是从主角带金枝到下界见阎王，后来转到乐园，金枝和金苹果都代表黄粮。

4　即中文里的"阴阳河"。

5　柏拉图是维柯的四大权威之一（654），但是但丁的《神曲》介入他和《斐多篇》〔108ff〕、《高基阿斯篇》〔523ff〕和《理想国》〔614ff〕三种对话的寓言故事之间，参看 J. A. 斯图瓦特（J. A. Stewart）的《柏拉图的寓言故事》〔1905，101—113〕。——英译者

6　可参较中国过去采取地水火风为"四大"的佛家观点。

第九部分 诗性天文

第一章
诗性天文

726 上述世界体系，后来稍有发展，一直维持到荷马的时代，荷马经常说到诸天神定居在奥林波斯山峰。我们已经提到荷马让阿喀琉斯的母亲忒提斯告诉她儿子说，诸天神已离开奥林波斯到阿特拉斯峰去宴会〔712〕。可见在荷马时代，地上最高的山峰显然被看作支撑诸天的柱子〔《奥德赛》1.52ff〕，正如直布罗陀海峡上的阿比拉（Abyla Mt.）和卡尔佩（Calpe Mt.）两峰仍被人称为赫库勒斯的柱子，因为这位英雄曾把阿特拉斯所负担的地球接过去，因为阿特拉斯用双肩支撑诸天感到困倦了。

第二章
从天文以及物理和语言三方面的证据论证在
一切古代异教的诸民族中，〔天文方面的〕诸原则的一致性

727 但是随着人类心灵的无限力量不断向前发展，随着观天象来占卜

未来的需要迫使各族人民不断地仰观天象，在各族人民心思里，诸天就日益升高，而神们和英雄们也就随着诸天而日益升高。这里为着确定诗性天文是怎么回事，对我们有教益的是利用语言学的广博知识中三条要义。第一条说，天文是由迦勒底人带到世界来的；第二条说，腓尼基人把象限仪（quadrant）的用法和南北极星高度的知识从迦勒底人学来，把它传给埃及人；第三条说，一定从迦勒底人受过教的腓尼基人把星象神学传给希腊人。在这三条语言学知识之外，我们还可以加上两条哲学真理：第一条是民政真理，各民族如果还没有从极端的宗教自由中解放出来（这只有在颓废时代的最后期才到来），就自然而然地当心，不接受外族的神；第二条是物理方面的真理：由于眼睛的错觉，行星看来要比恒星大。

728　既已先提出这些原则，我们现在就可以说，在一切异教民族中，东方的、埃及的、希腊的（下文还会看到，拉丁地区的也在内），天文都来自一些一致的村俗根源和一致的分配居所的方式：神们都提升到行星上，英雄们都分配到诸星座里，因为行星看来比星座的恒星大得多。因此，腓尼基人从希腊人中间发现到诸神都已准备好随着诸行星旋转，而英雄们就组成了诸星座，正像后来希腊人发现到在拉丁人中间情况也是如此。根据这些事例，可以有把握地说，腓尼基人曾发现埃及人中间也和在希腊人中间，也愿依上述分配的情况都是一致的。就是以这样的方式，英雄们用来象征他们的典章制度的象形文字，他们的盾徽，还有不少的主要神，都被提升到天上，安排就绪，让渊博的天文学家把前此还没有名称的天体定下名称，仿佛使实体各有形式，一方面是诸星座及恒星，另一方面是旋转的行星。

729　诸原始民族就是这样从村俗天文开始，就诸天体编出了他们的神和英雄们的历史。其中保存住这样一种特性：凡是充满着神性或英雄性的人物的记忆都是值得历史叙述的题材，有些是因为显出天才和秘奥智慧的作品，有些是因为显出英勇和村俗智慧的作品。诗性历史向渊博的天文学家们提供机会去描绘天上的英雄们和他们的象形文字，把他们摆在某一星群而不摆在另一星群，摆在天空的某一部分而不摆在另一部分，摆在某一行星上而不摆在另一行星上，都各有用意，一些大神的名称就用来称呼诸行星。

730 现在姑且较详尽地来谈诸行星而较简略地谈诸星座: 狄安娜(月神)当然代表在婚姻关系中的贞洁女神, 她整夜不动地和在睡眠中的恩底弥翁躺在一起, 是安置在月球上的, 月球是夜光之源〔528〕; 维纳斯, 民政美的女神, 是安置在行星中一个最漂亮最明亮的星[1]上〔565〕; 墨丘利, 神圣的信使, 由民政的光照着, 显出把他装饰起来的各种翅膀(贵族的象形文字〔488〕, 是他把土地法传送给造反的佃农们的), 他被安置在一个行星上, 被日光遮掩住了, 几乎看不见了〔604〕; 阿波罗也是一种民政光的神, 是放在太阳上的, 太阳是自然的光源〔533〕; 血红的战神马尔斯住在一颗也是血红色的星球上〔562〕; 约夫是人神之王和父, 被安置在一切其他星球之上, 但在萨图恩(Saturn, 土星)之下, 萨图恩是天帝约夫和时神的父亲, 每年游程比其他行星的游程都较长。萨图恩的那些翅膀对他不合适, 如果凭一种勉强的寓意把他的翅膀看作指时间的迅速, 因为他走完每年历程比任何其他行星都较慢; 但是他把他的镰刀和翅膀一齐带到天上, 镰刀不是为宰割人的生命而是为收割庄稼谷粮的。英雄们是根据庄稼来计算年份的〔407, 431〕。萨图恩的翅膀意指垦殖过的土地, 就是英雄们的财富。最后, 诸行星或游星在天空里(从前天空还在地面上时〔713〕)乘着金舆游行(金仍指谷粮), 现在它们都在规定的轨道上旋转了。

731 根据以上所提出的一切, 应肯定的是: 诸恒星和行星都被认为对尘世各种物体具有支配的影响, 这都是根据它们所代表的那些神和英雄还在世时所运用的影响[2]。星辰的作用依赖自然原因的就这样少!

注 释

1 指金星, 即汉语中的"启明"和"长庚", 启明早晨出现在东方, 长庚晚上出现在西方, 其实是同一个星。

2 例如火星代表战神马尔斯, 马尔斯上天成星宿后, 所发挥的作用仍和马尔斯从前在世间时所发挥的一样。

第十部分 诗性时历[1]

第一章
诗性时历

732 神学诗人们按照他们的天文来替时历定出各种起源。因为那个由拉丁人称为萨图恩（地神，Saturn 来自拉丁词 sati，即垦殖过的土地）的就是希腊人所称呼的 Chronos，即时神，这就使我们认识到各原始民族（都是由农民组成的）开始计算年岁都按照谷粮的收获（这是农民终年致力的唯一的或至少是主要的劳动）。而且因为他们最初都是哑口无言的[2]，他们必然拿着若干谷穗或稻草，或是用若干次收割动作来代表若干年岁〔431〕。例如维吉尔（这位对英雄时代古代文物知识最渊博的诗人）在他的史诗里有两处表达了这种意思〔407〕，一处说："在不多次收割以后，看到我的诸王国我会感到惊讶。"另一处说得更清楚："那是第三次收割。"就连在今天，意大利托斯卡纳地区农民们也不说"三年"，而说"我们已收割了三次"。罗马人也保存住这种以收获庄稼代表年岁的这种英雄时代历史，用 annona（年成）这个词代表计算库存，特别是粮食的库存。

364

733 因此，赫库勒斯还作为奥林匹克运动会的创建人而流传到现代，这种运动会成了希腊人的著名的给时间分段落的尺度³（从希腊人那里我们得到了异教古代文物的全部知识）。因为就是赫库勒斯放火烧了大森林，来准备种植用的土地，从土地上收获庄稼并且凭此来计算年岁。奥林匹克运动会必是由涅墨亚人（Nemeans）创建的，来庆祝赫库勒斯攻克涅墨亚地区喷火狮的胜利，我们在上文已把喷火狮解释为地上大森林，人们把这大森林看成一种强有力的动物，就把它叫作狮子，因为驯服大森林和驯服狮子一样费大力。后来狮子就有百兽之王的名称〔540〕。天文学家们还在星座中分配一个地位给狮子，紧靠着戴谷穗冠的女星神艾斯特莱雅。因此，在杂技场上往往展出狮子的形象以及太阳的形象，也因此还展出一个圆锥顶着一个卵，这在起源时一定指谷粮堆的圆锥形以及林间隙地或巨人们的清除森林后的开朗的视野〔564〕。后来天文学家们认为这种卵是指太阳在周年行程中所穿过的黄道。曼涅托如果认为它指奴隶口衔的卵（Knef）而不认为指宇宙的生长，就还更适合〔605〕。

734 上文所提出的自然神谱〔317〕使我们可划定神的时代中一些先后承续的时间段落，各段落各适应当时人类的某些基本急需或实益，都起源于宗教。神的时代从世界洪水之后空中首次出现雷电之日算起，至少持续到九百年之久，其中各异教民族中曾陆续出现各自的天帝约夫，以约夫为首的十二大神被想象为一代接着一代施行统治。这样就把神的时代划分为十二个较小的时间段落，从而使诗性历史的年历有些凭据〔392〕。举例来说，丢卡利翁在神话史里是直接摆在大洪水和巨人们之后。他和他的妻子皮拉通过正式婚礼创建了一些希腊世族。在希腊人想象中，他出现在天后朱诺时期。朱诺是掌管正式婚礼的女神〔511ff〕。赫楞⁴创建了希腊语言，通过他的三个儿子⁵，使希腊语分成三种地方俗语。他生在歌神阿波罗时期〔533ff〕。用音韵的诗的语言一定是从阿波罗时期开始〔456ff〕。赫库勒斯进行了杀死九头蛇或涅墨亚大狮的艰巨劳动（即使土地成为种植的田地），而且从希斯皮里亚[6]把金苹果带回来（金苹果即指庄稼收获，一件历史上有价值的大事业，不是指取回石榴这种寄生者的小差使）。他是在萨图恩（农神）时代建立勋名的〔540，549〕。同理，珀尔修斯〔423〕一定也是在密涅瓦时代成名的〔589〕，当时民政权力已存在，因为他的盾牌上有蛇发女妖美杜莎的头像，正如密涅瓦自己的盾牌上也是如此。最后，俄耳甫斯一定生在交通神墨丘利时代之后〔604〕，因为是俄耳甫斯向希腊野兽们歌颂天神们在占卜中的威力，而占卜的知识是特属于英雄们的，这样，俄耳甫斯就重建了希腊的英雄民族，使那个时代称为英雄时代，因为在那个时代，上述那些英雄式斗争发生了。于是和俄耳甫斯同时兴起的还有其他英雄诗人例如李弩斯、安菲翁和穆赛俄斯。安菲翁曾用石头（拉丁语的石头 lapis 指蠢人，所以实指头脑简单的平民们）筑起底比斯的城墙，恰在卡德摩斯创建底比斯之后三百年，正如阿庇斯（十大执政之一的曾孙）只向还像野兽一样交配的（和听俄耳甫斯歌唱的那些禽兽一样的）罗马平民歌颂天神们的在占卜中的威力（占卜的技艺是专归贵族们掌握的），于是就使平民们归顺，就奠定了罗马的贵族政体一样〔K₇，661〕。

735 这里应注意把时间摆得太早或太迟所产生的四种违反时历的弊病。第一种是把本来充满着史实的时代弄成毫无史实的时代。例如神的时代，我们已看到，几乎是一切人类民政典章制度的起源，却被渊博的瓦罗看成渺茫的昏暗时代〔52〕。第二种是本缺乏史实的时代却塞满了史实。例如根据一种错误的想法，认为神话故事都是由英雄时代诗人们，特别是由荷马编造出来的，于是仅有二百年之久的英雄时代就被塞满了全部属于神的时代的事实，这些摆错的事实应移归它们真正发生的那个时代。第三种是把本应划分开的不同时代结合在一起，例如希腊在这种混合之下就显得在俄耳甫斯这位歌师的一生之中就由野兽情况一下子跳到特洛伊战争那样光辉的时代（我们在上文时历表注释里〔79〕已指出这种时历上的奇谈了）。第四种也是最后一种就是本来分开的不同时代被混合在一起。由于这种时历的错误，在特洛伊战争结束后、英雄们海上浪游之后又过了三百多年，希腊各批殖民才被送到西西里和意大利，而事实上希腊殖民的进行就在英雄们海上浪游的过程中，而且作为海上浪游的结果。

第二章
确定世界史各种起源的时历准则，世界史必比尼弩斯建立君主专政时较早，而一般世界史却从尼弩斯专政开始

736　根据上述已向我们提供合理的诗性时历的自然神谱，同时考虑到已提到的诗性历史中那几种违反时历的错误〔734f〕，为着确定世界史的各种起源，现在就要把它们摆在尼弩斯君主专政之前，我们定下了下述一条时历准则：从堕落的人类分散开来浪游于地面大森林中，先从美索不达米亚（“两河流域”）开始（根据我们在“公理”〔298，301〕所作的合理假设），在一段只有一百年的时期中，不虔敬的部分闪族人在东亚细亚完成了野兽般的浪游，至于另两族人，即含族人和雅弗族人，则花了两百年时间浪游到世界其余部分。在这段时期之末，凭着天帝约夫的宗教（许多约夫分散在最初的诸异教民族之中，这就证明了大洪水是普遍的〔193f〕），各民族的君主们就在碰运气遇到的地方开始定居下来。接着就是大约九百年的神的时代。快到神的时代之末，各民族全是在内陆创建的，因为原先他们分散开来浪游世界，是为着寻找粮食和清水，而这两项是在海船上找不到的，这时一定才开始移到海岸边。这时希腊人心中就产生了海神尼普顿的观念，海神是十二大神中的最后一个〔634〕。在拉丁人中间情形也是一样，从农神萨图恩时期，即拉丁地区的黄金时代，到安库斯·马尔西乌斯（Ancus Marcius）下到海岸边去占领奥斯蒂亚（Ostia）之间也花了九百年。接着就是希腊人分配给英雄时代的那两百年，从弥诺斯国王的海盗劫掠开始，继续到伊阿宋率领海

军向黑海的远征，接着就是特洛伊战争，终于英雄们海上浪游以及尤利西斯回到伊萨卡故乡。从此可见，腓尼基都城提尔一定是先在内陆而后移到海岸边，又从海岸边移到腓尼基海中一个岛上，这是在大洪水之后一千年了。在希腊的英雄时代之前，提尔就已是一个名城，以航海和殖民遍布地中海甚至远及大洋而闻名，已有充分的证明。全人类起源于东方，先是在世界的内陆部分野兽般地浪游，接着是陆上和海上都按照英雄时代的法律办事，最后是腓尼基的海上运输把各原始民族散布到世界上其余部分。这样一些民族迁徙的原则（像我们在一条公理〔299〕中已提出的）似乎比起沃尔夫冈·拉蒂斯所想象的那些原则要合理些。

737 由于一切民族所经过的历程都是一致的，这已由上述诸天神由尘世转升到星空的一致性〔728〕加以证明了，这种看法是由腓尼基人从东方传到埃及和希腊的。我们应推论到迦勒底人在东方的统治所占的时间也大致相同，即一千一百年。从琐罗亚斯德到尼弩斯，尼弩斯创建了世界中第一个君主专制王国，即亚述王国。与此相应的是埃及，即从最伟大的赫耳墨斯到塞索斯特里斯，即塔西佗所载的拉美西斯二世（Ramses）〔85〕，他也在埃及创建了一个伟大的君主专制王国，因为这两个民族都是内陆民族，他们一定也经过先是天神统治，次是英雄统治，再次是民众自由权的统治，最后才达到君主专制这几个连续的阶段。君主专制是人类政府的最后形式，如果埃及人说在他们以前已经历了三个时代的划分那个传说能成立的话〔52〕。我们下文还要说明〔925ff，1007f〕，君主专制政体不能出现，除非作为人民享有不受控制的自由制度的结果。权贵们只有在内战过程中才让他们的权力受制于人民的自由。等到权力在人民中间划分为许多最小的部分，权力的整体就容易为一些站出来拥护民众自由的人所接管。最后，专制君主就涌现了。不过腓尼基作为一个航海的民族，由商业致富，始终停留在民众自由阶段。民主自由是人道的政府的第一个形式。

738 以上我们还纯凭理解而不借助于记忆（因为如果感官不提供事实，

记忆就无能为力），我们似已追溯了世界通史的在古埃及和在比埃及还更古老的东方的一些起源〔54—58；cf.44—53〕；此外，在东方以内我们还追溯了亚述君主专制的起源。亚述君主专制也应有各种各样的前因，才能产生三种民事政府的这最后的一种，即君主专制政体，我们以前对亚述无从知道这些前因，就以为亚述是实行君主专政的，因此亚述君主专制政体出现在历史里像一种突然的生育，仿佛一只蛙从一阵夏天的雨中产生出一样。

739 时历学就是以这样的方式，根据人类所必经的各种习俗和事迹的进程，来使它的先后承续的一些时期确凿可凭。因为根据前已提到的一条公理〔314〕，时历学的学理一定要从它的题材开始时开始，这就是说，从时神或农神开始。希腊人在农神以后才称时间为时神，即才凭庄稼收获的次数来计算年岁〔73〕；从乌拉尼亚（女诗神之一）开始，她才为着占卜而观天象〔391〕；从琐罗亚斯德开始，他才为着占卜而仰观天象，凭坠星路向预言天神意旨〔62〕。因为这些就是最初的算数题材（mathēmata）和最初的算数学理（theōrēmata），各民族所观照和观察的最初的崇高神圣的事物〔711〕。后来萨图恩（农神）升到第七重天了〔730〕，乌拉尼亚就变成观照天上星辰者，而迦勒底人由于有广大开朗的平原这种便利，就成了天象学家和天文学家，测量和观察诸天体的形态和运动，并且幻想星象对尘世诸物体发生影响，甚至对人类自由意志也发生影响，不过这只是幻想。这门科学还保留着原来的完全正确的名称：天文学（astronomy）即星辰规律的科学，天象学（astrology）即研究星象语言的科学，这两个名词都指占卜，根据前已提到的公理就产生了神学（theology）这个名词，神学这门科学就是研究诸天神在预言里、预兆里和征兆中的语言〔379〕。从此数学最后就降下来测量大地。这种测量不能达到精确，除非根据已经证实的对诸天体的测量；这是数学的最早也最重要的部分，定的专名为几何学（geometry，本义为地的测量）。

740 约瑟夫·尤斯图斯·斯卡里格和德尼斯·彼陀两位惊人的渊博的天才学者，前者在《时历校定》里，后者在《关于时历的学说》里都没有能从他们的题材开始处开始他们的学说。因为他们都从天文学的年开始，上文已指出，天文学的年有一千年之久还没有人在各民族中听说过，至少只能就诸天中星座和恒星的会合和对立加以确定，与地面上所发生的事物及其次第承续毫不相涉（大主教皮耶·戴伊〔Pierre d'Ailly〕在这上面也白费了一些宝贵的气力〔169〕）。因此，这几位学者的著作对世界通史的起源及其承续没有多少启发。

注　释

1　时历（chronology）指分年记事史，如我国《竹书纪年》《春秋》《资治通鉴》之类。

2　还不用文字说话。

3　奥林匹克运动会一直到今每四年举行一次，一次奥林匹克就代表四年。

4　赫楞（Hellen），丢卡利翁的儿子，希腊民族的祖先，中译"希腊"这个词是从Hellen译音。

5　指闪、含、雅弗三族，参看《旧约·创世记》九、十两章。

6　在希腊之西的意大利部分。

第十一部分　诗性地理

第一章
诗性地理

741　我们现在还有一件事要做，就是要清洗诗性历史的另一只眼睛，那就是诗性地理。人类本性有一个特点，人们在描绘未知的或辽远的事物时，自己对它们没有真正的了解，或是想对旁人也不了解的事物作出说明，总是利用熟悉的或近在手边的事物的某些类似点〔122〕，诗性地理无论就各部分还是就整体来说，开始时都只限于希腊范围之内的一些有局限性的观念。后来希腊人离开本土跑到世界其他地方去，地理的观念才逐渐扩大，直到它所流传到我们的那个形式。古代地理学家们都承认这是事实，尽管他们还不能利用它，因为他们都承认古代各民族，在迁徙到外国或远地去时，对新发现的城市、山、河、丘陵、海峡、岛屿和半岛都还用他们本土的一些老名字来称呼它们。

742　因此，在希腊本土以内就有本来的东方，叫作亚细亚或印度，在西方就叫作欧罗巴或希斯皮里亚，在北方就叫作色雷斯或斯基泰，在南方就叫作利比亚（Libya）或毛里塔尼亚（Mauretania）。这些称呼希腊小世界各地区的名字后来就用来称呼广大世界中各地区，由于希腊人看到二者之间有相应或类似处。这一点从东西南北四种基本风向在地理观念中都保留着它们在希腊原有的名称可以得到明白的证明。例如瑞索斯的骏马来自大洋岸（下文就将看到洋指无边的大海）一定由仄费洛斯，即希腊的西风孕育的〔724〕；就连也来自大洋岸边的阿喀琉斯的那些马也一定由西风孕育的；正如埃涅阿斯告诉阿喀琉斯〔《伊利亚特》20.221ff〕的，厄里克托尼俄斯（Erichthonius）[1]的那些骡子一定是由玻瑞阿斯（Boreas，即希腊的北风）孕育出来的。关于这四种风的真相在另一点上也得到证实，那就是希腊人的心智惯于进行广阔的外射来开展自己，他们把荷马史诗中那些神所住的山峰的名称奥林波斯用到星空中的神宫，至今仍在沿用。

743 按照这些原理，希腊以东的那个大半岛就被称为小亚细亚，而亚细亚就推广到世界的东方大部分，至今仍称亚细亚，不加任何形容词。另一方面，希腊本土因为在亚细亚的西方，就叫作欧罗巴，就是天帝约夫乔装成一条公牛去诱拐的那位欧罗巴公主。后来欧罗巴就推广到称呼直到大西洋这边的另一大洲。他们把希斯皮里亚来称呼希腊的东部分，晚星（Hesperus）从西方在此出现。[2]后来他们看到在同一区域中的意大利远比希腊本土的希斯皮里亚大得多，就把意大利称为大希斯皮里亚（Hesperia Magna）。最后他们到了坐落在同一西方的西班牙，就把它称作"最远的希斯皮里亚"（Hesperia Ultima）。从另一方向来说，意大利的希腊人一定用爱奥尼亚来称呼坐落在跨过他们东边的那个海的那部分希腊；因此在两个希腊（希腊本土和大希腊，即南意大利的希腊部分）之间的那个海就叫作爱奥尼亚海。后来由于希腊本土和亚细亚的希腊所处的地位相似，希腊本土的居民们便把他们东边的那部分小亚细亚称为爱奥尼亚。依理看，毕达哥拉斯到意大利，一定是从头一个爱奥尼亚的萨摩斯（Samos）或凯法洛尼亚（Cephallenia）出发的，萨摩斯就是尤利西斯所统治的那些岛之一，而不是从第二个爱奥尼亚的萨摩斯出发的。

744 战神马尔斯一定来自希腊内部的色雷斯，他当然是一个希腊神；

俄耳甫斯是最初的希腊神学诗人之一，他也一定是从希腊内部的色雷斯来的。

745 阿拉查什斯[3]是从希腊内部的斯基泰，他把斯基泰的神谕留给希腊〔100，128〕。这些神谕一定和琐罗亚斯德的神谕相类似〔59〕（本来一定都是一种口传的历史）。阿拉查什斯曾被接受到最古的发神谕的诸神之中。通过作伪，这些神谕后来被翻译成一些哲学教条。《俄耳甫斯诗篇》（Orphics）也被认为俄耳甫斯的作品，不过像琐罗亚斯德神谕一样，那些诗篇并没有诗味，倒发出很明显的柏拉图派和毕达哥拉斯派学者的气味。德尔斐（Delphi）和多多那（Dodona）两个著名的神谕也一定是从这个希腊内部的斯基泰来到希腊的，我们在时历表的注释里〔100〕已作过这种推测。因为在斯基泰，亦即在希腊本土的极北方的民族之中，阿拉查什斯企图用希腊法律来整顿人类，就被他的亲弟兄卡杜达斯杀掉了。他并没有从梵·霍尔恩所说的野蛮哲学中得到多大益处，所以他自己并不能替他们制出法律。据同样的推理方式，阿巴里斯一定也是一个斯基泰人，因为据说他曾写出斯基泰的神谕，而这些神谕只能就是刚才说的阿拉查什斯的作品。而他写那些神谕的地方斯基泰在很久以后它的国王伊丹图尔索司回信给波斯大帝大流士时，还只能用些实物而不用文字〔99〕。因此，我们应得出的结论就是：上述那些神谕只能是在各派希腊哲学传播若干时后由某个骗子写出的。从此阿拉查什斯的那些神谕便为怀妄见的学者们所接受为见出深奥智慧的神谕，实际上并不曾有那些神谕传下来。

746 据希罗多德说〔4.93ff〕，萨尔冒克什斯（Salmoxis）把灵魂不朽的教义带给希腊人。他是一个格坦人（Getan）[4]，意思和说战神马尔斯是色雷斯人相同。

747 酒神巴克斯也是从希腊的印度来的，他以凯旋的方式从印度的东方——就是说从一个富于诗性黄金的希腊地方来。他以凯旋的方式坐在黄金车里（即一车谷粮）〔651，713〕，所以他也是一位能驯服蛇和虎的人，正如赫库勒斯能驯服九头蛇和狮子〔508，540〕。

748 由伯罗奔尼撒保存到今日的摩里亚（Morea）这个名称足以证明珀

尔修斯〔423〕当然是一个希腊英雄，他是在希腊内部的毛里塔尼亚完成他的功业的，因为伯罗奔尼撒和阿哈伊亚（Achaea）的地理关系正和非洲和欧洲的地理关系一样远。这里可以看出希罗多德对他自己的古代文物所知甚少（因此修昔底德谴责了他〔101〕），因为他竟说摩尔人（Moors）有一个时代是白色人，他自己的希腊本国内的摩尔人当然是白色的，希腊这部分地区至今仍称白摩里亚。

749 名医阿斯克勒庇俄斯（Aesculapius）一定是用他的医道使他的科斯岛（Cos）免于这个毛里塔尼亚的瘟疫；否则如果他使科斯岛免于摩洛哥人的瘟疫，那就无异于说他使它免于全世界的一切人的瘟疫了。

750 赫库勒斯把阿特拉斯（Atlas）肩上背得太累的天空取来放在自己的肩上〔726〕一定是在〔希腊本土的〕毛里塔尼亚，因为阿特拉斯这个名称原来一定就是阿索斯峰（Athos Mt.），这座峰在一块峡地颈项上，后来由波斯帝薛西斯一世（Xerxes）割断，从此就把马其顿和色雷斯分开，那里还有一条河也叫作阿特拉斯。后来人们在直布罗陀海峡看到海峡两岸的阿比拉（Abyla Mt.）和卡尔佩（Calpe Mt.）两峰同样地把非洲和欧洲分开，人们就说赫库勒斯在那里安下两根撑天的柱子，阿特拉斯这个名称就用来指非洲的一座附近的山。由此我们可以看出荷马史诗里忒提斯告诉她儿子阿喀琉斯说，她无法代他向天帝约夫诉冤屈，因为约夫已和众神离开奥林波斯峰到阿特拉斯峰赴宴那番话倒有些可信处（这番话是根据上文已提过的诸天神都住在最高山的峰顶的那种看法）〔712〕；如果说她的回答是指非洲的阿特拉斯峰，那就难以置信了，因为荷马说过，就连长着翅膀的交通神墨丘利也感到达到腓尼基海中卡立普斯岛上太困难，而卡立普斯岛却比现在叫作摩洛哥的王国离希腊还近得多。

751 赫库勒斯也一定是从希腊本土的希斯皮里亚把金橘带到阿提卡的〔734〕；希斯皮里亚族（阿特拉斯的女儿们）也就住在那里，守卫着那些金橘。

752 太阳神（Phaethon）落水的那条埃利丹那斯河（Eridanus）⁵〔651〕一定就是希腊色雷斯境内流入黑海的多瑙河。后来希腊人看到波河也和多瑙河一样是从西流到东入海，就把它称为埃利丹那斯河，因此神话家们就认为太阳神在意大利境内落水。但是那只是根据他们自己的而不是其他民族的英雄史中的故事，希腊人才把河流联系到星辰，其中就有埃利丹那斯河。

753 最后，到了希腊人达到海洋，他们就扩大了原来的对海的窄狭观念，认识到海洋一望无边（因此荷马提到爱奥尼亚岛是由海洋围绕的），与此同时，大洋这个名称也推广到指环绕整个地球的海，地球就被看作一个巨大的岛〔724〕。海神尼普顿的威力这样就大大地扩大了，从柏拉图摆在地腹中的那种水域深渊里，海神现在可以用他的三叉戟搅动地球了〔634〕。这种物理的粗疏原则上文已解释过了。

754 按照这些地理原则，荷马就可以完全摆脱掉人们误认为他犯过的那些严重错误了。

755 （I）荷马的食乐塔斯者（Lotus-Eaters）〔《奥德赛》9.80ff，23.311〕吃一种叫作乐塔斯（lotus）的植物皮⁶。那地方一定比通常所设想的较近。因为荷马明说尤利西斯走了九天的路程才从马里亚（Malea）海峡到达食乐塔斯者的岛上，如果这种人住的地方如人们所设想的远在直布罗陀海峡之外，那就不仅困难而且不可能相信九天就走完这段路程。指责荷马犯这种错误的是厄拉多塞（Eratosthenes）〔参较老普林尼的《自然史》5.7.41〕。

756 （II）莱斯特里戈尼安（Laestrygonians）在荷马时代一定是希腊的一个民族。荷马说他们的日间时间最长〔《奥德赛》10.80ff〕，他一定是指在希腊而不是在全世界日子最长的地方。这段话导致阿拉托斯（Aratus）把他们放在德拉古项下。修昔底德这位认真的、准确的作者确实说过西西里的莱斯特里戈尼安一定是这个岛上的最北的一个民族。

757 （III）按照同样的推理，辛梅里安人（Cimmerians）的夜间时间最长（也只指在希腊而不指在全世界），因为他们住在希腊极北部分。由于他们的夜长，据说他们就住近下界。（辛梅里安人这个名称后来转到亚速〔Azov〕海的那些辽远居民身上去。）辛梅里安人既然居进下界所必经的女巫（Sybil）洞穴，一定就因此被称为辛梅里安人。因为不能相信尤利西斯被女巫喀耳刻（Circe）遣送走，而没有向他念符咒，在一天之内他就走到亚述海附近的辛梅里安人处，从那里去访问下界〔《奥德赛》11.1—22〕，而且在同一天之内就回到喀耳刻女巫们（Circeii）的住处，那地方现在是奇尔切奥峰（Circello），离辛梅里安人住处不远。

758 按照上述诗性的希腊地理的这些原则，就可能解决东方古代史中的许多大难题。这些难题的起因在于许多本应住在近东本身的一些民族过去却被认为住得很辽远，特别是过于偏北和偏南。

759 我们在希腊的诗性地理里注意到的一些情况在拉丁人的古代地理学里也可以看到。拉丁区域在开始时一定很小，因为在二百五十年之内在罗马诸国王之下所征服的民族达二十个之多，可是罗马统治的范围推广到实际上不过二十英里〔88〕。意大利的周围确实以阿尔卑斯山脉以南的高卢（Gaul）和大希腊为界，后来罗马帝国的征服才使它扩展到现在的幅员。同理，伊特拉斯坎海〔或第勒尼安海〕原来也一定很小，当时贺雷修斯·柯勒斯一个人站在桥上就抵挡住那里全伊特鲁里亚人民。后来罗马多次征服的胜利才把罗马的统治推广到包括全部较低的海岸区域。

760 伊阿宋[7]带领海军远征所到的本都（Pontus，即黑海）原来离欧洲一定最近，从前本都海峡把本都和欧洲隔开。本都这块地方一定是黑海的名称所由来，这名称推广到黑海的最远（最东）的亚洲海岸，即后来米特里达梯（Mithridates）王国所在地。这个阿尔戈船夫们的故事还说到生在哈尔基斯（Chalcis）的埃厄忒斯（Aeëtes，即和伊阿宋结婚的美狄亚公主的父亲）。哈尔基斯是埃维亚（Euboea）岛上的一座城市，这个岛就在希腊境内，现在叫作黑人桥（Negropont），现在所称的黑海一定是由此得名的。原来的克里特一定是在〔希腊〕爱琴群岛中的一个岛，一定就从这地方弥诺斯对雅典人进行过多次劫掠（635）。只是到后来克里特才移到地中海里现在它仍在的地方。

761 现在我们既已从谈拉丁人回头来谈希腊人，可以顺便提到随着希腊人在世界上到处来往，他们就到处宣扬（他们本来就是些好名的人）特洛伊战争以及英雄们的浪游经过，既谈到特洛伊方面的安特诺尔、卡皮斯和埃涅阿斯等人，也谈到希腊方面的墨涅拉俄斯、狄俄墨得斯和尤利西斯等人。他们看到散布在世界上的一种民族创建者的典型，像他们自己的底比斯型的赫库勒斯，所以他们就到处宣扬他们的赫库勒斯的勋名，因此瓦罗就可以在古代各民族之中数出足够四十名的赫库勒斯，并且断定拉丁人的赫库勒斯就叫作信义之神（the god Fidius）〔14，658〕。结果就发生了这样一种情况，希腊本着和埃及人比得上的好名成癖的特性（埃及人误认自己为世界上最古老的民族，说他们的天神阿蒙就是世界上最古老的天神，而且其他各民族所有的赫库勒斯都从埃及的赫库勒斯得名），让他们的赫库勒斯浪游全世界各地，使所到处免于各种怪物的灾祸，而带回家的只是荣誉。

762 希腊人到处都观察到有一种用诗律来说话的牧童这样一种诗性的人物性格，例如他们自己的阿卡狄亚地方的伊凡德就从阿卡狄亚来到拉丁区域，给他的同国人赫库勒斯以庇护所，娶了卡曼塔（Carmenta）为妻。Carmenta 这个名字是从 Carmina 来的，意思就是诗歌。她是拉丁地区的创造字母者，这种字母就代表所发的声音，这些声音就是诗歌的内容。最后，为着证实以上所说的一切，希腊人在拉丁地区本身观察到这类诗性人物性格同时也发现到希腊的武装骑士（Curetes）也遍布在萨图尔尼亚（古意大利）克里特岛和亚细亚等地〔593f〕。

763 但是这些希腊文字和思想输入拉丁人中间是在极端野蛮时代，其时各民族向外来人都是封锁的。李维否认就连毕达哥拉斯那样显赫的名字，更不消说他本人，有可能在塞尔维乌斯·图利乌斯的时代从克罗托内走到罗马，因为中途要通过许多民族和他们的许多不同的语言和习俗〔93〕。为着解决这个难题，我们曾假定，作为一种必然的猜测，在拉丁区域海岸上曾有过一座希腊（殖民）城市，后来被远古迷雾淹没掉了，就是这座希腊（殖民）城市把希腊文字教给了拉丁人〔306，770〕。这种文字，像塔西伦所记载的，起初像最早的希腊文字〔440ff〕，这是个有力的论据，证明拉丁人是从拉丁地区的希腊人，而不是从大希腊的，更不是从希腊本土的希腊人学到希腊文字。拉丁人在和他林敦进行战争以及接着又和皮洛士进行战争[8]之前，和希腊本土的希腊人根本没有往来。要不然，拉丁人就会用最近的希腊文字而不会保留着原始的，即古老的希腊文字。

764 因此，赫库勒斯、伊凡德和埃涅阿斯这些名字从希腊传到拉丁区域，是由于照各民族的下列一些习俗的：

765 （1）正如各民族在野蛮时代都笃爱自己本土的习俗，等到开化后他们就欢喜外国语言以及外国货物和风尚。因此，拉丁人就用希腊的赫库勒斯来替换他们自己的信义神（Fidius），他们连发誓也不说"凭信义之神发誓！"，而说"凭赫库勒斯！"。〔602〕

766 （2）由于民族的虚骄讹见〔125〕，他们爱拿显赫的外国祖先（根源）来夸口，特别是当他们自己的野蛮时代提供某种动机使他们信以为真，拉丁人爱抛弃他们民族的真正的创建者信义之神而请来赫库勒斯那位希腊民族的真正创建者，同时他们也用阿卡狄亚的伊凡德来代替他们自己的牧童诗人（与此类似，在复归的野蛮时期乔瓦尼·维拉尼〔《年代记》1.7，18〕叙述过〔佛罗伦萨的〕菲耶索莱〔Fiesole〕是由阿特拉斯创建的，而且特洛伊老国王普里阿摩斯曾在日耳曼统治过）。

767 （3）各民族看到外国事物不能有把握地用本族语加以说明时，就必然利用外国名词。

768 （4）最后，最早的民族有一种特点，不会就具体事物抽象出一些属性来，所以只能用具体事物的名称来指它们所有的抽象属性〔410〕，拉丁文中有很多明显的例证。

769 罗马原来不知道什么是奢侈品，等到他们到他林敦时才见到奢侈品，就把涂了香料的人称为他林敦人。他们也不知道军事战略是什么，等到他们观察到迦太基人运用它时，就把军事战略称为迦太基技艺，他们不知道奢华阔绰是什么，等到他们在卡普阿（Capua）⁹才看到这种华丽排场，就把它称为"卡普阿人的骄奢"。与此类似，努马和安库斯被称为萨宾人（Sabines），因为萨宾人最虔信宗教，罗马人没有其他表达虔信宗教的字眼。塞尔维乌斯·图利乌斯被称为希腊人，因为罗马人没有表达"精明狡猾"的字眼，这个意思罗马人过去一定从来没有表达过，直到他们后来征服了上述拉丁区域的希腊殖民城市因而认识了希腊人之后，才有这种观念和表达方式〔763〕。塞尔维乌斯·图利乌斯还被称为一个奴隶，因为除这个名称以外，罗马人表达不出他的懦弱，他竟用第一次土地法〔107〕把对土地的凭占领时效的所有权割让给平民，罗马元老们也许就由于这个缘故，就把图利乌斯处死。因为懦弱和精明狡猾是相连的，两者都和罗马人的直爽勇敢不相称。有些人竟认为罗马本土没有值得当国王的人，所以甘心受一个出身微贱的奴隶来统治¹⁰，这种人对罗马的祖先根源太不公平了，而且也太对不起罗马的创建人——罗慕路斯。这就是以研究罗马作家为业的批评家们向罗慕路斯所表示的尊敬！〔143，348，392〕与此一致的还有一种后来的〔对罗马的〕称赞，说在拉丁区域创建一个强大帝国，而且抵抗住伊特鲁里亚（Etruria）全部反对力量，把这个帝国维持住的罗马人竟像不懂法律的野蛮人一样，有必要去走遍意大利、大希腊乃至希腊本土去寻找法律来处理罗马人的自由权！这一切都只是为支持十二铜表法是由雅典传到罗马的那个神话故事！

第二章
关于埃涅阿斯来到意大利的系定理

770 根据我们在上文的全部讨论，现在就可以说明埃涅阿斯如何来到意大利在阿尔巴创建了罗马民族，从此罗马人追溯到他们的起源。我们所说的拉丁区域海岸上的希腊城市〔306，763〕一定是从亚细亚来的一座希腊城市，即从特洛伊也坐落在的亚细亚。这座希腊城市一定原是罗马人所不知道的，直到他们凭征服从内地扩张到附近的海边。罗马人开始扩张是从第三代罗马国王安库斯·马尔西乌斯朝代开始，马尔西乌斯所征服的第一个地方是奥斯蒂亚〔736〕，这个海岸城市离罗马很近，后来罗马贪得无厌地扩张，就把它当作罗马的港口。从此正如罗马人前此接受从陆地来逃难的阿卡狄亚人，后来他们又接受从海上来逃难的弗里吉亚人加以保护，凭英雄们的战争权力，他们把〔奥斯蒂亚〕这座城市摧毁了。这样一来，凭两种时历颠倒，阿卡狄亚人把时历移后，弗里吉亚人把时历推前，都同时到罗慕路斯的收容所里逃难。

771 如果事情的经过不是如此，罗马起源于埃涅阿斯的通常说法对任何理解都会造成困惑和混乱，如我们在上文公理部分〔307〕所已指出的。为着避免这种困惑和混乱，从李维以来的一些学者们都把上述罗马起源当作神话故事，他们没有考虑到神话故事也一定有某种公众信仰的真实基础，如我们在公理部分〔149〕已说过的。因为伊凡德在罗马创建之前大约五百年就已强大到接受和庇护赫库勒斯，而埃涅阿斯创建的阿尔巴的王室在逐代承续的十四代国王统治之下，使阿尔巴的威信竟扩张到变成拉丁区域的都城，至于阿卡狄亚人和弗里吉亚人在那样长期流浪之后终于集合到罗慕路斯的收容所里！我们很可以追问：一个来自阿卡狄亚这个希腊内陆地方的游牧民族如果对航海事业毫无所知，怎样竟能跨过一大片水域而深入中部拉丁区域，正当罗慕路斯之后第三个国王安库斯·马尔西乌斯才初次带第一批殖民到附近海岸上落脚。这批游牧民族怎样竟和分散的弗里吉亚人一起走到拉丁区域，而且在李维写书时之前足足有二百年，李维在书中却告诉我们说，就连在大希腊，极著名的毕达哥拉斯的名字也不能从克罗托内经过许多语言和习俗都各不相同的民族而达到罗马〔93〕，而这个奇迹却发生在他林敦人听说过有罗马人之前四百年，而罗马人当时在意大利已成了一个强大的民族〔116〕。

772 不过我们已经多次提到过，按照上文提出的一条公理〔149〕，这类村俗传说从一开始就已应有很大的公众信以为真的基础，因为一整个民族长期把它保存下来了。我们该怎么说呢？我们必须假定某一个希腊（殖民）城市曾坐落在拉丁区域海岸上，正如后来有许多其他民族住在而且停留在第勒尼安（Tyrrhenian Sea）海岸上一样。这个希腊城市一定在十二铜表法之前就已被罗马人征服了，而罗马人一定凭这种野蛮攻战胜利中的英雄权力把这座希腊城市摧毁了，把其中被征服的居民作为家人或社团接受过来了〔558f〕。用诗性人物的语言来说，这批希腊人一定称呼在陆地穿过森林的那些流浪汉为阿卡狄亚人，称呼那些在海上流浪的人为弗里吉亚人，正如罗马人把被征服的而且投降的被罗马人收用为做苦工的那批人描绘为"接受到罗慕路斯的收容所里的人"。这些收容所或保护所最初是由罗慕路斯在林间隙地建立收容来此避难的。罗马的平民们一定是从这类被征服而投降的人们之中（我们可以把他们的时期划定在诸国王的被放逐和十二铜表法颁布之间）涌现出来的，涌现就是由于塞尔维乌斯·图利乌斯所颁布的第一次土地法，让平民们对土地享有凭占领时效的所有权〔107〕。因为这是科里奥兰纳斯贵族党首领所不乐意的，他就设法使平民们回到原先作为罗慕路斯的苦工的地位〔108〕。此后随着希腊人到处传播特洛伊战争以及英雄们海上浪游的故事，特别在意大利传播埃涅阿斯过海的航程，因为希腊人在意大利已经发现到他们自己的赫库勒斯、伊凡德和武装骑士们〔761f〕，结果在时间流转过程中，这些传说故事经过一个野蛮民族的众口流传就改变了，终于窜改得面目全非了。这样就像我们常谈的，埃涅阿斯就变成拉丁区域的罗马民族的创建人了。不过根据博沙尔，埃涅阿斯从来没有到过意大利，而斯特拉博〔13.1.53〕则说埃涅阿斯从来就没有离开特洛伊，而荷马在这一点上是个重要的权威，也说过埃涅阿斯死在特洛伊，把他的王国传给他的后裔了。从此可见民族虚骄〔125〕的两种不同的表现，一是希腊人大肆宣传特洛伊战争，一是罗马人夸口他们来自烜赫的外国祖先，希腊人便把他们的埃涅阿斯硬塞给罗马人，而罗马人终于接受了他作为罗马的开国祖宗。

773 这种神话故事不可能发生在〔罗马人〕和皮洛士进行战争之前，因为只有在那时以后，罗马才开始爱好希腊事物。我们发现爱好外国事物的习惯只有和外国人长期的广泛交往中才形成。

第三章

诸英雄城市的称呼和描绘

774 地理学的组成部分既然是地名和地形，即诸城市的主要地方的名称和描绘，我们现在剩下来要做的事就是考查这两方面的情况，来完成我们对诗性的智慧的讨论。

775 我们在上文〔525〕已看到：诸英雄城市都凭天神意旨创建在一些自然险要的地方，在神的时代古拉丁人把这种要塞取了一个神圣的名称，叫作 arae（即祭坛）。他们一定也把要塞叫作 arces（即堡寨）；因为在复归的野蛮时期，封建领主庄园在意大利文中就叫作 rocche（由 rocce 一词派生），即指悬崖峭壁，后来称为 castella，即城堡。"祭坛"这个名称一定以同样的方式推广到包括一个英雄城市的整个区域，称为 ager（土地）时是考虑到这城市与外方人划开了疆界〔546，611〕；称之为 territorium（领土）时是考虑到该城市对它的公民们享有法律统治权〔722〕。对于这一切，塔西佗有一段名言〔《编年史》12.24〕描绘罗马的赫库勒斯的大祭坛，对这里说的一切原则是有力支持，所以把整段引在这里："从牛市那里我们见到一座公牛青铜雕像，因为公牛通常是一种驾轭拖犁的动物，用犁划了一道犁沟来标志出那个镇市，把赫库勒斯的大祭坛都包括在内（而划在犁沟圆圈内）的那片地就是原来的赫库勒斯的大祭坛。"此外，萨卢斯特还有一段名言提到著名的腓来尼（Philaeni）弟兄的祭坛（Philaenorum Arae）留下来作为迦太基和昔兰尼（Cyrenaic）两个帝国的分界线〔*War with Jugurtha* 79.10;

cf.19.3〕。

776 凡是古代地理都散布着这种祭坛。从亚细亚开始说起，据凯勒（Keller）在他的《记古代祭坛》（*Notitia orbis antiqui*）里说，凡是叙利亚的城市在专名之前或后放 Aram（祭坛）这个词。因此叙利亚本身就称为 Aramea（阿拉米）或 Aramia（阿拉米亚）。但是在希腊，忒修斯创建雅典城市是在著名的"不幸者的祭坛"〔561〕，恰当地把那些无法无天的人称为不幸者，这些人由于无耻的杂交而争吵，就投到虔敬的强者的筑着堡垒的土地上，他们都很孤独孱弱，急需从虔敬的人们的人道中所得到一切的利益。所以在希腊文里 ara 这个词也有发誓的意思，因为在异教世界里，这些最初的祭坛上最初的牺牲品（叫作地神萨图恩的牺牲品）〔191, 517, 549〕——最初的 anathēmata（译成拉丁文就是"杀作牺牲献祭的"）——他们都是些狂暴的不敬神的人，敢于窜入强者的垦殖地，来追赶为着逃避他们而逃到这里的弱者们〔553〕（因此 campare 这个词也许有"拯救自己"的意思），就要被杀死献给灶神作牺牲。因此在拉丁文里 supplicium 这个词有惩罚和牺牲两层意思，萨卢斯特和其他作家们就是这样用的（*War with Catiline* 9.2）。拉丁文的这种双重意义在希腊文里也有紧密的对应，因为 ara 这个词既有如我们刚才说的"发誓"的意思，也有 noxa 的意义，即作伤害过人的那个人的肉体，也还有 dirae 即复仇女神的意义。这些最初的 devoti（供祭）正是如此，即我们刚才说过的那种经过发誓用作牺牲的人们（关于这种人我们在本书第四卷里〔957f〕还要说详细些），因为他们要先供献给复仇女神们，然后在异教世界中最初的祭坛上宰掉。所以 hara 这个词还保存"鸡笼"或"窝圈"的意义，对于古代拉丁人来说，一定就指牺牲。当然这个词就派生出 aruspex，指用在祭坛前宰掉的牺牲品的肠胃来进行占卜的巫师。

777 从上文我们关于赫库勒斯大祭坛所说的话，可见它类似罗慕路斯曾据以创建罗马的那个忒修斯祭坛，那是在林间隙地开设的收容所范围之内〔561〕；因为在拉丁人中间确实没有提到隙地或神坛树丛而不同时提到那里筑有供献某个神的祭坛。所以李维在告诉我们说收容所一般就是城市创建者们的会议所时，就已说明了在古代地理里看见那么多的城市都带有 Arae（祭坛）这个词。从此我们也必须承认：西塞罗在《控诉维理斯（Verres）的第二篇控词》〔5.48.126〕里根据他对古代文物的渊博知识才把参议院称为 ara sociorum（社团祭坛）的，因为罗马各行省都要到罗马参议院去控诉行政长官在财政方面贪污剥削的罪状。这就可以把罗马各行省的起源追溯到世界上最初的"社团"（Socii）[11]。

778 我们现已说明了：英雄城市在亚细亚以及在欧洲的希腊和意大利都叫作 Arae 或祭坛；在非洲，根据萨卢斯特，上文说过的"腓来尼弟兄的祭坛"仍然很著名〔775〕。回到欧洲来说，在北方，西西里人的祭坛（Szekelyek Retze）在森林游牧区域仍然用来称呼城市。这片区域是由一种古匈奴民族居住的，这个民族是由贵族的农民和牧民组成。他们和匈牙利人和撒克逊人就组成那个横贯北方林牧区的行省。就日耳曼来说，我们在塔西佗的著作中看到 Ara Ubiorum（乌比奥祭坛）〔《编年史》1.57〕。在西班牙 ara（祭坛）至今仍是许多城市的名称中一部分。但是在叙利亚语里 ari 这个词指狮子。上文在讨论十二大神的自然神谱部分，我们已说过希腊人从防卫祭坛构思成战神马尔斯，他们把战神也称为 Ares。因而到了复归的野蛮时期，许多城市和贵族在盾牌上都有狮子〔562f，773〕。Ara 这个词在许多彼此在空间、时间和习俗上都隔得远的民族中发音和意义都一致，它一定是拉丁文 aratrum，意即犁，犁的翻土木板叫作 urbs〔550〕。而且拉丁人一定是从 ara 这个词派生出 arx，意为堡寨，还派生出 arceo，意为"击退"或"抵抗"，因此，作家们用 ager arcifinius 这个成语来指田地的界线，因此 arma（武器）和 arcus（弓）两词连用。他们正确地把"强力"理解为击退祸害，使祸害离得远一点。[12]

注 释

1　厄里克托尼俄斯是神话中的雅典国王，崇拜雅典娜女神的创始人，也是使用马车的创始人。

2　即中国所称的"长庚"；希斯皮里亚在希腊人心目中即古意大利，在希腊之西。

3　阿拉查什斯是西徐亚的贵族，到过雅典留学，和立法者梭伦相识，下文"他的亲弟兄"就是西徐亚国王。

4　即色雷斯人的别称。

5　即波河。

6　因而安乐忘忧，它不可能是莲藕，其力量颇似鸦片。

7　大希腊传说中乘船远征黑海去搜求金羊毛的"阿尔戈船夫们"的首领。

8　他林敦是公元前八世纪建立的一座富强的大希腊城市，经常遭受邻国的侵扰，到公元前四世纪受到马其顿亚历山大父子的援助，得免于覆灭，后来又和罗马发生了冲突。皮洛士是罗马的一位国王，曾屡次带大军进攻他林敦。

9　在南意大利，卡普阿城邦曾被罗马征服。

10　指图利乌斯。

11　先是家奴团体，后是平民团体。

12　关于这一章，可参较我国古代"社稷""坛""堡"之类场所的起源和作用。

结 论

779 以上已说明：诗性的智慧理所当然地得到了两种巨大的最主要的
赞扬。头一种经常明白地赞扬它创建了异教人类，不过由于民族的虚骄讹见
和学者们的虚骄讹见〔124ff〕，前者带着一些空洞而堂皇的观念，后者带
着一些不恰当的哲学智慧的观念，实际上在企图肯定它的贡献之中反而否定
了它的贡献；前者拘守一种流传下来的村俗传说，认为古人的智慧凭一种单
纯的灵感创造出古代的哲人们，不论是哲学家、立法者、将帅、历史学家、
演说家还是诗人，因此他们在古代成为热烈追求的对象。但是实际上如我们
在神话故事中已看出的，古代智慧毋宁说是创造了或凭虚构地描绘了一些神
话故事。从这些神话故事中仿佛从胎盘中我们发现到全部玄奥智慧的大轮廓。
可以说，各民族在这些神话故事里通过人类感官方面的语言以粗糙的方式描
绘各门科学的世界起源，后来专家学者们的专门研究才通过推理和总结替我
们弄清楚。从这一切我们可以替本卷下结论说：神学诗人们是人类智慧的感
官，而哲学家们则是人类智慧的理智〔363〕。

第三卷
发现真正的荷马

第一部分 寻找真正的荷马

绪 论

780 我们在第二卷已证明：诗性的智慧是希腊各民族的民俗智慧，希腊各民族原先是些神学诗人，后来是些英雄诗人。这种证明的后果必然是：荷马的智慧绝不是另外一种不同的智慧。但是柏拉图〔《理想国》，598ff，606f!〕却坚决认为荷马赋有崇高的玄奥智慧，其他所有的哲学家们都在附和柏拉图的意见，认为荷马赋有崇高的玄奥智慧，最先是〔伪〕普鲁塔克写了一整部书来谈这个问题 [1] 〔652，867〕。我们在这里要特别研究荷马是否算得上一个哲学家。朗吉努斯对这个问题写过一整本书。……

第一章
记在荷马账上的玄奥智慧

781 让我们把荷马本来确实有的东西记在荷马账上吧！荷马要遵从他那个时代的野蛮的希腊人的十分村俗的情感和习俗，因为只有这种情感和习俗才向诗人们提供恰当的材料。所以我们应承认荷马所叙述的：他是凭诸天神的力量来尊敬诸天神的，例如天帝约夫大锁链的神话故事就在企图证明约夫在神和人之中都是王〔387〕。根据这种村俗信仰，荷马使人可相信：狄俄墨得斯借密涅瓦之助居然能伤害女爱神和战神，在诸天神争战中劫掠了女爱神，用一块大岩石击中了战神〔《伊利亚特》21.403ff，423ff〕。（而密涅瓦在村俗信仰中确实是个哲学女神〔509ff〕，她使用的武器居然配得上天帝的智慧！）让我们允许荷马叙述当时流行于希腊各民族中的那种无人道的习俗吧！（而这些野蛮民族却曾被人们认为曾向全世界传播人道，而且谈论部落自然法的学者们居然声称这种无人道的习俗是在各民族中永远流行的。）例如他叙述到密涅瓦运用的武器中有毒箭（尤利西斯去厄非拉那地方就是为寻毒草来造毒箭〔《奥德赛》1.259ff〕）。他还叙述到拒绝埋葬在战场上打死的敌人尸首，任狼狗和鹰鹫吃掉那种无人道的习俗。（因此，老国王普里阿摩斯用大笔赎金去赎回他儿子赫克托耳的尸首，尽管这具尸首已被剥光衣服，系在阿喀琉斯的战车上拖着绕特洛伊城墙走了三圈〔667〕。）

782　然而诗的目的如果在驯化村俗人的凶恶性，这种村俗人的教师就应是诗人们，而一个熟悉这种凶恶情感习俗的哲人就不能起这种作用，即引起村俗人去羡慕这种凶恶的情感和习俗，从中感到乐趣，从而让这种乐趣去加剧这种凶恶的情感和习俗；同时一个哲人也不应引起凶恶的村俗人去对神和英雄们的丑恶行为感到乐趣。例如战神在争吵中骂密涅瓦是一个"狗屎苍蝇"〔《伊利亚特》21.394〕；密涅瓦拳打狄安娜（实即女爱神）；阿伽门农和阿喀琉斯相呼为狗，而阿伽门农还是希腊联军的最高统帅，阿喀琉斯也是希腊方面的最大英雄，而且两人都是国王〔《伊利亚特》1.225〕，就连在今天通俗喜剧里仆人们也少有这种下流表现。

783　但是天底下有什么名称比用"愚蠢透顶"来称呼阿伽门农的智慧更为贴切呢！阿喀琉斯逼他做理应做的事，把劫来的女俘克里赛斯送还她父亲，即阿波罗的司祭，这位阿波罗神正为他的司祭这个女俘被劫掠而用残酷的瘟疫来使大批希腊军队死亡。阿伽门农却认为自己受了侮辱，而他挽回荣誉的办法却和他的智慧相称，偷偷地把阿喀琉斯的女俘布里塞伊斯弄到自己身边。阿喀琉斯也不顾自己身负特洛伊战争胜败（和希腊兴亡）的重任，就愤而带领他的士兵和船队撤退出来，任赫克托耳很快就杀掉还没有死于瘟疫的希腊人。这就是前此被认为是希腊政治或文化〔B₈，899〕的缔造者的荷马这位诗人的本色，从这种线索开始就织成全部《伊利亚特》，其中主要角色就是像阿伽门农这样一位统帅以及像上文谈到的原始各族人民的英雄体制时已经介绍过的阿喀琉斯那样一位英雄〔667〕。荷马在这里以无比的才能创造出一些诗性人物性格〔809〕，其中一些最伟大的人物都是和我们现代人的这种文明的人道的性质毫不相容，但是对当时斤斤计较小节的英雄气质却完全相称〔667，920〕。

784 此外，我们应该怎样看待荷马把他的英雄们描绘为那样嗜酒贪杯，每逢精神上感到苦恼，就从酩酊大醉中求安慰呢？以智慧见称的尤利西斯尤其如此〔《奥德赛》8.59—95？〕。这倒是求安慰的好教训，最配得上一个哲学家啊！

785 斯卡里格在他的《诗学》〔5.3〕里发现到荷马的全部比喻都是从野兽和野蛮事物中取来的，就感到愤怒。但是纵使我们承认荷马有必要用这类野蛮事物，以便本来就野蛮村俗的听众更好地理解，他在这方面确实是成功了，他的那些比喻确是高妙无比的，可是这当然不是受过哲学熏陶和开化过的心灵所应有的特征。而荷马在描绘那么多的各种不同的血腥战争，那么多的五花八门的过分残酷的屠杀——《伊利亚特》全部崇高风格都来源于此，这种酷毒野蛮的描绘风格就不可能来自受过任何哲学感染和人道化的心灵。

786 此外，由研究哲学家们的智慧所养成的始终一致的恒心也不可能把神和英雄们描绘成那样飘忽无常，其中有些角色尽管深感激动和苦恼，一碰到些微的相反的暗示，便马上风平浪静；还有另外的角色正在盛怒咆哮之中偶然想到一个凄惨事件，马上就号啕大哭起来〔《伊利亚特》24.507ff〕。（意大利在复归的野蛮时期，情况与此也正类似，例如处在这第二个野蛮时期之末号称"托斯卡纳区域的荷马"的但丁也只歌唱当时历史人物〔817〕。我们前已提到的当时人写的《里恩佐的传记》生动地把里恩佐描绘为正如荷马所描绘的一样野蛮成性〔699〕，当他谈到当时罗马政权下人民深受大人物的压迫时，他和他的听众都忍不住痛哭流泪。）另外有些人物则与此相反，在极端哀伤中如果碰上某种愉快的消遣，例如尤利西斯在阿尔喀诺俄斯国王的筵席上那样，马上就忘去一切烦恼，尽情欢闹起来〔《奥德赛》8.59ff〕。另外一些角色本来心平气和，听到一句天真话不合口味，就翻起脸来，作出狂暴愤怒的反应，威胁要杀死对方。阿喀琉斯也是如此。他在上述普里阿摩斯老国王在帐篷里招待他时听到老国王于无意中说了一句不合他口味的话，马上就勃然大怒，丝毫不顾这位老国王是在交通神保护之下，深夜里只身穿过希腊军营来赎回他儿子的尸首，这是对他完全信任，他竟不体贴这位老国王所曾遭到的许多沉重灾祸，不顾他对老年人应有的尊敬，对人类共同命运应有的同情和怜悯，禁不住野兽般的狂怒，咆哮如雷地大喊要砍掉那老人的头〔《伊利亚特》24.552ff〕。也就是这位阿喀琉斯下定决心要报阿伽门农对他的私仇（尽管他曾受到严重的伤害，也不应以使祖国和全民族遭毁灭的方式来报复），尽管他身负决定特洛伊战争胜负命运的重任，他竟不顾爱国心和民族光荣，亲眼坐视全体希腊人在赫克托耳猛攻下势将覆灭，不但见死不救，反而觉得开心。后来他终于出兵援助，也只是由于他的爱友帕特洛克罗斯在战场上被赫克托耳打死这种私愤。他对被夺去的女俘到死也不解恨，直到他把本是特洛伊王室里一位姑娘，因战后也成了女俘的美丽而不幸的波吕克塞娜（Polyxena）就在她父亲的墓前杀掉，喝干了她的最后一滴血才甘心〔欧里庇得斯（Euripides）：《赫库巴》悲剧37，220f〕。真正不可理解的是：一个诗人如果真具备哲学家的谨严思考，竟能自寻开心，像荷马用来塞满另一部史诗《奥德赛》里那样多的让老婆婆讲给孩子们听的寓言故事。

787 像我们在第二卷里关于英雄本性的系定理部分〔666ff〕所展示的那样一些粗鲁野蛮、飘忽无常、无理固执、轻浮愚蠢的习性究竟是哪种人才会有呢？那种人心智薄弱像儿童，想象强烈像妇女，热情奔放像狂暴的年轻人，因此，我们否认荷马有任何〔哲学家才有的〕玄奥智慧。就是这些考虑所引起的一些疑难才使我们感到有必要来寻找出真正的荷马。

第二章
荷马的祖国

788 过去人们都把玄奥智慧归到荷马身上，现在让我们先研究荷马出生的地方。几乎所有的希腊城市都声言荷马就生在它们那里，还有不少的人断言荷马是一个生在意大利的希腊人。利奥·亚拉契（Leone Allacci）在他的《荷马的故乡》一书里枉费了许多气力。但是传到我们的（古代）作家没有一个比荷马更早，像约瑟夫斯强烈反对语法学家阿皮翁的主张所持的论证〔438〕。既然这些作家们出生都比荷马晚得多，我们就不得不运用我们的玄学方法〔348〕，把荷马看作一个民族创建人，从荷马本人著作里去发现荷马的年代和故乡。

789 就荷马是《奥德赛》的作者来说，有确凿的证据使我们相信荷马来自希腊西部稍偏南的地区。《奥德赛》里有一段著名的叙述可以为证。淮阿喀亚 [2]（Phaeacians，即今 Corfu〔科孚〕）国王阿尔喀诺俄斯在尤利西斯急于起程赶路时，向客人提供一艘装备好的海船，由他的家丁们当水手，他告诉客人说这些水手都是航海老手，如果有必要，可以把客人送到埃维亚，即今黑海的黑人桥（Negropont），这是希腊人的极北点（Ultima Thule）。

这段叙述〔《奥德赛》7.319ff〕清楚地证明了创作《奥德赛》的荷马和创作《伊利亚特》的荷马并非同一个人，因为黑人桥离特洛伊并不远，特洛伊正坐落在亚细亚，靠近黑海岸一个窄海峡上，海峡上现在有两座要塞，叫作达达尼尔，这个名称至今仍令人回想起它所自出的 Dardania（达尔达尼亚），在古代就是特洛伊国的领土。我们从塞涅卡（Seneca）的《论生命的短促》（13.2）一文里确实见到过去语言学家们对《伊利亚特》和《奥德赛》是否属于同一个作家就曾有过争论。

790 至于希腊许多城市都争着要荷马当公民的光荣，这是由于几乎所有这些城市都看到荷马史诗中某些词、词组乃至一些零星土语俗话都是他们那个地方的。

791 以上这番话可以有助于我们发现真正的荷马。

第三章
荷马的年代

792 从荷马史诗中下列段落，我们可以找到荷马的年代。

I

793 阿喀琉斯为着他的密友帕特洛克罗斯的葬礼，安排了各种游艺，其中一切项目到后来希腊文化达到高峰时都是在奥林匹克运动会中要表演的〔《伊利亚特》23.257ff〕。

II

794 当时浅浮雕和金属镂镂两门艺术已经发明了。许多例证之中有阿喀琉斯的盾牌³〔681ff〕。绘画当时还未发明，因为浮雕把事物的表面抽象出来，镂镂也是如此，只是刻得较深一点，而绘画却要把事物的表面全部抽象出来，这要求最高度的精巧手艺，因此，无论是荷马还是摩西⁴都不曾提到任何绘画，这就证明了这两人的年代都很古老。

III

795　阿尔喀诺俄斯国王花园里的各种怡人事物以及宫殿的富丽堂皇和筵席的丰盛〔《奥德赛》7.81—184〕都显示出当时希腊人已达到欣赏奢侈和华丽排场的阶段。

IV

796　当时腓尼基人输送到希腊海岸的商品已有象牙、紫红染料、使女爱神所居岩洞散发香气的阿拉伯香料，一种比洋葱表皮还薄的亚麻〔《奥德赛》19.232ff〕，以及求婚者们献给珀涅罗珀王后作礼物的绣衣。这种绣衣先在织框上设计好，安上精细的弹簧，使丰满的胸臀突出来，纤细的腰部缩进去〔《奥德赛》18.292ff〕。这种新发明的手艺配得上我们今天讲究娇艳的时代。

V

797　特洛伊老国王坐着去见阿喀琉斯的乘舆〔《伊利亚特》24.265ff〕是用雪松木做的，而卡吕普索的岩洞〔《奥德赛》5.59ff〕撒了香料，满洞香气，这种感官方面的精细讲究到后来罗马人最爱在奢侈方面花钱的尼禄等皇朝也望尘莫及。

394

VI

798　再如喀耳刻（Circe）的骄奢的浴室〔《奥德赛》10.360ff〕。

VII

799　跟随求婚者们的青年仆人们〔《奥德赛》1.44ff〕都很俊秀，淡黄头发，风度翩翩，简直就像现代社交礼节所要求的那样。

VIII

800　男人们和女人们一样讲究发型。这却是狄俄墨得斯和赫克托耳都用来谴责女子气重的帕里斯的一项罪状〔《伊利亚特》3.54f；11.385〕。

IX

801　荷马描绘他的英雄们，确实常说他们总是吃烤肉〔《理想国》404BC〕。烤是烹调肉食的最简单的办法，因为只需要炭火。这种做法在牺牲祭礼中曾保存住，罗马人用 prosiicia 这个词来指在祭坛上烤熟的牺牲[5]。肉烤熟之后就割开来分享宾客。不过后来无论是作祭供的还是不作祭供的肉都放在烤叉上去烤。例如阿喀琉斯在享宴特洛伊老国王时〔《伊利亚特》24.621ff〕，亲自把小羊切开，然后由他的密友〔《伊利亚特》9.201ff！〕把肉放在烤叉上去烤，放好餐席，把面包放在篮子里摆在席上。因为英雄们所设的盛宴都带有牺牲献祭礼的性质，他们自己就扮演司祭的角色。在拉丁人中间这种享宴方式还保存在 epulae 这个词里，这是由大人物在隆重的"国宴"上宴请人民的，在这种神圣筵席上司祭们也参加。因此阿伽门农亲自宰了两头小羊，以宗教的仪式来表明他同特洛伊老国王订的战争条约是神圣不可侵犯的〔《伊利亚特》3.271ff〕。当时这样隆重的典礼今天不免使人联想到一个屠夫的作用！只有在这个阶段以后，才有烹煮的肉食，因为除火以外还要用水、锅和一个三足鼎。维吉尔也提到过他所写的英雄们吃这种烤肉〔《埃涅阿斯纪》1.210ff〕。最后才出现调味的食品，这就需要作料。且回头来续谈荷马的英雄筵席。他描写过希腊人的最美味的食品是用面粉、奶酪和蜂蜜来做的〔《伊利亚特》11.628ff，638ff；《奥德赛》10.234f；20.69〕。不过他用的比拟词中有两个是从水产或渔业中来的〔《伊利亚特》16.406ff，742ff；《奥德赛》5.51ff，432ff；10.124；12.251ff；22.384ff〕。还有尤利西斯在乔扮乞丐向一个求婚者求施舍时说过，天神们会把渔产丰盛的海赐给对流浪汉乐善好施的人们〔《奥德赛》19.113f〕。鱼在筵席上通常是最好的美味。

X

802　最后是更切合本题的一点。荷马像是出生在英雄法律在希腊已废弛而平民自由政体已开始起来的时期，因为他所叙述的英雄们已和外方人结婚，而私生子也可以继承王位了。实际上情况也本应如此，因为很久以前，赫库勒斯被丑恶的人马妖涅索斯所污染，就发疯而死，这就已显示英雄法律体制已告终了。[6]

803　所以关于荷马的年代，我们不愿完全鄙视从荷马史诗本身所搜集来的凭证。《伊利亚特》没有《奥德赛》所提供的凭证那样多，朗吉努斯认为《奥德赛》是荷马晚年的作品〔《论崇高》9.11ff〕，我们证实了把荷马摆在特洛伊战争之后很远的那些学者们的意见，中间的间隔时间长至四百六十年，或者说大约直到努马时代[7]。说实在话，我们相信自己不把荷马摆到甚至更接近我们的年代，是在向这些学者们让步。他们说在努马时代以后埃及国王普萨美提克才让埃及向希腊人开放。但是从《奥德赛》里许多段落来看，希腊人早已让希腊向腓尼基人开放，和他们通商了，希腊人爱听腓尼基人的故事正不下于爱买他们的商品，正如欧洲人今天对待东印度群岛的故事一样。从此可见，荷马一方面从来没有到过埃及，另一方面他却叙述到埃及和利比亚、腓尼基亚和亚细亚特别是意大利和西西里岛的事物，这二者之间并没有什么矛盾，因为这些事物都是由腓尼基人说给希腊人听过的。

804 可是我们仍无法调解另一个矛盾：荷马同时把他的英雄们描绘为既有那么多的文明习俗，又有那么多的野蛮习俗，特别在《伊利亚特》里是如此。所以为着不把野蛮行为和文明行为混淆在一起，如贺拉斯在〔《诗艺》12〕所说的，我们就必须假设荷马的两部史诗是由先后不同的两个时代中两种不同的诗人创造出来和编在一起的。

805 因此，从上文提到的关于荷马的故乡和年代的一些过去的看法来看，种种疑难提起了我们的勇气来寻找真正的荷马。

第四章
荷马在英雄诗方面的无比才能

806 上文已说明的荷马完全没有玄秘哲学以及对荷马故乡和年代的发现都使我深深地疑心到荷马也许只是人民中的一个人。贺拉斯在《诗艺》〔128ff〕里的一番话使这种疑心得到了证实。他说到在荷马以后极难创造新的悲剧人物性格，因而规劝诗人们最好从荷马史诗中借用人物性格。这里所说的"极难"还应联系到另一事实来看，希腊新喜剧中的人物性格全是人为的虚构。雅典就有一条法律，规定新喜剧的人物性格必须是完全虚构的才准上演。希腊人在这一点上做得很成功，使不管多么骄傲自大的拉丁人也无法和希腊人比武，昆体良（Quintilian）在《论修辞术》〔12.10.38〕里就承认过"我们在喜剧方面无法和希腊人竞赛"[8]。

807 除贺拉斯所指出的困难之外，我们还要加上两种范围较广的困难。其一是荷马既然出现最早，何以竟成了一个不可追攀的英雄诗人？悲剧的出现本来较晚，开始时很粗陋，这是人所熟知的，我们在下文〔910〕还要详谈这一点。另一困难是：荷马既然出现在哲学以及诗艺和批评的研究之前，何以竟成了一切崇高诗人中最崇高的一位，而在哲学以及诗艺和批评的研究既已发明之后，何以竟没有一个诗人能远望荷马的后尘而和他竞赛呢？我们且把这两种困难暂时放下，先指出贺拉斯所说的困难加上我们关于新喜剧所说的事实曾引起帕特里齐、斯卡里格和卡斯特尔维特罗〔384〕那些论诗艺的大师们研讨过上述分别的理由。

808 理由只有从上文《诗性的智慧》部分已找到的诗的起源中去找，也就是从已发现的诗的本质即诗性人物性格中去找〔376ff〕。因为新喜剧所描绘的是当前的人类习俗，即苏格拉底派哲学家们所思索的人类习俗，因此，希腊诗人们深受这派哲学关于人类道德的学说的浸润（例如米南德〔Menander〕，和他相较，拉丁人把他们的泰伦斯称为"半个米南德"），因而能创造出一些光辉的范例，显示出一些观念（或理想）中的人物典型，用来唤醒一般村俗人，这些村俗人最擅长于向说服力很强的具体范例学习，尽管他们不能根据推理所得出的箴规来理解。旧喜剧都从现实生活中取来剧中情节，使所作的剧本就按照事物本来的样子。例如邪恶的阿里斯托芬就曾这样描绘过老好人苏格拉底，造成这位喜剧角色的身败名裂[9]〔906，911〕。但是悲剧展现在剧场上的却是英雄们的仇恨、侮慢、愤怒和复仇这些都起自英雄们的崇高本性。这些本性自然而然地发泄于情绪、语言方式和行动，通常都是野蛮、粗鲁和令人恐怖的。这类情节都带有一种惊奇色彩，而在题材安排上彼此之间具有紧密的一致性。希腊人只有在英雄体制时代才能创造出这类作品，所以荷马只能出现在这个时代的末期。这一点可以用本书所用的玄学批判来说明。这类神话故事在初产生时原是直截了当的，到达荷马手里时就已经歪曲和颠倒了〔221〕，从上文《诗性的智慧》部分始终都提到的一些公理中就可以看出〔514，708〕！这些神话故事起初原是真实的历史，后来就逐渐遭到修改和歪曲，最后才以歪曲的形式传到荷马手里。因此荷马应该摆在英雄诗人的第三个时期〔905〕。第一个时期创造出作为真实叙述的一些神话，"真实的叙述"是希腊人自己对神话（mythos）一词所下的定义〔401，814〕。第二个时期是这些神话故事遭到修改和歪曲的时期。第三个最后时期就是荷马接受到这样经过修改和歪曲的神话故事的时期。

809 不过现在且回到我们的本题，以便指出下面一个理由。亚里士多德在《诗学》里〔24.18.1460a 19〕说，只有荷马才会制造诗性的谎言。[10] 因为荷马的诗性人物性格具有贺拉斯所称赞的〔806〕无比崇高而妥帖的特征。他们都是些想象性的共性（imaginative universals），如上文《诗性的玄学》部分所下的定义〔381〕。希腊各族人民把凡是属于同一类的各种不同的个别具体事物都归到这类想象性的共性上去[11]〔209，402，412ff，934〕。例如阿喀琉斯原是《伊利亚特》这部史诗的主角，希腊人把英雄所有的一切勇敢属性以及这些属性所产生的一切情感和习俗，例如暴躁、拘泥繁文细节、易恼怒、顽强到底不饶人、狂暴、凭武力僭夺一切权力（就像贺拉斯在《诗艺》〔119ff〕里替他所总结的）这些特征都归到阿喀琉斯一人身上。再如尤利西斯是《奥德赛》这部史诗的主角，希腊人也把来自英雄智慧的一切情感和习性，例如警惕性高、忍耐、好伪装、口是心非、诈骗、老是说漂亮话而不愿采取行动、诱旁人自堕圈套、自欺这些特性都归到尤利西斯一人身上。希腊人总是把个别具体人物的各种行动（情节）按类别分属于上述两种人物性格上去，只要这些行动（情节）是足够突出到能引起仍然迟钝愚笨的希腊人都注意到而且归到上述两类中去。这两种人物性格由于都是全民族所创造出来的，就只能被认为自然具有一致性（这种一致性对全民族的共同意识〔常识〕都是愉快的，只有它才形成一种神话故事的魔力和美）；而且由于这些神话故事都是凭生动强烈的想象创造出来的，它们就必然是崇高的〔142，144〕。从此就产生出诗的两种永恒特性，一种是诗的崇高性（poetic sublimity）和诗的通俗性（popularity，人人喜闻乐见）是分不开的，另一种是各族人民既然首先为自己创造出这些英雄人物性格，后来就只凭由一些光辉范例使其著名的那些人物性格来理解人类习俗。[12]

第五章
发现真正荷马的一些哲学证据

810 根据以上所述，可以把下列的一些哲学证据搜集在一起。

I

811 首先就是列在上文"公理"中的第一条〔201〕：人们自然而然地被

引导到保存住促使他们团结在他们所属的社会中的那些制度和法律的记忆。

II

812 卡斯特尔维特罗所理解的那条真理 [13] 是：最先出现的必然是历史，然后才是诗，因为历史是真实事物的简单叙述，而诗除此以外还是一种模仿。足见这位学者在其他方面尽管眼光最锐敏，还不能利用这条真理作为发现真正荷马的钥匙，还没有把这条真理和下列一些其他哲学证据合在一起来看。

III

813 由于诗人们当然出生在村俗史学家们之前，最初的历史必然是诗性的历史。[14]

IV

814 神话故事在起源时都是些真实而严肃的叙述，因此 mythos（神话故事）的定义就是"真实的叙述"〔401，408〕。但是由于神话故事本来大部分都很粗疏，它们后来就逐渐失去原意，遭到了窜改，因而变成不大可能，暧昧不明，惹笑话，以至于不可信〔221，708〕。这些现象就是神话故事中的诸疑难的七个来源，从本书第二卷中就易看出。

V

815 如第二卷所已说明的，神话故事是以窜改歪曲的形式传到荷马手里的〔808〕。

VI

816 神话故事的精华在于诗性人物性格，产生这种诗性人物性格的需要在于当时人按本性还不能把事物的具体形状和属性从事物本身抽象出来。因此诗性人物性格必然是按当时全民族的思维方式[15]创造出来的，这种民族在极端野蛮时期自然就有运用这种思维方式的必要[209]。神话故事都有一种永恒特征，就是经常要放大个别具体事物的印象。关于这一点，亚里士多德在《修辞学》[2.21.1395 b1—10]里就说过，心眼儿窄狭的人爱把每一种特殊事例提高成一种模范。其缘由必然是人的心智还不明确，受到强烈感觉的压缩作用，除非在想象中把个别具体事物加以放大，就无法表达人类心智的神圣本性。也许就是由于这个缘故，在希腊诗人和拉丁诗人的作品里，神和人的形象都比一般人的形象较大。到了复归的野蛮时期，特别是上帝，耶稣和圣母马利亚的画像都特别高大，也是由于上述缘故。

VII

817 野蛮人既缺乏反思能力，反思力用不好，就会成为谬误之母。最初的英雄时代的拉丁诗人们都歌唱真实的历史故事，即关于罗马人的战争的故事。到了复归的野蛮时期，由于这种野蛮的本性，一些拉丁诗人例如巩特尔和普利亚的威廉等人都还只歌唱历史故事[471]，同时期罗曼司（romance）（或传奇故事）的作者们也都自以为在写真实的历史故事。就连博亚尔多（Boiardo）和阿里奥斯托（Ariosto）虽出现在受哲学教养的时代，也都还取材于巴黎主教杜尔邦主教所著的历史书中[159]。由于处于同样野蛮时代的本性，他们也都还缺乏反思的能力，不会虚构杜撰，因此，他们的作品自然真实、开朗、忠实、宽宏[516，708]。就连但丁尽管有博大精深的玄奥哲学，也还是用真人真事来塞满《神曲》的各种场面[786]，因此把他的史诗命名为喜剧（即"曲"，Comedy），因为希腊人的旧喜剧也描绘真人[808]。在这一点上但丁还是像《伊利亚特》中的荷马，朗吉努斯曾指出过《伊利亚特》

全是戏剧性的或再现性的，至于《奥德赛》则全是叙述性的〔《论崇高》9.13〕。再如彼特拉克（Petrarca）尽管是一位渊博的学者，仍然用拉丁语歌唱第二次迦太基战争，至于他的《凯旋》是用托斯卡纳语写的，虽具有英雄诗的色彩，却只是一部历史故事辑录。从这里可以看出最初的神话故事都是历史这一事实的最鲜明的证据。因为讽刺诗所讽刺的人物不仅是真实的而且还是人所熟知的；悲剧则取诗性人物性格放到情节里；旧喜剧把还活着的著名人物放进情节里，新喜剧则由于出现在反思能力最活跃的时代；终于创造出一些虚构的人物性格（正如在意大利语言中新喜剧是随着学问渊博的十五世纪而重新出现的）。无论希腊人还是拉丁人都没有用过完全虚构的人物性格作悲剧的主角。群众趣味也有力地证实了这种分别。群众趣味不肯接受写悲剧情节的乐剧，除非所用的悲剧性情节来自历史。但是群众趣味会容忍喜剧中的虚构情节，因为采用的不是人所共知的私人生活，群众就较易信以为真。

VIII

818 既然诗性人物性格具有上述性质，涉及他们的诗性寓言故事就必然要对希腊最早期才有历史意义，如我们在上文《诗性的智慧》部分一直在说明的〔403〕。

IX

819 根据上文第一条哲学证据〔811〕，这类历史故事必然是在各民族中各社团的记忆中自然保存住的；因为作为民族的婴儿，他们必然具有惊人的坚强记忆力，而这也不是未经天意安排的，因为据约瑟夫斯反对阿皮翁时所提的论据〔66〕，直到荷马时代甚至更晚的时代尚未发明出共同的字母。在人类还那样贫穷的时代情况下，各族人民几乎只有肉体而没有反思能力〔375〕，在看到个别具体事物时必然浑身都是生动的感觉，用强烈的想象力去领会和放大那些事物，用尖锐的巧智（wit）把它们归到想象性的类概念中去，用坚强的记忆力把它们保存住。这几种功能固然也属于心灵，不过都植根于肉体，从肉体中吸取力量。因此记忆和想象是一回事，所以想象在拉丁文里就叫作 memoria（记忆）。（例如在泰伦斯的喜剧《安德罗斯妇人》里我们就看到"可记忆的"〔memorabile〕是作为"可想象的"意思来用的；我们还常见到 comminisci 这个词用作"虚构"的意思，所以一个虚构的故事就叫作 commentum。）想象也有"机灵"或"创造发明"的意思。（在复归的野蛮时期，一个机灵人也叫作 fantastico，擅长想象的人，例如里恩佐就被当时传记家这样称呼他〔699〕。）因此，记忆有三个不同的作用，当记住事物时就是记忆，当改变或模仿时就是想象，当把诸事物的关系作出较妥帖的安排时就是发明或创造。由于这些理由，神学诗人们把掌记忆的女神称为各种女诗神的母亲 [16]。

X

820　所以诗人们必然是各民族的最初的历史学家〔464—471〕。所以卡斯特尔维特罗没有能运用他的历史必先于诗的箴言去寻找诗的真正根源〔812〕，因为他和所有其他讨论过这个问题的人们（从柏拉图和亚里士多德以下）本应很容易看出：凡是异教的历史都起源于神话故事，如我们在公理〔202〕中所提出的，在《诗性的智慧》部分所证明的。

XI

821　按照诗的本性，任何人都不可能同时既是高明的诗人，又是高明的玄学家，因为玄学要把心智从各种感官方面抽开，而诗的功能却把整个心灵沉浸到感官里去；玄学飞向共相，而诗的功能却要深深地沉浸到殊相里去 [17]。

XII

822　根据公理〔213〕，任何人如果没有自然资禀都可以凭勤奋在其他各种行业中获得成功，但是在诗方面，任何人如果没有自然资禀，就不可能单凭勤奋去获得成功；诗学和批评这两门艺术 [18] 可以使心灵得到教养，但不能使心灵伟大。因为精细只是一种小品德，而伟大却自然地鄙视一切微小事物。说实在话，这正如滚滚洪流在它的汹涌的进程中夹着污泥浊水俱下，使一些大石头和大树干随流翻转。荷马的诗篇正是如此，他的伟大就说明了我们在他的诗篇中，何以往往遇到一些粗俗的表达方式。

XIII

823 但是这并不妨碍荷马成为一切崇高诗人的父亲和国王。

XIV

824 我们已看到亚里士多德认为没有人能比得上荷马那样会把谎说得圆，贺拉斯称赞荷马的人物性格没有人能模仿，这两人的意思正相同。

XV

825 荷马在他的诗的语句里像星空那样崇高。诗的语句必须是真实热情的表现，或者说，须凭一种烈火似的想象力，使我们真正受到感动，所以在受感动者心中必须是个性化的。因此，我们把一般化的生活格言称为哲学家们的语句 [19]。凡是对热情本身进行反思的作品只能是出于既虚伪而又枯燥的诗人之手〔703f〕。

XVI

826 荷马史诗中取自野蛮事物的一些比喻确实是无比高明的〔785〕。

XVII

827 荷马所描绘的那些战争和死亡令人恐怖，就使《伊利亚特》具有它的全部神奇性。

XVIII

828 但是上述那些语句、比喻和描绘不可能是一个冷静的、有修养的、温和的哲学家的自然产品。

XIX

829 因为荷马所写的英雄们在心情轻浮上像儿童，在想象力强烈上像妇女，在烈火般的愤怒上像莽撞的青年，所以一个哲学家不可能自然轻易地把他们构思出来〔786〕。

XX

830 有些欠妥帖和不文雅的表达方式是由于希腊语文正在形成时期极端贫乏，用它来表达须费大力，就不免显得笨拙。

XXI

831 纵使荷马的诗篇含有玄奥智慧的最崇高的秘密教义（这是我们在《诗性的智慧》中已证明绝对不确实的），这些秘密教义的表达方式也不可能由一个哲学家的直截了当、按部就班的谨严的心灵所能构思出来的〔384〕。

XXII

832 英雄时代的语言是一种由显喻、意象和譬喻来组成的语言〔456〕，这些成分的产生是由于当时还缺乏对事物加以明确界定所必需的种和类的概念，所以还是全民族的共同性的一种必然结果。

XXIII

833 各原始民族用英雄诗律来说话，这也是自然本性的必然结果〔463ff〕。这里我们也应赞赏天意安排，在共同的书写文字还未发明以前，就安排好各族人民用诗律来说话，使他们的记忆借音步和节奏的帮助能较容易地把他们的家族和城市的历史保存下来。

XXIV

834 这些神话故事、语句、习俗以及这种语言和诗都叫作"英雄的"，都流行于历史所划定的英雄时代，如《诗性的智慧》部分所已详细说明的〔634ff〕。[20]

XXV

835 所以上文所说的都是全体人民的一些特征，也是其中每个人都共有的特征。

XXVI

836 由于上述各种特征都来自本性，就是这些特征使荷马成为最伟大的诗人，所以我们否定了荷马是哲学家这种看法。

XXVII

837 此外，我们在上文《诗性的智慧》部分也已证明过：凡是所谓玄秘智慧的意义都是后来哲学家们强加到荷马的神话故事里去的〔515，720f〕。

XXVIII

838 但是正因为玄秘智慧只属于少数人，所以我们刚才看到：英雄的神话故事精华所在的英雄的诗性人物性格的那种合身合式（decorum）绝不是今天擅长哲学、诗学和批评技艺的学者们所能达到的。就是根据这种合身合式，亚里士多德和贺拉斯才都把锦标交给荷马，前者称赞荷马把谎说得圆，他人无法和他相比，后者称赞荷马的人物性格是旁人模仿不到的。这两种说法其实是一致的〔809〕。

第六章
发现真正荷马的一些语言学的证据

839 上述大量哲学证据都是从对异教诸民族的创建人进行玄学批判得来的。我们应把荷马摆在这些民族创建人之列，因为我们确实找不到其中哪一个世俗作家比荷马还更古老（如犹太人约瑟夫斯所坚持的）〔438〕。我们还可以加上下列一些语言学的证据。

I

840 一切古代世俗历史都起源于神话故事〔202〕。

II

841 和世界一切其他民族都隔绝的一些野蛮民族，例如日耳曼人和美洲印第安人，都已被发现把他们的历史保存在诗篇里〔470〕。[21]

III

842 开始写罗马史的就是些诗人〔471，871〕。

IV

843 在复归的野蛮时期，一些历史都是一些用拉丁文写作的诗人们写的。

V

844 埃及的高级司祭曼涅托把用象形文字写的古代埃及史解释为一种崇高的自然神学〔222〕。

VI

845 我们在《诗性的智慧》部分已说明了希腊哲学家们也曾对在神话故事中叙述的古代希腊史进行了类似的解释〔361f〕。

VII

846 因此，在上文《诗性的智慧》部分〔384，403〕，我们不得不把曼涅托的秩序倒转过来，删去了那些神秘的解释，把神话故事还原到它们本来的历史意义；这样做既自然而又容易，不带任何强词夺理、遁词或歪曲。我们能这样做，就说明了那些作品里所包含的历史神话故事是符合当时历史特性的。

VIII

847　以上一切都有力地证明了斯特拉博所肯定的一番话〔1.2.6〕，他说在希罗多德以前，希腊各族人民的历史都是由他们的诗人们写的。

IX

848　我们在第二卷里还说明了无论在古代还是在近代，各民族中最初的作家们都是些诗人〔464—471〕。

X

849　《奥德赛》里有两段名言〔11.367ff〕，在赞美一位说书人把故事说得好时，说他讲故事就像一位音乐家或歌唱家。用荷马史诗来说书的人正是如此，他们都是些村俗汉，每人凭记忆保存了荷马史诗中某一部分。

XI

850　根据犹太人约瑟夫斯反对语法学家阿皮翁时所坚持的意见，荷马不曾用文字写下任何一篇诗〔66〕。

XII

851　说书人周游希腊各城市，在集市或宴会上歌唱荷马史诗，这个人歌唱这一段，另一个人歌唱另一段。

XIII

852 Rhapsodes（说书人）这个词的字源是由两个词合成的，意思是把一些歌编织在一起，而这些歌是从他们本族人民中搜集来的。与此类似的普通词 homēros 据说也是由 homou（在一起）和 eirein（联系）合成的；这样就指一个保证人，把债主和债户联系在一起。这种派生过程〔应用在一个保证人身上〕就有些牵强附会，而应用在荷马身上作为神话故事的编织者，却是很自然的、顺当的。[22]

XIV

853 庇西特拉图王朝（Pisistratus）雅典暴君们自己或是让旁人把荷马的诗篇加以划分和编排，成为两部：《伊利亚特》和《奥德赛》。所以我们可以想到前此荷马的诗篇原是一堆混乱的材料，我们现在还看得出这两部史诗在风格上大不相同。[23]

XV

854 庇西特拉图王朝还下令，从此以后荷马史诗应由说书人在雅典全国性的宴会或庆祝会上歌唱，据西塞罗的《论神性》（实即《论演说家》）〔3.34.137〕和柏拉图的对话录《希巴球斯》〔228B〕等著作。

XVI

855 但是庇西特拉图王朝被放逐出雅典，只比塔克文王朝被放逐出罗马稍早几年。所以我们如果假定荷马生在雅典国王努马那样晚的时期〔803〕，而在庇西特拉图王朝以后一定还过一段很长时间才让说书人们继续把荷马的诗篇保存在记忆里。这个传说就使另一个传说毫不可靠。据另一传说，在庇

410

西特拉图王朝时代是由阿利斯塔克（Aristarchus）[24]把荷马的诗篇加以清洗、划分和编排的。这个传说不可靠，因为这种工作没有书写用的俗文字就做不成，而且如果做成了，此后就不再需要说书人们凭记忆来歌唱各章各节了。

XVII

856 根据这个理由，曾用文字写出作品的赫西俄德就应在庇西特拉图王朝之后，因为没有证据使我们相信赫西俄德像荷马一样是由说书人凭记忆把他的作品保存下来的，而编年纪事史家们却白费力地把赫西俄德摆在荷马之后三十年。可是像荷马的说书人那样的"歌咏诗人"（cyclic poets）竟能把全部希腊神话史从诸天神的起源到尤利西斯回到故乡伊萨卡，都保存下来了，这些"歌咏诗人"的名称是从 kyklos（圆圈）这个词来的，他们不过是些平常人在宴会上或庆祝会上向围成一个圈子的老百姓们歌唱神话故事。这种"圈子"正是贺拉斯在《诗艺》〔132〕里所说的"卑贱的大圈子"。……（这里原有一长段繁琐考证未译。——译者）赫西俄德[25]有可能比荷马还早，因为他的作品包括了全部关于诸天神的神话故事。

XVIII

857 因此，希波克拉底也可以说有类似情况。他留下了许多大著作，不是用诗而是用散文写的，因此它们自然不能是凭记忆保存下来的，因此他应摆在大约与希罗多德同时。

XIX

858 从这一切来看，姜·浮斯显然过于相信希罗多德所报道的〔5.59ff〕三种纪念章上的铭文，并且认为自己可以根据这些铭文来驳倒约瑟夫斯。因为那三种纪念章即(1)安菲特律翁（Amphitryon），(2)希波科翁（Hippocoön），

411

和（3）拉俄墨冬（Laomedon），都像今天商人伪造假古董一样是些伪造品。支持约瑟夫斯而反对浮斯的有马丁·秀克。

XX

859　我们还可以补充一点：荷马从来没有提到过俗写的希腊字母，他说普罗塔斯写给攸拉亚去陷害柏勒洛丰的信是用 sēmata（符号）写的〔433〕。

XXI

860　尽管阿利斯塔克修改过荷马的诗篇，里面还保存住各种各样的土语和措辞不妥语，这必然是希腊各族的不同的习惯的表达方式。此外，音节上也往往有破格处。

XXII

861　荷马的故乡在哪里是无人知道的〔788ff〕。

XXIII

862　几乎所有的希腊城市都说自己是荷马的故乡。

XXIV

863　我们在上文已提出了一些有力的揣测：《奥德赛》的作者荷马来自希腊西部偏南，而《伊利亚特》的作者荷马却来自希腊东部偏北。

XXV

864 就连荷马的年代也是无从知道的〔792ff〕。

XXVI

865 关于年代这一点，意见既多而又纷纭，分歧竟达到四百六十年之长，极端的估计最早到和特洛伊战争同时，最迟到和努马同时〔803〕。

XXVII

866 因为不应忽视荷马的两部史诗在风格上悬殊，朗吉努斯就说，荷马在少年时代编出《伊利亚特》而到晚年时代才编出《奥德赛》〔803〕，这倒是一件怪事，对于一个人生在何时何地毫不知道，而历史在这两点上在叙述希腊的一颗最光辉的明星时却把我们蒙在鼓里。

XXVIII

867 这种考虑理应打消我们对赫西俄德或任何其他人所写的《荷马传记》的信任，其中叙述了那么多的次要细节，竟塞满了一整部书。对普鲁塔克的《荷马的生平和诗》也应如此看待。由于他是一个哲学家，谈荷马时较为清醒〔780〕。

XXIX

868 不过朗吉努斯的揣测也许是根据这样一个事实：荷马在《伊利亚特》里描绘的阿喀琉斯的狂怒和骄横都是青年人的特征；而在《奥德赛》里则叙述尤利西斯的诡诈和谋略，都是老年人的特征。

XXX

869　据传说，荷马是个盲人，因此他才叫作荷马，Homēros 在爱奥尼亚土语里意思就是"盲人"。

XXXI

870　荷马自己曾称在贵人筵席上歌唱的诗人们为盲人，例如在阿尔喀诺俄斯招待尤利西斯的筵席上歌唱的〔《奥德赛》8.64〕以及在求婚者欢宴中歌唱的〔《奥德赛》1.153ff〕都是盲人。

XXXII

871　盲人们一般有惊人的持久的记忆力，这是人类本性的一种特征。

XXXIII

872　最后，〔据传说〕荷马很穷，在希腊各地市场上流浪，歌唱自己的诗篇。[26]

注　释

1　《荷马的生平和诗》，见普鲁塔克著作集第五卷，100—164页。——英译者

2　在地中海的一个希腊岛。

3　这是《伊利亚特》中有名的对一件艺术品的描绘。

4　希伯来人的民族创建者。

5　近似古汉语中的"燔肉"，见《论语》。

6 赫库勒斯携妻子外逃，到一条河边，把妻子交给人马妖驮着过河，被人马妖奸污，这就破坏了英雄法律中的正式婚姻制度。

7 努马是罗马的第二代国王。

8 《论修辞术》第十四卷叙述了希腊和罗马的文学简史。

9 指的是阿里斯托芬的喜剧《云》。《云》把这位哲学家写得滑稽可笑。

10 意为"把谎说得圆"。

11 这里说的就是"典型"，"典型"不是抽象的共相——概念，而是"想象的共相"，即用形象形成的共相，能代表某一类人的人物性格。

12 就像凭阿喀琉斯和尤利西斯来理解希腊社会习俗，在我国曹操和诸葛亮、李逵和宋江、薛宝钗和林黛玉等著名角色也起着同样的作用。

13 卡斯特尔维特罗，《通俗化的和受歪曲的亚里士多德的〈诗学〉》1576，4—6页。——英译者

14 即神话故事性的。

15 即形象思维。

16 这里所说的想象，imagination或fantasie，就是我们近来争论的"形象思维"，维柯认为在人类心理功能发展中形象思维先于抽象思维。

17 共相是抽象的共同属性，殊相是个别具体事物的形象。

18 指诗学和批评理论。

19 维柯所用的"语句"（sentence）不单指语言，兼有"判断"的意义。

20 注意：维柯的"英雄"专指原始民族中的强人或贵族，与一般人所了解的"英雄"不同，维柯依埃及传统把历史分为神、英雄和人的三个时代，属于英雄时代的人就叫作英雄，涉及英雄时代的制度、习俗乃至文艺、语言和斗争都叫作"英雄的"，所以在《新科学》里"英雄的"这种形容词一般就等于"野蛮的"或"野蛮时代的"，一个"英雄"就是一个"酋长"。

21 中国的《诗经》和《楚辞》也可以为证。

22 Homēros在希腊文中就是荷马。

23 荷马史诗原只由说书人分别传诵，到公元前六世纪才由庇西特拉图暴君们结集成书。

24 阿利斯塔克，公元前三世纪的天文学家。

25 赫西俄德是《神谱》的作者，他对世界的起源和诸天神的世系叙述和荷马所叙述的也有些不同。他的另一部名著是《工作与时日》，颇似中国的《月令》。

26 我国过去说书人和算命先生以及瞽妓也大半既穷而又盲目，浪游集市卖技。也可作为旁证。

第二部分 发现真正的荷马

导 言

873 关于荷马和他的诗篇，由我们凭推理得出的或是由旁人叙述过的以上一切事实，都不是我们事先就着意要达到这样结果的——说实在话，我们原先并没有想到：本书第一版（用的并不是和本版一样的方法研究出来的）的某些读者，都是些思想锐敏和学问高超的学者们，就曾疑心到前此人们一直在置信的那个荷马并不是真实的。这一切情况现在迫使我们要肯定：不仅是荷马，就连特洛伊战争的经过也不是真实的。现在就连最审慎的批评家们也都认为：尽管特洛伊战争标志着历史上一个著名的时代，而实际上它在世界上并不曾发生过。就特洛伊战争来说，假如荷马不曾在诗篇里留下一些重大的遗迹，有许多重大难题就应迫使我们下结论说：荷马纯粹是一位仅存于理想中的诗人，并不曾作为具体的个人在自然界存在过。但是一方面有许多重大难题，而另一方面又有留传下来的诗篇，都似应迫使我们采取一种中间立场：单就希腊人民在诗歌中叙述了他们的历史来说，荷马是希腊人民中的一个理想或英雄人物性格。

第一章

前此置信的那个荷马所表现出的
许多不恰当和不可能的事情在本书所发现到的那个荷马身上
就成了既是恰当的，又是必然的

874 从这种发现来看，前此所置信的那个荷马在他的叙述里一切不恰当的和不可能的事物和语言，在现在发现的那个荷马里就都变成恰当的和必然的了。首先，我们原先还得将信将疑的那些重大事物迫使我们要说下列各点：

I

875 为什么希腊各族人民都争着要取得荷马故乡的荣誉呢？理由就在于希腊各族人民自己就是荷马〔788ff，861f〕。

II

876 为什么关于荷马年代有那么多的意见分歧呢？理由就在于特洛伊战争从开始一直到努马时代有四百六十年之久，我们的荷马确实都活在各族希腊人民的口头上和记忆里〔803〕。

III

877 他的盲目〔869ff〕。

878 和他的贫穷〔872〕，都是一般说书人或唱诗人的特征。他们都盲目，所以都叫作荷马（homéros）[1]。他们有特别持久的记忆力。由于贫穷，他们要流浪在希腊全境各城市里歌唱荷马诗篇来糊口。他们就是这些诗篇的作者，因为他们就是这些人民中用诗编制历史故事的那一部分人。

879 由此可见，荷马作出《伊利亚特》是在少年时代，当时希腊还年轻，因而胸中沸腾着崇高的热情，例如骄傲、狂怒、报仇雪恨，这类热情不容许弄虚作伪而爱好宏大气派。因此，这样的希腊喜爱阿喀琉斯那样的狂暴的英雄。但是他写《奥德赛》是在暮年，当时希腊的血气仿佛已为反思所冷却，而反思是审慎之母，因此这样老成的希腊爱慕尤利西斯那样以智慧擅长的英雄。从此可见，在荷马的少年时期，希腊人崇尚粗鲁、邪恶、狂暴、野蛮和残酷。到了荷马的暮年时期，希腊人就喜欢阿尔喀诺俄斯老国王的奢侈品，卡吕普索（Calypso）的那些欢乐，塞壬女妖们的歌声，求婚者们的那些吃喝玩乐和对珀涅罗珀王后贞操的围攻和侵犯。像以上这两类习俗和习性竟曾被人认为同时存在，而在我们看来，二者是互不相容的〔803f，866〕。这个难点曾足以使神明的柏拉图〔780〕宣称，荷马原是凭灵感预见到这些令人作呕的、病态的、邪淫的习俗风尚终于会到来，他想借此来解决上述难点，可是他只是把荷马弄成希腊文明政体的一个愚笨的创建人〔《理想国》606E〕，因为尽管他谴责这种腐败颓废的习俗风尚，却也同时教导了这种习俗风尚终于要到来，这就会加速人类制度的自然进程，使希腊人更快地走向腐化。

VI

880 我们这样就说明了《伊利亚特》的作者荷马要比《奥德赛》的作者荷马早许多世纪。

VII

881 我们还说明了歌唱在他本国发生的特洛伊战争的那位荷马来自希腊的东北部，而歌唱尤利西斯的那位荷马却来自希腊的西南部，尤利西斯所统治的王国就坐落在希腊的西南部〔789〕。

VIII

882 这样，迷失在希腊人民群众中的荷马被批评家们横加给他的种种指责，特别是就下列各点的指责，就可以得到昭雪了：

IX

883 他的卑劣语句，

X

884 他的村俗习俗，

XI

885 他的粗疏譬喻，

419

XII

886　他的地方俗语，

XIII

887　他的音节失调，

XIV

888　他的土语前后不一致，

XV

889　他把神变成人，把人变成神。

890　关于这最后提到的神话故事，朗吉努斯本人并不置信，除非有些哲学性的神话故事可以佐证〔《论崇高》9.7〕，这就等于承认当时把这类神话歌唱给希腊人听时，听起来就不能使荷马获得希腊文明体制创建者的荣誉〔899〕。这个不利于荷马的难点也就是我们在上文提出过的不利于把俄耳甫斯当作希腊人道创建者的那个难点〔79—81〕。但是上述那些特征，特别是其中最后的一个，本来都是希腊各族人民所共有的，因为在创建时期希腊人本身就是虔诚信宗教的、贞洁的、强壮的、正直的、宽宏大量的〔516〕，他们就认为神也有这些品德，如我们在上文讨论自然神谱时所已证明的；后来随着岁月的推移，上述神话故事就渐暗淡起来了，老习俗也衰败了，希腊人于是凭他们自己的性格来判定他们的神也和他们自己一样放辟邪侈了，如我们在上文《诗性的智慧》部分已详论的。这是由于〔220〕那条公理：人们自然地强使一些暧昧不明确的法律屈就人们自己的情欲和利益。因为人们害怕神在习俗上如果和人不同，神对人的愿望就会不利〔221〕[2]。

XVI

891 但是因此荷马就更有权利具有两大特优点（其实还是一个特优点），即亚里士多德所称赞的诗性谎言，和贺拉斯所称赞的特长于创造英雄人物性格〔809〕。贺拉斯因此承认自己不是诗人，因为他缺乏才能或巧智去把握住他所称的 colores operum（作品的色彩）〔《诗艺》86〕，这其实也就是亚里士多德所说的"诗性谎言"，因为罗马喜剧家普劳图斯在他的剧本《吹牛的战士》一文里就把 obtinere colorem（把握色彩）用作"把谎话说得完全像是真的"这个意义。一个好的神话故事本来就应如此。

892 此外，还有些诗学专家称赞过荷马具有许多其他优点，例如：

XVII

893 他的粗俗野蛮的譬喻〔785，826〕。

XVIII

894 他把战争和死亡描绘得残酷可怕〔827〕，

XIX

895 他的充满崇高热情的语句〔825〕，

XX

896　他的富于表现力的堂皇典丽的风格。这一切优点都是希腊人英雄时代的特征，荷马在这种英雄时代始终都是一位高明无比的诗人，正因为生在记忆力特强、想象力奔放而创造力高明的时代，荷马绝不是一个哲学家〔781—787〕。

XXI

897　因此，后来的一切哲学、诗学和批评学的知识都不能创造出一个可望荷马后尘的诗人。

898　还不仅此，荷马配得以下三种对他的赞词：

XXII

899　一、他是希腊政治体制或文化的创建人〔B_8，783，879，890〕；

XXIII

900　二、他是一切其他诗人的祖宗；

XXIV

901　三、他是一切流派的希腊哲学的源泉〔779〕。这三种赞词中没有哪一种可以献给前此人们所置信的那个荷马。第一种赞词不相称，因为从丢卡利翁和皮拉时代算起〔523〕，荷马出现在我们已在《诗性的智慧》部分说明的正式婚姻制度奠定希腊文明社会的之后八百年。第二种赞词不相称，因为在那个荷马时代之前，神学诗人们就已很繁荣，例如俄耳甫斯、安菲翁、穆赛俄斯、李笯斯等人，编年纪事史家们把赫西俄德摆得比荷马还早三十年，西塞罗在他的《布鲁图传》〔18.71〕里也肯定了有些英雄诗人比荷马还早。尤西比乌斯在他的《为福音所作的准备》一书〔10.11.495bc〕里还举过一些名字，例如菲拉蒙、塔米里斯、德莫多库斯、厄庇蒙里狄斯、阿里斯特斯，等等。最后，第三种赞词也不相称，因为哲学家们并不是从荷马神话故事里发现到他们的哲学，而是把他们的哲学硬塞进荷马神话故事里去，如我们在《诗性的智慧》部分已详谈过的。事实是《诗性的智慧》本身用神话故事向哲学家们提供机缘去思索其中高明的真理，如我们在本书第二卷为实现卷首的诺言时就已说明过的〔361ff，779〕。

第二章
从荷马史诗里发现到希腊部落自然法的两大宝库

902 但是最重要的还是凭我们的发现，我们还可以把另一种最光辉的荣誉归给荷马：

XXV

903 荷马是流传到现在的整个异教世界的最早的历史学家。

XXVI

904 因此，他的两部史诗此后应作为古希腊习俗两大宝库而受到高度珍视。但是荷马史诗却遭到十二铜表法所遭到的同样命运。正如十二铜表法曾被人认为是由梭伦为雅典人制定的法律而后来由罗马接受过去的，从此就把拉丁部落自然法的历史一直掩藏住不让我们知道，荷马史诗也被人认为由某一个人，一位罕见的高度完美的诗人所抛出来的作品，前此也一直把希腊部落自然法的历史掩藏住不让我们知道一样。

注 释

1　这个词义就是盲人。
2　注意：维柯在费尔巴哈之前就已提出神是人按自己的本性创造出来的这一重要学说。维柯实际上是个无神论者。他不敢触犯天主教的忌讳，特地标明他所说的只限于异教民族，不包括希伯来人在内，仿佛希伯来人的《旧约》中神创造世界说还是实话。

附编 戏剧诗和抒情诗作者们的理性历史

905 上文已说明过，荷马以前已有三个诗人时代〔808〕。首先是神学诗人们的时代。神学诗人们自己就是些英雄，歌唱着真实而严峻的神话故事；其次是英雄诗人们的时代，英雄诗人们把这些神话故事窜改和歪曲了〔901〕。第三才是荷马时代，荷马接受了这样经过窜改和歪曲的神话故事。现在对远古历史运用玄学批判的方法，即对最初各民族自然形成的一些观念进行解释，也可以用来说明和分辨戏剧诗人们和抒情诗人们的历史，而过去哲学家们所写的这方面历史都很暧昧而混乱。

906 这些哲学家们把安菲翁[1]这位英雄时代最古的诗人列入抒情诗人一类，说他发明了酒神赞歌和有关的合唱，还说他先引进了用诗来歌唱的林神（satyrs），而酒神歌就是由一个合唱队载歌载舞地赞颂酒神的。他们还说有些值得注意的悲剧诗人们在抒情诗人时代还很繁荣；而第欧根尼·拉尔修（Diogenes Laërtius）还说〔3.56〕，在悲剧里，合唱队起初是唯一的演员，而最早的悲剧诗人是埃斯库罗斯。据帕萨尼亚斯的叙述〔1.21.2〕，命令埃斯库罗斯写悲剧的是酒神巴克斯，而贺拉斯在《诗艺》里有一段却说〔275ff〕，悲剧的创始人是泰斯庇斯（Thespis）。贺拉斯在这里是从林神剧（satyr）开始来讨论悲剧，说泰斯庇斯首先用林神剧在收葡萄造酒季节在板车上表演。他们还说，后来出现了索福克勒斯，巴勒蒙（Palaemon）把他称为悲剧诗人中的荷马。这一轮悲剧诗人以欧里庇得斯为殿军，亚里士多德把他称为悲剧诗人中悲剧性最强的一位〔《诗学》，13.10.1453a 29〕。他们说，在同一时期出现了阿里斯托芬。他发明了老喜剧，为新喜剧开辟了道路（即后来米南德所走的道路）。他的喜剧《云》造成了苏格拉底的身败名裂〔808，911〕。后来有些人把希波克拉底摆在悲剧诗人时代，另一些人把他摆在抒情诗人时代。但是索福克勒斯和欧里庇得斯都略早于十二铜表法的时代，而抒情诗人们则在其后才出现。这个事实似要推翻把希波克拉底摆在希腊七哲人时代的那种时历表了。

907 为着解决这一困难，我们必须说，有两种悲剧诗人，也有两种喜剧诗人。

908 古代抒情诗人们理应首先是颂神歌的作者们，例如据说其中有些是荷马用英雄体诗作的那类颂神歌。后来就应是另一类抒情诗人，用像阿喀琉斯弹竖琴来歌唱过去英雄们的那样抒情的调子〔《伊利亚特》9.186ff〕。与此类似，在拉丁人中最早的诗人是用赛里（Salian）诗律的那些作者。这种诗是由叫作赛里阿（salio）的司祭们在祭神节日所歌唱的颂神歌。（Salio 的原义是"跳"或"踊跃"，正如最初的希腊合唱队在一个圆圈里踊跃。）[2] 这类颂神歌的断简残篇是古拉丁语传到现在的一些最古的遗迹。它们都有一种英雄诗的情调〔438，469〕。这一切都符合各民族人道起源时的情况。各民族在最初时期，即宗教时期，理应首先只向天神献颂歌（正如在复归的野蛮时期，这种宗教习俗也复归了。当时司祭们是唯一的识字人，只作出宗教性的颂神歌）。[3] 到了后来的英雄时期，他们就理应只敬重和庆祝英雄们的丰功伟绩，如阿喀琉斯所歌唱的。上文提到的安菲翁理应属于这类宗教性的抒情诗人〔906〕。他也是林神剧即最初的简陋的悲剧的起源，是用英雄诗律

（希腊人最早用来歌唱的一种诗律〔463〕）。所以安菲翁的酒神赞歌就是最早的林神剧，而贺拉斯讨论悲剧就从林神剧开始〔《诗艺》，220ff〕。

909 新抒情诗人们是些甜美的诗人，其中最高首领是品达（Pindar）。他所用的诗律是我们意大利人所称呼的乐调（arie per musica），即用来配乐的曲调。这种诗律的出现应早于爱慕奥林匹克运动会上所表现的那种希腊式壮丽英勇气派的时期。抒情诗人们就在奥林匹克运动会上歌唱。与此类似，贺拉斯也出现在罗马最讲究阔绰排场的时期，即奥古斯都大帝时期；而在意大利人中间甜美的抒情诗也出现在温柔和婉风尚盛行的时期。

910 悲剧和喜剧诗人们是在下列两种年代极限之内走完了他们的过程的。泰斯庇斯在希腊的一部分，而安菲翁在希腊的另一部分，在收葡萄造酒季节创造了林神歌或林神剧这种雏形悲剧，用林神为角色。在当时简陋情况之下，他们理应首先创造出原始的面具或伪装，用随手带的山羊皮来掩盖脚和大小腿，用酒糟来涂抹胸部和面部，在前额上安上角（或许因此今天收葡萄造酒的人还叫作"头上长角的人"〔cornuti〕）。在这个意义上埃斯库罗斯受酒神之命写悲剧的传说也许是真实的。这一切都符合当时情况，当时英雄们都声称平民们是半人半山羊的人兽两性混合的怪物〔566f，906〕。从此可见，有充足的根据来揣测悲剧起源于这种林神剧的合唱队。悲剧这个名称来自上文所描绘的面具，而不是来自用山羊来酬劳这种诗竞赛中的锦标手。（贺拉斯在《诗艺》〔220ff〕里看到后一种可能，却没有看出它的意义，只说山羊微不足道。）[4] 林神剧保存了它起源时的永恒特性，即表示讥刺的特性；因为用这种粗糙面具化装而坐在载葡萄的板车上的农民们都享有特权，可以讥刺在他们上面的贵人们——就像至今意大利，快活的坎帕尼亚（Campania，一度被称为酒神的故乡）收葡萄造酒的农民们还享有这种讽刺特权一样。从此可见，学者们后来把潘恩（pan 意指"泛""凡是"或"一切"）的神话故事塞进来所增补的东西多么不真实（因为 pan 的词义是"一切"，哲学家们就伪造出神话来，说 pan 就是指宇宙，而露毛的下身指地，涂红的胸部和面部指火，头上两个角指日月〔688〕）。罗马人却用了 satyra 这个词替我们保存住关于 pan 的历史性神话。因为 satyra 这个词，据费斯特斯的解释，是指"拼盘菜"，因此后来的"lex per satyram"就指"法律总汇"。据贺拉斯〔《诗艺》225ff〕，林神剧里各种类型的人物性格，例如神、英雄、国王、工匠和奴隶们都会出现。但是在罗马人中还保存住的林神剧中并不用各种不同的题材，每篇诗只专写一种独立的情节。

911 接着埃斯库罗斯就造成了由旧悲剧，即林神剧，到中期悲剧的过渡，办法是运用人类面具，把安菲翁的原来由林神合唱队演出的林神剧改为由一群人的合唱队演出，而中期悲剧理应是旧喜剧的来源，其中描绘一些大人物，所以用合唱队是适合的。后来索福克勒斯和欧里庇得斯相继出现，替我们留下了悲剧的最后形式。旧喜剧在阿里斯托芬手里告终，因为它使苏格拉底获得了坏名声。接着米南德给我们留下了新喜剧，角色都是私人的虚构的人物，因为人物是些私人，所以可信以为真〔806，808，906〕。此后就用不着合唱队了，因为合唱队是些群众在评论剧情，所以评论的只是些公众问题。

912 照这样看来，林神剧是用英雄诗律作的，像拉丁人后来保存下来的那种英雄诗律，因为最初的各民族都用英雄诗律来说话，所以悲剧用英雄诗律⁵来写作，是很自然的。后来喜剧只是空洞地率由旧章用诗律，当时希腊各族人民已在用散文方式说话了。抑扬格用在悲剧里确实很适合，因为这种诗律是由发泄愤怒产生的，它的运动是贺拉斯所称呼的"快音步"〔233〕。按民间传说，这种快音步是由阿尔齐洛科斯（Archilochus）创造出来，向不肯把女儿嫁给他的来侃伯斯（Lycambes）发泄愤怒的，据说这种辛辣激烈的诗律使听到的父女两人都在绝望中上吊自杀了。这个神话故事必然反映了英雄们和平民们在正式结婚权的斗争中的一段历史。在这场斗争中造反的平民们一定把贵族们连同他们的女儿一起吊死〔598〕。⁶

913 诗艺中的奇异可怕性就是这样产生的，凭这种奇特性，上述那种暴烈激昂的快速的诗律就适合悲剧那种宏伟诗篇，柏拉图在《理想国》〔394C?〕里把这种悲剧看得比史诗还更高。这种快速音步很适合于表现诙谐、游戏和多愁善感的爱情，这就形成喜剧的全部的秀美和魔力。

914 由于"抒情的"和"悲剧的"这两个词的随便乱用，人们便把希波克拉底摆在希腊的七哲人时代；但是他本应摆在希罗多德时代（因为他自己的生平就有一种神话故事的色彩，而希罗多德所写的《历史》是大部分用神话故事的方式来叙述的），可是当时不仅散文已出现，而且书写用的俗文字也已出现，希罗多德就用了散文来写他的《历史》，而希波克拉底也用散文写出了许多传下来的医学巨著〔857，906〕。

注 释

1 据传说，安菲翁（Amphion）曾攻占底比斯，弹起交通神授给他的竖琴，许多大石头就自动地移动起来，砌成了底比斯的城墙。
2 也正如我国少数民族"跳月""跳秧歌"之类歌舞。
3 中国过去的巫师也是如此。
4 希腊文的"悲剧"意思是"山羊歌"，因此对悲剧的起源有种种揣测。
5 英雄诗律即史诗的诗律，一般是五音步的抑扬格，要点在先抑后扬。
6 维柯在《新科学》里始终突出贵族与平民的斗争以及平民的最后胜利，争正式结婚权是斗争的起点。

第四卷

诸民族所经历的历史过程

引 论

915 凭在本书第一卷中所奠定下的一些原则,第二卷中所探讨和发现到的异教世界中神和人的一切制度的起源,以及第三卷所发现的荷马的两部史诗是希腊部落自然法两大宝库〔902ff〕(正如我们先已发现了十二铜表法是拉丁区域的部落自然法的一大丰碑〔154〕)。我们现在在第四卷中将借助于这种哲学的和语言学的启发以及凭关于理想的永恒历史的一些公理〔241—245〕,来讨论诸民族所经历的历史过程,沿着诸民族的全部变化多端、纷纭万象的习俗而显出经常的一致性前进,根据埃及人所说的他们以前已经经历过的那三个时代,即神、英雄和人的先后衔接的三个时代〔31〕。我们将看到诸民族都是按照这三个时代的划分向前发展,根据每个民族所特有的因与果之间经常的不间断的次第前进。这三个时代有三种不同的自然本性〔916ff〕,从这三种本性就产生出三种习俗〔919ff〕;由于这三种习俗,他们就遵守三种部落自然法〔922ff〕,作为这三种法的后果就创建出三种民事政权或政体〔925ff〕。为着便于已进入人类社会的人们一方面互相交流上述三种主要制度,就形成了三种语言〔928ff〕和三种字母〔932ff〕;另一方面为着便于辩护,就产生了三种法律〔937ff〕,佐以三种权威(或所有制)〔942ff〕、三种理性〔947ff〕和三种裁判〔954—974〕。这三种法律流行于三阶段时间〔975ff〕，这是诸民族在他们的生命过程中都遵守的。这些（共十一个）三位一体的特殊整体以及派生其他这样的整体在本卷中都将罗列出〔980—1045〕，他们全部都包括在一个总的整体中。这个总的整体就是都信仰一种有预见的天神的宗教。这就是形成和赋予这个民族世界以生命的精神整体。已在广泛分散的章节中讨论了上述这些典章制度，我们将在本卷里展示它们的发展次序。

第一部分 三种自然本性〔C₇〕

916　第一种自然本性，由于想象具有一种强有力的欺诈力〔385〕，在想象方面最强而在推理方面却最弱〔185〕。它是一种诗性的或创造性的自然本性〔376〕，我们可以称它为神性的，因为它把具体事物都显示为由诸神灌注生命的存在实体，按照每种事物的观念分配一些神给它们〔377，379，401f〕。这种本性就是神学诗人们的本性，在一切异教民族中神学诗人都是最早的哲人，当时一切异教民族都建立在自己特有的某些神这种信仰上。此外，这种自然本性全是凶狠的、残酷的，但是由于上述想象的错误，他们对本来是由他们自己所创造出的那些天神怀有一种极端的畏惧〔518〕。因此就留下两种永恒的特征：一、宗教是唯一的强有力的手段，足以钳制原始民族的凶狠性；二、各种宗教的繁荣是在掌管宗教的人们由内心里崇敬宗教的时候。

917　第二种自然本性是属于英雄时代的，英雄们都相信自己是来源于天神的〔449〕，因为他们既然相信一切事物都是由神造的或做的〔377，379，508，629〕，他们就自信是天帝约夫的子孙，是在天帝占卜典礼下生育出来的。这样英雄们在物种上就属于人类而不属于野兽类，他们因此就相信他们的英雄体制具有一种自然高贵性，凭这种高贵性，他们就成了人类的君主，他们就向另一批人夸耀自己的这种自然高贵性，这另一批人实行可耻的野兽般的杂交而引起交讧，就投到英雄们的庇护所里来逃难；因为来时还不信天神，英雄们就把他们作为野兽看待。我们在上文已讨论过这两种自然本性〔553ff〕。

918 第三种才是人的自然本性，它是有理智的，因而是谦恭的、和善的、讲理的，把良心、理性和责任感看成法律。

第二部分 三种习俗

919 第一种习俗都带有宗教虔诚的色彩，就像刚脱离世界大洪水的丢卡利翁和皮拉两夫妇那批人〔523〕的习俗。

920 第二种习俗是暴躁的，拘泥细节的，像传说中阿喀琉斯那样人物的习俗〔667，786〕。

921 第三种习俗是有责任感的，把自己的民政责任感教给每个人。

第三部分 三种自然法

922　第一种法是神的，因为人们都相信他们自己和他们的一切规章制度都依存于神，由于他们认为任何事物都是一种神或是由一种神所造成的或做出来的〔379，629，917〕。

923　第二种法是英雄的，即凭强力的法，但是由宗教支配的，只有宗教才能限制强力，只要那里还没有人道的法或够强的力量来约束强力。因此，天意就安排了使生性凶恶的原始人应受到他们的这种宗教的说服，去自然而然地默认这种强力；而且因为他们还不能推理，安排了他们凭运气去衡量权利。为着要做到这一点，他们就得求神问卜，这种强力的法就是阿喀琉斯的法，他让他的矛尖去决定一切权利。

924　第三种法就是人道的法，是受充分发达的人类理智来下判决的〔C₇，326〕。

第四部分 三种政府（或政体）

925 第一种是神的政府，即希腊人所称呼的神治的（thecratic）政府〔629〕，在这种政府里人们都相信一切事物都由天神来发号施令。这就是神谕或占卜的时代，神谕就是我们在历史中所读到的最初的典章制度〔381〕。

926 第二种是英雄的或贵族专政的政府，这也就是用最强者这个意义来讲的权势者们〔optimates〕[1]的政府〔586〕，在希腊文里它们就叫作赫拉克利族政府，也就是贵族政府。在希腊早期，赫拉克利族遍布全希腊，后来在斯巴达还保存了一些。它们也叫作库越特族（Curetes）的政府，希腊人曾发现到库越特族散布在萨图尔尼亚（古意大利）、克里特岛和亚细亚〔591ff〕，所以库越特族也就是罗马人的魁里特族（Quirites），他们是公众议会中的武装司祭们〔595〕。由于上文已提到的这种人来源于神，生来就有生性高贵的优越性，所以在他们的政府里一切民政权利都由英雄们这种统治阶层独占住，而平民们既然被认为来源于野兽，就只准享受生命和自然的自由〔597〕。

927 第三种就是人道的政府，在这种政府里由于人的特性在理智性的平等〔918〕，在法律下面，人人都被看成平等的，因为人人在他们的城市里都生来就是自由的，这就是一些自由民主城市的情况，其中全体或大多数人组成城市的公正的武装力量，因此，他们就是民众自由体制的主宰。在君主

438

独裁政体里情况也是如此，独裁的君主使全体臣民在法律面前人人平等，而且把全部武装力量都掌握在自己手里，他们就可使自己在民政方面居优越地位〔1004—1008〕。

注 释

1　即罗马的当权的贵族们，大半是武装的司祭们。

第五部分　三种语言

928　有三种语言：

929　第一种是神的心头语言，表现于无声的宗教动作或神圣礼仪〔401ff〕，在罗马民法里还从这些动作或礼仪里保存下来所谓"法定手续"（actus legitimi）[1]，这是他们执行一切民政事务都要使用的手续〔558，1030f〕。这种语言属于宗教，由于宗教的特性，人们敬重它比起就它进行推理还更重要。在最早的时期人们还没有发音的语言，这种神圣的心头语言就有必要。

930　第二种语言是英雄们的徽纹，盾牌就用徽纹来说话，这种语言在军事训练中还保存住了〔484—488〕。

931　第三种就是发音的语言，这是今天一切民族都在使用的〔448—454〕。

注　释

1　Actus legitimi——法定动作，指一种代表语言或明文的动作或姿态，例如点头或摇头。法律必有些这样不必明言即可默契的程序，就叫作"法定手续"。

第六部分　三种字母（文字）

932　有三种字母：

933　第一种是神的字母，正当的名称是"象形文字"（hiero-glyphics），上文已说过，这是各民族在起源时都使用的〔435〕。这种象形文字都是某种想象的共相（imaginative universals），是由人心有喜爱一致性这种生来就有的特性来支配的〔204，209〕。他们既然不能凭逻辑抽象功能来达到这种一致性，于是就凭想象的描绘；他们把一切属于某一类的分种归结到这种诗性的共相里，例如把关于求神问卜的一切项目都归结到天帝约夫〔379〕，把关于婚姻的一切项目都归结到天后朱诺〔513〕，等等。

934　第二种就是英雄们的字母，这些也还是一些想象的共相，他们把英雄时代的各种具体事物归结到这种想象的共相里，例如把凡是英雄战士的事迹都归结到阿喀琉斯，凡是聪明人的谋略都归结到尤利西斯。这些想象的总类，到人类心智后来学会了从主体中抽象出形状和属性来了，就变成可理解的总类了。这就替哲学家们铺平了道路。到了希腊人道最昌盛的时期才出现的新喜剧的作家们，就从哲学家那里取得了人类习俗的可以理解的总类，在他们的新喜剧作品中把它们描绘出来〔808f〕。

935　最后，土俗字母发明了，就和土俗语言齐头并进。土俗语言是由文字组成的，这些文字仿佛就是过去英雄的语言所使用的殊相（个别具体事物）的总类。再用上文已用过的一个例子〔460〕来说明，从英雄的语组"血在我心中沸腾"他们就造成了"我发怒"这个词。[1] 例如中国人至今还用这种方式从十二万个象形文字中造出少数字母，都归结到这些少数字母，好像就归结到总类一样〔462〕。[2] 这种发明确实不是凡人的心智所能做到的，因此波那·封·马林克罗特和英格瓦尔德·厄林都认为字母是神的发明〔428〕。不难理解，人类惊奇感导致各民族相信这些字母是由一些神学高明的人们替他们发明的，例如说由圣杰罗姆替伊利里亚族人（Illyrians）[3] 创造了字母，圣西里尔替斯拉夫族人创造了字母，等等，如安杰罗·罗卡（Angelo Rocca）在他的《梵蒂冈图书目录》里所说的，在这部目录里我们称之为俗字母的作者们和他们的字母是同时描述的。但是这种看法显然错误，如果我们提出一个简单的疑问，这种看法马上就露出破绽：他们为什么不教人们学习他们本民族自己创造的字母呢？例如说卡德摩斯把腓尼基人的字母输入希腊，但是希腊人后来用的字母和腓尼基人的字母却大不相同。

936　这类语言和文字是由各不同民族之中凡俗人自己做主来控制的，所以都叫作凡俗的〔443〕。由于这种控制语言文字的主权，各族自由人民必然也是他们自己的法律的主宰，因为自由人民才能强加给法律以某种意义，迫使强人们遵守这些法律，尽管这是违背强人们意愿的，如我们在公理部分〔283ff〕已提到的，专制君主自然无权来剥夺人民的上述主权，但是由于人类民政事务的不可剥夺的自然本性，这种和人民分不开的主权却大大加强了独裁君主们的力量，因为君主们可以公布自己的王法，迫使贵族们必须按照人民所赋予这种王法的意义来接受。这种控制凡俗语言文字的主权就包含这样一层意义：按照民政本性的发展次第，自由的民主政体出现在君主专政之前[4]。

注 释

1 西方语言有时在动词本身就可以见出它是第几人称,不像"我发怒"在汉语里仍是一句话。

2 维柯说的"字母"似指《说文解字》中的"部首",其实"部首"很难说就是"字母";也可能指一个字可以依平上去入而分成几个音。维柯没有加注,他大概是从传教士们听到的。

3 巴尔干半岛一带古代民族。

4 维柯的最高政治理想是开明君主专制而不是民主。

第七部分 三种法学

937 有三种法学，或〔法的〕智慧：

938 第一种是一种神的智慧，叫作秘奥的神学，就是关于神的语言的科学，或对占卜的秘奥教仪的知识。这种求神问卜的学问是一种凡俗智慧，这方面的哲人就是神学诗人们，神学诗人们就是异教世界中最早的哲人。神学诗人们从这种秘奥神学得到"秘奥的信士"这个名称。博学的贺拉斯把这个名词译为"天神们的翻译者"〔381〕，所以属于最初这种法学的就是最早的父主们的正式翻译，原文为 interpretari，是由 interpatrari 派生的，意思是"进到父主们心里面去"，天神最初就叫作"父主"〔448〕。但丁曾用 indiarsi 这个词来指翻译，意思是"进入神的心里去"〔《神曲》的《乐园》4.28〕。这种法学只用隆重的敬神礼仪来衡量公道；因此，罗马人对"合法手续"〔929〕这个词还保留了一种带有迷信意味的尊敬。罗马人在他们的法律里还保存住婚姻法和遗嘱法这类术语来指结婚和立遗嘱的隆重典礼。

939 第二种是英雄的法学，用某些妥帖的文字要预先费心斟酌，这就是尤利西斯的智慧所在，他在荷马史诗里号称最善于辞令，用字妥帖，因而总是获得他所谋求的便利。因此，古罗马律师们的声誉都靠他们的 cavere，即他们的审慎或一丝不苟〔569〕；而他们的"法庭答辩"（de

iure respondere）不过是警告委托他们的起诉人或辩护人向法官陈诉事实，以及当时具体情况，恰好符合法律条文程序，使法官无法拒绝接收他的案件〔965〕。在复归的野蛮时期情况也颇类似，法学博士们的全部声誉都靠知道怎样替契约和遗嘱找到保障和怎样写起诉书和辩护书，和援用法律条文要恰恰符合罗马法学家们所要求的"审慎"和答辩程序〔1027〕。

940 第三种是人道的法学，它要审核事实本身真实与否，宽厚地使法律条文适应对两造公平处理的一切要求〔327〕。这种法学是在自由民主政体之下，尤其在君主专政的体制之下才得到遵守的，这两种政府都是人的或人道的政府〔927〕。

941 从此可见，神的法学和英雄的法学在当时诸民族还是粗野的情况下都依据确凿可凭的事实（the certain）。至于人的（或人道的）法学却重视真正的道理（the true），当时人们已开化了。以上这一切都根据对确凿可凭的事实和真实的道理两词的定义以及上文"要素"部分所提出的一些公理〔137f，321f，324f〕。

第八部分 三种权威

942 有三种权威（authority）〔350，386—390〕。第一种权威是神的，神的安排是不要辩护理由的。第二种权威是英雄的，完全要依据法律的正式条文。第三种权威是人的，依据对在实践事务方面所信任的人，须在实践方面有经验而且特别审慎，而在理智事务方面又有崇高的智慧。

943 在各民族经历过的过程中，法学运用的就是这三种权威，这三种权威都属于参议院或立法机构，这些立法机构在这过程中也是一种接着一种的。

944 第一种是财产所有权的权威，因此，授予财产所有权给我们的那些人就叫作 auctores（授权人或保护人）。在十二铜表法里这种财产所有权本身就经常叫作 auctoritas（权）〔386〕。这种权从有宗族制度时就以神的统治机构为它的来源，在家族制度中，神的权威理应寄托在神身上。因为据认为一切事物都归神们所有〔922〕。后来在英雄时代贵族体制中，参议院或立法机构就是权威所在地（在现在的贵族政体中仍然如此），权威很恰当地授给这些当权的立法机构。因此，英雄的参议院[1]批准人民先已设计好的办法，如李维〔1.17.9〕所说的〔113〕。不过这种办法并不是如历史所叙述的从罗慕路斯政权中断期开始，而是从贵族政体衰落时开始，当时公民权已推广到平民身上了，如前已说明过的〔598，112f〕。这项安排，如李维自己所说的，"往往导致叛乱"〔1.9.6〕；所以人民如果要他们的建议获得批准，举例来说，他们就得提名参议院所赞助的人们去当行政官，正如在君主专政体制下行政官们由人民提名一样。

945 巴布利阿斯法律宣布了罗马人民为最高统治权（或帝权）的自由和绝对的主宰〔112f〕，从此以后，参议院的权威就在于监护，正如监护人批准被监护人们的交易（事务）而被监护人们仍是自己的祖遗财产的主人，这就叫作监护权（auctoritas tutorum）。这种监护权由参议院按照事先已拟好的法律条文授给人民，正如监护人的监护权一般也要授给被监护人一样。参议院须在人民中出席，在大会里出席，在颁布法律时出席，如果他们决定了要颁布；如果决定不颁布，他们就认为该项法律"已过时"而不予批准，也就是宣布他们不需要什么更新〔113〕。这一切做法都是为着避免人民在制定法律时由于欠考虑而使政权受害，同时也为着在制定法律中人民可以受到参议院的调节。因此，西塞罗在《演说家的形成》〔3.2.5〕里把参议院待制定的法律的条文送交人民批准时，有意地注明"不是私人的授权"，像监护人只须凭出场就算批准涉及被监护人的法令那样，而是完全明文写出的条文，不用人民所不懂的省略或简写字。这就是巴布利阿斯法律所规定的；此后参议院的权威（用李维的原话）〔1.17.9〕，应记录在案，如果众议院的结果还未确定〔113〕。

946 最后，政体由民众自由转为君主专政，于是就出现第三种权威，即在智慧方面享受信任和名誉的权威。从此以后就是参谋顾问的权威，在这方面罗马皇帝下边的法学家们据说就是权威（auctores）。专制君主下面的参议院的权威一定也是如此，专制君主有充分绝对自由，听从或不听从参议院的建议。

注　释

1　在罗马即元老院。

第九部分 三种理性

第一章
神的理性和国家政权的理性

947 理性有三种：神的理性〔948〕，国家政权的理性〔949〕，和自然理性〔951〕。

948 第一种是神的理性，只有神才懂得，人只凭神的启示才懂得。神先启示给希伯来人，后来启示给基督教徒，启示用原来内在的语言，作为全是心灵的上帝的表达方式启示给人们的心灵；但〔也〕用外在的语言，通过先知们和通过耶稣基督传给使徒们，由使徒们向教会宣告。对异教诸民族来说，神是通过各种预兆、神谕或其他被看作由神传来的信息的各种物体符号，异教人相信神们原是肉体的〔F7〕。所以在全是理性的神身上，理性和权威是一码事；因此，在正确的神学里，神的权威和理性占着同等地位。在这一点上神的预见应受到崇敬，因为在最早的时代，异教世界的人们还不懂得理性（在氏族体制下尤其如此），神的预见安排好，允许异教人民犯错误，不服从理性而服从预兆的权威来管理自己。他们相信预兆是传达神诰的。这是由于原始异教人民有一种永恒的特性，当他们看不出人类制度有什么理性，尤其是看出它们甚至是违反理性时，他们就逃到暗藏在神意那个深渊里的不可理解的告诫里去。

949 第二种是国家政权的理性，罗马人把它叫作 civilis aequitas〔民政的公道〕，乌尔比安对它下的定义是"不是一切人都自然懂得的，只有政府里能辨别什么才对保存人类生存为必要的那些少数专家才能懂得"〔320〕。在这方面英雄式的参议院自然是明哲的，罗马的参议院尤其是最明哲的，无论是在不准平民们就公众制度发表意见的贵族自由时代，还是在民众自由时代，只要是人民还受参议院领导的时期，这就是说，直到格拉古家族¹时期，一直是如此。

第二章
关于古罗马人的政治智慧的系定理

950 这里就出现了一个像是很难解决的问题：罗马人在粗陋的时代怎么能在治理国政方面那样明智，而到了他们已开化的时代，乌尔比安却说〔320〕"今天只有政府里少数专家才懂得治理国政"呢？答案是这样：凭产生各原始民族的英雄体制的那些同样自然的原因〔666ff〕，古罗马人既然是世界的英雄，自然要谋求民政的公道，这种民政公道最爱斤斤计较法律所由表达的文字。凭这种斤斤计较地对明文的遵守，他们就在一切具体事实中用一刀截的办法去运用法律，纵使法律已显得严厉、生硬乃至残酷〔322〕，正如今天国家政权的理性就是这样运用的。因此，民政公道在一切法律中就是一位皇后，要使一切法律都服从她。西塞罗曾以这个问题所要求的郑重态度来把这条法律界定为"人民的安全应是最高的法律"。因为在贵族政体流行的英雄时代，英雄们在私人方面每人都享有公众福利的一大份，即祖国替他们保留的族主权；政府既然替他们保留了这一大份特殊利益，族主们自然把一些次要的私人利益放在其次〔584〕。因此，作为慷慨好义的人，他们要维护公众利益或国家利益；作为明智的人，他们替国家出谋划策。这是天神意旨为巨人族主们（如荷马和柏拉图所描述的〔296，338〕）所设计的一种"高招"，假如族主们不享有一大份和公众利益合一的私人利益，就不能诱导他们放弃他们的野蛮生活而去培养文明生活。

951 在人的时代，自由民主政体或君主独裁政体已发展出来了，情况就大不相同。在自由民主政体中公民们掌握着公众利益的大权，公众利益是由公民们分享的，掌握公众利益大权的人民有多少，所划分的小份数也就有多少。在君主独裁政体下，臣民们受指令各管自己的私人利益，让掌权的君主专管公众利益。此外，我们还应加上曾产生上述两种政体的一些自然的原因（这些原因和曾产生英雄体制的那些自然原因正相反），也就是我们前已提到的对安逸生活的爱好，对婴儿的温情，对妇女的爱情，对生命的愿望（贪生）〔670〕。由于这一切原因，今天人们都被诱导到关注可以使自己和旁人在私人利益方面达到平等的最微细的项目。这就是这里要讨论的第三种理性，即自然的理性所要考虑的利益平等（aequum bonum），法学家们把它称为自然平等（aequitas naturalis）〔326〕。这是人民大众所能懂得的唯一理性，因为只要涉及他们本身，他们就会关注到法律方面的一些最微细的考虑，只要是这种考虑是明摆着事实的案情所要求的。至于君主专政体制下，就要有少数擅长治理国政的专家在内阁中遇到紧急情况时，按照民政公道出谋划策，还要有许多擅长私法的司法人员按照自然公道去专为各族人民行使法律。

第三章

系定理：罗马法的基本历史

952 上文关于三种理性所已提出的原则可以作为一种基础来奠定罗马

法的历史。因为统治的政府必须符合被统治者的自然本性，实际上政府正是由被统治者的自然本性产生出来的〔246ff〕。同理，法律也须符合各种政府形式而去实施。因此，就须按照各种政府的形式而去解释〔925ff〕。过去任何法学家或解释者好像都没有这样做过，他们都犯了叙述罗马事务的历史学家们所已犯过的错误。这些历史学家谈到罗马政体在不同的时期所颁布的法律，但是没有能指出这些法律和该政体所由表决的那种政府之间的关系，因此剥去了法律所由产生的自然必有的特殊的原因，只摆出了一些赤裸裸的事实，以致像让·博丹那样作为法学家和作为政治家都很博学的人〔1009ff〕竞争辩说，古罗马人在自由时期的典章制度被历史学家们误认为由民众的政府创建的而实际上却是一种贵族政体的后果。本书已证明了，这是事实〔629ff〕。鉴于这个事实，就可以向美化罗马法律史者追问几个问题：早期老法学在实施十二铜表法之中为什么那样严格？而以执政官的敕令为凭的中期法学却开始运用理性的宽厚温和而同时仍尊重十二铜表法呢？毫不佯装重视十二铜表法的晚期法学为什么对自然平等观点却采取宽厚态度而加以宣扬呢？这些历史学家们为着找出某种解释来作答，就提出对罗马人的宽宏态度颇失敬的看法，他们说，那些法律本身的严正，隆重条文拘泥细节，咬文嚼字以及保密的项目都是由于贵族们的诈骗，为着把法律掌握在自己手里，因为法律组成民政权力的大部分。

953 可是这些办法远不是什么诈骗，而是由他们固有的本性所产生的习俗，他们有什么样的本性，就通行什么样的习俗，产生什么样的政权，而这种政权就自然决定采用这些办法而不是其他，因为原始人类极端野蛮的时代，宗教足以驯化他们的野蛮性〔177f〕，天神意旨就规定了人类须生活在神的政府下面〔925〕，到处流行的法律须是神的法律，也就是秘奥的，藏起来不让人民大众知道的法律〔586〕。氏族体制的法律自然就属于这一种，所以受到用隆重礼仪来表达的无声语言的保护〔999f〕。这种礼仪后来还保存在"法定手续"里，那些心思简单的人认为这种礼仪有必要，可以被一个人在利益交换中稳知另一个人的有效意愿〔929〕，而在今天凭我们心中自然智力，我们每个人都可以凭说出来的文字甚至凭简单的姿势就可以稳知另一个人的有效意愿。接着就出现了贵族体制的人道政府〔926〕，自然仍旧实行宗教的习俗，贵族们怀着宗教的虔诚仍旧保持法律的神秘和秘密（这种秘密就是贵族政体的精髓所在），宗教保证了严格遵守主要涉及贵族保证生存的那种民政公道的法律〔320，949f〕。后来出现了民众政体时代。这种政体是自然而然地公开的，宽厚而且宽大的。因为由人民大众掌权，人民大众自然地懂得自然平等〔951〕。所谓凡俗的语言和文字（人民大众在这方面是些大师〔946〕），就以同样的速度发展起来了，他们自然就用这种凡俗的语言和文字陆续制定和书写法律，自然把过去保密的法律陆续加以分开。这就是彭波尼所叙述的罗马平民们不愿再要的那种保密法律（ius latens）的历史〔284〕。从此他们就坚持法律都要镌刻在碑版上，因为凡俗字母已从希腊输入罗马了〔763〕。依人类民政制度的发展次第，最后就为君主专政制度作好了准备，在这种政权中独裁的君主们想要按照自然平等因而符合人民大众的理解来施行法律，这样就可使强者和弱者在法律面前一律平等，这只有君主专政才能做到〔936，951〕。至于民政公道，或国家政权的理性，则只有少数擅长公众理性的人才懂得，而且凭它的永恒的特性，是放在内阁文件库里面保密的。

注　释

1　　这个家族的提比略同情平民派，当过护民官，制定了罗马土地法。

第十部分 三种裁判

第一章
第一种：神的裁判

954 有三种裁判（judgments）。

955 第一种是神的裁判。在所谓"自然体制"（即氏族体制）中，因为还没有依法律去统治的民政权威，氏族父主们就向神们陈诉自己所遭到的冤屈（这就是 implorare deorum fidem 这一词组的最初的本义），祈求神们为自己的案件的公道作见证（这是 deos obtestari 的最初的本义），这种控诉和辩护是世界上最初的演说，取 oratio 这一词最初的本义，后来这个词在拉丁文里仍用作控诉或辩护。这种用法在普劳图斯和泰伦斯的喜剧作品里有很好的例证。十二铜表法也保留了两段重要的话〔1.6；8.16〕，也是很好的例证，其中 furto orate 和 pacto orare 就用作"告状"（agere）和抗议（excipere）的意思。从这些"演说"来的 oratores〔演说者〕在拉丁文里仍指在法庭上陈诉案件的人们。最初向神们的陈诉是由简单粗鲁的人们来进行的，他们相信神们会听到他们，他们想象神们住在山峰顶，正如荷马把神们摆在

453

奥林波斯峰上〔712〕，而塔西佗〔《编年史》13.57〕则叙述到赫曼都里族（Hermunduri）和查提族（Chatti）之间的一场战争，说他们迷信要使住在山峰上的神们听清楚凡人的祈祷，只有在两族之间的那条界河上才行。

956 从这些神的裁判中获得的权利本身也就是些神，因为当时异教人民把一切制度都想象为神。例如 Lar（家神）就代表这户人家户口的所有权，收容所的神就代表庇护权，父主神就代表父权，部落护神就代表婚姻权，界神就代表农场所有权。阴魂神就代表埋葬权。关于最后一个例子，十二铜表法里（实即西塞罗的《论法律》〔2.9.22〕里）还保存一个重要遗迹：ius deorum manium〔阴魂神的法律〕。

957 在这些演说（呼吁或祈求）之后，他们就进到对罪人处死刑。例如在希腊特别在阿尔戈斯（Argos）地区，有处死刑的神庙，被处死的人就叫作 anathēmata，即我们所说的"被开除出教的人"。人们还发誓咒他们，把他们献给复仇女神做祭供，于是就把他们杀掉。（斯基泰人的习俗是把一把刀插进土里，把它作为神来向他祈祷，接着就用那把刀把罪人砍死。）这种处死刑拉丁人称之为 mactare〔宰〕，这仍然是牺牲典礼中的一种宗教术语，西班牙文的 matar〔杀〕，意大利文的 ammazzare〔杀〕都出自这同一来源。在希腊人中间 ara 仍有"有害的身体""发誓""愤怒"这些意义，在拉丁人中间 ara 这个词有"祭坛"和"牺牲"两个意义。开除出教在一切民族都还以某种形式保存住了。恺撒大帝在《高卢战记》里〔6.13〕留下了关于高卢族处死典礼的一个详细的记录，禁火禁水在罗马人中间仍保留住〔610〕，这些处死刑方式，有许多也载入十二铜表法〔8.9f〕；例如谁要侵犯了一个平民护民官，就要被献给天帝约夫做祭供，一个不孝的儿子就被献给父主神做祭供，谁放火烧掉别人的粮食，就被献给谷神做祭供，活活地烧死〔1021〕。这种人理应就是普劳图斯所说的"萨图恩（地神）的祭供"〔191〕。可以看出神的惩罪方式的残酷性就像最残酷的巫婆们的一样〔190〕。

958 从涉及私人事务的这些裁判的办法，各族人民发展到进行所谓"纯洁的和虔诚的"战争，这种战争都说是为保卫"祭坛和家灶"〔562〕，也就是为保卫公私两方面的民政制度，因为他们认为凡是人类制度都是神圣的。因此英雄时代的战争全是些宗教战争。而传令官们（使节）在送交宣战书时要从敌方城市请出天神们，把敌人供献给这些神做祭供〔550，1050〕。因此，战胜国罗马人把战败国的国王们献给罗马卡比托利欧神宫山的天帝约夫，然后把他们杀死，其办法正如最初的不虔敬的狂暴的东道主处理最初的牺牲品一样，由其灶神在世界最初的祭坛（即灶）上献作牺牲〔549〕。投降的人们被认为没有神的人们，就像最初的家人（家奴）那样，因此奴隶们就被视为无生命的东西，在罗马人的语言里就叫作 mancipia（货物），在罗马法学里他们也被当作货物而不当作人来处理。

第二章
关于决斗和报复的系定理

959 在各民族的野蛮时代，神的裁判中有一种方式就是决斗，它理应从最早的神的政府之下就已开始，在英雄政体下还持续一段很长时期。关于后一种我们在"公理"部分曾从亚里士多德的《政治学》里举过一个很好的例子，他说这些古代政体不曾有法律来惩罚私人罪行或赔偿私人所受的损害〔269〕。直到现在，这话还没有人相信，由于学者们的讹见使他们误认为原始人民就已有所谓哲学智慧，而且误认为这是古人无比智慧的结果〔666〕。

960 确凿可凭的是在罗马人中间（涉及私人的一些禁令）都是到后来才采用而且只是由执政官采用的〔638〕。在后来的近代野蛮时期，私人报复一直继续到巴尔托卢斯（Bartolus）时期〔1029，1054〕。这想必就是古罗马人的私人报复行动的情况，因为根据费斯特斯的解释，condicere 这个词的意思就是斥责或告发，和下通知。（例如一个家族父主须正式向以不正当的方式从他那里夺去本属于他的东西的那一方要求赔偿，以便进行报复行动。）这样一种斥责仍是采取私人行动中的一种例行程式。

961 但是决斗就已包含了真正的裁判，因为决斗都在争执对象当面进行，并没有正式申斥的必要。这种决斗就发展为 vindiciae（报复），这种报复是从不应占有而占有者那里夺取一块泥土，假装成使用武力的样子〔1032〕。奥卢斯·格利乌斯把它叫作一根谷草〔638〕（但是"报复"这个名称一定原来要用真正的武力），受害者把施害者拖到裁判人面前说，凭那块泥土，"凭罗马公民法，我宣布这个农场是我的"〔562〕。因此说决斗起于缺乏证据的人们是错误的，应该说缺乏法院的法律。因为确凿可凭的是丹麦国王弗罗陀（Frotho）曾下令要一切争执都要用决斗来解决，因此就禁止了用合法的裁判来解决。而且为着避免诉讼，伦巴德族人（Lombards）[1]，萨利族人（Salians），英国人，勃艮第人，诺曼族人（Normans），丹麦人和日耳曼人的法律都一样充满着决斗。因此，居雅斯（Cujas）[2] 在《论决斗》里说："基督教徒们长期用过这种洗罪办法，无论是在民法还是在刑法的案件里，一切争执都用决斗来解决。"从此就出现了这样一种情况，日耳曼的武士们就叫作"骑士"，他们研究决斗术，每逢碰到可能的敌手就迫使他讲出真话，因为决斗可以有见证人，作为裁判人进行干预，这就会使决斗变成民法或刑法的裁判。

962 过去没有人相信原始的野蛮体制下就已运用决斗，因为没有留下决斗的纪录。但是我们不理解荷马史诗中的巨人们，即被柏拉图认出就是在自然状态中的最早的氏族父主们〔296〕，何以竟能忍受冤屈，还不消说何以竟显示出人道。亚里士多德〔269〕确实告诉过我们说，在最早的一些政体里，还不消说更早的氏族体制下，并没有法律来平反公民私人所受的冤屈或惩罚施害者。正如我们刚证明过古罗马政体下的情况确实如此〔960〕；所以亚里士多德还告诉过我们说，这是各野蛮民族的习俗，因为野蛮人在开始的时候，还不曾受到法律的驯化。

963　不过这种决斗毕竟留下了两个重大的遗迹，一个在希腊史里，另一个在罗马史里，都说明了古代各民族的战争一定是从受委屈的两方个人的私斗开始（拉丁人把这种战争就叫作 duella 决斗），尽管双方都是国王，双方在自己的民族面前，都想公开地辩护自己的罪行或报复对方。特洛伊战争确实就是以这种方式开始的，即先由墨涅拉俄斯和帕里斯两人决斗（前者是被侮辱的丈夫，后者是他的妻子海伦的诱骗者）；等到决斗不分胜负时，希腊人和特洛伊人就互相战争。我们在上文已见到在拉丁区域里罗马人和阿尔巴人之间的战争也按照同样的习俗。这场战争以三个荷拉提族人（Horatii）和三个库里阿提族人（Curiatii）的决斗有效地达到了解决，因为库里阿提族的一个代表一定骗走了荷拉提族的一个未婚妻〔641〕。在这种凭武力裁判中权利是凭胜败的运气来衡量的。这是一种天意安排，其目的在于在各野蛮民族之中人们还不大会运用理性、不理解什么是权利的情况下，为着避免战祸的绵延，神的保佑与否会使人们的对正义与非正义庶可得到某种观念，正如异教人民看到圣徒约伯（Job）受到神的反对时也就鄙视约伯那样。在复归的野蛮时期，同样的原则酿成一种习俗，被打败的人就要被砍去手，尽管他原来的动机本是正当的。

964　从人民在私人事务方面所遵守的这种习俗中就涌现出伦理神学家们所称呼的战争的外在的公道，凭这种外在的公道各民族可以有把握地确守自己所管领的疆界〔350〕。就是按照这种方式，在氏族政体中预兆占卜就创建了父主们的父权，而且替他们准备了和保存住他们在英雄城市中的贵族统治，等到这些城市由贵族们和平民们分享时，就产生出自由的民众政体（如罗马史所公开叙述的），最后，凭武力胜负的运气，幸运的战胜者所获得胜利成果就得到合法化了。这一切只有一个唯一的根源，那就是一切民族生来就有的天意安排的概念，当他们看到善人遭殃而恶人得势时，还必须俯首听从这种天意安排。[3]

第三章
第二种：常规裁判

965 第二种裁判由于距起源于神的裁判还较近，都是按常规的裁判，在遵行中极端拘泥于文字程式，这一特点必然是承袭过去神的裁判来的〔953〕"宗教式的文字拘谨"（religio verborum）这个名称，正如神圣制度那样，普遍被看作连一个字母也不能更动的神圣程式，因此说到在实施古老公式："谁要漏掉一个逗点也要败诉。"这就是英雄部落自然法，自然而然地由古罗马法所遵守的；它就是执政官的上谕（fari），是一句也不能更改的口谕，因此，执政官执法判案的那些日子就叫作降谕日（dies fasti）。"降谕"这种执法程式理应就是在英雄们都自称为神的时期的神的命令，因为当时只有英雄们才可以把执法看作降神谕〔449〕。因此，后来 Fatum[4] 这个词就用来指自然界事物产生的一些原因形成一种不可预测的系列（或次第），因为它就是神的安排。这也许可以说明意大利文动词 ordinare（命令），特别用在法律里，意义就是必须执行的命令〔M_{3-4}〕。

966 因为这样一种命令（涉及法院判决时就指一宗诉讼案件的隆重程式）曾对显要的辩护人贺雷修斯判定了残酷可耻的惩罚，连罗马两名执政官也无法赦免他，纵使他实在无罪。他向人民申诉，人民才赦免了他，如李维〔1.26.12〕在叙述中所说的，"毋宁说是出于对他英勇的敬仰而不是出于他的案情的法律依据"〔500〕。这种判决程序在阿喀琉斯时代是必要的，他就凭武力来权衡一切权利〔923〕，专凭强者的特性，如普劳图斯（在他的喜剧〔《金盘》260〕里以他素有的绝妙语言所说的，"一个协议并不是协议，没有什么协议是协议"——也就是说，只要执行协议不符合他们的骄

458

狂意愿，或他们自己不愿履行诺言。所以为着使他们不至争吵和残杀，天意就安排了使他们应自然而生地采取他们的一种公道概念，在正式文字程式中规定了他们有多少权利，他们就有多少权利。从此罗马法学的声誉以及我们的古代（即中世纪的）博士们的声誉全靠用这种文字程式来保障他们的委托人〔939〕。各英雄民族的这种自然法向普劳图斯的几部喜剧提供了情节，例如《波斯人》《小迦太基人》，其中妓院老板们由于上了爱上他们的女奴的青年嫖客所设的诳骗圈套，很不公道地被那些青年骗去那些女奴，而老板们自己反而无辜地犯了违反某项法律文字程序的罪，不但不能起诉那骗子的欺骗，其中还有一个老板竟要替行骗的青年代付那女奴的身价费，另一个老板被另一个青年在无直接实据的情况下控告犯了盗窃罪而硬被索取罚款的一半，另一人为着怕定了奸污了另一人的女奴的罪状竟逃开了那个城市。这就是普劳图斯时代的自然公道体制下的裁判情况！

967 当时不仅人与人之间都自然而然地遵行这种拘守文字的法律，而且人们凭自己的本性，还猜想神们在他们发誓时也同样遵守这种法律。例如荷马就叙述过天后朱诺向天帝约夫发誓（天帝在发誓方面不仅是见证而且是裁判）说她不曾纵容海神掀起大风暴来和特洛伊人为敌，因为是睡神索姆纳斯（Somnus）作为她的中间人而采取行动的，天帝也居然对她的誓言感到满意。还有交通神墨丘利乔扮成索西亚（Sosia）向真的索西亚发誓说"如果我骗你，就让墨丘利反对索西亚吧"；我们很难相信普劳图斯在喜剧《安菲特律翁》（Amphitryon）〔392〕里有意要把神们拉进来向剧场听众教导怎样作伪来骗人。更难相信西庇阿和号称"罗马的苏格拉底"的利略[5]这两位最明哲的罗马共和国的君主，都曾和泰伦斯在写喜剧方面合作过；可是在《安德罗斯妇人》这部喜剧里〔728f〕竟把达巫斯（Davus）描绘为通过茂西斯（Mysis）的手把一个婴儿摆在西摩（Simo）的门前，以便他的主人碰到后问他那婴儿是怎样摆在那里的，他可以心安理得地不承认是他自己干的。

968 但是有一个事实可以成为严重的证据：在雅典这样一个由明智人们居

459

住的城市里，听众听到欧里庇得斯的悲剧《希波吕托斯》里一段诗〔612〕里说"我的舌头发了誓，但是我的心却没有发誓"时都厌恶作呕、叽叽喳喳起来，因为他们自然主张"舌头既然是那样宣布的，就要照那样做"〔570，1031〕，如十二铜表法所规定的〔6.1a〕。阿伽门农曾轻率鲁莽地发过誓，要把他的无辜的虔诚的女儿伊芙琴尼亚作为祭供杀掉，他能找到什么理由来为自己开脱呢？从此我们可以理解卢克莱修由于不信神就对阿伽门农这件事说出一句不敬神的话："宗教所造的罪恶竟如此严重！"〔191〕

969 作为我们的论点的最后的论证，我们从罗马史和罗马法学里引两件确凿可凭的事实来补充：一件是罗马到很晚（共和）的时代嘉路斯·阿魁琉斯（Gallus Aquilius）才开始用诈骗诉讼案（action de dolo），另一件是奥古斯都大帝授权给法官们去审慎豁免因受骗而犯的罪。

970 由于对和平时期这种习俗看惯了，在战争中吃败仗的民族，依据投降条件，要受到惨痛的压迫，否则就是碰上好运气，嘲弄战胜者的愤怒。

971 迦太基族人所受到的命运就是痛苦的压迫。他们曾接受过罗马人的和约，规定罗马人要保留住迦太基人的生命、城市和生活资料。迦太基人把"城市"这个词理解为城市的建筑物，而这种意义的城市在拉丁文中却是urbs，但罗马人在和约中原用了 civitas，这个词就指城市中的居民团体。所以在履行和约条件时，迦太基人受到的命令是他们应放弃他们的沿海和内陆的整个城市，他们拒绝服从，并且再拿起武器来保卫。罗马人于是就宣称他们为反叛，又拿下了迦太基城市，并且凭英雄时代的战争法律，野蛮地放火把迦太基城市烧光，这是迦太基人在订和约时所不曾理解到的；因为迦太基人在当时是早慧的，部分是由于非洲人生性就锐敏，部分是由于增长各民族智慧的海上贸易。但是罗马人并不因此就认为那场战争不公正，因为除掉只有少数人才认为罗马人进行非正义的战争是从攻打努曼提亚那场战争开始，那场战争是由西庇阿结束的，一切人都同意罗马人进行非正义的战争是从攻打科林斯（Corinth）才开始的。

972 支持我们的论点的还有一个更好的凭证，是由复归的野蛮时期提供的。神圣罗马帝国皇帝康拉德三世（Conrad III）命令魏恩斯贝格（Weinsberg）接受他制定的投降条约，因为魏恩斯贝格的反抗是由和康拉德争帝位的敌人所煽动起的，他规定了只许妇女们携带她们所能驮在背上的东西离开这座城市；于是虔诚的魏恩斯贝格妇女们就背起他们的孩子、丈夫和父亲走出城市。打了胜仗的皇帝亲自站在城门外边，正当凯旋时，他如果顺自然倾向就会傲慢横蛮，可是他控制住愤怒（愤怒来自大人物是可怕的，特别引起他愤怒的是阻挠他获得或保住最高统治权的障碍物）。当时他指挥的军队都站在那里把刀举起，却按矛不动，准备用刀屠杀魏恩斯贝格人，而这位皇帝却只是看着而且允许所有的人都由他身旁平安无事地走过去，这批人本来是他准备要用刀屠杀掉的。瞧，格劳秀斯、塞尔登和普芬道夫这几位法学家的凭已发展的人类理性所见到的那种自然法离开在一切时代和一切民族中自然流行的实况相差有多么远〔329〕！

973 以上我们所已提出的一切，加上以下我们还要说的一切都来自法律和契约中"真实"（true）和"确凿"（certain）这两个不同词的定义〔321，324〕，也来自这样一个事实：拘守文字去遵行的法律是特属于部落法的，在野蛮时代是自然的，正如宽厚的法律在人道的时代以利益平等的原因来衡量的情况也是自然的一样，这种法应正式称为"自然法"（fas naturae），是有理性的人类的不可改动的法律（这就是人类的真正的特有的本性）〔C₇，326ff〕。

第四章

第三种：人道的裁判

974 第三种裁判全是非常规的，在这种裁判中主要的考虑是事实的真相，根据良心的指使，法律在需要时对每件事给予帮助，只要它是各方事业的利益平等所要求的。这些裁判都充满着自然谦恭（这是理智的婴儿），所以受到信用（这是人道的女儿）的保障，这种裁判适合民众政体的公开性，尤其适合君主独裁政体的宽宏大量。在这种独裁政体下，君主们在这类裁判中以居于法律之上只服从上帝和自己的良心为荣。从在近代和平时期实施的这类裁判就产生出格劳秀斯、塞尔登和普芬道夫三位法学家的三种战时法律体系〔329〕。尼柯拉·孔齐纳（Nicola Concina）神父发现到这三种体系有许多错误和缺点，他自己又另构成一种体系，比起过去的三种体系较符合善良的哲学，对人类社会也较有用。他的这一体系是意大利的光荣。他现在仍在著名的帕多瓦大学里任教，除掉他的主科玄学以外，还在讲授他自己的法学体系[6]。

注　释

1　指意大利本土的。

2　居雅斯是十六世纪法国的法学家。

3　中国历史特别是小说中也曾有将领身先士卒与敌方将领进行决斗的事例。

4　Fatum在拉丁文中兼有"神谕"和"命运"两义。

5　西庇阿的好友。

6　这位神父在学术上并不著名，因为他是神父，维柯恭维他的话显然在讨好天主教会。

第十一部分 三段时期〔VIII〕

第一章
宗教的、拘泥细节的和文明的三段时期

975 上述三种制度是曾在三段时期里实施过的。

976 第一段是宗教时期，上述制度是在神的政府之下遵守的〔919，925〕。

977 第二段是例如像阿喀琉斯那样拘泥细节的时期。在复归的野蛮时期，这第二段就是决斗者的时期〔920，667〕。

978 第三段是文明的或温和的时期，即乌尔比安在他用"ius naturale gentium humanarum"〔人道的部落自然法〕〔569，990〕这个词组里明白地称之为"人道的"时期。因此罗马皇帝下面的学者们称臣民的义务为 officium civile〔民政义务〕，而在解释法律中每种侵犯自然平等的行为就叫作 incivile〔非民政的〕。这是罗马法学的最后一段时期，是从民众自由时期开始的。因此行政官们为着要使法律适应现已改变的罗马本性、习俗和政府，首先就使十二铜表法的严厉和拘谨变得宽和些，因为十二铜表法是在罗马的英雄时代制定的，在当时还是自然的，后来罗马皇帝们不得不揭去前此

行政官们在法律上所蒙的一切障面纱，把自然平等揭示出来，显出符合现在各民族已习惯了的法律的公开性和宽宏大量〔952〕。

979 像我们可以看到的，法学家们因此都援用时期的分段来辩护他们对什么才是公道的看法。因为上述三段时期正是罗马法学的三段时期，在这一点上罗马人和世界上所有其他民族都是一致的；时期的分段是由天神意旨教给他们的，罗马法学家们把它定为部落自然法的原则；这种时间分段并不是哲学家们的那种时期划分，某些学问渊博的罗马法的解释者却硬把哲学家们的时间分段拉进部落自然法里来〔335〕。罗马皇帝们在对他们所制定的法律或敕令说明理由时都说指导他们的是当时他们所处的那一段时期，例如巴纳贝·布里松（Barnabé Brisson）在他的《罗马人的程式和礼仪》（De formulis et solemnibus populi Romani verbis）里所搜集的一些文件段落就可证明。因为时代的习俗就是君主们的学校〔247〕，塔西佗在运用"段落""时间"这个词于他自己的那个时期的衰败阶段〔《日耳曼尼亚志》19〕时说，"他们把行骗和受骗叫作那种时代的精神"，或者像我们现时所说的"风尚"（fashion）〔VIII〕。

464

第十二部分　从英雄贵族政体诸特征中所引来的其他证据

引　论

980　像我们在各民族所经历的历史过程中所已看到的这种人类民政制度的经常的、持久的、有秩序的承袭，处在各种各样的原因和结果的坚强锁链之中的情况已应迫使我们的心智接受上述一些原则的真理了。但是为着不留怀疑的余地，我们还将补充一些对其他一些民政现象的说明，而这些现象只有靠上文已得到的关于英雄政体的发现才能说明〔582ff〕。

第一章
疆界的保卫

981　贵族政体有两个最大的永恒特征，即疆界的保卫和制度的保卫〔586，629〕。

982　疆界（confines）的保卫是在神的政府之下用血腥的宗教来开始遵行的〔925〕，由于当时有必要定出田地的界限，以便终止野兽状态中可耻的杂交乱占〔549f〕。在这些疆界上首先要划定的是家族的界限，其次是部落或氏族的界限，后来是各族人民的界限，最后才是民族国家的界限〔B₂〕。因此，如独眼巨人告诉过尤利西斯的，巨人们都是各自分居的，每人带着妻子儿女住在自己独占的一个岩洞里，他们和旁人都互不干涉〔516〕，这样就还保留着前此起源于野兽的那些野蛮习惯，任何旁人闯进他们的界限内就被他们野蛮地屠杀掉，例如独眼巨人就曾企图杀死尤利西斯和他的伙伴们。（在这种巨人身上，柏拉图认出了氏族政体下的父们〔296〕。）这种情况就产生诸城市长期互相仇视的习俗〔637ff〕。这就足以说明罗马法学家霍莫格尼努斯所描绘的和平分地，和罗马法的一些解释者也信以为真而赞同的看法有多大真实性了〔550〕！我们的这门科学的题材从人类制度的这个最初的最古老的本原才开始，同时也才开始有学说来教导事物的种类如何划分以及如何获得这些事物所有权的问题。这种疆界的保障在贵族政体下是以自然的方式去执行的，如政治学者们所指出的，贵族政体是凭武力征服来奠定的。但是到了后来可耻的杂交乱占已停止了，各族人民的疆界也已划定好了，就出现了民众政体，而民众政体就为帝国的扩张作了准备，最后就出现君主独裁政体，这种政体对帝国的扩张甚至更有效。

983 这必然是唯一的理由可以说明十二铜表法为什么不承认单纯占领权，而凭时效获得财产所有权的法律在英雄时代就用来使自然的财产转移或交换获得宗教仪式化。这条法律的最好的解释者替它下的定义是：在前已获得的自然所有权之上，又加上民政性的所有权。但是到了后来民众享受自由的时代，行政官们就出来用禁令来帮助单纯占领，于是凭时效获得财产所有权的法律就开始成为 dominii adeptio〔所得财产管领权〕。当时关于占领的案件并不曾提出来要求裁判，因为行政官使用特权承认单纯的占领〔638〕。今天最确凿可凭的裁判就是关于所谓"财产占领"的裁判。

984 因此，到了民众自由时代，（1）"凭占领时效的"（bonitary），（2）"可据法申辩的"（quiritary），（3）"最有权势的"（optimal）和（4）"市民的"或"民政的"（civil）这四种所有制的区分已在逐渐消失，而在君主独裁政体下就已完全消失了。第一种原指自然的所有制，用长久占领物体来保持。第二种原指可据法申辩的所有制，在平民中流行，这种所有制是贵族们在十二铜表法中曾推广到平民的，平民可以将原先把所有权交给他的那个贵族作为主权人（auctor）而向他申辩现在这种所有权已属于他平民自己了〔109，638，1073〕。第三种原指不受任何公方或私方妨害的所有权，原先是贵族父主们所特别享有的、直到户口普查制开始为止；户口普查制是民众自由体制的基础〔619ff〕。最后第四种所有权原指属于城市本身的集体所有权，今天就叫作支配权或征用权〔266〕。第二、第三两种所有权的分别在民众自由时期就已变得模糊了，所以最晚期的罗马法学家们就根本不理会它，但是在君主独裁下第一种凭占领时效的所有制（由单纯自然转让而产生的）和所谓可据法申辩的所有权（由转让或公民间交换而产生的）就由查士丁尼（Justinian）大帝在他所制定的法规里弄得很混淆了，而著名的"可转让律"〔《法典》7.25〕与"不可转让律"〔《法典》7.31〕的分别就已完全消失掉了。留存下来的只有民政所有权（指的是可依申辩法构成诉讼案件的那种所有权）以及最适宜的所有权（指的是不受任何私方妨害的所有权）这两种了。

第二章
制度的保卫

985 制度（institutions）的保卫在神的时代起源于妒忌（即正式结婚的天后朱诺的妒忌〔511，513〕），其目的在确定诸氏族的确凿可凭性，防止野兽般的妇女公有杂交。这种警戒是贵族政体的一种自然特性，想把氏族关系、继承权，以及作为后来的财产和财产所带来的权力都保留在贵族阶层以内。因此，在各民族中间遗嘱法都出现很晚〔992〕。（塔西佗〔《日耳曼尼亚志》20〕说在古日耳曼人中间就不曾有遗嘱。）所以亚基斯三世国王企图在斯巴达新创遗嘱法时，就被监察官们下令处绞刑，这些监察官就是斯巴达贵族自由权的保护人〔668〕。从此我们可以理解到十二铜表法的润色者们以多么大的明察力在第十一条第一款铜表法里规定了这样一条：“平民不准有占卜权”——因为一切公私制度都要靠占卜权才建立起来，平民既不准有占卜权，贵族的一切制度就都保留在贵族阶层以内了。贵族私方的制度就是正式结婚权、父权、直接继承权、父系的继承权、部落继承权、合法继承权、遗嘱权和监护权〔110，598〕。由此可见，头几条铜表法既然把这些制度推广到平民了，因而也就奠定了特属于民众政体的法律，特别是遗嘱法〔513〕。他们接着又在第十一条铜表法中特设一条，禁止平民享有占卜权，使它还具有完全是贵族的形式。不过在这样把各种制度弄得很混乱之中，那些十二铜表法润色者却来了一个猜测，说在最后两条铜表法里某些古代罗马习俗变成了法律。这虽是猜测，却是一句真话。这话证实了古罗马政权本来就具有贵族的性质。

986 现在回到本题。等到人类到处都由于婚姻正式化而定居下来之后，就出现了民众政体。再过一些时期之后，又出现了君主独裁政体。在这种政体中由于各民族的平民们已互相通婚和实行遗嘱式的继承，贵族的制度就弄得不稳了，于是财产就开始逐渐从贵族家庭转出去了。罗马平民们原先以自然的方式结婚，直到罗马年历第 309 年，他们才终于从元老们手里获得了举行正式结婚礼权，从前如罗马史所描绘的，平民处在下贱奴隶地位的穷苦状况时绝不允许和贵族通婚〔598〕。为了这一主要理由，我们在本书第一版中曾说过〔《全集》3.185〕，除非我们替罗马法学定出我们所定的这些原则，以往叙述过的罗马史就比希腊人的神话性的历史还更渺茫难稽！因为我们摸索不出希腊神话史的意义。但是我们发现已往的罗马史就违反了我们人类愿望本性的发展次第，竟告诉我们说，处在最下贱情况的平民在争取正式结婚权的斗争中，首先希冀的是贵族地位，接着在争取当执政官的斗争中就希冀荣誉地位，而最后才通过要求司祭权而希冀财富，而根据永恒的共同的民政本性，人们首先寻求的却是财富，其次是荣誉地位，最后才是贵族地位。

987 因此我们不得不说，当平民们凭十二铜表法（世界上第二次土地法〔109〕）从贵族们手里赢得了确凿可凭的土地所有权时，他们仍然是外方人〔638〕（因为这种土地所有权是可以授予外方人的）；他们凭经验认识到他们还不能凭遗嘱把他们的土地留给自己的亲属，因为他们还不能正式结婚，就没有直接继承人，父系的或族属的；更不能用遗嘱方式处理土地，因为他们还不是公民〔110〕。没有理由对此感到奇怪，因为平民们原来缺乏足够的智力或是根本没有智力，明显的证据是富里安（Furian）、沃科尼（Voconian）和法尔什德（Falcidian）的三种法律都是由平民们普遍投票表决的。要把这三种法律都合在一起，才能凭第三种法尔什德法使平民所希冀的目的终于达到，这个目的就是使财产不会由于遗产被侵蚀掉。因为平民凭经验看到，〔在十二铜表法颁布之后〕三年之中他们之中因为有许多人死亡而人数减少，本来分配给他们的土地由于上述丧亡又归还到贵族们手里了。因此，他们就要求取得正式结婚权，并且因此就取得市民权。但是过去一些语法学者们被所有的政治学者们搅昏了头脑，这些政治学者们幻想罗马由罗慕路斯创建时起就已有今天城市中那种政体形式。他们不知道英雄时代城市中的平民们曾在几个世纪之中都被看作外来人，所以只能在他们外来人中以自然的方式结婚。……如果他们注意到这一点，他们当然就会理解到平民们并不曾要求和贵族们通婚的权利，而只要求原先只属于贵族的正式举行隆重婚礼权〔598〕。

988 因此，如果我们认为合法继承权是由十二铜表法规定的〔5.4—5〕，即认为家族父主死后就应由他的直接继承人们继承，在没有父系继承人又没有族属继承人的情况下，就由他的部落继承人继承〔B₄〕，那么，十二铜表法就会恰恰像罗马人的一种萨利克（Salic）的法律。这种法律也是由最早期的日耳曼人所执行的（因此我们也可以设想复归的野蛮时代其他原始民族也都是如此）；最后，它在法兰西和萨伏依（Savoy）还保存住。巴尔杜斯把这种继承法称为 ius gentium gallorum〔高卢部落法〕〔1077〕。这个看法对我们的论点也很有利。由此类推，关于父系和族属继承的罗马法也可以很正当地称为"罗马部落法"（ius gentium romanarum），前面还应冠上 heroicarum〔英雄时代的〕，这就会恰恰是 ius quiritium romanorum〔罗马武装司祭法〕，我们前已提到过，这就是一切英雄部落都共同施行的自然法〔595〕。

989 我们在这里关于萨利克法律所说的话是就它排除妇女继承王位来

说的。这像会受到而其实受不到"汤纳奎尔（Tanaquil）以一个女人而统治过罗马王国"这句古话的反驳。因为这句话是用英雄时代的语言来形容一个懦弱的国王，居然让自己受到玩弄阴谋的塞尔维乌斯·图利乌斯的控制。这个权臣曾利用平民们的爱戴，授给平民们第一次土地法〔107〕[1]。在复归的野蛮时代，这种英雄时代语言也复现了，教皇若望八世也像汤纳奎尔一样被人呼为一个女人（亚拉契〔Allacci〕写过一整部书来反驳这种神话），因为他显得太软弱，屈从了君士坦丁东教会大主教佛提乌斯，如巴罗尼奥（Baronio）和后来德·斯彭德（de Sponde）两人都指出过的。

990 既已解答了这一难点，我们现在可说，罗马人的武装司祭法以同样方式最初也是用来作为"英雄时代罗马部落自然法"的同义词〔988〕。乌尔比安在罗马皇帝时期替对当时自由〔民众政体〕尤其是君主独裁政体下流行的法律下定义时恰恰就是这样看的。他字斟句酌地把它称为"人道的部落自然法"〔569〕。有鉴于这一切，他在《法学阶梯》〔1.2〕里所用的名称"自然法""部落法"和"民法"似乎就应读作"De iure naturali，gentium，et civili"〔民政方面的部落自然法〕……因为罗马人讨论法律时必然要联系到他们自己的法律，按照他们从农神时代即初创建法律时代，就已保存下来起初体现在风俗习惯里，后来才通过立法手续定下来的那种法律，正如瓦罗在他的伟大著作《人神制度稽古录》里把罗马各种制度都追溯到纯粹的本土根源，不和任何外来的东西混杂在一起那样〔364〕。

991 现在回到英雄时代各种继承方式问题。我们有许多强有力的理由来怀疑女儿们是排除妇女继承这条法律的例外，因为我们没有理由来相信英雄父主们有丝毫柔情，我们却有许多反面的重大理由。十二铜表法〔《法学阶梯》3.1.9；3.5.5〕把远到第七层的亲属还叫作父亲继承人。为着不让一个从奴隶地位解放出来的儿子来继承他的父亲，家族父主们对他们的儿女们操着生死大权，因此对他们的儿子们的所得财产施行粗暴的统治。他们替儿子们包办婚姻，以便把配得上他们门户的妇女引进自己家族里来。（这一点有动词 spondere 可以证明，这个动词的本义是代另一人许诺，因此订婚就叫作"代订婚"。）[2] 他们还用看婚姻的同样眼光来看收养（adoptions），也把它当作一种手段用从收养的血统中能生育的儿子们来加强正在衰落的家族。罗马人把解放主奴关系当作一种谴责或惩罚。他们也没有"合法"这种观念，因为娶妾或同居只限于已解放的奴婢或外来人，在英雄时代不能和这类女人正式结婚，以免生下的子女从他们父主的贵族地位堕落下去〔526，802〕。誓约也可以凭最轻率的理由失效、废除或破坏，没有效果，以便为合法继承扫清道路。罗马人竟这样自然地被他们的家族姓名的光辉弄得盲目，因而自然地被"罗马人"这个共同称号的光荣弄得发狂！这一切都是贵族政体亦即英雄政体中所特有的一些习俗，而且符合原始各族人民英雄体制下的一切特点〔670ff〕。

992　一个值得思索的问题就是美化十二铜表法的那些渊博学者们所犯的明显错误，他们竟声称十二铜表法是由雅典输入罗马的；他们认为前此罗马父主们临死对各种继承原来都不留遗嘱，当时这些要继承的财产或权利就都应归入 res nullius（无人管）之列，但是天意安排却正与此相反，为着不使这个世界又落到过去那种乱占杂交的可耻状况，天意安排了所有权的确凿可凭性就应由贵族政体本身加以保卫。所以人们在对遗嘱或誓约有任何观念之前，就必然已由原始各族人民自然而然地遵行过遗嘱或誓约。至于民众政体下，尤其在君主独裁政体下，遗嘱或誓约都是正当的，如塔西伦就明白地告诉过我们，在古日耳曼人中间就已遵行遗嘱或誓约。日耳曼人的办法使我们有理由设想一切原始野蛮民族的情况也都是如此〔985〕。这就是我们的设想的基础，这个设想就是萨利克法律在日耳曼确实是遵行过的，在复归的野蛮时期也是由各民族普遍遵行的〔988〕。

993　不过晚期罗马的法学家们却凭他们自己的很晚的一些制度来估计他们还不知道的最早时期的一些制度，就造成了本书所指出的无数错误，例如他们相信十二铜表法〔5.4 条〕是指父主死前不曾留遗嘱情况下由家族中女儿们来继承，理由是条文中 suus heres（自己的继承人）之中，suus（自己的）这个词虽是阳性词，也包括妇女在这条规则之内。但是英雄时代的法学（我们在本书中就此所要说的话已很多）对法律中文字都取最严格的意义，所以 suus 这个词只能指家族中的儿子。关于遗腹子这种制度的法律条文〔M_1〕是在许多世纪之后才由嘉路斯·阿魁琉斯〔《法学汇编》28.2.29.pr.〕制定的，原话是"如果一个儿子或女儿出生在父亲死后",为着避免只用 natus(出生)这个词会引起误解，就以为遗腹女儿也包括在内。由于查士丁尼大帝不懂得这些问题，他在《法学阶梯》〔3.2.3〕里说十二铜表法里用 adgnatus 这个词时原来既指男系亲属也指女系亲属，不过后来中期的法学把法律定得更严格，就把这个词限制到适用于同血统的姊妹们。实际发生的情况却恰与这种说法相反，suus（自己的）这个词起先一定是扩充到同家族的女儿们，而后来 adgnatus 才扩充到同血统的姊妹们，从此可见，这种法学是碰巧叫作"中期的"，可见仍很恰当，理由是从这些事例开始，它冲淡了十二铜表法的严谨规定，而前此的古代法学却极拘谨地保卫文辞的本义。这两种法学在上文都已充分描述过了〔33ff，952〕。

994 但是等到最高主权从贵族转到人民手里之后，平民们凭子孙人口的多寡来估计他们的全部力量、财富和权势，于是血缘锁链所带来的温情就开始发生作用了。在此以前英雄城市的平民们不可能有这种温情，因为他们生儿养女是为贵族们当奴隶。贵族们确实吩咐他们生育应在春天，使生下来的婴儿们不仅健康而且苗壮。（像拉丁字义学家所告诉我们的，他们因此叫作 vernae[3]，土语叫作 vernacular，"俗语"就是从这个词根来的〔443〕。）当时母亲们对自己养的儿女与其说爱还不如说恨，因为她们只忍痛受苦来育养儿女而不能从儿女那里得到任何欢乐或利益。但是平民们的人口众多一方面对贵族政体是危险的，贵族政体实际上是——而且也公开宣扬是少数人的财产；另一方面对于民主政体来说，人口众多却加强了它的伟大力量，特别是对君主独裁政体来说，更加强它的伟大力量（所以帝国时期所定的法律对妇女们特别有利，照顾到生孩子的危险和痛苦）。因此从民众自由时期起，执政官们开始考虑到血统权利，并且满足平民们的自然占领所有权的要求。他们还开始采取措施来补救遗嘱法的毛病和缺点，以便加速只有平民才欢迎的财富分散。

995 最后，出现了罗马皇帝们，他们厌恨贵族们的富丽排场，就努力提高贵族和平民有共同的人类权利。这是从奥古斯都大帝开始的，他曾尽全力来保卫托管制（从前凭托管制，财产不易转到无权继承的人们的手里，除非要托管的继承人肯凭良心不反对这样转），并且对托管制给以大力协助，以至奥古斯都在他的一生中使托管制具有法律的强迫性，迫使继承人遵守〔《法学阶梯》2.23，25〕。接着来的许多元老院法令把母系亲属摆到和父系亲属同等的地位。最后查士丁尼大帝根本废除继承制和托管制的分别……并且在生前未留遗嘱的继承权的问题方面，把母系亲属和父系亲属摆在完全同等的地位上。晚期的罗马法在便利最后遗嘱方面走得更远，古代可以凭最微弱的借口宣告遗嘱无效，而到现在，遗嘱就必须依有利于它的有效性来解释。

996　由于这个时期的人道（例如表现在民众政体对儿辈的爱护，君主独裁政体关心父辈、对儿辈慈爱），过去家族父主们原享有的对儿女人身的巨人式的威权现在也已消失了，罗马皇帝们就设法废除父主对儿女私人所得财产的威权，因此首先创制了 peculium castrense〔服军役中私人所得财产法〕来引诱青年人替帝国当兵打仗，接着就把这项法令扩充为 peculium quasi castrense〔类似服军役中私人所得财产法〕，最后为着满足既不当兵也不当司书的儿子们又创建了 peculium adventitium〔服务其他行业中私人所得财产法〕。皇帝们还从父权中消除对收养制的影响，使收养不限于少数近亲属。此外，还普遍地奖励正式收养（adrogationes），这在过去很难办，因为有些公民自己本来就是家族父主，可以因被收养而成为旁人家族中的次要成员。皇帝们把解放奴役看作利益，他们使第二次结婚合法化，使它具有正式结婚的一切效力〔991〕。但是最重要的还在提防父权会削弱帝权，皇帝们就把父权（imperium paternum）改称 patria potestas（祖国威权）。这个称号符合皇帝们自己的范例，是由奥古斯都大帝本着大智慧来创定的，因为怕引起人民的妒忌，怕人民会想分享一部分帝权，他就亲自承担了护民官的权力（tribunicia potestas）。这样就宣告自己为罗马自由权的保卫者。在平民派的护民官们的身上，这种权力是实权，因为他们在共和时代还不曾握有帝权。事实上在奥古斯都自己的时代，拉比俄（Labeo）[4] 被一位平民派的护民官下令召见，他作为两派罗马法学家中一派（共和派）的首领，有权拒绝服从这种召见命令，因为平民们的护民官还不享有帝权。可是语法学家们、法学家们和政治学著作家们中都没有人看出：元老们反对把行政官职扩充到平民们，满足平民们而又不肯让出任何部分的帝权，就想出一个办法，添设了军事护民官的职位，其中有一些是贵族，也有一些是平民，像历史上经常称呼的 cum consulari potestate（作为有权力的行政官〔李维4.6.7〕）而不作为享有帝权的行政官，我们从来没有见过享有帝权的行政官这种名称。

997 因此，自由的罗马政体是完全由元老院的威权、人民的最高统治权（或帝国政权）和平民护民官的权力这个三位一体的公式构成的。其中"帝国政权"和"权力"这两个词在法律中才保存原义的精确性；"帝国政权"授给首要的行政官们，例如执政官们（consuls）和掌军权的执政官们（praetors），包括判处死刑权；"权力"则授给次要的行政官们，例如公众建筑监督和警察们（aediles），只限于轻微的强制权。

998 最后，为着显示他们在人道面前的宽厚，罗马皇帝们开始对奴隶们表示恩惠，约束奴隶主们的残酷。公民权原来只授予对罗马人民立功的卓越的外国人，现在却授予任何在罗马出生的人，哪怕是一个由奴隶父亲生的，只要母亲本来是自由的或经过解放的就行，因为人们在城市里生下来就是自由的。自然法过去叫作部落的或贵族的自然法（因为在英雄时代一切政体都是贵族性的，这种自然法是适合贵族们的〔990〕），而现在却叫作诸民族的自然法了〔E8〕，这是在民众政体兴起以后（在民众政体里，全民族就是帝国政权的主人），更在君主独裁政体兴起以后（在这种政体里独裁的君主就代表他统治下的诸民族全体）[5]。

第三章
法律的保卫

999 制度的保卫包括对行政官职和司祭官职的保卫，因此也包括对法律和对解释法律的科学的保卫。因此，我们在罗马史里看到在贵族政体之下正式结婚权、行政官职权、司祭职权全都由元老院阶层独占（当时元老院阶层全由贵族们组成），而有关他们的法律的科学（或知识）都被视为神圣的〔sacred〕或保密的〔secret〕（二者实际上是同义的），保密在最高司祭团里（只有元老们才有资格进最高司祭团），在英雄时代的一切其他民族中都是如此〔953〕。在罗马人中间，根据法学家彭波尼的记载〔586〕，这种情况维持到十二铜表法颁布之后一百年才结束。"人"（viri）这个名词在英雄时代罗马人中间和"hēroes"（英雄）在希腊人中间意义是相同的，用来指经过正式结婚的丈夫们、行政官们、司祭们和法官们〔684〕。不过在这里我们将专谈法律的保卫，因为保卫法律是英雄时代贵族政体的一项专门任务，所以到最后才由元老们把它推广到平民们。

1000 在神的时代，法律的保卫受到小心翼翼地执行，以致遵守神的法律就叫作宗教〔953〕。以后所有的各届政府都使这种情况继续下去，它们使神的法律都应照神圣化的文字和隆重典礼的确定不可移动的程式去遵行。这种法律的保卫比其他一切都更能显出贵族政体的特征。雅典（以及几乎所有的希腊各城市都追随雅典的范例）很快地转入民众自由，理由就在于像斯巴达人（其政体是贵族型的）曾对雅典人说的那句话：在雅典，许多条法律都写下来了，在斯巴达，则法律很少，却得到遵守。

1001 在贵族政体下，罗马人是十二铜表法的谨严的保卫者〔952〕。塔西佗〔《编年史》3.27〕把十二铜表法称为全部公正法律的总汇，因为这些条法律被认为足以保证自由平等。这些条法律一定是在罗马十大执政官之后制定的。按照古代人用诗性文字来思维的方式，这些条法律就是由十大执政官命名的〔422〕。此后就没有或很少有私法方面的由行政官颁布的法令。由于这同一个理由，李维〔3.34.6〕把十二铜表法称为一切公正法律的泉源，因为十二铜表法必然是一切〔法律〕解释的依据〔500〕。罗马平民们和雅典人一样，每天都为单独案情通过一些新的法律，因为当时人们还不会想到共相⁶。贵族们的领导苏拉在击败平民们的领导马略（Marius）时，用设立常设法庭的办法多少补救了混乱局面，但是等到他一旦辞去了独裁职，应付单独案情的法律又日益增多起来，并不比从前少，如塔西佗所叙述的〔《编年史》3.27〕。如政治学著作家们所指出的，没有比用这样繁多的法律还有更快的达到君主独裁的办法，因此奥古斯都大帝为着要奠定君主独裁制，就制定了一大堆法律，而继任的皇帝们又利用元老院在私法方面制定了一些元老院指令，不过就连在这些民众自由时期，诉讼案件的法律程式都极严格地保卫住，以至要有克拉苏（西塞罗〔《布鲁图传》，36.138！〕称他为罗马的德谟斯提尼）的全副雄辩才能把一个小学生也能用代替词表达出的话解释为包含一种未表达出的凡俗的或寻常的代替词！而且西塞罗也尽了他的全部雄辩术，才能防止某甲侵占乙的一个农场，因为公文程式中漏去了"d"这一个字母〔见西塞罗的《为凯基纳（Caecina）辩护》18.53；13.38〕。最后事情竟达到这样地步，〔东罗马〕君士坦丁大帝把这类法律程式完全废止了，使每一特殊案情都要按平等原则来处理，不拘守法律条文。在人道的政府下，人道的心智就这样愿意承认自然的平等公道〔927，940〕。例如，从罗马贵族政体所遵行的十二铜表法中"私人可作为例外的法律将不许倡议"〔9.1〕那一条开始，都弃置不用了。到了罗马民众自由政体下面就制定了许多仅适用于个别案情的法律。后来在君主独裁政体下情况就达到这样一种地步：皇帝们除授予特权以外什么事也不做。如果特权是按功行赏，那就没有其他措施比特权更符合自然平等公道了。说实在话，今天人们对法律所采取的一切例外都可以叫作特权，都由事实上有特殊功勋，可以不按照法律的一般处理方式来处理。

1002 因此，照我们看来，在野蛮时代复归那些粗陋的日子里，各民族都把罗马法忘到脑后了，甚至如果有人援罗马法来为自己辩护，在法国就会受到严厉的惩罚，在西班牙甚至受到死刑。在意大利，贵族们都认为依罗马法来调整自己的事务就是一种羞耻，宣扬他们自己只服从伦巴德人的法律。至于平民们摆脱旧习惯很慢，却仍旧遵行某些已成为习惯势力的罗马法。所以查士丁尼大帝的法典大全以及西罗马法律的其他丰碑在意大利却被我们遗忘掉了，至于大教堂和东罗马法律的其他丰碑也被希腊人遗忘掉了。但是等到后来一些君主独裁政体再度产生出来了，民众自由体制也再度施行了，于是包括在查士丁尼大帝著作中的罗马法又得到普遍的接受，所以格劳秀斯宣称罗马法现在就是欧洲的部落自然法了。

1003 罗马人的严肃和智慧很值得羡慕的地方就在于在上述那些法制变革中行政官们和法官们都尽一切力量保卫十二铜表法的文字程式，如果实在有必要就稍稍更动文字的原义，也以尽可能地动得愈少愈慢为好〔950ff〕。

也许主要就是由于这个理由，罗马帝国才变得那样伟大，支持得那样长久；因为在它的法制变更中，它都尽一切努力来坚持法律的基本原则，而这些原则在世界各民族中都是共同的。一切政治理论家们都同意没有什么比这更好的政策能使一个国家既持久而又变得伟大。从此可见，使罗马人中间产生世界上最明智的法学的原因正是使罗马帝国成为世界上最伟大的帝国的原因。罗马之所以伟大的原因，波利比奥斯〔6.56.6ff〕在过于广泛的意义上归功于贵族们的宗教；而马基雅维利（Machiavelli）〔《论文集》1.4；2.1〕却与此相反，把它归功于平民派的宽宏大量；另外普鲁塔克则在他的《论罗马人的运气》里，则不肯称赞罗马人的德行和智慧，而把罗马的伟大归功于罗马人的运气；而塔索则在他的高明的《〔罗马对普鲁塔克的〕答复》里[7]用了和我们在本书中所用的不同的、较间接的方式。

注 释

1 关于汤纳奎尔是不是女人古史传说不一，维柯的看法是不经见的，说他是一个女人的显然是仇恨平民和土地法的贵族。

2 类似汉语中流行的"包办"。

3 这个词兼有"春""奴仆""土生土长"等意义。

4 拉比俄，当时的法学家，主张共和制，所以反对奥古斯都。

5 从此可见，维柯理想中的君主独裁政体实际上是指罗马帝国政体。

6 普遍适用的抽象概念。

7 原著〔1590年〕见威尼斯版全集第13卷（1738年）274—315页，米兰版全集第5卷（1825年）3—79页。——英译者

第十三部分

第一章
从混合的政体中取来的其他一些证据
（这种混合政体即下届政体在执行前届政体制度中
对上届政体所作的调和或掺和）〔1084n〕

1004 凡是在本卷（第四卷）上文所要说的不过是要引一些证据来证明在世界各民族的整个生活过程中，他们都要按上述三种政体或民政制度的次第前进。这三种政体都植根于第一种政体，即神的统治。一切民族都必从这个根源开始（按照前已定下的一些公理〔241—245〕作为理想的永恒的历史中的一些原则），都必须经历人类制度的这种次序前进：首先是贵族政体的形成，继起的是自由的民众政体，最后是君主独裁政体。因此塔西佗尽管没有看出各种政体是按照上述次序进行的，却承认（像我们在卷一《本书的思想》中〔29〕所已指出的）除掉由各族人民的自然本性所决定的这三种公众制度之外，还有些是由人类设计把这三种混合成的混合政体，与其说是由人力达到的，倒不如说是希望由天意玉成的。这种混合体如果碰巧存在，也不能持久。但是为着对于上述三种政体的或民政法律体系的自然的沿袭次序不留任何怀疑余地，我们将会看到这种沿袭次序容许有些自然的混合，不是形式与形式的混合[1]（因为这种混合会成为怪物），而是后一届的形式（例如民主政体）与前一届执行方式（例如贵族政体）的混合。这类混合体的根据是上述〔249〕条公理：人们进行改变时，还不免要把前一阶段的习俗影响保存一些时候。

1005 因此我们说，最初的氏族父主们在从野兽般生活转到人类生活之中，在宗教时代神的统治之下的自然状态中，还保留着最近起源时的那种野蛮凶残的习性，因此柏拉图从荷马所描写的巨人们身上认出世界上最初的氏族父主们〔296〕；同样，在最初的贵族政体形成中，氏族父主们仍旧把私人对氏族的最高权完全抓在手里不放，还像以前在自然状态中一样。由于他们都极骄傲，都是平等的氏族父主，没有理由使这个父主屈从另一个父主，在贵族体制下他们服从的还是他们自己这个统治阶层的公方最高主权。因此，每一氏族父主私方的最高统治权就组成了高一层的元老院的公方的统治权，正如用他们对各自家族的私方主权来组成他们贵族阶层的民政的一些最高统治权一样。不可能有其他方式来设想城市如何由一些氏族来组成。所以城市必然作为贵族政体产生出来，加上诸氏族（私方）主权的自然混合〔584ff〕。

1006 父主们把所有权保持在自己贵族阶层内能有多久，贵族统治的政体也就能维持到多久，直到英雄民族中平民们从父主们自己手里获得了关于某种土地所有权、正式结婚权、最高政府职权和司祭职权的各项法律，从而把法律的知识都扩充到平民手里来了。但是一等到英雄城市中平民们人口增多了，习惯于战争了（这就使氏族父主们惊慌起来了，在寡头政体中他们人数一定很少），平民们有实力（人口的实力）在自己一边，就开始不顾元老院的权威，自己制定起法律来了，这时政体就由贵族式变成民众了。因为没有哪种政体能设想单独地存在片刻时间，只要同时还存在两种最高立法权，而不分别所应颁布的法律是应付哪类问题，时期和疆域。因此独裁者斐洛就用巴布利阿斯法律（土地法）宣布了此后罗马政体已变成民众性的了〔112〕。在这场革命中，为着使所有权还可保留改革前的某些形式，于是所有权自然就变成监护权（正如父主们对未成年子女所享有的主权在父主本人死后就以监护权的形式转到旁人手里去了）。凭这种监护权，自由的人民，自己主权的主人，仿佛就是些掌权的监护人，由于在公务计谋方面还很薄弱，自然就服从他们的监护人即参议员们去行使职权。因此，在性质上这种政体是自由政体，在行使职权的方式上还是贵族式的。但是等到民众政体下一些强人凭私人权力的利害计较去执行公众事务时，自由的人民也为私人利益计算，让自己受掌权的强人们的诱骗，让自己的公众自由权受制于掌权的强人们，于是派系斗争、暴动叛变、内战就接踵而起，对他们的国家本身成了致命伤，于是君主独裁的政体形式就应运而起了。

第二章
凭一条永恒的自然的王法，各民族开始安息在君主独裁政体下

1007 君主独裁制是按照一种永恒的自然的王法来创建的，凡是承认奥古斯都大帝为罗马君主独裁政体创建人的一切民族都感觉到这种王法，但是过去解释罗马法的学者们都不曾注意到这种王法，因为他们都专心致志地在研究护民官法（Tribonian）那种"王法"神话。奥古斯都大帝在《法学阶梯》里（1.2.6）公开宣扬他自己就是这种护民官王法的创建人，而在《法学汇编》中一个地方却把这种"王法"归功于乌尔比安〔1.4.1.pr.〕。不过熟悉部落自然法的罗马法官们还是知道得很清楚。彭波尼在他的罗马法简史里〔《法学汇编》1.2.2.11〕讨论我们所说的"王法"时，字斟句酌地把它描绘为"当制度本身裁决要王国时，王国就创建起来了"〔584〕。

1008 这种自然的王法是在永恒利益这条原则公式之下构思出来的：既然在自由政体之下所有的人都寻求他们自己的私方利益，他们就不惜冒民族危亡的风险，迫使他们的公方的武装力量来为私方利益服务；为着挽救民族于危亡，必然要有某一单独的个人起来，奥古斯都大帝在罗马就是这样起来的。他就凭武装力量把一切公众关心的事项都独揽在他自己手里，然后让他的臣民照管他们的私方事务，外加上独裁君主可以信托给臣民去办的那么多的和那些种类的公方事务交给他们去办。这样人民就得到了拯救，否则他们

就会自陷于灭亡。近代法律教授们都一致承认这条真理，他们说，"在国王之下，集团就作私人看待"，因为公民中大多数人不再关心公方事务。塔西佗是对部落自然法最渊博的一位学者，他在《编年史》〔1.4〕里就指出上述真理在历届恺撒家族本身中就按照下列人类民政思想的次第实现：当奥古斯都大帝命在垂危时，"少数人在空谈自由的幸福"，等到提比略上台了，"一切人都看着皇帝的命令行事"，到继任的三届恺撒时，首先出现的是，incuria（漠不关心），最后便是 ignorantia reipublicae tanquam alienae（对政治好像外来人的事一样茫然无知）〔《历史》1.1〕。由此可见，因为公民们在自己的祖国里却变成了外来人，就有必要由独裁君主们以自己的人身来撑持和代表这样的公民们。现在在一种自由的政体里，如果一个强有力的人成了独裁君主，人民就必须站在他那一边，因此独裁君主制按本性是以民众的方式来管理国事的：首先凭独裁君主们设法使臣民都有一律平等的法律，其次是凭君主独裁制的特性，君主们须迫使强者屈服，从而保障人民大众的安全，不遭受强者的压迫；此外，君主独裁制还另有一种特性：使人民大众在生活必需品的供应以及享受自然的自由权方面都感到心满意足；最后还靠君主们授予一些整个阶级的特权〔1001〕（叫作自由的特权）或是授予某些有特殊功勋的特殊人物以特殊的民政荣誉（这是凭自然平等所决定的一些单独法律）。因此，君主独裁制是理性充分发达时最能适应人性的一种政府形式〔292，924，927〕。

第三章
对让·博丹体系所代表的一套政治理论原则的反驳

1009　现在从上文一直到此已提出的那番话的角度，来看让·博丹的政治学说究竟有多少科学的根据。这种学说把各种民政制度沿袭的次第摆成这样：它们首先是君主独裁的，然后经过一个暴君统治阶段，就变成自由的和民众的，最后就变成贵族专政的〔663〕。我们在这里可以心满意足地感到：我们特别在本卷（第四卷）中用无数证据所奠定的各种政体形式相继承的自然次序已把让·博丹彻底驳倒了。但是我们还乐意补充一种反驳，就根据他自己的立场论点内部的一些荒谬不近情理的地方。

1010　他确实承认了家族是组成城市的因素，但是出于一种我在上文〔552〕已纠正过的一种普遍错误，他假定了家族只包括儿女们。我们要问他：君主独裁政体怎样能从这些家族发展出来呢？

1011　有两种可能，凭武力或凭欺骗。

1012　但是某一个家族父主怎样能凭武力，来把其他家族父主都降伏下来呢？因为在自由民众政体（据博丹说，这是出现在暴君专政之后的）下，如果家族父主们把他们自己和家族们都奉献给祖国，为着把他们的家族都保存住（据博丹的看法，这些父主们在君主独裁政体下已受到驯服了），我们是否要假设那些家族父系是些巨人，刚刚脱离原来的野蛮的兽性的自由，他们就甘心让自己和自己的全家族都被人杀光，宁愿忍受这种不平等？〔584〕

1013　其次，凭欺骗吧！欺骗是存心要在自由政体下用来向一批人诈取自由、势力或财富的，但是说到自由，在氏族体制下，父主们都同样是些最高权威，就无自由可言。说到凭势力吧！但是巨人们按本性就分居在一些岩洞里，各照管各的家族，毫不关心其他家族的事务，这是符合他们的野蛮根源习惯的。至于财富，在当时那种简陋的省吃俭用的生活中就简直毫无意义〔516〕。

1014　此外，如果我们再补充一个事实，在最原始的野蛮时代并没有堡寨。据我们从修昔底德的记载〔76，645〕中知道的，由一些氏族组成的城市长久没有围墙。上文还提过，英雄贵族体制下人们对政权心怀压倒一切的妒忌，所以瓦勒里乌斯·波普利科拉（Valerius Publicola）[2] 由于在高地建筑了一座住房，就被人猜疑到他要实行暴君专政；他为着表明民主心迹，一夜之间就把住房撤掉，第二天就召集群众会议，叫他的侍从官把执政官的权束棒[3] 摆在人民的脚下〔李维2.7〕。让城市不要围墙的习俗在最野蛮的民族中也保持得最长久；例如我们从记载中得知在日耳曼"猎禽人"亨利（Henry）是把原先散居各村庄的人民迁居到城市里，并且筑起墙来把城市围起的第一个国王。据拉丁语义学家们说，porta〔城墙门〕这个词来自原先城市创建人提起犁头来划出城墙和城门那个动作（用犁来标志城门所在）〔550，

482

778〕。例如西班牙宫廷在野蛮时代的野蛮习性和宫殿不安全的双重迫害之下，在六十年之内就有八十个以上王室血统成员被人杀死。因此，在罗马教会中最早的一次伊利波里丹宗教会议中，长老们就以正式的逐出教籍来惩罚这种经常出现的凶杀行为。

1015 但是如果我们设想家族仅包括亲生儿女，博丹学说的困难就多至无限了。因为在这种情况下，无论是凭武力还是凭欺骗，这些儿女必然成了其他家族的野心的工具，背叛而且杀害自己的父主。这样一来，原始政权就不会是君主独裁而是不虔敬的凶恶的暴君专政。但是罗马青年贵族们确曾合谋叛变，替暴君塔克文反对他们自己的父主们，那是因为他们仇恨贵族政体所特有的苛酷的法律（正如宽厚的法律是民众政体所特有的，仁慈的法律是合法的君主独裁政体所特有的，而邪恶的法律则是暴君专政所特有的），这些青年叛变者要试一试和这种苛酷法律较量一下，就牺牲了自己的性命。布鲁图 [4] 的两个儿子都参加了叛变者的行列，都被砍掉了头，就是他们自己的父亲这样苛酷地判处了他们的死刑。从此可见，当时罗马政体多么恪守君主独裁而布鲁图在罗马奠定的自由多么受到群众欢迎〔662ff〕。[5]

1016 面对着这样多和这样严重的困难，博丹（以及和他一起的一切其他政治学著作家们）就应该承认：在氏族制下的氏族君主专政确如本书所显示出的，并且承认氏族不仅包括亲生儿女而且还包括famuli（"家人"即家奴），家族（family）这个名称就首先从这个词派生的。我们已经见过，这些"家人"就是城市已经成立之后，由于战争的结果，当了战俘的那种奴隶的前身〔556〕。这样看来，自由人和奴隶都是各种政体中的因素，如博丹所说的，但是根据博丹的前提，他们就不可能是这样。

1017 由于博丹把自由人和奴隶都看成各种政体的因素这种前提所造成的上述困难，他自己就感到惊讶，为什么他自己那一族人民（法国人）会曾经叫作 Franks（法兰克人或自由人）[6]，而在最早的时期，如博丹所看到的，他们却受到出身卑贱的奴隶们的待遇。从他的立场来说，这是因为他不懂得当初各民族是由"债务奴役法"〔658〕解放出来的那些原是奴隶的人们才推进到完成阶段的。因此，引起博丹惊讶的法兰克人正如霍特曼（Hotman）

也惊讶过为什么〔在复归的野蛮时期〕乡村农奴们也称为 homines〔人们〕一样〔437〕，这些人，我们在本书中已证明过，就是英雄时代各民族中平民们所由组成的〔597〕。我们还证明过，就是这些人民大众把贵族政体先变成民众自由政体，最后又变成君主独裁政体〔1006〕。他们这样变，是凭头两种政体的政法制度所由构思成的那种村俗语言〔953〕。因此，拉丁人就把这种村俗语言叫作 vernacular，也叫作"土语"或"俗语"，因为它原是家生的奴隶们的语言，这种家生的奴隶不同于在战争中捕来的战俘那种奴隶，verna〔土生土长的〕的意义就在此。我们在上文还证明过，从家族政权时代起，这种土生土长的奴隶在所有的古代民族中都存在过〔443，994〕。由于同样的理由，希腊人放弃了原先的阿哈伊亚人这个名称（荷马史诗中就称英雄们为阿哈伊亚人的儿子们）而改用 Hellenes〔赫楞人〕，这个名称是从赫楞（Hellen）来的，他创建了希腊土语〔643〕；正如以色列的子孙们后来放弃了以色列人这个最早的名称而改称希伯来人（Hebrew），希伯来这个词是从希博（Heber）派生的，犹太长老们曾宣称希博是神圣语言的传播者〔F₇〕。我们在本书全部——特别引罗马史为证所已清楚地证明了的最光辉的真理竟被博丹和一切其他政治理论著作家们理解成那样！这个最光辉的真理就是：人民中的平民们，经常地而且在一切民族里都把政法制度从贵族制变革成为民众制的，然后又把它从民众制变革成为君主独裁制的，而且通过土俗语言的创建（如上文论各种语言的来源〔443〕时所已充分证明的），这些土俗语言就把自己的名词授给整个民族，如我们刚才看到的，古代法兰克人就是以这种方式把他们的名称转给近代法兰西人的。

1018 最后，如用目前的经验来检验。现在贵族政体已极少了，都是些野蛮时代的遗迹，例如意大利有威尼斯、热那亚和卢卡，在达尔马提亚[7]有拉古萨，在日耳曼有纽伦堡。其余则有些在政体上是民众的而在行政管理上仍是贵族式的。因此，博丹由于他的理论迫使他坚持罗马王国已是君主独裁，等到暴君们被放逐，罗马才初次采用民众自由政体的那种学说，他在罗马的最初期找不到他的原则所要求的那些效果（因为实际的效果却是贵族专政体制所特有的）；为着逃脱困难，他就首先说罗马王国在政体上就已是民众的，而在行政管理方式上却是贵族的；而后来他禁不住真理力量的压迫，在另一段中又明白地自相矛盾地说，当时罗马王国在政体上和在行政管理方式上都是贵族专政式的〔663〕。

1019 政治理论中这些错误都起于对"人民""王国"和"自由"这三个名词未能下出正确的定义〔105，666〕，例如人们认为最初的各族人民都是由平民公民和贵族公民在一起组成的，而我们已用无数证据证明了当时只有贵族才是人民〔597〕。人们认为古罗马的自由就已是民众的自由，即指人民不受贵族干扰的自由，而我们却发现到当时只有贵族的自由，即贵族们不受塔克文族暴君干扰的自由，为杀掉这种暴君的人们立像纪念，因为他们是按照元老院的命令行事的。国王们在各原始民族的野蛮习性和宫殿不安全的情况下〔1014〕都是贵族式的，例如斯巴达的两位任期终身的国王，后来罗马的两位任期一年的行政官，西塞罗在他的《论法律》里就把他们称为任期一年的两位国王。这种制度是由布鲁图创始的，如李维明确地说过的，就王权方面来说，这种制度并没有在罗马王国里造成什么变更。我们前已看到，这两位任期一年的国王在任职期内仍要向人民呼吁求助，到任期满时仍要向人民报告一次他们的执政情况〔664〕。我们还提到在英雄时代，一位国王把另一位国王推下宝座放逐出去，是每天可遇到的事，如修昔底德所记载的。我们前已指出，在这一点上复归的野蛮时代情况也很类似，我们在记载中所见到的是没有什么比王国的命运更幻变无常。我们反复思量过塔西佗在《编年史》里那句开宗明义的话，他选出确切而有力的词说："罗马城在开始是一直把持在国王们手里的（Urbem Roman principio reges habuere）。" 法学家们把所有权分为三级，所用的动词是 habere〔把持〕、tenere〔掌握〕和 possidere〔占领〕〔645〕，塔西佗用了 habere〔把持〕，是属于最低一级的。"城市"这个词他用了 urbem，这个词，严格地说，只指城市建筑物，用意只指物质的占领，他不用 civitatem，这个词才指城市公民团体，全部或大多数公民在精神上组成公众政法制度。

485

注 释

1　例如贵族政体与平民政体两种形式的混合。

2　传说中的"人民之友"，推翻了塔克文族暴君专政。

3　一束棒中捆着一个斧头，象征执政官的权力，即"法西斯"这个词的起源。

4　贵族政体下两个执政之一。

5　这是博丹的看法，维柯认为当时还是贵族专政，所以竭力反对。

6　Franks，原义是被解放了的奴隶，是近代法国人的祖先。

7　在今南斯拉夫。

第十四部分　证实各民族历程的最后一批证据

第一章
刑罚、战争、数目的次序

1020　在本科学的一些原则中还举出结果符合原因的许多其他事例，都足以证实诸民族生活的自然过程。我们在一些分散的段落里已指出这些事例的大部分，但是不曾顺序排列。现在我们将把这些例证搜在一起，按人类民政制度的自然承续的次序把它们排列起来。

1021　举刑罚为例。在氏族时代，各种刑罚都带有巨人们的残酷性：就是在这种氏族情况下玛尔叙阿斯（Marsyas）被阿波罗活剥了皮[1]。在贵族政体下刑罚仍然是残酷的；例如珀尔修斯的盾牌使一切看到它的人们都变成顽石〔423〕。希腊人把刑罚称为 paradeigmata，意义和拉丁人所称呼的 exampla（范例或示范）相同，也就是示范性的惩罚〔501〕。到了复归的野蛮时期，我们前已提过，死刑都叫作常规的刑罚。斯巴达（我们已用无数证据来证明斯巴达行的是贵族专政体制）的刑法也是如此。柏拉图〔《法律篇》，635 B〕和亚里士多德〔《政治学》，1324 b8〕都断定斯巴达法律是野蛮的，那种法律要求把显赫的国王亚基斯三世处绞刑〔668，985〕。在罗马还是一个贵族专政的政体时，它的法律就要把高贵的凯旋回朝的贺雷修斯全身剥光，用棍棒鞭打之后再挂到一棵倒霉的树上吊死〔500〕。[2] 按照十二铜表法，凡是放火烧旁人粮食的人就判处用火烧死的刑罚〔8.10〕，做假见证的人就被从塔尔皮亚岩顶上抛下去〔8.23〕，欠债不还的人就要活活地被分尸〔3.5f；957〕。凭最后提到的这项刑罚，图流斯·奥斯提留斯没有饶恕过和他地位同等的阿尔巴国王梅提斯·夫费特（Mettius Fufetius），因为他没有遵守联盟的誓约；而在此以前罗马国王罗慕路斯本人就被元老们分尸，只因为他有叛国的嫌疑。这就足以证明那些争执在罗马并不曾用过这种酷刑的说法多么无稽了。

1022 后来由人民大众执政的政体之下所用的却是温和的刑罚，人民大众是由弱者们组成的，自然地倾向于怜悯。用李维的文雅词句来说〔966〕，"罗马人民处理贺雷修斯的案情，与其说是凭公道，倒不如说是凭他们对他的英勇的敬仰。例如在他因为他看到亲妹妹在公众庆幸好运道时却号啕大哭，就义愤填膺，顿时把她杀死，他因此被判死刑，罗马人民居然豁免了他的死罪，正如柏拉图（《法律篇》〔653〕）和亚里士多德（《政治学》〔1324b〕）在雅典自由时期都谴责过斯巴达的〔苛刻〕法律。而在罗马民众自由的温和时期，西塞罗也抗议对一位处在私人地位的罗马骑士拉比鲁斯（Rabirius）被控诉犯叛国罪而判处死刑的残酷无人道（见西塞罗的《为被控诉为叛国的拉比鲁斯[3]辩护》〔3.10；4.13〕）。最后到了君主独裁时期，亲王们[4]就乐于得到"Clement"〔仁慈〕这个惬意的头衔[5]。

1023 其次，英雄时代的野蛮战争对被征服的城市就意味着灭亡，投降的敌人就成了成群的服苦役者，分散到乡村去替战胜者耕地，这些服苦役者就是英雄时代的内陆殖民〔595〕，接着就是民众政体的宽宏大量，只要投降者受制于他们的元老院，罗马人就采用被征服民族原有的英雄时代部落法，让他们自由享受乌尔比安所称呼的人道的部落自然法〔569，990〕。随着征服的扩张，凡是后来称为"罗马民政特权"（civium romanorum）的全部政法制度都只适用于罗马公民，其中有正式结婚权、父权、直接继承权

（父系的或族系的）、权势者的或公民的所有权、转让权、凭占领时效的财产权、契约权、遗嘱权、托管权和继承权〔110〕。在被征服之前各自由民族当然享有这些权利作为他们自己的民政制度中的项目〔582〕。最后出现了君主独裁政体，例如在安托尼努斯〔即卡拉卡拉〕的统治下，罗马皇帝就谋求把整个罗马世界变成为一个罗马。因为伟大的独裁君主们有一个显出他们的特征的誓言，要把全世界变为一个大城邦，例如亚历山大大帝就常说，对于他，全世界就是一个单一的城邦，他的方阵部队就是它的堡垒。因此，由罗马执政官们在各行省中所发展出来的诸民族的自然法〔E₈〕，就终于回到罗马本土来决定法律。罗马人原先用来管理各行省的那种英雄时代法律就被放弃了，因为独裁君主们希望把帝国所有的臣民都根据他们自己制定的法律变成一律平等〔953〕。而罗马法学从前在英雄时代全以十二铜表法为据〔952〕，到了西塞罗时代，如他在《论法律》里〔1.5.16〕所说的，就已开始按照罗马执政官的指令行事。而最后，从哈德良大帝以下，罗马法律就完全靠 Edictum perpetuum〔永恒的圣谕〕，即由萨尔维乌斯·尤里安几乎完全根据对各行省的诏令来编制成的。

1024 从可以由一些贵族政体治理得很好的罗马本身的一些小区域，通过征服所取得的扩张，就倾向于应用一些自由的政体，我们就终于达到一些君主独裁政体，这些君主独裁政体随着面积愈扩大也显得愈美丽堂皇。

1025 从一些贵族政体的忧郁沉思的猜疑，通过一些民众政体的骚乱，各民族终于达到在一些君主独裁政体之下安顿下来了。

1026 但是最后我们还想证明：在人类各种民政制度的具体而繁复的次第之上可以冠上一种极简单的抽象的数目的次第〔643，713〕。各种政府都从"一"开始，即氏族的君主独裁制，过渡到"少数"，即英雄时代的贵族体制，进展到"多数"和"全体"，即民众体制，其中"全体"或"大多数"组成了政体，最后又回到"一"，即民政方面的君主独裁制。按数的性质来说，我们不能构思出比"一""少""多"和"全"还更恰当的区分或另一种次序，使"少"和"多"都各随它的类别而保存"一"的原则；根据亚里士多德的看法〔《形而上学》1085b 22〕，正因为凡是数都由一些不可分割的因素组成，而且等到我们已经历了"全"，我们就必从"一"再开始。这样，全人类都包含在氏族一人独裁制到民政的君主独裁这两极之中。⁶

第二章

系定理：古代罗马法是一篇严肃认真的诗，
古代法学是一种严肃认真的诗创作，
其中显出一种关于法的形而上学的最初的粗略纲要，
以及在希腊人中间，法律如何产生出哲学

1027　特别在罗马法学里还有许多其他结果，其原因只能在上述那些原则中找出，尤其是这样一条公理：由于人类凭自然本性都想要寻求真实（the true），如果达不到求真实的愿望，人类就要紧紧抓住确凿的可凭的证据（the certain）〔137〕。买卖或转让（mancipations）是从用真正的手（vera manu）开始的，也就是凭真正的力量（force）开始的，由于力量是抽象的，而手是具体的。在所有的民族中，手的意义就指权力，因此希腊人有 cheirothesiai（一人把手放在另一人的头上）和 cheirotoniai（举手）这些手势；他们用前一种手势把手放在被选举出来当权的人们头上，用后一种手势欢迎被选出的当权者。这种礼仪性的手势是哑口无言的时代所特有的；在复归的野蛮时期，选举国王时也用举手欢迎，这种实在的手势也用在占领上或交易上。占领是一切财产权的自然的大来源⁷，占领中有军事占领（occupatio bellica），是由罗马人保存下来的；因此当时奴隶们就叫作 mancipia（俘虏），即战争的胜利品，本来只是罗马人中间的来自征服和掳掠的转让，后来就用来应用到对付被征服的民族。从此可见，那种认为这种转让只是在罗马这一个城市以内，罗马人与罗马人之间的私人交涉，作为取得民政方面的所有权的一种方式的看法就远非事实真相了〔582〕！

1028　伴随这种实际转让的还有一种相应的实际占领（usucapion）〔983〕，即通过实际使用而取得的所有权（因为"获得"就是 capio 这个词的意义），占领通过实际使用的〔取使用（usus）这个词即指占领（possessio）

490

的意义〕执行方式本来就是对所占领物的持续的物体掌握。……[8]

1029　再者，在亚里士多德的英雄政体中没有关于补救或赔偿私人冤屈的法律〔269〕[9]，赔偿或报复是凭实在的武力来执行的。世界上一切最初的决斗或私人间的争战都是如此。Condictiones 当面申斥或下通知（要进行决斗）都是私方报复。在复归的野蛮时代，决斗这种私方报复一直持续到巴尔托卢斯时代（960f）。

1030　随着野蛮时代的习俗日渐衰退，而私方的殴斗暴行又开始受到正式法律条文的禁止，一切私方的力量便联合在一起成为公众的力量，叫作民政的主权〔583ff〕。原始各族人民按本性都是些诗人〔187，200〕，必然就自然地模仿过〔215f〕他们从前用来保卫他们的权利和制度的那些真实的力量。所以他们就造出一种关于自然转让的神话故事，从而创造出以交付一种象征的锁链绳结（knot）方式代表正式的民政性的转让手续〔558〕，来模仿天帝约夫用来把最初的巨人们束缚在原始的还未占领的土地上〔387，781〕，而他们自己后来就用这种锁链绳结（knot）来束缚受他们收容的"家人"或家奴们。用这种象征性的转让方式，他们就通过法定手续（actus legitimi）〔558〕来使他们的一切民政性的交易手续成为神圣不可侵犯的。这些法定手续对于还哑口无言的人们必然曾是一种隆重的典礼，后来（发音的语言既已形成了），他们为使彼此在契约中所表示的双方的意愿确凿可凭，于是决定了在交付上述绳结时所订的契约中，要用隆重的语言来记录出所构思成的明确的条款〔569〕，这样，他们后来在战争中就构思出接受被征服的城邦的投降条款。他们把这些条款称为 peaces〔和约〕。这个词是由 pacio 来的，意思就指 pactum〔合同或条约〕。这种条约的遗迹在科拉提亚（Collatia）[10]投降的条款里还可以看到。据李维的记载〔1.38.1—2〕，这种投降条款用隆重的问答仪式把投降者接受到征服者的权力之下。因此称投降者为"被接受者"（recepti）是完全恰当的，罗马传令官所以向科拉提亚代表们说："我们接受了。"这种证据就足以驳倒在英雄时代定条约限于罗马公民内部的看法了〔1027〕！从此也足以见出过去相信塔克文·普里斯库斯在接受科拉提亚投降时用这种公文程式是有意要教导诸民族如何投降的人们究竟有多大洞察力了！

1031　在十二铜表法中有一条著名条款〔6.1a〕就把英雄时代拉丁区域部落法中这一条款规定如下：如果任何人要订合同或办转让手续，他既然用舌头宣布的话就将有约束力〔433，570〕。这一条款是一切古罗马法的巨大源泉，凡是把罗马法和雅典法作过比较的人都承认这一条款并不是从雅典输入罗马的。

1032　占领原先只限于躯体的占有〔1028〕，后来才成为假想的，有占有的意愿就够了。同样，报复也用假想的力量来象征〔961〕，英雄时代的报复转变为私人的动作，保存了申诉对方的隆重仪式〔960〕。世界的婴儿期不可能走其他的道路；因为婴儿们具有特别强的模仿事物真相的能力，就凭力所能及的去模仿。诗的本质就在这里，诗就不过是模仿〔215 f〕。

1033　例如，出现在市场上的有多少人身就有多少面具。人身（persōna）[11]的正确意义就是一种面具（mask），有多少面具也就有多少名称（names）。在无声语言时代，名称是用实物文字来表达的〔435，929〕，这种实物文字就必然是氏族盾牌。在美洲印第安人中间诸氏族就凭盾牌来区分，在某一氏族父主的人身或面具之下隐藏着他所有的一切儿女和奴仆，在某一大家族的名称或徽纹之下隐藏着它所有的父系继承人或族属继承人。例如我们看到过埃阿斯一个人就是希腊人的高塔，而贺雷修斯一个人站在桥上就抵挡住托斯卡纳全区的人，而在复归的野蛮时代，我们还碰见过四十个诺曼族英雄们就把萨拉森（阿拉伯）大军驱赶出萨莱诺。从此法兰西查理大帝的十二骑士（paladins）〔都是些君主，名字还保存在日耳曼的一些巴拉丁公爵身上〕特别杰出的是罗兰公爵（Count Roland），后来叫作奥兰多（Orlando）公爵，以惊人的膂力闻名于世〔559〕。其理由就起于上文所发现的一些关于诗的原则〔376 ff〕。罗马法的创建者处在人们还不会理解抽象共相的时代，就已造出一些想象性的共相来。正如后来诗人们凭艺术把一些人物和面具搬上了舞台〔910〕，这些诗人前此曾把上述那些名字和人身搬到了古罗马广场上[12]。

1034　Persōna（人身）这个词必不是由persŏnare（为着使到处都听

492

到回声）派生的，因为在最初的城市中剧场都很小（据贺拉斯〔《诗艺》206〕所说的，观众的人数很少，很容易数清），没有必要去用面具，也没有必要去使人声大到满布一个大剧场。此外，persŏnare 的第二级音是长音，不容许派生出 persŏna 来，因为如果它来自 persŏnare，应是短音。毋宁说，它是从 persōnari 来的，这个动词据我们的推测是穿野兽皮，当时只有英雄们才配穿野兽皮。和它同源的动词 obsōnari 已留传到现在。它的原义一定是食猎获的野味，这种野味一定就是维吉尔所叙述的英雄们宴会中吃的〔《埃涅阿斯纪》3.223f〕。所以最初的猎获物一定就是英雄们在保卫他们自己和家族时和野兽们进行战争中所杀死的野兽的皮〔958〕。诗人们都描绘英雄们穿着这种兽皮，特别是赫库勒斯，他穿的就是狮子皮。我们把 persōnari 这个动词还原到它的本义，并追溯到它的根源，我们猜测到意大利文用 personaggi 就应溯源到这个动词，用来指高大魁梧的人物。

1035　根据这些同样原则，因为这种人物还不能理解抽象的形状，就想象出一些身体的形状，而且根据他们自己的自然本性，把这些身体形状想象为具有生气的〔401〕。他们把 hereditas 或"继承"想象为主管继承财产的母后，并且在每一特殊项目的继承的货物中都认出其中有这位完整的母后，正如他们在控诉程式里把农田里的一块泥土呈给法官，把它在代表农场时说的"我申明这个农场是我的"这句话中的农场〔961〕。从此可见，如果他们不能理解，却至少能用感官粗略地感觉到权利不可分割的道理〔1038〕。

1036　符合这种自然本性，古代法学全都是诗性的，凭它的虚构，可以把已发生的事虚构成不曾发生，把不曾发生的事虚构成已发生的；把不曾产生的虚构成已产生的，把活的虚构成死的，把已死的虚构成还是活的，死人还活在正待接收的产业上。它们造出没有主体的面具，许多凭想象虚构出的权利（iura imagi naria）。因此，古代法学的全部声誉都靠创造出一些这样的寓言故事，以便维持法律的尊严和就事实来作出公道的处理。所以古代法学的一切虚构都是由一些面具遮盖的事实真相，而这类法律所由表达的公文程式，由于用些什么字和用多少字都有严格的标准，不能加，不能减，不能改，它们把这种公文程式就叫作 camina 或"歌"，例如我们在上文就曾发现过李维就这样称呼使贺雷修斯受到惩罚的那条法律公文程式为"歌"〔500〕。这种情况在普劳图斯的《驴子们的喜剧》中一段话里〔746ff〕也得到证实，那里名叫"恶魔"（Diabolus）的一个角色说，寄生虫是一位大诗人，因为他比任何人都更会发明文字的防护器或公文程式，这种公文程式即我们刚才看到的，叫作"歌"的那种东西。

1037　由此可见，古罗马法是一篇严肃认真的诗，是由罗马人在罗马广场表演的，而古代法律是一种严峻的诗创作。查士丁尼大帝在《法学阶梯》或《法典》的序言里谈到 antiqui iuris fabulas〔古代法律的寓意故事〕对我们的论证就很有利，他是用嘲笑口吻来用上引词组的，但是他一定是援引懂得我们所谈的问题的某位法学家的话。如我们在这里证明的，罗马法学是根据这些古代寓意故事来演绎出它的一些原则的。关于"角色"就是"面具"那条原则最初就来自这些戏剧性的寓意故事。

1038　到了实行民众政体的人的时代，理智就在大型议会里发生作用了，从此由理智抽象出来的具有普遍性的法律概念就被人说是存在于对法律的理解之中了。这种理解涉及立法者表达在所立的每条法律中的意愿（这种意愿就叫作"法"，ius〔398〕）。这种意愿就是公民们的意愿，根据合理的共同利益这个想法而达成协议的。他们必然把这种意愿看作精神性的，因为这类权利全不依附行使它们时所涉及的具体事物（它们就叫作 nuda iura，赤裸的即不依附肉体的权利），它们据说是"存在于理智中的"。权利既然是这样精神性实体的存在方式，所以它们是不可分割的，因而也是永恒的，因为毁坏不过是由于各部分分割开来了〔698〕。

1039　罗马法的解释者们的全部法的玄学声誉都寄托在他们对 De dividuis et individuis〔可分割和不可分割〕那个著名论题上所持的法权不可分割这一考虑上。但是他们还不曾考虑到另一个同样重要的法的属性，即永恒性。可是他们理应在下列两条法律中看到这种永恒性。头一条规定了 cessante fine legis, cessat lex〔法律的目的终结了，法律也就终结〕，原条文不是说 cessante ratione〔理性终结了〕，因为法律的目的是以各方利益平等为原因，这个目的也可能得不到实现，但是法律的 ratio〔理性〕是法律符合蒙上某种具体情境的事实。只要有蒙上具体情境的事实，法律的理性就还是活着的，对事实起统治作用的。另一条规定了时间不是法权所由成立或毁坏的一种 mode（方式，因素），因为时间并不能使永恒的东西有一个起点或终点。在凭时效取得的占领权和据传统或长期使用而获得的权利这种法律里，时间并不产生或终止这种权利；如果已不再行使这种权利，也只证明占领这种权利的人愿意放弃它。例如"usufruct"用益权这个条款可以说终止，但不能从此得出结论，说这种法权本身就因此终止，只能说这项法权不再使用，变成和已往一样自由而已。从此得出两条很重要的系定理。第一条是法权在对法权的理解或理想中是永恒的，至于运用法权的具体的人却在时间中存在。法权只有上帝才能授给人。第二条系定理是：在世界中过去存在过，现仍存在或永远会存在的那些不可胜数的多种多样的法权都来自最初的那个人，原来人类的主宰，对这整个世界持有所有权的那一位 [13]。

1040 因为法律比哲学确实出现较早〔1043〕，苏格拉底一定是观察到雅典公民们在制定法律时都要赞同接受这样一种观念：有一种平等利益对全体公民中每一个人都是共同的，他才开始用归纳法总结出一些可理解的类（种）或抽象的共相（普遍性），这就是说，通过搜集一些彼此一致的特殊事例来造成一个类（种），其中那些特殊事例在同属这个类（种）上是彼此一致的〔D_7，499〕。

1041 柏拉图想到每一个别特殊的人的心思本来都满怀情欲地追求他的私人利益，等到把他们聚集在公众议会里，他们心里就只有共同利益这样一种冷漠无情的理想了（按照一句谚语来说，人们个别地都唯自己的私利是图，但是集体的人们就追求公道），柏拉图于是把自己提高到去默想被创造的心灵（人）所能达到的最高理想，而这种最高理想和这些被创造的心灵（人）本来是两码事，它们（最高理想）只能寄托在上帝里面，柏拉图就以这种方式构思出能随意驾驭情欲的哲学英雄。

1042 柏拉图这样就为亚里士多德铺平了道路，使他后来替好的法律下了一个神明的定义〔《政治学》，1287 a 32〕，说好的法律是一种不受情欲干扰的意志，也就是说，一个英雄的意志。他把公道理解为掌管各种德

行的王后，寄托在英雄的精神里，来指挥所有的其他人〔《伦理学》1129
b 12ff〕。因为他看到法的公道寄托在最高民政主权上面，在指使元老院坚
持谨慎，军队坚持英勇，庆祝宴会坚持节制。此外他还求遵行两种特殊的
公道：在公众财库里要有分配的公道，在广场（或议会）大部分场合要遵
行 commutative 交换的公道（礼尚往来）；后者应用数学的比例，前者应用
几何学的比例〔《伦理学》1131 b，12，29〕。他一定从户籍制里看到分配
的公道，看到户籍制里民众政体的基本制度〔619ff〕，这种制度根据公民们
的祖遗财产按几何的比例来分配荣誉和负担，因为前此人们只知有数学的比
例；因此，艾斯特莱雅这位英雄时代的公道女神是描绘为持天秤的〔713〕，
而在十二铜表法里一切惩罚——现在写书讨论这些惩罚的人们都说惩罚必须
依分配的公道，按几何学的比例来分配。我们在这类著作里看到，这类惩罚
有两类，如果涉及金钱方面的，惩罚就要加倍〔6.2；8.9，16，19，20；
12.3，4〕；如果是身体方面的，就要同等〔8.2〕。因为报复的法律是由拉
达曼提斯（Rhadamanthus）创建的，他就被任命为下界（阴间）法官，在下
界也确实分配惩罚。在亚里士多德的《伦理学》〔1132 b 21ff〕里，报复就
叫作毕达哥拉斯的公道，是由在大希腊创建一个民族的毕达哥拉斯所发明的，
大希腊的贵族们就叫作毕达哥拉斯派〔427〕。这种发明对后来变成一位高
明的哲学家和数学家的那位毕达哥拉斯就会是一种耻辱。

1043 根据上述一切，我们下了这个结论：这些玄学、逻辑和伦理学各方
面的原则都是从雅典广场上产生出来的。从梭伦对雅典人说的"认识你自己"
那句告诫时就产生了民众政体，从民众政体就产生了法律，哲学就是从法律
中涌现出来的。梭伦本来在村俗智慧方面是哲人，后来才被认为在秘奥智慧
方面也是哲人〔414ff〕。这番话可以作为以哲学方式来叙述哲学史的一个样板
〔I$_8$〕，也是本书提出的对波利比奥斯的许多谴责中的最后一个。这位希腊史
学家竟说过，如果世界上有了哲学家们，就不需要各种宗教了〔179〕。事实却是：
如果世界上不曾有宗教，也就不会有各种政体，也就不会有哲学家；如果是人
类各种制度不曾受过天意的安排，也就不会有科学知识和品德的观念了。

1044 现在回到本题来结束所讨论的论证，在人的时代里出现的首先是

民众政体，然后是君主独裁政体〔927〕，人们所理解到的是：〔法律义务的〕起因（causes）开始是由一些精确的特定的词来保障的一些程式（formulae），因为 cavere 是 cavissae 的词源，而 caussae 是 cavissae 的缩写形式〔569〕，指的就是一致同意的契约中所涉及的那些事务或交易本身（这些事务或交易现已由契约加以隆重化或正式化了，在订契约这项手续中各方都同意了，所以都要见诸行动了）。有些契约涉及财产转让的有效凭证，它们把自然的交付加以正式化，以便实行正式转让。只有在契约是用凭口说的文字就算数时，文字的保证才保存"起因"这个严格的古代意义。以上所说的进一步说明了关于契约和合同所产生的义务所已提出的一些原则（570—578）。

1045 总之，一个人按特性来说，只是心、身和语言，而语言仿佛处在心和身的正中间。因此，就什么才是公道这个问题来说，在哑口无言的时代，确凿可凭的事物是从身躯开始。接着，各种所谓有声的语言发明出来了，公道就进展到由说出的程式变为确凿可凭的一些观念。最后，人类理智已充分发展了，公道就在真实中达到了它的目的（或终点），达到什么才是公道的一些观念本身，这些观念是由理性根据事实的细节情况来决定的。这种真实是一种公式，脱去了任何个别特殊的形状，即渊博的瓦罗所说的 formula naturae〔天生自然的公式〕〔《上帝之城》4.31〕这种公式像光一样普照到各种事实的不透明体的表面，从而就赋予形式给那表面上一切最微小的细节〔321—325〕。[14]

注　释

1　在音乐比赛中前者被后者击败了。

2　他的妹妹和敌方首脑订过婚，看到情人被打死，放声大哭，他认为她同情敌方，就把她砍死。这是犯弑亲罪，理应处死刑，而罗马人却宽恕了他，因为他在战争中杀死了敌人。

3　拉比鲁斯是一位元老院成员，在公元前63年曾被控诉，在公元前100年，即在被控诉之前约四十年曾处死一位护民官。控诉人就是恺撒本人，因为怕元老院动兵反对平民派，在这个案件第二审中，西塞罗是被告人的辩护律师。

4　指元老们。

5　证明君主独裁下刑罚宽大。

6　这段从数来看政体的演变，以抽象概括具体，所以显得很"玄奥"，但意思是清楚的。

7　买卖交易在汉语中也有"转手""脱手""到手"等说法。

8　以下用拉丁词的变化来说明"占领""所有"之类词的意义和来源，略去未译。

9　还没有"私法"。

10　科拉提亚是拉丁区域的土著户萨宾族的一个城，曾被罗马贵族塔克文所征服。

11　即中国戏剧中的"角色"。

12　Fotum，这里指舞台。

13　指一切法权都来自上帝。

14　这段总结说明人类如何由形象思维逐渐进展到抽象思维以及语言在这种进程中所起的作用。"公道"本是从总结许多个别具体的事例而得出的一些理性观念，用自然的公文程式把它表达出来。这样总结会显出确凿可凭的真理而产生哲学。人世间事都是自然的，连相信天神的宗教穷根到底也还是自然的。这就批驳了波利比奥斯的"有哲学就不需要宗教"的论点。维柯有时沿用经院派的论证法，所以不免艰晦。读者宜先掌握全书的思想脉络，孤立地看某章某节最易误事。

第五卷

各民族在复兴时所经历的各种人类制度的复归历程

引 论

1046 从上文分散在讨论无数题材的无数段落中，我们已看到最初的野蛮时代和复归的野蛮时代之间的令人惊讶的对应。从此我们可以很容易地理解到各民族在复兴时所经历的各种人类制度的复演过程〔1108〕。不过为着更好的证实，我们想在这最后一卷里专门讨论这个论点，以便更清楚地认识第二个野蛮时代。这第二个野蛮时代一直比起第一个野蛮时代显得还更黑暗难解，尽管对最古文物知识最渊博的学者瓦罗在他的时历划分中把这第二个野蛮时代也称为黑暗时代[1]〔52〕。我们还要说明最善良最伟大的上帝如何运用他指导一切民族的人类制度的那种神旨来为出自深厚神恩的不可磨灭的诏令服务。

第一章
把最近的野蛮时期的历史解释为
第一个野蛮时期历史的复演历程〔L₂〕

1047 当天神以超人的方式通过使殉道者们的德行和罗马的权力对立，以及使神父们的教义和奇迹与希腊的学者们的虚浮智慧对立，等到武装的民族到处蜂起来攻击神道的创建者时，天神就让一种新人道秩序在各民族中产生出来，以便真教可以适应人类各种制度本身的自然过程而巩固地奠定下来。

1048 遵照上述永恒的神旨，天神把真正的神的时代又带回来了〔925，976〕，其时天主教国王们到处为着保卫基督教（他们就是基督教的保卫者），就穿戴上天主教司祭们的衣冕，使自己的君主身份同时具有教职身份（因此，保留住"神圣的国王陛下"的头衔），他们就兼任教会的显职，例如据 S. 尚皮耶（S. Champier）的《法兰克各王朝系年》，雨果·卡佩（Hugh Capet）公爵，法国卡佩王朝的创建人，就兼任巴黎的公爵和修道院长二职，巴拉敦（Paradin）在《布尔干王朝编年史》里也提到在古代文件里，法国君主们通常都称公爵或伯爵兼修道院长。这样，最初的基督教的国王们就在他们的天主教国度里创建了军事兼宗教的制度，来对抗雅利安族人 [2]（据圣杰罗姆说，几乎整个基督教世界都遭到雅利安族人的腐化），对抗萨拉森伊斯兰教徒以及许多其他异教民族。

1049 这样，英雄时代各民族所号称的"纯洁虔敬"的战争 [3]〔958〕就复归了，从此，凡是基督教（君主们）仍然在他们的王冠顶上安一个十字架，这是他们过去在十字军东征时军旗上所展示过的〔602〕。

1050 在复归的野蛮时代，这些人类文明制度的复演历程确实是令人惊讶的，例如古代的使节或传令官们向要对他们宣战的城市呼出敌方的神祇，用马克罗比乌斯 [4]〔在他的《农神节》（Saturnalia）3.9.7f 里〕给我们保存下来的（呼出神祇书）那个文雅堂皇的公文程式；因为他们相信通过这种呼吁，被征服的部落就不再有神了〔958〕，因而也就不再有占卜权了。占卜权是我们在本书已讨论过的一切制度的最初的来源。因为根据英雄时代战胜法律，被征服的民族就不再有任何民政制度，无论是公法还是私法，这一切在英雄时代都要依靠神谕的占卜权，如我们主要根据罗马史所已充分证明了的〔110〕。这一切都包括在英雄时代投降书程式里，塔克文·普里斯库斯曾把这种程式运用到科拉提亚〔1030〕，根据这种投降书程式，被征服者须

501

把他们原有的各种宗教性和世俗性的制度都移交给征服者。最近复归的野蛮人也是如此，在攻取一个城市时主要关心的事就是把当地著名的圣徒们的遗骸或遗迹搜出来搬走。所以当时各族人民都要小心翼翼地把这类圣物埋起或隐藏起，这种埋藏所一般都在教堂中最后最深的地方，所以圣徒遗骸的迁移全都发生在这种时期。这种习俗至今还保留在被征服的民族须向征服者的统帅们纳款赎回全部夺走的（寺庙）钟铃。

1051　还不仅此，从公元五世纪以下，有许多野蛮民族侵入欧洲乃至亚细亚和非洲，到处泛滥，这些征服者无法使被征服者听懂自己的语言，这是由于天主教敌人们的野蛮习俗。在当时那种铁的时代里，我们找不到当时有俗语的证据，无论是意大利的、法兰西的和西班牙的，甚至日耳曼的。（关于日耳曼人，据约翰·阿文蒂努斯〔Johannes Aventinus〕的《巴伐利亚编年史》，他们从来不用他们自己的文字写文书凭证；一直到士瓦本的腓特烈的时代，据其他史料，甚至直到哈布斯堡的鲁道夫大帝的时代〔435〕。）在上述各民族之中我们只找到用土俗拉丁文写的文据，只有少数兼任僧职的贵族们才懂得。因此我们可以假定，在那许多不幸的世纪里，各民族又回到用无声语言互相达意的情况。由于土俗文字这样稀少，到处一定都回到使用象形文字，如氏族盾徽之类，用来使所有权确凿可凭，通常标志房屋、坟墓、土地和畜群的主权〔484—488〕。

1052　某些种类的神的裁判〔955〕，号称"依教规的洗罪"也复归了。这种裁判之一就是最初野蛮时期的决斗〔959 ff〕，尽管这种决斗还没有得到神圣教规的承认。

1053　英雄时代的劫掠也复归了。过去英雄们认为被称为强盗是一种光荣，现在海盗就是贵族的一种头衔〔636〕。

1054　英雄式的报复也复归了，一直持续到巴尔托卢斯⁵时代〔960〕。

1055　因为最近野蛮时期的战争和最初野蛮时期的战争一样，都是些宗教战争〔1049〕，英雄式的奴役制〔676〕也复归了，这种奴役制在基督教诸民族之中也持续了很长一段时期。按照那些时期决斗的惯例，征服者认为被征服者已没有神〔958〕，因此就把他们当作一些野兽。基督教徒和土耳其人之中至今还保持着这种民族感。对于一个基督教徒，土耳其人这个名称就指一条狗（因此基督教徒们存心或被迫要对土耳其人客气一点，就称他们为穆斯林〔Moslems〕，意指真正信教者）；而土耳其人则把基督教徒称为猪，因此，在战争中他们双方都实行英雄时代的奴役制，尽管基督教徒们对待奴役比较温和些。

1056　但是最令人惊奇的是在复归的各种人类制度之中，古代世界的最初的收容所在这些新的神的时代里也回来了，从李维的历史著作里我们知道，凡是最初的城市都以收容所为基础〔561〕。因为在这些最野蛮的时期，人们极端残酷和野蛮，暴行、抢劫和凶杀之风猖獗。当时除宗教所规定的神的法律之外没有什么有效的办法来约束那些已摈弃一切人道法律的人们〔177〕，所以怕受到压迫和毁灭的人们自然投奔到主教们和牧师们那里（这些人在那些狂暴野蛮的时代还是比较有点人道的）去逃难，把他们自己、家族和祖遗财产都托庇于主教和牧师们，进了他们的收容所。这种归依和保护是东佃制（或封建制）的主要因素。因此，在当时欧洲各国中必然仍是最野蛮的日耳曼之中宗教的首脑（主教或修道院长）几乎比世俗的首脑还更多；而在法兰西，我们已说过，凡是拥有最高权的君主都同时有伯爵或侯爵兼修道院长的头衔。所以当时欧洲有无数城市、城镇或堡寨都用些圣徒的名称，就因为在高山或隐藏的地方，为着举行基督教所要求的倾听弥撒或举行其他宗教典礼，就修了一些小教堂，这些小教堂就是当时基督教徒们的天然的庇护所或收容所。在附近他们就盖起他们的住房。因此，我们到处看到的第二野蛮时代的最古老的遗迹就是上文描绘的那些地方的小教堂，大半都已倒塌了。一个著名的例子就是我们意大利的阿韦尔萨（Aversa）圣洛伦佐修道院，这是和卡普阿的圣洛伦佐修道院合并在一起的，这所修道院直接地统辖着坎帕尼亚各地区的一百一十所教堂，这些教堂都由它下面的一些修道院长或僧侣去管理，上述各地圣洛伦佐修道院长几乎都是所管地区的男爵。

第二章

诸民族在复归时期接受了具有永恒性的
东佃制或封建制，从此在封建法里古罗马法也复归了〔L₂〕

1057 跟着这种神的时代来的是一种英雄的时代，由于"英雄的"和"人的"这两种几乎相反的本性的区别也复归了〔567〕。所以在封建制的术语里，乡村中的佃户们就叫作 homines（men，人们），这曾引起霍特曼（Hotman）的惊讶〔437，600，606〕。"人们"这个词一定是 hominium 和 homagium 这两个带有封建意义的词的来源。Hominium 是代表 hominis dominium 即地主对他的"人"或"佃户"的所有权。据居雅斯说，赫尔慕狄乌斯（Helmodius）认为 homines（人们）这个词比起第二个词 homagium 较文雅，这第二个词代表 hominis agium，即地主有带领他的佃户随便到哪里去的权利。封建法方面的渊博学者们把这后一个野蛮词译成典雅的拉丁词 obsequium，实际上还是一个准确的同义词，因为它的本义就是人（佃户）随时准备好由英雄（地主）领到哪里就到哪里去耕地主的土地。这个拉丁词着重佃户对地主所承担的效忠，所以拉丁人用 obsequium 这个词时就立即指佃户在受封时要发誓对地主所承担的效忠义务。在古代罗马人中间这个词和他们所称呼的 opera militaris（即我们近代关于封建法的著作家们所称呼的 militare servitium〔服兵役〕），即罗马平民们曾在很长一段时间里要对地主服兵役而且自备所需要的一切费用〔107〕。Liberti 或"已被解放的人"（奴隶）仍然对地主负有效忠和服兵役的义务。在罗马史里这种义务可以追溯到罗慕路斯在庇护所的基础上创建罗马城市的时候。庇护所是罗慕路斯用来收容他所接受过来保护的耕地农民的地方〔106〕。古代史里的这种"受庇护者"除"佃户"这个词之外不可能有更恰当的解释〔263〕。实际上研究封建制的学者们都把 feudum（佃户）这个粗野词译成文雅的拉丁词 clientela（受庇护者）。

1058 关于各种制度的这些原则从 opera 和 servitium 这两词的来源得到清楚的证实。Opera 的本义是一个农民的一日的劳动（一日的工作），所以拉丁人称农民为 operarius（打日工的人），意大利人中的同义词是 giornaliere。

阿喀琉斯被阿伽门农冤枉地夺去女俘时埋怨阿伽门农待他自己就像一个没有公民权的打日工的人（597），正是取这个意思。拉丁人还用 herd（群），甚至用 greges operarum（工群）、greges servorum（奴群）——因为他们和后来的奴隶都被看成兽畜，兽畜据说要成群地吃草（pasci gregatim）。〔一定先有人群，后才有兽畜群。〕与此相应，一定是先有这种人的牧人，然后才有兽畜的牧人（shepherds）。因此，荷马史诗中英雄们通常叫作“人民的牧人”〔557〕。这从希腊词 nomos 可以得到证实，nomos 既指法律，又指饲料、饲草〔607〕；因为凭最早的土地法，造反的“家人”或“家奴”们在由英雄们分配给他们的土地上获得生活资料，这种生活资料也叫作 nomos 或饲料，饲料是专对牲畜来说的，饮食或食物是专对人来说的〔917〕。

1059 饲养世界上最初的人群的牧人一定就是阿波罗的专业，他是民政光辉的神，也就是贵族的神〔533〕。神话故事说他是安菲里苏斯河上一个牧人，正如帕里斯确实是属于特洛伊王室的，也就是一个牧人。家族父主（荷马称之为国王）也凭他的王杖吩咐把犊牛肉割开，分享给收割庄稼的人们，就如阿喀琉斯的盾牌上所描绘的。这个盾牌上雕的是世界史，这一幕就代表家族时期〔686〕。现在我们的牧人们的任务已不再是喂养畜群而是引导和看守它们，但是由于在英雄时代劫掠流行〔636 f〕，这后一意义的喂养只有在原始的城市疆界内已得到某种安全保障之后才用得上。一定就是由于这一理由，牧歌式的诗只有在最文明的时代才出现，例如在希腊人中间始于忒奥克里托斯（Theocritus），在拉丁人中间始于维吉尔，在意大利人中间始于桑纳扎罗（Sannazaro）。

1060 Servitium（服役）这个词说明了在最近复归的野蛮时代，上述情况也复归了；在谈到这种服役关系时，地主号称 seniov（大人或老爷），意思就是领主或君主。例如古代法兰克族人（Franks，即第二次野蛮时代的被解放了的人〔1062〕）竟使博丹为发现他们原是家生家养的奴仆而感到惊讶。这批家奴就相当于在最初的野蛮时代古罗马人所称呼的“村俗人”（vernae）或“土人”这个词派生出“土语”（vernaculae）这个词，土语是由人民中村俗汉们创始的〔443〕，也就是说，由英雄城市中的平民们创始的，正如诗性语言是由最初政体下的英雄们或贵族创始的一样〔437〕。

1061 一等到地主们的权力在内战中分散和消耗在人民中间了——因为在内战中掌权者须依靠人民，此后权力就容易再集中到独裁的君主们身上，被解放的家奴的服役效忠就转化为所谓obsequium principis，据塔西佗说〔《编年史》1.43〕，这就指臣民们对他们的君主的全部义务（职责）。另一方面，由于对英雄的本性和人的本性之间的假想的差别〔1057〕，佃户们的主子们就叫作男爵（或领主），其意义与我们在上文已见到的希腊诗人们把世族父主称为英雄们，而古代拉丁人们则称他们为人（viri）〔684，999〕，道理是相同的。这种遗痕还保存在西班牙文varon指一个人；至于佃户们则由于孱弱就被看作妇人，用上文已解释过的英雄时代的意义〔989〕。

1062 除开我们刚在上文已提出的之外，指侯爵或领主的signori这个词只能是由拉丁文seniores（元老们）派生的，因为欧洲一些新兴国家的最早的公众议会一定是由这类元老们构成的，正如罗慕路斯用senatus（元老院）来称呼的公众议会必然是由贵族中年长者组成的。因为这些实际是而且也被称为patres（父主们）的把自由权授予奴隶们，所以又被称为恩护主们（patroni）。这个词就派生出意大利文padroni，意思也必然是恩护主们。Padroni这个词保存了原拉丁词的全部文雅性和妥帖性。从另一方面来说，"clientes"（被庇护者或被收容者）用来指乡村佃户们，也同样见出原拉丁词的文雅性和妥帖性。当塞尔维乌斯·图利乌斯向这些佃户们颁布户口籍时，他是从罗慕路斯的受庇护者只走了尽可能小的步伐前进了一步〔106f〕。这些受庇护者恰恰就是后来法兰克人（Franks，得到自由的人）的名称所自来的被解放的家人，如我们在答复博丹时所说过的〔1017〕。

1063 佃户们就是以这种方式又回来了，起源于在公理部分已替他们定下的那种永恒的来源〔260ff〕，在那些公理里，我们曾指出他们所能希望得到的民政方面的福利，因此渊博的封建制研究者们把佃户们称为beneficia（受惠者）。霍特曼确曾说过：战胜者在已征服的地方把已垦殖的土地留给自己，只把未垦殖的土地留给那些不幸的被征服者作为生活资源。可惜霍特曼没有能利用他的论点，未提如本书第二卷所描绘的那种原始世界的佃户们又回来了。不过他们的新起点还是我们曾见到过的罗慕路斯的"受庇护者"，他们本来已是，而且按他们的本性也必然是受庇护者，即我们已指出的〔1057〕那种随身的乡村佃户。我们在公理部分也说过，这种佃户是分散在原始世界各民族中的〔263〕。这种英雄时代的佃户，在罗马民众自由昌盛的时代，过渡成为平民，遵守这样一种习俗：他们穿起宽袍在早晨去朝见大元老们，用古代英雄们用的头衔向他们欢呼："国王，祝您万福！"——然后跟随他们走到罗马广场，到晚间跟他们一起回家，元老们就请他们吃晚餐，这是遵行英雄拥有"人民的牧人"的称号那种古代的老办法〔1058〕。

1064 这种随身的佃户们必然就是古罗马人中的 vades 或"证人"〔559〕，这个名词还保存在要随委托律师出庭作证人的身份上，这种义务就叫作 vadimonium（保证）。这些 vades 的名称，据我们的"拉丁文词源"〔《全集》3.369〕一书，一定来自主格拉丁词 vas，即希腊词 bas 和野蛮民族的 was，由此派生出 wassus，最后变成 vassalus（佃户）。这种佃户至今在还保存了大量野蛮习俗的较寒冷的北方诸国里，特别在波兰（在波兰叫作 kmet）是一种奴隶；整家整户的这样的奴隶往往由他们的主人们赌输掉，被迫转到替其他主子们服役。在这种佃户身上还可以看出用链子锁起耳朵的那种奴隶，由高卢族的赫库勒斯（族主）用亲口吐出的诗性黄金（即粮食）的锁链锁起，随意带着到处跑〔560〕。

1065 接着才来了真正的乡村佃农，是通过各民族的第一次土地法才产生的。在罗马人中间，这种第一次土地法就是由塞尔维乌斯·图利乌斯颁布的第一次户口籍法；据这项法律，他让平民们对贵族们分配给他们的土地享有根据占领时效的所有权，但带有一些负担，不像过去那样只是跟随服役的负担，同时也要真正地纳税〔107〕。这些平民们必然就是第一批"被解放的奴隶"，这个词后来指对国库负有为不动产纳税的义务的那些人〔433，559〕。上文刚提到的霍特曼所说的由征服者授给被征服者以未开垦的土地让他们去垦殖来维持生活的情况也是如此〔1063〕。原来由希腊贵族赫库勒斯捆绑在地上的安泰俄斯这批巨人们就这样复归了〔618〕，原来由罗马的赫库勒斯（贵族）信义神捆绑住的奴隶们（the nexi）〔602〕也终于由培提略的土地法解放出来了〔115〕。

1066　由培提略法〔658〕解放出来的那些原被捆绑的奴隶们恰恰相当于佃户们，起初一定就被称为受捆绑的人，是被债务约束住的。封建法的学者们把这种人界定为须把主子们的友和敌当作自己的友和敌。这恰恰就是塔西佗所说的古代日耳曼的佃户们在发誓效忠于他们的君主时所应说的话〔559〕。后来这批佃户们发展成为具有十足的民政主权的佃户，这些受捆绑的佃户就是被征服的国王们。对于这种被征服的国王们，用罗马史学家〔萨卢斯特在《和朱古达（Jugurtha）的战争》5.4 里〕所记载的隆重的公文程式来说，就是"用他们的王国做了礼品献出去"，这就等于说当了佃户。这些被征服国就变成罗马人的盟国，拉丁人把这种联盟称为不平等的联盟。他们号称罗马人民的王友，就像帝王们称呼他们的臣僚为朋友一样。这种不平等的联盟不过是赐封，如李维〔38.11.2〕所说的，即想出来的一种公文程式，这种拥有君权的佃户和罗马结成同盟的国王应维护罗马人民的帝权，正如罗马法学家保卢斯（Paulus）〔即普罗库鲁斯（proculus）D.49.15.7.1〕所说的：罗马执政官对法律允许享受公道的人们主持公道，对法律不许享受公道的人们就不让享受公道。这些结盟的国王们是些应服从更高权威的王公佃户。这样一种共同意识就回到欧洲了，按照这种共同意识，"皇帝陛下"这个称号大半保留给既是一些大国而又是些大行者的主子们那样一些领主。

1067　起源于这类乡村佃户的一些制度即封建制或东佃制〔575〕都随这类乡村佃户复归了。在这种东佃制之下，古代地上大森林才被垦殖出来，从此 laudimia（赋税）这个词就兼指下属交给领主的款项和佃户交给他的直接地主的款项〔489〕。

1068　古代罗马的受庇护者也复归了，叫作托管者，因而熟悉封建制的学者们把封臣们称为受庇护者（clientes），把佃户们本身也就称为 clientilae（被收容者）〔1057〕，是具有拉丁语的文雅性和确切性的。

1069　塞尔维乌斯·图利乌斯所颁布的那种户口籍也复归了，凭这种户口籍，罗马平民们曾在一段很长时期内有义务要替贵族们服兵役而且自出服役费用〔107〕。现在叫作"angarii"和"perangarii"的封臣或佃户和古罗马的 assidui（纳赋税者）意义相同。他们服兵役，要自管开销费用；此外贵族们对负债的平民们有权私自把他们囚禁起来，一直到 Petelian Law（培提略颁布的法令）时为止，这条法令才把罗马平民们从封建的 nexum（束缚）中解放出来〔115〕。

1070 Precaria（这原来一定指地主们应贫苦人的请求而赐给他们土地，让他们去垦殖以便维持生活）也复归了，因为这种（土地）占领恰是十二铜表法从来不曾承认过的〔638，983〕。

1071 因为野蛮制度及其暴行毁去了贸易所必有的信任，使人民只关心自然生活中的绝对必需品，又因为当时一切租金必须用所谓自然果实（实物）的方式缴纳，同时也就出现了所谓 libelli 作为不动产的转让。从某一个人拥有大量过剩的土地来生产另一个人所需要的某种果实，而从另一个人需要大量果实却没有土地这一事实来看，这种交换方式的利益就很明显，因此他们两方就进行交换〔571〕。

1072 做转手买卖的办法（mancipation）也复归了，佃户或封臣把他的双手放在他的主子的两手中间，来表示效忠和服从。按照塞尔维乌斯·图利乌斯所颁布的户口籍法，乡村的佃户们就成了罗马人中间第一批做转手买卖的人〔1065〕。和转手买卖一起，可转手买卖物和不可转手买卖物的分别也复归了，因为封建的财产对佃户（或臣僚）来说是不可转手买卖或出让的，但是对地主或贵族来说却是可转手买卖的，正如罗马各行省的土地对该行省内部臣民是不可转手买卖的，而对罗马人来说却是可转手买卖的。与转手买卖这种行为同时，采取授封或授权（上文已说过，这两事其实是一事〔569〕）的规约也复归了。和这类规约同时，在古罗马法中原先特称为 cavissae 而后来简称为 caussae（因由）也复归了。在复归的野蛮时期因由这个词却成了 cautelae，和 caussae 都是由同一个拉丁词派生的〔939，1044〕。用这种因由来订隆重的正式契约就叫作 homologare（人证），这个词是由 homines 或"人们"（即佃户们）这个词派生的，我们曾把 hominium 和 homagium 这两个词溯源到 homines 这个词〔1057〕，因为当时所有的契约必然都是封建性的。因此和 cautelae（因由）一起复归的还有在进行转手买卖时〔用预防性词句〕来保证的契约，即罗马法学家所称的 pacta stipulata（规定条件的契约）。Stipulata 是由 stipula 这个词派生的，这个词原义是包裹粮食的皮或糠；因此和野蛮时代博士们把 pacta vestita（明文授权的条约）溯源到授封，也就是授权的契约。没有这种保证的契约都被古代的和中世纪的法学家们称为 pacta nuda"赤裸裸的契约"或"裸约"〔569〕。

1073 复归的还有直接的和占用的两种所有权〔direct and useful ownership〕，恰恰相当于古罗马的凭罗马公民权的所有权的和凭占领时效的所有权的分别〔582，600f〕。直接的所有权先起，正如凭公民权的所有权一样都由罗马人开始。凭公民权的所有权开始时是由贵族们占领土地而后来赐给了平民们的〔109〕。如果平民们失去了对那些土地的占领，他们就得求助于申诉法（rei vindicatio），用的公文程式是"我凭武装司祭们的法律，声明这块土地是我的"〔562，961〕。这样一种申诉恰恰就等于引证整个贵族阶层（这些贵族们在罗马贵族体制下构成罗马城市〔597〕，即才有罗马公民权），作为平民们借以获得对该片土地的民政所有权的依据；凭这种依据他们才能申诉该块土地归自己所有〔603，984〕。这种所有权在十二铜表法里经常叫作 auctoritas〔主权〕，它是由当权的元老院对整个罗马领土所拥有的所有权，后来随着民众自由制的到来，就成了由全体人民所拥有的最高主权〔386，944ff〕。

1074 对于这种主权〔所有权〕，就像对于复归的野蛮时代的许多制度一样，我们在本书中根据第一次野蛮时代的一些古代文物才把它弄得明白一点，我们发现第二次野蛮时代比起第一次野蛮时代还远较暧昧不明！不过第二次野蛮时代中的 authority（主权）这个词在三个封建名词里留下了三个很明白的遗痕。第一个是形容词 directus（直接的）证实了申辩法（rei vindicatio），这种诉讼法原来是由直接的（顶头上司）地主授权的。其次是 laudimia 这个名词，指佃户（或下僚）在占领上述封地时所付的赋税，为这块封地他曾引证（laudatio）他的主子为授权者（auctor）。最后是 lodo，这个名词原来一定指在这种案件中的法官的裁决，即后来变成指一种经过仲裁的裁决；因为这类〔关于封地的案件〕似曾以友好的方式达到和解，不同于涉及 alods 即经过讼争的案件〔比代（Budé）曾认为所以称为 alods 是从 alaudia，派生的，正如 laus 在意大利文中变成 lode〕。遇到这类纷争，地主们原来须会面决斗〔961〕。决斗这种习俗在那不勒斯一直传到我们的时代。在那不勒斯地区里，地主们（男爵们）不是通过民事诉讼而是通过决斗来报复其他地主（男爵）对自己的封地的侵犯。正如古罗马人的武装司祭的直接的所有权最后变成引起真正的民事诉讼的所有权。

1075 现在是一个很明显的时机来说明这一点：诸民族在复归的野蛮时期中，晚期罗马法学家们的遭遇，也正是野蛮时代晚期法学家们所经历过的那种遭遇；这些法学家们在当时已看不见早期罗马法了（我们在上文已举过无数证据了〔984，993〕），晚期野蛮时代的法学家们在最晚的时期也已看不见早期封建法律了。因为博学的人文主义派罗马法的解释者们都坚决否认罗马法曾承认上述直接的和凭占领时效的两种所有权。他们是由名称的差异而导致误解，认识不到两种所有权本身其实还只是一回事。

1076 凭最高法权占领的货物（goods ex iure optimo）也以"不受侵犯的货物"（alodial goods）的形式复归了，研究封建制的博学者们把这种货物界定为不受公方或私方干扰的货物（产业），拿这种货物来比西塞罗所说的在他那个时代罗马还保存下少数几所"凭最高法权占领的"房屋〔601〕。不过正如在最晚的罗马立法中对这种货物的任何观念都已不存在了，在我们的时代也已找不到这种货物的任何实例。就像罗马人的"凭最高法权占领的"产业一样，"不受侵犯的货物"也终于变成真正的不动产，不受任何私方或真正私方的干扰，但是仍要服从真正公方的干扰。因为从塞尔维乌斯·图利乌斯所创建的户口籍法到成为罗马国库基础的那种户口籍法之间有一个过渡时期〔619ff〕也复归了。所以不受侵犯的产业和封地在封建法中这两大类型的产业在起源时之所以分辨得出来，是因为封建的货物或产业可凭地主的权威作为保障，而不受侵犯的货物或产业却没有这种保障。所有的研究封建制的学者们在这一点上都由于缺乏上述那些原则，就不免茫然认识不到他们跟西塞罗用拉丁语化成的 bona ex iure optimo（凭最高法权占领的货物）何以后来竟变成称为 goods of the distaff（纺纱杆的货物）。就恰当的意义来说，这类本是些凭一种很强的法权来占领的货物，连任何公方干扰也不能削弱它们。这些就是在氏族体制下父主们的货物，持续过很长一段时期后才进入最初城市政体，他们获得这类货物是由赫库勒斯的各种艰苦劳动。这个难题是很容易解答的，如果根据我们的原则来说，这位赫库勒斯后来变成了翁法勒王后和她的女儿伊娥勒的奴隶，从事纺织[6]。这就是说，英雄们已女性化，把他们英雄制度让给平民了。他们把平民们看作女人们，把自己看作并且叫作与此相反的 viri（男子汉大丈夫）〔1061〕，英雄们让自己的货物通过户口籍法受公库管制，户口籍法开始是民众政体的基本制度，后来促成君主独裁制的奠定。

1077 因此，通过晚期已被人看不见的这种早期封建法[7]，凭武装司祭的法律而占领的财产也复归了。我们前已把武装司祭的法律解释为"在公众议会中用矛武装起来的罗马人的法律"〔603〕，矛就叫作 quires〔562〕。从这些武装司祭们就构思出申诉的公文程式："我凭武装司祭们的法律，申明这块土地是我的。"这就是援引整个罗马英雄城市为授权者〔1073〕。现在在第二次野蛮时代，封地确实叫作"矛的货物"，要引证贵族们作为授权者，与后来叫作"纺纱杆的货物"的那种"不受侵犯的货物"恰相反（纺纱杆是丧魂失魄的变成女人的奴隶的赫库勒斯用来从事纺织的）。这就是法国王徽上 "lilia non nent"（百合花不纺纱）那句题词的英雄时代的根源。因为在法国，女人们没有继承权。因为这是十二铜表法中的男系继承法的复归，我们发现罗马的部落法中的男系继承如此，正如巴尔杜斯曾称男系继承的萨利克法（Salic law）为高卢的男系继承法。高卢部落法确实在日耳曼全境里都通行过，必然在欧洲其他最初的诸野蛮民族中也都通行过，不过后来只通行于法国和萨伏依〔988〕。

1078 最后，像我们在上文已见过的，像希腊人所称呼的执矛者的议会和罗马人所称呼武装司祭们的法院〔594f〕之类武装法庭也复归了。欧洲各国的最初的议会必然都是由贵族或地主们组成的，例如法国议会就确实是由贵族们组成的。法国史很清楚地告诉我们，国王们开始都是议会的首脑，然后任命一些贵族组成法庭，以委员的身份去裁判案件；从此他们一直都叫作

512

法国的公爵兼上议院议员。正如西塞罗在《为米罗辩护》〔3.7〕里所说的罗马的第一次审判案件涉及一位罗马公民生死攸关的问题，国王图流斯·奥斯提留斯任命作为委员的两人执政，据李维所保存下来的公文程式说，这次法庭上要控诉贺雷修斯的叛国罪，因为他杀害了亲姊妹〔500〕。

1079 这是因为据那种英雄时代的严酷习俗，凡是杀害一个公民（当时城市都只由英雄们组成〔597〕）都要当作对祖国的一种敌对行为，这就恰恰指"叛国"；凡是这种杀害都叫作一种弑亲罪（parricidium），因为受害者就是一位父亲，也就是说，一个贵族，当时罗马已分为贵族和平民两个阶层。从罗慕路斯建国时起一直到图流斯·奥斯提留斯时代都不曾有过一次关于杀害一位贵族的审判，其理由一定是因为贵族们都当心不要犯这种罪，既然他们中间已有决斗的办法〔1074〕。但是在贺雷修斯案中没有人能以私自决斗的方式来替被杀的霍雷希娅报仇，所以塞尔维乌斯·图利乌斯第一次下令要举行这种案件的审判。对平民们的杀害却不如此，杀害者或是平民们自己的主子，对主子们不能提出控诉，如杀害者是旁人，他们就可向被杀害者的主子要求赔偿损失，这就是把被杀害者当作一个奴隶看待。这种习俗现在还在波兰、立陶宛、瑞典、丹麦和挪威等国流行。但是过去解释罗马法的渊博学者们却看不出这个难点，因为他们依靠自己对于黄金时代的纯洁无瑕所持的讹见〔518〕，正如一些政治理论家们为着同样的理由，依靠亚里士多德所说的古代各种政体中不曾有涉及私人冤屈8的那句话〔269〕；因此塔西佗〔《编年史》3.26〕、萨卢斯特〔《和卡蒂林的战争》2.1〕以及其他一些著作家们本来都很审慎，可是谈到各种政体和法律的起源时，却把城市以前的原始状态中人们都描述为一些像亚当一样在纯洁无瑕状态中生活着。但是等到讲城市收容了 homines，即家人或家奴们，就使霍特曼〔437〕感到惊讶，而且从这些家奴们就产生出乌尔比安〔569〕所说的人道的部落自然法，从此以后，杀害任何人就都叫作"杀人犯"。

1080 在这类议会里所审议的案件涉及封地由于严重罪行或没有继承人的情况之下继承或转移之类封建性的案件，这类案件经过这类判决的多次证实，就形成封建时代的习俗，这类习俗就是欧洲的最古老的习俗，向我们证明了部落自然法就是由人类这些封建东佃习俗产生出来的〔599ff〕。

1081　最后，正如国王图流斯·奥斯提留斯批准了贺雷修斯向人民申诉（当时人民是只由贵族们组成的）〔662ff，666ff〕，既然被判死刑的罪犯没有其他挽救办法，就只有向议会本身去申诉〔500〕。在复归的野蛮时代贵族们也正是用这种办法而不是用任何其他办法必须向在议会中的国王们去申诉，例如法国国王们起初都是些议会首领。

1082　这类英雄时代的议会还有一个值得注意的遗迹，那就是那不勒斯的宗教议会，因为这种议会的主席被授予"圣王陛下"的称号，而议员们就叫作 milites（军长），以委员的资格任职。（因为在第二次野蛮时期只有贵族们才能当兵，而平民们在战争中则为贵族们服役，如我们从荷马史诗和罗马古史里所见到的情况就是最初的英雄时代的情况〔425，558f〕。）这种议院的判绝不许向任何其他法庭上诉，只有申请议院本身去修改。

1083　鉴于上文所罗列的一切制度，我们应得出的结论是：当时的国家到处都是贵族制，我们指的并不是宪法结构而是治理国家的方式。例如在寒冷的北方，波兰现在仍然如此。在瑞典和挪威两国在一个半世纪以前还是如此。将来如果没有特殊原因来阻碍自然的发展过程，波兰将会达到完善的（即绝对的但是开明的）君主独裁政体。

1084　这话真实可靠，博丹本人也说他的本国（法国）在墨洛温朝代和加洛林朝代都不仅在行政处理（government，administration）方面，而且在政体（state）或宪法结构（constitution）方面也都是贵族式的。[9]但是我们要问博丹：法兰西王国怎样才变成现在那种完善的君主独裁制呢？是凭某个国王定的法律，法兰西公侯伯子男们都自动地放弃他们的权力，把它移交给国王们吗？——如果博丹求助于罗马由护民官们（Tribonian）曾创建出国王法律那种神话〔1007f〕，说罗马人民自动地放弃了自由权，把它移交给一位奥古斯都大帝，那么，他只消读一读塔西佗的《编年史》头几页，就足以证明那是一种神话。塔西佗明明说奥古斯都最后的几个法令使他自己身居创建罗马君主独裁这一要职得到合法化，当时各民族确实都看得出罗马君主独裁制始于奥古斯都——是不是由于某一位卡佩国王（Capetian）曾凭武力把

514

法兰西征服了呢？但是所有的史书都不曾说法兰西曾遭到这样不幸的命运。所以博丹以及所有和他一样曾就公法写过论著的其他政法权威们都应承认这一条永恒的最高的自然法；凭这种自然法，一个政权的自然权力，正因为它是真实的，就必然要实现，这就是说，掌权势者愈丧失了他们的力量，人民的力量也就按比例地增长，直到他们变成自由的，而且随着各族自由的人民愈放松他们的掌握，国王们的力量也成比例地增强，直到他们变成了独裁君主〔1008〕。因此，正如哲学家们（或伦理的神学家们）所理解的自然法来自理性〔E_8〕，本书所说的这种部落自然法也是来自利益和权力的自然法；正如法学家们所说的（《法学阶梯》1.2.2），这种自然法随着时机需要和人类需要的要求而得到各民族的遵守〔G_3〕。[10]

1085 根据古罗马法中这一切优美而秀雅的表达方式（渊博的封建学者们实际上凭古罗马法在进行削弱并且还可能进一步进行削弱封建教条的野蛮性——因为这后起的复归的封建制度完全恰当地表达出前一个野蛮时期的词句〔1057ff〕），请俄尔敦道普（Oldendorp）（和一切追随他的人们）考虑一下封建法是不是由第一野蛮时代拉丁区域实行过的那种封建制的火种点燃起来的？——这种封建制就是全世界一切政体的起源，如我们在讨论最初各种政体的诗性政治部分中那一章已证实了的〔599ff〕，现在在这第五卷里就履行在《本书的思想》部分所许下的证实〔25〕。我们已看到了近代欧洲诸王国都起源于封建佃户的永恒本性。

1086 但是到了最后，意大利各大学开设了一些学院，对查士丁尼大帝的法典之类著作中所包括的罗马法的教义进行教学，其中各种法律都以人类部落自然法为依据〔994ff〕，于是人类心智更加发展，变成更富于理解的，更倾心于培养基于自然平等的法律，这种法律使普通人民和贵族们在民权方面都是平等的，正如他们在人的本性上是平等的一样。正如从提比略·科伦卡纽斯（Tiberius Coruncanius，头一位平民派主教）开始在罗马公开讲授法律之时起，法律的秘密就开始脱离欧洲各国贵族们的掌握，这些王国原先是由贵族政府统治的，然后才经过自由政体转变到完善的君主独裁制。

1087 这后两种政体（民众政体和君主独裁政体）由于都涉及人道的

行政管理，就很容易由甲变成乙，或由乙变成甲，但是按照民政本性，上述两种政体都几乎不可能变成贵族政体。所以锡拉库萨岛的狄翁（Dion of Syracuse）尽管是王室的一个成员而且曾放逐君主中的一个怪物、暴君狄奥尼西奥斯，尽管他在民政品德方面配得上做神明的柏拉图的朋友，可是他后来企图恢复贵族统治，就被人用野蛮的方式屠杀掉了。还有毕达哥拉斯的门徒们（即大希腊地区的贵族们）企图恢复贵族政体，就被人民击溃了，只有少数人跑到堡垒里逃难，也被大众把他们活活地烧死了。因为平民们一旦明白了自己与贵族们理应平等，就自然而然地不愿在民政权利方面甘处贵族们之下，他们只有在自由民主政体中或在君主独裁政体下面才能获得平等，因此在现在各民族的人道风气之下，少数幸存的贵族政体〔1094〕要费大力和采取谨慎的办法，才能使人民大众既各尽职守，而又心满意足。[11]

第三章

凭本科学的一些原则的光照来瞭望古代和近代世界各民族〔I₁₃〕

1088　迦太基、卡普阿和努曼提亚这三个城邦尽管都曾使罗马恐惧，怕不能长久对世界施行帝国统治，但这三个民族却终不能完成人道的民政的制度〔上述三个阶段〕的进程。迦太基人之所以不能，是由于他们亚非利加人的生而就有在海上贸易中又磨炼得更锐敏的机灵性〔971〕；卡普阿人之所以不能，是由于这坎帕尼亚地区气候温和，生产富饶〔769〕；最后，努曼提亚人在他们的英雄时期初度繁荣时，就已被罗马的权力所征服，是西庇阿·阿非利加努斯大帝在世界各地武力协助之下把努曼提亚人镇压下去了〔971〕。但是罗马人却没有碰到这些障碍，可以按部就班地前进，凭村俗的智慧，听从天意的统治，按照本书用许多例证来证实的所有三种民事政体的自然程序，自然而然地一种政体接着另一种政体前进。罗马人先保留住贵族统治，直到巴布利阿斯和培提略所颁布的土地法〔104—115〕；接着他们把民众自由政体保持到奥古斯都大帝时代〔1008〕；以后他们就坚持用君主独裁制，只要他们还能以人道方式抵抗住会毁灭君主独裁制的内忧外患。

1089 今天一种完全的人道像遍布在全世界各民族中，因为有少数几位伟大的独裁君主在统治这个各民族的世界；如果还有一些野蛮民族还留存着，那就是由于他们的君主独裁政体还在坚持一些想象的残酷的宗教下的村俗智慧，在某些情况中还有他们臣属民族的不大平衡的本性作为一种补充的因素。

1090 从寒冷的北方算起，莫斯科的沙皇尽管是基督教徒，所统治的却是些心智迟钝的人民。埃塞俄比亚的尼格斯（Negus，即埃塞俄比亚的皇帝）以及菲斯（Fez，古代土耳其）和摩洛哥的强大的国王们所统治的一些民族都太弱太零散。

1091 在中部温和地带的人民赋性却较平稳，从远东算起，日本的天皇所实行的一种人道类似罗马人在迦太基战争时代所实行的那种人道。他模仿罗马人在军事方面的凶狠。据有学问的旅游者们说，日本的语言带有拉丁语的声调。可是天皇曾信奉过一种凶恶可怕的宗教，其中一些凶恶可怕的神带着全副致命的武装，他还保留着不少的野蛮英雄时代的本性。到过那里传教的神父们报告说，他们在劝日本人民信基督教所碰到的极大困难就在于无法说服贵族们使他们相信贵族和平民在人性上是平等的。中国皇帝在一种温和的宗教下统治着，崇尚文艺，是最人道的。东印度群岛的皇帝也颇讲人道，大体上只从事和平时代的技艺。波斯人和土耳其人使他们宗教的粗野教义结合上他们所统治的亚细亚人的温和，他们双方，特别是土耳其人，用富丽堂皇的排场，乐善好施和感激心情，多少把他们的骄横软化了一些。

1092 但在欧洲，基督教是到处都信仰的，它教导一种无限纯洁完善的上帝的理想，命令对全人类都要慈善。那里有些伟大的君主独裁政体，它们的习俗是最人道的。尽管坐落在寒冷的北方地带的一些国家，例如瑞典和丹麦，直到一百五十年以前，波兰甚至英格兰直到今天，在宪法结构上虽仍是君主独裁，而在行政管理方式上却似仍采取贵族专政，但是如果按人类民政制度的自然进程不受到什么特殊原因的阻碍，它们都会终于达到完善的君主独裁制〔1083〕。只有在欧洲这一部分世界，培育各种科学而且还有许多民众政体，这在其余三部分世界是简直找不到的。由于同样的各种公众利益和需要的复归过程，在欧洲已有古代埃托利亚式联盟（Aetolian league）和阿哈伊亚式联盟（Achaean league）的联盟在复兴。正如后两种联盟是希腊人想出来的，因为有必要对抗罗马人的势不可当的威力来保护自己那样，瑞士的各行政区以及荷兰的各省或州府都已把若干自由的民众城市组织成为两大贵族专政的阵营，其中两派成员结合成为战争与和平时期的永久联盟。至于神圣罗马帝国这个整体是许多自由城市和享有最高权的君主们所组成的，它的首领就是皇帝[12]，在有关帝制下各项事务中却仍用贵族专政的方式来治理。

1093 这里我们必须指出：结成无论是持久还是临时的阵营，若干主权国家就会自动地形成一些贵族专政式的政权，这种政权所特有的忧虑猜疑的心情也就会产生出来了〔273，1025〕。因此，这种联盟即是民事政权的最后形式（因为我们设想不出依民政本性能有比这种贵族专政还更高的一种政权形式），而这种贵族政权形式必然就是最初的贵族政权形式，我们在本书中已用无数事例证明过，最初的政权形式就是父主们或氏族之王们的那种贵族专政，他们在最初的各城市里结合在一起，成为一些当权的阶层〔584〕。因为这就是各种原则的自然本性，凡是事物都既起于这些原则，又终于这些原则。

1094 现在回到我们的本题。今天在欧洲只有五个贵族专政的政体，即意大利的威尼斯、热那亚和卢卡，达尔马提亚的拉古萨，以及日耳曼的纽伦堡。这五处几乎全是疆域很小的。但是基督教的欧洲却到处都闪耀着人道的光辉，构成人类生活幸福的物品丰富，既带来身体方面的舒适，又带来心灵方面的乐趣，而这一切都来自基督教。基督教教导着一些崇高的真理，所以接受异教世界的一些最渊博的哲学家们为它服务，它还把三种语言作为自己的语言来学习：希伯来语——世界中最古的语言，希腊语——世界中最精美的语言，拉丁语——世界中最宏伟的语言。所以即使单从对人类的目的来看，基督教也是世界上最好的宗教，因为它把来自上帝启示权威的智慧和理性的智慧结合在一起，使理性智慧根据哲学家们的最高明的教义和语言学家们的最有教养的渊博学识。

1095 最后，渡过大洋那边，在美洲印第安人们的新世界，美洲印第安人如果不曾被欧洲人发现，他们现在也还会按人类各种制度的自然进程前进〔I₁₃〕。

1096 现在凭我们在这第五卷中特别研究过的人类各种民政制度的复演过程的光照，让我们来思索一下我们在本书中自始至终都在许多方面对最初时期和最近时期之间〔即对古代和近代各民族之间〕所进行的一些比较，那么，完全展现在我们面前的就不只是罗马人或希腊人在法律和事迹方面在特定时期的特殊历史，而是（由于在杂多的发展形态中在可理解的实质上仍然现出一致性）由一种展现出一些永恒规律的理想性的历史，这些永恒规律是由一切民族在他们兴起、进展、成熟、衰颓和灭亡中的事迹所例证出来的。纵使在永恒中有无限多的世界不断地产生（情形绝不会如此），他们的事迹也都会替这种永恒规律作例证〔348〕。因此，我们不禁要用一个惹嫉妒的头衔，把这部作品命名为《新科学》，因为我们不应该不公正地欺骗世人，不让本书得到它本应享受的权利；它所论证的涉及世界各民族的共性是带有普遍性的，它具有每一门具有完善理想的科学所应有的特性，这种完善理想曾由塞涅卡用这样辉煌语言表达过："世界会是微不足道的，除非它能对全世界人提供探讨的资料。"¹³

注 释

1　这里的 dark time 不是指行为方面的野蛮黑暗时代，而是指历史学家渺茫难稽的时代。

2　雅利安族人（Aryan），指波斯人，希腊的敌人。

3　即宗教战争。

4　公元五世纪的语法学家。

5　巴尔托卢斯（Bartolus，即 Jean Bart），十七世纪一个著名的海盗，在英法战争中被英国俘虏过又逃脱了，后受法王任命为一个海军指挥员。

6　据希腊神话，赫库勒斯晚年曾娶了吕底亚王后翁法勒，做了她的奴隶，穿起女衣从事纺织。

7　即户口籍法。

8   即不曾有私法。

9   博丹的看法见所著的《论政体的六卷书》，1577年，巴黎版，1606年R. Knolles的英译本。——英译者

     墨洛温朝代是由法兰克人克洛维在高卢和日耳曼创建的王朝，约当公元500—750年；继起的加洛林王朝是神圣罗马帝国的开始。政体或宪法结构与政府或国政管理之间的区别是维柯经常指出的，拿中国近代史打比，北洋军阀时代政体是共和国，政府管理方式却是军阀专政。

10   这段话很重要。维柯一直强调法律不是人为的，而是来自各部落的习俗，是适应人类的生活需要和便利而变化发展的。

11   在1087段里维柯鲜明地表示出他对自由平等和民主的向往和对贵族统治的厌恨。所提到的锡拉库萨岛的狄翁是柏拉图的好友，柏拉图为着要实现他的理想国，曾两次去锡拉库萨岛见狄翁，狄翁企图在这小岛上恢复贵族统治，人民就把他杀了。毕达哥拉斯的门徒们也在大希腊图谋恢复贵族统治，也被人民杀掉或烧死了。

12   似指神圣罗马帝国。

13   英译在"全世界人"这句引文后加注说，"即未来的一切时代的"——说明这部科学永远是新的。维柯始终强调历史是不断发展的，而且有规律可循。理想的历史就是遵循永恒普遍规律向前发展的历史，研究这种历史的才是新科学。

本书的结论

论由天神意旨安排的每种政体
都是一种最好的永恒的自然政体〔342，629ff〕

1097 让我们现在以柏拉图来结束本书。柏拉图构思出一个第四种政体，其中善良诚实的人们都应成为最高的主宰。这种政体就会是真正的自然的贵族政体。由柏拉图构思出的这种政体是从诸民族的最初起源时就由天神意旨安排出来的。因为天神意旨安排了有一些身材巨大、比其他人都更强壮的人，像一些本性较强烈的野兽在山峰上浪游〔369—373〕，在世界大洪水之后，第一次碰上雷电的吼声，就会逃到山上一些岩洞里，尽管都是些骄横残酷的大汉子，却满怀震惊疑惧，俯首听命于一种更高的权力，即他们所想象的天帝约夫〔377—379〕。因为在各种人类制度的这个体系中，我们想不出天神意旨能用什么其他办法来使这些骄横残酷的原始人停止在地上大森林中的野兽般的浪游，以便在他们中间创造出一种人道的文明（民政）制度的体系。

1098 这样形成的政权可以说是一种僧院式的政体，或是一些孤零零的君主在一位最伟大最善良的主宰[1]治理之下的最高的政体〔379〕，这位最高主宰是由他们自己从雷鸣电闪中所得到的信仰才创造出来的，其中闪耀着天神统治着人类这一真理的光辉。从此他们就想象到凡是向人类提供各种福利和人类所需要的各种帮助的事物全都是些神，并且作为神而受到畏惧和敬仰。于是他们一方面受到可怕的迷信所带来的强有力的节制，一方面又受野兽般的淫欲的驱遣刺激（这两种力量在这类人身上必然都一样极暴烈），就感到天威可怕，从而就阻挠他们行使兽欲，不得不把身体方面的淫欲的冲动控制住（hold in conatus）〔340，504〕。这样他们就开始运用人道的自由，这种自由就是控制住淫欲的冲动使它转向另一方向；因为这种自由既然不是来自起淫欲的肉体方面，就必然来自人性所特有的心灵。这种新的另一方向所采取的方式就是凭暴力把生性既羞怯而又不易驾驭的女人们抓住，把她们拖进自己的岩洞里去，为着和她们进行性交，就把她们留作终身伴侣。这样，从这种最初的人道的，也就是贞洁的宗教性的配偶，就创建了正式婚姻制〔C₂〕。从此，这类人就有了确凿可凭的父亲和确凿可凭的母亲养育出来的确凿可凭的子女〔D₁〕。这样，这伙人就创建出一些家族，对他们的子女和妻子施行一种巨人式的家族统治，这是符合原始野蛮人狂暴特性的。因此，等到后来一些城市或城邦兴起时，人们才安心敬畏民政权威的统治〔502—552〕。从此天神意旨就安排好了一种由父主们（在当时情况中实即君主们）施行独裁的一些确定的家族政体。这些父主们在性别、年龄和品德各方面都是最高贵的。他们在我们必须称之为自然体制（实即家族体制）之中就必然形成了最初的自然秩序，即一批虔敬的、贞洁的和强有力的人们的秩序。他们既然在各自的土地上定居下来了，再不能逃到别处去（像过去那样野兽般地到处浪游了），为着保护他们自己和家族成员们，他们就要杀掉向他们侵袭的野兽。他们既然不再进行掠夺了，为着供应自己和全家族的生活资料，就得开垦土地种庄稼。这一切都是为着保存住新生的人类种族。

1099　与此同时，还有很多人散居在平原和山谷中继续保持着可耻的杂交乱占的情况，这些人仍是不虔敬的（由于不敬畏天神）、不贞洁的（由于进行野兽般的杂交）和邪恶的（由于和自己的母亲和女儿乱交）。在一段长时期之后，他们由于过着与禽兽为群的生活，疾病交加，弄得羸弱，走迷了路，孤零零的，由于在可耻的杂交之中产生了争夺交讧，被一些强暴者无情地追来赶去，终于被迫跑到家族父主们所设的收容所那里去逃难。这些父主们就接受他们归自己庇护，接着就通过收容所把自己的家族王国扩张到把这些"家人"或家奴也包括在内。这些父主们就在由于确实具有英雄品德而自然属于较高贵等级的基础上，使他们的政体得到进一步的发展。他们的首要的英雄品德是虔敬，因为他们敬畏神明，尽管由于智力短浅，他们根据各种忧惧，把一神扩充成为多神。这种多神化过程已由史学家狄奥多罗斯·什库路斯研究和证实了〔4.2ff；6.1ff〕；尤西比乌斯在他的《为福音所作的准备》〔2.2〕，和亚历山大城的圣西里尔在《控诉尤里安（Julian）大帝》里〔7.235ff〕都解说得更清楚。由于父主们具有虔敬的品德，他们也就具有审慎的品德，遇事求神问卜；他们还具有节欲的品德，每个人都以贞洁的方式和唯一的在求神问卜的典礼之下正式结成终身伴侣的那个女人交配；他们同时还有能杀死野兽和开垦土地的强壮气力，以及肯救助弱者和生命遭到危险者的宽宏大量〔516〕。这就是赫库勒斯式的〔英雄〕政体的自然本性。在这类政体中，虔敬的、明智的、贞洁的、强有力的、宽宏大量的人们能打倒狂暴者，保卫弱小者，这就标志出他们的民政政府的优点〔553〕。

1100 但是氏族父主们既已凭宗教和祖先的品德，和通过受庇护者的劳动而变得强大之后，终于滥用庇护的法律来对受庇护者进行残酷统治。等到父主们既已背离公道这种自然秩序，他们的受庇护者就起来向他们造反了。但是人类社会既然没有秩序（这就是说，没有天神）了，就一刻也站不住，于是天意就引导氏族父主们自然地走向把他们自己和亲属团结成为一些阶层，来对抗他们的受庇护者们。为着绥靖这些受庇护者，氏族父主们就在世界中第一次土地法中向他们的受庇护者们让步，让受庇护者对所耕的土地拥有凭占领时效的所有权，而自己却仍保持权势者的所有权，即最高的氏族所有权。因此，最初的各城市就起来反对贵族们的统治阶层了〔582—598〕。原来在自然法状态中按照种、性别、年龄和品德方面的优越地位来形成的那种自然秩序（natural order）既已衰颓了，天意就在城市既已兴起时，创建出民政（或文明）秩序（civil orders）。这种民政秩序是最接近自然的，即凭人类的高贵性（因为在那种情况中高贵是以采取卜得神旨，举行正式结婚典礼来生育子女的方式为凭的），这样就是根据英雄体制，贵族们须统治平民们（平民们还不许行正式结婚典礼）。现在神权的统治（原先各氏族都凭天神的占卜权来统治）既已停止了，英雄们就得凭英雄政府本身的形式来执行统治。也就是这类政体的基本制度应是由各英雄阶层保卫着宗教，而且通过这种宗教，使一切民法和制度都应只属于英雄们。但是等到贵族地位既已变成了运道的赠品（是否贵族可凭运道好坏），天意就安排了在英雄们中间有一种氏族父主阶层，由于年龄高，地位也就自然更高贵。在这些父主之中，天意又安排使那些最活跃强壮的起来作为国王，其职责就在领导和约束其他父主们，以便抵抗和威胁那些起来向父主们造反的受庇护者。

1101 但是随着岁月的推移和人类心智的远较巨大的进展，各族人民中的平民们终于对这种英雄体制的各种权利要求发生了怀疑，认识到自己和贵族们具有平等的人性，于是就坚持自己也应参加到城市中各种民政机关里去。到了适当的时机，各族人民自己都要当家作主了，天意就让先有一段长时期的平民对贵族的英勇斗争；斗争的目的是要把原由贵族们独占的宗教方面的占卜权推广到平民方面去，以便达到把原来被认为都依靠占卜权的一切公私机构都推广到平民们；这样一来，正是对虔敬的关心和对宗教的依附就把民政最高权移交给人民了。在这方面罗马人民在全世界中比其他各族人民都先走了一大步。因此，罗马人就变成当时世界各族人民的主子。这样一来，随着原来自然秩序日渐合并到各种民政秩序里去，民众政体 ² 就产生出来了。在这类民众政体里一切须归结为抽签或平衡，就难免偶然或命运的统治。天意为着避免这种毛病，于是就安排了凭户口籍法来权衡一个人是否适宜于当官。因此，是勤奋者而不是懒惰者，是宽宏大量者而不是心胸软弱者，总之，不是具有某些品德或貌似具有品德的富人，也不是有许多丑行的穷人，才被认为最适宜于当官执政。在这类民众政体里，同有公道愿望的各族人民全体就会制定出公正的法律，其所以公正，正因为这种法律对一切人都好〔1038〕。亚里士多德很神明地替这种法律下定义说，它表现出不带情欲的意志。这种意志就会是能控制自己情欲的那种英雄的意志〔1042〕。上述这些政体就产生了哲学〔1043〕。就凭这些政体形态本身，来启发哲学去形成上述那种英雄。为此哲学就要关心真理〔1041〕。这一切都是天意安排的，其目的在于显出品德的行为既然不再像从前那样由宗教情绪来推动，哲学就应使人从理念上认识各种品德，凭对品德理念的反思，使就连没有品德的人们也会对他们的丑行感到羞耻。只有这样，倾向于做坏事的人们才被迫去尽他们于理应尽的义务。天意还让各派哲学产生出雄辩术[3]，而且凭推行这类好法律的民众政体本身的形态就足以使人热心寻求公道，而且凭品德的这些理念来鼓舞人民去制定良好的法律。我们坚决认为这种修辞术极盛于罗马西庇阿大帝时代，当时民政智慧和军事英勇很好地结合在一起，使罗马在迦太基的废墟上建立起当时的世界帝国，这就必然要产生一种既雄健而又审慎的修辞术。

1102 但是随着民众政体的腐化，各派哲学也腐化了。它们落到怀疑主义里去了，渊博的愚夫们落到诽谤真理。从此就兴起一种虚伪的修辞术，对是非两面的意见可以随便时而拥护这一方面，时而又拥护对立的一方面。这就是修辞学的滥用，例如罗马的平民派的护民官们就这样滥用修辞术。当时公民们不再满足于用财产作为官的阶梯，就把修辞术当作获得政权的工具。于是就像狂暴的南风掀动了大海，这些公民们也在他们的政体里掀起了频繁的内战，导致纲纪的完全废弛。这样他们就使政体由完全自由堕落到无政府状态下的完全暴政或自由人民的毫无约束的自由，这就是最坏的一种暴政。

1103 对这种大病，天意按照下列几种人类民政制度变迁的次第来医治，不外在下列三种医方中采取一种：

526

1104　（1）首先天意安排了在这些民族中出现一位像奥古斯都大帝那样的人，把自己定为一位独裁君主，凭武力把全部制度和法律都掌握在自己手里，这些制度和法律尽管本来都是来自自由，现在已无法把它们加以节制和约束在适当的范围之内了。另一方面天意还安排好，使君主独裁这种政体形态本身能把尽管拥有无限主权的独裁君主的意志约束在自然秩序之内，能使各族人民对他们的宗教和自然的自由感到心满意足〔1007f〕，因为如果没有各族人民的心满意足，君主独裁政体终不能经久，也不能稳定。

1105　（2）如果天意在国内找不到这样补救方法，它就在国外去找。因为各族人民既已腐化到自然而然地成为自己的各种毫无约束的情欲的最下贱的奴隶了（例如爱铺张浪费、妖冶、贪婪、妒忌、骄横和虚荣之类），总是追求淫逸生活的乐趣，又返回到最下贱的奴隶们所特有的一切丑行（又变成了说谎者、诈骗者、搬弄是非者、盗贼、胆小鬼和冒充者），这时天意就注定了这种人就应按照来自各民族的部落自然法，沦为奴隶，受制于比他们较优秀的民族。这些较优秀的民族既已凭武力征服了他们，就把他们放在所管辖的各行省（provinces）里去保存下来。这种显示出自然秩序的两道大光辉，第一是：凡是不能统治自己的人就得由能统治他们的人去统治；其次是：世界总是由自然最适宜的人们来统治的。

1106　（3）但是如果各族人民在上述那种极端严重的民政大病中腐化下去，既不能协议在国内找一位独裁君主，又没有受到国外的征服，由较优秀的民族把他们保存住，那么，天意对他们的这种极端的重病，手上也有一种极端的拯救医方可用。因为这类民族，像那么多的野兽一样堕落到一种习俗里，人人都只想到个人的私方利益，达到极端软弱，或较好一点，达到极端骄横，他们就像一群野兽一样，稍有不快意时就耸起鬃毛，勃然大怒，拳打脚踢起来。这样，不管他们的许多肉体挤来挤去，冲来冲去，他们都像一群野兽一样，在意志和精神方面都极端孤寂地生活着，任何两个人都不能达成协议，因为每个人都只服从自己的快感或反复无常的幻想——由于这一切，天意就注定了他们通过固执的派系斗争和拼命内战,把他们的城市变成森林,又把森林变成人的兽穴和兽窝。这样,通过长期的野蛮生活,后来使他们变成野兽的那种邪恶心眼所产生的那些刁钻古怪的想法,就生锈腐烂掉了。原始人是曾被感觉功能的野蛮性作弄成的一些无人道的野兽,而现在这批野蛮人却被反思功能的野蛮性作弄成为一批更无人道的野兽了〔L₃〕。因为原始人还显出一种宽宏大量的野蛮习性,人们对这种野蛮习性还可以自卫、逃脱或保持警戒,而现在这批野兽却具有一种卑鄙的野蛮习性,在甜言蜜语乃至拥抱的掩护下,图谋侵害朋友乃至亲骨肉的生命和财产。因此,达到了存心害人这种程度的野蛮人在受到天意的最后拯救医方中就变得耳昏目眩,真正野兽化了,不再感觉到各种舒适、精美食物、乐趣和壮丽排场了,只感觉到生活的绝对必需品了。不过有少数人在还有丰富的生活必需品的情况下可以幸存,他们又自然地变成了可以过社会生活,就回到原始人世界的那种朴素生活,又变成信宗教、真诚而忠实了。这样,天意就把虔敬、信仰和真理带回到这批人中间,而虔敬、信仰和真理这三项正是公道的基础,也是天神的永恒秩序中,一切仁慈和优美事物的自然基础。

1107 我们关于全人类的各种制度所已提出的简单明了的看法,如果哲学家们、历史学家们、语言学家们不曾告诉过我们更多的东西,就会使我们确有把握地说:这就是天神所创建和统治的全世界各民族的大城邦〔B₉〕。莱克格斯、梭伦,以及罗马十大执政官等人曾作为明智的立法者而永远受人们的极高度的崇敬,因为前此人们都相信这些人凭他们所制定的良好的制度和法律,创建了斯巴达、雅典和罗马这三个城邦,在最高尚伟大的品德方面使一切其他城邦都望尘莫及。可是这三个城邦比起全世界各民族来,统治时间都很短,而疆域也都很小。全世界各民族也都须用这些制度来治理,用这些法律来维持安全,就连到了衰微时期要采取的政权形态,也还是到处都只有靠法律才能维持长久的那些政权形态。我们不应该说,这是由一种超人的智慧所计划好的吗?因为如果没有法律的力量(据狄奥〔308〕说,法律的力量就像一个暴君的力量），但是法律还利用人们的习俗本身（遵行习俗，人们是表现他们自己的本性，有不受制于任何力量的自由，因此上述狄奥又说，习俗就像一些凭自己意旨去统治的国王），习俗的力量以神明的方式在（对上述全世界各民族的大城邦）施行统治和领导。

1108 这个包括所有各民族的人类世界确实是由人类自己创造出来的。（我们已把这一点定为本科学的第一条无可争辩的大原则。因为我们从哲学家们和语言学家们那里已费尽心思想找出这样大原则而终于使我们绝望了〔330f〕。）不过这个世界所自出的那种心智往往是不一致的，有时是彼此相反的，而且经常超出人们自己所追求的那些个别特殊的目的；用这些狭小的目的来为较广泛的目的服务，人类心智经常用这种办法来把人类保存在这个地球上〔M_9，342，344〕。人类存心要满足自己的淫欲而抛弃自己的子女，而他们却创建了合法的正式结婚制，各家族就是由婚姻制产生的〔505，520ff〕。家族父主们存心要对自己的受庇护者们毫无节制地运用父主权，而他们却使受庇护者服从民政权力，诸城市就是由民政权力产生的〔584〕。贵族的统治阶层存心要对平民们滥用主子的自由，而他们却不得不服从法律，而法律就奠定了民众自由〔598〕。各族自由的人民存心要摆脱他们的法律束缚，而他们却变成服从独裁君主的臣民〔1007f，1104〕。独裁君主们存心要巩固自己的地位，于是用各种淫逸的坏风气来腐化臣民，而结果却把人民送交较强民族手里去忍受奴役〔1105〕。这些民族存心要瓦解自己，而他们之中的幸存者却逃到荒野里去求安全，在那荒野里他们像不死的凤鸟，死了又活过来了〔1106〕。造成这一切情况的都是心智，因为人们是凭理智来做出这一切的；是心智而不是命运，因为他们这样做是经过选择的；也不是偶然机会，因为他们经常这样做的结果也永远是一样的〔F_6〕。

1109 因此，相信偶然机会的伊壁鸠鲁就被事实批驳倒了，他的门徒霍布斯和马基雅维利也是如此，相信命运的芝诺和斯宾诺莎也是如此。证据清楚地证实了以柏拉图为首的那派政治哲学家们的与此相反的立场。柏拉图说明了指导各种人类制度的是天意〔129ff，179〕。所以西塞罗做得很对，他拒绝和阿提库斯辩论法律，除非阿提库斯放弃他的伊壁鸠鲁主义，首先承认天意统治着各种人类制度〔335〕。普芬道夫凭他的假设就已隐含否定天意统治人类制度的意思，塞尔登认为这是当然的，至于格劳秀斯则根本不提天意安排〔394〕；但是罗马法学家们却把天意安排定作部落自然法的首要原则〔310，335，342，584，979〕。本科学已充分证明：凭天意，世界上最初各种政府都以宗教为它们的整个形式，只有依据宗教，氏族政权才有基础；由氏族政权转到各种英雄式或贵族式的民政政府，宗教也必定是它们的首要的坚实基础。上升到民众政府体制，宗教依然向各族人民提供达到各种民众政府的手段。最后政权安顿在各种君主独裁的体制上，也还是宗教成了独裁君主们的护身盾牌。因此，如果各族人民中没有宗教，就没有什么能使他们在社会里生活了；没有防卫的盾牌，没有共商国事的手段，没有支撑的基础，甚至简直没有使它们可以在世界上存在的任何形式。

1110 那么，就请培尔考虑一下：事实上世界上是否有任何民族没有任何对天神的认识〔334〕！请波利比奥斯衡量一下他所说的"世界上如果有了哲学家们，就无须再有宗教"那句话是否确实〔179〕！因为只有宗教才能打动各族人民的情感，去做各种德行方面的事，也只有情感才能驱遣他们这样做，而哲学家们关于德行的得自推理的格言，只有在由高明的修辞术把实行德行的职责的情感煽动起来时才有用处。不过我们的基督教和一切其他宗教之间有一种本质区别，基督教才是真实的，而其他宗教却全是虚伪的。在我们的基督教里，神的恩惠推动合乎道德的行为来达到一种永恒无限的善〔136，310〕。这种善不能来自各种感官，所以只有心灵为着达到这种善，才推动感官去采取各种合乎道德的行为。各种虚伪的宗教则与此相反，只要求各种有限的暂时的善，无论是在现世还是在来世（在来世他们期待的也只是感官快感的福泽），因此，要凭各种感官来驱遣心灵去做各种合乎德行的工作。

1111 但是天神意旨通过本科学所讨论的各种民政制度的次第，使它本身（天神意旨）在三种情感里可以感觉得到：第一是惊奇感；其次是崇敬感，这是被已往一切在古人无比智慧方面的博学者们都感觉到的；第三是他们在探讨这种智慧时心中所感到的火热的强烈愿望。这三种情感事实上就是天神意旨的三道强光在人们心中所引起的，但是这三种优美正直的情操后来被学者们的讹见和各民族的讹见所歪曲了〔125，127〕。未受歪曲的三种情感正是学者们所应赞赏、崇敬和愿望的，以便使自己和天神的无限智慧融成一体。

1112　总之，从本书上文所已提出的一切，最后应得出这样结论：本科学以对宗教虔敬的研究为它的不可分割的一部分，而且一个对宗教不虔敬的人，就不可能是一个真正具有智慧的人。

注　释

1　　即天神。
2　　即民主政体。
3　　来宣传教育。

专名索引

535

Argonauts 阿尔戈船夫 545，760

Argos, Argives 阿尔戈斯 75，611，
656，680，957

Argus of the hundred eyes 百眼神阿
耳戈斯 656

Ariadne 阿里阿德涅 611，635

Arians 雅利安族人 1048

Arion 阿里昂（即维柯所说的"安
菲翁"）906，908，910，911

Ariosto, Lodovico 阿里奥斯托 817

Aristarchus the grammarian 阿利斯
塔克（公元前 156 年在世）
855，860

Aristaeus 阿里斯特斯 901

Aristeas 阿里斯提亚斯 94

Aristides the Just 阿里斯提德 191，
243，592

Aristophanes 阿里斯托芬 808，
906，911

Aristotle 亚里士多德 B_8，C_{3-7}，40，
103，105，163，227，267，
269，271，363，384，401，
424，429，433，444，455，
487，499，501，582，588，
611，620，636，638，668，
685，708，809，816，820，
824，838，891，906，959，
962，1021，1022，1026，
1029，1042，1079，1101

Arnauld, Antoine 安托万·阿诺德
（1612—1694）334

Artemisia, Mausoleum of 阿提密西
亚的陵墓 303

Asia 亚洲，亚细亚 48，59，77，
86，301，369，435，593，
594，624，658，736，760，
762，770，776，778，803，
926，1051，1091

— -in-Greece 希腊本土的亚细亚
17，742，743

— Minor 小亚细亚 44，743，789

Assyria, Assyrian Assyrians 亚述，
亚述族，亚述人 34，48，55，
60，62，74，79，298，317，
467，737，738，757

Astraea（Virgo）女星神艾斯特莱
雅 713，733，1042

Atalanta 阿塔兰忒 653

Athena 雅典娜 423，562，590，592，
616；参见 Minerva

Athens, Athenians, Athenian Constitution
雅典，雅典人，雅典政体 D_7，
26，29，46，52，71，86，92，
102，159，268，284，285，414，
416，422，423，426，469，499，
500，537，542，561，565，590，
592，612，616，620，635，678，
721，760，769，776，806，853，

539

Fate（Stoic） 廊下派哲学家 387

Favre, Antoine 安托万·法弗尔(1557—1624)，法国法学家 410，566

Feith, Everard 埃韦拉德·费兹(1597—1625?) 66

Festus, Sextus Pompeius 塞克斯特斯·蓬佩尤斯·费斯特斯 464，471，910，960

Feudists 封建法学家们 263，559，569，1057，1066，1068，1076，1085

Fez 菲斯（古代土耳其） 1090

Fidius 信义神斐底阿斯 602，658，761，765，766，1065

Fiesole 菲耶索莱 766

Firmianus, Lactantius 拉克坦提乌斯·费尔明 54，94，188，375，382，396

Flora 花神芙罗拉 402

Florence, Florentine 佛罗伦萨，佛罗伦萨人 407，526

Florentine rhymers 佛罗伦萨作押韵诗的诗人们 438

Florus, Lucius Annaeus 卢修斯·安内乌斯·弗罗鲁斯（罗马史学家） 595，644

Fracastoro, Girolamo 弗拉卡斯托罗(1476?—1553) 542

France, French, French language,

kings of France 法兰西，法兰西的，法语，法兰西皇帝，法国，法国人 E4，34，159，433，435，438，461，482，485，487，489，491，535，563，622，657，988，1002，1017，1048，1051，1056，1077，1081，1084

Franks 法兰克人 1017，1060，1062

Frederick II 腓特烈二世，士瓦本国王（生于 1194 年） 435，1051

Frotho, king of Denmark 弗罗陀（丹麦国王） 961

Furian Testamentary Law 富里安遗产法 987

Furies 复仇女神 776，957

Gabii 加俾 216

Gaea or Ge 见 Earth

Galen 盖伦（名医） 45，227，401，444

Galileo Galilei 伽利略（1564—1642） G1

Ganges river 恒河 546

Ganymede 伽尼墨得 80，515，565

Gaul, Gauls 高卢，高卢人 93，517，538，546，560，582，594，624，643，668，957

一，Cisalpine 阿尔卑斯山南侧的高

546

551

557

学家） 97

Patriarchs, Hebrew 家族父主（希伯来） 165, 256

Patrizi, Francesco 帕特里齐（1413—1494?） 384, 807

Patroclus 帕特洛克罗斯 667, 786, 793, 801

Paulmier de Grentemesnil, Jacques Le 雅克·勒·保罗米耶（1587—1670） 70

Paulus, Julius 尤里乌斯·保卢斯 1066

Pausanias 帕萨尼亚斯 480, 564, 647, 906

Pegasus 神马珀伽索斯 537, 713

Peisker, Georg Christoph 乔治·克里斯托夫·派斯克 471

Pelasgians 皮拉斯基人 564, 643

Pelasgus 帕拉斯戈斯（希腊一古代英雄） 564, 643

Peleus 阿喀琉斯之父 611

Pelion Mt. 皮利翁峰 399, 712

Peloponnesian War 伯罗奔尼撒战争 101, 665

Peloponnesus 伯罗奔尼撒 423, 592, 748

Pelops 珀罗普斯 660, 680

Pelorum, Cape 彼劳雍海峡 636

Penelope 珀涅罗珀 654, 796, 879

Pergamum 帕加马城 296, 432

Pericles 伯里克利 592

Perseus 珀尔修斯 423, 542, 616, 635, 734, 748, 1021

Persia, Persians 波斯，波斯人 47, 48, 93, 103, 336, 470, 475, 476, 538, 648, 717, 1091

Peru, Peruvians 秘鲁，秘鲁人 337, 480

Pétau, Denis 德尼斯·彼陀（1583—1652） 77, 591, 740

Petelian Law 培提略法 26, 38, 105, 115, 158, 604, 612, 658, 659, 1065, 1066, 1069, 1088

Peter Lombard 彼得·隆巴德（1100—1160） 159

Petrarca, Francesco 弗朗切斯科·彼特拉克（1304—1374） 817

Peyrère, Isaac La 以撒·拉·帕越尔（1596—1676） 50

Phaeacians 淮阿喀亚 789

Phaedra 淮德拉 635

Phaedrus 费德鲁斯 425

Phaethon 法厄同（太阳神之子） 651, 713, 752

Pharos of Alexandria 亚历山大城的埃及法老 89

658，662，769，770，771，
772，777，944，987，1021，
1057，1062，1063，1079

Rudbeck, Olof 奥洛夫·鲁德贝克
（1630—1702） 430

Rüdiger, Andreas 安德烈亚斯·鲁
迪格（1673—1731） 334

Rudolf of Habsburg 哈布斯堡的鲁
道夫 435，1051

Ruggieri, Michele 罗明坚（1543—
1607） 50

Runic Letters 古北欧字母 430

Russia, Russians 俄罗斯，俄罗斯人
48；参见 Muscovy, Scythia

Sabines 萨宾族人 379，532，595，
769

Sagunto 萨贡托 117，644

Salerno 萨莱诺 559，1033

Salians, Salic Law 萨利族人，萨利
克法律 657，961，988，989，
992，1077

Salii, Salian songs 赛里人，赛里歌
438，469，908

Sallust 萨卢斯特（罗马史学家）
425，668，775，776，778，
1066，1079

Salmoxis 萨尔冒克什斯 746

Samos, Samians 萨摩斯，萨摩斯族
人 612，743

Samos 萨摩斯，指凯法洛尼亚 743

Sánchez, Francisco 弗朗西斯·桑
切斯（1550—1623） 455

Sanchuniathon or Sancuniates 桑库
尼阿通或桑库尼阿特斯 83，
440，442

San Lorenzo of Aversa, Abbey of
阿韦尔萨的圣洛伦佐修道院
1056

— Capua, Abbey of 卡普阿的圣洛
伦佐修道院 1056

Sannazaro, Jacopo 雅各布·桑纳扎
罗（1458—1530） 1059

Sappho 萨福 703

Saracens 萨拉森人 559，1033，1048

Saturn 农神萨图恩 3，73，80，
154，191，317，464，517，
549，587，593，665，713，
723，730，732，734，736，
739，776，957，990

—, the planet 行星萨图恩（即土星）
730，739

Saturnia 萨图尔尼亚，见 Italy

Saumaise, Claude de 克劳德·德·梭
默斯（1588—1653） 47

Savoy 萨伏依 988，1077

Saxon, Saxon language 撒克逊人，
撒克逊语 430，778

附录 维柯自传

缘起（中译者扼要说明）

　　西方过去的科学家、哲学家和史学家们很少有像中国史学家司马迁那样写自传的，到了文艺复兴时代才逐渐有人写自传。维柯的《自传》是一部较早的样板。十八世纪初期，意大利在西班牙帝国统治之下，有一位西班牙贵族波尔恰公爵（Count Porcia）和一些贵夫人为着表示要振兴意大利的教育和学术，提出了一份"请意大利学者们写自传的建议"，"其目的在改良学校课程和教学方法，来提高学生们"；作为自传的样本，"建议"后面就附载了维柯的这部《自传》。"建议"向自传作者要求："说明出生时间和地点，父母亲属以及生平一切事件，叙述一切关于他的研究的真实细节。先从语法开始，说明语法是怎样教学的，用的是现在通行的方法还是某种新方法；如果是新方法，是否值得赞成，并说明理由。然后依次对各门技艺和各门科学都这样进行说明。要指出学校和教师的毛病及偏见，或赞赏他们的井井有条的课程表和健全的教学法。不要只说老师教得好坏，还要指出应该教而没有教的。接着他就应转到他自己所研究的那门技艺或科学，说明他所追随的或讨厌的是哪些作家，理由何在；他自己已出版过或正在准备写哪些作品，受到怎样的批评，他自己现在怎样进行辩护，在哪些论点上准备承认错误。请他坦白承认自己的错误；只有经过应有的考虑之后，才本着宽宏大量的不偏不倚的态度辩护可以辩护的东西。"

这个"建议"不但得到意大利的一些著名作家的拥护（其中有穆拉托里〔Muratori〕和马费伊〔Maffei〕等名人），还得到法国哲学家路易·布尔格（Louis Bourguet）和德国哲学家莱布尼茨的支持。莱布尼茨在1714年给布尔格的一封信中表示了对上述建议的支持，还提到了笛卡尔，说："笛卡尔想要使我们相信他没有读过什么书，那未免太过分了。可是研究旁人的创造发明的方式如果能使我们见出那些创造发明的来源，使那些创造发明仿佛成为我们自己的，这毕竟是件好事。所以我希望作家们肯告诉我们他们的创造发明的历史，告诉我们他们如何一步一步地达到了那些创造发明。如果他们没有当心这样原原本本地说出来，我们就必须把那些步骤探求出来，这样才能使人从他们的作品中得到更多的益处。批评家们在评介书籍中如果能替我们这样做，他们就会对群众做了一件大有益的事。"

像莱布尼茨这样一位大陆理性派哲学家们的首脑对波尔恰公爵的"建议"的赞助当然起了很大的推动作用。特别值得注意的是，信中指责大陆理性派另一首脑笛卡尔的那番话是维柯特别欣赏的。（可参看他在1725年写的《自传》中谈他自己与笛卡尔的分歧的部分。）

维柯开始写自传是在1725年，当时他已完成他自称为"取否定方式的《新科学》"。所谓"否定方式"，是指着重批判过去的一些法学理论的错误，例如格劳秀斯、塞尔登和普芬道夫等人的自然法的体系，廊下派、伊壁鸠鲁派以及近代如霍布斯、斯宾诺莎等法学家、哲学家的功利主义观点的错误。这样一来，篇幅弄得过于庞大，印刷费也发生了困难，原来可望替他出印刷费的科尔西尼大主教（Cardinnal Corsini）突然宣告他无力替维柯出印刷费，这对维柯是一次打击。当时他在皇家大学里只担任薪金甚微的修辞学讲师，但是在意大利学术界已享有很高的声誉，单从波尔恰公爵请学者们写《自传》的建议就特选维柯的《自传》作为样板这一件事上就可以看出维柯当时在学术上的重要地位。

《自传》原分甲、乙两编，都是维柯在不同的年代亲自写的；此外还有丙编，是维柯死后由他的生前好友维拉萝莎公爵夫人（Marguis Villarosa）写的关于维柯家庭琐事的回忆录，过去一直和《维柯自传》合在一起。各编次序、要点如下：

（A）甲编，是 1725 年写的。维柯回忆幼年所受的教育，在西班牙贵族堡寨中九年私塾教师的生活；他所受到的柏拉图（哲学）、塔西佗（史学）、格劳秀斯（法学）和培根（哲学）的影响；他和笛卡尔的分歧；他对拉丁语文和法学的研究；他在皇家大学六次开学的公开演讲，讲他的教育经验和教育主张，这六次演讲可以看作维柯的教育学；《新科学》的写作和反复修改的经过；法国评论家姜恩·洛·克洛克（Jean Le Clerc）对维柯的赞扬。

（B）乙编，是 1725 年和 1728 年写的。《新科学》对普遍原则的追求，依靠语言学以及历史学和哲学两大支柱，对格劳秀斯、塞尔登和普芬道夫当代三大法学家的批判。重点在法学研究。

（C）乙编续，写于 1731 年。说明《新科学》的改写和出版情况。

（D）丙编，是维拉萝莎公爵夫人在维柯死后于 1818 年写的回忆录，记些维柯的家庭琐事和他临死的情况。

《维柯自传》的英译本的译者仍是《新科学》的英译者 T. G. 贝根（T. G. Bergin）和 M. H. 费希（M. H. Fisch）两人。《自传》的英译本和《新科学》的英译本 1975 年由美国康奈尔大学出版社分别作为单行本出版。《自传》的英译本载有费希的长篇引论，详细记述了《自传》写作和出版的经过，并且评介了《新科学》的出版经过及其意义和影响。费希还考订出一个颇有用的关于维柯生平的时历表，分三栏：甲栏记维柯生平，乙栏记那不勒斯先后在西班牙、奥地利以及法国波旁王朝统治之下的历史，丙栏记意大利北部以及欧洲的学术文化方面的重要事件。费希所写的引论和时历表都很有参考价值。

《维柯自传》大部分是作者暮年写的，中译本删去了一些繁芜琐屑的部分，只着重作者所受的教育，他对语言、法学、历史和哲学的学习，《新科学》的酝酿、写作和出版的过程，以及维柯当时在欧洲学术界的地位。至于他的许多应酬诗文，只略举一些突出的事例，用意在显出他在启蒙运动初期所面临的艰难处境和他本人思想和性格上的矛盾。

甲编，1725 年

詹巴蒂斯塔·维柯（Giambattista Vico）在 1670 年出生于那不勒斯[1]，父母为人正直，身后留下了好名声。父亲为人和蔼，母亲却很忧郁，对孩子的性格都发生了影响。维柯幼时就很活跃，不活动就显得不耐烦。当七岁那年，他从顶楼跌到楼底，躺了五小时没有动弹，失去了知觉，右边头盖骨跌碎了，皮肤却没有破，头盖骨折损，头上肿起了一个大包，一些碎骨刺进肉里很深，因而失血很多。外科医生看到他头骨折损，很久不省人事，就预言这孩子活不长，否则也会长成一个呆子。凭老天爷的恩惠，这预言没有成为事实。但是这次误伤使他长大成人时性情既忧郁而又暴躁。聪明而又肯深思的人往往如此。由于聪明，他觉察事物之快有如电闪；由于思想的深度，他不喜欢文字上的俏皮或妄诞。经过三年多的长期休养，维柯回到了语法小学[2]。他对老师留给他的家庭作业做得异常快，他父亲疑心他粗心大意，有一天就问老师，他儿子做功课是否像一个好学生那样认真，老师回答说他很认真。他父亲就要求老师给他加倍的功课。老师不赞成，说他应该和全班学生们步调一致，不能自成一班，而且较高的那一班已走得很远了。维柯听到了老师和父亲的这次谈话，就大胆地要求老师把自己提升一班，担保愿做必要的准备来赶上。老师答应了他的要求，与其说是相信这孩子真正办得到，倒不如说想试一试他的智力究竟如何。使老师诧异的是几天之后这孩子居然能自教自学。

等到这位老师去世了，他就被送到另一位老师处就学。不久他父亲听了旁人的话，又把儿子送到耶稣学会神父们办的学校里去受教。神父们把他放在第二年级。教师发现他很有才能，就让他和同班的三个最优生逐一竞赛。他打败了头一名。第二名在和维柯竞赛中就病倒了。第三名是神父们的宠儿，"名列前茅"而被提升到第三年级，这样就轮不到维柯升级了。维柯觉得这是对自己的侮辱，而且听说以后还要举行这样的竞赛，他就愤而退学回家，捧着通行的教本去自学还未学过的第三年级课程，还加上更高一级的人文学科课程[3]。到了下年十月，他就转到学习逻辑学了。在这个时期，他经常伏案学到深夜。他母亲睡醒第一觉时，催他快点上床，但是她往往发现他一直读到天亮。这就预示到，他后来年龄较大时，在语文学习中会努力保持作为一个学者的声誉。

他碰巧得到一位唯名主义的哲学家、耶稣学会神父巴尔索（Balzo）做他的教师。他在学校里曾听到说一位高明的"总结者"就是一位高明的哲学家，而且听说西班牙的彼得（Petrus Hispanus）是一位最擅长总结学[4]的作家，他就开始专心研究这位作家。他后来又从老师那里听说威尼斯的保罗（Paulus Venetus）在一切学者们之中最擅长总结学，他又开始研究这位保罗的著作，目的是要更上一层楼。但是他的心智还太弱，吃不消那种烦琐的逻辑学，茫然无所得，感到绝望，就把它丢开，从此就根本放弃了学习。（足见要青年人勉强学年龄还不许他高攀的那些科学多么危险！）从此他废学达一年半之久。在这里我们不想学笛卡尔那样狡猾地吹嘘他的学习方法论，那只是为着抬高他自己的哲学和数学，来降低神和人的学问中一切其他科目[5]。我们宁愿本着一位史学家所应有的坦白态度，一步一步地叙述维柯的那一整套的学习科目，以便使人们认识到维柯作为一个有学问的人所特有的发展过程自有它所特有的一些自然的原因。

就像一匹骏马在长期战争中受过良好训练之后多年都放牧在田野里随意吃草，如一旦偶然听到号角声，就会激起投入战场的欲望那样，维柯尽管背离了青年时代良好训练所指引的直捷道路，但很快就受到他的护神的鞭策，又回到已抛弃的道路上奋勇前进。这正碰上洛伦佐的一所著名的学院在"发疯"（乱搞）许多年之后又恢复正常了。那里一些卓越的学者、主要的律师、参议员和城中贵族都共处在一起。凡是著名的学院就对他们所在的城市产生这样的好结果，青少年们出身好，经验浅，受了这些学院的教育，就满怀信心和高尚的希望，热爱从事研究。为着争取赞赏和光荣，等到知事识理的时期就关心各种实际利益；他们可以老老实实地凭品德和才能去获得那些实际利益。[6] 此时，维柯在朱塞佩·里奇（Giuseppe Ricci）神父教导之下又回到哲学了。这位神父是一位耶稣学会会员，一位有深沉洞察力的学者，在学派上是位司各脱主义者（Scotist）[7]，骨子里是位芝诺主义者（Zenonist）[8]。维柯从里奇神父那里高兴地听到说"抽象的实体"（abstract subtance）比起唯名主义者巴尔索所宣扬的"形态"（modes）还有更大的真实性。这也预示出维柯后来还会被牵引到讨论芝诺所说的"点"（points），正如亚里士多德在《形而上学》里也讨论过"点"一样，但是带着相反的心情。在维柯来看，里奇神父费了过多的时间去说明存在与实体在形而上学的程度上的分别。维柯急于求新知识，所以对经院派的区分和争论感到不耐烦。维柯曾听说苏亚雷斯（Suarez）神父在他的《形而上学》里讨论过在哲学里凡是可知的事物，其讨论方式也用形而上学家所应有的那种平易近人的文风，事实上他是一位杰出的辞章家。因此维柯又离开了学校，回到家里去自学苏亚雷斯。

这时维柯有一次去皇家大学听课，听的是费利切·阿夸第亚（Felice Aquadia）讲的课。这位主任法学教师谈到赫尔曼·乌尔特斯（Hermann Vulteius）就民事制度写出了一部最好的著作。维柯把这句话记在心里，这是使他对自己的学习程序作了较适当的安排，而且后来在对法学学习方面得到了进展的主要原因。因为他父亲后来决定要他学法学，就把他送到弗朗切斯科·维尔德（Francesco Verde）那里求教，因为维尔德是近邻，主要还是慕他的盛名。维柯跟他学了两个月，这位教师给他讲的都是关于民事法庭和宗教法庭处理案件的细节。作为一个青年，维柯还看不出这些案件所依据的原则。这也是理所当然的，因为作为青年，维柯还没有从形而上学的学习中养成可掌握共相的心理功能，不能根据公理或准则来就特殊事例进行推理，所以他就向父亲说，他不想再跟维尔德学下去了，因为从他那里学不到什么。他现在要利用阿夸第亚向他讲过的那句话，就请他父亲到一位收藏法学书很多的法学博士尼柯拉·玛利亚那里去借一本赫尔曼·乌尔特斯的著作。他说有了这部著作，他就会自习民法。他父亲听到很惊讶，因为维尔德作为教师是受到广泛欢迎的。不过他父亲为人谨慎，就答应了他的要求。那部书在当地很难得，他父亲本是书商，想起自己过去曾送过一本给尼柯拉·玛利亚，就去向玛利亚索回这部书。玛利亚要亲自问维柯本人为什么要索还这部书，维柯就告诉他说，在维尔德的课堂里只有记忆力才得到训练，而智力却因不用而荒疏。维柯的判断力使这位老好人很高兴，向维柯的父亲预言维柯将来会有成就，马上就把那部书赠送给了他，而且还加上了亨利·卡尼苏斯（Henricus Canisius）的《宗教法规》，说这是关于教会法规的一部最好的书。这样，阿夸第亚的一句忠告加上尼柯拉·玛利亚的一件慷慨赠品，就把维柯引向民法和宗教法的正路上去了。

维柯从此特别审校了民法中的一些引文，在两点上感到很大乐趣。第一点是发现经院派注释家们在对法律条文作总结时，总是把罗马法官们和罗马皇帝们秉公道处理具体案件所下的命令或诏谕中的对公道的具体考虑归结为一般性的公道箴言或公道准则。这就把维柯的注意引向一些中世纪法学注释家们，后来看出这些注释家们就是一些主张自然法的哲学家。另一点是他看到法官们自己曾费辛勤的努力考察他们所解释的那些法律条文，上议院的指令和执政官的诏谕的用字措辞，他后来看出这些人文主义派解释法律者正是些纯粹的关于罗马民法的史学家。这两大乐趣中每一种都是一种预兆，前一种预兆到维柯的一切研究都在探求普遍法律的一些原理，后一种预兆到维柯要从拉丁语言研究中获得益处：特别是罗马法的习惯用语，其中最难的部分是知道如何对法律用语下定义。

维柯据民法和教会法规的条文把这两种法都研究过了，丝毫没有注意到五年法学训练期所要学的所谓"资料"，就决定申请到法院去实习。为着让他在法院实习中得到教导，他家庭有一位恩护主，也是一位公正的参议员，就把他介绍给参议员法布里齐奥（Fabrizio）。碰巧他得到一个机会，能更好地了解诉讼程序，那就是一宗委托给杰罗尼莫·阿夸维瓦（Ceronimo Acquaviva）承办的在宗教法庭上控诉维柯父亲的案件。维柯当时才十六岁，就毅然独自为这宗案件作了准备，在上述法布里齐奥协助之下，上最高教会法庭替父亲作了辩护，而且获得了胜诉。他的辩护词得到一位著名的法学家、最高教会法庭参赞的赞赏；在离开法庭时，他还受到对方律师的祝贺。

从这次结果以及许多类似案件，很容易看出人们在某些门类学术中一开始就可以搞得很好，而在其他门类学术中由于缺乏对各部分融贯一致而构成整体的那种全面认识的指导，却始终陷在错误的迷径中。当时维柯的《论当代各科学术的研究方法》（*On the Method of the Studies of Our Time*）一书的思想在他心中已成形了，后来扩充成为他的《普遍法律的唯一原则》（*On the One Principle of Universal Law*）那部书，其附编就是《法学的融贯一致性》（*On the Consistency of the Jurisprudent*）[9]。

同时，维柯尽管已掌握了始终从总类及其分支的关系中认识真理的那种形而上学的心智，他却转而迷失在近代诗的一些最腐朽的风格中。这种诗只有在渺茫和虚伪中才得到乐趣。在这方面，他受到贾科莫·卢布拉诺（Giacomo Lubrano）神父的鼓励。这位耶稣学会的神父以宗教方面的辩才享盛名，而这种辩才在当时几乎到处都已在衰落。有一天维柯去访问这位神父，拿出自写的《咏玫瑰花》短诗请教。神父看过甚欢喜，尽管他已届高龄，却向这位青年朗诵了他自己过去写的也是咏玫瑰花的一首田园体短诗。维柯用这种体裁写诗，本来只想在巧智（wit）方面训练心智功能，其中乐趣只在所陈述的故事虽不近情理而又有几分近情理，使听众在不期然而然之中发生惊奇感。所以这种诗惹严肃的老人讨厌，却使心智软弱的青年人喜欢。事实上这种妄诞玩意对青年人来说也可以看作多少是一种必要的消遣。因为在这种年龄，心思应自由驰骋，以免过早地养成成年人所特有的严肃拘谨的判断力，以致使青年人的精神日趋僵化和枯竭，什么事都不敢尝试。

在这个时期，维柯本已虚弱的身体受到肺病的威胁，而家庭经济状况又日益贫穷，可是他仍渴望有暇继续学习。他对法院中的喧嚣深感厌恶。碰巧在一家书店里他和杰罗尼莫·罗卡（Geronimo Rocca）大主教相遇，就法学的正确学习方法问题谈过一次话，这对他是一个好机会。这位大主教就是一位卓越的法学家，从他的著作中就可以看出。他对维柯的看法非常满意，就极力邀维柯到奇伦托（Cilento）堡寨去替他的侄儿们当教师。这座堡寨环境幽美，气候温和，原属大主教的哥哥多梅尼科·罗卡（Domenico Rocca）。维柯发现这位东道主是一位最和善的恩护主，和维柯一样爱好诗。他对维柯说，他一定把维柯当作自家的儿子看待，而事实也确是如此。温和的气候恢复了维柯的健康，他有足够的闲工夫来做研究工作了。

维柯在这家堡寨里住的九年之中，在学术研究中取得了极大的进展。如他的任务所要求的，他埋头深入钻研了民法和教会法规，教会法规迫使他学习教条方面的神学，深入到关于神恩（grace）[10]的天主教教义的中心。在这方面他主要得力于阅读巴黎大学神学家芮迦杜（Richardus）的著作。芮迦杜用一种几何学方法证明了圣奥古斯丁的教义处在加尔文（Calvin）和贝拉基（Pelagius）这两极端的中间[11]，而且和其他接近这两极端的教义相去也一样远。这种地位布置使维柯后来思索出关于各民族的自然法的一条大原则，既可以从历史方面解释罗马法乃至一切其他异教的民法的一些起源，而从哲学方面看，又符合关于神恩的正确教义。同时，洛伦佐·瓦拉（Lorenzo

Valla）谴责一些罗马法学家所用的拉丁文不够典雅，也引起维柯进修拉丁文，从西塞罗的著作开始。

不过，当维柯还醉心于陈腐诗风时，他在奇伦托堡寨一间图书室里看到一本书，后面附载了对一位名为玛莎（Massa）的教师所写的一首短诗的评论，其中谈到"特别是维吉尔所用的那种音律奇妙"这句话打动了维柯，引起他渴望研究拉丁诗人们，从他们的老祖宗[12]入手。从此他就开始厌恶自己原先用的那种诗律风格，转到从托斯卡纳[13]文艺祖宗们的作品来学习托斯卡纳语，在散文方面研究薄伽丘，在诗方面研究彼特拉克。他一天隔着一天轮流地把西塞罗和薄伽丘摆在一起、把维吉尔和但丁摆在一起、把贺拉斯和彼特拉克摆在一起来研究，渴望要分辨他们之间的差别。他从阅读中认识到在所有的三种对比中，拉丁语比意大利语都优越得多。他的办法是按计划每一次都要把这两种语言中最优秀的作家们阅读三遍。第一遍把每一作品作为整体来掌握。第二遍注意起承转合的布局。第三遍更注意细节，搜集思想和语言的美妙特点，在书上作出标注而不另外记在笔记簿上。他认为这种办法在需要利用原文时可以照顾到上下文而不致断章取义，上下文是衡量有效的思想和表达方式的唯一尺度。

在读贺拉斯的《诗艺》时，维柯看到其中谈到诗的暗示性的最丰富的来源要在古希腊的伦理哲学著作中去找，他就认真去钻研这方面的著作，从亚里士多德的《伦理学》开始，因为他注意到讨论各种民政制度的许多权威都经常提到这部著作。在这种研究中，维柯注意到罗马法学是一种讲究公道或正义的艺术，是由无数关于自然法的特殊箴规表达出来的，而这些箴规又是法学家们根据法律条文的理由和立法者们的意旨抽绎出来的。但是伦理哲学家们所教导的那种关于正义的科学却是从形而上学中由一种理想的正义定下来的少数几条永恒真理。在诸城市的具体工作中，这几条永恒真理就起了建筑师的作用，来掌管交换和分配这两种特殊具体的公道法律，仿佛有两位神明的工匠用两种永恒尺度来测量种种利益。这两种尺度就是由数学证明的两种比例，一是代数学的比例，一是几何学的比例。从此维柯就开始认识到用普遍常用的那种研究法还达不到应有的法学训练的一半，因此维柯又回过头来研究形而上学。但是他发现亚里士多德的形而上学对他毫无帮助。也不知道为什么，他接着就去学柏拉图的形而上学，这不过是慕他的"哲学家的老祖宗"的盛名。只是在取得不少进展之后，他才懂得在研究伦理哲学方面，亚里士多德对他自己何以无用，正如他对阿拉伯大学者阿威罗伊（Averroës）无用一样。这位阿拉伯大学者对亚里士多德的《注疏》不曾使阿拉伯人变得比过去较文明或较近于人道。因为亚里士多德的形而上学导向一种物理学原则，那就是各种形态所自来的物质；事实上他把神看成一种陶匠，在凭自身以外的器材去工作。但是柏拉图的形而上学却导向一种形而上学的原则，即永恒理式从它本身伸展出和创造出一切物质，就像一种输精的精神形成自己的卵一样。根据他的形而上学，柏拉图创建出一种以理念（idea）[14]起建筑作用、以德行或公道为基础的伦理哲学。柏拉图就尽力思索出一种理想的政体，并在他的《法律篇》里定出一种同样的理想的公道。从这时起，维柯就不满意于把亚里士多德的形而上学看作理解伦理哲学的一种帮助，并且发现自己倒已从柏拉图的形而上学里得到教益。从此他就不知不觉地开始有一种想法的曙光，要思索出一种应为一般城市都按照天意或神旨来共同遵守的理想的永恒法律。此后一切时代、一切民族的一切政体都是由这种理想来创造的。这本是柏拉图按他的形而上学所应想到的"理想国"，但是由于柏拉图还不知道世上最初那个人的堕落[15]，他就被关在这理想国的门外了。

同时，西塞罗、亚里士多德和柏拉图的哲学著作都是为着研究出人类在文明社会中的妥善安排而写出的。这就使维柯不喜欢廊下派和伊壁鸠鲁派的伦理哲学，因为这两派所倡导的都是孤独汉们的伦理哲学，伊壁鸠鲁派是些关在自家小花园里的懒汉，而廊下派则是企图不动情感的默想者。维柯开始从逻辑学一跳就跳到形而上学。这一跳之后，维柯就一直轻视亚里士多德、伊壁鸠鲁以及最后笛卡尔那三派的物理学；从此他就感到自己喜爱的是柏拉图所接受的埃及学者蒂迈欧（Timaeus）的那种物理学，认为世界是由一些数字所构成的。维柯也不肯轻视廊下派的认为世界是由一些点组成的那种物理学，因为这种物理学和蒂迈欧的物理学之间并无实质性分别。实际上维柯后来在他的《意大利人的最古智慧》那部著作里曾试图重新奠定蒂迈欧的物理学。最后，维柯无法无论是认真地还是开玩笑地接受伊壁鸠鲁或笛卡尔的那种机械式的物理学，因为他们都是从错误的立场出发的。

因此，等到维柯既已认识到柏拉图和亚里士多德两人往往运用数学论证来说明他们在哲学上所讨论的问题时，就觉得自己不能很好地理解他们，所以他就决定研究几何学，一直深入到欧氏（Euclid）几何学的第五条公理（proposition）。他想到这条公理的证明要归结到用一些三角形的互相对应来证明某一三角形的边和角恰和另一三角形的相应的边和角相等。他发现自己如果把那许多零碎的真理放在一起，作为一种形而上学的类（genus）来理解，比起作为许多个别的几何数量来理解要较容易[16]。他从殊相的这种缺点中认识到这样一条真理：特宜于追究琐屑细节的那种学问所要的智力就不适宜于在研究形而上学中已惯于掌握普遍性的那种心智。所以他就放弃这种几何学的研究，因为几何学的研究使他的由于长期研究形而上学而惯于在无数类别中自由活动的那种心智受到封锁和束缚。而且在经常阅读修辞学家、史学家和诗人的作品之中，他的心智就习惯于从观察到相距很远的事物也有某种共同点或联系而感到乐趣。这些联系就是辞章的美丽修饰，使精细而微妙的东西显得特别可爱。

古人有理由认为几何学的学习对儿童很适宜，把几何学的学习看作适宜于儿童的一种逻辑，因为儿童对事物的类性还难理解，正如他们对于殊相或具体事物较易于理解，也较易于把殊相排成序列。亚里士多德本人尽管用几何学所用的方法抽象出三段论法，也承认这个道理，所以他才说儿童们宜于学习语文、历史和几何学这些宜于（训练）记忆力、想象力和知觉力的科学。因此我们不难理解现在正在流行的两种有害的教学方法对儿童在起破坏作用。

头一种有害的教学法是让小学还没有毕业的儿童就学所谓阿诺德（Arnauld）式的逻辑学[17]来为学哲学作准备，这种逻辑学需用大量的对远离普通常识的那种高等科学的深奥课题进行谨严的判断，结果是伤害青年们的智能，而这种智能本应由另一种训练来发展，例如发展记忆力宜用语言的学习，发展想象力宜用诵读诗人、历史学家和辞章学家的作品，发展知觉力宜用平面几何学。平面几何学在某种意义上是一种制图学，既能用它的许多要素来加强记忆力，又能用极细致的线条画出的最清楚的图案来精化想象力，锐化知觉力，使儿童能从遍览所有图形来发现证明所需要的数量。这一切到了判断力成熟的时期就会开花结果，形成一种能言善辩、活跃锐利的智慧。但用上述那类逻辑学来把孩子们过早地引到批判方面去，也就是在他们还不能正确理解时就进行批判，是违反思想工作的自然过程（这种自然过程应是首先理解，其次判断，最后才是推理）的，这就使孩子们在表达方面很干枯。自己没有什么实践，就把自己抬高到对一切进行批判的地位。另一方面，如果儿童还处在感觉的年龄就开始致力于问题学（Topics）这种创造发明的技艺（像维柯自己在少年时代追随西塞罗所做的那样），就不会得到足够的资料以便后来根据它来提出稳妥的意见，因为任何人对一件事物如果还没有完全的知识，就无法对它提出稳妥的意见；问题学就是对任何事物要找到其中所有的一切。由此可见，自然本身就会帮助青年人成为哲学家和优良的演说家。

另一种不好的教学方法就是用代数的方法作为教数量科学的一些因素。这种方法会把青年本性中最茂盛的一些因素归于僵化；

它会弄昏他们的想象力，削弱他们的记忆力，钝化他们的理解力，而这几种因素对培养青年们的最优美的文化都是必要的。想象力对绘画、雕刻、建筑、音乐、诗歌和辞章都是最必要的；记忆力对学习各种语言和历史都最必要，感觉力对创造发明最必要，理解力对谨言慎行最必要。但是代数学这种科学像是阿拉伯人随意把某些数量的自然符号变成某些数字，例如代替数字的符号在希腊人和拉丁人中间是用他们的字母，而字母在这两种文字中（至少是大字母）都是正常的几何线条，而阿拉伯人却把它们化成十个小数字（1，2，3，4，5，6，7，8，9，0）。所以感觉力受到代数的打击，因为代数学只看到眼底下的东西；记忆力也弄乱了，因为一找到第二种符号，代数学就不再注意第一种符号；想象力也变成盲目了，因为代数学无须用形象；理解力也被毁灭了，因为代数学承认自己在猜测。青少年们在代数学方面花了很多时间，结果使他们后来在应付民政生活方面的事务时就不那么熟练，感到伤心和追悔。因此，为着要使代数学提供某些效益而不至于产生某些坏结果，代数学就应等到全部数学课程都学完之后，再学一个短时期就行了。运用代数，也应像罗马人运用数字一样。罗马人在碰到巨额数字时，就运用点（……）来表示。同理，在寻找所需要的数量时，我们人类的理解力如果一味拘守综合法，倒不如乞援于分析法。另一方面，就分析法对健全的推理很有必要来说，最好是通过形而上学的分析来养成健全推理的习惯。在每一个问题上，我们都应在无限存在中寻出真理；然后循正常的步骤下降，逐步消除凡是不适用于总类中每一个种的东西，直到最后达到终极的微分数（种差或定性），这才是我们想知道的那件事物的要素。

（这篇颇长的题外话是维柯在大学开学时宣讲的一篇演说，

要使青年们知道为着从事辞章学应选择和运用的各门科学。）

现在回到本题。维柯发现了几何学方法全部秘诀就在于：首先须就推理要用的一些名词下好定义；其次是和论敌商定好某些共同准则；最后在必要时谨慎地要求和论敌商定某些为事物本性所许可的让步或条件，以便为辩论提供一种基础，讨论如果没有这种让步或条件便达不到结论；并且运用这些原则在论证中逐步由较简单的真理过渡到较繁复的真理，并且永不肯定较繁复的真理，除非先已逐一检查过其中组成的各个部分——维柯便认为学会几何学的推理方式，唯一的好处就在于他从此就知其所以然（know how）。事实上维柯后来在写《普遍法律的唯一原则》那部著作时就用这种几何学的方法。下文还要提到，姜恩·洛·克洛克（Jean Le Clerc）就认为《普遍法律的唯一原则》那部著作是"用一种严格的数学方法"写成的。

现在顺序就要略向前回顾一下，来追述维柯在哲学方面的进展步骤。当他离开那不勒斯时，人们已开始按照伽桑狄（Gassendi）的译述去研究伊壁鸠鲁的哲学。两年之后，维柯听说青年们都已变成了伊壁鸠鲁的信徒，就想从卢克莱修的著作中研究伊壁鸠鲁派的哲学。通过阅读卢克莱修，维柯认识到：伊壁鸠鲁由于否认心灵与物体之间有任何类性或实质的分别，缺乏一种稳妥的形而上学，所以心灵还很狭隘，把已形成的物质当作他的哲学的出发点；他把这种物质划分为多样的终极部分或微粒，而这些微粒他又认为是由其他他想象为不可再分割的那些部分组成的，因为其中没有真空。这种哲学只能满足愚妇和顽童们的狭隘心智，而且尽管伊壁鸠鲁连对几何学也无知，却仅凭一种安排得很好的演绎法，在他的机械式的物理学的基础上建筑起一种像约翰·洛克（John Locke）的那样全凭感觉的机械式的形而上学，以及一种只适宜于过孤独生活的人们的享乐主义的伦理学，事实上伊壁鸠鲁确实劝告他所有门徒们过孤独生活。对维柯说句公道话，他一方面对伊壁鸠鲁派这种对物质的自然界的各种形式的解释感到很高兴，但对伊壁鸠鲁派在解释人类心灵活动时竟不得不说出许多废话和荒唐话，也不免怜悯他。所以对伊壁鸠鲁的阅读只使维柯更坚信柏拉图的主张。柏拉图根据人类心灵本身的性质，不用任何假设，就奠定了永恒的理念（idea）作为一切事物的大原则，其基础就在我们人类对自己的知识和觉悟（scienza e coscienza）。因为在我们人类心灵里有一些我们无法误解或否认的，不要任何假设，就把永恒理念（the eternal idea）奠定为万事万物的大原则（principle），根据就是我们人类对自己的知识和觉悟。因为在我们人类心灵里原有一些我们既不能误认又不能否认的永恒真理，所以这样一些真理不是由我们造作的。但是，此外我们感到有一种自由，对一切依存于身体的事物在思索到它们时就在制造出它们。也就是说，我们从思索到它们，就是在一定时间内制造出它们，把它们完全容纳到我们本身之内。[18] 举例来说，我们凭想象力去想象，凭记忆力去回想，凭情欲的感觉去获得色、声、香、味、触。我们把这一切都纳入我们自身之内，但是永恒真理却不是由我们自己制造出来的，不依存于我们身体的，我们就必须把完全不依存于身体而和身体隔开的一种永恒理念看作万事万物的本原，这身体在起意志时，就在时间内创造出一切事物，把它们包容（contain）在自身之内，凭包容它们就支持住（sustain）它们。凭这条哲学原理，柏拉图在形而上学里奠定了一些抽象的实体（abstract substances），比起具体的实体还更真实。从这种哲学原则，柏拉图得出一种在民政生活中始终很适用的伦理学，使苏格拉底学派本身及其继承人在和平与战争时期的诸技艺中向希腊人提供了最光辉的光照。而且柏拉图承认了蒂迈欧（Timaeus）物理学，即毕达哥拉斯的物理学，认为世界是由数字（numbers）构成的。数字在某一种意义上比芝诺在解释自然事物时所看中的那些形而上学的"点"还更抽象，像维柯在下文还要提到的他的《形而上学》里所说明的。[19]

此后不久，维柯认识到实验物理学的声威在日益上升，在这方面，每个人的嘴上都挂着罗伯特·波义耳（Robert Boyle）这个名字。不过在维柯看来，这种物理学尽管对医学和食物学有些用处，他自己却不想问津，因为它对于研究人的哲学毫不相干，而且他自己所关心的主要是对罗马法的研究，而罗马法的主要基础是人类习俗的哲学，即罗马的语言和政治制度的科学，这种哲学和科学只有在拉丁作家们的著作里才可以研究出来。

临到维柯过完了九年之久的幽居生活时，他听说笛卡尔的物理学已使前此一切物理学体系都黯然无光了，因此，他渴望得到一点这方面的知识。其实，由于一种凑巧的骗术，他本已和笛卡尔的物理学打过一些交道了。因为他从他父亲的书店中带来的一批书之中就有一部王家的亨利（Henri Du Roy）著的《自然哲学》[20]。"王家的亨利"就是笛卡尔初出版这部书时所戴的假面具[21]。从研究卢克莱修转到研究"王家的亨利"（这位哲学家是以医学为职业的，除数学外别无所长），维柯认为此人对形而上学和伊壁鸠鲁一样无知，而伊壁鸠鲁并不曾想要学数学。因为他也是从错误的假设出发，在自然中假定了一种原则，即已形成的物体。他和伊壁鸠鲁的仅有的一些分别在于：（1）伊壁鸠鲁把物体的可分性终止于微粒或原子，而"王家的亨利"则认为物体在长宽厚三面都可以无止境地划分下去；（2）伊壁鸠鲁使运动在一种真空中进行，而"王家的亨利"则使运动在一种全实体中进行；（3）伊壁鸠鲁认为他所设想的无限数世界是由许多原子由于本身重量和引力而向下运动中的偶然摆动才开始形成的，而"王家的亨利"则认为他所设想的无限数旋涡之开始形成是由于一块静止的（所以还未划分的）物质受到一种冲击力而运动起来，于是划分的许多微粒，而且尽管受到自身重量的阻挠，却被迫试图沿着一条直线运动，由于这种运动受到全实体的阻挠，而且由于物体已划分为许多微粒，每个微粒就围绕它自己的中心旋转；（4）正如伊壁鸠鲁凭微粒或原子的偶然摆动使世界受制于偶然机会，而勒内[22]也认为最初微粒必然要试图采取直线运动。在维柯看来，这种体系只有相信世界受制于盲目命运的人们才可以接受。[23]

维柯正有理由为上述意见而庆贺自己，等到他回到那不勒斯时，他才知道"王家的亨利"的物理学就是勒内·笛卡尔的物理学。笛卡尔的《第一哲学沉思录》那时正在风行。他这人过于热心追求荣誉，一方面试图以一种以伊壁鸠鲁为模式的物理学，第一次从世界最著名的乌得勒支（Utrecht）大学讲座上以一个医生的身份发表出来，以便在医学界猎取盛名，而另一方面他又以柏拉图的方式写出形而上学的几点粗略纲要，费大力来定出两种实体（substance），一种是有体积的实体，另一种是能思维的实体，这样就使物质受制于一种非物质而起能动作用的像柏拉图所设想的神，以便有朝一日也在教会僧院里起统治作用。在教会僧院里亚里士多德的形而上学早在第十一世纪就已输入了。尽管亚里士多德是凭他自己对哲学的贡献，他的形而上学在以前曾为并不敬神的阿拉伯人阿威罗伊派利用来为他们的目的服务。[24] 可是亚里士多德的形而上学基本上还是柏拉图的，基督教就很容易利用它来为自己的宗教目的服务，所以正如基督教从它一开始直到十一世纪都曾用柏拉图的形而上学施行统治，从十一世纪以后它也就一直用亚里士多德的形而上学继续施行统治。维柯是正当笛卡尔的物理学风行时回到那不勒斯的，他就常听到格列高里·卡洛卜列斯（Gregorio Caloprese）说，笛卡尔的形而上学会把亚里士多德的形而上学从教会僧院里驱逐出去。[25] 此人是笛卡尔派的一位大哲学家，很重视维柯。

但是笛卡尔哲学从它的各部分是否形成整一体来看，就简直不是一个始终一致的体系。因为笛卡尔的物理学所要求的一种形而上学须假设一种独一无二的实体（substance），即物体的实体，是由必然来操纵的（如上文已提过的），正如伊壁鸠鲁的形而上学也要求一种独一无二的实体，也是由偶然机会来操纵的物体的实体。笛卡尔和伊壁鸠鲁在这一点上是一致的：凡是物体的变化有无限的种类；凡是物体的形态（modes）都是物体实体（substance）的变相，而形态本身却并没有实体性的存在。此外，笛卡尔的形而上学也产生不出任何符合基督教的伦理哲学。他自己所写的关于这方面的少数论著并不能形成一种伦理哲学，他的《论情欲》（Passions）一书对医学的用处大于对伦理学的用处。就连马勒伯朗士（Malebranche）神父也无法从这类论著中研究出一套基督教的伦理学，而帕斯卡（Pascal）的《思想录》（*Thoughts*）也只是一些零零落落的光。笛卡尔的形而上学也产生不出一种有笛卡尔特色的逻辑学，因为（当时风行的）阿诺德的逻辑学还是以亚里士多德的逻辑学为基础的。就连对医学本身，笛卡尔的学说也没有用处，因为解剖学家们在自然中找不到笛卡尔所设想的那种人。因此，笛卡尔的形而上学还比不上伊壁鸠鲁的形而上学那样较为始终融贯一致的体系，尽管伊壁鸠鲁丝毫不懂数学。由于维柯所注意到的这些理由，他不久就高兴地发觉到：正如对卢克莱修的阅读使他自己成了柏拉图的形而上学的一个信徒，对"王家的亨利"的阅读也就使维柯对柏拉图的信心更坚定。

上述一些物理学体系对于维柯来说，只是在认真思考柏拉图形而上学之余的一些消遣，帮助他在练习作诗中使想象力可以自由驰骋。因为他一直在习作短歌小曲，仍照早年那样用意大利文写诗，而同时想到要在最好的托斯卡纳（古意大利）诗人们的范例引导之下，要把一些光辉的拉丁人思想放进诗里。例如西塞罗在献给庞培大帝的颂词里把他自己的关于曼尼略（Manilian）法律的演说穿插进去（这在拉丁文中是一篇最庄严的演说）。维柯受到这篇颂词的启发，同时模仿彼特拉克的《三姊妹》，写出一篇分为三章的颂词《歌颂巴伐利亚选帝侯》（载在李庇〔Lippi〕的《意大利诗选》里，1709 年出版）。此外，维柯在伊波力塔公主和布柔让诺公爵结婚时也献了一首小诗，是模仿拉丁诗人卡图卢斯（Catullus）的一首最隽妙的歌而作的。维柯后来才知道在他之前塔索（Tasso）在一首贺新婚的诗中已模仿过这首名歌。维柯感到幸好没有先知道这个事实，因为他素来敬仰塔索这位伟大诗人，如果早已知道，他自己就不会再作，作了也不会满意了。……

维柯带着这套学问和才能回到那不勒斯，他竟成了他父母之邦的一个外来人，发现在文人学士之中，笛卡尔的物理学的声威已达到顶峰，而亚里士多德的物理学由于本身的缺点，更由于遭到经院派学者们的大量窜改，在学术界已成为一种笑柄了。至于形而上学在十六世纪已把一系列名人——从马尔西利奥·费奇诺（Marsilio Ficino）到 G. 玛佐尼（G. Mazzoni）和 F. 帕特里齐（F. Patrizi）抬到最高的文学宝座上，对诗歌，史学和雄辩术的贡献都顶大，以至文化鼎盛时期的整个希腊已在意大利复兴起来了[26]，而现在这种形而上学却被人认为只配被禁锢在教会修道院里了，至于柏拉图则只偶尔有些零星片段被人在诗里引用，而目的也不过是用来炫耀博闻强记而已。经院派的逻辑学被人唾弃了，代替它的是受到赞许的欧氏《几何学要素》。医学则随着物理学体系变来变去，已坠入怀疑主义泥坑了。医生们已采取疾病本性不可知的立场，在诊断和处方之际，就批"暂缓下判断"。希腊名医盖伦（Galen）所传的医学，过去从希腊原文，用希腊哲学的眼光去研究，曾产生出许多杰出的医生，现在却由于徒子徒孙们昏庸无知，被认为不值一顾了。中世纪的民法解释者们在各学院中也已声威大降了，取代他们的是些近代人文主义者，以致法院工作大受损失；因为人文主义者对罗马法的批判固然是必要的，而中世纪的民法解释者对一些涉及公道或正义的疑难问题的论点也同样重要。

〔在文学方面的类似情况〕最渊博的卡洛·布拉格拿（Carlo Buragna）已恢复了作诗的好风格，但过于拘谨地模仿乔瓦尼·德拉·卡萨（Giovanni della Casa），既不能从希腊拉丁源泉中吸取细腻或雄健的风格，又不能从彼特拉克的诗歌中吸取一清如水的风格，或从但丁的《神曲》中吸取波涛汹涌的风格。再如最渊博的利奥纳尔多·迪卡普阿（Lionardo Di Capua）已恢复了托斯卡纳地区的好散文风格，把散文写得典雅优美，但是终不能令人从他的辞章中听出在描绘风俗人情时受到希腊智慧的生动化，或在鼓舞情感时得力于罗马的雄伟气魄。最后，托马索·科尔内利奥（Tommasso Cornelio）在拉丁文辞方面是无人比得上的，可是他的名著过度纯洁，使青年们望而生畏，而不能鼓舞他们到晚年仍致力于拉丁文的学习。

由于上述这一切理由，维柯就庆幸不曾拘守一家之言，而是落在一片荒野森林里凭自己的才能去摸索出自己的科研大道，就循此前进，不受派系成见的搅扰。因为在那不勒斯这个城市里对文学的趣味就像对时装的趣味一样，每隔两三年就要换一种新花样。对拉丁好散文的普遍忽视促使维柯想学习拉丁文的念头更坚定。他听说过科尔内利奥并不擅长于希腊文，对托斯卡纳文也不大注意，也不喜欢批评工作——也许因为看到一些通晓多种语言的人都不能正确地运用其中任何一种，至于批评家也都难见出哪一种语言的优点，因为他们总是要停下来去挑剔用那种语言的作家们的毛病——维柯因此也就决定放弃希腊文，对希腊文他只学到小学二年级用的《希腊文入门》。他也决定放弃托斯卡纳语；由于同样的理由，他从来就不想学法文。他要专心致志地学习拉丁文。他注意到拉丁文的衰落是由于出版了许多辞典和注释所造成的，他就决心此后不再看这类出版物，只有朱尼厄斯（Junius）的《术语词典》一书才是例外，他还要用它来了解某些专门术语。他读拉丁作家的著作，只用完全没有注解的白文，凭哲学的批判去掌握原著的精神，正如十六世纪的拉丁作家们那样办的。在这类作家中他特别欣赏焦维奥（Giovio）的流利和拿法杰罗（Navagero）的细腻及非常隽雅的文学趣味（就他留传下来的少量作品来看）。他的风格使我们惋惜他的大作《历史》失传是个巨大的损失。

　　由于上述理由，维柯生活在他的"父母之邦"，不仅是一个外来人，而且默默无闻。他的孤独的趣味和习惯并不妨碍他仰慕远方的一些高才宿学，而且怀着真正的懊丧心情去羡慕那些能和这类高才宿学促膝晤谈的青年们的好运气。青年人如果想学问上进，就必须有这种敬老尊贤的态度，而不是依靠一些邪恶或无知的教师的话，终身满足于只迎合旁人的口味和才能的那种知识。维柯就抱着这种必需有的态度初次结识了两位重要人物。头一位是安德烈亚的格塔诺（Gaetano d'Andrea）。他是一位神职人员，后来以一位极虔诚的主教身份终其一生。他和安德烈亚的佛朗切斯和根赖阿两人是弟兄，这两人都享有不朽的盛名。维柯有一次在一家书店里和格塔诺谈到教会法规丛书问题。他问维柯是否结过婚，维柯回答还没有。他就问维柯是否想当一位神职人员，维柯回答说自己不是贵族出身，神父说那并不是一个障碍，因为他可替维柯在罗马教廷请到特许证。维柯看到自己受到这位神父的恩遇，便对他说，他的父母既老且穷，唯一的希望就是他自己。神父就对他指出：文人们对自己的家庭与其说是一种帮助，倒不如说是一种累赘。维柯说，就他自己来说，将来绝不会如此。神父就用一句话打断了这次谈话："神职就不是你的使命了。"

另一位重要人物是朱塞佩·卢契纳。他不但精通希腊文、拉丁文和托斯卡纳文，而且对天人两方面的一切科学都很渊博。他曾考验过维柯这位青年人的能力，很和气地惋惜维柯还不曾用自己的才华为那不勒斯效劳，并且告诉他当时就有一个提拔维柯的好机会。有一位尼柯拉·卡拉维塔（Nicola Caravita）首席大法官，其人智力锐敏、判断严肃，具有纯洁的托斯卡纳文风，是文人学士们的恩护主，他决定要趁那不勒斯副总督桑·厄斯特凡伯爵就要离任的机会，为他组织一本《颂词集》，在短短的几天之内就得印出。里奇的意见是大家都尊重的。他建议维柯为这本集子写一篇序言。他既已替这位青年谋得了这项任命，就告诉维柯说，这次机会可以使他受到一位文艺恩护主的宠遇，而这位卡拉维塔正是里奇自己的最大的恩人。事实上这位青年并无需怂恿，就顶热心地接受了这项任务。由于他已放弃了托斯卡纳语的研究，就为这本集子写了一篇拉丁文的序言，于1696年付印。从此维柯就开始作为文人而享到日益高涨的声名。赞赏者之中就有上述格列高里·卡洛卜列斯，曾称维柯为"自教自的教师"（autodidact，这原是过去人们称呼伊壁鸠鲁的）。

过了不久，大学里前任修辞学教授去世，讲座出缺了。这个讲座年薪不过一百荷兰金币[27]，加上一笔小费，即学生交给教授的入学准许证费。卡拉维塔大法官马上劝维柯参加这个讲座的竞选。维柯起初谢绝了，因为几个月之前他参加市政府文书的竞选失败了。卡拉维塔责备他没有勇气（涉及这类事务，维柯确实如此），说他只须备课，自己可以代他去申请。因此，维柯用了一个小时讲课来竞选。讲的是昆体良著作中的第一章，维柯只讲其中statibus一个词的词源，各种意义及其分别。他的演说充满了希腊拉丁的学

594

问及其批判，得到大多数票而中选了。

　　同时，新任副总督梅迪纳塞利（Medinaceli）公爵在那不勒斯创办了一座文学院，其中尽是些文学界优秀人物，因而把文学恢复到自从阿拉贡的阿方索（Alfonso of Aragon）[28] 时代以来还未见过的光荣。……既然最有文化教养的文学日益见重于贵族阶级，维柯既已光荣地被列入院士之林，就全心全意地致力于钻研人文科学的语文这行专业。

　　据说好运气常偏向青年人，理由在于青年人是从青年时代最繁荣的文艺和职业之中选择自己的命运。但世界按本性是逐年改变风尚的，青年人到了老年就发现自己所擅长的那种学问已不再见重于世，因而也无利可图了。那不勒斯就是这样在文学情况方面发生了一次巨大的突然变革。正当人们还在预期十六世纪的最优秀的文学在那不勒斯会长期恢复奠定下去，副总督的离任却产生了一种新局面，使前功尽弃，和人们的一切期望正相反。一些勇敢的文人学士在几年以前还在声言形而上学仍应被禁锢在教会僧院里，现在他们自己却又开始深入地研究起来了。但是他们研究不像马尔西利奥（Marsilio）等人那样从柏拉图和普洛丁（Plotinus）等人的著作开始（这些著作曾使十六世纪许多伟大文人学士得到教益），而是根据笛卡尔的《沉思录》和《方法论》，其中笛卡尔诋毁了对语文、修辞学、史学和诗歌的研究，片面抬高他的形而上学、物理学和数学，把文学贬成阿拉伯人的智慧……其实阿拉伯人在上述三个领域里都产生过许多大学者，例如阿威罗伊在形而上学方面，还有许多著名的天文学家和物理学家，留下解说这些科学所必用的一些术语。目前一些学者，无论多么伟大和渊博，既然要长期从事于原子物理学，试验和机器，也就必然觉得笛卡尔的《沉思录》太艰晦，自己则很难抛开感官来沉思。因此，对一位哲学家的最高的称赞曾是：他懂得笛卡尔的《沉思录》。

　　在这个时期维柯和保罗·多里亚（Paolo Doria）两人常在卡拉维塔大法官家做客，那是文人学士们的聚会场所。多里亚既是一位高明的绅士，又是一位高明的哲学家，在形而上学方面他是和维柯能谈得来的第一个人。凡是多里亚认为在笛卡尔著作中高明新颖的东西，维柯却说在柏拉图派中那些都是老话和常识。但是维柯从多里亚的议论中却常看出一种柏拉图式的神明的闪光，因此两人从此就缔结了高尚而忠实的友谊。

直到这个时期，维柯在一切渊博的学者之中只钦佩两个人：柏拉图和塔西佗。因为这两人都凭一种高明无比的形而上学的智慧：塔西佗按人的实在的样子去看人，柏拉图则按人应该有的样子去看人。柏拉图凭他的全面普遍的知识去探求构成人的理性智慧的那种高贵性，而塔西佗则下降到一切实际利益方面的智谋，具有实践才能的人凭这种智谋，就能在无限不正常的偶然祸福幻化中使事情达到良好的结局。维柯从这种观点对柏拉图和塔西佗这两位大作家的敬仰就预兆到他本人历来研究出的那种理想的人类永恒历史的规划，凭民政方面某些特性，一切民族从兴起、发展到鼎盛一直到衰亡，都必须经历过这种理想的人类永恒历史（维柯敬仰柏拉图作为玄奥智慧的代表，塔西佗作为普通智慧的代表，培根则兼有两人之长）。从此得出的结论就是：既要有柏拉图那样的玄奥智慧，又要有塔西佗那样的普通智慧，才可以形成真正的哲人。于是维柯就注意到弗朗西斯·培根（Francis Bacon）以一人而兼备无人可比得上的普通智慧和玄奥智慧，在理论和实践两方面都是一个全人，一位少有的哲学家和一位伟大的英国国务大臣。姑且放下他的其他著作不谈（对这类著作所讨论的问题，也许有些作家谈得一样好甚至更好），单凭他的《学术的进展》一书，维柯就作出这样的结论：正如柏拉图是希腊智慧之王而希腊人却不曾有过塔西佗，罗马人和希腊人在一点上却相同，他们都不曾有过培根。维柯看到而感到惊奇的是：培根单独一个人竟能通盘看到在学术领域里哪些学科还待发明和发展，以及已有的那些学科里还有哪些缺点和什么性质的缺点有待改正。而且他对各种科学都一律公平对待，丝毫没有行业的或派别的偏见，除非他说过的少量话可能得罪天主教而已。他总是本着一个方案，那就是要使每一门科学都应对世界领域的总和作出独特的贡献。维柯现在打算他自己在思索和写作中都要把上述这三位独特的作家悬在眼前作为典范。他就本着这样的打算对自己的有所发明的一些著作进行加工，这些著作到了《普遍法律的唯一原则》（即《新科学》）才算登峰造极[29]。

因此，维柯接连几年在大学开学演讲中所提出的一些带有普遍性的论点总是根据形而上学而应用到社会方面去。他从这个观点讨论了各科学术的目的（例如在头六讲），以及研究方法（例如第六讲后半以及第七讲全部）。头三讲讨论的主要是适合人性的一些目的，四五两讲主要讨论政治的目的，第六讲讨论基督教的目的。[30]

第一讲是1699年10月18日讲的，提出要培养人类神圣心灵的一切功能。主题是："自知之明对于每个人都是最大的推动力，促使我们对每门学问进行周全而扼要的研究。"这一讲证明了人的心灵可以比作人的神，正如神是整个宇宙的心灵。他还分别说明了心灵的各种奇妙的功能，无论是各种感觉力、想象力、记忆力，还是发明创造和推理的能力，都能同时以神速、轻易而有效的能力进行极多的各不相同的工作。他说明了凡是没有沾染恶习和恶情感的儿童在自由游戏三四年之后，就被发现到已学会本地语言的全部词汇。他还说明了苏格拉底与其说是把伦理哲学从天上搬到人间，倒不如说是把我们人类的精神提高到天上，因为有些人是因有创造发明而被抬举到天上列入诸神中的，也都不过具有我们每人也都有的智力，心灵本来像鼻子厌恶臭那样厌恶无知或犯错误，而世间竟有许多无知的人，这倒是怪事。因此，疏懒应特别受到斥责，只是由于我们本不想在一切方面都受到教育。其实只要凭我们的能起作用的意志，每逢受到灵感触动时，我们也会做出我们自己事后都感到惊讶的事情，仿佛这些事情并不是我们自己而是由一个神做出的。所以第一讲的结论是：一个青年在几年之内如果没有学完全部学程，那只是因为他们本来不曾想要学完。如果他们本来想要学完而却终于没有学完，那就是由于没有好教师，没有一套好的教学程序，否则就由于他们的各门学习的目的本来就不是要培养人心中的一种神性。

1700 年度讲的第二讲要求我们应按照关于人类心灵的一些真理，用各种品德来培养精神，它的论点是："最凶恶最危险的敌人就是自己反对自己的那种蠢人。"这一讲把整个宇宙看作一个伟大的城邦，其中神凭一种永恒法律来惩罚蠢人，让他们进行自己反对自己的斗争。"这种法律就由一种全能的手亲自写出的，宇宙间事物有多少本性，它就有多少章节，让我们念一下关于人的那一章：'让人具有可朽的身体和不朽的心灵，让人为着真和善而生，真和善都是只为我自己的。让人心分辨出真和伪。不让他的各种感官去驾驭他的心灵，让理性成为人的终身原则、向导和主宰。让他的种种欲望都受制于他的理性。……让他凭发自精神的良好技艺去博得荣名。让他凭德行和恒心去达到人的幸福。任何人如果愚蠢地违反了这些法律，无论是由于恶意、骄奢，还是由于失慎，他就犯了叛逆罪：让他进行自己反对自己的斗争。'"接着就对战争作出悲剧性的描绘。从这番话可以看得很清楚，早在这个时期，维柯就已在思索他后来在他的《普遍法律的唯一原则》中发挥出来的那个论点了。

1701 年的第三讲是一、二两讲的一种实践方面的附录，论点是："文艺界应消除一切欺骗，如果你要凭学习来使自己出色的那种学问是真实的而不是伪装的，是坚实的而不是空洞的。"这一讲指出在文艺的共和国里，人应过公道的生活，并且谴责了任性的批评家们以不正当的方式从文艺界公库里勒索贡金，以及顽固的宗派主义者迫使文艺公库不能增长财富，骗子们私造伪币来纳贡。

1704 年讲了第四讲，其论点是："谁要想从文艺的学习中得到经常和荣誉结合在一起的最大利益，他就应认识到他受教育，目的是为集体的光荣和利益服务。"这是针对着一些弄虚作假的学者们而发的，他们专为谋私人利益，使劲伪装成博学而不求真正的博学，一旦所追求的利益到了手，他们就疏懒起来，不惜采取最卑鄙的手段，以求保持住他们作为学者的名声。

在 1705 年讲的第五讲里，维柯提出的论点是："在文艺最繁荣的那些政体下面，同时在武功方面也必享盛名，在政治方面也必最强大。"维柯用了许多充分的理由和一连串的先例来证明这一论点。例如居住在亚述的迦勒底人[31]是世界上最早的有学问的民族，他们也最早地创建了君主专政国。希腊在智慧方面发出比过去一切时代都更大的光辉时，亚历山大大帝就推翻了波斯这个君主专政帝国。罗马是从迦太基的废墟上建立起来的，在西庇阿大帝（Scipio）统治下就把迦太基灭掉了，当时罗马人在哲学、修辞学和诗三方面的知识就表现在泰伦斯（Terence）的一些无比高明的喜剧作品里。这些喜剧本是西庇阿大帝和他的友人莱琉斯（Laelius）合写的（大帝认为这些喜剧值不得用自己的大名去发表，就用了泰伦斯的名字发表了，泰伦斯当然也插进了他自己写的东西）。罗马的君主专制政体当然是由奥古斯都大帝创建的，当时全部希腊智慧都以罗马的光辉语言在罗马照耀着。意大利这个最光辉的王国在狄奥多里克（Theodoric）朝代已在放光彩，而这位国王有卡西奥多鲁斯（Cassiodorus）[32]之类大学者当参谋，到了查理曼大帝，罗马帝国又在日耳曼复兴起来了，因为文学在西欧各王宫里久已死亡之后，到了查理曼时代又由阿尔昆（Alcuin）[33]之类大师复兴起来了。在荷马的影响之下，造成了一位亚历山大。这位大帝曾热望在英勇上追随阿喀琉斯的范例，而他自己的范例又鼓舞尤利乌斯·恺撒（Julius Caesar）成就了伟大事业（谁也不敢说这两位大帝之中谁更伟大）。这两位大帝都是荷马式的英雄后裔，希门尼斯（Jiménez）和黎塞留（Richelieu）这两位大主教分别替西班牙和法兰西两个君主独裁国制定了规划，两人都是大哲学家和大神学家，其中有一位还是教会方面的大演说家[34]。土耳其人在野蛮制的基础上创建出一个大帝国，是靠着一位博学而不虔敬的基督教僧侣塞尔吉乌斯（Sergius）的智谋，此人替穆罕默德立了法，用来建立土耳其帝国。等到希腊人先在亚细亚后在全世界都已衰落到野蛮体制中了，阿拉伯人就起来研究形而上学、数学、天文学和医学。就凭这种文人学士的知识——尽管还不是最有人道修养的知识，阿拉伯人就鼓舞起野蛮的阿尔·曼苏尔斯（Al Mansurs）[35] 南征北伐的雄心壮志，帮助了土耳其人建立起一个废除一切文学的帝国。但是这个庞大的帝国如果不是先后靠希腊的和拉丁的一些基督教叛徒们陆续向他们提供各种技艺和军事战略，早就自动地灭亡了。

在 1707 年讲的第六讲里，维柯讨论了各种学术研究的目的以及研究它们的先后次序，论点是："对遭到腐化的人性的认识要求我们研究各门自由广阔的艺术和科学的整套体系，并且提出和说明研究它们所应永远遵守的正确次序。"他引导听众去默想他们自己，人和人如何被口舌、心思以及心肠分裂开，蒙受罪孽的惩罚。被口舌分裂，因为口舌往往背叛人与人本应结合的思想；被心思分裂，因为人们因趣味不同而意见分歧；被心肠分裂，因为心肠既已腐化，就妨碍人与人和解，就连在一致作恶时也是如此。从此维柯就证明腐化所造成的痛感必须凭德行、知识和文辞来医治，因为只有通过这三种手段，一个人才会感觉到自己和旁人本是一致的。这就使维柯进展到讨论各科学问的目的以及研究它们的次序。他说明了语言是建立人类社会的最强有力的武器，所以学习就应从语言开始。学习语言完全要靠记忆力，而记忆力在儿童时期特别强。童年推理能力弱，只能凭范例来教育，而范例须通过生动的想象力来掌握，童年也特别富于惊人的想象力，因此宜致力于阅读历史，包括虚构的故事和真实的历史。童年人也是讲理的，但是缺乏用来推理的资料，就应让儿童学习数量方面的科学来准备获得正确推理的技能。这类科学既要求用记忆力和想象力而同时也防止想象过度膨胀的倾向。过度膨胀的想象力就是错误和灾祸的母亲。在较早的少年时期，各种感官占优势，就会带来纯洁的心思。要让少年们致力于物理学，来引导他们观察物体的宇宙；还需要数学来研究宇宙体系。这样就让少年们凭

600

一些广大而具体的物理观念和细致的线和数的数学观念，凭研究存在和太一的科学，为掌握抽象的形而上学的无限作好准备。等到他们开始从形而上学这门科学里认识到自己的心智了，就让他们准备好去默察他们的精神，凭对一些永恒真理的认识，来默察出这种精神是受过腐化的，因而情愿让伦理学来自然地加以纠正，趁他们对情欲的邪恶指导已有了一些经验的年龄（本来情欲在童年期是最强烈的）。等到他们已从学习中认识到异教的伦理学还不足以驯化或克服自爱癖，而且凭形而上学中的经验，懂得无限比有限，心灵比体肤，神比人（人还说不出他自己如何运动，如何感觉或如何认识）都还更确凿可凭了，到那时就应让他们准备好，卑躬屈膝地去接受由神启示的神学，从神学再下降到基督教的伦理学，经过这样的净化，最后才让他们进到基督教的法学。

很明显，从上述第一讲的时期起，在第一讲到以后各讲——特别在最后第六讲里，维柯都在心里思考一个新的重大的问题，即把一切关于人和神的知识都结合在一条唯一的大原则之下。但是他在全部六讲之中所发现的全部论点都还远不足以形成这样唯一的大原则，所以他很高兴不曾拿这些讲稿去出版，因为他想到当时学术界已被汗牛充栋的书籍压得直不起腰来了，他不应该再加重读者的负担，只应提供一些涉及有用的重要的创造和发明的书籍。适逢大学决定在 1708 年举行一次隆重的公开的开学典礼，在那不勒斯副总督格里玛尼（Grimani）大主教光临之下向国王呈献一篇演讲，这就向维柯提供了一个好机会，来设计出一篇对学术界是新颖的有创造发明的论文——这种愿望是值得被列入培根在《新工具论》中所提的那些项之中的。这篇论文就我们现在在各门科学研究中所用的方法和古人（希腊人、罗马人）所用的方法进行了比较，来看我们的方法有哪些缺点可以避免以及如何避免，至于不可避免的那些缺点，有哪些是可以用古人的优点来补救的（例如在我们已有的超过古人的优点之外只消加上柏拉图，我们今天就可以有一所完备的大学）；这样就可以达到这样一个目的：一切关于神和人的智慧随处都受一种精神来统治，而且所有各部分都互相融贯一致。因此，各门科学都可以互相补助而不至于互相妨碍。这篇论文在同年就由费利斯·牟斯卡公司出版了。它的论点实际上就是一种初稿，根据这个初稿，维柯后来发挥成为《普遍法律的唯一原则》及其附录《法学的融贯一致性》。

维柯经常想为他自己和那不勒斯大学在法学领域赢得荣誉，除掉通过向青少年演讲之外，他还在《我们现代的理性研究》这篇论文里详细地讨论了古罗马法学家们的法律中的秘密，并且试图寻出一种法学体系来根据罗马政府体制的观点解释各种私法。涉及这篇论文的部分，文森索·比达尼亚（Vincenzo Vidania）在一篇顶好的论文里对维柯所提出的古罗马的法官们全是些贵族元老这个论点提出不同的意见。他是掌握皇家各学科体制的大臣，当时正在巴切罗那。维柯当时即私下作了答复。后来还在《论普遍法的唯一原则》的脚注里作了公开答复，比达尼亚的论文和维柯的答复都在该书的脚注里登出来了。

等到上述论文出版时，内容还加上在大主教兼总督面前不便详说的话，这次经过导致多梅尼科·奥利西奥（Domenico d'Aulisio）这位大学首席法学教授，在各种语言和科学方面都是极渊博的学者，把维柯召到他身边参加一次教授公开竞选，邀他坐在自己身边。这位首席教授告诉他说，他读过维柯的那本小书（他不曾去听开学典礼的讲演，因为他和教会法规首席教授在谁领先问题上有争执），他称赞维柯不是一位东拼西凑的编辑者，而是在著作中每一页都提供可让旁人编大部头著作的资料。这位奥利西奥在大学里平时是斜眼看着维柯的，倒不是因为维柯有什么过错，而是因为维柯在那不勒斯正在闹得很久的古今之争中站在奥利西奥的对立面。奥利西奥的这次宽宏大量的行动和判断来自一位素来严厉不轻易赞扬人的人，所以对维柯来说是一种稀有的宽宏大量，从那天起两人就结成很亲密的友谊，一直维持到那位伟人的终身。

同时，维柯阅读了培根的《论古人的智慧》（机智和渊博多于真实），就起了念头要去寻找比诗人们的神话故事更早的关于古人智慧的一些起源，柏拉图的先例也加强了维柯的这个念头。柏拉图在《克提拉斯篇》这篇对话里就曾试图把古人智慧的原则追溯到希腊语文的起源。另一个动机就是维柯早已感觉到过去语法家的词源解释是不能令人满意的，所以他就亲自去钻研拉丁文字的起源，从而寻求关于古人智慧的一些原则，因为毕达哥拉斯学派中的意大利学派比它后来在希腊本土的学派还繁荣得更早而且显出较大的深度。他从 coelum（既指凿刀〔锲〕，又指大气体）这个拉丁词推测到毕达哥拉斯的老师埃及人曾认为凿刀就是大自然用来制造一切事物的工具，而他们的金字塔就像征凿刀。拉丁人也把大自然（nature）叫作机智（ingenium）〔两词同义〕，其特性是尖锐，所以暗示大自然用空气这种凿刀以深凿或轻削的办法来形成或损坏每种事物的形式。推动这种工具的应是以太（ether），以太的心据说就是天神约夫（Jove）。拉丁人用 anima（灵魂）这个词来指空气，即赋予运动和生命于宇宙的本源。以太对空气起男（阳）对女（阴）的作用。拉丁人把渗透到生物中去的以太叫作 animus（精神）。因此拉丁人有一个很普通的分别：anima vivimus, animo sentimus（意为"凭灵魂我们有生命，凭精神我们有感觉"），因此，灵魂，即渗透到血液中去的空气，应是人的生命的来源，而渗透到神经中去的以太就应是感觉的来源。以太比起空气愈活跃，动物的精神也就比一般生物的精神愈能动，愈活跃。正如灵魂由精神来牵动，精神也由拉丁人所称呼的 mens（意为"思想"）来牵动，因此拉丁文就有一个词组 "mens ainimi"（精神的思想）。这种心思或思想应是从天神来到人类的，天神就是以太的心思。最后，如果这一切都不错，自然界推动一切事物的大原则应是一些金字塔形的微粒。确凿可凭的是以太结合起来（即经过分裂和浓缩的）就成了火。[36]

维柯有一天和保罗·多里亚在里奇家里会谈，曾根据上述这些原则谈到一些物理学对磁的效果感到惊奇，如果他们稍加思索，就会看出这种效果在火里面其实是很普通的，因为最令人惊奇的磁的现象有三点，磁能吸铁，磁力能传达到铁上，以及磁针都指向磁极。可是热力在和它的浓度成一定距离时就产生火，火在旋转中能产生火焰，而火焰能发光而且都指向所在地的天顶中心。这些都是最普通的现象。照这样看，如果磁也和火焰一样能稀化，稀化到和火焰一样浓，磁就会指向天顶而不是指向磁极。是否可以设想：磁指向磁极，是因为磁极是磁力能升到的那种天空的最高点？因为很容易观察到，相当长的通过磁的针尖在指向磁极时仍在试图升到天顶。所以如果游人想观察处在这种情况的磁，来测定它在某地方比其他地方较高，那就会得出精确的纬度测量，而这种纬度精确测量正是今天人们为使地理完善化而极力追求的。[37]

多里亚听到这番推理很高兴，所以维柯就想把它推广，使它对医学有益。因为把大自然描绘为金字塔的埃及人曾经有过一种显然机械化的医学，即最渊博的普罗斯佩罗·阿尔皮诺（Prospero Alpino）所提出的"张"与"弛"的医学。维柯看到不曾有医学家利用笛卡尔的关于寒与热的定义（寒是由外向内的运动，热则相反，是由内向外的运动），他就想在这个分别的基础上来建立一种医学体系。强烈的热病是否由动脉血管中的空气从心脏流到神经末梢，膨胀得和健康情况不相容，使血管的另一端由塞满而凝住？另一方面，疟疾或瘴气的发热是否由静脉血管中的空气在由内向外的运动中也膨胀得与健康情况不相容，血管在相反的另一端也凝住了呢？这样一来，心脏这个动物体的中心，就会缺乏运动所需要的空气；心脏运动既减少，血液也就会凝住，这正是激烈的疟疾的真正原因。这是不是希腊大医师希波克拉底（Hippocrates）所说的导致疟疾的"某种神物"呢？就大自然全体看，这种看法受到各种合理的揣测的支持。例如寒与热同样有助于事物的生育。寒促进谷种的发芽，尸虫的生长，以及其他动物在黑暗潮湿的地方生长。过度的寒与热都导致坏疽病。在瑞典坏疽是用冰来治疗的。其他佐证还有恶性热病中一些病症，如盗汗，就表明血管过度膨胀。可不可以说，拉丁人把一切疾病都归结为无所不包的 ruptum（破坏）这一总类，而这是来自意大利的古老传统说法，认为一切疾病都来自坚实部分的衰退，到最后就导致拉丁人所说的 corruptum（腐化）呢？

根据维柯后来出版的一本小书中所举的一些理由，他这时正致力于把他的物理学放在一种适宜的形而上学的基础上。通过对拉丁字源进行同样的研究，他清洗了亚里士多德对芝诺《点论》的歪曲的报道，说明了芝诺的"点"只是一种假设，用来从抽象事物下降到具体事物，正如几何学是唯一的科学路径，从具体事物进展到具体事物所由构成的抽象道理。给"点"下的定义是："点"是不能分成各部分的，这就等于建立了一种抽象体积（伸延）的无限（无所不包）的原则。因为点没有体积（不是伸延的），移动起来就成了线的伸延（长度），所以必须有一种无限的实体，通过移动（即通过生育），就赋予形式于有限事物（即具体事物）。而且因为毕达哥拉斯要让世界来由数字构成，而数字在某种意义上比线还更抽象，理由在于"一"并不是数而却生数，在每个奇数里都必有"一"这个数（因此亚里士多德说，本质〔essences〕不像数，是不可分割的，分割本质就是破坏本质），所以点在一些体积不相等的线里面都以同样的身份站在线下面（所以一个正方形的对角线和边尽管是无共同尺度可相比，却可同样分割成同样无限数的点）。点是一种无体积（不伸延）的实体的假说，它同样站在许多不同的物体之下而且支持着这些物体。

这种形而上学势必以廊下派的逻辑学作为它的结果。在这种逻辑学里廊下派哲学家们学会了用复合三段式（sorites）来进行推理。复合三段式就仿佛是他们所用的一种几何学的方法。他们的物理学也用同样的方法把锲或凿刀定为一切具体事物的本原。同理，几何学里产生出来的第一个复合体是三角形，正如第一个单一体是圆形，象征神的完整。这样我们就会很容易地得出埃及人的物理学。埃及人把大自然设想为一种金字塔，一个具有四个三角形的立体。埃及人根据张弛原则的医学也就会与此吻合。维柯对于这种医学曾写过一本小书，题为《论各种生物体的平衡》，献给医学方面一个最渊博的学者奥利西奥（Aulisio）。他也常和波尔齐奥·卢坎托尼奥（Porzio Lucantonio）讨论过这个问题，得到波尔齐奥·卢坎托尼奥的高度赞赏，二人从此成为密友，直到这位伽利略派的最后的哲学家逝世为止。此人在朋友中常谈到他对维柯的一些想法感到震惊。但是维柯的《形而上学》到1710年才出过单行本，作为《论意大利人的原始智慧应从拉丁文的词源中才能重新发现出来》一书第一卷。这本书引起了威尼斯批评家们和作者本人之间的一场争论。维柯的答复和反驳在1711年和1712年先后发表过，这场争论双方都进行得很好，没有伤和气。但是维柯已开始感到对过去语法学家们的词源的不满，这已预兆到他后来在最近的著作中探求各种语言的起源，从中找到一种通用于一切语言的自然的原则，替词源学奠定一些普遍的原则，凭此来断定一切语言（无论是死的还是活的）究竟有哪些根源。此外，培根试图从诗人们的神话故事中去追溯古人的智慧，维柯对此还有点不满，因此，他在一些最近著作中想找出一些关于诗的原则，不同于希腊人、拉丁人以及后来人都早已接受的那些诗的原则。根据他自己所找出的那些诗的原则，他就建立起一种唯一可靠的神话原则，来证明希腊的神话故事对最早的希腊政治制度提供了历史凭证。维柯就借助于这种历史凭证，来说明全部古代英雄时期政治体制的寓言史。

不久之后，维柯荣幸地接到他教过多年的老学生特列托公爵（Duke of Traetto）阿德里亚诺·卡拉法（Adriano Caraffa）的邀请，替他的伯父安东尼奥（Antonio）元帅写传记。维柯欣然接受了这项委任，因为这位公爵可以供应他所收藏的大量可靠的很好的文献资料。他的教学职责须花去他的整个白天的时间，只有在夜里才有暇伏案写这部传记。他花了两年，头一年整理大堆零散混乱的资料来准备一些札记，第二年据这些札记编出一部历史。在这两年间他的左臂正受严重佝偻病疼痛的折磨。凡是在晚上来看他的人都可以看到他在用拉丁文写这部传记，案上只摆着他的一些札记，家里人们在走动骚扰，他自己往往还要跟朋友们谈话。可是他竟光荣地完成了他的职责。这部书是1716年出版的。公爵献了一部给教皇克雷芒十一世（Clement XI），教皇称赞它是"一部不朽的历史"。此外，这部书还替他博得了最著名的意大利学者格拉维那（Gravina）的称赞和友谊，他在生前一直和维柯保持亲密的通信。

在准备写这部传记时，维柯发现他必须阅读格劳秀斯的《战争与和平法》一书，他发现到他前此所敬仰的三大作家之外还应加上格劳秀斯这第四位。因为柏拉图用荷马的普通智慧与其说是要证实，毋宁说是要装饰他自己的玄奥智慧；塔西佗用来说明他自己的形而上学、伦理学和政治学的只是过去流传下来的一些零散而混乱的事实。培根虽看出当时涉及神和人的知识总和也还有待补充和纠正，但是涉及法律，培根并没有能使他的那些准则适用于一切时代和一切民族。现在格劳秀斯却能让一种普遍法律适用于一切民族，能用一种体系来包罗全部哲学和语言学，而语言学还既包括历史，即语言的事实和事件的历史（无论是真实的历史还是神话寓言），又包括希伯来、希腊和拉丁三种语言，即由基督教传下来的古代三种被人研究过的语言。格劳秀斯的著作在发行新版时，维柯应邀替这新版写些注解，这样就有机会更深入地研究了格劳秀斯的这部著作。他写的注释，很少是为改正格劳秀斯，而更多的是改正旧版中赫罗诺维厄斯（Gronovius）的旧注。这本旧注本来是写出来讨好一些自由政府的，并没有维持公道。维柯只注了第一卷和第二卷的一半就不再注下去了，因为想到自己以一个天主教徒来用加注去粉饰一位异教作家的作品是不合适的。

　　凭这一切研究以及所得到的知识，凭上述对他所特别敬仰的四位作家所作的准备，维柯就想用他的知识来为天主教服务。维柯终于察觉到在文艺界已往还没有构成一种体系既能使最高明的柏拉图的哲学服从基督教的信仰，又能与一种语言学和谐一致，这种语言学有两个分支，或两种历史，一是语文本身的历史，一是相关事物的历史，用有关事物的历史来证明语文的历史确凿可凭，来使学院哲人们的箴规能和政治哲人们的实践办法协调一致。凭这种洞见，维柯就清楚地看出他先前在头几次开学演讲中所恍惚寻求的那种概念或原则。他在《现代各科学术研究的方法》以及稍迟一点的《形而上学》里对这种概念或原则也逐渐看得比较清楚些。

　　在 1719 年那次公开的隆重的开学典礼上，维柯所以提出了这样论点："一切关于神和人的学术研究都有三个因素，即知识、意志和力量，其唯一原则是心思（the mind），用理性作为它的眼睛，神把永恒真理的光传到这眼睛。"他把这论点划分如下："至于这三个要素，我们知道它们存在而且是属于我们的，就如我们知道我们自己在活着那样确凿可凭，就让我们凭我们绝对不能怀疑的那一件事物来说明，这当然就是思想。为着我们较容易地进行思想，我把本讲分为三部分。第一部分要说明各科学术的一些原则都来自神。第二部分要说明由上述三种要素所显出的那种神的光或永恒真理渗透到一切科学中去，把各种科学都安排成为一种秩序，其中各种科学都凭一些最紧密的纽带互相联系在一起，同时都联系到神，神就是它们的来源。第三部分要说明：凡是已写出或说出的关于神和人的学问的基础的一切，如果符合这些原则，那就是真实的；否则就是错误的。关于神和人的事物的知识还有三点我也要讨论，即这种知识的来源，循环过程和融贯一致性。我要说明一切事物都来源于神，都经过一种循环返回到神，都要在神身上见出它们的融贯一致性；离开了神，它们就全是黑暗和谬误。"维柯就这个论点讲了一个多钟点。

有些人认为上述论点，特别是第三部分，宏伟胜于切实有效。他们说，以前比科·德拉·米兰多拉（Pico della Mirandola）在提出支持"关于一切可知事物的结论"时，也没有承担如此沉重的负担，因为他抛开了可知事物中重要的大部分，即语言学（历史编纂学）。语言学要研究各种宗教、语言、法律、习俗、所有权、转让权、主权、政府和阶级之类问题，这些事项起初都是不完备的、渺茫的、不合理的、不可信的，没有希望能把它们归结到一些科学的原则。对这种批评，维柯为着让人初步认识到这种新科学终会成立，就发表一种他的计划的说明，散发到意大利和阿尔卑斯山以外各国。有些人提出了不赞成的意见，不过等到后来维柯的著作出版了，渊博的学者们纷纷祝贺和赞美，原先的反对者也就不再坚持己见了，所以在这里就不值得再提了。安东·莎尔维尼（Anton Salvini），意大利的一位学界泰斗，不吝从语言学方面提了一些反对意见，维柯在《语言学的融贯一致》一文里作了有礼貌的答复。其他从哲学方面提出异议的是乌尔里希·许贝尔（Ulrich Hüber）和 C. 托马修斯（C. Thomasius）两位德国著名学者，但是维柯发现到他在《法学的融贯一致性》那部书的末尾已回答了他们。

题为《普遍法律的唯一原则和唯一的目的》一书也在 1720 年出版，其中维柯证明了他的论文中第一、第二两部分。维柯听到了一些异议，但是都不能推翻维柯体系本身，只涉及一些细节。维柯为着不显得像竖起一些稻草人来把他们打倒，他就没有指名道姓地在《法学的融贯一致性》那部著作中回答他们。这部著作在 1721 年出版了。其中对论文第三部分给了一些较详细的证明，把它分为两部分，即《哲学的融贯一致性》和《语言学的融贯一致性》。有些人对后一部分中标题为《一种新科学的试探》一章感到不高兴，其中维柯在开始把语言学归纳为一些科学的原则。这就显示出维柯在论文第三部分所许下的诺言无论是从哲学方面看，还是从更重要的语言学方面看，不是空谈。而且从这个体系出发，作出了许多重要的发明，都是新的，远离过去一切时代的学者们的那些成见的。因此，这部著作除"不可理解"以外没有遭到任何其他谴责。但是本城市的学者们已向世界证明，它是"顶好理解的"。他们还对它作出有力的称赞，见这部著作末尾的附录。

大约就在此时，姜恩·洛·克洛克（Jean Le Clerc）给维柯写了一封信，大意如下：

> 卓越的阁下，显赫的韦尔登斯坦公爵（Count Wildenstein）的使臣交来了论法学和语言学的本原的大著。虽然当时我在乌得勒支（Utrecht），几乎可能有寸刻之暇来浏览它，但因为我当时被俗务纠缠，要回到阿姆斯特丹，所以还来不及投身到大作的清泉里。不过稍一过目，我就看出许多关于哲学和语言学的宏论，已足使我可以向我们北方学者们显示出意大利人在聪明和渊博方面正不下于寒带的学者们自己。明天我就要返回到乌得勒支住几个礼拜来尽量欣赏大作，在那里我比在阿姆斯特丹较少杂扰。等到我已较足够地掌握住你的思想，我将在《古今图书评论》这个刊物第十八卷第二部分显示出我多么高度地评价大作。再见，尊敬的阁下，请把我放在公正地敬仰您的博学的人们的行列。匆匆写于阿姆斯特丹，1722 年 9 月 8 日。

这封信使赞赏维柯著作的人们高兴，使持相反意见的人们感到不快。后一部分人相信姜恩·洛·克洛克不过是私下表示个人的恭维。等到他在《古今图书评论》中发表公开评论时，他会恰如其分地对维柯的著作说公道话。他们还说，姜恩·洛·克洛克不可能由于维柯的这部著作就肯违背他从近五十年以来一直都在说的话，他一直认为意大利没有产生什么著作在才智和

610

学力方面能和欧洲其他地方发表的著作相比。同时，维柯为着向世界证明：尽管他重视名人们对他自己的赞赏，却并不以此为他的工作的终极目的，他正在根据他的语言学原则去研究荷马的两部史诗；并且凭他所构思出的某些神话学原则，对荷马的两部史诗看出不同于过去人们替他们所描绘出的那种面貌，证明了这位诗人在处理这两种题材中多么神明地把两组希腊故事交织在一起，一组希腊故事属于昏暗渺茫时代，另一组属于后来的英雄（酋长）时代；维柯根据瓦罗的时代划分对荷马以及神话法律的这些解释，在下一年即 1722 年公开发表过，标题为《维柯对两部书的注解：一部关于普遍法律的原则，另一部关于法学的融贯一致性》。[38]

此后不久，大学里法学课午前主任讲座出空了，午前讲座比午后讲座低一级，年薪只有六百个荷兰金币。凭上述成就，特别在法学领域里，维柯竞选成功的希望加大了。他已经在大学里为晋级准备了两年。就任职期限来说，他的年资也最长，因为他是由西班牙查理二世任命的，其他教师任命都较晚。他还可以靠在本城市的声望，人人都尊重他，许多人都受过他的教益，他没有伤害过任何人。（竞选凭抽签选定某段法律条文进行解释和辩论；竞选者有三名，各人都有高低不同的后台，彼此钩心斗角，要压倒另外两人。维柯的竞选讲演旁征博引，"得到了普遍的鼓掌"。）[39] 但是他还是落选了。

维柯在这次不幸遭遇使他对此后在父母之邦能否得到较高的地位感到绝望时，幸好看到姜恩·洛·克洛克的评论得到一些宽慰。这篇评论出现在《古今图书评论》第十八卷第二部分，评论者仿佛已听到某些人对维柯的著作所提出的指责，他发表了下述意见（原文是用法文写的，引述时用直译）：他仿佛是针对指责维柯的著作为不可理解的那些人表达了他的总的看法，说维柯的著作"充满着从各种不同的观点来考察过的深奥题材，把自己的意见用简洁的文章写了出来；有许多段落不可能写得更简洁，只有引长段原文才可以表达出意思；他是运用数学方法来结构成的，数学方法是'从少数几条原则抽绎出无限多的结论'；读者应细心，从头到尾毫不间断，使自己习惯于作者的思想和格调；等到读者既已就它深思熟虑了，他们就会发现许多学科之外的新发明和新收获"。涉及维柯的论文第三部分初发表时引起的争论，姜恩·洛·克洛克提到哲学时说："前此关于神和人的学问的全部原则所已说过的话，如果符合前书（论普遍的法律）中已写出来的话，那就必然是正确的。"提到语言学时，他评论说："作者在简短的范围里，审视了从世界大洪水到汉尼拔入侵意大利之间的一些重要时代，因为在全书中，维柯在不同地方往往讨论了在那段时间发生的许多问题，进行了许多语言学的观察，纠正了许多最能干的批评家都轻轻放过的大量的普通错误。"最后他向一般群众作出结论说："书中不断地把一些哲学的、法学的和语言学的问题综合在一起来讨论，因为维柯先生毕生致力于这三门学科，对它们都深思熟虑过，读过他的著作的人都会知道这一点。所有这三门科学之间都有紧密的联系，任何人如果不是对每一门都精通就不可能精通其中任何一门。所以我们毫不感到奇怪书后面列出意大利学者们对这部著作所发表的赞赏。从这一切我们认识到这位作者在形而上学、法学和语言学三方面都被公认为内行，而他的著作是有创见的，其中满是重要的创造发明。"[40]

乙编，1725 年，1728 年

维柯降生下来，是为他的故乡（那不勒斯），也是为他的祖国（意大利）争取荣誉（因为他成了一位学者，是在故乡和祖国，而不是在非洲摩洛哥），最好的证据就在任何另一位学者在遭到上述厄运打击之后都会追悔乃至放弃他对其他著作的辛勤钻研。事实上他已写出一部分为两部分的著作，两部分会印成两大卷。在第一卷里他动手寻找世界各国或各民族的自然法，先通过对已往学者们只是凭幻想而不是凭钻研所得出的种种荒谬无稽之谈进

行科学的批判。接着在第二部分就凭替希腊史荒谬无稽的时代订立一种确凿可凭的合理的时历或年表把人类习俗的生展追溯出来，因为我们对于古代可知道的一切都是希腊人传下来的。[41] 这卷实际上已由唐朱利奥·托尔诺（Don Giulio Torno）本人从头到尾审阅过。这位大人是那不勒斯教会中的一位渊博的神学家。后来维柯断定原来从否定反面陈述的方式对想象虽有吸引力，对理解方面却讨人嫌，因为人的心智不能从此得到扩大。另一方面，由于一种逆境的打击[42]，维柯发现自己经济困难，无力把这部著作付印；而他却已许出诺言要将此书出版，荣誉攸关，不能失信；所以他反复思索，想找出肯定正面的陈述方式，因为这样办就会写得精简些而且较易奏效些。[43]

1725 年底，维柯把这部〔改写过的〕著作在那不勒斯出版，全书只有288 页，标题为《各民族本性的新科学的原则，从中得出关于各民族自然法的一些新原则》[44]，并且签名献给欧洲各大学。在这部著作里维柯终于充分发现到他前此还只依稀隐约地认识到的那种原则。因为他现在才认识到要远从神圣历史（《圣经》）的一些起源去找本科学的最初起源，才是不可避免地涉及全人类的当务之急。因为哲学家们和语言学家们都承认无法从各异教民族的最初创建人去追溯本科学的逐步进展。维柯尽量地利用了姜恩·洛·克洛克在对他的前一部著作的评论中的一段话。他说："维柯给我们对世界大洪水到第二次迦太基战争之间一段主要时期的历史作了总结，讨论了这段时期里发生过的各种问题，就它们作出了许多语言学方面的观察报道，而且纠正了过去许多最有才能的批评家都忽略过的一些共同错误。"因为维柯发明这门新科学是用一种新的批判方法从诸（异教）民族创始人所创建的民族中的一些民间传统故事中耙梳出该民族创建过程的真相，而著作通常受到批判的那些作家们都在这些创建人若干千年之后才出生。凭维柯的这种新批判方法的光照，对于须用明确观念和妥帖语言来讨论的民族自然法，就必须有各种训练，科学的训练和文艺的训练。拿这个标准来衡量，这些训练的真正起源和过去人们所幻想的都大不相同。

因此，维柯把这些原则分成关于思想的和关于语言的两部分。在关于思想的部分，他发现了关于地理和时历这两个历史眼睛的一些新原则，从此就发现到过去所缺乏的世界历史的一些原则。他发现了哲学方面的一些新的历史原则，首先是一种人类的形而上学，这就是一切民族的自然神学，凭这种自然神学，各族人民凭人对神的一种自然本能，自然而然地由自己创造出一些自己的神。对神的敬畏导致最初的一些民族创建人和某些女人结成终身伴侣。这就是人类的最初的婚姻制。这样，维柯就发现到异教神学的大原则和神学诗人的大原则的一致性。这些神学诗人们不仅是异教人类的诗人，而且也是全人类的诗人。维柯从这种形而上学里得出一种为世界各民族所共有的伦理学，乃至一种政治学，他并且把一种人类法学建筑在这人类政治学的基础上。语文随时期不同而变化不同，随着各民族逐渐揭开对他们自己本性的认识，就导致他们的政府体制的发展变革。政府体制的最后形式是君主独裁制，各民族按本性都要在君主独裁制上安顿下来。维柯就这样通过语文的研究填补了世界通史原则中所留下来的一个大漏洞。这种世界通史是从尼努斯（Ninus）[45]和亚述人[46]的君主独裁政体开始的。

在讨论各种语言的部分，维柯发现到诗的一些新原则，说明了在一切原始民族中诗歌都起于同样的自然必要。根据这些原则，维柯替英雄时代的徽章找到了新的起源。徽章是一切原始民族在还不会说话的时代所用的一种哑口无声的语言。从此他还发明了纹章学的一些新原则，以及说明了纹章学和钱币学是一致的。在这方面他还观察到法兰西和奥地利的两大家族的英雄时代起源以及连续掌握政权四千年之久的历史。在发明各种语言起源所得到的结果之中，他还找到一切语言都共有的共同原则，并且写出一篇示例论文，说明了拉丁语言的真正原因。凭这个范例他替学者们开了路，让他们用同样方法去研究一切其他语言。他还提出一种想法，要编出一切土生土长的语言所共用的古辞源，另外也替外来语种编一套古辞海，以便最后为语言科学编出一套普遍的辞源（或辞海）。这对于正确地讨论各民族的自然法是必要的。

凭上述一些关于思想和语言的原则，亦即一种全人类的哲学和语言学，维柯发展出一种理想的永恒的历史，建立在天意或神旨这种思想的基础上。维柯在这部著作中自始至终在说明各民族的自然法都是由天意安排的。这种永恒的历史是由各民族的国别史在时间上都经历过的，都经历了兴起、发展、鼎盛以至于衰亡。例如埃及人曾讥笑希腊人如对远古事物毫无所知的儿童。维柯从埃及人那里取来两大古代文物片段而加以利用。其中之一就是埃及人把全部过去时间分三段：神的时期、英雄（酋长）的时期和人的时期。其次是埃及人把已往的各种语言分成和这三个时期相应的三个类型：第一种是神的语言，这是一种哑口无声的语言，即象形文字或神的字母；第二种是象征的语言，和神的语言一样由比喻构成；第三种语言是词各有字源意义的民众语言，是由便于日常生活应用的约定俗成的语言。

维柯说明了第一个时期和第一种语言都是和氏族时代相应的。氏族确实在一切民族中都先于城市，氏族是人们公认为城市的起源。氏族是父主们作为掌握主权的君主在诸神管辖之下施行统治的，按照神的预兆而处理一切人事。维柯引证了希腊人的神话故事来极其自然而简单地把氏族时代的历史显示出来了。涉及这一点，维柯还观察到东方诸神由迦勒底人提升到天上成为星辰，由腓尼基人传到希腊（维柯证明这是在荷马时代之后），发现希腊诸神的名称便于和东方的诸神结合起来，正如希腊诸神的名称后来传到拉丁区域时，也有一些拉丁神名和希腊神名相对应一样。因此，维柯说明了这种模式在拉丁人、希腊人和亚细亚人之间都或先或后地复现过。

接着维柯就说明了第二个时期和第二种象征性语言也和原始的民事政体的时期相对应。这种政体就是某些英雄（酋长）王国或贵族统治阶层的政体。古希腊人把这种贵族统治阶层称为赫库勒斯族（Heraclids），据说都起源于神。与此相反，最初的平民们（plebeians），即贵族们的臣民，则被认为都起源于野兽。维柯很容易地把这类英雄王国的历史展示为由希腊人描绘给我们看的底比斯人[47]赫库勒斯那种人物性格的历史。赫库勒斯确实是希腊英雄人物中最伟大的一位。他是赫库勒斯族的始祖。斯巴达王国就是由这个氏族的两个国王来统治的。它无疑是贵族型的。因为埃及人和希腊人都说过，每一个民族都有一位赫库勒斯（对于拉丁人来说，史学家瓦罗曾数出四十位之多）。维柯得到的结论是：在诸神之后，在异教诸民族之间，都是由英雄们掌握了政权。根据希腊古代文物中一个重要的证据，库越特族人（Curetes）从希腊移民到克里特岛、萨图尔尼亚（即意大利）和亚细亚[48]，他说明了这些人就是拉丁的用长矛武装的战士（Quirites），其中有一群是罗马的。因此，武装战士的法律就是一切英雄民族的法律。他由此说明了罗马十二铜表法是由雅典输入的一说是无稽之谈，事实上是原来拉丁区域本土的英雄种族的三种法律，传到罗马由罗马人遵行而后来定在十二铜表法里的。他发现了罗马政体，德行和公道的根本原因，在和平时期由法律强制执行，在战争时期由征服来强制执行，否则古代罗马史如果按现在流行的看法去解释，就比希腊人神话故事的历史还更难置信。根据这一切理由，维柯提出了罗马法学的一些正确原则。

最后，维柯还说明了：第三个时期，即普通平民和本土语言的时期，与完全发展出的人类本性的思想，亦即承认一切人都是一律平等的思想这种时期相适应的。这种发达的人类本性就带来了人类政体的一些形式，民主政体和君主独裁政体。属于这第三时期的就是罗马皇帝之下的大法官们。因此，维柯说明了君主独裁是最后的政体形式，各族人民终于要停顿在这种君主独裁政体上。如依过去的幻想假设，说最初的国王们就已像现在的君主专政，那就根本不会有共同体或政体起来，各民族也不可能由欺骗或暴力开始，如此前某些人所想象的。[49]

既已装备着上述那些大量的首要和次要的发明，维柯就动手讨论各民族的自然法，说明了在哪些确定的时期，以哪些确定的方式，产生了构成这种自然法的整个体系的各种习俗。这些习俗就是些宗教、语言、财产权、转让权、阶级、主权、法律、军备、审判、刑罚、战争、和平与联盟。根据这些习俗产生的时期和方式，维柯展示出它们的一些永恒特性，足以表明每一种习俗的本性，即它的起源的时期和方式只能是这样的而不能是另样的。

　　维柯经常关注希伯来人和异教人之间的一些本质区别。希伯来人从起源时就已站起来坚定地遵行一种永恒公道的一些办法。各异教民族却不然，他们单凭天神意旨的指导，以永远一致的方式，经历过三种法律的连续变化，和埃及人的三个时期和三种语言相适应。第一种法律是神的，在希伯来人中间由真神（上帝）治理，在诸异教民族中由各种不同的伪神治理。第二种法律是英雄（酋长）的，英雄们站在神和人的中间地位。第三种法律是人类的，即特属于完全发展，被认为尽人皆平等的那种人性。只有到了这第三种法已得势流行的时期，哲学家们才有可能在各民族中兴起来，凭一种永恒公道的箴规进行推理，来使法律日趋完善。

　　在这最后一点上，格劳秀斯、塞尔登和普芬道夫这三大近代法学家都看错了。由于他们缺乏可以应用到研究诸民族创建人的批判方法，他们都相信这类创建人都已富于玄奥的智慧，没有看出对于诸异教民族来说，天神意旨就是寻常智慧的一种神明的教师，在异教民族中间，只有在经历了许多世纪之后，（哲学家们的）玄奥智慧才从这种寻常智慧中产生出来。因此，上述三大法学权威都不能把各民族的自然法（这就是各民族的习俗）和哲学家们的自然法（这是哲学家们凭推理得出的）分辨清楚而且没有授予特权于上帝优选的民族（希伯来这个民族由上帝优选出来，让他们保持一切异教民族都已丧失的那种真教）。这种批判方法的缺乏也曾导致先前一些解释罗马法的学者接受十二铜表法从雅典输入罗马的神话，并且用一些学派特别是廊下派和伊壁鸠鲁派的哲学观点去解释罗马法，不顾罗马法本身的特性。事实上这两派哲学观点都不仅违反罗马法的原则，而且也违反人类文化本身的原则。人类文化的原则就不许这两派根据时尚[50]的哲学观点来看罗马法，而罗马法学家们自己就明说他们根据时尚。

凭这部著作，在现代而且在真教的怀抱里把全部异教中关于人和神的智慧的原则都揭示出来了，这是天主教的光荣，维柯也因此为意大利祖国赢得了一种优点，即不用欣羡新教国家荷兰、英伦和日耳曼的上述三大法学权威。由于这些理由，这部著作有幸获得那不勒斯大主教洛伦佐·科尔西尼阁下（Lorenzo Corsini）的宠遇。这部书就是献给他的。他发出了这样的好评："就用了古老的语言和稳健的教义来看，这部书都足以显示出在今天的意大利精神中还有一种对托斯卡纳式雄辩术所特有的才能，以及在最难的学术研究中还有进行新的创造的一种旺盛而恰当的勇气。所以我祝贺这部书为祖国争光。"

乙编续，1731 年

《新科学》出版后，作者就通过最安全的邮路寄给各位朋友。赠书给姜恩·洛·克洛克，还附着给他的一封信，都封在寄犹太人朱塞佩·阿蒂亚斯（Giuseppe Attias）的邮包里，托付他转交。姜恩·洛·克洛克是在那不勒斯和这位犹太人结交的。当时这位犹太人以希伯来语言方面最渊博的学者著名，他所编辑的在阿姆斯特丹出版的《旧约》是学术界众口称赞的。他在回信中很客气地接受了这项任务，并且感谢维柯把大作也赠送给了他一部，还告诉维柯说，凡读过这部书的朋友都赞赏它的题材重大，有丰富的新思想（如姜恩·洛·克洛克先生所说的）。

但是维柯没有收到姜恩·洛·克洛克的回信，也许他已经去世，或是因为他的高龄已迫使他放弃了学术研究和文字通信。

在艰苦的研究工作之中，维柯还做些较轻松的工作。当西班牙皇帝腓力五世决定驾临那不勒斯时，统治那不勒斯王国的总督厄斯卡诺那（Escalona）公爵就通过他的宰相 S. 比斯卡尔迪（S. Biscardi）任命当时任皇家辞章学教授的维柯就西班牙皇帝的驾临写一篇欢迎词。皇帝八天之后就要驾临，维柯须在皇帝驾临前赶忙写出。欢迎词按时写出并印出来了，题为《献给西班牙皇帝腓力五世的颂词》。

后来那不勒斯这个王国又改归奥国统治了，维柯又受新政权之命，写了一些祭文、颂歌、墓志铭乃至达官贵人的婚礼颂赞之类应酬文章；他有时还把《新科学》中的神话故事——例如《天后舞曲》（Juno in Dance）也穿插进这类文章里去。

我们的维柯如果不是年纪老，早年就感染上的那些疾病日趋严重，他一定还会从新国王奥国总督那里得到更多的恩惠。他的神经系统开始显得衰弱，连走路也感到困难，而记忆力日益衰退对他是一种更大的痛苦。他因此被迫放弃教私塾和大学里的讲课。他请求国王任命他的儿子真纳罗（Gennaro）至少临时做他的大学讲座的继承人。他说真纳罗显出足够的证据，证明他的能力合格，他曾有几次当着他父亲的面解释修辞学的要素，博得听众的满意。上级对这项请求暂时搁下未作决定，因为当时担任修辞学教职的人还要兼任大学总管，还要和主教及修道院院长商量才能决定。明智的教长对年轻的真纳罗·维柯胜任这项职务的能力和为人正直本已熟知，便立即向国王建议：照顾到维柯多年来对皇家大学的功勋以及他儿子的优良品质，请国王把修辞学教职授给维柯的儿子。国王批准了这项建议，修辞学讲座便授给了真纳罗·维柯，这使衰老多病的父亲感到说不出来的安慰。

......[51]

维柯的暮年

〔维拉萝莎公爵夫人的续编，1818 年〕

维柯像他自己告诉我们的，是一个大家庭的父主。子女都长大成人了，而他自己却忍受着正常幸运的父亲都不会被迫忍受的那些烦恼和悲伤。他看到他的家庭日益陷于穷困，因为像他自己招认过的，他从幼年起，老天爷就没有把他安顿在舒适的环境里，而且砍除了他力图改善他的情况的一切好办法。他在他的恩护主洛伦佐·科尔西尼（Lorenzo Corsini）给他回信（他曾请求这位大主教作主把《新科学》第一版付印）的背面写下了下面一段话：

> 科尔西尼大人来信，说他没有办法承担《新科学》之前的那部著作[52]的印刷费。我被贫穷所迫，因此要思考这部改写的专从正面直叙的《新科学》，这使我精神沮丧。我只得付印这部篇幅较少的书，为此要卖掉一只嵌着五颗纯水色钻石的金戒指。凭这项卖价我才能支付印刷费和装订费。因为我不得不把这部书付印，我就把它呈献给这位大主教。

他完全靠他的教职薄俸过活，这是绝对不够开支的。他发现自己被迫要在家里开私馆，教拉丁语言和文学。我们首都中最高尚的绅士们都喜欢把孩子送请他去教；他们深信请维柯教比请担任同样科目的其他教师都较好，不仅得到健全的教学，而且还得到道德的修养。国内许多主要绅士们的子弟不能都到维柯家来请教，因此维柯除掉教来请教的人之外，还要亲自到这些人家里去给他们上课。因为本城的达官贵族们都很重视把他们的孩子培养成有学问有道德的人；这样的人才配得上他们的高贵血统和富裕财产，才能有别于愚蠢无知的大多数人。

但是教这些私课的收入还不足以应付经常压迫他和困扰他的迫切需要。他的最大不幸是娶了一位虽秉性纯洁天真但是缺乏就连一个平庸的妻子和母亲也必须有的那种才能的女子。她连字也不会写，很少关心家务，以至使他这位饱学的教授也不得不亲自去筹划他的儿女们需要的衣服和其他一切东西。

维柯对妻子儿女都极宽容，特别宠爱两个女儿。长女露易莎（Luisa）具有超过一个女人所需要的天赋才能，表现在爱好文艺特别是诗上。维柯就亲自极小心翼翼地去教她。他很满意地看到他的努力没有白费。她到了成年时就在诗方面显身手，证据是她的一些喜人的作品竟列入一些印行的选集里。看到我们的这位哲学家在每天繁忙工作之余就轻松愉快地陪他的女儿们游戏，那真是一个令人快活的场面。唐·本韧德陀·劳达提神父，一位在性格和知识方面都受人尊敬的神父，曾亲眼看见过这个喜人的场面。他经常访问维柯，有一天看到维柯在和他的小姑娘们游戏，不禁向他背诵塔索的名句：

这里可以看到在麦阿林（Maeonian）姑娘们中间，阿尔什德斯（Alcides）拿着纺锤谈闲天。

听到这句俏皮话，这位宠女儿的父亲不由得呵呵笑起来了。

他的姑娘们给他带来安慰，而一个坏蛋儿子（我绝不在此说出他的名字）却在幼年就引起他伤心。这个儿子成年时绝对不肯从事学问和保持清醒的习惯，一心喜爱放荡怠惰的生活，后来染上各种恶习，变成维柯家庭中丢人的角色。他的好父亲想尽方法想使他迷途知返，回到正道。反复的盛情告诫和来自有名望的哲人们的权威性的警告对改造这位迷路青年都成了白费的努力。情况变得很糟，以致伤心的父亲不得不招来警察把儿子监禁起来。但是到了最后一分钟，他听到来逮捕的警察上楼梯时，出于父子之爱，他跑到不幸的儿子跟前，周身发抖地向儿子叫喊道："救你自己的命呀，我的儿子！"当然这种出自亲爱的行动终没有能阻止法律采取不可避免的行动；这孩子终于被关进监牢；关了很久，他才显出要真正痛改前非的标志。

这次家庭灾难本身就已不轻，伴随它来的是另一种同样严重的灾难。他的另一个女儿健康日益衰退，开始受病魔的折磨。女儿的病一方面使不幸的父亲忍受最大的痛苦，又迫使他不断承担医药的花费。这笔花费也许终于是无益地白白地扔掉，但维柯在沉痛中付出花费毫不惋惜。这些严重的灾难从来没有使维柯旷过荣誉和职责的要求，他照常上课。他以英勇的耐心忍受了一切。只有对一些知心朋友，他偶尔才肯伤心地道出他的苦楚，说："厄运会在我死后还继续追捕我。"这句话不幸而言中，是灾难的预兆，我们将来还会看到。

随着不朽的波旁亲王夏尔（Charles of Bonrbon）预示幸运的驾临本王国（那不勒斯），维柯开始看到情况改善的一线希望。这位宽宏大量的降福于臣民的君主采取了一些宏伟而迅速的措施（现已登基的他的儿子和继承人终于使这些措施完成），使本国得到很多的好处，像他的前任阿方索（Alfonso）那种文人学士的恩护主一样。所以，他一听到我们的维柯具有罕见的资历，就发出文凭，任命维柯为皇家的历史编纂，年俸为一百个荷兰盾币。文凭原文如下：

　　考虑到阁下的学问和长期致力于皇家大学的青年教育，皇帝陛下特任命您为他的历史编纂，连同这一政务的职权，并且相信您会完成您的任务。鉴于您已印行的那些著作，在大学正薪之外，还分配给您现职年薪一百荷兰盾。我很荣幸地把皇帝的诏谕向您宣布，使您认识到您在皇帝陛下的眼里所获得的宠遇。

我热烈地祝愿上帝使您长寿！

蒙特勒格的约瑟夫·约新姆

那不勒斯，1735年7月21日

维柯接到文凭多么欢喜！但是他从这种暂时的好转中所得到的好处只是察觉到自己终于要断气了，他感到人间的一切医方对他都已无效！一阵肺充血使他衰弱过度的身体无法抵抗，他就派人去请安东尼·玛里亚神父（这位神父是一位饱学者）来替他举行送终仪式。他本着对神旨的绝对服从，祷告上帝赦宥他的罪过，从神圣教会对它宠爱的儿女的大力救助得到他所祈祷的安慰，还不断地默诵达维的颂神诗。他安详地死于1744年1月20日，享年七十六岁。[53]

……

注 释

1　维柯实际上生于1668年。父亲（1636—1708）是当地农民的儿子，在城里开了一个小书店。母亲是他父亲的第二个妻子，生下八个儿女，维柯是其中的第六个。维柯的外祖父是位制造马车的工人。——英译者

《自传》中年月日有时错误，可参看英译者考订的"时历表"。那不勒斯（Naples），意大利南部的一个小城邦，和北部威尼斯同为学术重镇。

2　Grammar school，即西方的初级小学。

3　人文学科课程（humanisic studies），指高级小学到中学的课程，包括语文学和逻辑学，这是人文学派教育的重点。

4　总结学（Summulae），即根据个别具体事件总结出普遍结论的学问，即逻辑学中的归

纳法。

5　指文学和历史学。

6　这是维柯的理想的教育目的。

7　司各脱主义者（Scotist），来自邓斯·司各脱（Duns Scouts），他十三世纪在牛津大学和巴黎大学都讲过学，属于唯名主义派（nomist），认为宗教信仰不一定符合理性，强调意志自由。

8　芝诺主义者（Zenonist），来自芝诺（Zeno），他是公元前五世纪人，希腊廊下派哲学的创始人，主张清静无为，虔修敬神。

9　即《新科学》的基础。

10　指人生下来就犯了原始罪孽要靠神恩才可赦免的那种天主教教义。

11　加尔文（Calvin）是十六世纪法国宗教改革家，"原始罪孽"说的倡导者，认为人生下来就犯了"原始罪孽"，只有神恩可赦宥。贝拉基（Pelagius）否认原始罪孽说和神恩赦宥说，认为人类要凭自己的意志去行善，这是一种新教思想的萌芽。

12　指维吉尔。

13　指古意大利。

14　这就是唯物主义（materialism）和唯理主义或客观唯心主义（idealism）的分别，参看《新科学》中译者关于一些译词的解释。

15　最初的人指亚当，他和夏娃偷食禁果，被逐出乐园。维柯指柏拉图生在《旧约》之后还不能分辨犹太民族（所谓"上帝的选民"）与诸异教民族的分别。《新科学》所讨论的各民族主要是所谓"异教民族"（gentile nations）即基督教外的诸民族。

16　从共相比起从殊相来理解有较大的概括性。

17　阿诺德是一种经院派形式逻辑的创始人。

18　这是维柯所强调的"认识凭创造"的基本原则。

19　这是维柯同时强调的尽管认识真理凭创造，客观的永恒真理还是不随人的意志为转移的。这里所争论的其实就是我们现在争论的"唯心与唯物"的问题。维柯认为"理念"（idea）是客观永远存在的永恒真理。后来人们把idea这个词了解成为"唯心主义"的货色，于是在哲学史上就造成两千多年来的不断的争论。

20　原书名《物理学基础》，1646年出版，其中大部分是抄袭笛卡尔的。笛卡尔自己在他的《论原则》（Principia）的序文里曾揭穿"王家的亨利"是个骗子。——英译者

21 "王家的亨利"并不是笛卡尔本人而是笛卡尔的剽窃者，维柯把两人看作一人，这是一种误解。

22 勒内（René）是笛卡尔的乳名，维柯误认为"王家的亨利"和笛卡尔实为一人。实际上"王家的亨利"的《物理学基础》（1646年出版）是剽窃笛卡尔的物理学著作，笛卡尔自己曾揭穿过。

23 维柯的四点驳斥是针对笛卡尔（王家的亨利）的物理学而发的。

24 阿拉伯人反对信神的宗教。

25 关于维柯对基督教会的态度，这段话值得特别注意。

26 指十六世纪的意大利文艺复兴。

27 每个荷兰金币约合当时英币九先令，还不到半镑。

28 阿方索是葡萄牙人，十五世纪初期征服了那不勒斯，当了国王。

29 在近代哲学家中对维柯影响最大的无疑是培根，《新科学》是从培根的《新工具论》来的。不过维柯把培根的经验主义结合上了柏拉图的理想主义和塔西佗对罗马史学的看法。

30 在下列各段总结出来的几次开学演讲在1868年首次出版过，见《维柯全集》卷一，5—67页……维柯所注的年月日有些错误，已在英译本的时历表里改正过。——英译者

31 亚述在亚洲中东地带。迦勒底在中国史书中就是大月氏。

32 此人大约先在公元第六世纪当过国王的秘书参谋，写过《哥特族的历史》和《论各种制度》等重要著作，已失传。

33 他是查理曼大帝的文化顾问，擅长于诗和修辞术，曾创办一所研究文学的学校，影响颇大。

34 指法国的黎塞留大主教兼宰相。

35 意译是"征服者"，实指八世纪创建巴格达（伊拉克首都）的一位伊斯兰教主。

36 把宇宙看作由四大物质（地、水、火、风）组成，这是一个原始而普遍的朴素唯物主义观点。维柯的这段话根据拉丁词源来分析四大物质的起源，基本上是朴素唯物主义的，值得重视，所以虽嫌艰晦，仍勉强译出。可与我国《易经》中"太极生两仪，两仪生四象，四象生八卦"的理论以及道家的"精、气、神"说参较。

37 当时航海术开始发达，磁为指南针的重要因素，维柯没有提中国人在这方面的发明，但已看出磁在自然科学的重要作用。

38 参看《新科学》卷三《发现真正的荷马》。

39　维柯详叙竞选经过，中译者作了简略译述。

40　姜恩·洛·克洛克这位法国学者在法国文学史上并不著名，维柯在《自传》中特别举出他对自己的评论，是因为他是《古今图书评论》的编辑，多少能代表当时欧洲文化界的舆论。

41　维柯原来的计划是把《新科学》写成两部分，第一部分专批判过去学者们关于法律的起源和发展的历史的一些错误的看法，第二部分是提出自己的正面的看法。第一部分原已写出，审查人嫌它太长，劝他只提他自己的正面的看法，即现在所印行的《新科学》。第一部分批判旁人的议论因太长，印刷费用太大，所以遵照审查人的意见没有出版。

42　指大主教科尔西尼（Corsini）宣布不能照前已默认的替原定的否定形式的《新科学》付印费。

43　这里维柯说话吞吞吐吐，他进行改写，放弃了否定旧说的形式，似是采纳了审查官的意见却勉强承认这是他自己的决定。

44　即第一版《新科学》。——英译者

45　尼驽斯，罗马开国人。

46　亚述人，东方古代民族。

47　希腊的远祖。

48　维柯所说的亚细亚一般指小亚细亚，民族大半还是欧洲的。

49　例如英国霍布斯的《暴力论》和法国卢梭的《民约论》。

50　意大利原文是sette de'tempi，英译作those of the times，those似指上文所说的principles（原则），英国研究维柯的学者惠特克（Whittaker）说，所指的是英文常用语中的climate of opinion（意见的气候），这就是“时代风尚”。

51　下文系维柯自叙身体一天坏似一天的情况，略去未译。

52　即从反面批驳的《新科学》。

53　下略，未译。

中译者译后记

　　我在本世纪二十年代到欧洲留学，随着当时美学界的潮流，接触到意大利美学大师克罗齐的一些著作，把他的《美学原理》译成中文出版。由克罗齐我注意到他的老师维柯的《新科学》，一方面嫌它艰晦，同时也多少认识到它的思想的重要性，所以在六十年代写《西方美学史》时，就在第一卷为维柯特辟一专章。《西方美学史》尽管用作教材，维柯专章实际上却等于石沉大海。我并不因此死心，找到闲空时还是在北京大学图书馆找出几部介绍维柯的书来硬啃。我有一位留美当教授的朋友黄秀玑女士，看到康奈尔大学新出版的《新科学》的英译本，就马上买了一本寄给我，同时一位意大利朋友，意大利汉学院沙巴提尼院长把意大利原文版《新科学》和《维柯自传》也寄给我了。当时我已年近八十，还是下定决心，动手来译。我既不懂意大利文，又不懂拉丁文，古代史过去在英国虽也学过，但是考试没有及格。知道了这种情况，读者当会想象到我的艰苦处境。加以一年老似一年，衰弱也就一天更严重似一天，往往有极平常的中文字也忘记怎样写，要问老伴奚今吾和我的侄子朱式蓉（在安徽省安庆师范学院中文系教书，暂调到北大帮助我整理文稿）。现在总算把这部难译的书译出来了。错误必然百出，但是我在克服困难中认识也有所提高，特别是稍懂得一点历史发展的道理以及人类在社会发展过程中所起的创造性的作用。我国科学事业正在日益发展，新起的社会科学研究工作者之中终会有人肯费一番工夫，拿出一部《新科学》的较好的新译本来。历史将会证明这不仅是我老汉垂死前的一种奢望。

为着帮助将来的改译者，希望读者发现到这本译文的错误，就立即提交承印本书的人民文学出版社外国文学编辑室，或商务印书馆哲学编辑室。[1]

朱光潜　1983 年冬，时年八十有七

附记：中译者写的《维柯的〈新科学〉的评价》由上海文艺出版社郝铭鉴同志负责整理，在《朱光潜美学文集》第三卷里已印出，读者对《新科学》的要义可以从此掌握一个梗概。1982 年夏天在美国纽约新成立的"维柯学术研究所"寄来了一些论文集，懂意大利文的朋友王天清同志又借给我米兰新出版的由保罗·劳什（Paolo Rossi）写序加注的意大利文新版本，注中讲到维柯与马克思的关系较多，这些也宜参考。

注　释

1　朱光潜先生翻译的《新科学》于1986年和1989年分别由人民文学出版社和商务印书馆编
　　订出版，本书系于前两个版本的基础上编校而成。——编注

图书在版编目（CIP）数据

新科学 ／（意）詹巴蒂斯塔·维柯（Giambattista Vico）著；朱光潜译 . -- 北京 ：外语教学与研究出版社，2018.9
（朱光潜译文集）
ISBN 978-7-5213-0420-6

Ⅰ．①新… Ⅱ．①詹… ②朱… Ⅲ．①哲学理论－意大利－中世纪
Ⅳ．①B546

中国版本图书馆 CIP 数据核字（2018）第 216196 号

出 版 人　徐建忠
策 划 人　方雨辰
出版统筹　张　颖
特约编辑　林小慧　张　畅
责任编辑　郑树敏
责任校对　徐晓雨
装帧设计　彭振威设计事务所
出版发行　外语教学与研究出版社
社　　址　北京市西三环北路 19 号（100089）
网　　址　http://www.fltrp.com
印　　刷　山东临沂新华印刷物流集团有限责任公司
开　　本　889×1194　1/32
印　　张　20
版　　次　2018 年 10 月第 1 版 2018 年 10 月第 1 次印刷
书　　号　ISBN 978-7-5213-0420-6
定　　价　88.00 元

购书咨询：（010）88819926　电子邮箱：club@fltrp.com
外研书店：https://waiyants.tmall.com
凡印刷、装订质量问题，请联系我社印制部
联系电话：（010）61207896　电子邮箱：zhijian@fltrp.com
凡侵权、盗版书籍线索，请联系我社法律事务部
举报电话：（010）88817519　电子邮箱：banquan@fltrp.com
法律顾问：立方律师事务所　刘旭东律师
　　　　　中咨律师事务所　殷　斌律师
物料号：304200001